Reallexik
Germani
Altertumskunde

Begründet von Johannes Hoops
Zweite völlig neu bearbeitete und stark erweiterte Auflage unter Mitwirkung zahlreicher Fachgelehrter

und redaktioneller Leitung von
Rosemarie Müller, Göttingen

Herausgegeben von
Heinrich Beck, Bonn – Heiko Steuer, Freiburg
Dieter Timpe, Würzburg

Germanen, Germania, Germanische Altertumskunde

Mit einem Vorwort von Heinrich Beck

Studienausgabe

1998

WALTER DE GRUYTER · BERLIN · NEW YORK

♾ Gedruckt auf säurefreiem Papier,
das die US-ANSI-Norm über Haltbarkeit erfüllt.

Die Deutsche Bibliothek – CIP-Einheitsaufnahme

Germanen, Germania, germanische Altertumskunde / hrsg. von Heinrich Beck ... Unter Mitw. zahlr. Fachgelehrter und red. Leitung von Rosemarie Müller. Mit einem Vorw. von Heinrich Beck. – Studienausg., 2., völlig neu bearb. und stark erw. Aufl. – Berlin ; New York : de Gruyter, 1998
(Reallexikon der germanischen Altertumskunde)
Nebentit.: Die Germanen
ISBN 3-11-016383-7

Printed in Germany
Datenkonvertierung und Druck: Arthur Collignon GmbH, Berlin
Buchbinderische Verarbeitung: Industriebuchbinderei Fuhrmann GmbH & Co. KG, Berlin

Gefördert von dem Bundesministerium für Bildung und Forschung und dem Land Niedersachsen

Vorwort

Das hier vorgelegte Separatum „Germanen, Germania, Germanische Altertumskunde“ unterscheidet sich von Sonderdrucken anderer Artikel des Reallexikons. Es steht nicht im Verhältnis eines Teiles des Lexikons zu seinem Ganzen, deutet in der Titelformulierung vielmehr auf Grundlage und Mitte dessen, was das Lexikon im weiteren ausbreitet und entfaltet. Diese Erwartung kann das Lexikon jedoch nur bedingt erfüllen. Der Umfang des Materials und noch mehr die Mehrzahl und Eigenheit der zu Worte kommenden Disziplinen und Methoden lassen kaum eine fächerübergreifende Gesamtkonzeption zu, aus der sich alles Weitere organisch entfalten ließe. Die Beiträger versuchen deshalb in fachspezifischer Sicht übergreifende Zusammenhänge anzuzeigen, aktuelle Fragen zu formulieren und gewisse Perspektiven einer integrativen Altertumskunde aufzutun. Das Lexikon ist bestrebt – wie das Separatum auch – in enzyklopädischer Weise eine Altertumskunde auf den Weg zu bringen.

Verständigt haben sich Herausgeber und Redaktion auf einen raum-zeitlichen Horizont des zu behandelnden Gegenstandes, der Mittel- und Nordeuropa (mit Einschluß der britischen Inseln) umgreift und vom letzten vorchristlichen Jahrtausend bis zur Karolingerzeit bzw. Wikingerzeit reicht – in zeitlicher Erstreckung also ungefähr 2000 Jahre umfaßt, wobei Entwicklungsstränge weiter zurück in die Vergangenheit verfolgt werden müssen, da z. B. Problemfelder wie „Germanen–Indogermanen“ aus dem Zeitraum der vorrömischen Eisenzeit hinausführen. Nicht unproblematisch ist dabei die Verbindung dieser Raum-Zeit-Koordinaten mit dem Begriff „germanisch“. Selbst wenn dabei die Vorstellung eines biologisch bestimmten Ethnos als überwunden betrachtet werden darf, so führt doch auch die Frage nach einer sprachlich, politisch oder kulturell als „germanisch“ zu verstehenden Einheit im alten Europa zu Kontroversen. Während in der 1. Auflage des Reallexikons der Begriff „germanisch“ als solcher noch kaum erörtert wurde, war er den Verfassern des Vorwortes zur 2. Auflage zum Problem geworden. Die dort skizzierte Einbettung des „Germanischen“ in eine Altertumskunde Mittel- und Nordeuropas läßt sich als eine Wendung verstehen, die den Gegenstand weniger als Substanz denn als Relation zu beschreiben und zu begreifen sucht.

Das Reallexikon vereint Beiträge aus den Bereichen Geschichte, Philologie (Sprache, Dichtung) und ur- und frühgeschichtliche Archäologie. Der Stoffzuwachs seit der 1. Auflage ist in den beteiligten Disziplinen sehr unterschiedlich. In einer Hinsicht ist aber eine gemeinsame Neuerung festzuhalten: Auslegung und Verstehen, hermeneutische Grundsätze also, werden thematisiert, Methoden dargestellt und forschungsgeschichtliche Positionen reflektiert, die Bedingungen unserer Erkenntnis einer vor- und frühgeschichtlichen Kultur in die Darstellung einbezogen.

Das Separatum möge dem Leser als eine Wegweisung dienen. Es sei aber darauf verwiesen, daß der Versuch einer Darstellung des germanischen Altertums nur im Zusammenhang mit dem Gesamtlexikon zu beurteilen ist.

H. Beck

I. Allgemein gebräuchliche Abkürzungen

Anmerkungen: Die verwendeten Abkürzungen gelten auch für Pluralbildungen. Groß- und Kleinschreibung in ausländischen Beiträgen folgt der jeweiligen Originalvorlage.
Allgemein gebräuchliche, im Wörterverzeichnis des Duden ([20]1991) aufgeführte Abkürzungen werden hier nicht aufgelistet.

ae. = altenglisch
agerm. = altgermanisch
Ags., ags. = Angelsachsen, angelsächsisch
air. = altirisch
aisl. = altisländisch
Alam., alam. = Alamanne, alamannisch
Alem., alem. = Alemanne, alemannisch
Altert. = Altertum
Altkde = Altertumskunde
and. = altniederdeutsch
Ant., ant. = Antike, antik
apreuß. = altpreußisch
Arch., arch. = Archäologie, archäologisch, archaeology, archaeological usw.
Art. = Artikel
as. = altsächsisch
Ausgr. = Ausgrabungen

B. = Buch
Brit., brit. = Britannien, Britain, Britannic, britannisch
Burg., burg. = Burgunder, burgundisch
byz. = byzantinisch
BZ = Bronzezeit

c. = caput, capitulum, chapter, Kapitel
Chron. = Chronologie, Chronology usw.
Cod. = Codex

Ethn., ethn. = Ethnologie, ethnologisch, ethnology usw.
Etym., etym = Etymologie, etymology, etymologisch, etymological usw.
EZ = Eisenzeit

Festg. = Festgabe
Festschr. = Festschrift
FlN = Flurname
FluN = Flußname
Forts. = Fortsetzung
frk. = fränkisch

Gall., gall. = Gallier, gallisch
Germ., germ. = Germanen, germanisch
Ges. = Gesellschaft
Gesch. = Geschichte
GewN = Gewässername
Gramm. = Grammatik

Handb. = Handbuch
Handwb. = Handwörterbuch
HaZ = Hallstattzeit
hist. = historisch, history usw.

ie. = indoeuropäisch
Idg., idg. = Indogermanen, indogermanisch
ir. = irisch
isl. = isländisch

J. = Jahr
Jb. = Jahrbuch
Jahresh. = Jahresheft
Jahresschr. = Jahresschrift
Jt. = Jahrtausend

Kg. = König
kgl. = königlich, kongelig, kunglig usw.
Kgt. = Königtum
Kl. Schr. = Kleine Schriften
Ks. = Kaiser

Langob. = Langobarden
Lfg. = Lieferung

Lit. = Literatur, literature usw.
LTZ = Latènezeit

MA = Mittelalter, Middle Age, Moyen Âge
ma. = mittelalterlich
Meddel. = Meddelanden
Mém. = Mémoires
Mitt. = Mitteilung
Myth., myth. = Mythologie, mythology, mythologisch, mythological usw.
MZ = Merowingerzeit
n = nord-
n. = nördlich
Nachdr. = Nachdruck
Nachr. = Nachrichten
Neudr. = Neudruck
Neutr., neutr. = Neutrum, neutral
nö. = nordöstlich
NR = Neue Reihe, Nieuwe Reeks
NS = Neue Serie, new series usw.
nw. = nordwestlich

o = ost-
ö. = östlich
OE = Old English
ON = Ortsname

p. = pagina, page
Pann., pann. = Pannonien, pannonisch
Per. = Periode
Phil., phil. = Philosophie, philosophisch
Philol., philol. = Philologie, philology, philologisch, philological usw.
PN = Personenname
Proc. = Proceeding
Prov. = Provinz, Province
prov.-röm. = provinzialrömisch
Publ. = Publikation, publication usw.

Qu. = Quelle

R. = Reihe
rätorom. = rätoromanisch
Relig., relig. = Religion, religion, religiös, religious usw.
Rev. = Revue, Review
Rez. = Rezension
RGK = Römisch-Germanische Kommission des Deutschen Archäologischen Instituts
RGZM = Römisch-Germanisches Zentralmuseum Mainz
RKZ = Römische Kaiserzeit
RQu. = Rechtsquellen

s = süd-
s. = südlich
s. = siehe
SB = Sitzungsbericht
Schr. = Schrift
Ser., Sér. = Serie, Série usw.
Skand., skand. = Skandinavien, skandinavisch
Slg. = Sammlung
sö. = südöstlich
Soc. = Society, Société usw.
Stud. = Studien
Subst. = Substantiv
Suppl. = Supplement
sw. = südwestlich

Theol., theol. = Theologie, theologisch
Thür., thür. = Thüringer, thüringisch
toch. = tocharisch
Typol., typol. = Typologie, typologisch usw.

Übs., übs. = Übersetzung, übersetzt
Univ. = Universität, university usw.
Unters. = Untersuchung
u. ö. = und öfters
urgerm. = urgermanisch
Urk. = Urkunde

Var. = Variante
Vb. = Verb, verbum
Ven., ven. = Veneter, venetisch
Ver. = Verein
vergl. = vergleichend
Vjbl. = Vierteljahrsblatt
Vjh. = Vierteljahresheft
Vjs. = Vierteljahr(e)sschrift
VN = Völkername
VWZ = Völkerwanderungszeit

w = west-
w. = westlich
Wb. = Wörterbuch
Wiss., wiss. = Wissenschaft, wissenschaftlich
Württ., württ. = Württemberg, württembergisch

Zeitschr. = Zeitschrift
zw. = zwischen

II. Quellen und Quellensammlungen

Amm.	= Ammianus Marcellinus
App. civ.	= Appianos bella civilia
Athen.	= Athenaios
Caes. civ.	= Caesar de bello civili
Caes. Gall.	= Caesar de bello Gallico
Cap.	= Capitularia Regum Francorum
Cass. Dio	= Cassius Dio
Cassiod. var.	= Cassiodorus variae
Cic.	= M. Tullius Cicero
CIL	= Corpus Inscriptionum Latinarum, 1863 ff.
Claud.	= Claudius Claudianus
Clemen, Fontes	= Fontes historiae religionis Germanicae, hrsg. von C. Clemen, 1928
Dig.	= Digesta Iustiniani
E. Roth.	= Edictus Rothari
Eutr.	= Eutropius
FgrHist	= Fragmente der griechischen Historiker, hrsg. von F. Jacoby, 1923–1958; vermehrte Nachdrucke 1954 ff.
Greg. Tur.	= Gregorius Turonensis
H. A.	= Historia Augusta
Hdt.	= Herodotos
ILS	= Inscriptiones Latinae Selectae, hrsg. von H. Dessau, 1892–1916
Isid. orig.	= Isidorus origines
Jord. Get.	= Iordanes, De origine actibusque Getarum
Jul.	= Iulianus
Krause, RäF	= W. Krause, Runeninschriften im älteren Futhark, ^{2}1966
L. Bai.	= Lex Baiuwariorum
L. Burg.	= Lex Burgundionum

Liv.	= Titus Livius
L. Rib.	= Lex Ribvaria
L. Rom. Vis.	= Lex Romana Visigothorum
L. S.	= Lex Salica
L. Vis.	= Leges Visigothorum
Mela	= Pomponius Mela
MGH	= Monumenta Germaniae Historica inde ab a. C.500 usque ad a. 1500, 1826 ff.
	Cap. = Capitularia
	LL = Leges
	SS = Scriptores
	SS rer. Lang. = Scriptores rerum Langobardicarum et Italicarum
Oros.	= Orosius
Paneg.	= Panegyrici
Plin. nat.	= Plinius maior naturalis historia
P. L. S.	= Pactus Legis Salicae
Plut.	= Plutarch(os)
Prok. b. V.	= Prokopios, bellum Vandalicum
Ptol.	= Ptolemaeus, Ptolemaios
Sall. hist. frg.	= Sallustius historiarum fragmenta
Sokr.	= Sokrates, historia ecclesiastica
Soz.	= Sozomenos, historia ecclesiastica
Strab.	= Strabon
Suet. Aug., Cal. usw.	= Suetonius, Augustus, Caligula usw.
Tab. Peut.	= Tabula Peutingeriana
Tac. Agr.	= Tacitus Agricola
Tac. ann.	= Tacitus annales
Tac. Germ.	= Tacitus Germania
Tac. hist.	= Tacitus historiae
Vell.	= Velleius Paterculus
Zos.	= Zosimos

III. Zeitschriften und Werke

Aarbøger	= Aarbøger for Nordisk Oldkyndighed og Historie
Almgren, Fibelformen	= O. Almgren, Studien über nordeuropäische Fibelformen der ersten nachchristlichen Jahrhunderte mit besonderer Berücksichtigung der provinzialrömischen und südrussischen Formen, 1923
Amira, Grundr.	= K. von Amira, Grundriß des Germanischen Rechts, ^{3}1913
Amira-Eckhardt	= K. von Amira, Germanisches Recht, 4. Auflage bearbeitet von K. A. Eckhardt, 1960–1967
ANF	= Arkiv för nordisk filologi
ANRW	= Aufstieg und Niedergang der römischen Welt. Geschichte und Kultur Roms im Spiegel der neueren Forschung, Berlin, 1972 ff.
APhS	= Acta Philologica Scandinavica. Tidsskrift for nordisk sprogforskning
Bach, ON	= A. Bach, Deutsche Namenkunde II. Die deutschen Ortsnamen, 1953–1954
Ber. RGK	= Bericht der Römisch-Germanischen Kommission
Ber. ROB	= Berichten van de Rijksdienst voor het Oudheidkundig Bodemonderzoek
BNF	= Beiträge zur Namenforschung
Brunner, DRG	= H. Brunner, Deutsche Rechtsgeschichte 1, ^{2}1906; 2 (hrsg. von C. Freiherr von Schwerin), ^{2}1928
BVbl.	= Bayerische Vorgeschichtsblätter
CAH	= Cambridge Ancient History
Conrad, DRG	= H. Conrad, Deutsche Rechtsgeschichte 1, ^{2}1962
Filip, Enzykl. Handb.	= J. Filip, Enzyklopädisches Handbuch zur Ur- und Frühgeschichte Europas, 1966–1969
Förstem., ON	= E. Förstemann, Altdeutsches namenbuch II. Orts- und sonstige geographische namen. (Völker-, länder-, siedlungs-, gewässer-, gebirgs-, berg-, wald-, flurnamen u. dgl.), hrsg. von H. Jellinghaus, ^{3}1913–1916
GGA	= Göttingische Gelehrte Anzeigen
Grimm, DGr.	= J. Grimm, Deutsche Grammatik. Neuer vermehrter Abdruck 1870–1898
Grimm, Dt. Myth.	= J. Grimm, Deutsche Mythologie, ^{4}1875–1878
Grimm, DWb.	= Deutsches Wörterbuch. Begründet von J. und W. Grimm, 1854–1971
Grimm, Kl. Schr.	= J. Grimm, Kleinere Schriften, 1864–1890
Grimm, Rechtsalt.	= J. Grimm, Deutsche Rechtsalterthümer, ^{4}1899
Helm, Rel.gesch.	= K. Helm, Altgermanische Religionsgeschichte, 1913–1953
Heusler, Dicht.	= A. Heusler, Die altgermanische Dichtung, ^{2}1943
Hoops	= Reallexikon der Germanischen Altertumskunde, hrsg. von J. Hoops, 1911/13–1918/19
Hoops, WuK	= J. Hoops, Waldbäume und Kulturpflanzen im germanischen Altertum, 1905
HRG	= Handwörterbuch zur deutschen Rechtsgeschichte. Mitbegründet von W. Stammler, hrsg. von A. Erler, E. Kaufmann, 1964 ff.
HZ	= Historische Zeitschrift

JEGP	= Journal of English and Germanic Philology
Kult. hist. Leks.	= Kulturhistorisk Leksikon for nordisk middelalder fra vikingetid til reformationstid, 1956–1978
Kluge-Mitzka	= F. Kluge, Etymologisches Wörterbuch der deutschen Sprache. Bearbeitet von W. Mitzka, ^{19}1963
Kluge-Seebold	= F. Kluge, Etymologisches Wörterbuch der deutschen Sprache. Bearbeitet von E. Seebold, ^{23}1995
Mannhardt, WuF	= W. Mannhardt, Wald- und Feldkulte, ^{2}1904–1905
MIÖGF	= Mitteilungen des Instituts für Österreichische Geschichtsforschung
Much, Germania	= R. Much, Die Germania des Tacitus. Unter Mitarbeit von H. Jankuhn hrsg. von W. Lange, ^{3}1967
Much, Stammeskunde	= R. Much, Deutsche Stammeskunde, 1900
Müllenhoff, DAK	= K. Müllenhoff, Deutsche Altertumskunde. Neuer vermehrter Abdruck 1890–1920
NoB	= Namn och Bygd
PBB	= Beiträge zur Geschichte der deutschen Sprache und Literatur (Pauls und Braunes Beiträge)
PGrundr.	= Grundriß der germanischen Philologie, hrsg. von H. Paul, ^{2}1896–1909
Planitz-Eckhardt, DRG	= H. Planitz, Deutsche Rechtsgeschichte. Bearbeitet von K. A. Eckhardt, ^{3}1971
PZ	= Praehistorische Zeitschrift
RAC	= Reallexikon für Antike und Christentum, hrsg. von Th. Klauser, 1950 ff.
RE	= Paulys Realencyclopädie der Classischen Altertumswissenschaft. Neue Bearbeitung begonnen von G. Wissowa, fortgeführt von W. Kroll und K. Mittelhaus. Unter Mitwirkung zahlreicher Fachgenossen hrsg. von K. Ziegler, abgeschlossen von G. Gärtner, 1893–1978
RGG	= Die Religion in Geschichte und Gegenwart. Handwörterbuch für Theologie und Religionswissenschaft, hrsg. von K. Galling u. a., ^{3}1956–1965
RHD	= Revue Historique du Droit Français et Étranger
Schmidt, Ostgerm.	= L. Schmidt, Geschichte der deutschen Stämme bis zum Ausgang der Völkerwanderung. Die Ostgermanen, ^{2}1934, Neudruck 1969
Schmidt, Westgerm.	= L. Schmidt, Geschichte der deutschen Stämme bis zum Ausgang der Völkerwanderung. Die Westgermanen. Erster Teil, ^{2}1938, Neudruck 1970; zweiter Teil unter Mitwirkung von H. Zeiss, ^{2}1940
Schwarz, Stammeskunde	= E. Schwarz, Germanische Stammeskunde, 1956
Stammler, Aufriß	= Deutsche Philologie im Aufriß, hrsg. von W. Stammler, ^{2}1957–1969
TRG	= Tijdschrift voor Rechtsgeschiedenis
TRE	= Theologische Realenzyklopädie, hrsg. von G. Krause, G. Müller, 1977 ff.
de Vries, Rel.gesch.	= J. de Vries, Altgermanische Religionsgeschichte, ^{2}1956–1957
Wenskus, Stammesbildung	= R. Wenskus, Stammesbildung und Verfassung. Das Werden der frühmittelalterlichen gentes, 1961, Neudruck 1977

ZDA	= Zeitschrift für deutsches Altertum und deutsche Literatur
Zeuß, Die Deutschen	= K. Zeuß, Die Deutschen und die Nachbarstämme, 1837, Nachdruck 1925
ZfA	= Zeitschrift für Archäologie
ZNF	= Zeitschrift für Namenforschung
ZONF	= Zeitschrift für Ortsnamenforschung
ZRG GA (KA; RA)	= Zeitschrift der Savigny-Stiftung für Rechtsgeschichte. Germanistische Abteilung (Kanonistische Abteilung; Romanistische Abteilung)

Germanen, Germania, Germanische Altertumskunde

I. Geschichte
A. Germanen, historisch
§ 1: Germ.-Begriff – § 2: Ethnos der Germ. – § 3: Germ. und Kelten – § 4: Germ. und Römer – § 5: Die germ. Großstämme und das Imperium
B. Germania (Provinzname) – Germania Magna
§ 6: Das Rheinland bis Domitian – § 7: Germania Superior und Inferior – § 8: Germania prima und secunda – § 9: Germania Magna

II. Sprache und Dichtung
A. Name und Namen
§ 10: Die Deutungen des Ethnonyms *'Germani'* – § 11: Germ. Siedlungsnamen in der ant. Überlieferung – § 12: Agerm. Hydronymie I – § 13: Agerm. Hydronymie II
B. Sprache und Schrift
§ 14: Einleitung – § 15: Die sprachwiss. Definition von Germanisch – § 16: Vom Idg. zum Germ.
C. Dichtung
§ 17: Voraussetzungen – § 18: Vorgerm. Zusammenhänge – § 19: Formenlehre

III. Archäologie
A. Sachkultur
§ 20: Die Bewertung von Realien für die Gesch. der Germ.
B. Ursprung und Ausbreitung der Germanen
§ 21: Die Germ. und der Norden
C. Wirtschafts- und Sozialgeschichte
§ 22: Allgemeines – § 23: Forsch.sstand – § 24: Wanderungen oder Akkulturation – § 25: Arch. Gruppierungen und ethnische Überlieferung – § 26: Unterschiede in den wirtschaftl. und sozialen Verhältnissen zu den Nachbarn – § 27: Kelten oder Germ. § 28: Besiedlungskontinuitäten – § 29: Ausweitung des Siedlungsraumes der Germ. oder Wanderungen – § 30: Dorf-, Gehöft- und Hausformen – § 31: Handwerk – § 32: Handel und Verkehrs- bzw. Fernbeziehungen – § 33: Polit.-soziale Verhältnisse – § 34: Germ. und Arch.
D. Kunst
§ 35: Zum Kunstbegriff – § 36: Forschungsgesch. – § 37: Entwicklungstendenzen – § 38: Die Erscheinungsformen – § 39: Deutungsprobleme – § 40: Die jüng. Kunststile

IV. Gesittung
A. Allgemeines
§ 41: Gesittung
B. Religion
§ 42: Vorbemerkungen – § 43: Der Begriff der germ. Relig. – § 44: Die Qu. – § 45: Probleme der Interpretation – § 46: Christianisierung
C. Recht
§ 47: Grundlagen – § 48: Qu.probleme – § 49: Kritik der Denkmodelle – § 50: Germanenbegriff – § 51: Germ. Rechtsarch.
D. Sitte und Brauch
§ 52: Terminologisches – § 53: Sprachliches – § 54: Stand und Aufgaben

V. Germanische Altertumskunde
§ 55: Terminologie – § 56: Begriff – § 57: Gesch. – § 58: Die heutige Sicht

I. Geschichte

A. Germanen, historisch

§ 1. Germ.-Begriff. a. Vorbemerkung. Der Germ.-Begriff, der das Stoffgebiet des Reallex.s insgesamt konstituiert, kann Gegenstand eines Einzelstichwortes nur in ganz bestimmter Begrenzung oder in formaler Überordnung, d. h. als Verweissystem, sein. Die Germ. in hist. Perspektive zu behandeln, soll also nicht heißen, einen Überblick über ‚germanische Geschichte' (deren Gegenstand zu bestimmen wäre) oder eine Zusammenfassung von Geschichten germ. Akteure zu bieten. Statt dessen sollen die Bedingungen benannt werden, unter denen ‚germanisch' zu nennende Gesch. zustande kam, und die Voraussetzungen, unter denen in wiss. kontrollierter Weise von ihr gesprochen werden kann. Es geht daher im Folgenden zunächst um die theoretischen, sachlichen und quellenmäßigen Grundlagen des Germ.-Begriffs und die Perspektive, in der die mittel- und n-europ. *gentes* zuerst von ant. Zeugen gesehen und gewürdigt wurden. Weiterhin ist das symbiotische Verhältnis zw. germ. und röm.-hochkultureller Sphäre zu besprechen, das unter der Kategorie einer ant. Randkultur gefaßt werden muß, sowie die sozialen, kulturellen und mentalen Veränderungen, die sich aus solchen Beziehungen ergaben. Schließlich werden die Wanderungen, Expansions- und Assimilationsprozesse unter dem Gesichtspunkt betrachtet, daß sich durch sie ein neuer geschichtl. Interaktionszusammenhang herausbildete, zu dem Germ. und germ. polit. Verbände hinzugehörten; in ihm verloren sie aber auch ihre germ. Identität, die nur als theoretisches und ideologisches Konstrukt weiterlebte.

b. Germ.-Name. Die Triumphalfasten zum J. 222 v. Chr. verzeichnen den Sieg des M. Claudius Marcellus bei Clastidium *de Galleis Insubribus et Germ[an(eis)]* (Inscr. It. 13,1 p. 78 f.) und bieten damit wahrscheinlich die älteste Bezeugung des Germ.-Namens. Denn die Annahme, daß sein Vorkommen an dieser Stelle erst der augusteischen Fastenredaktion zuzuschreiben und also für das 3. Jh. v. Chr. anachronistisch sei (171, 38 Anm. 89), ist nicht zu beweisen. Th. Mommsen, K. Müllenhoff, O. Hirschfeld u. a. hatten unter Hinweis auf Polyb. 2,28 f.; Prop. 5,10,39 ff. vermutet, daß in der Triumphalliste ält. *Galli Gaesati* durch inzw. besser bekanntes *Galli Germani* ersetzt worden sei (siehe zuletzt 113 a). Die → Gaesaten waren Polyb. 2,22,1. 23,1 (vgl. Oros. 4,13,5. 15) zufolge in den Alpen wohnende Gall., die sich den Insubrern und Boiern in ihrem Krieg gegen die Römer als Söldner verdingten. Weil nun Avienus, ora marit. 674 ff., Stämme im Wallis nennt, deren Namen vielleicht germ. erklärt werden können, identifizierte man beide Gruppen miteinander und sprach die oben genannten Gaesaten als → ‚Alpengermanen' an. Dieser Schluß ist unzureichend begründet; die öfter erwähnten und nach ihrer charakteristischen Speerwaffe ‚Gaesaten' genannten gall. Auxiliarverbände sind ethnisch kaum sicher zu identifizieren. Es muß deshalb beim Vorkommen des Germ.-Namens *(Galli Germani)* im Zusammenhang der röm. Kriege des 3. Jh.s v. Chr. gegen die cisalpinen Gall. bleiben, ohne daß damit eine hist. Erklärung des Namens gegeben wäre. Daß der auch sonst nicht seltene Germ.-Name (vgl. Plin. nat. 3,25; Ptol. 2,6,58) in den Alpen auftritt, legt neben der Triumphalnachricht auch Liv. 21,38,8 (von Hannibals Wegen über die Alpen und Anwohnern des Poeninischen Passes: *utique … obsaepta gentibus semigermanis fuissent*) nahe (40, 89 f.; zur – spekulativen – Deutung: 174, 219); ein ethnischer oder sprachlicher Zusammenhang mit den mitteleurop. Namensträgern ist jedoch nicht zu erkennen. Da der Germ.-Name jedem lat. Sprechenden sprachlich verständlich war, ist andererseits nicht anzunehmen, daß sein Auftreten überhaupt als ethnographische Novität empfunden wurde. Nach späterer röm. Auffassung beginnt die röm.-germ. Konfrontation mit dem Kimberneinfall, nicht mit germ. Gaesaten (so richtig 40, 90).

Die → Kimbern und ihre wichtigsten namentlich bekannten Kampfgenossen, die → Teutonen und → Ambronen, sind z. Zt. ihres Auftretens nicht mit dem Germ.-Namen bezeichnet worden. Sie galten zunächst als unbekanntes, neues Ethnos (Plut., Mar. 11,4 ἠγνοοῦντο, τίνες ὄντες ἀνθρώπων ἢ πόθεν ὁρμηθέντες, nach Poseidonios; vgl. 15,6), wurden pseudo-etym. den Kimmeriern (so Poseidonios selbst) zugeordnet oder als Keltoskythen klassifiziert, während die von Plutarch selbst favorisierte Identifizierung der Kimbern als G. (Γερμανικὰ γένη) offensichtlich eine spätere Erklärung ist (dazu 95, II, 167 ff.; 98, 70 ff.). Ganz überwiegend wurden die Kimbern ihrer räumlichen Herkunft, sprachlichen und milit. Assimilation und polit. Verbindungen wegen für Kelten gehalten. Hierfür wurden auch sprachliche Beobachtungen herangezogen (‚Kimbern' heiße bei den – kelt. – Germ. ‚Räuber': Plut., Mar. 11,6 i. Verb. m. Verr. Flaccus bei Paulus Fest. 43). Die unkelt. Charakterzüge der Wandervölker und ihre Ablehnung durch gall. Gewährsleute der Römer (vgl. Caes. Gall. 1,33,3. 7,77,12) werden hist.-ethnographische Beobachter zunächst mit der Verschiedenheit und Zersplitterung der Kelten (Caes. Gall. 1,1,1) und der Herkunft der Kimbern aus dem extremen N (Plut., Mar. 11,5) in Zusammenhang gebracht haben. – Nach unserer Kenntnis hat erst Caesar die Kimbern für Germ. erklärt. Er scheint allerdings diese Zuordnung nicht als Neuigkeit anzusehen (Caes. Gall. 1,33,4. 40,5. 2,4,2. 7,77,12. 14). Norden (98, 78 ff.) glaubte in den nach Nationen gegliederten Banden des Sklavenkrieges 73–71 v. Chr. einen Grund dafür gefunden zu haben: Unter jenen hätten sich auch Gruppen kimbrischer Gefangener befunden, die sich selbst ‚Germanen' genannt hätten. Doch spricht nichts für diese Hypothese. Die Qu. für den Sklavenkrieg der 70er J. bezeugen allenfalls Kenntnis des Germ.-Namens, nicht jedoch auch den caesarischen Germ.-Begriff; sie gehören außerdem der nachcaesarischen Zeit an (Sall. hist. 3, fr. 96; Liv. ep. 97; Plut. Crassus 9,9; vgl. Caes. Gall. 1,40,5). Auch die Livius-Tradition nennt die Kimbern Germ., rechnet sie aber den Kelten zu (Oros. 5,16,1 *Cimbros et Teutonas et Tigurinos et Ambronas, Gallorum Germanorum gentes;* Flor. 1,38,1 *Cimbri, Teutoni atque Tigurini ab extremis Galliae profugi*).

Inhaltliche Aussagen über die Träger des Germ.-Namens finden sich in der uns noch bekannten Lit. zuerst bei Poseidonios von Apamea, dem stoischen Philosophen und Historiker († 50er J. v. Chr.), der in seiner, Polybios fortsetzenden Zeitgesch. aus Anlaß des Kimbernkrieges die Nordbarbaren aus eigener Kenntnis behandelte (89, 198 ff.; → Entdeckungsgeschichte 343 ff.). In diesem Zusammenhang erwähnte er offenbar ‚Germanen' (F 22 = Athen. 4, 39 p. 153 E; vgl. Diodor 5,32,3 und Strab. 4,195. 7,290). Ihre Eßsitten glichen bei graduellen Unterschieden denen der Kelten (vgl. F 15 = Athen. 4,36 p. 151 E f.); ihr vom normalen kelt. Habitus abweichender Charakter (gesteigerte Wildheit) sei ihrer geogr. Extremlage zuzuschreiben (zu dem dahinter stehenden Weltbild siehe Diodor a. a. O.). Die Kimbern, die diesen Germ. als gefürchtete Räuber galten (Plut., Mar. 11,5), gehörten deshalb für Poseidonios nicht zu ihnen, obwohl sie ihnen hinsichtlich des Zivilisationsgrades durch ähnliche Lage am N-Rand der Oikoumene auch wieder nahestanden. Poseidonios kannte also anscheinend Germ. nur als ein rheinnahes, kelt. oder den Kelten nahe verwandtes Ethnos. Dem entsprechen im wesentlichen auch die Urteile Strabos über die

Germ., die deshalb insoweit von Poseidonios abhängig sein werden: Danach sind die Germ. den Gall. nach φύσις und πολιτεύματα ähnlich und mit ihnen verwandt (συγγενεῖς ἀλλήλοις, 4,196), sie unterschieden sich von ihren gall. Nachbarn nur dadurch, daß sie noch wilder, größer und blonder als diese sind (7,290). Der augusteische Geograph betont aber auch, daß seine G. auf der rechten Rheinseite säßen (χώραν διοριζομένην τῷ Ῥήνῳ ποταμῷ ... τὰ πέραν τοῦ Ῥήνου). Leider ist nicht zu klären, ob auch diese Lokalisierung und damit die Annahme, daß die Rheingrenze Gall. und Germ. scheide, bereits auf Poseidonios zurückgeht; Strabo kann hier durch den caesarischen Germ.-Begriff beeinflußt sein.

Mit der Frage nach der Ausdehnung der ‚Germ.' bei Poseidonios und seiner Zuordnung der Kimbern hängt das – durch anachronistische Volkstumsvorstellungen ins Prinzipielle gesteigerte und entspr. viel verhandelte – Problem zusammen, wer die ethnische Selbständigkeit der Germ. gegenüber den Gall. ‚entdeckt' habe (dazu wiederholt Lund, zuletzt 87a). Denn eine relativ kleine Stammesgruppe kelt. Prägung beidseits oder auch rechts des Rheines legte die ethnographische Subsumtion unter den Keltenbegriff nahe; ein Mitteleuropa ausfüllendes Großethnos konnte dagegen Eigenständigkeit beanspruchen. Stand der Rhein als Grenze zw. Gall. und Germ. fest, so war damit auch über die ethnische Selbständigkeit der Germ. entschieden. (Sprachliche Kriterien spielten also für die ant. Stellungnahmen keine oder eine geringe Rolle). Zum Umfang des Ethnos der Germ. wie zur Funktion des Rheines als allg. Völkergrenze hat unseres Wissens erst Caesar die seither geltenden Positionen eingenommen. Nordens Auffassung, daß es bereits Poseidonios war, der als erster Gall. und Germ. grundsätzlich unterschieden und damit im Prinzip, wenn auch nicht der Tragweite nach Caesars Germ.-Begriff vorweggenommen habe (98, 81 ff.), steht im Gegensatz zum poseidonianischen Gebrauch des Germ.-Namens (F. Jacoby, FgrHist 87 Komm., II C 169 ff.; 89, 205 [mit unbegründeter Lokalisierung dieser 'Germ.']). Daß die Bedeutung und räumliche Geltung des Germ.-Namens bei Poseidonios nur unvollständig und unsicher zu erschließen sind, bleibt jedoch zu betonen. – Mit der Kenntnis des Germ.-Namens ist also in der 1. Hälfte des 1. Jh.s v. Chr. aus unterschiedlichen Qu. zu rechnen (Cicero kennt ihn im J. 56 v. Chr.: *de prov. cons.* 32 f.), mit der durch Caesar konstituierten Bedeutung jedoch nicht.

c. *Germani cisrhenani.* In besonderer Weise hängt der Germ.-Name an den caesarischen *Germani cisrhenani* (98, 379 ff.; 171, 37 ff.; 174, 216 ff.; 40, 77 ff.; von Petrikovits, in: 8, 88 ff.; 159, 68 ff.). Mit diesem Sondernamen bezeichnet der Autor des Bellum Gallicum (2,3,4. 4,10. 6,2,3. 32,1 f.) eine Stammesgruppe in der n. Belgica zw. Rhein und Maas (zum Siedlungsgebiet der *Germani cisrhenani*: von Petrikovits, in: 8, 92 ff.). Diese *Germani* umfassen die *civitates* der Condrusi, Eburones, Caerosi, Caemani oder Paemani, nach 6,32,1 auch der Segni (aber vielleicht nicht der Eburones). Sie gehören durch ihre Teilnahme an der Wehrgenossenschaft der Belger (Caes. Gall. 2,4,10) polit. zu dieser Großgruppe gall. Stämme hinzu, werden aber gleichzeitig von diesen deutlich unterschieden, ohne daß man erführe, was ihre Besonderheit begründet und ausmacht. Zu den *Germani (cisrhenani)* gehören schon die ihnen benachbarten Aduatucer nicht, weil sie nicht in der Aufgebotsordnung *(e numero)* der *cisrhenani* geführt werden und obwohl sie nach caesarischen Begriffen (nämlich durch ihre Abkunft von den Kimbern) ‚germanisch' waren (2,29,4; von Petrikovits, in: 8, 89; 40, 81). Hier begegnet also eine präzis definierte Gruppe von Namensträgern, die ihre festen Grenzen und ihre terminologische Eindeutigkeit der milit. Organisationsform verdankte. Die Angehörigen dieses Verbandes müssen sich selbst als *Germani* bezeichnet haben, ihre Nachbarn akzeptierten und übernahmen diese Selbstbezeichnung und gebrauchten sie im Außenverkehr, etwa Caesar gegenüber. Dieser Gebrauch des Germ.-Namens muß also authentisch und vorcaesarisch sein, die Distinktion als ‚linksrheinisch' ist es dagegen, da sie den caesarischen Spachgebrauch voraussetzt, nicht: Von Germani *cisrhenani* konnte nur oder erst Caesar reden.

Diese *Germani* bilden einen Sonderfall im Rahmen einer viel weiteren und diffusen Infiltration rechtsrhein. Einwanderer ins linksrhein. Gallien, die sich durch das Kulturgefälle erklären dürfte. Auch diese Gruppen haben gelegentliche und vage, aber sicherlich keineswegs vollständige und verläßliche Erinnerungen an ihre Herkunft bewahrt (Caes. Gall. 2,4,2: Remer behaupten allgemeines germ. Substrat in der Belgica; Tac. Germ. 28,4: *affectatio Germanicae originis* bei Nerviern und Treverern; vgl. von Petrikovits, in: 8, 89 ff.), und auch mit diesen Einwanderern scheint der Germ.-Name, wenngleich viel unbestimmter, verbunden geblieben zu sein. Aber sie haben ihn weder als Selbstbezeichnung erhalten noch organisatorisch gesichert, ihre (neue) Identität äußert sich vielmehr in den aktuellen Stammesnamen, im Zusammenhang der Belgae untereinander und in ihrer Wehrorganisation. – Der Germ.-Name haftet also terminologisch prägnant an den caesarischen *Germani cisrhenani,* aber ist in nicht näher bestimmbarer Weise über ihn hinaus, wohl in der Belgica und am Niederrhein, verbreitet gewesen. Die Distinktion *cisrhenani* setzt rechtsrhein. Germ. voraus und der Sache nach nicht erst bei Caesar; umgekehrt widerlegen die *cisrhenani* die Beschränkung germ. Präsenz auf das Gebiet rechts des Rheines. Der Strom bildet im Flachland keine natürliche Grenze; es ist deshalb auch von der räumlichen Situation her unschwer vorzustellen, daß längere Zeit hindurch über diese Landbrücke hinweg ö. Gruppen nach W in die Belgica vordrangen und sich dort festsetzten.

Es spricht das meiste dafür, in der Gesamtheit dieser ethnischen Gruppen und vor allem, aber nicht nur, in den *Germani cisrhenani* als Sondergruppe dasjenige Ethnos zu vermuten, von dem Poseidonios berichtete. Der Germ.-Name wäre dann als Fremdbezeichnung zu betrachten, die die benachbarten Kelten überliefert und verbreitet haben; er muß aber auf eine urspr. Selbstbezeichnung zurückgehen, die jedoch nur in der zufälligen Ausnahme der *Germani cisrhenani*-Gruppe erhalten geblieben ist.

d. Der taciteische Namensatz. Das wichtigste liter. Zeugnis über Ursprung und Verbreitung des Germ.-Namens ist der sog. Namensatz der taciteischen Germania. Im Zusammenhang der germ. *origo* berichtet Tacitus, daß die mythische Genealogie die Germ. auf Tuisto, Mannus und dessen drei Söhne, die eponymen Stammväter der drei Stammesgruppen der Ingvaeonen, Herminonen und Istvaeonen (→ Mannusstämme), zurückführe und eine Var. die *vera et antiqua nomina* der Marsi, Gambrivii, Suebi und Vandilii hinzufüge (Tac. Germ. 2,2). Der Germ.-Begriff selber *(Germaniae vocabulum)* sei jung; die ersten Namensträger, die den Rhein überschritten und die Gall. vertrieben, seien die jetzigen Tungrer gewesen (*quoniam primi Rhenum transgressi Gallos expulerint ac nunc Tungri, tunc Germani vocati sint,* Tac Germ. 2,3). So sei der Name einer *natio,* nicht einer *gens* (einer [kleinen] peregrinen Provinzialgem., nicht [einmal] einer [großen] barbarischen Stammesgruppe [wie Inguaeonen, Gambrivier oder Sueben], vgl. 159, 88 ff.) Ursprung des ethnographischen Begriffs Germ.; er verdanke seine Ausdehnung (auch nur) der Furcht des Siegers, dann allerdings auch der Akzeptanz der damit Bezeichneten als Selbstbenennung (*ut omnes primum a victore ob metum, mox etiam a se ipsis invento nomine Germani vocarentur,* Tac. Germ. 2,3).

Der unendlich oft traktierte Satz (vgl. nur 95, II, 153 ff.; 98, 312 ff.; 40, 77 ff.; 159, 61 ff.; 113 unter II.1.2, die Kommentare von A. A. Lund 1988 und G. Perl 1990, sowie den Forschungsber. von Lund, ANRW II 33,3, 1991, 1995 ff.) bietet dem Verständnis große Schwierigkeiten. Er will die Ausdehnung des Germ.-Namens, die Bildung eines allg. Germ.-Begriffes, erklären. Aber es ist nicht verständlich, was die landnehmenden Germani-Tungri (als Sieger über die Gall.) dazu beigetragen haben sollten, noch weniger, wie es „aus Furcht" geschehen sein kann, und auch nicht, was der Namenwechsel Germani zu Tungri damit zu tun haben mag. Die Lösung ist deshalb meistens in einer Konjektur des Ausdrukkes *a victore* gesucht worden, zu der aber die Überlieferung keinen Anlaß gibt. Der letzte Deutungsvorschlag (159, 61 ff.) geht von der Feststellung aus, daß Tacitus keine Tatsache mitteilt, sondern eine Meinung referiert, als deren Vertreter die polit. Gegenspieler der genannten Tungrer, die kolonialröm. Agrippinenses (Kölner) erschlossen werden. Die polemisch gemeinte Äußerung setzt danach die Bürgerkriegssituation und die Parteifronten des Bataverkrieges des J.es 69/70 n. Chr. voraus und bezieht sich nicht auf germ. Sieger, sondern die Römer und ihre Furcht vor rechtsrhein. Bedrohungen (was jede Konjektur überflüssig macht); die behauptete Verbreitung des Germ.-Namens und seine Übernahme als Selbstbezeichnung spielt auf den kaiserzeitlichen Sprachgebrauch an. – Diese Deutung nimmt dem Namensatz seine Unverständlichkeit und identifiziert die dort genannten urspr. Namensträger mit den caesarischen *Germani cisrhenani;* sie sieht die Aussage der Stelle im wesentlichen als sachlich richtig an, aber reduziert ihren informativen Gehalt.

e. Die Ausbreitung des Germ.-Namens. Der Germ.-Name haftete zunächst an kleinen ethnischen Einheiten als Selbstbezeichnung; er ist hist. nach plausibelster Hypyothese im belgisch-niederrhein. Bereich beidseits des (hier als Grenze irrelevanten) Stromes zu Hause. Die urspr. Namensträger befanden sich vor der caesarischen Eroberung außerhalb des Horizonts griech. oder röm. Beobachter und wurden, als sie in deren Blickfeld traten, als Kelten identifiziert, an die sie zumindest milit. auch tatsächlich angeglichen waren. Soweit grundlegende sprachliche oder zivilisatorische Differenzen überhaupt vorhanden waren, fehlten für ihre Würdigung die Fähigkeit oder die Voraussetzung, da Differenzierung nach Sprache und Zivilisation innerhalb der Keltike bekannt war (Caes. Gall. 1,1,2) und vor allem die letzte durch das Kulturgefälle und die Entfernung leicht erklärt werden konnte. Zweifellos sprachen aber die *Germani cisrhenani* einen kelt. Dialekt wie ihre Nachbarn und waren in ihre Umgebung längst soweit integriert, daß die Gemeinsamkeit größer war als die Differenz. Die Ausbreitung des Germ.-Namens ist unter diesen Umständen nicht leicht zu verstehen und nur hypothetisch zu erklären. Von allen substantialistischen Volkstumsvorstellungen ist dabei selbstverständlich abzusehen.

Die neuerdings wichtigste Erklärungsrichtung sieht im zunehmend exklusiven Identitätsbewußtsein der Gall. den Hauptgrund der Ausbreitung des Germ.-Namens (40, 79 ff.; Wenskus, in: 8, 11 ff.). Unterschiedliche Erfahrungen mit ö. Invasoren in der Belgica und in Zentralgallien hätten sich demzufolge für die Gall. zu einem einheitlichen Fremdheitserlebnis summiert und in den Jahrzehnten vor Caesar die Übertragung des Germ.-Namens auf Kimbern oder Ariovistleute bewirkt; aus kelt. Munde wäre dieser allg. Germ.-Begriff zu den Römern gelangt (z. B. Gesandtschaft des Diviciacus: Caes. Gall. 1,31,9. 6,12,5; Cic., de div. 1,90). Druidischer Lehre wird ein kelt. Einheitsbewußtsein zugeschrieben, das auch zur Überhöhung der Rheingrenze beigetragen haben soll (Wenskus, in: 8, 13 unter Hinweis auf Timagenes bei Amm. 15,9,4). – Diese Erklärung kann sich zwar auf einzelne Zusammenhänge stützen, aber kaum die Ausbreitung des Germ.-Namens im ganzen ausreichend verständlich machen: Gerade die namengebenden belg. *Germani* waren gall. integriert; die rechtsrhein. Invasoren standen nicht den Gall. insgesamt, sondern einzelnen Stammesfaktionen gegenüber; Übertragung des Germ.-Namens auf Kimbern und Sueben ist aus vorcaesarischen Qu. nicht zu erklären.

Die Hypothese gewinnt an Wahrscheinlichkeit, wenn die Geltung des Germ.-Namens auch bei Rechtsrheinischen (in dem räumlich begrenzten Umfang, den er bei Poseidonios gehabt zu haben scheint) in Rechnung gestellt wird. Denn Germ. der Selbstbenennung nach ö. der Belgica hätten für gall.-germ. Differenzierung wie für Betonung der Rheingrenze und Verallgemeinerung des Germ.-Namens einen ganz anderen Anhalt geboten, als wenn seine Übertragung auf Kimbern und Sueben allein von den linksrhein. Namensträgern abgeleitet werden müßte. Doch sind hierfür sichere Indizien kaum zu finden. Möglicherweise ist die Mannus-Genealogie (Tac. Germ. 2,2) Reflex eines germ. Bewußtseins, das mit dem poseidonianischen Germ.-Namen verbunden werden kann (159, 25 ff.). – Es ergibt sich also, daß die Ausweitung des Germ.-Namens ein nach Grund und Verlauf nicht hinreichend durchschaubarer Prozeß ist, sobald sie nicht einfach als bloße schrittweise Entdekkung der ethnischen Realität interpretiert wird. Sie ist bei Caesar vollzogen, wahrscheinlich aber nicht seine freie Erfindung, sondern in der Zeit zw. Marius und Caesar eingeleitet. Dabei können polit. Erfahrungen der Gall. und Selbstverständnis rechtsrhein. Gruppen zusammengewirkt haben (65; 98, 312 ff.; 92, 546 f.; 94; 142; R. Seyer, in: 83, I, 55 ff.; 87a, 36 ff.).

f. Voraussetzungen des ant. Germ.-Begriffs. Die vorröm. Geogr. des Ns, auf den (umstrittenen) Entdeckungen des → Pytheas von Massalia und der kartographischen Synthese des Eratosthenes beruhend, erfuhr entscheidende Fortschritte durch die röm. Erschließung Mitteleuropas von W her (Strab. 1,14: die Römer haben den ganzen W Europas erschlossen bis zur Elbe, die Germanien zweiteilt). Davon blieb im wesentlichen die Vorstellung unberührt, daß der N kontinentaler Rand der Oikoumene und vom Ozean (und vorgelagerten Inseln) umgeben sei. So erklärt noch Plinius (Plin. nat. 4,94, nach ält. Qu.), er wolle die Ozeanküste des äußeren Europa, vom Pontos unter Überschreitung der Rhipäen ausgehend, bis nach Gades im W verfolgen, oder spricht Augustus (Res g. 26,2, vielleicht in Anspielung auf eine pytheanische Formel: Strab. 2,104) vom *Oceanus a Gadibus ad ostium Albis fluminis.* Dementspr. dachte man spekulativ das unbekannte Zentraleuropa aufgeteilt in w. Κελτική und ö. Σκυθική, getrennt durch den Tanais (als alte Grenze zw. Asia und Europa), dem später die Elbe substituiert wurde. Die gedachte n. Küstenpassage führte also ostwärts von den Kelten zu den Skythen, rechtsrhein. Gebiet und Nordseeküstengebiet mußten folglich kelt. sein und dort ansässige oder vermutete Populationen (wie die Kimbern oder die poseidonianischen Germ.) mußten den Kelten zugerechnet werden (→ Entdeckungsgeschichte 337 ff.). Die Kritik, die Empiriker wie Polybios und nach ihm Strabo (vgl. 7,294: die Gebiete an der Ozeanküste jenseits der Elbe sind uns vollständig unbekannt) an solchen Vorstellungen übten, konnten sie doch nicht positiv ersetzen.

Zu den geogr. Voraussetzungen des ant. Germ.-Begriffs kommen die ethnographischen. Ant. Ordnungsdenken gliedert die Menschen in Großverbände (ἔθνη) wie Skythen, Thraker, Kelten, Libyer usw. und teilt diese in Untereinheiten (Stämme, φῦλα). Bei neu auftauchenden Populationen stellt sich deshalb die elementare Frage, welchem Ethnos sie angehören. Wer z. B. die Kimbern oder Sueben „seien", ist daher zunächst ein Zuordnungsproblem, für das Beobachtungen, Kombinationen und Spekulationen aufgeboten werden, das aber empirisches Material auch zu interpretieren erlaubt. Dazu werden die vorfindbaren, durch Namen (selbstgegebene oder Fremdbezeichnungen) individualisierten Verbände nach den Merkmalen der Sprache, Herkunft, Verwandtschaft, Lage, Lebensweise, Institutionen untersucht und auf Ähnlichkeit oder Differenz hin miteinander verglichen. Konstitutiv für eine ethnische Einheit sind normalerweise gemeinsame Sprache, Abstammungs- und Heiratsgemeinschaft, gleiche Lebensweise und Identitätsbewußtsein, doch ist keines dieser Merkmale für sich allein begriffsnotwendig. Auch die Verbände der höheren Ordnung sind ethnische Realitäten und haben echte Namen, sind aber auf Abstraktion angewiesen und können empirisch nie vollständig verifiziert werden. Die ethnographische Hierarchie ist nur in gewissem Grade begrifflich-systematisch durchdrungen und deshalb im Einzelfall Unsicherheiten und varianten Beurteilungen unterworfen. Die ält. Ethnographie überbrückte Zuordungsschwierigkeiten gern durch Mischbildungen (wie Helleno-Skythai, Liby-Phoinikes); in diesem Sinne erklärten zeitgenössische Beobachter die Kimbern für Keltoskythen (Plut. Mar. 11,7). Das Instrumentarium der ant. Ethn. stellte also für ein neues Beobachtungsobjekt ein Raster von Ordnungsgesichtspunkten, Abstraktionsebenen und Vergleichsmöglichkeiten bereit, aber schematisierte auch die ethnische Realität.

So waren die Phänomene der ethnischen Mobilität mit ant. ethn. Begriffen kaum zu erfassen. Die Fluktuation mitteleurop. Invasoren wurde als rationale Arbeitsteilung von Kriegern und Bauern auf der Grundlage eines primitiven Agrarkommunismus mißdeutet (Caes. Gall. 4,1,3–10) oder als Willkür von Nomaden psychologisiert (Strab. 7,291); die kimbrische Bewegung konnte als erzwungene Reaktion auf eine akute Notlage durch Landverlust oder als Ausfluß von charakterbedingter Habgier und Raubsucht angesehen werden (Strab. 7,291–93; Plut. Mar. 11). Wanderzüge unter Führern wie Orgetorix, Ariovist und Marbod begriff man nach dem Modell mythischer Kolonisationsunternehmungen. Das Verständnis von Einheit und Zusammenhang der seit Caesar ‚germanisch' genannten und als (den Kelten analoges) Großethnos gedachten Stämme Mitteleuropas war daher von gedanklichen Voraussetzungen der ant. ethn. Tradition abhängig.

g. Der caesarische Germ.-Begriff. Die Ausweitung des Germ.-Namens zu einem ethnographischen Klassenbegriff hat vor allem, wenn nicht überhaupt nur Caesar vollzogen. Für ihn sind 1. die Germ. durch den Rhein von den Gall. geschieden; die belg. *Germani* werden dadurch aus originären Namensträgern zur Ausnahmeerscheinung der *Germani cisrhenani.* 2. erstrekken sich rechts des Rheines die Germ. in unbekannte Weiten und umfassen insbesondere auch die Sueben, so daß Germ. zu einem Großverband neben (und zw.) Kelten und Skythen werden. 3. gibt Caesar die ält. Raumvorstellung auf, wonach die Germ. nördlicher als die (verwandten) Kelten wohnen (Strab. 4,196), was sie klimazonen- und kulturdiffusionstheoretisch (ähnlich den caesarischen Belgern) als entfernteste und wildeste Kelten zu begreifen erlaubte; die Germ. gelten fortan als binnenländische, ö. Nachbarn zw. Ozean und hercynischem Wald (Caes. Gall. 1,31,11. 4,1–3. 16. 6,21–25). Bleibende Folge dieser, dem Germ.-Begriff inhaerenten Blickrichtung war die Unbestimmtheit der ethnischen Grenze im O: Weichsel (Plin. nat. 4,81), Skythen, Sarmaten, *mutuus metus aut montes* (Tac. Germ. 1,1) werden als solche genannt.

Caesar begründet keine Meinung, sondern unterstellt, von ethnischen Tatsachen zu reden. Freilich legt er wichtige Informationen über den Sachverhalt gall. Informanten in den Mund (Diviciacus: 1,31; Treverer: 1,37,3; Remer: 2,4); aber die Helvetier werden sogleich als Nachbarn und Gegner von Germ. am Hochrhein bezeichnet (1,1,3), Ariovist heißt *rex Germanorum* (1,31,10), die Kimbern und Teutonen werden Germ. genannt (1,40,5), ohne daß der zugrunde gelegte allgemeine Germ.-Begriff als Ausweitung eines engeren Germ.-Namens (s. o. unter e.) erkennbar würde (171, 37). Dagegen wird er im Laufe des Kriegsberichtes fortschreitend – und gipfelnd im Exkurs 6,11–28 – inhaltlich entfaltet. Dieser Befund ist von der gesamten ält. Forsch. als Erkenntnis des wahren Sachverhalts und Caesar entspr. als der eigentliche Entdecker der Germ. angesehen worden; seine Begriffsbildung habe sich durchgesetzt, weil sie objektiv richtig war. Der sprachwiss. begründete Versuch Feists (46; s. u. unter h.), Caesars Germ.-Begriff zu widerlegen, hat sich nicht durchgesetzt. Der Diskussion unterlag nur die Frage, auf welchen Voraussetzungen Caesar aufbauen konnte und in welchem Grade sein Germ.-Begriff neu war (98, 351 ff.; Jacoby, FgrHist II C 169 ff.).

Da aber auch allg. anerkannte Akte der ethn. Begriffsbildung als logische Operationen mehr und anderes sind als bloße Summierung zutreffender Beobachtungen (s. o. unter f.), kann Caesars Germ.-Begriff nicht einfache Widerspiegelung der ethnischen Realität sein; er enthält wie jede Klassifikation ein Element urteilender Entscheidung. Daß es neben der aktuellen und hist. Infiltration rechtrhein. Gruppen nach Gallien auch umgekehrt kelt. Expansion in die vermeintlich rechtsrhein. Germania gegeben haben sollte (Caes. Gall. 6,24,1–3; vgl. Tac. Germ. 28,1–2), spricht denn gegen eine feste Rheingrenze auch ebenso wie die allg. Erwägung, daß lineare Grenzen dem Charakter einer ethnischen Übergangszone nicht entsprechen. Die Postulierung eines von den Kelten am Rhein geschiedenen, aber in sich identischen Großethnos Germ. mit ungewisser Ausdehnung nach O kann von Beobachtung oder Informationen kelt. Gewährsleute allein nicht eingegeben sein.

Methodische Bedeutung kommt deshalb der vielbeachteten Deutung Walsers (171) zu, mit der die Frage der sog. Glaubwürdigkeit Caesars auf den Germ.-Begriff angewendet wurde. Überlegungen Nordens, Jacobys und Frahms (47) weiterführend erklärte Walser Caesars Konzeption als Ausdruck einer polit. Tendenz: die behauptete Funktion des Rheins als Völkerscheide habe den Kampf gegen Ariovist sowie die polit. und milit. opportune Grenzziehung des Eroberers Galliens motivieren und rechtfertigen sollen (vgl. 114; 61). Die Annahme Walsers bietet eine Erklärung dafür, daß Caesar den tiefen Unterschied zw. Gall. und Germ. betont (Caes. Gall. 6,21,1), was bei der gewöhnlichen Übertragung eines echten Namens auf die weiteren Nachbarn nicht leicht verständlich wäre. Sie kann auch auf die merkwürdige Tatsache verweisen, daß der caesarische Germ.-Begriff in der griech. Lit. nicht rezipiert worden ist. – Es hätte aber bei Freiheit zur tendenziösen Gestaltung der ethnographischen Terminologie der vermuteten Absicht Caesars wohl eher gedient, den Suebennamen zu verallgemeinern und ihm die Germ. als w. Teilgruppe unterzuordnen, statt den Germ.-Namen auf die Sueben zu erstrecken. Caesar nennt jedoch einerseits – was als Fortentwicklung der poseidonianischen Begriffsbildung angesehen werden kann – alle Rechtsrhein. ‚Germ.‘ und betont andrerseits – im Gegensatz zu Poseidonios – den

Kontrast zw. Gall. und Germ. Er hat dadurch gewisse Schwierigkeiten, die linksrhein. Germ. mit seinem Germ.-Begriff in Einklang zu bringen. Diese Unstimmigkeit macht eher fraglich, ob Caesar frei war, den Germ.-Begriff einer polit. Tendenz zuliebe auszufüllen. Doch hat die philol.-hist. Textinterpretation jedenfalls gezeigt, daß bei Caesar auch im Bereich der ethnographischen Begriffsbildung Interesse und Absicht, Vorurteil und Mißverstehen, richtige und falsche Schlußfolgerungen vorauszusetzen sind. Sein Germ.-Begriff kann deshalb die objektive Gültigkeit nicht mehr beanspruchen, die ihm früher zugesprochen worden ist. Eine in allen Aspekten befriedigende Erklärung der Ausweitung des Germ.-Namens zum caesarischen Germ.-Begriff ist jedoch bisher nicht gelungen.

h. Der moderne Germ.-Begriff. Caesars Germ.-Begriff ist eine grundlegende Voraussetzung für den modernen geworden. Dieser ist vor allem durch den ethnischen Substantialismus des romantischen Volksbegriffs geprägt, dem alle kulturellen Lebensäußerungen einer Gemeinschaft als Ausdruck des ‚Volksgeistes' oder eines einheitlichen ‚Wesens' des Ethnos galten. Die Germ. auch des 1. Jh.s v. Chr. werden danach als ‚Volk' verstanden, das seine genetisch konstante, aber sich stammbaumartig differenzierende Individualität, das ‚Volkstum', insbesondere in seiner Sprache dokumentiert. Konstitutive Merkmale der Sprachentwicklung, wie die Lautverschiebung, werden deshalb als Kriterien des germ. Volkszusammenhanges angesehen (95, II, 153 ff.; 16, 762 ff.; 92, 546 ff.; s. u. II. B. Sprache und Schrift), Argumente gegen die sprachliche Einheit als Einwände gegen die ethnische Identität gewertet (dazu grundsätzlich: Wenskus, in: 8, 2). So entwickelte Feist aus dem richtigen methodischen Grundgedanken, daß der ant. Germ.-Begriff ein anderer sei als der moderne, die Folgerung, daß die in der ant. Überlieferung begegnenden westgerm. Stämme nach modernen, sprachlichen Kriterien im wesentlichen Kelten seien (46; sachliche Kritik daran 14, 56 ff.). Kuhn nahm namenskundliche Beobachtungen zur Lautverschiebung im Raum zw. Rhein und Weser, Nordsee und Mittelgebirgsrand zum Ausgangspunkt seiner These der ‚Völker zwischen Kelten und Germanen' (62, 105 ff.; dazu 82, 144 ff.; W. Meid, in: 8, 183 ff.). – Auch der arch. Germ.-Begriff geht vom romantisch-sprachwiss. aus: Weil sich der Volksgeist auch in den materiellen Schöpfungen einer Zivilisation ausdrücke, wurden arch. Formenkreise konstanten ethnischen Trägergruppen zugeschrieben, sofern Kontinuität der Besiedlung nachgewiesen werden konnte, und diese hist. benannt, wenn liter. Qu. die Identifizierung der Bevölkerung zu erlauben schienen. An diesem, von Gustaf → Kossinna formulierten Identitätspostulat ist das methodisch zentrale Problem der ethnischen Interpretation von Fundgruppen in der prähist. Arch. entwickelt worden (174, 113 ff.; Hachmann, in: 62, 16 ff.; 60; 61; s. u. III. Archäologie), und es sind gerade der Germ.-Begriff und die Rheingrenze, die dafür als wiss. Paradigma gedient haben (169). – Wie der arch. den sprachwiss. Germ.-Begriff voraussetzt, so dieser den ant. liter. Die Gleichsetzung geschah lange Zeit ganz unbedenklich und in der Zuversicht, daß die einzelwiss. Erkenntnisse und die dabei gewonnenen Bedeutungsaspekte miteinander konvergierten.

Der im 19. Jh. entwickelte moderne Germ.-Begriff beruht also auf dem ant. (caesarischen), der seinerseits Ausweitung eines als Selbstbenennung gebrauchten Einzelnamens zu einem ethnographischen Ordnungsbegriff durch Subsumtion vor allem sueb. Gruppen und Stämme (aus nicht völlig klaren Motiven und auf nicht ganz durchsichtigen Wegen) darstellt. Bereits dieser ant. Germ.-Begriff blieb im wesentlichen von den Römern ausgehende Fremdbenennung, die höchstens im Außenverkehr mit Lat. Sprechenden von den damit Benannten als Selbstbezeichnung rezipiert wurde; er schloß schon aus Gründen der geogr. Kenntnis den realen skand. N im wesentlichen stets aus, umfaßte aber den Ostseeraum und die ö. und sö. Suebenstämme (so in Tacitus' Germania). Den in diesem Sinne und Umfang nur kurze Zeit (nämlich in der frühen und hohen Kaiserzeit) gebrauchten Germ.-Begriff, der als solcher aber aus der ant. Lit. bekannt blieb und als Bildungsreminiszenz (ähnlich dem Skythennamen) leicht zu reaktivieren war, hat die humanistische Wiederbelebung der ant. Tradition zu einem zeitlos-normativen Begriff von unbezweifelbarer Autorität gemacht: Ohne Enea Silvio Piccolomini, Ulrich von Hutten, Conrad Celtis und andere Humanisten gäbe es schwerlich die Probleme des modernen Germ.-Begriffs und gewiß keine ‚Germanenideologie' (138). Der auf diesem Wege erneuerte Gebrauch des Germ.-Begriffs mußte zwar auf die Bildungsträger beschränkt bleiben, hat sich aber terminologisch dauerhaft und wirkungsvoll verfestigt. Im 19. Jh. mit dem romantischen Volksbegriff verquickt und nicht ohne Widerspruch (→ Gotizismus; Jacob → Grimm) zum wiss. Terminus zunächst für die Bezeichnung der germ. Sprachfamilie gemacht, sind ihm dann auf der Grundlage der Volksgeistlehre andere Bereiche der geistigen und materiellen Kultur zugeordnet worden, die ihrerseits der sachliche und methodische Gegenstand verselbständigter einzelwiss. Bemühungen wurden.

Diese hist. gewachsene Einheit ist weder begrifflich noch sachlich aufrecht zu erhalten; vielfältige moderne Bemühungen um den wiss. Germ.-Begriff belegen diese Erkenntnis (44; 174, 113 ff.; 60; Jb. f. internat. Germanistik 7, 1975. 13, 1981; 8; 87a). – Die hier vorliegenden Schwierigkeiten liegen zunächst (1) in der Entwicklung der Einzelwiss., deren Ergebnisse die urspr. Konvergenzerwartung nicht mehr rechtfertigen. Vor allem für die Methodologie der arch. Wiss. ist die Erkenntnis wichtig geworden, daß die Kulturgruppen, die das Fundmaterial abbildet, nicht ‚Völkern' entsprechen, und daß es vorwiegend kulturgeschichtl. Zustände sind, weniger das individuelle Geschehen prozeßhafter Gesch., was damit faßbar wird (4, 42 ff.). In der Geschichtswiss. ist die Herder und der Romantik verpflichtete Vorstellung von Völkern als Grundkategorie und Konstanten des geschichtl. Lebens mindestens so stark eingeschränkt worden, daß von einem germ. ‚Volk' oder einem germ. Völkerverein (im Sinne Rankes) nicht mehr gesprochen werden kann. Wenn es auch eine vergleichbare Revision der Vorstellung des stammbaumartigen Sprachzusammenhangs aus triftigen Gründen nicht gibt, so ist doch der sprachwiss. Germ.-Begriff von der Bedeutungshaltigkeit und Wesensmetaphysik der romantischen Ursprünge, die seine Syntheseeignung vor allem begründeten, inzw. weit entfernt.

Die Schwierigkeiten eines objektiven wiss. Germ.-Begriffes liegen ferner (2) in der Unvereinbarkeit der fachspezifischen Germ.-Begriffe untereinander: Wenn die Kulturgruppen der arch. Befunde keine Völker abbilden, wenn die hist. Germ. nicht unbedingt eine Sprachfamilie darstellen und umgekehrt die eine germ. Sprache Redenden nicht notwendig Germ. der Selbst- oder auch Fremdbezeichnung nach sind (also Sprachverwandtschaft nicht ethnisch interpretiert werden muß, vgl. Untermann, in: 146, 154 f.), dann reden die Einzelwiss. beim Gebrauch des Germ.-Begriffs zwar nicht von völlig Verschiedenem, aber doch nicht von Demselben. Ein ‚objektiver' und allg. Germ.-Begriff kann dann nur durch Konvention Merkmale festlegen, die erfüllt sein müssen, wenn der Begriff korrekt gebraucht werden soll, er verfällt damit aber leicht in definitorische Willkür und ignoriert u. U. den Sprachgebrauch der

Qu., d. h. den hist. legitimierten. Paradoxes Beispiel dafür ist, daß die einzigen bezeugten genuinen Namensträger der Selbstbezeichnung nach, die caesarischen *Germani cisrhenani,* nach modernem wiss. Verständnis zur Zeit ihrer Bezeugung keine Germ., sondern kelt. assimilierte Belger waren.

Ein noch weniger auflösbares Problem besteht schließlich (3) darin, daß die mit den Kategorien des *einen* wiss. Sachbereichs etablierte *Geltung* des Germ.-Begriffs in einem anderen nicht gegeben sein muß. Das führt vor allem in der Frage der räumlichen und zeitlichen Extension der Germanität zu schwerwiegenden Konsequenzen. So kann die Konstanz einer Sprachgemeinschaft oder die Kontinuität einer Zivilisation einen Wechsel des Identitätsbewußtseins überdauern (und umgekehrt), woraus sich die unterschiedliche Geltung der auf dem einen oder dem anderen Kriterium beruhenden Germ.-Begriffe unmittelbar ergibt. Deshalb sind die Skandinavier nur im Sinne der germ. Philol. Germ., die Angehörigen der Jastorf-Kultur Germ. höchstens für den Prähistoriker und die hist. Franken eigenem Verständnis nach als solche keine Germ. (Jord. Get. 67). Das Kriterium der ethnischen Konstanz und Kontinuität erweitert also die Germanität nach vorn und hinten in Zeiträume, in denen es ein germ. Identitätsbewußtsein nicht gibt; das Kriterium des Sprachzusammenhangs subsumiert ihr ethnische Gruppen, die in keinem anderen Sinne germ. genannt werden könnten.

In der Praxis führt das zur unbewältigten Rivalität von einzelwiss. begründeten Geltungsansprüchen. Der auf sog. ‚objektiven' (Sprache und Abstammung) Kriterien beruhende Vereinnahmungsanspruch nationalistischer Ideologien (Pangermanismus, Panslawismus, Panturkismus usw.) beleuchtet die polit. Brisanz solcher Konstruktionen. Es ist deshalb eine sehr verständliche Reaktion gegen substantialistische, in geschichtsbiologischer Ideologie gipfelnde Anschauungen, das ethnische Selbstbewußtsein als Kriterium der Ethnizität bes. zu betonen. Nicht zufällig entspricht der damit berührte Gegensatz auch einer grundlegenden Differenz der modernen Volks- und Nationalauffassung (Volk als objektiv vorgegebene oder subjektiv verwirklichte Größe, Sprach-, Abstammungs- und Rechtsgemeinschaft versus Willensnation, zugespitzt in Renans *plébiscite de tous les jours*). Schon immer verrät es eine unfreiwillige Abhängigkeit vom subjektiven Aspekt, in Stammeskonflikten oder in dem erweislichen Fehlen von Zusammengehörigkeitsgefühl in der alten Germania (Beispiele bieten die liter. Zeugnisse über die röm. Okkupationskriege oder über die VWZ, vgl. auch: 184) anachronistisch ein Defizit an (eigentlich geschuldetem) Nationalbewußtsein zu beklagen. Die stärkere Gewichtung des subjektiven Aspekts wird von der modernen Frühmittelalterforsch. bestätigt, wenn sie die leicht wechselnde Selbstzuordnung in der Stammeswelt, die schwache Realkonstanz von Stämmen und Stammeskonglomeraten bes. in der Fluktuation der sog. Wanderungen erkannte und den Charakter der Stämme als Abstammungsgemeinschaften auf die Konstanz von Traditionskernen und genealogische Überlieferungen reduzierte (174; 180).

Die berechtigte Korrektur einseitiger Akzentuierungen darf aber die relative Berechtigung auch des objektiven Aspekts für den Germ.-Begriff nicht übersehen lassen; die Tatsache der Verwandtschaft der germ. Sprachen ist auch als geschichtl. Phänomen (und Problem) zu würdigen. Auch entspräche es dem Stand des geschichtl. Verständnisses nicht, komplexe hist. Phänomene einseitig vom Bewußtsein der Betroffenen her zu erklären. Ein allgemeiner und interdisziplinär akzeptierter Germ.-Begriff fehlt also deshalb, weil die einzelfachlichen Merkmale des als ‚germanisch' Verstandenen schwer zur Deckung zu bringen sind; er würde eine eindringende Klärung der Begriffsgesch.

und der zugrunde liegenden methodologischen Differenzen voraussetzen. In der aktuellen forschungsgeschichtl. Situation hat sich vor allem die berechtigte Kritik präskriptiver Begriffsmerkmale struktureller und typol. Art ausgewirkt, ohne daß eine Reduktion auf das Kriterium des Selbstbewußtseins möglich und sinnvoll wäre. Das Ausgehen vom authentischen Sprachgebrauch (konstative Definition nach Wenskus, in: 8, 16 ff.) ist das hist. Angemessene und führt auf die oben angegebene Begrenzung des Stichworts.

§ 2. Ethnos der Germ. a. Ethnogenese. Die Entstehung eines Ethnos (zu Aufkommen und Gebrauch dieses wiss. Kunstbegriffs siehe W. E. Mühlmann, in: 146, 9 ff.) ist in der schriftlichen Überlieferung nur Gegenstand ethnogonischer Mythen (für die Germ. vor allem die Mannus-Genealogie Tac. Germ. 2,2), die hist. als Ausdruck des Selbstverständnisses sozialer Verbände gewertet werden (→ Abstammungstraditionen; → Genealogie), aber im allg. nicht als Qu. für reale, zeitliche Prozesse dienen können. Die Ethnogenese der Germ. stellt sich als wiss. Frage erst, seitdem die Identifizierung erschlossener Sprachgemeinschaften und kontinuierlich bezeugter Fundgruppen mit hist. Namen und die Vorstellung der objektiven Volkskonstanz aufgegeben sind. Zuvor wurde sie der Ausgliederung des Urgerm. aus der idg. Grundsprache und/oder der Überschichtung und Verschmelzung neol. Kulturgruppen (der Megalithkultur und der schnurkeramischen Einzelgrabkultur; inzw. auch als Vorgang bestritten) gleichgesetzt und ein Erkenntnisgewinn gerade darin gesehen, daß die Verknüpfung einzelfachlicher Ergebnisse hinter die erste Bezeugung des Germ.-Namens weit zurückzugelangen zu erlauben schien.

Für die neuere Forsch. bieten ethnogenetische Prozesse dank ihrer Komplexität, Vielgestaltigkeit und Undurchsichtigkeit schwer lösbare Fragen (siehe: 146), sie sind auch deshalb schwer eingrenzbar, weil der vorausgesetzte, in der Ethn. entwickelte Begriff Ethnos (Ethnie, ethnische Gruppe, Stamm) auf hist. Sozialverbände (‚Altvölkerkunde' nach von Petrikovits) nicht oder nur auf hoher Abstraktionsebene anwendbar ist. Was Ethnogenese der Germ. heißen kann, ist nicht ohne vorgängige Klärung des Germ.-Begriffs (s. o.) zu beantworten; mangels solcher gebrauchen die Einzelwiss., wenn auch vielfach im Wissen um den aporetischen Sachverhalt, fachspezifische Germ.-Begriffe. So nennt die Sprachwiss. die Gesamtheit der von der (zeitlich nicht fixierbaren) ersten Lautverschiebung betroffenen Sprachgruppen ‚germanisch', ohne die sprachliche Germanität etwa rechtsrhein. Stämme oder gar der *Germani cisrhenani* caesarischer Zeit sicher bejahen zu können, ohne ein Identitätsbewußtsein der Sprecher germ. Dialekte vorauszusetzen und ohne in der Bezeichnung ‚germanisch' mehr als eine wiss. Konvention zu sehen; die Frage der germ. Ethnogenese ist also von daher nicht zu beantworten. – Die Arch. kann von sich aus „die Frage, was unter dem Begriff ‚G.' ... zu verstehen sei, ... nicht beantworten" (Mildenberger, in: 8, 319; 61, 117; 4, 43). Sie stellt Kulturgruppen (und deren Veränderungen und Erweiterungen) fest, die einander näherstehen als ihren Nachbarn (von Uslar: 164), kann deren Gesamtheit aber nur unter Entlehnung des hist. Namens germ. nennen; dabei weisen die arch. Fundgruppen zwar Beziehungen zu den hist. Stämmen auf, decken sich aber mit diesen nicht. Ohne Rückgriff auf substantialistische Kontinuitätsvorstellungen oder hist. Bezeugung sind auch von da aus keine Aussagen über germ. Ethnogenese möglich. – Der hist. Zugriff kann die Bindung des Germ.-Begriffs an authentische, bezeugte Namen und ihren Zusammenhang in ereignishafter Gesch. einbringen und ist in gewissem Grade zu Aussagen über das

Zusammengehörigkeitsbewußtsein der beteiligten Gruppen imstande, bleibt dafür aber auf das Filter liter. Qu. angewiesen und hat deren Verständnisbarrieren zu berücksichtigen.

In dieser Situation sind nur Annäherungen an das Problem der germ. Ethnogenese möglich: (1) Der Germ.-Begriff ist eine ethnologische Ordnungskategorie in ant. Tradition und Denkweise zur Bezeichnung einer Großgruppe zw. Kelten und ‚Skythen', eine klassifikatorische Sammelbezeichnung wechselnden Umfangs. Seine Verwendung beruht auf einer Verallgemeinerung des engeren Germ.-Namens, ist also, wenn auch nicht ohne Anhaltspunkt in der ethnographischen Empirie, eine Fremdbenennung von außen (vgl. den taciteischen Namensatz). Es ist weder wahrscheinlich noch zu erweisen, daß ihm eine Selbstbenennung und ein Bewußtsein einer gesamtgerm. Identität entsprachen (es sei denn in gewissem Grade sekundär unter röm. Einfluß). Ist ein Ethnos, ohne daß diese Kriterien erfüllt wären, nicht vorauszusetzen, kann es eine germ. Ethnogenese von daher nicht gegeben haben. – (2) Der namengebende Traditionskern müssen die poseidonianischen Germ. am Niederrhein und im Nordseeküstengebiet samt den *Germani cisrhenani* der Belgica gewesen sein, die den Germ.-Namen als Selbstbezeichnung führten. Die Ausweitung zum allg. Germ.-Begriff ist von den Kelten und den Römern ausgegangen; doch ist dieser Vorgang nicht völlig durchschaubar. Er wäre auch, sofern ihm kein Gemeinschaftsbewußtsein der Betroffenen entsprach, nicht als Ethnogenese anzusprechen. Nach der taciteischen Mannusgenealogie ist eine Ausbreitung des Namens aber auch durch Selbstzuordnung zu den ‚Germani' denkbar (Anspruch der Marsi, Gambrivii, Suebi Vandilii, zum urspr. Dreierverein der Mannusgruppen hinzuzugehören: Tac. Germ. 2,2; vgl. 159, 34 ff., so auch 182, 137), doch hätte ein solcher Prozeß nur einen Teil der Germ. im allg. Sinne erreicht. – (3) Die weitaus wichtigste reale ethnogenetische Tendenz hängt mit der Expansion der Sueben zusammen, die auch mit bezeugter ‚Selbstsuebisierung' (Cass. Dio 51,22,6) einherging, wenn diese auch nach Zeit, Ausgangspunkt und Reichweite umstritten bleibt (152; 174, 258 ff.; 105). „Das Germanentum war auf dem Wege, durch die Sueben ethnisch geeint zu werden" (Wenskus 174, 267; hierbei kann, ohne in einen Zirkel zu verfallen, ‚Germanentum' nur die germ. Sprachgemeinschaft bezeichnen). Dieser Vorgang ist von der Ausbreitung des Germ.-Namens ganz unabhängig, er muß ihr zumindest im Binnenbereich sogar entgegengewirkt haben. – (4) Germ. Einheitsbewußtsein ist oft aus der Distanz zu nicht germ. Nachbarn (Gebrauch der Namen der Volcae und Veneti) abgelesen worden. Doch beschränkt sich das damit bezeugte Bewußtsein ethnischer Differenz auf einzelne Grenzbeziehungen, es ist nicht zu erkennen, daß es zum Bewußtsein gesamtgerm. Einheit gegenüber allen Nachbarn fortgeschritten wäre. – (5) Germ. Ethnogenese, verstanden als relative Verdichtung der Interaktion der Angehörigen des Ethnos, Verständigungsgemeinschaft und ein im Namen (als Selbst- oder angenommener Fremdbenennung) und in integrierenden Traditionen oder Kulten zutage tretendes Identitätsbewußtsein, dem eine entspr. Abgrenzung gegen Außenstehende, Gegner und nicht zugehörige Nachbarn entspricht, ist allenfalls als polyzentrisches Geschehen zu verstehen (174, 163 ff. 374; 4). Die dabei wichtigsten mitwirkenden Faktoren waren das osmotische Verhältnis, das verschiedene barbarische Randgruppen (im nw-dt. Flachland, an der Elbe und in Jütland und S-Skand.) in unterschiedlicher Weise zur kelt. Sphäre eingingen (durch Eroberung und Infiltration kelt. geprägter Gebiete wie durch Selbstkeltisierung), das in mancher Beziehung ähnliche Verhältnis zu den Römern sowie die inneren Prozesse, die mit diesem Außenverhältnis zusammenhingen (z. B. im Gefolge der Bastarnen- und Kimbernwanderung und der Suebenvorstöße). Von germ. Ethnogenese muß insoweit eher als einer Tendenz als einem Ergebnis gesprochen werden; sie ist das mehr von außen als von innen stimulierte Zusammenwachsen der mitteleurop. Randkultur. Da sich die in Betracht kommenden Vorgänge nur zum geringeren Teil im Lichtkegel hochkultureller Wahrnehmung abspielten, sind sie vor allem in vorcaesarischer Zeit kaum sicher zu beurteilen. Die germ. Sprachgemeinschaft ist hierbei naturgemäß in Rechnung zu stellen, doch scheint es schwer, die Bedeutung der ihr zugrundeliegenden Prozesse (Lautverschiebung) anders als im linguistischen Horizont zu werten und sie nicht als Antizipation der Ethnogenese zu verstehen.

b. Germ. Stämme. Die Stämme (ἔθνος, φῦλον, *gens*, *civitas*, *populus*, *natio*) sind soziale Verbände, die überall als selbstverständlich vorausgesetzt werden; sie gliedern als Ordnungskategorie die barbarischen ebenso wie die mediterranen Ges. vor der Urbanisation, werden als naturhaft gegebene Abstammungsgemeinschaften gedacht und entziehen sich deshalb auch einer abstrakt-begrifflichen Erfassung, nicht nur bei den Germ. Die Stammesterminologie ist deshalb unpräzis und variabel (103), sie erklärt die ethnische Realität wenig (der erschlossene germ. Begriff **teuta* scheint geringe praktische Bedeutung zu haben), die hierarchischen Ebenen von Verbänden werden nicht terminologisch auseinandergehalten (z. B. Tac. Germ. 38,1). Eindeutig ist jedoch, daß Stämme durch Namen und Identitätsbewußtsein ihrer Angehörigen individuiert sein müssen. Gegenüber der von der ant. Begriffsbildung, dem alttestamentlichen Modell des stammesgegliederten Volkes Israel und dem romantischen Volksbegriff bestimmten Auffassung, daß Stämme als nur teilselbständige Einheiten dem größeren Ganzen eines ‚Volkes' (Nation) subordiniert seien, bedient sich die moderne Forsch. vor allem des von dieser Vorgabe freien ethnographischen Vergleichs und der ethnosoz. Analyse (vgl. K. E. Müller, Das magische Universum der Identität, 1987 mit Lit.; Taschenwb. der Ethn. von M. Panoff, M. Perrin [dt. J. Stagl ²1982]; Neues Wb. der Völkerkunde, hrsg. von W. Hirschberg, 1988; breiteste hist. Verarbeitung dieser Ansätze wiederum bei Wenskus [174, 14 ff.]). Sie gelangt damit zur Erfassung der wichtigsten Funktionen der Stammesorganisation (Sprach-, Kult-, Wehr-, Rechtsgemeinschaft, endogame Gruppe, Siedlungs- oder Landnahmegemeinschaft, Traditionsträger und Objekt der kollektiven Identität, evtl. polit. Verband). Sehr wichtig für die Gesch. der germ. Stämme sind jedoch ihr interner Zusammenhang, die evtl. Gliederung in Stammesgruppen und die Zusammenfassung in Stammesverbänden, die Neuformierung von Stämmen aus Stammessegmenten sowie die durch Mobilität hergestellten Beziehungen der Stämme untereinander.

Fraglos liefern die Stämme nicht nur das wichtigste Gliederungsprinzip des germ. Ethnos, sondern bilden sie auch die wichtigsten Handlungsträger der Gesch. der Germ. Darst. der sog. Stammeskunde (16; 125; 115; 135) scheinen deshalb Gesch. der Germ. als Addition von Stammesgeschichten zu liefern oder beanspruchen das sogar. Doch steht dem die Zufälligkeit und Lükkenhaftigkeit der (vor der VWZ ausschließlich ant.) hist. Qu., die methodisch schwierige und selten befriedigende Synthese hist., arch. und sprachlicher Qu. und die Begrenztheit der durch die Stammesgeschichten eröffneten hist. Perspektive entgegen.

c. Stammesgliederung. Die älteste Gliederung der germ. Stämme in die Mannusgruppen der Ingvaeonen, Istvaeonen und (H)erminonen (→ Mannusstämme) ist, entgegen der trügerischen Sicherheit, mit der die Namen von der früheren Forsch. meist in der geogr. und ethnographischen Realität verortet wurden, eine vielleicht poet. (‚Merkvers'; →Merkdichtung) Zusammenstellung von (möglicherweise theophoren) Namen ungewisser Bedeutung in ungeklärter Auswahl; in der geschichtl. Zeit sind so benannte Verbände nicht nachweisbar. – Die ersten Stammesnamen, nach den nicht für Germ. gehaltenen Kimbern, Teutonen und Ambronen (Liv. per. 68; Strab. 2,102; Plut. Mar. 15,5 f.), teilt Caesar mit. Er nennt den sueb. (nach Caes. Gall. 1,53,4) *rex Germanorum* (1,31,10) Ariovist als Führer von Kontingenten der Haruden, Markomannen, Triboker, Vangionen, Nemeter, Sedusier und Sueben (1,51,2); sueb. Nachzug (1,54,1) am Rhein verläuft sich nach der Niederlage. Als rechtsrhein. germ. Nachbarn erscheinen am Mittel- und Niederrhein die verbündeten (und von den Sueben verdrängten) Ubier, die als Feinde behandelten Usipeter und Tenkterer und die Sugambrer, ferner ungenannte Tributärstämme der Sueben und in deren Rükken (und von ihnen durch die *silva Bacenis* geschieden) die Cherusker (4,1–5. 16. 6,10). Das durch Fluktuation, Verbreitung und Größe (100 *pagi*) gefährlichste Element ist die *gens Sueborum.* Caesar nennt rechtsrhein. Stämme nur nach Maßgabe seines milit.-polit. Interesses; auch im ethnographischen Exkurs über die Germ. (6,23 ff.) werden nur anonyme *civitates* und deren Ödlandgrenzen erwähnt, aber keine Namen von Einzelstämmen mitgeteilt.

Der enorme Kenntniszuwachs der nachcaesarischen und der Okkupationszeit schlägt sich in der beträchtlich vermehrten Zahl der Stammesnamen, vor allem bei Strabo, Plinius und Tacitus, nieder. Strabo gliedert das Land zw. Rhein und Elbe in ‚Teile' (μέρη), skizziert seine Gestalt (Flüsse, S-N-Gefälle), lokalisiert die Sueben am hercynischen Wald (Quaden, Markomannen), aber betont auch ihre ubiquitäre Verbreitung zw. Rhein und Elbe und darüber hinaus (Semnonen, Hermunduren, Langob.). Marbod habe ihnen ö. Stämme (Lugier, Gutonen u. a.) angeschlossen. Die Rheinanwohner bildeten eine Gruppe für sich, von der durch Kriege, Abwanderung und Deportation nur ein Teil der Sugambrer übrig sei. Summarisch werden als ‚andere und schwächere Stämme' Cherusker, Chatten, Gambrivier, Brukterer, Chauken u. a. genannt; die Fluktuation der Stämme wird wiederholt hervorgehoben (7,290 ff.). Strabo hat also eine aus verschiedenen Qu. kompilierte grobe Anschauung des Landes, kennt eine große Zahl von Stammesnamen und verbindet sie in herkömmlicher Weise mit der Vorstellung hoher Mobilität der Populationen. – Aus der trümmerhaften Überlieferung der frühen Kaiserzeit zeigen die Kriegsberichte (v. a. Vell. 2,105–109), die ethnographisch-geogr. Abrisse (Pomponius Mela, Plinius der Ält.) und einzelne Nachr. aus der senatorischen Annalistik (Cassius Dio aus ält. Qu., Tacitus' Annalen und Historien) die zunehmende Kenntnis der germ. Stammeswelt, nicht zuletzt auch des Os nach der Erschließung der direkten Verbindung zw. Ostsee und Pann. (sog. Bernsteinstraße). Plin. nat. 4,98–106 teilt die Germ. (nach ält. Kenntnisstand) in fünf *genera*, nämlich die drei Mannusstämme, vermehrt um Vandilii (Ost-Germ.) und Basterner-Peukiner.

Die wichtigste und ausführlichste Information über die Stammesgliederung bietet die Germania des Tacitus (98 n. Chr.). Der Historiker beschreibt (c. 29 ff.) die Abfolge der Stämme am Rhein (Chatten, Usipeter, Brukterer, Chamaver, Angrivarier u. a.) und an der Nordseeküste (Friesen, Chauken, Kimbern), im Hinterland die Cherusker, dann die Sueben im Binnenland (Semnonen, Langob., Nerthusstämme) und an der Donau (Hermunduren, Naristen, Markomannen, Quaden), schließlich die Kette der Oststämme (von der Marsignergruppe nordwärts zu Lugiern und Goten). Die Abfolge bietet eine nur locker durch Raumadverbien verbundene Mischung aus Listen und Itineraren, die räumlich-geogr. Anschauung bleibt hinter der der Vorgänger zurück. Die Teilung in Sueben und Nichtsueben beherrscht die Aufzählung, ohne zu einer organischen Gliederung der Stämme zu gelangen; doch werden herrschende und Klientelstämme, große und kleine, Stammesgruppen, kultischer Vorrang, Abspaltungen, Untergänge, Expansionen und Wanderungen genannt, polit. und moralische Wertungen finden sich überall eingestreut (R. Seyer, in: 83, I, 37 ff.; Timpe, in: 10, II, 258 ff.).

An Reichtum des namenkundlichen Details wird Tacitus nur von der Geogr. des Klaudios Ptolemaios (Mitte des 2. Jh.s n. Chr.) übertroffen (2,11), die indessen andere Ziele verfolgt als die hist. Ethnographie und aus anderen Qu. schöpft (Marinos von Tyros und ergänzende Reiseber., vielleicht offizielle Itinerare) (30; Griech. und lat. Qu. zur Frühgesch. Mitteleuropas 3, 553 ff. [Kommentar zu 2,11]). Die Landesbeschreibung folgt kolumnenweise einer geogr. Grobgliederung (nach Flußläufen, Küste, Gebirgen) und nennt viele sonst unbekannte Namen, die aber auch mit der notorisch fehlerhaften Überlieferung zusammenhängen können. Andere Unklarheiten ergeben sich aus dem unbekannten Alter der Qu. (z. B. die erstmalige Erwähnung der Sachsen zw. Elbe und kimbrischer Halbinsel, 2,11,7, oder die der ‚Helvetier-Einöde' in S-Deutschland 2,11,6). Ptolemaios illustriert den Horizont und Kenntnisstand des reisenden Kaufmanns oder Militärs.

Trotz zunehmender Einzelkenntnis von Stämmen und Stammesnamen ist ein entspr. wachsendes Verständnis für Gliederung und Zusammenhang der germ. Stämme, für innere Organisation und Veränderungen nicht zu beobachten (in Tacitus' Germania finden z. B. die Donaukriege Domitians und ihre Hintergründe keine Resonanz). Die Sonderstellung und weite Verbreitung der Sueben und die Kenntnis des germ. Os treten bei Tacitus und Ptolemaios hervor. Danach hat kein ant. Autor die germ. Stammesgliederung im ganzen mehr beschrieben. Die Grenzkriege vor allem an der Donau (Markomannenkrieg unter Marc Aurel, severische Donaukriege) haben Ber. über die Grenzen und die Invasionsfronten hervorgerufen, aber kein Bemühen, die innergerm. Hintergründe zu verstehen. Cassius Dio erwähnt (71,3,1a) die Koalition (Langob., ‚Obier', Markomannen und andere Stammeskontingente), die zu Beginn des Markomannenkrieges (ca. 166) die Donau überschritt; die meistens genannten Markomannen und Quaden sind gelegentlich als namengebender Teil von Stammeskoalitionen zu erkennen, zu denen auch die sarmatischen Jazygen gehörten (z. B. Cass. Dio 71,8,1. 11,1 f. 13; v. Marci 17,3. 22,1). Auch lugisch-vandalische Gruppierungen operierten miteinander und gegeneinander oder auch als röm. Bundesgenossen an der dakischen Front des Imperiums (Cass. Dio 71,11,6–12,3 und schon 67,5,2). Ähnliche Koalitionen werden an der Rheinfront genannt (z. B. Chatten und Alam. unter Caracalla: Cass. Dio 77,14,1).

d. Sueben. Die Fragen der ethnischen Struktur der Germ. hängen zum großen Teil mit der Sonderstellung der Sueben zusammen. Sie begegnen zuerst bei Caesar (s. o.), aber sogleich als ein Stamm oder Stammesverband, der durch Größe und Verbreitung so irregulär ist (Caes. Gall. 4,1,3), daß er allen anderen Germ. gegenübertritt. Diese Dichotomie sueb. und nichtsueb. Germ. hat die ant. Ethnographie noch weiter ausgebaut. Die Sueben sind durch ihre Aggressivität, auch gegen germ. Nachbarn, exzeptionell, sie treten als Wandervölkerkonglomerat, Kriegerverband oder Hegemonialstamm auf, aber auch als Einzelstamm oder Stammeskontingent (bei Ariovist: Caes. Gall. 1,51,2 gegenüber

37,3). Die Lokalisierung der caesarischen Sueben (einzige Angabe dazu Caes. Gall. 6,10,5) – etwa als ‚Mainsueben' – bleibt unsicher. Die alte Erklärung des sueb. Phänomens nach dem Stammbaum-Modell (z. B. bei: 125, Westgerm. I, 128) als Ausgliederung von Neustämmen aus einem Kernstamm stützt sich auf Tac. Germ. 29,1; danach sind die Semnonen oder auch die Quaden (Much) als ‚Ursueben', ihr Kernraum an mittlerer Elbe und Havel vermutet worden. Doch ist diese Deutung nur teilweise befriedigend und kann mit vielen Angaben der Qu. nicht zwanglos in Übereinstimmung gebracht werden. Frahm deutete deshalb den Suebennamen als klassifikatorischen Ordnungsbegriff der ant. Ethnographie, der mit fortschreitendem Bekanntwerden der Einzelstämme immer weiter eingeschränkt wurde (47; danach 171, 55 ff.; Hachmann, in: 62, 49). Tatsächlich gibt es Hinweise darauf, daß entspr. der alten Zweiteilung Mitteleuropas jenseits einer rheinnahen Germ.-Zone, die den Kelten zugehörig galt, die Skythen angesetzt wurden und man diesen, ihrer Mobilität und räuberischen Existenzweise wegen, die Sueb. zurechnete (Strab. 4,194). Doch ist diese Auffassung zu unsicher bezeugt, die älteste Ethnographie versetzte die Sueben an den hercynischen Wald und der Suebenname ist unzweifelhaft auch als Individualbenennung gebraucht worden. – Der milit. Ruhm der Sueben (Caes. Gall. 4,7,5) erklärt jedoch die Ausbreitung des Sueb.tums am besten durch einen „Wechsel der ethnischen Selbstzuordnung" (Wenskus 174, 259, vgl. Cass. Dio 51,22,6), für den in der Überlieferung das Trachtelement des Suebenknotens als signifikant gilt (Tac. Germ. 38,2). Hinter diesem Vorgang ist schon lange das aggressive und milit. erfolgreiche Ausgreifen kleiner, gefolgschaftlich organisierter Gruppen unter sueb. Stammeshäuptlingen vermutet worden, das in den sog. → Fürstengräbern vom Lübsow-Typ (J. Eggers) seinen arch. Niederschlag gefunden hat. Daß diese überwiegend im elbgerm. Raum verbreitet sind, begründet die allg. angenommene Gleichsetzung des arch. Befundes mit dem liter. (v. a. bei Tacitus) bezeugten Suebentum. Damit wird eine durch überregionale Heiratsverbindungen und Normvorstellungen, persönliche Macht und Reichtum gekennzeichnete Adelsschicht erkennbar, die die Basis eines rudimentären Zusammengehörigkeitsgefühls abgeben konnte. Sueben Dynamik beruhte bes. auch auf der Mobilisierung von Jungmannschaften, griff damit über den Einzelstamm hinaus und konnte in besonderen Fällen zu großen, lawinenartig anwachsenden Zusammenschlüssen wie dem unter Ariovist führen (174, 255 ff.; 105; 106).

Räumliche Verbreitung und soziale Organisation der sueb. Gruppen, Fundensemble der Fürstengräber und die wenigen hist. Nachr. (namentlich zu Ariovist) legen nahe, das symbiotische Verhältnis zu kelt. Stämmen und Herren für den ausschlaggebenden Faktor bei der Ausbildung des Suebentums zu halten (104). Es bestand einerseits in räuberischer Partizipation an kelt. Reichtum und Land, wenn Schwäche oder Rivalität der Opfer sie erlaubten, andrerseits im vertraglich geregelten Dienst sueb. Gefolgschaften als Söldner kelt. Mächte und dadurch gegebenen Bereicherungs- und Festsetzungsmöglichkeiten. Die so gegebenen Chancen haben soziale Formen begünstigt, die eine neuartige Dynamik in das Nordbarbaricum brachten, großräumige Beziehungen entstehen ließen und den ethnischen Zusammenhang verdichteten. In der Kontaktzone zw. Kelten und nichtkelt. Nachbarn am Mittelgebirgsrand scheint das expandierende, aber zivilisatorisch sich assimilierende Suebentum entstanden zu sein, als soziale mehr denn als ethnische Realität. Sein Raum ist deshalb kaum sicher zu bestimmen, doch hat Peschel aus arch. Indizien einen Ursprung im Oder-Warthe-Gebiet erschlossen, aus dem die mobilen Gefolgschaftskriegerverbände zur Überformung der elbgerm. Stämme gelangten (zur zeitlichen und räumlichen Differenzierung siehe: 106). Daß sich der Suebenname von einem engen räumlichen Bereich und kleinen ethnischen Kern aus verbreitet hat, ist nicht unwahrscheinlich, doch sind weder der Ursprungsbereich noch die Gründe der Namensausbreitung zu erschließen.

Der schwer zu durchschauende hist. Prozeß der sueb. Expansion kennt wahrscheinlich Schübe, Phasen und Rückschläge. Seit der Okkupationszeit haftet der Suebenname an den elbgerm. Stämmen, ohne doch deren Individualnamen zu verdrängen. In caesarischer Zeit richtete sich die sueb. Expansion dem Kulturgefälle entspr. nach W, ihre Eindämmung war das Hauptziel der caesarischen und nachcaesarischen röm. Germ.-Politik. Nach Vertreibungen, freiwilliger Abwanderung (z. B. Markomannen: Strab. 7,290) und Deportationen (z. B. Suet. Aug. 21,1) blieben nur kleine Restgruppen zurück (z. B. Suebi Nicrenses, dazu Gropengiesser, in: 10, II, 91 ff., oder die Sueben von → Diersheim, dazu: 97). Die Namen der westgerm. Einzelstämme tauchen wieder auf.

Die markomannische Herrschaftsbildung Marbods in Böhmen hat dann eine weitreichende, Lugier und Goten umfassende Stammesklientel im O zustande gebracht (Strab. 7,290; Vell. 1,108–109), die wohl (neben der alten Vorstellung, daß die Sueben ö. der rheinnahen Germ.-Stämme säßen) die Ausweitung des Suebennamens auf alle hinter Kimbern, Chauken, Cheruskern und Chatten wohnenden Germ. begünstigt hat. In Tacitus' Germania ist sie zu der Konsequenz getrieben, daß bis zur Fennen-, Daker- und Sarmatengrenze, aber durch diese auch schroff getrennt, sueb. Germ. wohnen und auch Suionen, Sithonen oder Aestier zu ihnen gerechnet werden. Damit wird der Suebenname zu einem inhaltsleeren Sammelbegriff, der die Einzelstammesnamen neben sich bestehen läßt. Die Expansion der Sueben und Lugier zur unteren Donau und die Abwehrkriege Domitians und Nervas gegen Markomannen und Quaden an der pann. Grenze bleiben hierbei ebenso unbeachtet wie die folgenreiche Formation neuer, gefolgschaftlich organisierter Verbände (Marbod, *regnum Vannianum*). Sie scheinen durch geringe Stabilität, personalen Zusammenhalt und – dadurch bedingt – große, auf materiellen und milit. Erfolg angelegte Dynamik gekennzeichnet zu sein. Die amtliche Sprache und die Historiographie reden hier von ‚Sueben' schlechthin (ILS 1017. 2719; Tac. hist. 1,2,1); diese aggressiven sueb. Verbände standen und kämpften in enger Bundesgenossenschaft mit den Jazygen, den Sarmaten der Theißebene. Damit baute sich seit dem 1. Jh. n. Chr. das Potential auf, mit dem die röm. Grenzverteidigung dann seit den Markomannenkriegen zu tun hatte.

Das in der aktuellen Forsch. dominierende Verständnismodell schließt nicht aus, daß viele Aspekte sueb. Sozialisation noch undurchsichtig bleiben. Ihre Anfänge vollzogen sich unbemerkt von der Aufmerksamkeit ant. Historiker und sind deshalb nur aus arch. Indizien zu erschließen. Der begrenzte Verständnishorizont außenstehender Beobachter hat aber auch nach Einsetzen der liter. Überlieferung die Besonderheit der Sueben nur unvollkommen erfaßt (z. B. Caes. Gall. 4,1. 6,22 über Agrar- und Militärordnung). Der Diskussion unterliegen vor allem folgende Fragen: 1. der Ausgangspunkt sueb. Sozialisiation, der im Austausch mit Kelten zu suchen ist, dann aber nicht nur im O, sondern auch in anderen Kontaktzonen erwartet werden sollte; 2. das Verhältnis von Ortsbindung und Mobilität, Raubzügen und Landnahmeunternehmungen, die wahrscheinlich ineinander übergingen, ohne daß die Rolle von *iuventus*-Gruppen und Gefolgschaften (namentlich auch ihr Verhältnis zu den Heimatstämmen) genauer bestimmt werden könnte; 3. die gefolgschaftlichen Kerne sueb. Verbände lassen nicht erkennen, ob und wieweit dabei das kelt. Vorbild maßgebend war; die Variationsbreite der Phänomene (von persönlich verbundenen Kleingruppen bis zu Großunternehmen nach dem Beispiel Ariovists) erlaubt nicht, ein urspr. Modell oder gar eine soziale Institution ‚Gefolgschaft' vorauszusetzen. (Vgl. 105; Wenskus, in: 10, II, 311 ff.; Tac. Germ. kommentiert von Lund, 1988, 31 ff.; 71; 118, 187 ff.; eine Synthese des neueren Forsch.sstandes fehlt).

e. Großstämme. Die Großstämme sind die geschichtl. weitaus wirkungsmächtigsten Ausprägungen des germ. Ethnos, sie treten seit dem 2. Jh. als aggressive, neue Gegner des Imperium auf und werden Träger der Völkerwanderungsreiche auf Reichsboden. Sie stellen damit die intensivste Form der Verflechtung der barbarischen Randzone mit der mediterranen Hochkultur dar, durch die zugleich die relative Einheit der Germ. zugunsten der Eigenentwicklung der neuen Formationen endet (Verschwinden des Germ.-Namens in den ant. Qu.; selbständige Traditionen der Großstämme). Als Handlungsträger der Gesch. der VWZ und Grundlage der europ. Völker- und Nationalstaatengesch. sind die germ. Großstämme in die allg. Gesch. verflochten, zugleich wichtigstes und am besten belegtes Objekt der germ. Altkde. Die wiss. Erschließung erfolgte im Rahmen der germ. ‚Stammeskunde' (16; 93; 125; 115; 135; 83, II, 336 ff.; siehe die Stammesartikel in diesem Lex.) und Altkde (95; 74; 125; 153; 60), der ant. (137; 70; 145; 38; 35) und frühma. Gesch. (32; 123; 121; 179; 113). Umfassende Synthese (sowohl die Analyse der ethnosoz. Grundlagen wie die Aufarbeitung der Stammesgeschichten betreffend) bei Wenskus (174); der damit erreichte Forsch.sstand ist im ganzen nicht überholt.

Die Herausbildung der Großstämme ist als geschichtl. Ereignis immer beachtet worden, aber infolge der Undurchsichtigkeit der Ursache, der Zufälligkeit der Bezeugung und der großen Variationsbreite der beobachtbaren Erscheinungen weithin Gegenstand der (von allg. Anschauungen abhängigen) Hypothesenbildung. Sie stellt einen, aus Aktionsbündnissen erwachsenden Konzentrationsprozeß dar, der auf polit. und milit. durchschlagskräftigere Organisation abzielt und mit einer Differenzierung der sozialen Schichtung einhergeht, aber auch im Selbstverständnis der Betroffenen (Stammestraditionen, Herrschergenealogien, Heldensage, *origo gentis*-Lit.) einen Niederschlag findet. Überschichtung und Herrschaftsbildung auf personaler Grundlage sowie nach Land-, Menschen- und Beutegewinn strebende Expansion, die bei hoher Instabilität der Ergebnisse grundsätzlich auf symbiotische Beziehungen zum hochkulturellen und imperialen Bereich ausgerichtet und angewiesen sind, kennzeichnen die geschichtl. Entwicklung der Großstämme. Sofern sie zu dauerhaften geschichtl. Formen führten, waren diese nur durch tiefgreifende polit. und soziale Transformationen der Stammesorganisation zu erreichen, die insbesondere auch die ethnische Grundlage veränderten (180).

Die äußeren Gründe der Großstammesbildung sind in Eroberung durch einen führenden und namengebenden alten oder neubenannten Kern (z. B. → Franken) oder in foederativen Verbindungen von Kleinstämmen (z. B. → Alemannen) gesucht worden; doch können diese einfachen Muster die Einzelverhältnisse nicht befriedigend erklären. Neben der Expansion unter Beibehaltung des Ausgangsgebietes (z. B. → Sachsen) steht die (scheinbar) vollständige Mobilisierung und (freiwillige oder erzwungene) Aufgabe des bisherigen Siedlungsraumes (wie bei den ostgerm. Stämmen). Im ersten Falle wird die überlegene Kraft und Geschlossenheit des Stammesadels die Attraktion des werdenden Großstammes begründen, ob nun die Expansion auf Klientelisierung und Unterwerfung von Nachbarn oder auf freiwilligem Anschluß von Klein- oder Teilstämmen beruht. Doch führen den völligen Verlust der Stammesidentität nicht Abspaltungen oder Teilungen herbei, sondern nur der völlige Untergang einer Führungsschicht (wie von den Cheruskern bezeugt). Auch Wanderungen lassen (entgegen der gängigen Vorstellung) immer Bevölkerungsreste im Ausgangsbereich oder in zwischenzeitlich besetzten Räumen zurück, in denen sich ein Zusammengehörigkeitsbewußtsein oder sogar der gemeinsame Name erhalten können. Die Kontinuität scheint in diesem Falle vor allem (siehe Gotensage; → Sage/Sagen) an einem Kg.sgeschlecht zu hängen, das die Stammesidentität verkörpert. Doch gehen solche Aufbrüche, die den bisherigen Stamm in ein wanderndes Heerlager verwandeln, immer mit tiefgreifender sozialer und mentaler Transformation einher; größere oder kleinere stammfremde oder auch sprachfremde Gruppen können in die Schicksalsgemeinschaft aufgenommen werden, die sich dadurch verändert (u. U. auch den Rahmen des ‚Germanischen' sprengt) und im Erfolgsfalle durch Akkumulation zu gewaltiger Größe anschwellen kann. Dies ist dann die Ethnogenese einer neuen *gens,* deren Individualität in Ursprungsüberlieferung des Traditionskerns, Herrschaftskontinuität eines charismatischen Heerkgt.s und gemeinsamem, auch heterogene Elemente verbindenden, unterschiedliche Ausgangslagen verwischenden Wanderschicksal besteht. Selten wird die Homogenisierung dabei so groß sein, daß nicht Traditionen und Erinnerungen, die in die Zeit vor der Transformation zurückreichen, erhalten bleiben. Der hochkulturellen Wahrnehmung erscheinen die Vorgänge der Großstammesbildung entweder – ethnographisch – als Ausdruck zwar kaleidoskopartig variierender, aber im Wesen gleichbleibender barbarischer Unstetigkeit oder – hist. – (nach dem Muster myth. Wanderungen, Heldengenealogien und Kolonisationszüge) als individuelle Initiations- und Stiftungsereignisse *(origo gentis).*

Stellen sich so die Großstämme als außerordentlich unterschiedliche und vielgestaltige Konglomerate dar, so bleiben die entscheidenden Bindekräfte und Motive bei ihrem Entstehen doch zumeist unerkennbar. Es besteht wenig Grund, Kultverbände mit dem Anwachsen von Großstämmen in Verbindung zu bringen: jede archaische Gemeinschaft ist auch Kultgemeinschaft; überregionale Kulte löschen die Stammesindividualitäten nicht aus. Erst recht kann die Dynamik, die *ver sacrum*-Unternehmungen, *iuventus*-Aufbrüchen und männerbündisch organisierten Kriegszügen innewohnen mochte, das Anschwellen von Stammeskernen zu neuen *gentes* allein nicht erklären. Ant. Beobachter führten es auf krasse Notlagen oder Energie einzelner Führer zurück. Doch scheint in allen Fällen die gefolgschaftliche Organisation von Kerngruppen eine entscheidende Rolle gespielt zu haben. Die Inititative und Führungskraft von *principes* und das milit. Potential, das Notlage, Beutelust oder kriegerische Mentalität bereitstellten, ergänzten einander zu schlagkräftiger Kooperation, wenn lohnende Ziele in Sicht kamen. Diese Form der Sozialisation konnte durch Spezialisierung (z. B. als Reitertruppen) die milit. Effizienz erheblich steigern, sie ließ auch durch Aufnahme Stammfremder (siehe schon Tac. Germ. 13,3) die natürlichen Grenzen der archaischen Stammesordnung hinter sich und war zu erstaunlichen Integrationsleistungen imstande. Sie ermöglichte offenbar die rasche und fast unbegrenzte Vergrößerung eines Kampfverbandes, obwohl der Schritt von der Hausgefolgschaft zum Heerhaufen auch eine qualitative Veränderung bedeuten mußte. Aber wie der Erfolg die Autorität eines *princeps* bestätigte und der materielle Gewinn neue Kräfte anzog, so zerfiel der

Verband bei Mißerfolg: die Bedeutung der (überall bezeugten) personalen Bindung an adlige Gefolgschaftsführer und der milit. Dynamisierung des sozialen Lebens für die Bildung von Großstämmen sind in beiden Richtungen unübersehbar. Die mannigfachen Formen und Größen gefolgschaftlicher Beziehungen setzten stets Zielobjekte voraus, sie verstärkten die unproduktive Partizipation an fremder Produktion und Zivilisation zuungunsten der eigenen ökonomischen Entwicklung und boten für sich allein keine hinreichende Möglichkeit zu dauerhafter Organisation des sozialen Gefüges. Sicher bestätigt aber die Bedeutung gefolgschaftlicher Dynamik für die Bildung der Großstämme, daß die germ. Ges. durch ihren Charakter als ant. Randzivilisation bestimmt war.

Die moderne Forsch. hat, von verfassungsgeschichtl. und ethn. Fragestellungen ausgehend, herausgearbeitet, daß die Möglichkeiten der Stammeskonzentration vielfältiger, und die damit zusammenhängenden sozialen Mechanismen anderer Art waren, als es im Banne von Stammbaummodellen den Anschein hatte. Wichtigster Hebel war dabei die Einsicht, daß das Selbstverständnis der Betroffenen als ethnisch homogener und konstanter Abstammungsgemeinschaft, allenfalls als Nebeneinander von mehreren so verstandenen Gruppen, der hist. Realität nicht entspricht. Kleine ‚Traditionskerne' reichten offenbar aus, großen Wanderbewegungen ein Identitätsbewußtsein aufzuprägen, gewachsene Verbände konnten in Teilungen und Abspaltungen ihr Selbstverständnis ändern, persönlicher Dukat konnte durch Angliederung und Überschichtung weitreichende, stammesübergreifende Integrationen erreichen. Schnellwirkende und dynamische Transformationsprozesse konnten aber auch mit überraschender Konstanz ält. Überlieferungen einhergehen, und allen Veränderungen steht das gleichbleibende Denken in Kategorien der Abstammungsgemeinschaft gegenüber. Weniger klar ist bisher die Wirkungsweise gefolgschaftlich organisierter Kerne, also die Frage, unter welchen Bedingungen und in welchen Formen milit. spezialisierten Männerverbänden die Mobilisierung seßhafter Bevölkerungsgruppen gelang, wie sich etwa der Übergang von Beutezug zu Landnahmebewegung abspielte (der in kurzer Zeit oder in generationenlangen Fristen vonstatten gehen konnte). Mit dieser sozialgeschichtl. hängt die mentalitätsgeschichtl. Frage zusammen, wieweit die aus liter. Qu. bekannte Kriegermoral mit ihren tragenden Vorstellungen das Denken der Gesamtbevölkerung durchdrang und bestimmte (was die Kulturgeschichten – vielleicht zu – selbstverständlich voraussetzen). Schließlich verdient wohl die Bewertungsfrage neue und nüchterne Erwägung, ob die Großstammesbildung als Ergebnis sozial und ökonomisch kontinuierlicher Entwicklungen einzuschätzen ist (wie es im Hinblick auf die positiv beurteilte geschichtl. Grundlegung der europ. Gesch. durch die germ. Großstämme meist geschieht). Doch kann diese Frage nur komparatistisch angegangen werden.

Die Ergebnisse der neueren hist. Forsch. sind der erweiterten Kenntnis der variierenden Formen und Typen der Großstammesbildung stärker zugute gekommen als den realen Vorgängen und den konkreten Ursachen der Transformation im ganzen. Bes. die Unterschiede zw. den aus ostgerm. Stämmen hervorgegangenen *gentes* der Goten, Wandalen, Burg., Heruler, Gepiden zu den westgerm., namentlich der Franken und Alam. sind so erheblich, daß ihre Zusammenfassung als Großstämme fragwürdig wird: „die Stämme des Westens sind offenbar ganz andere Gebilde als die *gentes* des Ostens" (174, 462). Die neuen Großstämme des Ws sind zuerst im 3. Jh. (Alam. zum J. 213, Franken zum J. 257) bemerkt und bezeugt worden, die des Os entzogen sich zunächst der ant. Wahrnehmung, doch führen ihre Eigenüberlieferungen (z. B. bei → Goten oder → Wandalen) in wesentlich frühere Zeit zurück. Dabei muß die strukturelle Instabilität der Zusammenschlüsse und die dauernde Möglichkeit des Scheiterns aus kontingenten Ursachen in Rechnung gestellt werden. Es ist deshalb die Frage, ob nicht bereits in Bewegungen wie der Kimbernwanderung, dem Ariovistzug oder der Marbodreichsbildung Schritte zur Großstammesbildung zu sehen sind. Besondere Beachtung verdient bei allg., vergl. Betrachtung auch, daß Wanderungskonglomerate sich meist nicht an der Peripherie bilden, sondern aus weiter Entfernung in die kelt., bzw. röm. Kontaktzone vorstoßen (Kimbern, Sueben, Goten). An der röm.-imperialen Grenze sind es in der Regel nicht die Nachbarn an Rhein und Donau (Ubier, Dekumatlandbewohner, Markomannen, Quaden; Sugambrer oder Chatten werden wenigstens nicht zu Kernen lawinenartig anwachsender Massen), sondern die hinter diesen sitzenden Elb-Germ. und Ost-Germ., die sich zu Angriffen und schließlich Landnahme zusammenschließen, die unmittelbaren röm. Nachbarn (wie die Markomannen und Quaden) jedoch dann mitziehen (anders bei Franken und Sachsen).

f. Soziale Organisation. In spätrepublikanischer und früher Kaiserzeit sind die meisten ansässigen germ. Stämme des Ws, mit denen röm. Imperatoren und Legaten in freundliche oder feindliche Berührung kommen, aristokratisch organisiert (bei den Nerviern gibt es einen Senat aus 600 kampffähigen Mitgliedern [Caes. Gall. 2,28,3], *principes ac senatores* oder *principes maioresque natu* werden genannt [z. B. 4,11,3 bei Ubiern, 13,4 bei Usipetern] und lassen sich mit anderswo erwähnten regionalen aristokratischen Autoritäten [6,23,5; Tac. Germ. 11. 12,3] verbinden). Die Rivalität und Fehdebereitschaft der Stammesadligen wird immer wieder bezeugt und prägt die innergerm. Situation ebenso wie die röm.-germ. Auseinandersetzung. Aus dem Kreis der *principes* werden die – allenfalls ansatzweise vorhandenen – institutionalisierten Funktionen der Stammesgemeinschaft besetzt (*duces* im Kriege, Gerichtsmagistrate im Frieden). Wieweit ihre Herrschaft über die Stammesgenossen reichte, ist umstritten (Dannenbauer; vgl. 122) und bei der Eigenart der röm. Qu. (institutionelle Interpretation und weitgehende Generalisierung der Beobachtungen) schwer zu entscheiden; die Beurteilung wird mit dem unterschiedlichen Grad der Durchdringung mit gefolgschaftlichen Strukturen zu rechnen haben.

Kg. gibt es im W nur bei den Sugambrern (nach unsicherer Bezeugung: Res g. 32,1; bei Strab. 7,1,4 ἡγεμών), vielfach aber bei Sueb. (Ariovist, Marbod, Vannius u. a., später bei Semnonen, Quaden, Markomannen). Hier ist überall die faktische Vormacht des Landnahme-, Heer- und Gefolgschaftsführers gemeint, die auf Leistung und selbsterrungener Herrschaft beruht (vgl. zu Marbod: Strab. 7,1,3 ἐξ ἰδιώτου; Vell. 2,108,2 *constans inter suos principatus*); die Unterscheidung zw. *reges* und *duces* (Tac. Germ. 7,1) wird hier nicht durchgeführt. Daneben werden, wie auch im Gallien der Zeit Caesars, vielfach Abkömmlinge aus *stirps regia* erwähnt, bei Caesar mehrfach mit der bestimmten Angabe, noch der Vater oder Großvater des Genannten sei Kg. gewesen (z. B. Caes. Gall. 4,12,4). Die beiden Friesen, die (nach Tac. ann. 13,54) ihren Stamm *regebant, in quantum Germani regnantur,* sind kaum als ‚Könige' anzusprechen. Nach Tacitus leben die meisten Stämme königlos oder haben nur machtloses, gar nicht erwähntes Kgt., der röm. Historiker hat aber auch die Vorstellung, daß die Oststämme ein mit der Entfernung immer straffer werdendes monarchisches Regiment kennen (*scala regia*: Tac. Germ. 44,1. 3. 45,6). Die got. Stammessage (Jord. Get. 4) und andere nennen dynastisch legitimierte Kg. als Auszugs- und Landnahmeführer. – Mehrstelligkeit des Kgt.s ist oft bezeugt (z. B. Kimbern, Alam.) und dürfte durch Nebeneinander von selbständigen Stammesteilen oder Abt. in Wanderkonglomeraten zu erklären sein, in einigen Fällen (so wohl bei den Lugiern) auch als sakrales Doppelkgt.

Dieser, in der Forsch. lange diskutierte Befund hat die unterschiedlichsten entwicklungsgeschichtl. Erklärungen gefunden, je nachdem, ob Verfall oder Aufstieg monarchischer Herrschaft, der polit. oder sakrale Aspekt des Kgt.s, Tacitus-Interpretation oder germ. Kg.sterminologie den Schwerpunkt lieferten. Der aktuelle Forsch.sstand beruht auf Schlesingers Behandlung des Heerkgt.s (123, 53 ff., dort ält. Lit.). Danach sind die eigensprachlichen Termini *thiudan* und *kuning* und ihre unterschiedlichen Bedeutungen nur begrenzt dem taciteischen Gegensatz *rex* – *dux* gleichzusetzen, ist das Heerkgt. originär, aber nicht Ziel einer Entwicklung der Herrschaftsinstitution und steht es in Spannung zum Sakralkgt., mit dem es aber zusammenfallen kann, wenn Abkömmlinge solcher Geschlechter zu *duces* aufsteigen. Grundsätzlich erwächst der Erfolg von Heerkg. aber aus einer gefolgsherrlichen Stellung. Wenskus (174, 409 ff. 576 ff.) hat diese Deutungen in einen größeren Zusammenhang gestellt, die weitgehende Kg.slosigkeit in Gallien und bei den West-Germ. als oligarchische Einebnung alter, sakral legitimierter monarchischer Machtstellung gedeutet, die sich nur an der Peripherie (Brit., Skand.) erhielt, und im Kgt. der ostgerm. Stämme vielfach eine Wiederbelebung von altem Sakralkgt. sehen wollen. Auch diese Hypothese läßt Fragen offen, bringt aber die vielfältigen Herrschaftsphänomene in einen verständlichen hist. Kontext und ist deshalb weithin akzeptiert worden.

Röm. Kg.seinsetzung *(reges impositi, dati)* machte sich, wenn polit. Stabilisierung durch Unterstützung vertrauenswürdiger Persönlichkeiten das Ziel war, *alle* Autoritätsqu. pragmatisch zunutze (vgl. den Cheruskerkg. Italicus, Neffen des Arminius, und die Markomannenkg. [Tac. Germ. 42,2] als Traditionsträger, Vannius, Quaden- und Markomannenkg. unter Marc Aurel und viele andere als ‚Heerkönige').

§ 3. Germ. und Kelten. a. Vorbemerkung. Der folgende Überblick zur Verlaufsgesch. ist auf eine überaus zufällige Überlieferung angewiesen und hat die von außen auf die Germania gerichtete Perspektive der Qu. zu berücksichtigen. Von der röm. Okkupationszeit abgesehen, als kurzfristig die Gesamtheit der westgerm. Stämme Gegenstand der röm. Unterwerfungsstrategie war, sind es einzelne Stämme und ihre Repräsentanten, die als Akteure hervortreten. Ihr geschichtl. Handeln auf eine germ. Einheit zu beziehen, wäre anachronistisch. Verfassungsgeschichtl. Kontinuität von der agerm. zur VWZ bzw. zur Organisation der Großstämme ist sachlich meistens nicht vorauszusetzen und auf Grund der Qu.lage nur hypothetisch zu ermitteln. Eine relative Einheit des hist. Gegenstandes ‚Germ.' liefert deshalb nur der Aspekt der Peripherie der Germania zur kulturell und polit. höherorganisierten Zivilisation der Kelten und Römer. Dabei treten die regionalen Unterschiede von selbst hervor.

b. Die ältesten Zeugnisse. Nicht zu beurteilen sind (s. o.) die Germ., über die Claudius Marcellus 222 v. Chr. nach der Schlacht von Clastidium triumphierte; es kann sich, wenn die Nachricht überhaupt echt ist, um abgesplitterte Namensträger (dann aus dem belg.-nw-dt. Raum) handeln oder um einen Stamm zufällig gleichen Namens (58, 130 ff.). Diese G. traten als kelt. Bundesgenossen oder Soldtruppen auf.

Zur gleichen Zeit erscheinen die → Bastarnen als kriegstüchtige und gefürchtete Miettruppen im Gesichtskreis der Griechen, zuerst im N-Pontusraum (Ps.-Skymn. 797; vielleicht Syll.[3] 495), dann als Gegner der Daker (Just. 32,3,16), später vor allem als maked. Bundesgenossen gegen die Dardaner und dann die Römer (Pol. 25,6,2 f. zum J. 177/6 v. Chr., danach Liv. 44,26 f.; Plut. Aem. Paull. 9,6. 12,4–5, hier überall ausdrücklich als Galater, Galli, bezeichnet). Sie begegnen wieder als Verbündete Mithridates' VI. von Pontus und dadurch als von Pompeius besiegte röm. Feinde, dann als Gegner der röm. Statthalter Makedoniens, C. Antonius und L. Licinius Crassus (2. Hälfte des 1. Jh.s v. Chr.). Augustus befriedete sie (Res g. 31,2), und in der frühen Kaiserzeit erscheinen sie wiederholt als renitente Grenznachbarn an der unteren Donau und Nachbarn der Daker (z. B. ILS 986). Im Markomannenkrieg Marc Aurels (v. Marci 22,1) und wieder mit den Goten verbündet treten sie in großen Koalitionen röm. Gegner auf oder werden von diesen mitgerissen. – Die Besonderheit der Bastarnen besteht in ihrer ethnischen Konstanz in isolierter Umgebung über fünfhundert J. hinweg. Nach ihrem Vorstoß zum Schwarzen Meer konnten sie sich an der thrakischen und maked. N-Grenze dank ihrer milit. Brauchbarkeit für andere, ihrer Kriegstüchtigkeit und Unerreichbarkeit halten. Eine so langfristige Verflechtung in die Stammes- und Grenznachbarschaft bei gleichzeitig anhaltender milit. Aktivität in ihrem transdanuvisch-nordpontischen Gebiet ist singulär. Erst der Westdruck der Sarmaten und dann der Goteneinfall brachte sie in Bedrängnis, und, von Probus ganz oder teilweise auf Reichsgebiet umgesiedelt (v. Probi 18,1), verschwinden sie schließlich durch Assimilation.

Offensichtlich verdankten sie dieser Besonderheit als stabile und einigermaßen berechenbare Nachbarn die Aufmerksamkeit kaiserzeitlicher Autoren, die sich für ihr Ethnos interessierten. Diese identifizierten sie, die solche Herkunft nicht erwarten ließen, durch Vergleich als germ. (Strab. 7,306; Plin. nat. 4,81; vor allem Tac. Germ. 46,1 *sermone cultu sede ac domiciliis ut Germani agunt*) und ordneten sie sogar in genealogische Systeme ein (die andere Möglichkeit, sie wegen der Anpassung an ihre nordpontische Umgebung als Skythen zu klassifizieren, vertritt Cass. Dio 51, 23,3). Ein vielerörtertes, aber nicht befriedigend erklärtes Sonderproblem ist das Verhältnis der Bastarnen zu den offenbar strukturell verwandten Skiren – trotz der redenden Namen (die ‚Reinen' – die ‚Vermischten'). Ihre Gliederung in drei Teilstämme war bekannt (Strab. 7,306); der Name des wichtigsten unter ihnen, der Peukiner, kann neben oder statt des Bastarnennamens stehen (Plin. nat. 4,100; Tac. Germ. 46,1) und deutet damit die räumliche Integration an (nach der Donauinsel Peuke). Wichtiger ist der gelungene Wandel vom Kriegerverband (Plut., Aem. Paull. 12,4) zum seßhaften, aber doch stets wehrhaften Ethnos (die Bastarnen besaßen starke Reiterei mit Parabaten), der die dauerhafte Verwurzelung in der donauländischen Peripherie der alten Welt ermöglichte. Zu starker monarchischer Konzentration scheinen die Bastarnen nicht gelangt zu sein.

Auf ihre Herkunft wirft vielleicht die isolierte Nachricht des Plinius (Plin. nat. 4,97) ein Streiflicht, wonach die Skiren als Nachbarn der Sarmaten, Veneter und Hirren die Ostseeküste bis zur Weichsel bewohnten. Sie haben offenbar die germ. Expansionsrichtung in den Pontusraum begründet (58, 94). Dieselbe Stoßrichtung scheint die Wanderung der Vandilier besessen zu haben, die sich jedoch weitgehend außerhalb des ant. Beobachtungsradius vollzog. Das Vorkommen dieses Stammes in der myth. Genealogie (Tac. Germ. 2,2) weist auf Herkunft des Traditionskerns im n-dt. Küstengebiet, ihr Name erscheint dann im geogr. Begriff der Οὐανδαλικὰ ὄρη (wohl für das Riesengebirge) in der Überlieferung der röm. Okkupationsfeldzüge

(Cass. Dio 55,1,3); sie sind dann in den Verband der Lugier in Schlesien eingegangen, der zuerst als Mitglied des Marbodreichs (Strab. 7,291) genannt wird. Diese, mit Stammesnamen benennbaren Wanderbewegungen scheinen aber Teile eines viel weiterreichenden und differenzierten Expansionsprozesses in den letzten Jh. v. Chr. gewesen zu sein. In diesen Zusammenhang gehört auch und vor allem zunächst die kimbrische Bewegung (vgl. den Namen der Kimbernkg. Lugius und Boiorix, Oros. 5, 16,20; Mar. 24,4; siehe dazu M. Jahn, in: 115, 962 ff.).

c. Kimbern und Teutonen. Die kimbrische Bewegung hat im ant. Bewußtsein unvergleichlich stärkere Spuren hinterlassen als die Bastarnen oder gar die frühen Wandalen. Sie ist v. a. ganz anders bewertet worden: als n-barbarische Totalbedrohung röm.-imperialer Ordnung und Zivilisation überhaupt (Liv. Per. 63–68; Oros. 5,16,1–7 [Livius-Tradition]; Vell. 2,12; Plut. Mar. 11,3–5. 11–14), die in der Abwehr des Marius ihr dramatisches Ende fand. Eine angemessene hist. Beurteilung wird auch hinter der kimbrischen Expansion zunächst das Bestreben erkennen, in der kelt. Sphäre, der die n. Stammeswelt durch räuberische Partizipation, Söldnerdienst und kulturell-ökonomische Verflechtungen symbiotisch verbunden war, Fuß zu fassen. Gegenüber dieser Einordnung tritt das in der ält. Forsch. dominierende Interesse an den nur teilweise aufklärbaren Wegen des Wanderkonglomerats zurück (siehe 125, Westgerm. I, 3 ff.; 58, 95 ff.; 135, 54 ff.; 167; 77; 20; 37; 41; 158 und 113 unter II.3.1 mit ält. Lit.).

Im Hinblick auf namenkundliche Zusammenhänge, Teutonennachbarschaft und die augusteische Kimbernberührung (Res g. 26,4; Strab. 7,293) ist die jütländische Herkunft eines kimbrischen Traditionskerns kaum zu bezweifeln (so aber 87a, 70 f.); die milit. Bedeutung des Zuges erklärt sich aber hier wie sonst erst durch das Anschwellen zu einer Wanderlawine durch Zuzug anderer. Der meist gebrauchte Sammelname der Kimbern verdeckt die Selbständigkeit der zugehörigen Elemente der Teutonen und der – offenbar schwächeren – Ambronen und (kelt.) Tiguriner nicht ganz; die Organisationsstruktur scheint durch Nebeneinander und fallweise Koordination der Einzelkontingente bestimmt worden zu sein (es werden sogar mehrere Kimbernkg. genannt). Das Motiv des Auszuges wurde früh, aber spekulativ in aktueller Notlage (Landverlust durch Meereseinbruch) oder charakterlicher Disposition (räuberischer, skythisierender Habitus) gesucht (Strab. 7,292; Plut. Mar. 11,6–11) und hat die Deutungsbemühungen des Poseidonios herausgefordert. Eine authentische Erklärung ist daraus nicht zu gewinnen, schon deshalb nicht, weil sie allenfalls für eine Minorität gelten könnte. Ebenso ist die angebliche Wanderrichtung zum hercynischen Wald, wo die Kimbern nach Poseidonios auf die Bojer getroffen sein sollten (Strab. 7,239), eher durch Vorgaben des ant. Weltbildes zu erklären. Die Abwehr der Wandervölker durch die Bojer habe dann den Weg zur Donau und zu den Skordiskern, also zur Balkanhalbinsel in der Expansionsrichtung der Bastarnen, begründet. Aus uns unbekannten Gründen mißlang die Festsetzung in der Region, und das veranlaßte die nicht näher erklärbare, aber entscheidende Wendung nach dem kelt. W, zu den Tauriskern und Norikern. Der gold- und eisenreiche norisch-ostalpine Raum war nicht nur für die Wandervölker ein attraktives Ziel, hier griffen auch zum ersten Male die röm. Interessen ein. Der Konsul Cn. Papirius Carbo forderte den Abzug der Kimbern, überfiel sie, obwohl sie seiner Forderung nachzukommen bereit waren, heimtückisch und erlitt dabei eine Niederlage (App., Kelt. 13). Die Schlacht von Noreia (113 v. Chr.) erschien im Rückblick (Tac. Germ. 37,2) als der hist. Beginn der röm.-germ. Konfrontation.

Auch die hierdurch veranlaßte Wendung zu den Helvetiern und nach Gallien ist nach ihrem inneren Zusammenhang wenig klar; gute Gründe sprechen aber trotz des röm. Anspruches, das verbündete Norikum schützen zu wollen (App., Kelt. 13,2), für ein einvernehmliches Verhältnis zw. Kimbern und Norikern und einen friedlichen Weiterzug zu den Helvetiern, die ihrerseits mit den Norikern in engem Kontakt standen. Die Helvetier sind für diese Zeit nicht sicher zu lokalisieren, befanden sich aber damals außerhalb des röm. Interessenhorizonts (158, 39). Der Beutereichtum der Kimbern bewog die helvetischen Tiguriner und Tougener zum Anschluß an die kimbrische Bewegung (Strab. 7,293). – Der Übergang nach Gallien (111 v. Chr.: Vell. 2,8,3) dürfte dann wieder einem bereits bestehenden Wandergefälle (vgl. Boier und Helvetier: Caes. Gall. 1,3,4. 5,4. 6,3) gefolgt und durch das Bedürfnis gall. Stämme und Stammesfaktionen nach Hilfskräften motiviert worden sein. Vermutlich waren es die Sequaner, die die Kimbern in Dienst gegen ihre gall. Gegner und Nachbarn genommen haben, wie sie es später wieder mit Ariovist taten (Strab. 4,192; Plut. Mar. 24,79; vgl. 98, 235 ff.; 158, 40). Die Kimbern kamen also nicht als räuberische, landfremde Eroberer nach Gallien, sondern als Bundesgenossen und Söldner einer gall. Partei, und man darf sich ihre Existenz nach Analogie des Ariovist vorstellen, der ein Drittel des Stammesterritoriums als Siedlungsgebiet erhielt (Caes. Gall. 1,31,10), sich durch Geiselstellung sicherte und durch Kriegführung im Dienst seiner Auftraggeber bereicherte und schulte. Der Erfolg der Kimbern und vielleicht Nachzug hat dann wahrscheinlich auch ihre Stellung immer drückender werden lassen und damit den Widerstand angeregt. Diese innergall. Vorgänge lagen zunächst wieder soweit außerhalb des röm. Horizonts, daß sie von außen nicht wahrgenommen und registriert wurden, aber der erste Konflikt im W mit dem Konsul M. Iunius Silanus im J. 109 ist vermutlich von Beschwerden und Hilfsgesuchen von Gall. ausgelöst worden, denen Silanus ähnlich wie zuvor Carbo aus unzeitigem Ehrgeiz, aber unter dem Titel des Bundesgenossenschutzes nachgab. Auch hier kam es zunächst zu Verhandlungen und dann einer, wahrscheinlich von röm. Seite provozierten und für diese unglücklichen Schlacht (Liv. per. 65; Flor. 1,38,1–2; Vell. 2,12,2; vgl. T. R. S. Broughton, Magistr. of the Rom. Rep. 1, 1951, 545). Kimbrisches Ziel dürfte bis dahin nicht mehr als Sicherung und Bestätigung der Festsetzung in Gallien gewesen sein (Liv., Flor. a. a. O.). Aber ihr Erfolg wird die prekäre röm. Stellung in S-Gallien erschüttert (Erhebung der Tolosaner: Cass. Dio fr. 90; Einfall der Tiguriner: Liv. per. 65; Caes. Gall. 1,12,4–7) und damit die Vergeltungsaktion des Konsuls Q. Servilius Caepio ausgelöst haben, die zum Skandal der Unterschlagung des *aurum Tolosanum* und im folgenden J. 105, nach erneuten Verhandlungsversuchen der Kimbern, durch eigene Schuld (den Streit des Konsuls Cn. Mallius Maximus mit dem Prokonsul Caepio) zur katastrophalen röm. Niederlage von Arausio führte (Diodor 34–35, 37; Liv. per. 67; Flor. 1,38,4; Oros. 5,16,1–7; Cass. Dio fr. 91).

Erst der ungeheure Verlust, die dadurch ausgelöste Furcht vor dem fast unbekannten barbarischen Feind und das röm. Revancheverlangen haben der röm.-kimbrischen Konfrontation ihre Unbedingtheit gegeben, ohne daß deshalb die Hintergründe der letzten J. des kimbrischen Aufenthaltes in Gallien klarer würden. Die Hauptfrage ist dabei, ob eine kimbrisch-sequanische Bundesgenossenschaft auch nach 105 fortbestand und die Basis der kimbrischen Existenz bildete. Poseidonios scheint eindringlich über die Not der Gall. und ihre Bedrückung durch die Kimbern berichtet zu haben (Strab. 4,201; vgl. Caes. Gall. 7,77,12–14 [Critognatusrede]); dies und die nach Arausio vorauszusetzende Machtlage macht die weitere partielle kimbrische Herrschaft in Gallien wahrscheinlich. Aber nach dem Schlachtsieg sind die Kimbern entgegen der röm. Befürchtung nach Spanien gezogen (Liv. per. 67; Plut. Mar. 14,1), nach der Abwehr durch die dortigen Keltiberer nach Gallien zurückgekehrt, um sich dort mit den Teutonen zu vereinigen (Liv. per. 67 nach Konjektur Müllenhoffs). Unter Hinterlassung eines Depots in der Belgica (Caes. Gall. 2,29) marschierten sie dann auf getrennten Wegen dem Untergang entgegen, den ihnen die marianischen Legionen in den Schlachten von Aquae Sextiae und Vercellae bereiteten. Dies alles spricht, soweit überhaupt deutbar, eher für den Verlust der alten Machtbasis in Mittelgallien.

Entscheidend ist trotz vieler Unklarheiten, daß der Kimbernzug nicht das willkürliche Hin und Her raublustiger nomadischer Aggressoren war, sondern Leitlinien folgte, die durch freundliche oder feindliche Beziehungen in der kelt. Welt vorgezeichnet waren und durch diplomatische Vorbereitungen aktiviert wurden. Die Kimbern suchten – als Söldner, Klienten oder Bedrücker ihrer kelt. Wirtsstämme und im gleichbleibenden und nicht unrealistischen Wunsch, Land gegen Kriegsdienst zu erhalten – eine Existenz in der kelt. Sphäre; nach Italien drängten sie nicht, wichen vielmehr den Römern geradezu aus und stellten sich dem röm. Angriff erst, wenn es unausweichlich zu sein schien (vgl. sinngemäß die Ariovist in den Mund gelegte Äußerung: Caes. Gall. 1,36). Die kimbrische Bewegung beruhte auf Kooperation mit Stämmen und Stammesfaktionen, auf Abspalten und Mitreißen ethnischer Elemente, die zur Neuformierung eines mobilen Verbandes beitrugen, der den Möglichkeiten und Bedürfnissen der kelt. Ges. entsprach. Sie wird deshalb auch trotz der Besonderheiten des Umfanges, des Weges und des Ausganges nicht singulär gewesen sein; die Bedeutung, die sie im Bewußtsein der klass. Welt gewann, ergab sich aus der ungewollten und unerwarteten Konfrontation mit röm. Interessen, nicht einem zielgerichteten Vorstoß in mediterrane Kernbereiche. Die offensive Ausdehnung röm. Schutzherrschaft in die kelt. Peripherie Italiens (von N-Spanien bis nach Illyricum) seit dem 2. Jh. v. Chr. hat zu den zunehmenden Begegnungen mit germ. Wanderbewegungen und zu einer Polarisierung mit den Germ. geführt, zu der solange weder Möglichkeit noch Anlaß bestand, wie diese, für innerkelt. gehaltenen Vorgänge keine Beachtung fanden und nur ausnahmsweise gelegentlich (s. o.) transalpine Hilfstruppen der Kelten zur Kenntnis genommen wurden.

Damit erklärt sich auch die vielerörterte Unterscheidung von Kelten und Germ. in röm. Qu.: Die Integration der Kimbern, vor allem auf milit. Gebiet, ihre Übernahme von Elementen der materiellen Kultur und die Keltisierung ihrer Oberschicht (158, 50 f.) machen es verständlich, daß ihre röm. Gegner in den Kimbern zunächst Kelten sahen. Es dürften gall. Feinde der Kimbern und ein zunehmendes kelt. Zusammengehörigkeitsgefühl gewesen sein, was auch röm. Beobachtern die Erkenntnis der Andersartigkeit eröffnete (40).

Die innergerm. Wirkung der kimbrischen Wanderbewegung war wahrscheinlich erheblich, ist aber schwer abzuschätzen. Weitgestreute Erinnerungen (z. B. Caes. Gall. 2,29; Res g. 26,4 mit Strab. 7,293; Timagenes bei Amm. 15,9,4; Tac. Germ. 37,1) scheinen lebendig geblieben zu sein, die soziale Differenzierung durch Stärkung von Gefolgschaftsführer-Häuptlingen und die weiträumige Verflechtung der Stammeseliten werden zugenommen haben. Noch wichtiger könnte die mobilisierende Wirkung der kimbrischen Bewegung gewesen sein. Der wahrscheinlich genuin-germ. NW, der vom Kimbernzug nicht berührt wurde (aber vielleicht von den Teutonen und anderen Nachzüglern), kann in seiner Zusammengehörigkeit gestärkt worden sein.

d. Caesar und Ariovist. Den Konflikt mit dem sueb. Landnahmeführer → Ariovist stellt → Caesar nach dem Modell des Kimbernzuges dar, am deutlichsten dort, wo er die brüderlichen Anführer eines riesigen Nachzugskontingents, das am Rhein lagern und die Treverer bedrohen soll, *Nasua et Cimberius* nennt (Caes. Gall. 1,37,3). Die Berufung auf den Präzedenzfall der Kimbern soll das präventive Eingreifen des Prokonsuls rechtfertigen (1,33,4. 40,5). Es ist in diesem Zusammenhang die Frage, ob oder wieweit diese Stilisierung den hist. Gegebenheiten entspricht oder nur eine propagandistische Verzerrung aus Gründen, die in der caesarischen Selbstdarstellung und in der röm. Innenpolitik der Zeit zu suchen sind, darstellt (125, Westgerm. I, 132 ff.; 171, 8 ff.; 114, 115 ff.; 27; 23).

Ariovist hat (nach der Darst., die Caesar gall. Informanten oder Ariovist selbst in den Mund legt) als Führer eines aus Einzelkontingenten bestehenden Wanderverbandes zu Ende der 70er J. (1,36,7) auf Ersuchen der Sequaner hin den Rhein überschritten, zunächst mit 15 000 Mann (1,44.12 mit 31,4–5). Als Helfer im Krieg der Sequaner und Arverner gegen die Haeduer um den gesamtgall. Prinzipat angeworben, habe er unter Geiselstellung (1,31,12) vertraglich vereinbart Siedlungsland gegen Kriegsdienst erhalten, die gall. Gegner seiner Auftraggeber in der Schlacht geschlagen (1,31,12) und den Besiegten Geiselstellung und Tribut auferlegt. Der Erfolg habe zu Nachzug eingeladen; Ariovist verfüge inzw. über 120 000 Mann, 24 000 Haruden seien kürzlich zu ihm gestoßen, für die er ein weiteres Drittel des Sequanerlandes als Siedlungsgebiet beanspruche, die hundert *pagi* der Sueben am Rhein warteten darauf, sich mit Ariovist zu vereinigen. Diesen Stand der Dinge verlangt Ariovist auf Grund des Vertrags- wie des Kriegsrechts respektiert zu sehen. – Unklar ist an diesen Angaben, ob Ariovist vielleicht anfangs nur als Söldnerführer in Dienst genommen wurde, ob die Okkupation des sequanischen Landes von Anfang an geschah und wieweit seine tatsächliche Macht reichte. Offensichtlich stellt Caesar den Germ.-Führer übertreibend in einen gesamtgall. Rahmen, zeichnet er ihn als Barbaren (23) und stellt seine *iniuriae* heraus, die zu ahnden oder zu verhindern den röm. Prokonsul die traditionelle Aufgabe des Bundesgenossenschutzes verpflichte. Reden und Gegenreden stellen einen gewissen Automatismus aus barbarischer Provokation und röm. Reaktion heraus, der zum röm. Vormarsch ins Elsaß und zur Schlacht gegen Ariovist führt. Die Rechtfertigung des Germ. auf der Basis dieser Information (z. B. 77) übersieht zunächst die Abhängigkeit von Caesars Gestaltung.

Von diesen Unsicherheiten abgesehen ist die Ariovist-Invasion im Kern (wenn auch nicht ihrer Dimension nach) verständlich. Der germ. Landnahmeführer hatte eine Suebin *(quam domo secum duxerat)* und eine Schwester eines norischen Kg.s zu Frauen (1,53,4), stammte demnach aus dem rechtsrhein. Germanien (anders, aber schlecht begründet, hält Schmidt [125, Westgerm. I, 131] Ariovist auf Grund von Plin. nat. 2,170 und Mela 3,45 für einen Triboker) und verfügte über weitreichende Verbindungen. Er heißt bei Caesar *rex Germanorum* (1,31,10, vgl. 1,31,11. 51,2. 6,12,2); seine Kontingente (1,51,2) können in drei Gruppen geteilt werden: die jütländischen Harudes (dazu 1,31,10. 32,7) und Eudusii, die (später) linksrhein. Triboker, Vangionen und Nemeter sowie die Marcomanni und Suebi (wahrscheinlich im Sinne des sonstigen caesarischen Sprachgebrauchs gemeint). Es wird aber nicht klar, daß Ariovist selbst über eine gefolgschaftliche Hausmacht verfügte (berittener Kern aber nach Cass. Dio 38,50,4 wahrscheinlich) und welcher Herkunft sie war (106, 275 ff.). Über die allg. Vorstellung eines Wanderkonglomerats mit weitgestreuter Herkunft der ethnischen Elemente, das weiter anschwoll (wenn auch wahrscheinlich Caesar das Ausmaß übertreibt), ist also nicht hinauszukommen; die Kimbern-Parallele erscheint nicht abwegig. Dazu paßt, daß das von Caesar geschlagene Heer Ariovists und der Nachzug sich nach der Niederlage zerstreuten, die Wanderbewegung also zerfiel. Das angedeutete (4,16,7. 5,29,3) gesamtgerm. Bewußtsein darf bezweifelt werden.

Daß Ariovist kurz zuvor, im Konsulatsjahr Caesars (59 v. Chr.), die Anerkennung als *rex et amicus populi Romani* vom Senat erhielt (1,35,2 u. ö.), ist nach Hintergrund und polit. Motiv nicht aufzuklären, zeigt aber, daß er schon vor Caesars Eingreifen in Gallien als Machtfaktor im mittleren Gallien galt, v. a. auch, daß er zunächst in Caesars polit. Kalkül eine ganz andere Rolle als die des barbarischen Aggressors spielte. Zum Repräsentanten einer neuen Kimbern-Gefahr wurde Ariovist polit. instrumentalisiert; daß seine Invasion die typischen Züge einer auf symbiotische Partizipation an der kelt. Welt gerichtete germ. Wanderbewegung zeigt, ist dennoch nicht zu bezweifeln. Der Ausschnittcharakter der röm. Qu. bringt es aber mit sich, daß über die sueb. Prägung hinaus (s. o.) weder zu Herkunft und Wanderweg, noch zu Zusammensetzung und Kohärenz oder zu Freunden und Feinden des Ariovistzuges eine Aussage möglich ist. Auch das Schicksal des nach der verlorenen Schlacht über den Rhein geflohenen und bald darauf verstorbenen Anführers ist unbekannt.

e. Caesar und die Germ. Caesars Darst. der weiteren Auseinandersetzungen mit den Germ. (171, 37 ff.; 114, 111 f.; 23, 122 ff.) ist nach Komposition und Motivation eng mit der Gesch. Ariovists verbunden. Sie beginnt mit dem zum J. 55 v. Chr. berichteten Übergang der im rhein. Hinterland seßhaften (in Oberhessen vermuteten), aber schließlich von den Sueben vertriebenen Usipeter und Tenkterer über den Niederrhein (Caes. Gall. 4,1,1–2. 4,1); vom drohenden Einfall germ. Hilfstruppen der Belger (*qui auxilio a Gallis arcessiti*: 3,11,2) war schon vorher die Rede. Die volkreichen (100 *pagi*) und durch ihre Militär- und Agrarorganisation (4,1) bes. kriegstüchtigen Sueben (s. o. unter § 2d.), selbst durch breite Ödlandmarken gesichert (4,3,1), haben auch die Ubier (zw. Rhein und Westerwald), die sie nicht vertreiben konnten, in Abhängigkeit gebracht (4,3,3–4). Der Westdruck der Sueben ist also auch der Grund des neuen röm. Konflikts mit den Rechtsrheinischen, wenn auch nicht so unmittelbar wie im Ariovistkrieg. Er äußert sich angeblich in beabsichtigter Vertreibung der Nachbarn, die die nunmehr landlos umherirrenden Flüchtlinge zu einem gefährlichen Unruhefaktor macht, mindestens aber in deren Unterwerfung *(vectigales, sub imperio)*, eine Deutung, an der Zweifel erlaubt sind. Daneben ist immer wieder die Rede von der generellen Gefährdung der röm. Herrschaft in Gallien durch die für Rebellen bestehende Möglichkeit, rechtsrhein. Auxilien zu gewinnen, und deren Bereitschaft, sich anwerben zu lassen.

Überfallartig gelingt den Usipetern die Überschreitung des Rheins mit allem Anhang (4,4–6); sie werden dabei ähnlich den Ariovist-Sueben als Wanderlawine stilisiert (4,15,3: 430 000 Menschen) und als milit. (bes. durch überlegene Reiterei) gefährliche Gegner bezeichnet. Die typische Mechanik dieses Verhältnisses charakterisiert Caesar grundsätzlich richtig einerseits durch das von den unruhigen Gall. bekundete Interesse an germ. Hilfstruppen (4,6,3), andererseits durch das korrespondierende Angebot der Usipeter (4,7,4, in diesem Falle den Römern gemacht): *posse utiles esse amicos.* Daß Caesar das gall. Verhalten als Unzuverlässigkeit tadelt (4,5,1) und dem Wanderstamm die Berechtigung zu seinem Verhalten bestreitet (4,8), entzieht dem eingespielten symbiotischen Verhältnis zw. Kelten und germ. Hilfsvölkern den Boden und wird der Grund des Massakers, dem die Usipeter zum Opfer fallen. Der anschließende Rheinübergang Caesars soll einer Wiederholung vorbeugen, die zu den Sugambrern geflüchteten usipischen Reiter treffen und die röm. verbündeten Ubier schützen (4,16). Er zwingt vor allem die Sueben zum Rückzug in ihre Waldrefugien (4,19,2–3).

Der Konflikt, der im J. 54/53 den zweiten Rheinübergang Caesars veranlaßte, war zunächst der Aufstand der Treverer, Nervier und Belger, in dem der Eburonenkg. Ambiorix die führende Rolle spielte. Caesars Angriff zielte deshalb v. a. auf die linksrhein. Eburonen und Menapier; ihre germ. Auxilien zogen sich daraufhin zurück (6,8,7). Der Rheinübergang (119, 4 f.) sollte wiederum abschreckend auf die Germ. wirken. Dabei konnten sich die Ubier als verläßliche Bundesgenossen rechtfertigen und beweisen, daß die Unterstützung der Rebellion nur von den Sueben und ihren Klientelstämmen ausgegangen war (6,9–10). An der Plünderung des Eburonenlandes, zu der die Nachbarn eingeladen waren, beteiligten sich auch 2000 sugambrische Reiter, die dann allerdings – Caesars Kalkül gründlich durchkreuzend – in einem röm. Lager ein lohnenderes Ziel suchten, aber damit ihrer wahren Natur treu blieben: *in bello latrociniisque nati* (6,35,7). Caesar macht also auch in der Beschreibung dieses Feldzuges bei aller parteilichen Einseitigkeit den allg. Zusammenhang sehr deutlich. Besondere Beachtung verdient, daß ein Zusammenspiel von Stämmen, die den *Germani cisrhenani* zugerechnet werden, mit rechtsrhein. Auxilien berichtet wird oder zu erschließen ist (außer den Eburonen sind es die Segni und Condrusi: 6,32,1 in Verbindung mit 5,2,4 und 2,4,10), ohne daß Caesar daraus allg. Schlüsse auf einen ethnisch motivierten Zusammenhalt zöge (Ambiorix betont gall., nicht germ. Solidarität: 5,27).

Die Erkenntnis, die Caesars Kriegsber. über die Germ. seiner Zeit zu entnehmen ist, beschränkt sich auf wenige, aber wichtige Aspekte (allg. dazu: 53, 68 ff.; 21, 319 ff. mit ält. Lit.; 177, 381–391. 408–417). Er ist an einer differenzierten Gesamterfassung und ethnographischen Beschreibung nicht interessiert, die berühmten Exkurse betonen und begründen schematisch den kontrastiven Gegensatz der rechtsrhein. Stämme zu den Gall. Weder Grenzen noch Binnengliederung, weder Einzelstämme noch Unterschiede werden systematisch mitgeteilt, die Germ. sind für Caesar nur als eine sozialtypische Einheit von Belang. Sie beruht auf der Primitivität der Zivilisation (geringe Agrikultur), die Militanz und Expansionsdrang ermöglicht und fordert, der Verkehrsfeindlichkeit und dadurch bedingten räuberischen Partizipation an den Nachbarn, vor allem aber einem Verhältnis zu den Gall., bei dem einem Bedürfnis nach barbarischen Söldnern deren Erwartung entsprach, für Einsatz in fremdem Dienst Gewinn, Teilhabe und Integration zu erreichen. Diesem Typus folgten nach Caesars Erfahrung Sugambrer und Usipeter und vor allem Sueben, der ethnische Kern am unerreichbar fernen herzynischen Wald, dessen expansive Aktionen die rheinnahen Stämme vertrieben, unterwarfen oder mitrissen, aber mit wenigen Ausnahmen eben auch diese selbst. Das Problem, mit der Dynamik dieser barbarischen Peripherie fertig zu werden, war mit dem *imperium populi Romani* bis zum Rhein aufgegeben, und die Sicherheit der röm. Herrschaft forderte, die spezifische Symbiose der Gall. mit ihrem rechtsrhein. Glacis zu beenden.

Caesar hat damit das Kulturgefälle richtig erfaßt, aber sehr mechanisch zum Schlüssel einer ethnischen Differenz gemacht. Er hat die von der gefolgschaftlichen

Dynamisierung ausgehende Bedrohung erlebt und beschrieben (174, 255 ff.; 157, 125 ff.; 106, 66 f.), aber sie nur unzulänglich verstanden und mit einer seltsam abstrakten Konstruktion der Agrar- und Besitzverhältnisse erklären wollen. Er folgte damit skythisierenden Klischees der traditionellen Nordvölker-Ethnographie, beobachtete die tatsächlichen Unterschiede in der rechtsrhein. Stammeswelt aber, soweit nicht milit. relevant, wenig. Sein polit. Rezept bestand in der Unterbindung der bisherigen Symbiose, der Einschüchterung und Zurückdrängung der Sueben und in der Anwendung konventioneller außenpolit. Methoden der Klientelisierung einer Randzone als Sicherheitsglacis (zusammenfassend: 182, 134 ff.). Konkrete Vorgänge der innergerm. Gesch. kamen nicht in sein Blickfeld und bleiben deshalb mangels anderer Qu. auch uns verborgen. Undurchsichtig bleiben auch die meisten geogr. Zusammenhänge. Ariovists Unternehmen und die Grenzkämpfe der Helvetier (Caes. Gall. 1,1,4) sprechen für germ. Vorstöße zum Oberrhein, die auch zur Abwanderung oder Unterwerfung der alten Bevölkerung führten; nach Caesar erscheint S-Deutschland befriedet, ohne daß die neue ethnische Situation erkennbar würde.

f. *Containment* der Germ. nach Caesar. Die von rechtsrhein. Verbänden ausgehende Infiltration Galliens, durch Anwerbung von Hilfstruppen von Seiten rebellischer Gall. oder durch räuberische Initiativen germ. Gefolgschaften veranlaßt, ist am Mittel- und Niederrhein von Caesar nicht auf Dauer verhindert worden. Schon der Caesarfortschreiber A. Hirtius erwähnt (Caes. Gall. 8, 45,1 zum J. 51) germ. Hilfstruppen der Treverer, *qui nullis adversus Romanos auxilia denegabant* (vgl. schon 7,13,1. 65,4. 8,7,5 mit 10,4. 21,1). Die Überfälle und die röm. Abwehrmaßnahmen (in deren Zusammenhang M. Agrippa 39/38 v. Chr., nach ihm der Legat M. Vinicius 25 v. Chr. erneut den Rhein überschritten: Cass. Dio 48,29,2. 53,26,4) setzten sich in den Jahrzehnten nach Caesar fort, wie verstreute und zufällige Einzelnachr. erkennen lassen (157; 182, 140 f.). Die Sugambrer und Sueben treten dabei als Hauptgegner hervor. Ein Wendepunkt in dieser Grenzbeziehung (vielleicht aber auch nur aus innenpolit. Gründen dazu stilisiert) wurde die Niederlage des Legaten M. Lollius gegen eingedrungene Sugambrer im J. 16 (Cass. Dio 54,20,4–6; Vell. 2,97,1; Suet. Aug. 23,1). Sie führte zur Verlegung der gall. Legionen an den Rhein und zur Begründung der zur Offensive rechts des Rheins geeigneten Legionslager an Lippe- und Mainmündung, Castra Vetera-Xanten und Mogontiacum-Mainz (116; zusammenfassend: 147, 361 ff.; 108, 308). Ob andere Maßnahmen (Anlage des Lagers Novaesium-Neuss, Umsiedlung der Ubier und Bataver auf das linke Rheinufer, Landanweisung an die Chatten, wohl im aufgegebenen Ubiergebiet, Tributpflichtigkeit der Sugambrer) in diesen Zusammenhang eingeordnet werden können und eine schrittweise Intensivierung der Grenzsicherung erschließen lassen (157), bleibt umstritten (zuletzt dazu: 9, 87 ff.). Grundsätzlich dürfte auch bei gleichbleibendem Druck die Aggressivität rechtsrhein. Gruppen durch den zunehmenden Ausbau der röm. Provinzialherrschaft in Gallien störender geworden sein.

Damit ist die Frage berührt, ob die augusteische Germanienpolitik als Folge eines (imperialen oder auf umfassende Defensive gerichteten) Planes zu verstehen ist (zum Problem und Deutungen: 24, 185 ff.; extrem in diesem Sinne: 172, zusammenfassend 246 ff.). Da es authentische Erklärungen darüber nicht gibt, stehen zur Beantwortung nur Indizien zur Verfügung: das schwächste liefert die in der Dichtung und der kaiserlichen Selbstdarst. bezeugte Weltherrschaftsideologie (siehe dazu: 173), weil diese nicht als Maxime des konkreten polit. Handelns verstanden werden kann. Allerdings hat die Monopolisierung der milit. Macht auf Dauer in der Hand des Ks.s einen in republikanischer Zeit nicht gekannten Zusammenhang der Grenzen bewirkt und langfristige milit. Dispositionen ermöglicht; die mittlere augusteische Zeit ist ferner durch größere sachliche und personelle Handlungsfreiheit gekennzeichnet als sie vorher oder nachher bestand. Als Folge dieser Voraussetzungen könnte die zeitliche Koinzidenz der Besetzung der Rheinlinie mit Legionen ab 16 v. Chr. mit der Okkupation des Alpen- und Voralpengebietes im J. 15 v. Chr. angesehen werden (dazu: 22; 133, 19 ff.; 129; K. Dietz, in: 31, 18 ff.). Aber es ist doch weder zu erweisen noch wahrscheinlich, daß diese Okkupationsunternehmung – ein milit. Spaziergang in einem dünnbesiedelten Gebiet, von dem kaum organisierter Widerstand ausging – in einem strategischen Zusammenhang mit den Feldzügen in Germanien stand (siehe zusammenfassend: 129; Dietz, in: 31, 18 ff.; Wiegels, in: 124, 231 ff.). Die Besetzung des Voralpenlandes diente gewiß der Verbesserung der Kommunikation zw. den Legionen Gallliens und denen des illyr. Balkanraums (Syme), aber die Frühphasen der raetischen Besatzungsgesch. (1. Eroberung 15 v. Chr. mit Anlage des Legionslagers Dangstetten; 2. Umorganisation wohl 8 v. Chr. und Anlage eines Lagers in Augsburg; 3. nach 15 n. Chr. Aufgabe dieses Lagers zugunsten eines rückwärtigen Zentrums in Vindonissa) lassen in keinem Falle eine Stoßrichtung nach N hin erkennen. Röm. Feldzüge nach Germanien von Raetien aus, etwa gar Operationen, die in strategischem Zusammenhang mit der Eroberung Germaniens gestanden hätten, hat es offenbar nicht gegeben. Die Stämme der Raeter und Vindeliker waren keine Germ. in irgendeinem Sinne. Ihre Unterstellung unter röm. Herrschaft diente nicht der Bewältigung der alten aggressiven Feinde am Rhein und sie kann deshalb im Rahmen einer Gesch. der Germ. außer Betracht bleiben. Hat es aber einen ‚großen Plan' nicht gegeben, dann besteht kein Grund, hinter dem röm. Vorgehen am Rhein bis zum Beginn der Offensivfeldzüge unter Drusus (und sogar noch während dieser Feldzüge) etwas anders zu sehen als das fortdauernde, aber zu immer schärferen Mitteln greifende Bemühen, die Infiltration aggressiver rechtsrhein. Verbände zu unterbinden, Gallien und die Rheingrenze zu sichern. Auch die Errichtung der Legionslager an Lippe und Main bedeutete noch nicht den Eroberungskrieg, wohl aber eine unmißverständliche Drohung. Als im Sommer des J.es 12 v. Chr. die Sugambrer erneut den Rhein überschritten und einen Einfall in Gallien unternahmen, wurden die Legionen in Marsch gesetzt.

Für die Gesch. der Germ. sind die Rückwirkungen dieser Eindämmungspolitik zu bedenken. Die germ. Stammesges. und bes. die Sueben scheinen in einem gewissen Grade und in zunehmendem Maße auf die oben beschriebene spezifische Partizipation an der kelt. Zivilisation ausgerichtet gewesen zu sein. Diese Tendenz hatte erhebliche soziale Auswirkungen (Aufstiegschancen von Gefolgschafts- und Landnahmeführern, Bereicherungsmöglichkeiten und rasch zunehmende soziale Differenzierung, Dynamisierung und Mobilisierung von Stämmen und Stammesteilen sowie Machtverschiebung zw. den Stämmen). Die energische und offensive Bekämpfung dieser Fluktuation durch das röm. Regiment im Interesse der Sicherheit seiner Herrschaft über Gallien hat anscheinend nur langsam gewirkt und zunächst die Wagemutigsten nicht abgeschreckt, dann aber die militanten Kräfte gezwungen, zw. Anpassung (vgl. Caes. Gall. 5,55,2) und Widerstand zu wählen. Dadurch müssen erhebliche Spannungen und Verwerfungen in der Stammesges. ausgelöst worden sein. Sie bleiben für uns naturgemäß zumeist unbekannt, haben aber wohl ihre Spuren in Stammeskonflikten hinterlassen, wie sie etwa bei den Chatten zu erkennen (174, 423 f.; 182, 143 ff.), bei Cheruskern, Markomannen und anderen Stämmen zu vermuten sind (vgl. auch die merkwürdige Behauptung Caesars Gall. 5,29,3 [germ. Trauer über Ariovists Tod]). Die Sugambrer scheinen in Faktionen zerfallen zu sein (157, 139), und die generelle Zurückdrängung der Sueb. kann auf deren innere Verfassung nicht ohne tiefgehende Wirkung geblieben sein (vgl. Marbod, s. u.). Diese innergerm. Verschiebungen sind als epochale Zäsur zu würdigen: sie beendeten die Symbiose dieser barbarischen Randges. mit der kelt. Welt (wenigstens im W). Insofern entspricht die von außen kommende, sektorale Sicht der ant. Qu. einer genuinen Tendenz der Gesch. der Germ.

g. Germ. im röm. Dienst. Die mit dem Ausbau der röm. Reichsgrenze und den Okkupationsfeldzügen beginnende neue Epoche ersetzte das symbiotische Verhältnis der germ. Stämme, Verbände und Söldner zu den Kelten durch ein grundsätzlich vergleichbares, im Einzelnen vielfach anders gestaltetes Verhältnis zum röm. Imperium. Seine Anfänge liegen in der Indienstnahme germ. Truppen durch röm. Feldherren.

Caesar scheint schon früh germ. Truppenverbände, vor allem Reiter, in Dienst genommen zu haben (zum J. 57 werden Caes. Gall. 2,35,1 rechtsrhein. Deditionsgesandtschaften erwähnt, die Formel *imperata facturas polliceri* schließt Truppenstellung auf Verlangen ein; im Krieg gegen Vercingetorix begegnen auf Caesars Seite 400 germ. Reiter, *quos ab initio secum habere instituerat*). Seit dem J. 52 werden germ. Hilfstruppen öfter genannt, auch in milit. relevantem Einsatz (7,65,4: germ. Reiter als Kompensation fehlender röm. Kavallerie; 8,13,2 gegen die Bellovaker usw.). Germ. Reiter und leichte Fußtruppen spielen auch im Bürgerkrieg eine Rolle (z. B. Caes. civ. 1,83,5: in Spanien gegen Afranius; 3,52,2: bei Dyrrachium 48 v. Chr.; b. Alex. 29,4: bei Pharsalos) und zwar auch auf pompeianischer Seite (z. B. Caes. civ. 3,4,4: schon von A. Gabinius zum Schutz des Kg.s Ptolemaios Auletes in Alexandria zurückgelassene Germ.; b. Afr. 19,4 u. ö.: in Afrika unter Labienus). Sie dienen dann unter Octavian und M. Antonius (z. B. Cass. Dio 45,23,4 und 46,37,2), werden bei Philippi (Cass. Dio 47,48,2) und gegen Sex. Pompeius (App. civ. 5,486) verwendet. In den Dienst des Kg.s Herodes (Jos. B. J. 1,672) dürften Germ. durch röm. Vermittlung gelangt sein. (Vgl. 7, 28; 168, 5 ff.; 151).

Seit und durch Caesars gall. Krieg gibt es ‚Germanen im römischen Dienst', zumeist als *levis armatura* ohne feste organisatorische Gestalt. Bes. als Reiter (hier wieder bes. die batavischen) sind sie der schwachen röm. Kavallerie wegen erwünscht (Caesar stellt ihnen einmal bessere röm. Pferde zur Verfügung: Caes. Gall. 7,65,5); ihre milit. Leistung wird wiederholt gerühmt. Sie dienen als angeworbene Söldner *(pretio pollicitationibusque)* oder als vertraglich bzw. auf Befehl gestellte Stammestruppen (wobei die Art der Konskription nicht klar wird, wahrscheinlich handelt es sich auch hierbei um Gefolgschaftsverbände). Bes. Reitertruppen scheinen durch ihre persönliche Führung eine gewisse Konstanz gewonnen zu haben (die sich bei Dienst in der Ferne von allein ergab); in solchen Einheiten liegt ein Ursprung der röm. Auxilien germ. Herkunft. (Zur weiteren Entwicklung siehe zuletzt: 182, 126 ff.).

Die germ. Truppen im röm. Dienst bedeuten keine „Nutzbarmachung der germanischen Volkskraft" (7, 25), sondern die beginnende Ersetzung der germ.-kelt. Symbiose durch eine germ.-röm. Germ. Gefolgschaftsführer standen gegen Lohn und Land zum Einsatz für kelt. Interessen bereit, auch im Kampf von Gall. gegen Römer (Hirtius Caes. Gall. 8,45,1), boten sich aber früh auch (siehe Kimbern) den Römern in gleicher Weise an und wurden seit Caesar wegen ihrer Kampfkraft geschätzt und genutzt. Für die röm. Seite stellte die Indienstnahme dieser Verbände die einfachste Form der Kontrolle und Neutralisierung des barbarischen milit. Potentials dar. Das Interesse der Randbarbaren war auf materielle Partizipation ihrer *duces* und deren kleiner oder großer Gefolgschaften gerichtet und ohne spezifische polit. Zielrichtung. Doch ist nicht anzunehmen, daß der Umfang ihrer Verwendung auch nur entfernt denjenigen erreichte, der für gall. Auftraggeber oder gegen gall. Opfer germ. *raids* zu erkennen oder zu vermuten ist. Außerdem zwang der röm. Dienst bei der unvergleichlich größeren Macht und anstaltlichen Festigkeit dieses Partners zu einer ganz anderen Disziplin und Subordination als für oder gegen kelt. Herren und führte u. U. auch bei milit. Einsatz im Imperium in weite Entfernung vom Ausgangsgebiet. In diesen veränderten strukturellen Gegebenheiten liegen die wichtigsten hist. Voraussetzungen für die zweite Epoche der germ. Gesch.

§ 4. Germ. und Römer. a. Die Okkupationsfeldzüge unter Drusus und Tiberius. Die im Sommer 12 v. Chr. beginnenden Okkupationsfeldzüge sind wahrscheinlich nicht als Realisierung eines längst gefaßten und weiträumigen Eroberungsplanes begonnen worden, sondern als ad hoc-Reaktion auf einen neuen Sugambrereinfall (Cass. Dio 54,32,1) zu verstehen (anders z. B. 172, 46; 108, 54). Aber die Anlage der Militärlager am Rhein gestattete nun eine kontinuierliche und aktive Grenzpolitik und unmittelbare Antwort auf Überfälle von rechts des Rheins. In ihnen eine schwerwiegende, die gesamte imperiale Politik betreffende Belastung zu sehen, besteht kein Grund. Auch ein Zusammenhang mit der ‚Okkupation' Raetiens bis zur Donau (s. o.) ist nicht zu erweisen. Der annalistische Ber. bei Cassius Dio 54,32–55,6, auf frühkaiserzeitliche Qu. zurückgehend, erlaubt, die chron. Abfolge des ganzen Krieges in großen Zügen zu überblicken. Zum milit. Ablauf der Drusus-Feldzüge siehe generell: 147, 363 ff.; 154; 172, 154 ff.; R. Laser, in: 83, 267 ff.; 108, 53 ff.; 76, 297 ff.; 173; → Drusus; 182, 157 ff., jeweils mit weiteren Lit.nachweisen und Angaben der Parallelqu., sowie die Überblicke in: 6, 38 ff.; 66, 27 ff.

Der Feldzug des Drusus begann spät im J. 12 von Castra Vetera aus (zu den chron. Problemen → Drusus S. 206) mit einer Vergeltungsaktion gegen die Sugambrer und Usipeter und der anschließenden Flottenexpedition (zur *fossa Drusiana* → Drusus S. 207), die zur friedlichen Unterwerfung der Friesen führte, aber bei den Chauken an Navigationsfehlern scheiterte, also wahrscheinlich nicht über die Ems hinausführte (Cass. Dio 54,32,2–3). Im folgenden J. 11 v. Chr. gelangte das Heer beim Angriff gegen dieselben Stämme bis zu den Cheruskern, weil das sugambrische Aufgebot sich gegen die abgefallenen Chatten gewendet hatte. Drusus kehrte an der Weser um, bewältigte die Gefahr eines Hinterhaltes und legte, „wo Lippe und Elison sich vereinigen", ein Lager (φρούριον) an (wahrscheinlich Oberaden: 128, 79 ff.), ein weiteres im Chattengebiet, „nahe dem Rhein" (Cass. Dio 54,33; nicht identifiziert, sicherlich nicht Rödgen, siehe → Drusus S. 208). Die Siegerehrungen lassen darauf schließen, daß damit der Krieg zunächst für beendet gehalten wurde.

Der erneute Abfall der Chatten zu den Aufständischen hatte jedoch den Feldzug im J. 10 zur Folge, der wahrscheinlich vor allem von Mainz und den neuen Stationen aus geführt wurde, aber trotz behaupteter Erfolge den Durchbruch nicht erreichte. Im folgenden J. werden Kämpfe gegen Chatten, Sueben und Cherusker berichtet, ein strategischer Zusammenhang ist dabei schwer zu gewinnen (154; → Drusus S. 209 f.). Drusus gelangte an die Elbe und kehrte von dort nach Errichtung eines Siegeszeichens um (Cass. Dio 55,1,3 f.; Suet. Claud. 1,2), verunglückte und starb aber auf dem Rückweg zw. Saale (?) und Rhein (Strab. 7,291 ... Σάλας ποταμὸς οὗ μεταξὺ καὶ τοῦ Ῥήνου ... Δ. ἐτελεύτησεν). Die spätere Überlieferung stilisierte ihn als Heldenjüngling, der in Germanien weiter gekommen sei als irgend ein anderer, aber durch ein tragisches Schicksal an der Vollendung seines Werkes gehindert worden sei; dem entsprachen die Ehrungen für den Frühverstorbenen (→ Drusus S. 210 f.). – Tiberius eilte auf Weisung des Augustus (durch das offenbar befriedete Land) zu Drusus, und übernahm von dem sterbenden Bruder das Kommando (Strab. 7,291; Liv. per. 142); er setzte im folgenden J. den Unterwerfungskrieg fort, ohne daß sein persönlicher Anteil daran bestimmbar (einen anderen Kriegsstil vermutet Wolters: 182, 173) oder einzelne Ziele und Ergebnisse bekannt wären (Vell. 2,97,4 *peragratus victor omnis partis Germaniae sine ullo detrimento commissi exercitus*). Die bekriegten Stämme (außer den Sugambrern, deren Geschick nicht ganz durchsichtig ist) unterwarfen sich jetzt (Dio 55,6,2–3); damit brachte dieses Feldzugsjahr das Ende des Krieges, wie Aufidius Bassus (bei Cassiod. chron. 746 zum J. 746 ab urbe condita = H. Peter, Historicorum Rom. Reliquiae 2, 96) konstatierte; *inter Albim et Rhenum Germani omnes Tiberio dediti* (vgl. Vell. 2,97,4). Das folgende J. sah noch Unruhen in Germanien, die Tiberius rasch bewältigt zu haben scheint (Dio 55,8,3 mit 9,1).

Das damit formulierte Ergebnis, die röm. direkte Herrschaft bis zur Elbe (aber ungewiß, wie weit nach S reichend; vgl. Res. g. 26,2) ging zweifellos (ähnlich wie in Gallien nach Caesars Eroberung) mit Ordnung der Stämme, ihrer Territorien, Autoritäten und Auflagen (Tributen, Geiselstellung, Verkehrsbeschränkungen, Aushebungen, Versorgungsleistungen) einher. Diese Maßnahmen sind nur ausnahmsweise und zufällig faßbar; zu ihnen gehörten etwa der Ochsenhaut-Tribut der Friesen (Tac. ann. 4,72,1), die Aufhebung der Stammesautonomie der Sugambrer (Strab. 7,291; Dio 55,6,2–3; Res g. 32,1), zweifellos auch überall die Einsetzung vertrauenswürdiger Stammesobrigkeiten oder *praefecti gentium* (so für die Markomannen zu erschließen aus Res g. 32,1) und die Regelung der Beziehungen zu etwaigen Militäreinrichtungen und Lagerterritorien. Die Sicherheit des eroberten Landes hatten die Lager entlang der Lippe und die von Mainz zum Lahntal führende Linie (132; H. G. Simon, in: 6, 38 ff.) zu gewährleisten; sie müssen durch dichte Ketten von Kleinkastellen, Straßenstationen, *praesidia* usw. (vgl. Tac. ann. 1,56,1) und Versorgungsdepots (wie Rödgen), andrerseits Flottenstationen ergänzt worden sein. Die Basis des milit. Apparats bildeten mindestens 5 Legionen mit ihren Hilfstruppen und die Lagerkette am Rhein (134, 324 ff.). Für das J. 8 v. Chr. sind umfangreiche, in ihrem Ausmaß und ihrer milit. und polit. Tragweite wahrscheinlich immer noch unterschätzte Umdisponierungen zu erschließen (Aufgabe der Lager Oberaden und Rödgen, Neugründungen in Haltern und Bad Nauheim: 128, 39 ff.; 134, 334 f.; die Anlage des Lagers Marktbreit kann in den gleichen Zusammenhang gehören: 109).

Das Ziel der Unterwerfungsfeldzüge, zu dem authentische Zeugnisse nicht zur Verfügung stehen, darf als offensive Vorfeldsicherung umschrieben werden und hat selbstverständlich im Laufe der Zeit und mit wechselnden Erfahrungen auch gewisse Modifikationen erfahren. Daß diese weiträumige Sicherung durch Unterwerfung auf die administrative Dauerform der Prov. zusteuerte, ist nicht zu erweisen (die Formulierung des Velleius Paterculus, Tiberius habe im J. 8 Germanien *in formam paene stipendiariae provinciae* gebracht [2,97,4], läßt viele Deutungen offen). Aber auch die moderne Kategorie des ‚Klientelstaats‘

(E. Kornemann; neuerdings: 182; 176) kann höchstens als vage Umschreibung eines faktischen Zustandes von Kontrolle und indirekter Herrschaft verstanden werden. Provinzialisierung *(in formam provinciae redigere)* war für die röm. Sicherheitsinteressen auch nicht zwingend erforderlich und gegebenenfalls eine längerfristige Organisationsaufgabe und ein Rechtsakt. Die Frage ist ohne eindeutiges Ergebnis intensiv diskutiert worden; die wichtigsten Positionen dabei lauten: Ziel der Provinzialisierung bis zur Elbe seit 16 v. Chr. (Mommsen) oder bloße milit. Demonstration (99), Elbgrenze als Element globaler Welteroberungsziele (172) oder ungeplantes Ergebnis einer milit. Eskalation (154); zum Forsch.sstand vgl. (147; 24; Laser, in: 83, I, 267 ff.; 172; 182; 57; 33; Kehne, in: 19, 25–32). Allein die Elblinie ist als beanspruchtes Ziel röm. Herrschaft durch die Triumphalnotiz bei Aufidius Bassus (s. o.) belegt. Sie begegnet auch sonst gelegentlich in röm. Formulierungen (symbolisch überhöht: Tac. Germ. 41,2), vor allem in der seltsamen Nachricht von einer Drusus an der Elbe zuteil gewordenen Erscheinung (Cass. Dio 55,1,3; Suet. Cl. 1,2: ohne Zweifel als innerröm. Reflex zu verstehen, die weitere Deutung bleibt hypothetisch; siehe: 154; zur Kritik → Drusus 210). Augustus verbot später seinen Legaten die Überschreitung der Elbe (Strab. 7,291). Die reale milit. Bedeutung ergab sich daraus, daß die Umfahrung Germaniens vor der kimbrischen Halbinsel bis zur Elbe führte (vgl. Vell. 2,106,3).

In germ. Sicht hatte die Organisation der röm. Herrschaft untergeordnete Bedeutung, ihre praktischen Folgen umso größere. Umfangreiche Deportationen vernichteten den Sugambrerstamm und trafen die Sueben (Suet. Aug. 21,1; Tib. 9,2), ohne daß die Einzelheiten deutlich würden. Ungewiß ist, welcher Einzelstamm hinter den ‚Sueben' steckt, wahrscheinlich aber, daß die Flucht des namentlich unbekannten Markomannenkg.s (Res g. 32,1) und die Aktivität des Marbod in Verbindung zu bringen sind und auf eine röm. geförderte Spaltung der Markomannen verweisen. Ähnliche Vorgänge werden sich vielfach abgespielt, Faktionskonflikte erzeugt und röm. Ausnutzung der Gegensätze ausgelöst haben. Abschöpfung der *iuventus* durch Konskription in Auxilien ist bei den Sugambrern bezeugt (2, 84 f.; 182, 176 f.) und auch anderswo anzunehmen. Eine kaum abzuschätzende demographische Veränderung durch Vernichtung und Verwüstung, freiwillige und erzwungene Abwanderung sowie zwangsweise Stillegung der Gefolgschaftskriege muß die germ. Ges. tiefgreifend betroffen haben. Die röm. Kriegführung richtete sich zunächst gegen die renitenten rhein. Nachbarn, Usipeter-Tenkterer und Sugambrer sowie die Chatten (deren wechselnde Parteinahme auf tiefe innere Gegensätze schließen läßt) und die Cherusker im Hinterland (zahlreiche Kleinstämme treten dabei nicht in Erscheinung, wahrscheinlich, weil sie keine selbständige polit. Rolle zu spielen vermochten; vgl. die Fosi: Tac. Germ. 36,2). Die Flottenoperationen suchten die Friesen und Chauken zu gewinnen und die binnenländischen Stämme in Zangenoperationen zu erfassen. Im Laufe der Drusus-Tiberius-Feldzüge verlagerte sich der Schwerpunkt der Kämpfe immer mehr nach S, zu den Suebengruppen in Hessen, Thüringen und Mainfranken. Deren Eindämmung und Paralysierung und damit die Brechung der aggressiven sueb. Dynamik war das wichtigste Ergebnis der röm. Okkupationsfeldzüge. Die bei Caesar noch unter sueb. Vorherrschaft stehenden westgerm. Stämme tauchen als ethnische Individualitäten wieder auf, nicht zuletzt, um ihre inneren Gegensätze auszutragen. Der relative Zusammenhang dieser Stämme hat aber auch der röm. Unterwerfung mehr Widerstand entgegengesetzt als römischerseits anfangs erwartet worden war.

b. Röm. Herrschaft in Germanien bis zur Varusschlacht. Nur wenige Nachr. lassen die innergerm. Veränderungen der Zeit nach 8/7 v. Chr. beispielhaft erkennen. Die wichtigste betrifft die Abwanderung der Markomannen unter ihrem Kg. Maroboduus nach Böhmen, offensichtlich von der röm. Herrschaft zunächst gefördert oder gar erzwungen und nach ihren Voraussetzungen, Zielen und Folgen nicht voll durchschaubar (Strab. 7,290; Vell. 2,108; die Vorstellung des Zurückweichens in die unerreichbare Tiefe des hercynischen Waldes [Velleius a. O.; vgl. Tac. ann. 2,45,3 *Hercyniae latebris defensus*] steht im Gegensatz zur stark betonten Gefährlichkeit der aktiven Machtbildung des sueb. Kg.s). – Die Schwierigkeiten des röm. Regiments, sich in Stammeskonflikten durchzusetzen und den damit drohenden Autoritätsverlust beleuchtet eine isolierte Nachricht über die → Cherusker; danach vermochte der Legat L. Domitius Ahenobarbus nicht (ca. 1 v. Chr.), eine vertriebene römerfreundliche Faktion zu restituieren. Derselbe röm. General überschritt aber (in unbekanntem Zusammenhang) die Elbe und nahm ungenannte (sueb.) Stämme jenseits des Stromes in die röm. Freundschaft auf (Cass. Dio a. O.; Tac. ann. 4,44,2); offensichtlich fällt die röm. Defensivposition an der Elbe, die dann auch das Verhalten des Tiberus kennzeichnete (Vell. 2,107,1), erst in spätere Zeit. Die J. nach der Unterwerfung der Stämme bis zur Elbe müssen durch heftige Fluktuation und vielfach ungeklärte interne Kräfteverhältnisse bestimmt gewesen sein. Dabei scheint auch die sueb. Expansionstendenz nach S zur Donau hin eine Rolle gespielt zu haben; vgl. die vielverhandelte Nachricht über die Ansiedlung von Hermunduren durch Domitius Ahenobarbus bei Cass. Dio 55,10a,2 (dazu zuletzt 182, 181 ff. mit früherer Lit.). Der röm. Sieg hatte zwar die Hauptgegner ausgeschaltet und die Stoßrichtung der sueb. Aggressivität nach W gebrochen, aber eine Befriedung in der Stammeswelt nicht bewirkt.

Die Folge muß der Ausbruch (1 n. Chr.) des großen Aufstandes gewesen sein, des dreijährigen, zunächst von M. Vinicius geführten *immensum bellum,* von dem Velleius (2,104,2) spricht. Es ist nur in seiner letzten Phase erkennbar und wird dieser Qu.lage wegen zu Unrecht unterschätzt, kommt aber nach Zeitdauer und wahrscheinlich auch polit. Bedeutung den Feldzügen unter Drusus und Tiberius bis 8 v. Chr. gleich. Tiberius hat, erneut nach Germanien entsandt, in den J. 4 und 5 n. Chr. die Wiederunterwerfung der Stämme zu Ende gebracht; dabei werden die nö. Flachlandstämme und die Cherusker erwähnt, die Ereignisse der ersten J. und die eigentlichen Hintergründe des Aufstandes bleiben unerkennbar. Die Reorganisation und Verbesserung der milit. Strukturen folgte (Vell. 2,105,3). Die Semnonen und Hermunduren an der Elbe waren vielleicht das Endziel des (milit. anscheinend glänzend organisierten) röm. Feldzugs zur Elbe, wurden jedoch nicht unterworfen (vgl. die anschaulich geschilderte Szene bei Vell. 2,107), der geplante Angriff auf das Marbodreich von der Rhein- und Donaubasis aus mußte wegen des Ausbruchs des pann. Aufstandes abgebrochen werden.

Zum ersten Mal wird damit der Zusammenhang der röm. Fronten deutlich, Germanien nicht mehr nur als Rheinglacis erfahren, sondern als interdependenter mitteleurop. Raum, den Rhein- und Donaugrenze von zwei Seiten umfassen. Die scheinbar in den hercynischen Wald abgedrängten Sueben erwachsen unter Maroboduus rasch zu neuer Gefährlichkeit und relativieren den Erfolg des tiberianischen Unterwerfungsfeldzuges: Die Stammesklientel des markomannischen Suebenkg.s soll die Lugier und Goten umfaßt (Strab. 7,290) und renitenten Gegnern der röm. Oberherrschaft (wie die Langob. und Semnonen es waren) offengestanden haben

(Vell. 2,109,2). Ein diszipliniertes Heer von 70 000 Mann und 4 000 Reitern (Vell. a. O) dürfte unmöglich sein, die Zahl auf Schätzungen und Extrapolationen zurückgehen; aber eine unannehmbare Bedrohung der n. Außengrenzen des Imperiums zw. pann. Donau und eben erneut gesicherter Elbe diagnostizierte Tiberius (Tac. ann. 2,63,1–3) zu Recht. Dieser prekäre Zustand ist der polit. Hintergrund der Varuszeit; Maroboduus war aber vorsichtig genug (43), die röm. Schwäche weder während des pann. noch während des Arminius-Aufstandes auszunutzen (generelle Beurteilungen bei: 153, 77 f.; 107; 76, 304; 42; 182, 194 ff.; 57, 183 f.).

P. Quinctilius Varus, dessen verzerrtes (und bes. in Deutschland in nationalem Übermut weiter vergröbertes) Charakterbild auf innerröm. Traditionsbildung zurückgeht (156, 120 ff.; 149, 313 ff.), verfolgte vielleicht nach der erneuten Unterwerfung Mitteleuropas bis zur Elbe ein verändertes Herrschaftskonzept, möglicherweise wurde jetzt die Provinzialisierung in Aussicht genommen (dafür ist kaum die wegen des cheruskischen Priesters Segimundus [Tac. ann. 1,57,2; Strab. 7,292] als provinziale Kaiserkultstätte angesehene *ara Ubiorum* in Köln beweiskräftig, könnten aber Verwaltungsmaßnahmen und die vielgescholtene Jurisdiktion des Varus sprechen [Cass. Dio 56,18,2–3]). Der Prov.status kann aber allenfalls angestrebt, kaum je endgültig verwirklicht worden sein (zur neueren Diskussion dieses vielbehandelten, aber im Rahmen der germ. Gesch. nicht entscheidenden Problems siehe 182, 199 ff.). Wichtiger als die Rechts- und Organisationsfrage ist hier diejenige nach den tatsächlichen Macht- und Herrschaftsverhältnissen. Sie waren mit dem bewährten Repertoire polit. Mittel zu sichern: Ausbau der milit. Infrastruktur, Stabilisierung der Stämme und Unterbindung der Wander- und Gefolgschaftsdynamik, Bindung an verläßliche Autoritäten, Regelung des friedlichen Zusammenlebens und Marktverkehrs (dazu Cass. Dio 56,18,1). Bei großen Unterschieden in der den Stämmen je nach früherem Verhalten eingeräumten Rechtsstellung hatten sie grundsätzlich Abgaben, Geiseln und Truppenkontingente zu stellen und sich röm. Schiedsgerichtsbarkeit zu unterwerfen. Diese, allerdings nur in groben Zügen erkennbare Regulierung wird – bei Nuancierungen im Einzelnen – soweit übereinstimmend beurteilt (vgl. 153; 24; 69; 156, 86 ff.; 172; 76, 297 ff.; 182). Kontrovers bleibt die Einschätzung der milit. Durchdringung (minimale, auf Cass. Dio 56,18,1 gestützte Position wieder bei: 24; 173); hierzu gibt jedoch die Festigkeit und Selbständigkeit der rechtsrhein. Lager, bes. Halterns (128; 134, 331 ff.) einen positiven Anhaltspunkt. Die Basierung des Systems auf die Rheinlager blieb bestehen, was aber dauerhafte und organisierte Herrschaft nicht ausschließt. Die tatsächliche Beherrschung des Landes zw. Weser und Elbe sowie die Erstreckung effektiver röm. Kontrolle nach S (aber auch die Frage, wieweit sie notwendig war) bleiben unklar. – In der Frage germ. Auxilien (156) dürfte einerseits feststehen, daß einheimische Kräfte in erheblichem Umfange und nicht nur ephemer in röm. Dienst gestellt wurden, andrerseits die Qu.lage, aber auch die noch unfeste Organisationsstruktur eine systematische Einordnung mit der wünschenswerten Sicherheit nicht erlauben (120, 187; neuere Diskussion der Frage wieder bei 182, 212 ff.).

Die unsichere Lage im sueb. Elbraum muß für Varus die wichtigste und schwierigste Rahmenbedingung seines Regiments abgegeben haben, wenn auch nicht zu erkennen ist, wie sie es im Einzelnen beeinflußt hat. Die Wirkungen der fest etablierten röm. Herrschaft bestanden – von individuellen Strafaktionen, Deportationen, Zerstörungen und Machtwechseln abgesehen – in der Stillegung der Wanderungsfluktuation, der Gefolgschafts- und Stammeskriege; dem standen die Chancen gegenüber, die sich für Kooperationsbereite und nicht durch alte Parteifronten Festgelegte in der röm. legitimierten Stammesherrschaft, im röm. Militärdienst oder im Handel eröffneten. Macht und Einfluß der adligen Geschlechter und die Wirkungsmöglichkeiten mächtiger *duces* waren von dieser Pazifizierung also am meisten betroffen, doch brachte ihre Beschränkung neben Verlust der traditionellen Stellung auch weitreichende neue Möglichkeiten. Die Faktionskämpfe hörten nicht auf, aber wurden gedämpft durch die röm. Unterstützung einer jeweils vertrauenswürdigeren Partei, während jähe Veränderungen in sozialem Rang und Ansehen neue Konflikte erzeugen konnten (Beispiel: Arminius und Inguiomerus). Die Umwälzungen, die die germ. Ges. in diesem Kolonisationsprozeß im Verlauf nur einer Generation erfuhr, müssen ganz außerordentlich gewesen sein, ohne daß doch jemand in der Lage gewesen wäre, sie als Ganzes zu erfassen; eher metaphorische Formeln, um die Totalveränderung zu umschreiben, bieten etwa Dio Cassius (56,18,2: ‚die Barbaren wurden auf die römische Lebensweise umgestellt [μετερρυθμίζοντο] ..., hatten aber die väterlichen Sitten, das angestammte Wesen und die unabhängige Lebensführung, die auf der allgemeinen Waffenfreiheit beruhte, nicht vergessen‘. Sie hätten bei langsamer Gewöhnung die neuen Lebensbedingungen wohl angenommen, aber begehrten gegen die von Varus praktizierten abrupten Methoden auf) oder Florus (2,30,27 f.: ‚der Frieden in Germanien bewirkte, daß die Menschen verändert, das Land ein anderes, ja, das Klima milder und weicher als gewöhnlich er schien ..., aber die Germanen waren eher besiegt als gezähmt ...‘). Die Möglichkeiten des Ausweichens ganzer Verbände, Gefolgschaften oder Einzelner, bes. die Zuflucht, die der sueb. Bereich ö. der Elbe bot, müssen allerdings die Durchsetzung der röm. Ordnung erschwert haben.

Es wäre unter diesen Umständen verständlich, wenn weiterer Widerstand von den Opfern der Neuordnung oder den von ihr bedrohten Sueben ausgegangen wäre. Der Arminius-Aufstand dagegen, der die röm. Herrschaft beenden sollte, kam nicht nur für den überrumpelten Statthalter Varus völlig unerwartet, er ist auch nach seiner urspr. Motivation nach wie vor undurchschaubar (unverbindliche Vermutungen bei: 182, 223 ff.). Er ging von einem Mann aus, der zu den Gewinnern und Begünstigten des neuen Systems gehörte: → Arminius war Mitglied der cheruskischen *stirps,* die vermutlich zu den Vertriebenen von 1 v. Chr. (s. o.), gewiß aber zu der siegreichen und von Tiberius mit der Herrschaft im Stamm betrauten Faktion von 4 n. Chr. gehörte. Er besaß röm. Bürgerrecht und den Rang eines *eques Romanus* (Vell. 2,118,2) und gehörte während des Varuszuges zur Suite des röm. Legaten (Cass. Dio 56,19,2).

Das Problem, das in der früheren Forsch. durch die Fixierung auf die romantisch geprägte Vorstellung von nationalem Freiheitskampf und Volkserhebung nicht wahrgenommen wurde, hat dann durch die Interpretation der Erhebung als Auxilienrevolte (156; 120, 187 f.; zur Forschungsgesch. vgl. V. Losemann, in: 175, 419 ff.) eine neue Richtung erfahren. Diese These unterliegt seither der Diskussion (vgl. 107; → clades Variana; 24; 120; 182, 109 ff.). Dabei muß von der grundlegenden Bedeutung germ. Verbände für die röm. Militärorganisation und von der Integration des Arminius in die varianische Administration ausgegangen werden. Denn der Cherusker, der als Lat. sprechender *ductor popularium Romanis in castris* (Tac. ann. 2,10,3) und Tischgenosse des Legaten (s. o.) bezeichnet wird und in das röm. Rangsystem eingegliedert war, dessen (den Römern treu gebliebener, aber doch sicherlich sozial ähnlich situierter) Bruder Flavus in dauerndem Heeresdienst stand und röm. Auszeichnungen erhielt, kann zweifellos nicht als natürlicher Opponent der neuen Ordnung angesehen werden. Unbezeifelbar ist auch, daß die röm. milit. Infrastruktur im Lande einheimische Truppenkontingente einbezog; sie sind in der Okkupationszeit nicht nur generell, sondern im Einzelnen für Bataver, Chauken, Friesen und Cherusker bezeugt, für andere zu erschließen, und zwar als ethnisch geschlossene Einheiten unter einheimischer Führung, die wahrscheinlich auch außerhalb ihres unmittelbaren Rekrutierungsgebietes und für mehr als nur kurzfristigen Einsatz verwendet wurden.

Nicht mit letzter Sicherheit sind infolge der Qu.lage allerdings die biographischen Details des Arminius zu bewerten und die Frage zu beantworten, wie seine Stellung sozialtypisch einzuschätzen ist; andrerseits ist die organisatorische Gestalt der einheimischen Truppen zw. Aufgeboten und längerfristig dienenden Einheiten, sowie zw. zwangsweise rekrutierten und einvernehmlich von den Stämmen gestellten nur hypothetisch zu beurteilen, zumal wir uns in der spätaugusteisch-tiberianischen Zeit in einer Übergangsphase der milit. Entwicklung befinden. Es genügt aber, mit einer gewissen Ständigkeit oder wenigstens Verfügbarkeit solcher Truppen rechnen zu können (ohne die ihre kontinuierliche Verwendung nicht möglich gewesen wäre), um den Schluß zu ziehen, daß die Erhebung in gewissem Grade aus dem Herrschaftsapparat heraus selbst erfolgte und ohne diesen Rückhalt weder die Logistik des Anschlages des Arminius noch die Reichweite der Verschwörung zu erklären wäre. Ist also aller nationaler Dualismus als anachronistisch fernzuhalten und die allen modernen Geschichtsideologien inhärente Überschätzung der ‚Volkskräfte' oder ‚Volksmassen' abzuweisen, so kann deshalb doch nicht bezweifelt werden, daß nach dem erfolgreichen Überfall auf Varus die wiederholt genannten Stämme der Cherusker, Chatten, Angrivarer, Marser, Brukterer als ganze am Aufstand beteiligt waren, wenn auch, wie in einigen Fällen bekannt ist (Boiocalus bei den Ampsivariern: Tac. ann. 13,55,1; Segestes bei den Cheruskern: Tac. ann. 1,58,2–3) erst nach Ausschaltung der jeweils herrschenden römerfreundlichen Faktion.

Wahrscheinlich stand also Varus unter dem Zwang, aus Gründen der außenpolit. Sicherheit jede innere Unruhe in seinem Herrschaftsbereich zu unterbinden und deshalb im röm. Interesse auf die Stilllegung der *internae discordiae* bedacht zu sein. Eine Reaktion wie die aus der Vertreibung der römerfreundlichen Cherusker offenbar entstandene (Cass. Dio 55,10a,3) sollte sich nicht wiederholen; daraus erklärt sich das Verhalten des Legaten etwa den Anklagen des Segestes gegenüber (Tac. ann. 1,55,2. 58,2), aber auch die öfter erwähnte intensive Rechtsprechung, die gewiß der erzwungenen friedlichen Beilegung von Stammesfaktionskonflikten galt, nicht etwa Privatstreitigkeiten (in die sich selbstverständlich der röm. Legat nicht einmischte).

Diesem Ziel der Pazifizierung der Stämme durch Unterbindung der Faktions- und Stammeskämpfe, Gefolgschaftskriege und Abwanderungen dienten feste Regelungen der Stammesverhältnisse (durch Diktat oder Vertrag), die die Einsetzung von Stammesautoritäten, Truppenstellung, Abgaben und Versorgungsleistungen, evtl. auch Entwaffnungsvorschriften und Kontrolle der öffentlichen Versammlungen, insbesondere des Marktverkehrs, umfaßten. Bei erheblichen Unterschieden der Behandlung entspr. früherer *merita* und gemäß erwiesener *fides* oder *pertinacia* ging es Varus grundsätzlich also um röm. Herrschaft und inneren Frieden durch feste Abkommen mit den Stämmen bis zur Elbe (siehe auch: 172, 156 f.), Aufbau einer röm. kontrollierten, aber von Einheimischen mitgetragenen milit. Infrastruktur, Eröffnung eines gewissen Wirtschaftsverkehrs (durch Marktregelungen und bescheidene, an die röm. Lager, deren Produktionsstätten und die Hilfstruppenbesoldung gebundene geldwirtschaftl. Ansätze), vor allem aber Bindung der *duces* und ihrer sozialen Interessen (damit indirekt auch der ihrer Gefolgschaften) an das röm. Rang- und Wertesystem. So große Vorteile diese Eingliederung den davon Begünstigten brachte, waren sie doch durch milit. Zwang und vorangegangene Kriegsverluste sowie durch eine, subjektiv als von außen aufgezwungen empfundene polit. und soziale Umwälzung erkauft. Für das traditionelle Wertbewußtsein der germ. Ges. kann es sich also um einen Verlust der *libertas* gehandelt haben.

Der in der Schlacht im Teutoburger Wald des J.es 9 n. Chr. gipfelnde Anschlag des Arminius ging mit dem Untergang der drei Legionen und zugehörigen Auxilien unter dem Kommando des Legaten, aber auch der über das Land verteilten röm. Stützpunkte einher. Die Besatzung des nicht sicher lokalisierten Lagers Aliso widerstand zunächst der Belagerung durch die germ. Sieger und konnte sich dann bei einem nächtlichen Ausfall zum Rhein durchschlagen (Vell. 2,120,4; Cass. Dio 56,22,2a–b). Der Weg des Varusheeres wird überwiegend (auf Grund von Cass. Dio 56,18,5, siehe aber: 152) als Marsch von einer Basis an der Weser (sog. Sommerlager) zu den röm. Lagern an Lippe und Rhein als Winterquartier gedeutet. Der Überfall hatte sein strategisches Zentrum bei den Cheruskern, dem Stamm des Arminius, geschah aber bei der (in verräterischer Absicht veranlaßten) Expedition des Heeres zu einem (nicht genannten) angeblich rebellierenden Stamm (Cass. Dio 56,19,4).

Zu den enormen Bemühungen, den Schlachtort zu finden (die sog. Schlacht im Teutoburger Wald war ein sich über 3–4 Tage und ca. 20 km hinziehendes Marschgefecht, in dem das röm. Heer allmählich aufgerieben wurde) und einer immensen Speziallit. siehe 69; → clades Variana; 172, 238 ff.; 182, 225 ff. Der 1987 entdeckte Fundplatz → Kalkriese (Kalkrieser-Niewedder Senke) bei Bramsche, Kr. Osnabrück (hauptsächlich Münzfunde und Militaria) steht wahrscheinlich im Zusammenhang mit dem Untergang des Varusheeres und hat eine rege interdisziplinäre, hauptsächlich arch. Forsch. in Gang gesetzt (124; 175, 69 f.; 84, 145 ff.; berechtigte Vorbehalte zur Datierung bei P. Kehne, → Germanicus). Im Rahmen der germ. Gesch. kommt den neuen Entdeckungen hauptsächlich strategische und taktische Bedeutung zu: sie lokalisieren den Überfall auf die Legionen nicht in unwegsamem Gelände (Cassius Dio), sondern an der Hauptkommunikationslinie der röm. Besatzung, dem Weg zw. schiffbarer Ems und Weser, und erlauben, die Kampfschilderung Tac. ann. 1,63–68 *(pontes longi)* als eine typol. Parallele zur Varusschlacht zu lesen. Von taktischem und kulturgeschichtl. Interesse könnten Einblicke in die Kampfesweise der germ. Seite sein, wenn die Hinterlassenschaft der Sieger besser dokumentiert wäre. Der Kampfplatz bestätigt die Vorstellung leichter Bewaffnung und einer Kampfesweise, die unter Umgehung der Schlachtentscheidung auf Ausnützung von Geländevorteil und inneren Linien ausgerichtet war. Die Opferung hoher röm. Gefangener (Tac. ann. 1,61,4) läßt gewisse sakrale und rituelle Vorstellungen der germ. Seite vermuten; die Verteilung der erbeuteten röm. Legionsadler wirft trotz damit zusammenhängender Überlieferungsprobleme ein Licht auf die beteiligten Stämme (80, 289 ff.; 69, 947 ff.).

Vom Zusammenbruch der röm. Herrschaft rechts des Rheins nicht betroffen waren die Nordseestämme und die Sueben; er erfaßte aber (wenn auch nicht ohne Widerstand der romfreundlichen Faktionen) den Umkreis der in der liter. Überlieferung zur Okkupationszeit immer wieder genannten Stämme zw. Rhein und Weser. Für einen intern-milit. Hintergrund des Aufstandes spricht die röm. Befürchtung, die Rebellen könnten zum Rhein vorstoßen, die röm. Rheinlager und die Sicherheit Galliens bedrohen (Suet. Aug. 23,1): ein Gedanke rebellierender Angehöriger des milit. Systems, nicht von Stammeshäuptlingen (156). Dank der Umsicht des örtlichen Kommandeurs trat aber eine Gefährdung der röm. Position am Rhein nicht ein.

c. Von der Varusschlacht bis zur Abberufung des Germanicus. Der Arminius-Aufstand hat zum größten milit. Verlust des Imperiums in augusteischer Zeit geführt und schließlich die dauerhafte Freiheit der rechtsrhein. Gebiete von direkter röm. Herrschaft zur Folge gehabt. Seine Konsequenzen für die röm. Seite blieben – nach der ersten panikartigen Reaktion des Augustus, der ein Übergreifen des Aufstandes nach Gallien und einen Anschluß des Maroboduus mit womöglich unabsehbaren Wirkungen auf das eben unterworfene Pann. befürchten mußte – jedoch begrenzt. Paradoxerweise hat gerade die Katastrophe des Varus die Haltbarkeit der röm. Grenze am Rhein bewiesen, um derentwillen die Okkupation Germaniens begonnen worden war. Deshalb hat die röm. Rückgewinnung des Verlorenen – zunächst eine selbstverständliche polit.-milit. Forderung, keine Prestigefrage oder bloßer Racheanspruch – doch nicht unter dem Druck einer akuten Notlage gestanden und konnte planmäßig und systematisch angegangen werden (von Tiberius, seit 13 von seinem Adoptivsohn Germanicus als Nachfolger).

Auf der germ. Seite hat der Sieg der Rebellion das sofortige Wiederaufleben der Faktionskämpfe und Stammeskriege, der ganzen Labilität der germ. Gentilges., zur Folge gehabt. Solche Konflikte brachen am heftigsten bei den Cheruskern und inmitten der herrschenden Familie aus, sie sind aber auch von Chatten, Marsern und Ampsivariern bekannt, bei Stämmen schwankender Loyalität wie Chauken oder Angrivariern vorauszusetzen (182, 230 ff.). Hinter den rivalisierenden *duces,* die sich wohl auf bestimmte Distrikte und befestigte Anlagen stützten, standen jeweils große Gefolgschaften (z. B. Segestes: Tac. ann. 1,57,3; Inguiomerus: 2,45,1); ihre verwandtschaftlichen oder sonstigen Beziehungen zu anderen Stämmen zogen auch diese in die Konflikte hinein (z. B. Cherusker – Chatten, Cherusker – Markomannen). Auch die Ermordung des Arminius (Tac. ann. 2,88) war sicherlich ein Ergebnis dieses Zerfalls des Stammes oder der Stammeskoalition in einander bekämpfende Parteien und der Vorwurf der *regni affectatio* an Arminius nur ein Vorwand des Faktionskrieges. Von der paralysierenden Wirkung dieser *internae discordiae* erwartete die röm. Politik nun das Entscheidende, nachdem eine akute Gefahr für die eigenen Interessen nicht gegeben war und Zeit blieb, die zerstörten Herrschaftsstrukturen wieder aufzubauen.

So hat Tiberius vom J. 10 an das röm. Heer am Rhein (nach Erhöhung der dort stationierten Legionen auf acht) reorganisiert und diszipliniert, hat dann begrenzte Verwüstungszüge über den Rhein geführt (zur Zermürbung des Feindes) und die milit. Infrastruktur (Lippekastelle, *limites*) neu zu errichten begonnen. Germanicus hat vom J. 13 an diese Strategie weitergeführt, einen Germ.-Sieg gefeiert und so auch im folgenden J., dem Todesjahr des Augustus, die nahen Marser überfallen und massakriert und ihr Heiligtum zerstört, letzteres auch, um die beim Herrschaftswechsel meuternden Legionen abzulenken. Einem Hinterhalt der vereinigten Brukterer, Tubanten und Usipeter entging das Germanicusheer (Tac. ann. 1,49–51).

Erst im folgenden J. veranlaßte ein Faktionskrieg bei den Cheruskern, der erneut offen ausbrechende Konflikt zw. den Gefolgschaften des Segestes und Arminius, eine Änderung der röm. Strategie (1,55–58): *spes incesserat dissidere hostem in Arminium ac Segestem.* Die Ausnutzung dieser Schwächung des Gegners und die rasche Unterstützung des Segestes ließ den Sieg der romfreundlichen Partei und den Zusammenbruch der Feinde erhoffen; das Unternehmen führte jedoch nur zur Evakuierung der bedrängten und belagerten Segestesgruppe, der ihrerseits zuvor die Gefangennahme der → Thusnelda gelungen war (zu diesen Feldzügen: 78; 155; 182, 229 ff.; 52, 99 ff.; 87; Callies, in: 19, 15 ff.; → Germanicus mit weiterer Lit.). Die mit zahlenmäßig starken röm. Verbänden unternommenen Zangenoperationen berührten die Marser und Chatten und zielten auf die Einkreisung der Cherusker und Angrivarier; sie setzten Überraschungseffekte ein und bedienten sich der flächigen Zerstörung der Siedlungsgebiete zur Zermürbung des Gegners. Die Aufspaltung der Stammeskoalition und der Einzelstämme blieb das immer erkennbare polit. Ziel. Diese Strategie hatte jedoch in der kurzen, Germanicus zur Verfügung stehenden Zeit nur begrenzten Erfolg (z. B. Tac. ann. 1,56,3) und scheint umgekehrt eher den Zusammenhalt der Arminius-Koalition gefördert zu haben (vgl. zu Inguiomerus: Tac. ann. 1,60,1). Der Hauptfeldzug des J.es 15, bei dem auch die Flotte zum Einsatz kam und der auch die Brukterer traf, führte das röm. Heer zum Ort der Varusschlacht und gipfelte in einem Gefecht mit den Verbänden des Arminius, das durch Zurückweichen der Germ. in die Waldrefugien und die berechtigte Sorge der Römer vor Überfällen ohne entscheidendes Ergebnis blieb. Auf dem Rückweg in getrennten Abt. erlitt die Flotte schwere Verluste und gerieten die unter Führung eines Legaten marschierenden Legionen erneut in eine der Varussituation ähnliche Bedrängnis. Die angeblichen Gerüchte über den Untergang des Heeres und Notmaßnahmen am Rhein beleuchten die gespannte und kritische Stimmung (Tac. ann. 1,59–70).

Tiberius ließ Germanicus für die milit. Leistungen dieses J.es einen Triumph *de Cheruscis Chattisque et Angrivariis quaeque aliae nationes usque ad Albim colunt* (Tac. ann. 1,55,1. 2,41,2) zuerkennen, machte aber zugleich seine Kritik an der riskanten und verlustreichen Kriegführung deutlich. So ist das Triumphaldekret vor allem als Entschluß zu würdigen, die Offensive in einer für den Oberkommandierenden und seine Legaten ehrenvollen Weise zu beenden (155). Dieser Absicht des Princeps zuwider setzte Germanicus jedoch auch im folgenden J. 16 den Versuch, den cheruskischen Hauptgegner zu zerschlagen und zur Kapitulation zu zwingen (und damit den Ruhm seines Vaters Drusus, Germanien unterworfen zu haben, zu erneuern) fort. Einfälle in das Chattenland und über die Lippestraße mit Erneuerung der milit. Infrastruktur (Tac. ann. 2,7) bereiteten den Sommerfeldzug vor, der wiederum ein kombiniertes Flotten- und Landunternehmen mit Einsatz aller rhein. Legionen darstellte, an und über die Weser führte, dort aber trotz zweier erfolgreicher Gefechte (bei ‚Idistaviso‘ und am ‚Angrivarierwall‘, beides nicht sicher lokalisiert) stecken blieb und den erhofften Zusammenbruch der Cherusker nicht zur Folge hatte. Abermals mußte Germanicus der J.eszeit wegen den Rückzug antreten, wobei die Flotte schwere Verluste erlitt, aber die Chauken sich als verläßliche Bundesgenossen erwiesen, auch die Angrivarier jetzt der röm. Sache treu blieben. Nach der Rückkehr sollten weitere Einfälle ins Chatten- und Marsergebiet den ungebrochenen röm. Siegeswillen demonstrieren (Tac. ann. 2, 8–25; zu den Einzelheiten siehe die oben angegebene Lit.). Tiberius setzte nun aber gegen Germanicus' Wunsch seine Entscheidung durch und erzwang dessen Rückkehr mit der angeblichen, berühmten Begründung, es sei genug *(satis iam eventuum, satis casuum),* er selbst habe unter Augustus in Germanien *plura consilio quam vi* erreicht und man könne nach soviel Erfolgen und der Befriedigung des röm. Prestigebedürfnisses jetzt die

Cherusker und die übrigen rebellischen Stämme ihren *internae discordiae* überlassen (Tac. ann. 2,26).

d. Julisch-claudische Zeit und Bataveraufstand. Der Triumph des Germanicus galt den Stämmen bis zur Elbe und erinnerte vage an den alten Herrschaftsanspruch; vgl auch den Ehrenbeschluß des Senats nach Germanicus' Tod im J. 19 (tabula Siarensis l. 13 ff.): *cum is Germanis superatis et* [?] *a Gallia summotis receptisque signis* [vgl. RIC 1, Tib. 36] *et vindicata fraudulenta clade* [?]... (J. Gonzalez, Zeitschr. für Papyrologie und Epigraphik 55, 1984, 55 ff., dazu: 87; Lehmann, in: 175, 123 ff.; 33, 32 f.; zu dem rechtsrhein. Ehrenbogen für Germanicus vgl. die Kontroverse um die Datierung des 1986 gefundenen Bogens in Mainz-Kastel, referiert bei Lehmann [175, 138]; P. Kehne s. o.; 126). Die Abberufung bedeutete keinen ‚Verzicht' auf das rechtsrhein. Germanien (auch das Senatsdekret von 19 belegt einen solchen Akt, der weder nötig noch möglich war, nicht und differiert entgegen Lehmann nur in Nuancen von anderen Äußerungen), keine nur psychologisch zu erklärende Schwächung des polit. Willens (172, 244; 182, 282), keine Befolgung angeblich letzter Weisungen des Augustus und keine neidgeborene persönliche Maßnahme des Princeps. Sie beweist auch keineswegs, daß die direkte Herrschaft bis zur Elbe gar nicht gewollt gewesen war. Allerdings ist die Entscheidung des Tiberius (entgegen C. M. Wells, K.-W. Welwei u. a.) auch nicht an vermeintlichen ‚Weltherrschafts'-Postulaten zu messen, sondern an der urspr. Zielsetzung der Sicherung Galliens (vgl. auch Tac. ann. 4,5,1 *robur Rhenum, commune in Germanos Gallosque subsidium*). Sie bestand deshalb in einer Zurückstufung der milit. Energie *(vis)* in einer Situation, die bei unbefangener Betrachtung stärkeren (und risikobehafteten) Einsatz nicht erforderte, aber vorteilhafte und selbsttätige Wirkungen von innergerm. Faktions- und Stammeskonflikten *(internae discordiae)* erwarten ließ.

Diese Erwartung war berechtigt und ergab sich aus der Kenntnis der *gentis* [Germanorum] *adsuetudo* (Tac.). Die Sueben erbaten Hilfe gegen die Cherusker (Tac. ann. 2,44,2) und führten schon im J. 17 Krieg miteinander, wobei die Semnonen und Langob. zu Arminius übertraten, Inguiomerus mit seiner cheruskischen Klientel aber zu Marbod. Einer unentschiedenen Schlacht (nicht lokalisiert) folgte der Abfall weiterer Klienten Marbods, so daß dieser (vergeblich) den Ks. um Unterstützung bat und schließlich gezwungen war, ins röm. Exil zu gehen. Die röm. Seite unterstützte den Zerfall der sueb. Macht, ohne aber milit. direkt einzugreifen (Tac. ann. 2,45–46; zur authentischen Einschätzung Marbods durch Tiberius: 2,63,3), sah andererseits in den Sueben zunächst ein willkommenes Gegengewicht gegen die Cherusker des Arminius. Marbods Rückkehr mit röm. Hilfe blieb eine Drohung gegen spätere sueb. Machtbildungen, von denen die kurzfristigen Herrschaften des Goten (?) → Catualda und des Hermunduren → Vibilius, sowie das *regnum* des Quaden → Vannius aus Tacitus bekannt sind.

An innercheruskischen oder cheruskisch-chattischen Gegensätzen ist bald auch Arminius gescheitert (Tac. ann. 2,88). Irgendwann danach müssen die Cherusker oder ihre herrschende Faktion auch, da unter K. Claudius der Sohn des Flavus, Italicus, auf cheruskischen Antrag hin in den Stamm seiner Väter als Kg. geschickt wurde, ihre Dedition vollzogen haben; möglicherweise hat dabei der exilierte Segestes (Tac. ann. 1,58,5) noch einmal eine Rolle gespielt. Germanien blieb jedenfalls Objekt aktiver röm. Politik von der Rhein- wie von der Donaubasis aus (Tac. ann. 2,26,4. 44,1). Dabei spielte der (wahrscheinlich sich rasch verdichtende) innere Zusammenhang der westgerm. Stämme ebenso eine Rolle wie die Parteienzerklüftung und die mit allen gewaltsamen Mitteln bis zu Mord und Vertreibung ausgetragenen Faktionskämpfe, die von der röm. Diplomatie jetzt ebenso geschürt und genutzt wurden wie sie unter direkter röm. Herrschaft um der Ordnung und Sicherheit willen unterbunden worden waren. – Weiter unter unmittelbarer röm. Herrschaft stehende Zonen im Vorland von Mainz und Wiesbaden und in der Wetterau, am Oberrhein und an der Nordseeküste (134, 345 ff.), sowie die weiterhin am Rhein lozierten, wenn auch auf zwei Heereskommanden verteilten acht Legionen bestätigen, daß an eine Aufgabe Germaniens im Sinne eines polit. Desengagements nicht gedacht war.

Den inneren Zusammenhang der Gesch. des germ. Raumes in der Zeit nach Germanicus zu erfassen, ist nur ansatzweise möglich, weil die (dafür allein zur Verfügung stehende) röm. Überlieferung nur über zufällig bekannte, nach Raum und Zeit isolierte Einzelvorgänge berichtet. Über Tendenz und Entwicklung im ganzen besteht dagegen kein wiss. Konsens, kaum eine hist. Anschauung (sie beschränkt sich auf die pauschale Vorstellung einer äußeren Klientel, eines kontrollierten rechtsrhein. und transdanuvischen Vorfeldes, bzw. eines nur durch kurzfristige Krisen oder Prestigeunternehmungen unterbrochenen stationären Zustandes (z. B. R. Laser, in: 83, 277 ff.; 176; 182, 134 ff.).

Der Durchsetzung der röm. Interessen diente zunächst die Freihaltung eines schmalen rechtsrhein. Streifens von germ. Besiedelung; das ehemalige Sugambrerland zw. Lippe und Sieg blieb weitgehend siedlungsleer. Verläßliche Nachbarn waren die Mattiaker bei Wiesbaden, unsichere, aber milit. respektierte die Chatten, am Niederrhein die Tenkterer (182, 262 ff.). Dank der Verflechtung der Stämme verfolgte die röm. Militärverwaltung aber auch die binnenländische Entwicklung. Die aufrechterhaltene Kontrolle der Nordseeküste und der Küstenstämme der Friesen und Chauken wurde durch den Friesenaufstand von 28 (Tac. ann. 2,72–73; die Folgen sind undurchsichtig), die Piraterie und Machtsteigerung der → Chauken und das energische Durchgreifen des Legaten Cn. Domitius Corbulo unter Claudius (Tac. ann. 11,18–20) in Frage gestellt und schließlich aufgegeben. Schwer erkennbar ist die röm. Präsenz am Oberrhein; die Heeresverwaltung verfügte hier wohl immer über rechtsrhein. Brückenköpfe, von denen in dem machtschwachen Gebiet eine langsame und kaum registrierte Infiltration des Hinterlandes ausging. An der Donau galten die dort angesiedelten → Hermunduren als verläßlich, während bei den Markomannen und Quaden polit. Durchdringung nicht Instabilität der Herrschaft ausschloß: Unter Claudius wurde Vannius von seinen Neffen Vangio und Sido – wiederum unterstützt von dem Hermunduren Vibilius sowie von Lugiern – gestürzt. Der römischerseits mit bewaffneter Aufmerksamkeit verfolgte Umsturz endete mit dem Exil des Vannius und seiner Klientel in Pann. und guten Beziehungen zu den neuen Herrschern des *regnum* an der Donau (Tac. ann. 12,299–30; Germ. 42).

In diesem Rahmen bedeutete wahrscheinlich der gescheiterte (vielleicht von vornherein untaugliche) Versuch Caligulas, die Eroberungspolitik seines Vaters Germanicus wiederaufzunehmen (Suet. Cal. 43–48; Cass. Dio 59,21,1–3) eine Zäsur: möglicherweise kam es damals zur Dedition der Cherusker (vgl. Tac. Germ. 37,4 mit ann. 1,58,6). Auch unter Claudius wurde offensiv in Germanien Krieg geführt (gegen Chatten und Chauken: Tac. ann. 11,18–19. 12,27,2–28,2), dagegen herrschte Frieden mit den Cheruskern, die damals den Sohn des Flavus als Klientelkg. erbaten und erhielten (Tac. ann. 11,16–17). Dahinter ist wohl ein weiträumiges System der kaiserlichen Politik zu erkennen, das verbündete Stämme gegen feindliche unterstützte und das w. Germanien dadurch im Gleichgewicht zu halten suchte (159, 217 ff.). Rebellionen scheinen dabei oft sehr pragmatisch bewältigt worden zu sein (vgl. Friesen: Tac. ann. 4,74,1. 11,19,1. 13,54; Ampsivarier: 13,55–56); diese Beobachtung warnt bereits davor, das Verhältnis des Imperiums zum germ. Vorland in dieser Zeit (mit Tac. Germ. 37,2) unter dem Aspekt der Dauerkonfrontation zu sehen (130; die Vorstellung jahrhundertelanger friedlicher Koexistenz ist eine Übertreibung nach der anderen Seite, bedingt durch das Qu.material der sog. röm. Importe).

Die innergerm. Entwicklung der Epoche ist durch große Labilität der Stammeswelt, die in alle Richtungen gehenden freundlichen und feindlichen Beziehungen der Stämme und Stammesfaktionen zueinander und ihre dadurch bedingte, über den Adel und die *duces* mit ihren Gefolgschaften vermittelte Verflechtung gekennzeichnet. Darin kündigt sich das – u. U. rasch verlaufende – Zusammenwachsen kleiner gentiler Verbände zu Großstämmen an. Überlieferte, aufschlußreiche Konflikte sind z. B. die internen Kämpfe der Cherusker, unter Beteiligung der Chatten und Langob.: Tac. ann. 11,17 (zum J. 46). 12,28,2 oder die Schlacht der Hermunduren gegen die Chatten: Tac. ann. 13,57,1–2 (zum J. 58). Große Wanderungen oder Vertreibungen scheint die Epoche nicht mehr gesehen zu haben; die wahrscheinlich wichtigste Veränderung war die (vermutlich röm. begünstigte) Expansion der Chauken ins Binnenland und die Auflösung des Cheruskerstammes (Tac. Germ. 36), ein Integrationsvorgang, keine Vertreibung. Der Raum zw. Rhein und Elbe und n. der Donau erschloß sich dem Einstrom röm. Waren immer mehr (183, zusammenfassend: 130) und war mit den Genzprov. des Imperiums durch deutlich erkennbare Kontaktwege verbunden. In neronischer Zeit beginnt der direkte Handelsverkehr von der samländischen Ostseeküste zur Donau (Plin. nat. 37,43–45). Geschenke, Subsidien und Soldzahlungen flossen in die Germania Magna, die Wehrkraft der rechtsrhein. Stämme und die polit. Interessen ihrer Führungsschichten orientierten sich auf das Imperium hin, wie auch davon ausgegangen werden muß, daß die röm. Militärverwaltung und Außenpolitik über diesen Bereich genau informiert war und in ihn zielstrebig eingriff. Diese Symbiose wird weder als äußere Klientel noch als Dauerkonfrontation, weder als friedliche Kooperation noch als Kolonialverhältnis zureichend beschrieben, aber sie bestimmte die Stammesges. mehr als alles andere, ohne ihr doch eine eindeutige Richtung zu geben.

Der transalbingische O und vollends der skand. N der Germania Magna waren dagegen trotz der durch den Handel vermittelten Landeskenntnis der polit. Beeinflussung von außen entzogen (wohl auch durch absichtliche Zurückhaltung: Strab. 7,291). Schon die sueb. Verhältnisse und die cheruskisch-markomannischen Beziehungen der Marbodzeit hat die röm. Politik nicht aktiv durchdrungen (Kehne, in: 19, 28); Claudius griff trotz wiederholter Bitten in die zum Sturz des Vannius führenden Kämpfe nicht ein und verhielt sich defensiv (Tac. ann. 12,29). Gerade in diesem Bereich formierten sich die Kräfte, die vom 2. Jh. an aus dem Hinterland gegen die röm. Grenze vorstießen, und ihre Vorboten zeigen sich bereits in claudisch-neronischer Zeit: Vannius konnte trotz jazygischer Hilfe dem Angriff der Lugier und Hermunduren (*vis innumera, Lugii aliaeque gentes,* Tac. ann. 12.29,1) nicht standhalten; auch die taciteische Germania reflektiert die südwärts gerichtete Aggressivität der Lugier (43, 2–4; dazu: 159, 129 f.).

Der röm. Bürgerkrieg 69–70, der zum Prinzipat Vespasians führte, hatte an der Rheinfront einen seiner Schwerpunkte. Hier fielen die Bataver, Canninefaten und Friesen unter Führung des Batavers Julius Civilis von Vitellius ab und ergriffen für

Vespasian Partei, gewannen den Zuzug rechtsrhein. Verbündeter (Chauken, Brukterer, Tenkterer) und errangen damit erste Anfangserfolge. Der Anschluß regulärer batavischer Auxilien an Civilis und vor allem das Bündnis mit aufständischen Gall. erlaubten dann den erfolgreichen Kampf gegen die geschwächten (vitellianischen) Legionen und Legionslager am Rhein, der auch nach dem Sieg Vespasians noch andauerte und die Gegenoffensive des tüchtigen flavischen Legaten Petilius Cerialis von Mainz aus nötig machte. In ihrem Verlauf wurden die rebellischen Treverer und Lingonen geschlagen und dann auch Civilis zur Dedition gezwungen (Tac. hist. 4,13–37. 54–86. 5,14–26). Diese Vorgänge im n. Gallien und Rheinmündungsgebiet lieferten einen eher untergeordneten Nebenschauplatz des ereignisreichen Vierkaiserjahres, und die Beteiligung rechtsrhein. Germ. dürfte eher gering gewesen sein und vielfach nur in Plünderungszügen bestanden haben. Tacitus hat aber den Bataveraufstand in großer Ausführlichkeit dargestellt, weil er ihm exemplarische Bedeutung für die imperiale Herrschaftsordnung und ihre Gefährdung beimaß: Die Verwendung ethnisch einheitlicher gall.-germ. Auxilien unter Stammesautoritäten als röm. Auxiliaroffizieren führte zu einer latenten Militarisierung der Eingeborenen; sie konnte in kritischen Situationen gegen das röm. System ausschlagen und die rechtsrhein. Nachbarn im Zeichen der ethnischen Verwandtschaft mobilisieren. In diesem Zusammenhang eine Randepisode oder eine Strukturkrise zu sehen, war eine Bewertungsfrage; Tacitus hat wahrscheinlich die Dimension der Krise überschätzt, aber den ambivalenten Charakter der Symbiose der links- und rechtsrhein. Stämme mit dem Imperium im Rahmen des Militärsystems richtig beurteilt. Daß dennoch die geschichtl. größere Gefahr vom Zusammenschluß und Aufbruch der davon nicht berührten Stämme im Binnenland ausgehen sollte, scheint er nicht gesehen zu haben. – Die Gesch. und hist. Bewertung des Bataveraufstandes geht aus Gründen der Qu.lage mit der Interpretation des taciteischen Berichts einher (vgl. 170, 86 ff.; 17; 13; 163 [mit weiterer Lit.]; Laser, in: 83, 280 ff.).

e. Flavische Zeit. Qu.mäßig nur dürftig bezeugt, läßt sich die Gesch. der Germania in der Zeit der flavischen Ks. (69–96) nur punktuell erkennen; als unschätzbares, aber isoliertes Dokument steht am Ende der Epoche die Germania des Tacitus (vgl. die neueren Kommentare von G. Perl (Griech. u. Lat. Qu. zur Frühgesch. Mitteleuropas 2, 1990) und A. A. Lund (1988), Forschungsber. von Lund, ANRW II 33,3 (1991), 1858–1988. 2347–2382; 10; 159). Die tiefgreifende milit. Neuorganisation der Rheinarmeen nach dem Zusammenbruch des Vierkaiserjahres (zusammenfassend: Kunow, in: 66, 63 ff.; Baatz, in: 6, 69 ff.) umfaßte unter Vespasian den Austausch der Truppenkörper, eine Verbesserung der Lagerkette zur Grenzverteidigung nach einem strategischen Gesamtkonzept und die Beseitigung der Hilfstruppen aus einheimischer Rekrutierung, damit eine weitere Demilitarisierung der Stammespopulationen. Während die Grenzen des niedergerm. Heeresbezirks unverändert blieben, begann Vespasian im obergerm. Bereich, von Mainz ausgehend, eine weiträumige, aber friedliche Okkupation. Damit ist der Beginn der Anlage des → Limes verbunden (siehe: 5; 111; 112; 6 und 48 unter ‚Limes'; Der röm. Limes in Deutschland [‚Arch. in Deutschland', Sonderheft 1992]). In domitianische Zeit fällt die (mehr verwaltungstechnisch und ideologisch als polit. wichtige) Umwandlung der Bezirke des *exercitus Germanicus inferior* und *superior* in zwei Prov. *Germania inferior* und *superior*. Die w. Germania ist im Gegensatz zur Donaufront in flavischer Zeit trotz einiger dramatischer Einzelvorgänge durch zunehmende Beruhigung gekennzeichnet; die Zahl der hier stationierten Legionen wurde schließlich reduziert.

Wiederholte Konflikte mit den → Brukterern, die mit der exzeptionellen Stellung der Seherin → Veleda zusammenhingen, gipfelten in der gewaltsamen Einsetzung eines Kg.s durch den niedergerm. Legaten Vestricius Spurinna (Plin. ep. 2,7,1–3, wohl 90er J.). Vermutlich wenige J. später unterlagen die Brukterer in einer Schlacht der Koalition ihrer Nachbarn (Tac. Germ. 33,2), beides wohl Ereignisse, die in einen komplexen, von röm. Diplomatie beeinflußten polit. Zusammenhang gehören. Darin müssen auch die Expansion der Chauken und der Niedergang der Cherusker (Tac. Germ. 36; Cass. Dio 67,5,1) ihren Platz gehabt haben; der cheruskische Kg. Chariomeros, röm. Schützling und unterstützt von den Langob., agierte unglücklich und erlag am Ende den Chatten (159, 218 ff.). Diese erscheinen in flavischer Zeit als die ernsthaftesten röm. Widersacher (vgl. Tac. Germ. 30–31; 9, 255 ff.).Vermutlich hängt mit der chattischen Gegnerschaft die Ausdehnung der direkten röm. Okkupation über die rechtsrhein. Brückenköpfe (wie Mainz-Kastel und Wiesbaden) hinaus in die Wetterau zusammen; sie wurde durch Straßen- und Lagerbauten gesichert (dazu: 134, 359 ff.; 9, 255 ff.).

Die bedeutendste Expansion vespasianischer Zeit betraf den SW, die Oberrheinebene, das Neckarland und den Schwarzwald. Dazu gehörte das Gebiet der → *decumates agri,* das milit. geschützter Teil der Prov. wurde (Tac. Germ. 29,3), aber nicht genauer zu lokalisieren ist. Der obergerm. Legat Pinarius Clemens ließ in den 70er J. eine Straße vom Legionslager Straßburg durch das Kinzigtal zur oberen Donau bauen (CIL XIII 9082), die Okkupation und Sicherung des oberen Neckargebietes wurde durch Auxilien des obergerm. Heeres von Straßburg und Vindonissa aus betrieben, in Rottweil (Arae Flaviae) ein neuer Zentralort gegründet (110). Diese Erfolge wurden als milit. Triumphe gefeiert, umstritten ist aber, ob sie tatsächlich durch einen nennenswerten milit. Machteinsatz errungen waren. Diese Unsicherheit hängt mit der unklaren Bevölkerungssituation zusammen. Außer einigen sueb. Kleingruppen rechts des Rheines ist hier mit geschlossener germ. Bevölkerung nicht zu rechnen, aber auch fraglich, ob es eine zusammenhängende einheimische Vorbevölkerung noch gegeben hat (außer wenig aussagekräftigen arch. Indizien, bes. den kelt. Oppida SW-Deutschlands, stehen dafür nur die uneindeutigen und viel umstrittenen Zeugnisse Tac. Germ. 29,3 und Ptol. 2,11,6 zur Verfügung). Die in diesem Bereich fehlenden Stammesnamen sprechen gegen ethnisch kompakte Siedlung und damit auch gegen erhebliche milit. Auseinandersetzungen und ernsthafte Gegner. So scheint die Okkupation des Landes zw. Rhein und Donau weniger mit der Unterwerfung der Germ. und der milit. Kontrolle des gall. und pann. imperialen Vorfeldes zu tun zu haben, als mit dem alten augusteischen Ziel verbesserter Kommunikation zw. Ost und West, das die Erfahrungen des Bürgerkrieges von 68–70 neu belebt hatten. Es war wohl gerade die relative Friedlichkeit der Germania Magna in frühflavischer Zeit, die Vespasian diese Verschiebung des Interessenschwerpunktes nach S erlaubte, nicht ein aus ihrer Unfriedlichkeit erwachsenes Sicherungsbedürfnis, das sie geboten hätte.

Der Chattenkrieg → Domitians im J. 83 war dagegen eine vom massiven Einsatz der Legionen getragene Offensive, die zur Anlage von *limites* im Taunus und der Wetterau führte (Front. strat. 1,3,10; [102]), aber anscheinend abrupt wieder beendet wurde, entweder weil die milit. Ziele erreicht waren oder weil Ereignisse an der Donaufront ihre weitere Verfolgung verhinderten. Weder sind die Motive des Feldzuges und der Zusammenhang mit den vespasianischen Unternehmungen im gleichen Raum klar, noch besteht Einigkeit in der Beurteilung der Ergebnisse (148, 162 ff.; → Domitian 596; 143; 9, 265 ff.). In den beiden folgenden J. scheint der Krieg mit Operationen kleineren Umfanges und Sicherungsmaßnahmen fortgesetzt worden zu sein, im J. 85 bezeugt die Münzlegende *Germania capta* (RIC 2, 252) die propagandistische Parole, nicht nur den Krieg siegreich beendet, sondern auch den alten Anspruch, Germanien zu beherrschen, eingelöst zu haben (181, 56 ff.). Wahrscheinlich steht die (zw. 82 und 90 erfolgte) Umwandlung der germ. Heeresbezirke in Prov. damit in Zusammenhang (vgl. aber die bittere Kritik in Tac. Germ. 37,5, wo die Prov. unerwähnt bleiben; zur fraglichen Zuweisung des Mainzer Ehrenbogens an Domitian die Darst. der Kontroverse bei 9, 286,80). Seit 85 zwangen dann Verteidigungsanstrengungen an der Donau zur Zurückhaltung am Rhein (144, 35 ff.). Die Unterdrückung des Putsches des obergerm. Legaten L. Antonius Saturninus, der germ., wahrscheinlich chattische Hilfstruppen heranzog (Suet. Dom. 6,2), hat dann wohl den Grund für eine weitere, als Germ.-Sieg ausgegebene (Suet. Dom. 6,1) Strafexpedition gegen die Chatten geliefert (siehe zuletzt: 9, 296 f.).

Domitians Chattenkrieg und Friedensordnung, im Schatten des innenpolit. Verdikts über den gestürzten Tyrannen und der taciteischen Kritik an lügnerischer Siegespropaganda stehend, bleiben infolge der Qu.lage wie auch ihrer ambivalenten Züge umstritten. Die Prov. Germania inferior und superior bedeuten den definitiven Verzicht auf die eigentliche Germania Magna hinter dem durchsichtigen (oft auch als Wandel des Begriffsinhaltes von ‚Germania' gedeuteten) Anspruch, das Gegenteil bewirkt zu haben. Das tatsächlich gegenüber den Chatten Erreichte bleibt unklar (vgl. die respektvolle Beurteilung des Stammes in Tacitus' Germania), aber die Befriedung der Grenze hat für Generationen gehalten, und ernstliche Aggressionen sind trotz gelegentlicher Konflikte anscheinend von dem Stamm fortan nicht mehr ausgegangen. Domitian hat nicht nur territoriale Gewinne durch einen Ausbau der milit. Infrastruktur (*limites* und Lagerbauten, siehe: 134, 366 ff.) gesichert, er hat sie auch durch eine aktive und weitreichende Außenpolitik (vgl. Cherusker und Semnonen: Cass. Dio 67,5,1 und 3) abgesichert. Gleichzeitig fallen in seinen Prinzipat die Reduktion der Rheinheere und die grundlegende Verlagerung des milit. und außenpolit. Schwerpunktes an die Donau. Der Erfolg und die tatsächlich definitive Befriedung der röm. Rheingrenze gehen also unter Domitian einher mit dem epochalen Aufbruch an der Donau, d. h. des sueb. und lugischen Hinterlandes. Dabei setzte die kaiserliche Germanienpolitik die Interdependenz der Fronten wahrscheinlich voraus, und in der formelhaften Verbindung ‚Rhein und Donau' kommt sie zum Ausdruck.

Die schweren Niederlagen gegen die Daker an der unteren Donau 85 und 87 (zusammenfassend: 148, 168 ff. → Domitian 598 f.; 144, 35 ff.) begrenzten nicht nur die röm. Handlungsfreiheit an anderen Fronten, sie gehören zu den überhaupt größten in der frühen Kaiserzeit. Die zu milit. Hilfe aufgebotenen Markomannen und Quaden verweigerten den Zuzug, zwangen dadurch Domitian zum Krieg gegen die alten Klienten an der pann. Donau, die dem Ks. aber eine weitere Niederlage beibrachten und zum (bisher verweigerten) Frieden mit dem Dakerkg. veranlaßten (so das Exzerpt Cass. Dio 67,7,1–2, ohne daß die Zusammenhänge klar würden). Der energischen röm. Führung gelang die Bewältigung der Krise, aber durch die weitgespannte Kriegskoalition der Stämme mit sarmatischen Jazygen (Tac. hist. 1,21 *coortae in nos Sarmatarum et Sueborum gentes;* ILS 9200. 1017=CIL 3, 6818 u. ö.) erhielt nun die mittlere Donau strategisch sogleich die

Priorität. Der Suebenkrieg hat röm. Heere nach Mähren oder Niederösterr. geführt (zur Bevölkerungskonzentration in dieser Ausgangsgegend der röm. Fernhandelsbeziehungen siehe: 144, 87 f.). Er ist 92, als die Römer die Feinde der Markomannen, moesische (?) → Lugier, unterstützten, wiederaufgeflammt (Cass. Dio 67,5,2). Das Bündnis scheint Einbeziehung alter lugisch-sueb. Feindschaft (vgl. Tac. ann. 12,29,3; s. o. zu Tac. Germ. 43) in das röm. polit. Kalkül anzuzeigen, beleuchtet auch einmal mehr die Expansivität und Militanz dieser uneinheitlichen Stammesgruppe. Die zeitweilige Präsenz des Ks.s und der neuerliche Verlust einer Legion beweisen die Schwere der Auseinandersetzung, an deren Ende die Markomannen und Quaden zwar isoliert, aber nicht definitiv unterworfen waren. Erst unter Nerva ist wahrscheinlich die von Domitian geplante endgültige Rückführung der sueb. Donaunachbarn in die röm. Abhängigkeit vollendet worden (144, 105 ff.), die Voraussetzung für die Dakerkriege Trajans. – Die hist. Bedeutung der domitianischen Donaukriege ist kaum zu überschätzen. Die röm. Verteidigung begegnete hier einer noch nicht erlebten Koinzidenz sueb., sarmatischer und dakischer Aggressionen, wie sie ähnlich allenfalls unter Augustus einmal gedroht hatte; entspr. schwer und verlustreich war ihre Bekämpfung. Weite, die ethnisch-sprachlichen Grenzen überspringende Kriegskoalitionen und in unerreichbare räumliche Tiefen reichende Unruheherde, hinter denen neuartige soziale Formationen standen, kennzeichneten die Situation. Der röm. Abwehr gelang die Bezwingung (und Schwächung) der rebellischen Nachbarn, die aber dem Druck ihrer innergerm. Konkurrenz dadurch eher noch mehr ausgesetzt wurden.

f. Das 2. Jh. Für die Zeit zw. den domitianischen Germ.-Kriegen und dem Markomannenkrieg Marc Aurels fehlt eine zusammenhängende Überlieferung; es ist deshalb hier noch weniger als sonst möglich, einen ereignisgeschichtl. Kontext zu konstituieren (vgl. die zusammenhanglosen Notizen Scriptores Hist. Augustae [SHA], v. Marci 12,7. v. Ant. P. 5,4; die allg. Darst. spiegeln diesen Qu.stand oder kaschieren ihn). Chatteneinfälle unter Marc Aurel, die der obergerm. Legat C. Aufidius Victorinus abwehrte (SHA v. Marci 8,8) sind die wohl bemerkenswertesten äußeren Ereignisse und gehören nicht zufällig ans Ende der Friedensepoche. Die Rhein- und Donaufront Germaniens und Raetiens stehen in der Zeit von Trajan bis Marc Aurel im Zeichen des Ausbaus des Limes, der in Obergermanien vom Neckar und Odenwald auf die Linie von Miltenberg nach Lorch vorgeschoben wird, in Raetien n. der Donau die Alb und den Weg zum Main kontrolliert, aber auch am Niederrhein und an der Donau ö. von Eining verdichtet wird. Mehrere Ausbaustufen und technische Unterschiede zw. obergerm. und raetischem Limes (Palisade – Mauer) geben Hinweise auf praktische Bedürfnisse und administrative Selbständigkeit der Prov.verwaltungen (siehe die oben S. 228 angegebene Lit.). Hist. entscheidend ist aber, daß unter Trajan in Nieder- und Obergermanien nur mehr je zwei Legionen stationiert waren, die gesamte Donaufront von Straßburg bis Wien nur durch Hilfstruppen gedeckt wurde und die Limesanlagen ihrer Entstehung und Natur nach mehr der Überwachung des Grenzverkehrs als dem Schutz vor germ. Aggressionen dienten (5, 51; 130, 7): schlagende Beweise für einen Ruhezustand an diesen Grenzen, der die Dislokation der Kampftruppen an andere Fronten erlaubte.

Über die innergerm. Verhältnisse ist damit kaum etwas gesagt: verlaufsgeschichtl. Zusammenhänge sind hier nicht erkennbar, und auch die Bedeutung der röm. Nachbarschaft für die innere Entwicklung der germ. Stämme ist wenig klar. Ob der über längere Zeit hinweg relativ friedliche Zustand an Rhein, Limes und Donau im ganzen ein Ausdruck von ‚guter Nachbarschaft' oder eher röm. *pacatio* war, ob der röm. Einfluß auf die Germania Magna langfristig akkulturierend wirkte oder im Gegenteil die Kontraste steigerte, das sind elementare, aber generell kaum zu beantwortende, jedenfalls ungeklärte Fragen. Röm. Zivilisationsleistungen, etwa die hochentwickelte Landwirtschaft oder die technologischen Errungenschaften der Waffen- und Werkzeugproduktion sind nicht in großem Stil übernommen worden, konnten es aber wohl der fehlenden Infrastruktur wegen auch nicht. Eine urbane Entwicklung setzte das röm. Vorbild in Germanien so wenig in Gang, wie kelt. Ansätze dazu weiterwirkten. Daß einheimischer Handel unter röm. Einfluß Form und Umfang änderte, ist nicht zu erkennen (67, 122 ff.; 90, 36 ff.; 165, 37 ff.; 166, 61 ff.; Laser, in: 83, 296). Die germ. Besiedlung reicht am Niederrhein und an der niederösterr.-mährisch-slowakischen Donaufront an die röm. Grenze heran, ist aber anderswo, bes. am Limes (mit einigen Ausnahmen) weit von ihr getrennt. Weder ist also von röm. Seite aus eine einheitliche Grenzpolitik betrieben worden (der freie Verkehr der Hermunduren gilt als Besonderheit: Tac. Germ. 41,1), noch wirkte die Grenze durchgehend attraktiv auf die Germ.

Wichtigstes Indiz des röm. Einflusses auf die innergerm. Verhältnisse sind die sog. röm. Importe, deren (noch nicht im nötigen Umfange erreichten) Aufnahme und Auswertung eine intensive provinzialarch. und numismatische Forsch. gilt (45; 85; 183; 12; 88; 11; 130; 131; R. Stupperich, in 50, 45–98; R. Wolters, in 50, 99–117). Bei der Interpretation des arch. Fundmaterials (Waffen, Schmuck, Metallgefäße, Keramik, Statuetten, Geld) sind die gattungstypischen Einschränkungen zu beachten (vergängliche Stoffe sind nicht erhalten, einheimischer Tauschverkehr nicht zu fassen, Gegenwerte meist nicht bekannt), aber sie lassen doch ein System eingespielter Fernhandelskontakte erkennen. Die größte Dichte findet sich in der Regel nicht in Grenznähe, um dann ins Binnenland abzufallen, sondern in einigen innergerm. Ballungsräumen. Mit allem Vorbehalt gegenüber Kenntnislücken wird man den röm. Einfluß zwar in allen Lebensbereichen in Einzelheiten erkennen dürfen und registrieren, daß er im Handwerk zu vielfältiger Nachahmung geführt hat (der Einstrom von Metallen in die Germania Magna bedeutete vielleicht die größte materielle und technische Veränderung); aber eine breit fundierte und allmählich selbsttragende Akkulturation wie in der Germania Romana hat es nicht gegeben. Das taciteische Gesamtbild der Germ. am Ende der flavischen Zeit als einer *tantum sui similis gens* entspricht dem. Auffällige Veränderungen der Funddichte in bestimmten Regionen hängen mit polit.-milit. Ereignissen zusammen, und grundsätzlich nimmt das Volumen des Fundstoffes in der 2. Hälfte des 2. und im frühen 3. Jh. zu. Einstrom von Geld als Subsidien oder Sold und polit. motivierte Geschenke scheinen also die schubartige Zunahme röm. Importe bei unregelmäßiger regionaler Verteilung eher zu erklären als eine eigenständige und selbsttragende ökonomische Entwicklung, und die größte Zunahme röm. Waren wird nicht der friedlichen Epoche der Koexistenz, sondern der unfriedlichen der Konfrontation verdankt.

Umgekehrt hat der Ausbau des Limes vielleicht stärker restriktive Wirkungen auf den Handelsverkehr mit Innergermanien gehabt als bisher angenommen. Reiche Gräber mit Prestigegütern röm. Herkunft finden sich im sueb. Bereich Mitteldeutschlands im 3. Jh., w. der Weser aber nicht. Die Erforsch. dieser Austauschbeziehungen ist zu einer befriedigenden Synthese noch nicht gelangt und ist dafür wahrscheinlich auf die Klärung der ökonomischen, mentalen und sozialen Strukturen nicht weniger angewiesen als auf die Materialaufnahme. Feststehen dürfte, daß die Durchdringung in den grenznahen Gebieten sich anders darstellt als die Beeinflussung der Binnenräume. Sind jene in einem gewissen (zeitlich sehr unterschiedlichen und insgesamt eher bescheidenen) Grade ‚entwickelt' worden, so sind in diese, vergleichbar den Zuständen der kelt. Zeit, wohl eher Güter geflossen, die *duces* und *nobiles* bereicherten, die soziale Differenzierung vergrößerten und die Begehrlichkeit nach den einzigartigen Qu. solches Reichtums und Könnens weckten.

Röm. Politik hat auf diese Entwicklung nur beschränkt Einfluß genommen und nehmen können. Sie hat zwar die Hinterländer ihrer Nachbarn stärker im Auge gehabt als gewöhnlich angenommen wird, aber hier nur nach bewährtem Muster durch Bereicherung und Bevorteilung Einzelner ‚Freunde' zu gewinnen gesucht und damit vielleicht den Prozeß begünstigt, den sie verhüten wollte. Der Zusammenballung neuer Wanderkonglomerate stand sie aber hilflos und kenntnislos gegenüber, bekämpfte (wie Begriff und Vorstellung der ‚Markomannen'kriege zeigen) eher ihre Opfer und Symptome als die Ursachen und sah im Aufbruch der Ferne nur rätselhaft unheimliche Naturkraft und Fruchtbarkeit oder neuerwachte barbarische Unrast.

§ 5. Die germ. Großstämme und das Imperium. a. Markomannenkriege. In fast 15 J. währenden Kriegen und unter ungeheuren Opfern hat Marc Aurel einen noch nie dagewesenen germ. Ansturm auf die Donaufront abgeschlagen. Auch dieses außerordentliche Geschehen ist nur aus der sehr begrenzten Perspektive der röm. Militärgesch. (und auch da nicht in zusammenhängender Schilderung) bekannt. Es wird weder als einmalige und unerklärliche Eruption noch als Präludium der ‚Völkerwanderung' zureichend charakterisiert: es folgte auf germ. Seite keiner koordinierten Strategie und läßt doch allenthalben Zusammenhang der Einzelaktionen untereinander sowie die auf interner Kenntnis beruhende Reaktion auf röm. Ereignisse erkennen. Die Invasion war kein Naturereignis, denn es gelang der Energie und Organisationskraft des Ks.s, damit fertig zu werden; dennoch zeigt sie typische Züge, die sich in ähnlicher Situation wiederholten. Wanderinvasionen setzten regelmäßig einen röm. Schwächezustand voraus, der den Barbarenführern bekannt gewesen und verheißungsvoll erschienen sein muß; sie dauerten bei Erfolg an und steigerten sich, aber endeten bei eindeutigem Mißerfolg für wenigstens eine Generation; es wird dadurch klar, daß die Angriffe vor allem als Aspekt der hist. Symbiose der Nordbarbaren mit der imperial-hochkulturellen Welt zu verstehen sind.

Es ist eine gut begründete Vermutung (wegen begrenzter Information und Interesses der röm.-griech. Qu. aber nicht mehr), daß weit zurückreichende Bewegungen dabei auslösende Bedeutung hatten: der Aufbruch der Goten, die sich der wandal.-lugischen Dominanz entzogen und von der Weichselmündung zum Schwarzen Meer zogen, scheint andere Gruppen mobilisiert zu haben (178, 51). Doch ist solcher Zusammenhang, auch wenn er bestand, noch keine Erklärung der großen Bewegung. Vor allem muß die Vorstellung (Billardkugel-Modell) ferngehalten werden, ein kompaktes Wandervolk habe ein anderes angestoßen und das grenznächste sei schließlich auf die röm. Abwehr gestoßen. Vielmehr ist der große Aufbruch als die Summe unmeßbar vieler Abspaltungen und Auflösungen, Verbindungen und Wanderkoalitionen, Umschmelzungen und Neuformierungen ethnischer Einheiten zu begreifen, Vorgänge, bei denen Scheitern und Untergang häufiger als Erfolg und Bestand waren, auch die Restbestände nicht einfach das fortbestehende Alte blieben. Schließlich ist die Selbstverständlichkeit zu betonen, daß wir über die mentale Innenseite, über authentische Motivationen und Zielvorstellungen der germ. Aggressoren, womöglich unterschieden nach Initiatoren und der Masse der Gefolgsleute, ohne jede Kenntnis sind.

Die Invasionsgruppen konnten kleine, wenige Tausend Mann umfassende *iuventus*-Verbände sein (z. B. Cass. Dio 71,3,1[a]) oder anwachsen zu großen Wanderlawinen. Sie waren dann wohl (ähnlich wie die Kimbern) als Koalitionen organisiert, unterstanden einer kollektiven Führung und waren auf deren Konsens angewiesen, dabei aber zu erstaunlichen Organisationsleistungen imstande. Glück und Erfolg des traditionsprägenden Kerns oder das Charisma ihrer Führer müssen deshalb über Großwerden und Chancen einer Wanderbewegung weitgehend entschieden haben, Gaben, die ohne Weltkenntnis und konkrete Zielvorstellungen, diplomatisches Geschick und kluges Taktieren nicht denkbar sind. Denn die Massenbewegungen setzten ständig Verhandlungen und Vereinbarungen über Lieferungen und Leistungen, Durchzug oder Bleiben, Dulden oder Mitmachen, Rechte und Pflichten voraus. Kam schließlich ein Arrangement mit röm. Instanzen in Sicht, so ging es auch ihnen gegenüber stets um materielle Sicherung, meist Siedlungserlaubnis gegen das Angebot von Kriegsdienst.

Die dabei erfahrenen Schicksale müssen als primordiale, identitätsstiftende Erlebnisse der neuen Gemeinschaft verstanden worden sein, haben aber doch die oft überraschende Festigkeit der beteiligten ethnischen Gruppen und ihrer Einzeltraditionen nicht aufgehoben. Das Germanische des großen Aufbruchs der Markomannenkriege findet hier schließlich in doppelter Weise eine Grenze: Die röm. Qu. sprechen überwiegend von *expeditio Germanica,* bellum *Germanicum* (neben *bellum Marcomannicum;* SHA, v. Marci 21,8 *Germanicum et Marcomannicum bellum;* Siegesprägungen ‚*Victoria Germanica*'), ordnen also die Stämme und Stammesbünde noch der germ. Einheit unter (Cass. Dio 71,3,5). Dieser Sprachgebrauch ändert sich im 3. Jh., als die neuen Großstämme zu bestimmenden ethnischen Größen werden, wie es wohl auch dem Selbstverständnis der Bezeichneten entsprach. Zugleich ist oft vor allem von den Jazygen als Mitgliedern der Stammeskoalition die Rede (Cass. Dio 71,3,1[2]. 8,1) und wird der offizielle Begriff *expeditio Sarmatica* gebraucht, so daß in den Augen der röm. Beobachter die Gegner nicht durch ihr einheitliches Ethnos charakterisiert waren, sondern ein großes, überethnisches Konglomerat darstellten, wie es dann vor allem in den Goten erneut begegnete. Die große Völkerliste der v. Marci 22,1 stellt den Krieg als eine ‚Verschwörung' aller *gentes* von der illyr. Grenze bis nach Gallien dar (*Marcomanni, Varistae, Hermunduri et Quadi, Suevi, Sarmatae, Lacringes et Burei +hi aliique* [vgl. Eutr. 8,13,1] *cum Victualis, Sosibes, Sicobotes, Roxolani, Halani, Peucini, Costoboci*). – Zusammenfassende Darst. der Markomannenkriege (bei denen der Schwerpunkt jedoch auf der röm. Seite liegt und die kontroverse Rekonstruktion der Chron. ein Hauptthema bildet) mit weiterführender Lit.: 125 Westgerm. I, 162 ff.; 186 (grundlegend); 100, 259 ff.; 91, 555 ff.; 3, 143 ff.; 15, 290 ff. 427 ff.; 51; 113, I 6.

Schon der erste Einfall richtete sich auf den Trichter der Theiß-Ebene zw. Pann. und Dakien, der den Weg zur unteren Donau eröffnete, läßt aber auch die Beteiligung von Gruppen weit entfernter Herkunft erkennen. 166 oder 167 wurden Langob. und Obier (?) zurückgeschlagen; die daraufhin an den pann. Statthalter geschickte Friedensgesandtschaft führte aber der Markomannenkg. Ballomarius mit zehn Repräsentanten anderer Stämme (Cass. Dio 71,3,1[a]). Die weiträumige Bewegung alarmierte den Ks., aber der Aufbruch Marc Aurels an die Front (168) stand bereits im Zeichen eines neuen Einfalls von Markomannen, (wandal.) Victualen „und anderen Stämmen, die von ihren nördlichen Nachbarn bedrängt auf der Flucht waren und mit Krieg drohten, falls sie nicht auf Reichsgebiet aufgenommen würden“. Als der Ks. in Aquileia erschien, zogen sie sich zurück, brachten ihre Anführer um und erklärten sich friedensbereit (SHA v. Marci 14,1–4). Es muß klar gewesen sein, daß dieses Ergebnis zu anhaltendem Optimismus nicht berechtigte; tatsächlich begann 169 oder 170 eine neue Offensive der Markomannen und Quaden, die den Ks. bewog, nach Carnuntum zu gehen. Doch konnte er den Durchbruch der Feinde über die Ostalpen bis nach Friaul und einen wohl gleichzeitigen Vorstoß der Costoboken nach Obermoesien, Thrakien und Griechenland damit nicht mehr aufhalten, nur die beutebeladenen Räuber beim Rückzug über die Donau stellen (Lukian, Alex. 48; Amm. 29,6,1; v. Marci 21,10). Wieder reagierten die Invasoren auf die opferreiche Abwehr mit Friedensgesuchen, und abermals begann der Ks. die Gegenoffensive, überschritt die Donau und zwang trotz einer verlorenen Schlacht 172 die Markomannen, das röm. Diktat anzunehmen, was mit der Parole *Germania subacta* und dem Siegerbeinamen *Germanicus* gefeiert wurde.

Die bei Cassius Dio erhaltenen Exzerpte über Verhandlungen sind aufschlußreich (71,11–12): Sehr viele barbarische Gesandschaften erschienen danach beim Ks., so daß zunächst wohl immer die Frage war, wen sie überhaupt repräsentieren (οἱ μὲν κατὰ γένη οἱ δὲ καὶ κατὰ ἔθνη ἐπρεσβεύσαντο); die Auf- und Abspaltungen von Stammesteilen und Gefolgschaften werden daran deutlich; in anderen Fällen erscheinen Gesandtschaften, die große Koalitionen repräsentieren, einmal angeführt von einem 12-jährigen Knaben. Im Bewußtsein der Stärke fordern sie Geld und Land und drohen bei Verweigerung mit Krieg; Unterlegene unterwerfen sich ohne Bedingungen, müssen ihre Beute, vor allem Gefangene und Überläufer, ausliefern und werden dann zwangsrekrutiert oder zwangsangesiedelt. Röm. Diplomatie nutzt die Gegensätze aus, bedient sich der einen gegen die anderen, was manchmal zum Erfolg führt, manchmal mit neuem Abfall und Aufruhr endet (Cass. Dio 71,12).

Die auf diese erste *expeditio Germanica* folgenden Auseinandersetzungen ergaben sich aus wiederholten Vertragsbrüchen (Nichteinhaltung eingegangener Verpflichtungen, verbotene Kooperation mit röm. Feinden; vgl. Cass. Dio 71,13,2) und führten (173?) zu einem entscheidenden offensiven Krieg gegen die Quaden (‚Regenwunder‘: Cass. Dio 71,8–10 und Marcus-Säule), bei dem Naristen, Kotiner und dann vor allem Jazygen mitbetroffen waren. Am Ende mußten auch die Quaden einen Vertrag nach dem Muster des markomannischen annehmen. Auch diesen brachen sie, nunmehr im Vertrauen auf die Hilfe der Jazygen; statt ihres romfreundlichen Kg.s Furtius übernahm der romfeindliche Ariogaisos die Herrschaft (Cass. Dio 71,13). Diese *expeditio Sarmatica,* sonst bes. schlecht bezeugt, brachte wieder einen röm. Vorstoß über die Donau und eine Schlacht auf dem Eis des Stromes (Cass. Dio 71,7). Auch hier hören wir von einer Faktionsspaltung (Cass. Dio 71,18); erst die Unterwerfung auch der romfeindlichen Partei machte dem Krieg unter denselben Bedingungen, wie Markomannen und Quaden sie hatten eingehen müssen, ein Ende (175). – Der letzte, Marc Aurels Lebenszeit überdauernde Krieg gegen Markomannen und Quaden, die *expeditio Germanica secunda,* begann 178; in einer großen Schlacht wurden die Quaden (?) geschlagen (Cass. Dio 71,33,3) und einer direkten und strengen Kontrolle unterworfen, die durch röm. Kastelle und Besatzungen im Lande getragen wurde und von Provinzialisierung nicht fern war (Cass. Dio 71,20,1). Bitten um Milderung der Lebensbedingungen wurden bei Wohlverhalten erfüllt (Cass. Dio 71,18.

19,2). Im übrigen veranschaulichen einige dionische Exzerpte das polit. Instrumentarium: „Marcus nahm nicht alle Friedengesandtschaften zu den gleichen Bedingungen an, sondern gab jeder nach Verdienst das Bürgerrecht oder Abgabenfreiheit, dauernden oder zeitweiligen Tributerlaß oder dauernde Getreideunterstützung“ (Cass. Dio 71,19,1, vgl.2; siehe dazu 141).

Die Markomannenkriege endeten mit einem vollständigen röm. Sieg. Ähnlich wie die Sueb. Ariovists in ihre Ausgangsgebiete zurückfluteten, versuchten die Quaden zu den Semnonen auszuwandern (durften aber auch das nicht: Cass. Dio 71,20,2), einzelne Gruppen sind auf Reichsgebiet angesiedelt worden (z. B. übergelaufene Naristen: Cass. Dio 71,21). Und ähnlich wie schon die Kimbern suchten auch hier *gentes* und Splitter von *gentes* zunächst Beute zur Selbsterhaltung und Bereicherung, langfristig aber Land gegen Kriegsdienst, und die röm. Seite war prinzipiell (bei vielen üblen Überraschungen im Einzelnen) zu diesem Handel auch bereit. Größere Verbände zogen mit Familienanhang (Cass. Dio 71,12,1), kleinere und berittene als milit. Gefolgschaften, aber die allg. Militarisierung (Cass. Dio 71,3,2!) relativierte wahrscheinlich den Unterschied. Die Zerklüftung und Labilität der Stämme lieferten wohl meistens Spielraum dafür, daß größere oder kleinere Zuwanderergruppen (nach entspr. Vorbereitung und Absprachen) einen Stammesrepräsentanten, einen *dux* oder eine Faktion für ihre Interessen (Durchzug, Versorgung, Aufnahme oder Aktionsbündnis) gewinnen konnten, was dann den Widerstand anderer und konkurrierender, eventuell Zerfall der Stammeseinheit oder auch Mitreißen der Gesamtheit zur Folge hatte. Weitreichenden Koalitionen stehen dramatische Auseinandersetzungen, oft auch zw. ehemaligen Bundesgenossen, gegenüber. Die Einschätzung der Lage auf Seiten der Aggressoren ist naturgemäß kaum zu erkennen, dürfte aber generell durch die in der Mentalität der Initiatoren verwurzelte räuberische Partizipation, im Einzelnen von taktischen und persönlichen Gesichtspunkten (vgl. Cass. Dio 71,12,1–3) bestimmt worden sein. Die positive Einschätzung der eigenen milit. Leistungsfähigkeit ist den häufigen Angeboten zum Kriegsdienst für röm. Interessen zu entnehmen (siehe bes. Cass. Dio 71, 27,1[a]). Daraus ergab sich wohl das Interesse an der Erweiterung des eigenen Menschenpotentials, auch durch Verschleppung, und die Nichtauslieferung von (in die Zehntausende gehenden) Gefangenen, von denen so oft die Rede ist, andrerseits die erstaunliche Fähigkeit der Barbaren, große Schlachten zu schlagen. Für die röm. Politik bot das Ausspielen von Parteien und Führern gegeneinander und die Indienstnahme und Ansiedlung einzelner Gruppen aber immer eine reelle Chance, woraus sich die Ablehnung milit. Anstrengungen seitens röm. ‚Friedensparteien‘ erklärt. Das röm. Interesse war unverändert auf Stabilisierung und Stillegung der Fluktuation (vgl. oben zu Cass. Dio 71,20,2; Kriegs- und Versammlungsverbot durch Commodus: 72,2,4) gerichtet, und der Krieg war zu Ende, als die Markomannen und Quaden definitiv zur Ruhe gezwungen waren (unter Commodus: Cass. Dio 72,2,2–4).

Obwohl in ihrem Ablauf vielfach unklar und nach den Einzelvorgängen stark umstritten, bieten gerade die Markomannenkriege viele aufschlußreiche Einblicke in die Umstände und Mechanismen (nicht die Motive) der Bildung einer diffusen Wanderkonglomeration. Die weitreichende, die bisherigen Stammesstrukturen zerbrechende Mobilisierung, aber nur begrenzte Integrierung aufbruchsbereiter Gruppierungen, sowie ihre Erwartungen, Chancen und Gefährdungen werden deutlich. Das Formenspektrum ihrer Sozialisierung und die hist. Rahmenbedingungen ihrer Aktivität haben sich gegenüber früheren vergleichbaren Vorgängen kaum geändert. Die

Besonderheit dieser Stammesbewegung lag aber darin, daß sie weder mit völliger Vernichtung endete (vgl aber immerhin Cass. Dio 71,13,1 u. ä.) noch die Verschmelzung zu einem Großstamm gelang, wofür wohl die Voraussetzungen nicht weniger als in anderen Fällen gegeben waren. Für beides dürfte die marcaurelische Kriegführung und Politik die Hauptursache gewesen sein; sie nahm, soweit wir wissen, keinen entscheidenden Einfluß auf die *superiores gentes,* aber übte soviel Druck auf die unmittelbaren Nachbarn, daß dadurch die Bewegung gestoppt wurde (zur Romanisierung der Nachbarn: 15).

b. Die Großstämme des 3. und 4. Jh.s. Im Gegensatz dazu haben die Invasionen des 3. Jh.s zu dauerhafteren Formationen geführt, die als neue Großstämme in den röm. Gesichtskreis traten. Da sie als solche Gegenstand eigener Artikel sind, werden sie aus Gründen der Ökonomie des Lex.s hier nur summarisch und exemplarisch besprochen. – Auch die Großstämme werden uns in der Zeit ihrer Entstehung nur aus der Fremd- und Feindperspektive bekannt; im Unterschied zu früheren Formationen reichen sie aber in Zeiten und Überlieferungsbedingungen hinein, in denen sie durch Selbstzeugnisse erkennbar werden, die möglicherweise auch Rückschlüsse auf ihre Frühzeit erlauben (z. B. → Genealogie; → Herkunftssagen). Regelmäßig sind mit solchem Kombinationsverfahren große methodische Probleme verbunden (die auch mit der wiss.sorganisatorischen Abgrenzung zw. alter und frühma. Gesch. zusammenhängen).

Die früheste Wanderkonglomeration des 3. Jh.s sind die *Alamannen,* auch wenn ihre erste Erwähnung im Zusammenhang des Krieges Caracallas im J. 213 (Cass. Dio 77,13,3–5. 14,2) ausscheiden muß (140). Der Feldzug (bis an den Main? Aur. Vict., Caes. 21,2) sollte germ. Einfälle über den obergerm. und raetischen Limes zurückweisen und verschaffte dem Ks. Erfolge (die durch Kastelle und Straßenbauten gesichert wurden). Friedensgesandtschaften rückwärtiger Stämme bis zur Elbmündung (Cass. Dio 77,14,3) deuten auf weiträumige elbgerm. Verbindungen hin. Weitere große Einfälle sind für die J. 233 und 260 überliefert. Der erste, Folge der Schwächung der Grenzverteidigung unter Severus Alexander, geschah erstaunlich plötzlich, ist nach Ort und Tiefenerstreckung nicht genau festzulegen, aber an Zerstörungsspuren und Hortfunden des w. Raetiens abzulesen. Alexander verstand sich zu einem Friedensvertrag und Subsidienzahlung; bevor er von Mainz aus eine Gegenoffensive beginnen konnte, wurde er ermordet, sein Nachfolger Maximinus Thrax erwarb sich den Siegerbeinamen *Germanicus Maximus* und ließ seine *victoria Germanica* feiern. Arch. Qu., bes. Zerstörungsbefunde, Hortfunde und Metalldepots deuten darauf hin, daß es auch in den 40er J. häufig zu Einfällen kam, die wohl das unkoordinierte Agieren vieler kleiner Verbände voraussetzen. Der große Ansturm, der die durch die Usurpationen nach dem Untergang Ks. Valerians entstandene Situation ausnutzte und mit der Aufgabe des obergerm.-raetischen Limes zusammenhängt, ließ ‚alamannische' Scharen in zwei Abteilungen über Obergermanien und Raetien nach Italien gelangen. Gallienus besiegte die eine bei Mailand, den Untergang der anderen bezeugt der Augsburger Siegesaltar von 260 (L. Bakker, Germania 71, 1993, 369 ff.). Wiederholte alam. Einfälle unter Gallienus und Claudius hat Probus in den 70er J. durch Konsolidierung der Donaugrenze für kurze Zeit beendet; sie machten auch der diocletianischen Tetrarchie zu schaffen (Paneg. Lat. 10,9,1. 11,5,5. 16,1); in diesen Zusammenhang gehört die erste zeitgenössische Bezeugung des Alam.namens (Paneg. 8,2,1). Im 4. Jh. wirkt sich die milit. Konsolidierung der diocletianisch-konstantinischen Zeit aus; die Zeitgeschichtsschreibung des Ammianus Marcellinus erlaubt Einblicke in die alam. Kleinkgt., deren Koalition Julian 357 bei Straßburg schlug (Amm. 16,2–17,1).

Der Schwerpunkt der modernen Forsch. liegt auf der Ethnogenese der Alam., für die außer dem redenden Namen das oft zitierte Zeugnis des Asinius Quadratus (Agathias 1,6) und nun die Nennung der besiegten *gens Semnonum sive Jouthungorum* auf dem Augsburger Siegesaltar herangezogen werden. Ethnische Kontinuität bei (im wesentlichen) semnonischem Kern, milit. organisierter Sueb.bund oder „Stammesschwarm" ohne mitgebrachte ethnische Struktur (Kuhn, Wenskus) sind die hauptsächlichen, dazu vertretenen Vorstellungen, Landnahme durch den neuen Verband oder Bildung erst im Lande die mögliche Alternative, das Verhältnis zw. Alam. und Juthungen dabei ein Sonderproblem (Dexippos fr. 6; Amm. 17,6,1). Dabei bleiben beim jetzigen Stand viele, auch grundsätzliche Fragen offen. Deutlich ist die lockere Organisation der Alam. unter *reguli* ohne zentrale Lenkung. Die Konfrontation mit ihnen wurde dadurch zu einem Dauerproblem; eine Befriedung war offenbar schwer zu erreichen. Alam. Einfälle sind *raids*, Beutezüge und Plünderungsunternehmen, die polit. Behandlung der Alam. durch die Römer scheint sich von der anderer germ. Nachbarn zu unterscheiden (vgl. Dexippos fr. 6,7. 14 f.), Alam. im röm. Dienst sind seltener als andere (168). Mit dem 4. Jh. tritt der selbständige Name *Alemannia, Alemanni* (entspr.: *Alemannicus*) an die Stelle der Subsumtion unter *Germania, Germani* (und *Germanicus*), was dem Identitätsbewußtsein der Alam. entsprochen haben dürfte. – Neuere Überblicksdarst. bieten: 125 Westgerm. 2, 1, 3 ff.; → Alemannen 137 ff.; 25; Laser, in: 83, 2, 32 ff.; Schmidt, ebd. 336 ff. Zum Stand der Forsch. siehe: 96 (Aufsatzslg.); 71; 54; 55; 113, II 3.3; wichtige Impulse: 174, 494 ff.

Die Herkunftssage der *Goten* (Jord. Get. 25 ff.) die den dreigeteilten Stamm aus Skand. stammen läßt, hat in Verbindung mit ihrem Namen die Goten zum Paradigma biologischer Konstanz eines Ethnos, eines ‚Wandervolkes' werden lassen, aber auch einen starken Anstoß zum Abbau dieser apriorischen Vorstellungen gegeben (vgl. 125 Ostgerm. 195 ff.; für die neuere Forsch: 59; 178; 18; → Goten). Es besteht heute ein, nicht zuletzt arch. begründeter und durch variierende Namensformen gestützter Konsens darüber, daß eine got. Kontinuität allenfalls im Bereich weitergeführter Traditionen und durch kleine Gruppen von Trägern solcher Traditionen bestanden haben kann (174, 462 ff.). Verstreute Nachr. und die (ausnahmsweise) eindeutige Verknüpfung mit dem arch. Befund verweisen die Goten der frühen Kaiserzeit in das Gebiet der unteren Weichsel; nur in zufälligen Einzelfällen, namentlich wohl durch den zunehmenden Handelsverkehr zur Ostsee traten sie in den röm. Gesichtskreis. Von ihrer Abwanderung und damit verbundenen Umschmelzungsprozessen weiß keine röm. Qu.; die Stammessage symbolisiert sie in einem Zug nach *Oium* (Jord. Get. 26 f. 39), in den nordpontischen Steppenraum. Die singuläre und erklärungswürdige Richtung dieser Bewegung – statt auf die mediterranen Zentren vielmehr auf deren skythische Peripherie – läßt sich nur vermutungsweise erklären (durch den Gegensatz zu den s. benachbarten Lugiern). In dem pontischen Siedlungsraum muß sich die Genese des neuen Gotenethnos durch Skythisierung und Verschmelzung mit anderen germ., sarmatischen und alanischen Gruppen in einer im Einzelnen schwer vorstellbaren Weise vollzogen haben (178, 54). Polyethnischer Charakter und fehlende polit. Zentralgewalt, aber allmähliche Durchsetzung der got. Dominanz gegen die Nachbarn kennzeichnen diesen Prozeß. Aus diesem Milieu begannen wohl gefolgschaftlich organisierte Heerhaufen, die für Zustrom offen waren und bei Erfolg rasch anwachsen konnten, gegen die dakische und niedermoesische Grenze des Imperiums vorzugehen. Sie hießen zunächst ‚skythisch', bedrängten die freien Daker (oder rissen sie mit, vgl. Cass. Dio 78,27,5 gegen 72,3,3) und die griech. Westpontosstädte; nach den Karpen (z. B. SHA, v. Max. et Balb. 16,3) waren es dann Goten, die, wenn es gut ging, in üblicher Weise durch Subsidienzahlung gezähmt und gegeneinander ausgespielt wurden (Streiflicht bei Petr. Patr. fr. 8; die Praxis bewährte sich anscheinend noch unter Philippus Arabs), nach Verweigerung der Zahlungen aber an der großen Barbarenkoalition teilnahmen, die 248 Moesien heimsuchte (Jord. Get. 89–91). Unter ihrem Kg. Cniva verwüsteten die Goten Thrakien und konnten nach eigenen Niederlagen schließlich Ks. Decius 251 den Untergang in der Schlacht von Abrittus bereiten. Gegen Abzug mit aller Beute und jährliche Subsidienzahlungen versprachen sie dem Nachfolger Frieden (Zos. 1,23–24. mit Jord. Get. 103–106). Die eintönige Vorstellung nunmehr regelmäßig wiederkehrender Gotenstürme hat Wolfram mit logistischen und sozialhist. Gründen relativiert (178, 57); deutlich sind aber schwere und verwüstende Einfälle, die schon 253 wiederum Moesien und Thrakien anläßlich nicht geleisteter Zahlungen treffen und erst von Gallienus, von Claudius durch die Schlacht von Naissus 269 und von Aurelian schrittweise bewältigt wurden (178, 58 ff.). Claudius und seine Nachfolger wurden mit dem Siegerbeinamen *Goticus* gefeiert. Bemerkenswert ist die (einzigartige) Verlagerung der got. Raubzüge (mit Hilfe der verbündeten Heruler) seit 255 auf die See und die damit verbundene Erweiterung ihres Aktionsradius: Mit ihren Flotten beherrschten die Verbündeten den Pontos, plünderten und verwüsteten aufs schwerste die kleinasiatische Küste, das Meerengengebiet und die Ägäis.

Auch die got. Invasionen folgen weitgehend dem bekannten Muster: große militarisierte Wanderkonglomerate (vgl. SHA, v. Claud. 6,2 *Scytharum diversi populi, Peuci, Grutungi, Austrogoti, Tervingi, Visi, Gipedes, Celtae etiam et Eruli, praedae cupiditate in Romanum solum inruperunt* [Stammesnamen konjiziert]) suchen in locker koordinierten Abt. die ö. Prov. heim, ziehen sich aber auch im Erfolgsfalle mit ihrer Beute über die Donau zurück. Die röm. Abwehr erreicht durch Schlachtensiege, methodische Kriegführung, verbesserte Grenzverteidigung (hier: Donaugrenze unter Preisgabe Dakiens) sowie Zahlungen und Ansiedlungen allmählich eine Konsolidierung auf niedrigerem Niveau. Die Typik des barbarischen Verhaltens dieser phänotypischen ‚Skythen' bestimmt das Bild und Urteil der röm. Zeitgenossen, nicht die Germanität von Sprache und Abstammung. Spezifisch sind aber die besonderen Raumbedingungen, die größeren Dimensionen und die damit zusammenhängende stürmische Dynamik der got. Bewegung: Die polyethnischen Gefolgschaftsheere got. Führer integrieren enorme Menschenmassen und sind in ihrer Aufnahmefähigkeit (auch von Gefangenen, Verschleppten und provinzialen Unterschichten) kaum begrenzt; ihre opferreichen Züge reagieren kenntnisreich auf innerröm. Verhältnisse, zielen auf schnellen Erfolg und Beute, erweitern darum ihren Radius und Umfang und steigern damit den Einsatz und das Risiko. Die Kohärenz der Verbände war, von dieser Mechanik bestimmt, durch außerordentliche Fluktuation und personale Struktur (erkennbar an vielen namentlich bekannten Führergestalten) bestimmt. Die besondere Überlieferungssituation erlaubt gewisse Einblicke in die interne Traditionsbildung, die bei Jordanes (bzw. Cassiodor; zum Problem und zur Qu.lage zuletzt → Goten § 1) freilich im Dienst späterer Geschichtskonstruktion stand. Ihr verdankt vermutlich der nebulose Ur-Amaler der got. Überlieferung, Ostrogotha, seine Rolle als Einheitskg.; das zeitlich schwer zu präzisierende Auftreten der Hauptstämme der Greutungen-Austrogoten und Tervingen-Vesier wird eher auf Konzentrationsvorgänge als auf Spaltung vorgängiger Einheit hinweisen. Die größeren Dimensionen und der (gegenüber Markomannen oder Alam.) urspr. grenzfernere Schwerpunkt der got. Machtbildung haben mehr Freiheit zu internen Kriegen und Hegemonialkämpfen gelassen (vgl. die Gestalt des Ermanarich), in die offenbar die röm. Diplomatie nicht einzugreifen vermochte. Die polit. Beziehungen zum Imperium scheinen zwar bei einzelnen Gruppen früh vertraglich geordnet worden zu sein (zu Subsidienzahlungen s. o.), aber die Indienstnahme als Foederaten zunächst nicht eingeschlossen zu haben. – Zum ethnischen Verständnis siehe 174, 462 ff.; grundlegende moderne Monographien: 178; 63; vgl. auch 56; für die späteren Bildungen: 18; 26.

Deutlicher als andere Großstämme lassen die *Franken* die räumliche und gentile Herkunft aus den rhein-weser-germ. Kleinstämmen ö. des Niederrheins erkennen, und die durch die frk. Herrschaftssbildung erfolgte Schwerpunktsverlagerung ist bei ihnen am geringsten. Gerade ihre Ethnogenese ist deshalb unter dem Aspekt ethnischer Konstanz und polit. Einigung gesehen worden, wobei auf die Bedeutung des Namens *Franci,* den Sinn des Beinamensgebrauchs (Typ *Chamavi qui et Franci*) und die Frage nach seinen urspr. Trägern (Chamaven, Brukterer o. a.) übermäßiges Gewicht gelegt wurde (siehe dazu: 174, 512 ff.; 185, 1 ff.; 9a, 35 ff.; 73, 3 ff.; → Franken § 17). Doch beweist die schwankende Zuordnung zu den Franken und der Seebezug der ältesten Traditionen (W. J. de Boone), daß auch dieser Sammelname mehr Ausdruck eines Integrationsprozesses als einer genetisch-einheitlichen ethnischen Diversifizierung war. Die neuere Forsch. hat zwar die Vorstellung einer polit. Einheit der Franken vor der Herrschaftsbildung Chlodwigs aufgegeben, aber auch für die Triebkräfte und Hintergründe der Vereinheitlichung keine bündige Erklärung. Weder die Annahme eines zugrundeliegenden Kultverbandes (dazu: 174, 516 f.) noch eines Stammesbundes (so 185, 2; 36 u. a.; aber es gibt dafür keine Institutionen) können befriedigen. Die Vermutung, ein Verwandtschafts- und Beziehungsgeflecht führender *reges* und *nobiles* (174, 517; → Franken, 414) habe eine Rolle gespielt, ist plausibel, aber zu unspezifisch, um die Ethnogenese der hist. Franken zu erklären. Der seit Julian begegnende Saliername (ad Athen. 361 Σαλίων ἔθνος [neben Chamavern]; Amm. 17,8,3 ... *Francos ..., quos consuetudo Salios appellavit*) ist sprachlich umstritten und in seiner Bedeutung ungeklärt (113, II. 3.4). Sicherlich waren aber die ‚fränkischen' Einfälle ins linksrhein. Gallien, ähnlich wie die der Alam., das Werk gefolgschaftlich organisierter und nicht institutionell koordinierter Heerhaufen; hinter ihnen treten die ält. Klein- und Teilstammesnamen bald zurück.

Frk. Einfälle über den Rhein werden seit der Mitte des 3. Jh.s überliefert; Franken scheinen anfangs in summarischen Ber. mitenthalten zu sein. Erstmals erwähnt sie Aur. Vict. Caes. 33,3 unter Gallienus zum J. 257 *(Francorum gentes direpta Gallia Hispaniam possiderent ...)*. Arch. Spuren und Hortfunde scheinen die wiederholten Inkursionen frk. Verbände in diesen J. anzuzeigen (Kunow, in: 66, 81 f.). Postumus bediente sich frk. Hilfstruppen bei seiner Usurpation (SHA, v. Gall. 7,1); das gall. Sonderreich provozierte weitere, den Münzfunden nach sich steigernde Invasionen, die sich auch nach seinem Ende in den 70er J. fortsetzten. Einen katastrophalen Einfall 275–76 wehrte Probus schließlich ab (SHA, v. Probi 13,5 f.; Zos. 1,68); gleichzeitig machten frk. Piraten die Küsten N-Galliens und Brit.s unsicher. Diese Situation hielt auch unter der Tetrarchie an; Maximian, Constantius Chlorus, schließlich auch Constantin werden als Frankensieger genannt; der Siegerbeiname Francicus wird offiziell erst seit Julian gebraucht (rhetorisch v. Probi 11,9). Ein (wahrscheinlicher) Frankenkg. → Gennobaudes unterwarf sich Maximian und wurde als Kg. bestätigt (Paneg. Lat. 10,10,3–5); Constantin ließ zwei Frankenkg. wegen Vertragsbruchs *ultimis cruciatibus* hinrichten (Paneg. Lat. 6,10,2 – *nihil veritus gentis illius odia perpetua et inexpiabiles iras*!). Nach trotzdem verhältnismäßiger Ruhe unter Constantin besiegte Constans (341) Franken (Sokr., h.e. 2,13; Chroniken), vor allem aber gaben die Usurpationen der Magnentius und Silvanus (frk. Herkunft) unter Constantius II. Anlaß zu weitreichenden frk. Invasionen und Zerstörungen (Köln 355); diesem Zustand machte das Erscheinen Julians in Gallien Ende 355 ein Ende, duldete aber die frk. Landnahme (Amm.16,3,2. 17,2 ff.; Zos. 3,1). Zur Ereignisgesch. siehe → Franken 414 ff.; 185, 18 ff.; 108, 168 ff.; Krüger, in: 83, 379 ff.; Kunow, in: 66, 78 ff. – Den neuesten Forsch.sstand vermitteln: 49; 55; 73, 5 ff.; 113, II. 3.4.

Die Konfrontation mit den Franken am Niederrhein steht im Rahmen einer ihrer Dimension nach singulären röm.-barbarischen Symbiose. Die röm. Grenzverteidigung hatte es immer, jedenfalls bis zu Julian, mit einzelnen frk. Verbänden und *reges* zu tun; zum Typus wurden die Franken aber – außer im rhetorischen Klischee – durch ihre Behandlung. Die diplomatische Technik der Abmachungen und die Ausgestaltung der Verträge lassen keine formalen Besonderheiten erkennen, aber die zuerst geduldete Besetzung und tiefgehende Landnahme, dann Massenansiedlungen (→ dediticii; → Laeten; Krüger, in: 83, II, 387 ff.) haben den ethnischen Charakter der alten Germania inferior und Belgica verändert und die Reichsgrenze nicht nur im arch. Befund verschwinden lassen. Diese Bevölkerung, deren Rechtslage nicht unumstritten ist, wurde zur Basis ausgedehnter Zwangsrekrutierungen und einer ungewöhnlich hohen Zahl von Franken im höheren Reichs- und Militärdienst (168; zusammenfassend mit weiterer Lit. 73, 5 ff.).

c. Ausblick: ‚Germanenreiche'. Die moderne Forsch. ist dem Verhältnis zw. Römern und Nordbarbaren vor allem für die Zeit des Übergangs zum Früh-MA (die germ. Reichsbildungen) und unter rechtsgeschichtl. Aspekten nachgegangen (vgl. W. Goffart, Barbarians and Romans A. D. 418–584, 1980), hat aber das generelle Verhältnis des Imperiums zu seiner Peripherie meist nur in allg. Form behandelt (vgl. 29). In den aggressiven germ. Großstämmen, die nach dem Präludium der Markomannenkriege seit dem 3. Jh. als Hauptgegner des Imperiums in Erscheinung treten, sah man weit eher werdende polit.-ethnische Kollektivindividuen im Blütenkranz der ‚deutschen Stämme' als eine typische Erscheinung, die nach ihren gleichförmigen und differenten Zügen untersucht worden wäre. Dennoch dürfte dieser Aspekt im Rahmen einer hist. Gesamtbetrachtung der Germ. der wichtigste sein. Mit dem 4. Jh. löst sich nicht zufällig die germ. Einheit terminologisch auf, werden die Großstämme regelmäßig mit ihren Eigennamen bezeichnet, nicht mehr als *Germani* und heißen die Siegerks. *Goticus* oder *Alemannicus,* aber nicht mehr *Germanicus;* damit schlägt vermutlich das Selbstverständnis der *gentes* auf das röm. Fremdverständnis durch. Zwar hat es ein Identitätsbewußtsein ‚der' Germ. auch vorher kaum gegeben, es sei denn in der Rückwirkung der röm. Sicht auf das indigene Bewußtsein, es endet aber nun auch diese Möglichkeit oder sie beschränkt sich fortan auf restaurative Rückgriffe Gebildeter auf liter. geprägte Bennenungen. Die sachnähere (und nicht zuletzt für die Lemmatik des Lex.s gebotene) Behandlung orientiert sich deshalb nun an den Stammeseigennamen. „Die Geschichte der Germanen kann nur für diejenigen wirklich geschrieben werden, die auch so genannt wurden" (113, I. 2).

Die sog. Germ.-Reiche auf dem Boden des Imperiums werfen aber das sachliche Problem ihrer Staatlichkeit auf (34; 179;

113). Sie lassen also fragen, ob ein Element ihrer gemeinsamen Germanität in der Auflösung des Imperiums lag (wie es alle biologistische ‚Erbe'- und ‚Beerbungs'-Metaphorik nahelegt). Die (erzwungene oder gewährte) Inkorporierung geschlossener *gentes* in das Imperium geschah jedoch von dessen Seite als ein Geschäft, das (milit.) Leistungsansprüche begründete und gentile *reges* zu Reichsbeamten im Dienste des Ks.s machte. Es konnte theoretisch rückgängig gemacht werden (wie in der justinianischen Restauration). Die rechtlichen, sozialen und wirtschaftl. Strukturen des spätant. Imperiums erlaubten eine wechselseitige Assimilierung von Germ. einerseits und röm. Bevölkerung und Organisationsstruktur andrerseits (woraus sich die Möglichkeit und die hist. Forsch.saufgabe der Abwägung der Elemente, evtl. der Gründe des Scheiterns oder der Chancen des Erfolges ergibt) und damit eine, jene Formalbetrachtung hinter sich lassende Entwicklung. Diese zeigt jedoch gerade, daß die Herrscher germ. Militärverbände auf Reichsgebiet sich auch nach ihrem eigenen Verständnis (vgl. das berühme Dictum des Westgoten Athaulf, Oros. 7,43,3–7) nur im Rahmen der imperialen Ordnung stehend sehen konnten, eine Freiheit, außerhalb derselben zu handeln, gar nicht bestand. Auch die sog. Germ.-Reiche bleiben im hist. Horizont der imperialen Peripherie; ihre Herrscher nahmen nicht ein ‚römisches Erbe' in ihre autonome Eroberermacht auf, sondern waren regionale Machthaber, die sich mit Hilfe ihrer gentilen Militärgefolgschaft behaupteten.

(1) Die Alam., 1997. (2) G. Alföldy, Die Hilfstruppen der röm. Prov. Germania inferior, 1968. (3) Ders., Noricum, 1974. (4) H. Ament, Der Rhein und die Ethnogenese der Germ., PZ 59, 1984, 37–47. (5) D. Baatz, Der röm. Limes, ³1993. (6) Ders., F.-R. Herrmann (Hrsg.), Die Römer in Hessen, ²1989. (7) M. Bang, Die Germ. im röm. Dienst bis zum Regierungsantritt Constantins I., 1906. (8) H. Beck (Hrsg.), Germ.-Probleme in heutiger Sicht, 1986. (9) A. Becker, Rom und die Chatten, 1992. (9a) F. Beisel, Stud. zu den frk.-röm. Beziehungen. Von ihren Anfängen bis zum Ausgang des 6. Jh.s, 1987. (10) Beitr. zum Verständnis der Germania des Tacitus, Bd. 1, hrsg. von H. Jankuhn, D. Timpe, 1989; Bd. 2, hrsg. von G. Neumann, H. Seemann, 1992. (11) F. Berger, Unters. zu römerzeitlichen Münzfunden in NW-Deutschland, 1992. (12) St. Berke, Röm. Bronzegefässe und Terra Sigillata in der Germania libera, 1990. (13) L. Bessone, La rivolta batavica e la crisi del 69 D. C., 1972. (14) H. Birkhan, Germ. und Kelten bis zum Ausgang der Römerzeit, 1970. (15) A. Birley, Mark Aurel, ²1977. (16) O. Bremer, Ethnographie der germ. Stämme, in: PGrundr., ²1904, 762 ff. (17) P. A. Brunt, Tacitus on the Batavian Revolt, Latomus 19, 1960, 494–517. (18) T. Burns, A Hist. of the Ostrogoths, 1984. (19) R. Busch (Hrsg.), Rom an der Niederelbe, 1995. (20) H. Callies, Zur Vorstellung der Römer von den Kimbern und Teutonen seit dem Ausgang der Republik, Chiron 1, 1971, 341–350. (21) K. Christ, Krise und Untergang der röm. Republik, ²1984. (22) Ders., Zur röm. Okkupation der Zentralalpen und des n. Alpenvorlandes (1957), in: Röm. Gesch. und Wissenschaftsgesch. 1, 1982, 240–252. (23) Ders., Caesar und Ariovist (1974), in: ebd., 92–133. (24) Ders., Zur augusteischen Germanienpolitik (1977), in: ebd., 183–239. (25) R. Christlein, Die Alam. Arch. eines lebendigen Volkes, ²1979. (26) D. Claude, Gesch. der Westgoten, 1970. (27) J. H. Collins, Caesar as Political Propagandist, in: ANRW 1, 1, 925 ff. (28) C. Courtois, Les Vandales et l'Afrique, ²1955. (29) B. Cunliffe, Greeks, Romans and Barbarians, 1988. (30) O. Cuntz, Die Geogr. des Ptolemaeus. Galliae Germania Raetia Noricum Pannoniae Illyricum Italia. Handschriften, Text und Unters., 1923. (31) W. Czysz u. a. (Hrsg.), Die Römer in Bayern, 1995. (32) H. Dannenbauer, Die Entstehung Europas 1–2, 1959–1962. (33) J. Deininger, Flumen Albis. Die Elbe in Politik und Lit. der Ant., 1997. (34) A. Demandt, Die Anfänge der Staatenbildung bei den Germ., HZ 230, 1980, 265–291. (35) Ders., Die Spätant., Handb. der Altertumswiss. 3, 6, 1989. (36) Ders., Die westgerm. Stammesbünde, Klio, 75, 1993, 387–406. (37) E. Demougeot, L'invasion des Cimbres-Teutons-Ambrons et les Romains, Latomus 37, 1978, 910–938. (38) Dies., L'empire romaine et les barbares d'occident (IVe–VIIe s.), 1988. (39) H. J. Diesner, Vandalen, in: RE Suppl. X, 957–992. (40) G. Dobesch, Zur Ausbreitung des Germ.-Namens, in: Pro arte antiqua (Festschr. H. Kenner), 1983, 77–99. (41) Ders., Die Kimbern in Illyrien und App. 3, 4–11, in: Stud. zur Alten Gesch. (Festschr. S. Lauffer) 1, 1986, 171–206. (42) Ders., Die Rolle Europas in der Reichskonzeption des Augustus

und Tiberius, in: Festschr. H. Vetters, 1985, 98–105. (43) J. Dobias, King Maroboduus as a Politician, Klio 38, 1960, 155–166. (44) A. Dove, Stud. zur Vorgesch. des dt. Volksnamens, SB der Akad. der Wiss. Heidelberg, Phil.-Hist. Kl. 1916, 8. (45) H. J. Eggers, Der röm. Import im Freien Germanien, 1951. (46) S. Feist, Germ. und Kelten in der ant. Überlieferung, 1927, Neudr. 1948. (47) F. Frahm, Die Entwicklung des Suebenbegriffs in der ant. Lit., Klio 23, 1930, 181–210. (48) P. Filtzinger u. a., Die Römer in Baden-Württ., ^{3}1986. (49) Die Franken. Wegbereiter Europas, 1996. (50) G. Franzius (Hrsg.), Aspekte röm.-germ. Beziehungen in der frühen Kaiserzeit, 1995. (51) H. Friesinger u. a. (Hrsg.), Markomannenkriege – Ursachen und Wirkungen, 1994. (52) B. Gallotta, Germanicus, 1987. (53) H. Gesche, Caesar, 1976. (54) D. Geuenich, Gesch. der Alem., 1997. (55) Ders. (Hrsg.), Die Alem. und Franken bis zur ‚Schlacht von Zülpich', (im Druck). (56) I Goti. Catalogo della mostra, 1994. (57) E. S. Gruen, The Expansion of the empire under Augustus, CAH ^{2}10, 1996, 148–197. (58) S. Gutenbrunner, Germ. Frühzeit in den Ber. der Ant., 1939. (59) R. Hachmann, Die Goten und Skand., 1970. (60) Ders., Die Germ., 1971. (61) Ders., Der Begriff des Germanischen, Jb. für internationale Germanistik 7, 1975, 113–144. (62) Ders. u. a., Völker zw. Kelten und Germ., 1962. (63) P. Heather, The Goths, 1996. (64) K. Helm, Ver sacrum bei den Germ.?, PBB 69, 1947, 285–300. (65) O. Hirschfeld, Der Name Germani bei Tacitus und sein Aufkommen bei den Römern, in: Kl. Schr., 1913, 353–368. (66) H. G. Horn (Hrsg.), Die Römer in Nordrhein-Westfalen, 1987. (67) H. Jankuhn, Vor- und Frühgesch. vom Neolithikum bis zur VWZ, 1969. (68) J. Jarnut, Gesch. der Langob., 1982. (69) W. John, P. Quinctilius Varus, in: RE XXIV, 907–984. (70) A. H. M. Jones, The Later Roman Empire 284–602. A Social, Economic and Administrative Survey 1–3, 1964. (71) S. Junghans, Sueben, Alam. und Rom. Die Anfänge der schwäbisch-alem. Gesch., 1986. (72) U. Kahrstedt, Methodisches zur Gesch. des Mittel- und Niederrheins zw. Caesar und Vespasian, Bonner Jb. 150, 1950, 63–80. (73) R. Kaiser, Das röm. Erbe und das Merowingerreich, 1993. (74) F. Kauffmann, Dt. Altkde 1–2, 1913, ^{2}1923. (75) P. Kehne, Arch. und althist. Forsch. zur Varusschlacht. Ber. über das 1. althist. Kalkriese-Colloquium in Hannover am 8. 5. 1995, Nachr. aus Niedersachsens Urgesch. 65, 1996, 225–230. (76) D. Kienast, Augustus, 1982. (77) E. Koestermann, Caesar und Ariovist, Klio 33, 1940, 308–334. (78) Ders., Die Feldzüge des Germanicus, 14–16 n. Chr., Historia 6, 1957, 429–479. (79) Ders., Der Zug der Kimbern, Gymnasium 76, 1969, 310–329. (80) E. Kornemann, P. Quinctilius Varus (1922), in: Ders., Gestalten und Reiche. Essays zur alten Gesch., 1943, 274–303. (81) K. Kraft, Zur Rekrutierung der Alen und Kohorten an Rhein und Donau, 1951. (82) Ders., Gesammelte Aufsätze zur ant. Gesch. und Militärgesch., 1973. (83) B. Krüger (Hrsg.), Die Germ. Gesch. und Kultur der germ. Stämme in Mitteleuropa 1–2, 1976–1983. (84) J.-S. Kühlborn (Hrsg.), Germaniam pacavi – Germanien habe ich befriedet. Arch. Stätten augusteischer Okkupation, 1995. (85) J. Kunow, Der röm. Import in die Germania libera bis zu den Markomannenkriegen, 1983. (86) W. Lammers (Hrsg.), Entstehung und Verfassung des Sachsenstammes, 1967. (87) G. A. Lehmann, Zum Zeitalter der röm. Okkupation Germaniens: neue Interpretationen und Bodenfunde, Boreas 12, 1989, 207–230. (87a) A. A. Lund, Die ersten Germ. Ethnizität und Ethnogenese, 1998. (88) U. Lund Hansen, Röm. Import im Norden. Warenaustausch zw. dem röm. Reich und dem freien Germanien während der Kaiserzeit unter besonderer Berücksichtigung N-Europas, 1987. (89) J. Malitz, Die Historien des Poseidonios, 1983. (90) G. Mildenberger, Sozial- und Kulturgesch. der Germ., ^{2}1977. (91) A. Mocsy, Pannonia, in: RE Suppl. IX, 516–776. (92) R. Much, Germani, in: ebd. III, 545–585. (93) Ders., Stammeskunde, ^{3}1920. (94) Ders., Das Problem des Germ.-Namens, in: Germ. und Idg. (Festschr. H. Hirt) 2, 1936, 507–531. (95) Müllenhoff, DAK. (96) W. Müller (Hrsg.), Zur Gesch. der Alem., 1975. (97) R. Nierhaus, Das sueb. Gräberfeld von Diersheim, 1966. (98) E. Norden, Die germ. Urgesch. in Tacitus' Germania, ^{3}1923. (99) W. A. Oldfather, H. V. Canter, The Defeat of Varus and the German Frontier Policy of Augustus, 1915. (100) P. Oliva, Pannonia and the Onset of Crisis in the Roman Empire, 1962. (101) E. Graf Oxenstierna, Die Nordgerm., 1957. (102) G. Perl, Frontin und der ‚Limes', Klio 63, 1981, 563–583. (103) Ders., Die gesellschaftliche Terminologie in Tacitus' Germania, in: Rom und Germanien (Festschr. W. Hartke), 1982, 56–66. (104) K. Peschel, Die Kelten als Nachbarn der Germ., ZfA 4, 1970, 1–36. (105) Ders., Die Sueben in Ethnographie und Arch., Klio 60, 1978, 259–309. (106) Ders., Anfänge germ. Besiedlung im Mittelgebirgsraum. Sueben – Hermunduren – Markomannen, 1978. (107) H. von Petrikovits, Arminius, Bonner Jb. 166, 1966, 175–193. (108) Ders., Die Rheinlande in röm. Zeit, Rhein. Gesch. I/1, hrsg. von F. Petri, G. Droege, ^{2}1980. (109) M. Pietsch u. a., Das augusteische Truppenlager Marktbreit. Bisherige arch. Befunde und hist. Erwägungen, Ber. RGK 72, 1991 (1992), 263–324. (110) D. Planck, Arae Flaviae I., 1975. (111) Ders., Der obergerm.-raetische Limes in SW-Deutschland und seine Vorläufer. Ein Forsch.süberblick, in: Ders. (Hrsg.), Arch. in Württ., 1988, 251–280. (112) Ders., W. Beck, Der Limes in SW-Deutschland, 1980. (113) W. Pohl, Die Germ. (im Druck). (113a) L. Polverini, Germani in Italia prima dei Cimbri?, in: B. und P. Scardigli (Hrsg.), Germani in Italia, 1994, 1–10. (114) M. Rambaud, L'art de la déformation hist. dans les Commentaires de César, ^{2}1966. (115) H. Reinerth (Hrsg.), Vorgesch. der dt. Stämme 1–3, 1940. (116) E. Ritterling, Zur Gesch. des röm. Heeres in Gallien unter Augustus, Bonner Jb. 114/15, 1906, 159–188. (117) G. Rudberg, Zum ant. Bild der Germ. Stud. zur ältesten Germ.-Lit., 1933. (118) L. Rübekeil, Suebica. Völkernamen und Ethnos, 1992. (119) Ch. Rüger, Germania Inferior, 1968. (120) D. B. Saddington, The Development of the Roman Auxiliary Forces from Augustus to Trajan, in: ANRW II 3, 176–201. (121) Th. Schieder (Hrsg.), Handb. der europ. Gesch. 1, 1976. (122) W. Schlesinger, Herrschaft und Gefolgschaft in der germ.-dt. Verfassungsgesch. (1953), in: Beitr. zur dt. Verfassungsgesch. des MAs 1, 1963, 9–52, 335–338. (123) Ders., Über germ. Heerkgt. (1956), in: ebd. 53–87, 339–341 (124) W. Schlüter (Hsg.), Kalkriese – Römer im Osnabrücker Land, ^{2}1993. (125) Schmidt, Westgerm.; Ostgerm. (126) T. Schmitt, Die drei Bögen für Germanicus und die röm. Politik der frühtiberianischen Zeit, Rivista della storia dell'antichitá, (im Druck). (127) H. Schneider (Hrsg.), Germ. Altkde, ^{2}1951. (128) S. von Schnurbein, Zur Gesch. der röm. Militärlager an der Lippe, Ber. RGK 62, 1981, 5–101. (129) Ders., Die Besetzung des Alpenvorlandes durch die Römer, in: Die Römer in Schwaben, Ausstellungskat., 1985, 17–24. (130) Ders., Vom Einfluß Roms auf die Germ., Vorträge Nordrhein.-Westf. Akad. der Wiss., G 331, 1995. (131) Ders., M. Erdrich, Das Projekt ‚Römische Funde im mitteleurop. Barbaricum', dargestellt am Beispiel Niedersachsen, Ber. RGK 73, 1992 (1993), 5–27. (132) Ders., H.-J. Köhler, Dorlar. Ein augusteisches Römerlager im Lahntal, Germania 72, 1994, 193–203. (133) F. Schön, Der Beginn der röm. Herrschaft in Raetien, 1986. (134) H. Schönberger, Die röm. Truppenlager der frühen und mittleren Kaiserzeit zw. Nordsee und Inn, Ber. RGK 66, 1985, 321–497. (135) Schwarz, Stammeskunde. (136) Ders. (Hrsg.), Zur germ. Stammeskunde, 1972. (137) O. Seeck, Gesch. des Untergangs der ant. Welt 1–6, $^{2/4}$1920–1923. (138) K. von See, Germ.-Ideologie, 1970. (139) R. Seyer, Ant. Nachrichten zu germ. Stammessitzen, ZfA 2, 1968, 232–255. (140) M. Springer, Der Eintritt der Alem. in die Weltgesch., 1984. (141) M. Stahl, Zw. Abgrenzung und Integration: Die Verträge der Ks. Mark Aurel und Commodus mit den Völkern jenseits der Donau, Chiron 19, 1989, 289–317. (142) W. Steinhauser, Herkunft, Anwendung und Bedeutung des Namens ‚Germani', in: Festschr. D. Kralik, 1954, 9–25. (143) K. Strobel, Der Chattenkrieg Domitians, Germania 65, 1987, 423–452. (144) Ders., Die Donaukriege Domitians, 1989. (145) K. Stroheker, Germanentum und Spätant., 1965. (146) Stud. zur Ethnogenese, 1985. (147) R. Syme, The Northern Frontiers under Augustus, CAH 10, 1934, 340–381. (148) Ders., Flavian Wars and Frontiers, CAH 11, 1936, 131–187. (149) Ders., The Augustan Aristocracy, 1986. (150) J. Tejral, Die Probleme der röm.-germ. Beziehungen unter Berücksichtigung der neuen Forsch.sergebnisse im niederösterr.-südmährischen Thayflußgebiet, Ber. RGK 73, 1992 (1993), 377–423. (151) K. Tausend, Caesars germ. Reiter, Historia 37, 1988, 491–497. (152) K. Tausend, Wohin wollte Varus?, Klio 79, 1997, 372–382. (153) E. A. Thompson, The early Germans, 1965. (154) D. Timpe, Drusus' Umkehr an der Elbe, Rhein. Mus. 110, 1967, 289–306. (155) Ders., Der Triumph des Germanicus, 1968. (156) Ders., Arminius-Stud., 1970. (157) Ders., Zur Gesch. der Rheingrenze zw. Caesar und Drusus, in: Monumentum Chiloniense. Stud. zur augusteischen Zeit (Festschr. E. Burck), 1975, 124–147. (158) Ders., Kimberntradition und Kimbernmythos, in: B. und P. Scardigli (Hrsg.), Germani in Italia, 1994, 23–60. (159) Ders., Romano-Germanica. Gesammelte Stud. zur Germania des Tacitus, 1995. (160) M. Todd, The Northern Barbarians, 1975. (161) Ders., The Early Germans, 1992. (162) B. Trier (Hrsg.), Die röm. Okkupation nö. der Alpen z. Z. des Augustus, 1991. (163) R. Urban, Der „Bataveraufstand" und die Erhebung des Iulius Classicus, 1985. (164) R. von Uslar, Arch. Fundgruppen und germ. Stammesgebiete aus der Zeit um Christi Geb. (1952), (aktualisierter Nachdr. in: E. Schwarz [Hrsg.], Zur germ. Stammeskunde, 1972, 146 ff.). (165) Ders., Germ. Sachkultur in den ersten Jahrhunderten n. Chr., 1975. (166) Ders., Die Germ. Handb. der europ. Wirtschafts- und Sozialgesch., 1980. (167) E. Valgiglio, Considerazioni sulla storia dei Cimbri e dei Teutoni, Rivista Studi Class. 3, 1953, 3–23. (168) M. Waas, Germ. im röm. Dienst im 4. Jh., 1965. (169) E. Wahle, Zur ethnischen Deutung frühgeschichtl. Kulturprovinzen, SB. der Akad. der Wiss. Heidelberg, Phil.-Hist. Klasse 1940/41, 2. (170) G. Walser, Rom, das Reich und die fremden Völker. Stud. zur Glaubwürdigkeit des Tacitus, 1951. (171) Ders., Caesar und die Germ., 1956. (172) C. M. Wells, The German Policy of Augustus, 1972. (173) K.-W. Welwei, Röm. Weltherrschaftsideologie und augusteische Germanienpolitik, Gymnasium 93, 1986, 118–137. (174) Wenskus, Stammesbildung. (175) R. Wiegels, W. Woesler (Hrsg.), Arminius und die Varusschlacht. Gesch. – Mythos – Lit., 1995. (176) W. Will, Röm. ‚Klientel-Randstaaten' am Rhein? Eine Bestandsaufnahme, Bonner Jb. 187, 1987, 1–60. (177) T. P. Wiseman, Caesar, Pompey and Rome, 59–50 B. C., CAH ^{2}9, 1994, 368–423. (178) H. Wolfram, Die Goten, ^{3}1990. (179) Ders., Das Reich und die Germ., 1990. (180) Ders., W. Pohl (Hrsg.), Typen der Ethnogenese, 1990. (181) R. Wolters, 'Tam diu Germania vincitur' Röm. Germ.-Siege und Germ.-Sieg-Propaganda bis zum Ende des 1. Jh.s n. Chr., 1989. (182) Ders., Röm. Eroberung und Herrschaftsorganisation in Gallien und Germanien. Zur Entstehung und Bedeutung der sog. Klientel-Randstaaten, 1990. (183) Ders., Der Waren- und Dienstleistungsaustausch zw. dem Röm. Reich und dem Freien Germanien in der Zeit des Prinzipats – Eine Bestandsaufnahme, Münstersche Beitr. zur Ant. Handelsgesch. IX 1, 1990, 14–44; X 1, 1991, 78–132. (184) K. Wührer, Germ. Zusammengehörigkeit 1, 1940. (185) E. Zöllner, Gesch. der Franken bis zur Mitte des 6. Jh.s, 1970. (186) W. Zwikker, Stud. zur Markussäule 1, 1941.

D. Timpe

B. Germania (Provinzname) – Germania Magna

§ 6. Das Rheinland bis Domitian. a. Terminologisches. Der Name ‚Germania' als Begriff der röm. Verwaltungssprache entstammt wie vergleichbare andere (siehe *Africa, Asia, Hispania* usw.) dem allg. Sprachgebrauch und ist dann zur terminologischen Eindeutigkeit gebracht worden, entbehrt aber der kontradiktorischen Bedeutung gegenüber ‚römisch' oder ‚linksrheinisch', die ihm in nichttechnischer Verwendung zukommen kann. Germania bezeichnet also in der RKZ einerseits ein Gebiet, das sich röm. Einfluß und sogar röm. Kenntnis weitgehend entzogen hat und in ideologischer Übersteigerung geradezu als Kontrastmodell gedeutet werden kann (vgl. Tac. Germ.), andrerseits ein von Rom beherrschtes Gebiet, das jedoch durch die Rheingrenze nicht bestimmt ist.

Das röm., linksrhein. Germanien war urspr. von Kelt. bewohnt (7, 66; 111, 210) und wurde vor der Dreiteilung → Galliens durch Augustus – im Unterschied zur *Gallia Cisalpina* (oder *Togata*) – zusammen mit der *Narbonensis* zur *Gallia Transalpina* (oder *Comata*) gezählt (17, 853). Erst durch Niederlassung („vor langer Zeit" – Caes. Gall. 2,4,1) rechtsrhein. Germ., im 1. Jh. v. Chr. auch durch von kelt. Stämmen angeworbene germ. Söldner (z. B. Caes. Gall. 1,31,4; vgl. 19, 12) wurde es teilweise germ. besiedelt.

b. Die caesarische Konstituierung der Rheingrenze zw. ‚Gallien' und ‚Germanien'. Die Eroberung des kelt. Territoriums in der heutigen Schweiz und in Frankreich (der *Gallia comata*) brachte Caesar in Berührung mit Germ. beiderseits des Rheins, den er, als erster Römer, in den J. 55 und 53 v. Chr. überschritt und zur Grenze zw. Gallien und Germanien erklärte. Er vereitelte von nun an das massive Eindringen rechtsrhein. Völker und warf die schon Eingedrungenen über den Rhein zurück, enthielt sich aber jeder Einmischung in die rechtsrhein. Verhältnisse (55, 145). Bei ihm findet sich die älteste, im ersten B. des *bellum Gallicum* noch fehlende, nach einem geogr. und nicht ethnischen Kriterium erfolgte Unterteilung der Germ. in Cisrhenani und Transrhenani (Caes. Gall. 5,2,4 und 6; 6,2,2; vgl. 108, 37 ff.; 50, 1966 ff. mit weiterer Bibliogr. Anm. 45; 31, 36–51). Beide Bezeichnungen kehren bei späteren Autoren wieder (z. B. in Tac. hist. 4,6,2 ff., 15,2; 23,2; 28,3; Tac. ann. 1,56,1; 4,72,1; Suet. Jul. 25,2; Cass. Dio 39,49,1; 71,3,2; H. A. Maximini duo 12; Clodius Albinus 6,3).

In Wirklichkeit war der Rhein weder in sprachlicher noch in ethnischer Hinsicht eine Trennungslinie, doch bildete er eine natürliche Grenze (wie im übrigen auch die → Donau) zw. feindlichen Germ.-Stämmen (vor allem den → Sweben) und dem Gebiet, das Caesar (Caes. Gall. 4,16,4) als *Imperium populi Romani* bezeichnet. Andrerseits gab es bereits zu Caesars Zeit Vertreter germ. Stämme rechts des Rheins, die Roms Freundschaft suchten (wie die → Ubier: Caes. Gall. 1,37, 4,3,9), weiterhin kelt., die vom rechtsrhein. auf linksrhein. Gebiet wanderten wie die → Helvetier (Cass. Dio 38,33,6; siehe 55, 132–134), oder solche, die auf beiden Seiten des Flusses wohnten, wie die → Menapier (Caes. Gall. 4,4,2; Strab. 4,3,4). Daß schon Caesar die germ. → Triboker, → Nemeter und → Wangionen (s. u.) am linken Oberrhein (im heutigen Elsaß) angesiedelt hätte, hat Nesselhauf (55, 134–136; vgl. 105, 74) einleuchtend zugunsten eines späteren Zeitpunkts (Augustus) bestritten; es würde sich also um eine Art Rückwanderung der Nachfahren ariovistischer Germ. handeln.

c. Der Rhein von Augustus bis Domitian. Die Ubier verpflanzte dann Agrippa nach wechselvollen Kämpfen, 38 oder 19 v. Chr., auf das linke Rheinufer (76, 4–7; 87, 4 f.); dasselbe tat → Tiberius im J. 8 mit 4 000 → Sugambrern (73, 488; 55, 136; 75, 33; 105, 74; 9, 275); ob diese dann unter dem Namen Cugerni oder Guberni (→ Cuberni, Cugerni) oder anderen erscheinen, ist nicht auszumachen. Richtig ist sicher, daß diese auf röm. Initiative hin übergesiedelten Stämme von nun an, mehr als andere hist. gewachsene Stammeseinheiten auf linksrhein. Gebiet, an röm. Interessen gebunden waren.

Die im Vergleich zum Mittel- und Niederrhein unter Augustus eher friedlichere Situation am linken Oberrhein (100, 129–135) begünstigte eine rasche Verschmelzung des einheimischen kelt. Elements mit dem germ. und röm.-ital. (7, 67; 36, 205; 44, 74–77; 42, 157–162). Auf das J. 9 n. Chr. bezieht sich ein Satz bei Cassius Dio (Cass. Dio 56,18,2–3), in dem einerseits die Anpassungsfähigkeit der rechtsrhein. Germ. gepriesen, andrerseits ihr Drang zur Unabhängigkeit und ihre milit. Stärke herausgestellt werden.

Die eher defensive Grenzpolitik Agrippas hat am Niederrhein jedoch keinen durchschlagenden Erfolg gezeigt und wurde in den J. 12 bis 9 v. Chr. durch offensive Vorstöße (beim dritten Mal sogar bis zur Elbe: Cass. Dio 55,1,2) des Nero Claudius → Drusus ins Gebiet der Usipeter (→ Usipeten/Usipier), → Friesen, → Brukterer, → Cherusker, → Chatten und → Chauken abgelöst (Cass. Dio 54,32 ff.; Tac. ann. 1,56,1; 2,8,1; ein guter Überblick z. B. in 75, 35 f.; 87, 8–10; 52, 162). Velleius behauptet übertreibend, Drusus (Vell. 2,97,4) und Tiberius (Vell. 2,106,1) hätten *omnes partis Germaniae,* bzw. *tota Germania* siegreich durchquert. Den Versuchen, es verwaltungsmäßig bis zur Elbe dem Imperium einzugliedern (Vell. 2,97,4: *ut in formam paene stipendiariae redigeret provinciae*), wurde durch die Schlacht im Teutoburger Wald 9 n. Chr. (→ clades Variana) und die Abberufung des → Germanicus durch Tiberius (16 n. Chr.) ein Riegel vorgeschoben (96, 148–182; 98, 70–74; 87, 16 f.); der Fund des Senatsbeschlusses von 19 n. Chr. auf der *Tabula Siarensis* läßt allerdings nicht unbedingt auf einen Verzicht auf das rechtsrhein. Germanien schließen (48, 83; siehe auch 98, 281–284).

d. Verwaltung des Rheingebietes vor der Konstituierung der Provinzen (Abb. 8). Links des Rheins, d. h. in Gallien, lagen die beiden aus Legionslagern hervorgegangenen Militärdistrikte (6, 10 f.) mit beschränkten zivilen Aufgaben (68, 56): → Mainz (Mogontiacum), eine ehemals kelt. Siedlung (15, 462–464; 45, 132 f.), die erst spät die Stadtrechte erhielt (45, 134) und das als *oppidum Ubiorum* (s. o.) von Agrippa gegründete und nach 50 n. Chr. durch Claudius zur Kolonie erhobene → Köln (*Colonia Agrippinensium:* 64, 27–36; 27, 9 ff.; 20, 720 f.). In diesen Zentren lagen zwei getrennte Besatzungsheere (zwei Legionen in Vetera bei → Xanten; von den beiden Legionen aus Köln wurden

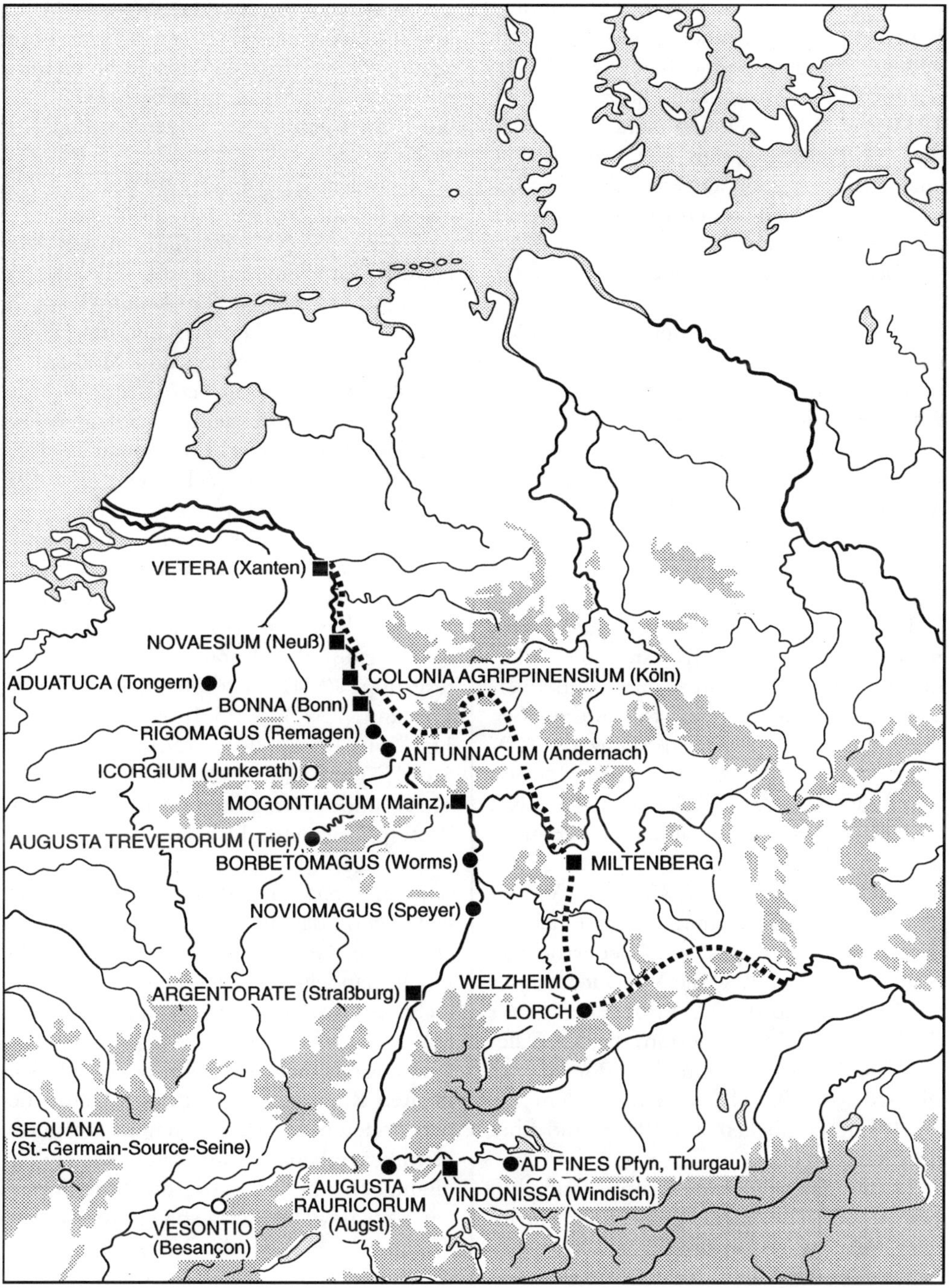

Abb. 8. Das Rheingebiet in röm. Zeit

von Tiberius eine nach Novaesium [→ Neuß] und die andere nach → Bonn verlegt), zu denen eine Kette von Stützpunkten am Mittelrhein hinzukam (28, 123 f.; 106, 119). In deren Nähe entstanden die → Canabae legionis der Legionslager, aus denen sich dann auch von der Lokalbevölkerung besiedelte Dörfer entwickelten (75, 40–42), welche vor allem für die Konsumbedürfnisse der Truppen sorgten (105, 77 f. 82).

Im Rhein, bei Köln-Alteburg, war außerdem seit Tiberius eine Flotte stationiert, deren Hafen im J. 70 mit einer bis zum J. 270 vorhandenen steinernen Mauer befestigt war (46, 279, Abb. 276. 277; 26, 12). Ebenfalls unter Tiberius wurde Mainz mit Mainz-Kastell *(Castellum Mattiacorum)* durch eine Steinbrücke verbunden (45, 134; 79, 466 f.; 52, 146 f.), die auf der Grundlage einer Holzbrücke errichtet war.

In der Zeit zw. Tiberius und der Konstituierung der Provinzen waren die (allerdings häufig verlegten und durch andere ersetzten) Legionen etwa folgendermaßen verteilt: am Oberrhein, in Mainz die XIV Gemina und XVI Gallica, später ersetzt durch die IV Macedonica und die XXII Primigenia, dann durch andere; in → Straßburg (Argentorate) die II Augusta bis 43 n. Chr. (s. u.) und in → Windisch (Vindonissa) die XIII Gemina, später ersetzt durch die XXI Rapax; am Niederrhein in Xanten *(Castra Vetera)* die V Alauda (später in Moesien) und die XV Primigenia, später die VI Victrix, in Novaesium die XX Valeria Victrix und in Bonn die I Germanica (87, 20–24; 42, 54 f. und vor allem 24, 96–101 mit Tabellen zw. 108/9 und über die Standorte).

Dieses damals größte Truppenaufgebot von 8 (zeitweise auch 10) Legionen in einem milit. relativ unproblematischen Gebiet, in dem man jedoch dem Frieden nicht traute, konnte im Bedarfsfalle untereinander ausgetauscht, oder aber in andere, gefährdetere Prov. verlegt (wie die II Augusta aus Straßburg, die XIV Gemina aus Mainz und die XX Valeria Victrix aus Bonn unter Claudius nach Brit., von denen die Gemina wieder an den Rhein zurückkehrte: 24, 99) oder aber ganz ersetzt werden (vgl. 74, 1731).

Nach dem Bataveraufstand des → Civilis im J. 69 n. Chr. wurden die Legionen I (Adiutrix), IV, XV und XVI, in den 80er Jahren (Saturninusaufstand) Teile der V Alauda und die XXI Rapax aufgelöst (73, 491; 63, 36–38; 24, 101) und durch aus Spanien, Brit., Dalmatien und Moesien an den Rhein verlegte ersetzt. Unter die einheimischen *auxilia* wurden Soldaten aus ferneren Prov. gemischt, vor allem aus Dalmatien, Raetien und Thrakien (73, 491; Beispiele in 2, passim).

Seit Tiberius hießen die beiden konsularischen Oberbefehlshaber des Rheinlandes *legatus Augusti pro praetore exercitus Germanici superioris* bzw. *inferioris;* dementsprechend gab es eine ‚obere' und eine ‚untere' Heeresgruppe (CIL VI 3556; XIII 113; vgl. Tac. ann. 1,31,3; 37; 3,41,3; 4,73,1; 6,30,2; 11,18,1 ff., Tac. hist. 1,9,1; 12; 4,19,2; 5,19,1; Tac. Agr. 41,2; vgl. 105, 75; 10, 310 f.) und waren somit die beiden ‚germ.' Prov. präformiert. Der fast bis zum kelt. → Remagen (Rigomagus) nach O vorgeschobene Keil der Belgica hatte also de facto schon damals eine w-ö. Trennung des linksrhein. Gebietes in zwei Teile bewirkt. Doch handelte es sich einstweilen noch nicht um wirkliche Prov. (56, 236 ff.; 61, 51).

Am Oberrhein siedelten auch auf dem rechten Rheinufer, bzw. beiden Ufern, neben anderen Völkerschaften kleine germ. Stammesverbände unter festen Vertragsbedingungen mit Rom, wie die *Suebi Nicretes* (→ Neckarsweben) und später die *Aquenses, Taunenses* u. a. Um die Verbindungslinien und den Verkehr zw. dem Rhein und der Donaugrenze zu begünstigen, erhielt im J. 73 der *legatus Germ. Sup.,* Cn. Pinarius Cornelius Clemens (22, 35–37) den Auftrag, das obere Neckarland zu besetzen und eine Straße von Straßburg über den Schwarzwald an den Donaulimes zu führen (58, 128 f.); eine andere wurde über den Brückenkopf von Mainz in die Wetterau geführt (7, 64; 9, 318), wodurch sich wahrscheinlich die Chatten in N-Hessen bedroht fühlten und den Krieg mit → Domitian provozierten (über das Limesvorland rechts des Rheines 44, 63–78).

§ 7. Germania Inferior und Superior. a. Zeitpunkt und Ziel der Einrichtung der Provinzen. Die Konstituierung der Prov. Germania Inferior und Superior erfolgte nach dem bescheidenen Erfolg der zw. 83 und 90 n. Chr. geführten Chattenkriege (Suet. Dom. 33,6; vgl. 73, 492 f.; 83, 159; 18, I, 146 ff.; 91, 423–442; 52, 167 f.), den Domitian durch die Annahme des Siegerbeinamens *Germanicus* und gezielte Münzpropaganda (*Germania capta:* 13, 521; zuletzt 104, 161. 165; 115, 56–67) zu verschleiern suchte. Obwohl es so aussehen sollte, als habe er die alte Forderung nach Unterwerfung Germaniens erfüllt, hat Domitian in Wirklichkeit eher auf das rechtsrhein. Germanien verzichtet (56, 234 ff.). Ein wichtiger Grund hierfür lag in der Niederlage des Prätorianerpräfekten Cornelius Fuscus gegen die Daker im J. 86/87 (→ Dakien). Dadurch sah sich der Ks. gezwungen, Truppen vom Rheinland in den Donauraum zu verlegen, allerdings erst nachdem er eine systematische Sicherung der Rheingrenze durch den Bau des → Limes sowie anderer Militäranlagen vorgenommen hatte (41, 63–70; 82, 136–141; 84, 73–90; 86, 112; 18, I, 165–171; 6, 57; 97, 749–751). Die neuen Prov. wurden einfach aus den gall. herausgetrennt.

Die ältesten Dokumente, aus denen die vollzogene Teilung der Provinzen hervorgeht, sind das Diplom eines thrakischen Reiters vom 27. Oktober 90 (CIL XIII 6821 = ILS 4113; vgl. CIL XVI 28, Zeile 11 = ILS 1995; XVI 36, Zeile 14 = ILS 1998 mit 21, 42–43; CIL III 2864 = ILS 1015) und die stark ergänzte Inschr. (CIL XI 5744) eines anonymen *procurator Belgicae et duarum Germaniarum* (s. u.) aus derselben Zeit (69, I, Nr. 23, 54 ff.; 1, 102, Anm. 376; 22, 42 f.).

b. Bezeichnung. Die Unterteilung des rhein. Gebietes in Germania Superior und Inferior findet sich u. a. auch bei dem Geographen Claudius → Ptolemaeus: er spricht von Γερμανία ἡ ἄνω (Ptol. 2,9,9) und Γερμανία ἡ κάτω (2,9,8), und reiht deren Städte unter diejenigen der Gallia Belgica ein (s. u.). Von späteren Geographen werden diese Begriffe dann übernommen: ἡ γὰρ ἀπὸ μὲν θαλάσσης μέχρι τοῦ Ὀβρίγκα ποταμοῦ (Vinxtbach, s. u.) καλεῖται Γερμανία ἡ κάτω, ἡ δὲ ἀπὸ τοῦ Ὀβρίγκα ποταμοῦ καλεῖται Γερμανία ἡ ἄνω (Marcianus Heracleensis, c. 28, in: Geogr. Graeci Min. I, p. 554; vgl. 4, 48). Als auf beide Prov. bezogene Bezeichnung findet sich *duae Germaniae* (CIL III 1456 = ILS 1371), bzw. *Germania utraque* (CIL II 4114; III 5215) oder auch einfach *Germania* als Sammelbegriff (CIL III 249).

Für die Bezeichnung der G. Inferior (noch heute existieren die Termini ‚Plattdeutsch' und ‚Niederlande') und Superior scheinen Flüsse und Gebirge eine Rolle gespielt zu haben (siehe auch Caes. Gall. 1,1,6): die Inferior bildet den am unteren Lauf des Rheins gelegenen (flacheren) Teil, in dem der Fluß in die Nordsee mündet (wie in der Moesia „Inferior" die Donau in das Schwarze Meer), die Superior den gebirgigeren, durch den Bergrücken der Vogesen im W und die Alpen im S begrenzten (wie im Falle der Dacia, wo der gebirgigere – allerdings im N gelegene – Teil „Superior" genannt wurde und der s. mit seinen großen Ebenen „Inferior").

c. Umfang und Grenzen. Zu den neugeschaffenen Prov. schlug Domitian das (zw. dem *Imperium Romanum* und den innergerm. Stämmen liegende), aus Tac. Germ. 29 (vgl. 60, 209 f.) bekannte, sprachlich schwer erklärbare rechtsrhein. Dekumatland (→ Decumates agri) zw. Neckar und der schwäbischen Alb, dessen Okkupation durch Cornelius Clemens (s. o.) unter Vespasian schon vorbereitet worden war. Nun wurde es durch zahlreiche längs und jenseits des Mains und des Neckars angelegte Kastelle gesichert (eine Übersicht in 95, 158 f.; 70, 410. 415; 85, 144; 61, 53 Karte; 52, 173; 42, 167), die sich mit der Zeit zu mehr oder weniger großen Siedlungen von Veteranen, Händlern, Gewerbetreibenden, Bauern usw. entwickelten (105, 83 f., s. u.).

Das röm. Germanien war demnach damals in 3 Blöcke geteilt: 1. das aus der Belgica herausgetrennte Viereck der Inferior bis zur Rheinmündung, mit dem kleinen Rechteck im S um Köln und Bonn, 2. der lange Streifen der Superior von Bonn bis zum Rheinknie bei der Kolonie Augusta Rauricorum (Augst; → Kaiseraugst), mit dem rechtsrhein. Dekumatland und 3. – ebenfalls zur Superior gehörend – das s., der heutigen W-Schweiz entsprechende und vormals zur Belgica gehörende Dreieck bis zum Genfer See, dessen w. Grenze fast bis Lyon reichte und dessen ö. Begrenzung am nw. Ufer des Bodensees, der rätischen Grenze entlang verlief.

Im Gegensatz zu der befestigten Rheingrenze, der immer wieder verbesserten Limesanlage der *agri decumates* und der durch einen den Grenzgottheiten gewidmeten Altar belegten Grenze zw. beiden Prov. am Vinxtbach (s. o.) zw. Ahr und Brohl (siehe z. B. 76, 48 f.), ist der Verlauf der W-Grenze gegen die Belgica im N nur nach den peregrinen *civitates* bestimmbar (z. B. 10, 310–312; zum Terminus → *civitas* s. u.) und nicht ganz klar. Sie dürfte in etwa von der Rheinmündung nach SO über das heutige → Maastricht nach Icorigium (Junkerath) geführt haben und von da nach O in Richtung Antunnacum (76, 32–50; 65, 115–119; 10, 310 f. 326–332).

Gegen S verlief die W-Grenze der G. Superior parallel zur s. Belgica im W und zum Rhein im O, fast bis auf die Höhe von → Basel und von da nach W über Mosa zw. den Leuci und den Lingones, und dann ziemlich geradlinig nach S, der Lugdunensis entlang von Augustobona (Troyes) über Sequana (Saint-Germaine-Sources-Seine) zur Rhône und nach NO zum Genfer See; an dessen O-Ufer über Viviscus (Vevey) nach O, durch das Schweizer Mittelland und dann der rätischen Grenze entlang, nach N über Ad fines (Pfyn,Thurgau) nach → Lorch, wo sie auf den Limes des Dekumatlandes stieß (67, 550).

Für einzelne Daten liefern – meist undatierte – Inschr., vor allem auf Meilensteinen, und noch schwerer zu datierende Grabungsbefunde den einzigen Anhaltspunkt (zu diesen Problemen: 97, 742 ff.; 67, 549). Hinzu kommt, daß diese Grenzen Veränderungen unterworfen waren: unter Antoninus Pius wurde z. B. die Germania Superior nach O hin erweitert und der Main-Limes von → Miltenberg nach Welzheim in Württ. vorgeschoben (3, 394–406), vielleicht bereits infolge der damals einsetzenden Völkerbewegung im rechtsrhein. Gebiet (6, 60; 7, 66; 42, 169; über spätere Grenzverschiebungen z. B. 62, 228–232).

d. Ethnische Verhältnisse. Wie bereits angedeutet, waren die peregrinen Bewohner der beiden Prov. sowohl Angehörige kelt. Stämme wie in vorröm. Zeit abgewanderte oder von den Römern auf das andere Rheinufer verpflanzte Germ. (vgl. Tac. Germ. 29,3; siehe 60, 209 f.). In der Inferior dominierten letztere, neben nicht genau lokalisierbaren kelt.-germ. Mischstämmen, wie den Marsakern (→ Marsaci), Sunucern, Bätasiern und Texuandrern (→ Linksrheinische Germanen): das germ. Element dürfte hier einerseits auf vorröm. Substrat zurückgehen, andrerseits durch

Gruppen der vielleicht ebenfalls von den Römern umgesiedelten und mit den Friesen am rechten Rheinufer verwandten → Frisiavones vertreten gewesen sein sowie durch die ins Mündungsgebiet des Rheins abgewanderten urspr. rechtsrhein. → Cananefaten und → Bataver (vielleicht chattischer Herkunft); die meisten dieser Völker erwähnt Plinius (Plin. nat. 4,101) anläßlich der Beschreibung der Rheinmündung (vgl. 73, 502; 47, 571 ff.; 10, 327–329; 65, 117). Ihre Nachbarn in der n. Belgica waren die kelt. Menapier (s. o.) im N und die vielleicht mit germ. Elementen durchsetzten → Nervier und → Tungrer im S.

Die Superior war im (linksrhein.) schmalen oberen Teil durch die über den Rhein abgewanderten Stämme der Wangionen, Nemeter und Triboker besiedelt (s. o.; 73, 502; 67, 550) und im S durch die kelt. Sequaner, Helvetier, Lingonen usw. (111, 207–212). Nachbarn im nw. Teil der Superior waren in der Belgica die kelt.-germ. → Treverer, die kelt. Mediomatriker und Leuker, im sw. Teil die kelt. Trikassier, → Senonen und → Häduer in der Lugdunensis, im S alpine und rätische Stämme (59, 661–668; eine Übersicht über die Stämme bei Strab. 7,1,3, p. 290). Wie die linksrhein. Provinzen waren die rechtsrhein. *agri decumates* von heterogenen Elementen durchsetzt, u. a. von Zuzüglern aus den linksrhein. Landschaften (55, 140) und bildeten kleine *civitates* (s. o.), deren Gliederung derjenigen der gall. Provinzen (→ Gallien § 8) entsprach (55, 137).

e. Verwaltung und Besatzung. Amtssitz der konsularischen Statthalter waren nach wie vor Mainz und Köln; neben dem milit. Oberkommando oblag ihnen auch die Zivilverwaltung einschließlich der Rechtsprechung (1, 102, weitere Bibliogr. bei 67, 553; Fasten der Legaten bei 1, 3 ff.). Die steuerliche Administration hingegen erfolgte durch den wahrscheinlich schon vor der Einrichtung der beiden Prov. direkt dem röm. Fiskus unterstellten Prokurator (dem Rang nach unter dem konsularischen Befehlshaber am Rhein) der Belgica, zu der das Rheinland früher gehört hatte. Der Amtsbereich mit Sitz in dem ebenfalls im J. 50 zur Kolonie (doch nicht Bürgerkolonie) erhobenen → Trier (73, 489; 32, 69. 160 f.; 36, 204) erstreckte sich daher auf beide Germanien und die Belgica. Die Augusta Treverorum war kein milit. Stützpunkt (75, 48), doch verwaltete der Prokurator die den Rheintruppen auszuzahlenden Gelder (Tac. hist. 1,12,1, z. B. 69, I, 278).

Durch die wachsende Sicherheit infolge des Ausbaus der Befestigungsanlagen und den stärker benötigten Truppeneinsatz in anderen Prov. (s. o.) konnte die Zahl der in den Germanien stationierten Legionen im 2. Jh. auf die Hälfte reduziert werden: von den nach der Niederlage des Varus und vor der Einrichtung der Provinzen stationierten 8 Legionen (s. o.) blieben nach einer ersten Reduzierung durch Domitian (s. o.) das ganze 2. Jh. hindurch in der Inferior die VI Victrix Pia Fidelis (XXX Ulpia Victrix ab 122) in Vetera, die I Minervia in Bonn und in der Superior die XXII Primigenia in Mainz und die VIII Augusta in Straßburg (90, 100–120; 2, 106 f.; 6, 58; 24, 99; 36, 205; 72, 60 f.; 21, 54–71; 97, 832). Die Limesstrecken und -kastelle wurden durch Hilfstruppen geschützt (6, 44; 42, 168 – über Organisation und Einheiten der Auxiliarverbände, die aus unterworfenen oder freiwillig über den Rhein gekommenen Peregrinen rekrutiert wurden: siehe 2, 84 f.; 105, 76; 5, 99–105), und dasselbe gilt für das große Gebiet der s. Superior (97, 843. 846), nachdem → Trajan die XI Claudia von Vindonissa an die Donau verlegt hatte.

Nach dem Vorbild des → Marc Aurel nahmen fast alle seine Nachfolger in verstärktem Maß germ. Hilfstruppen in ihr Heer auf (107, 6; 19, 121–123), die jetzt oft aus Kriegsgefangenen gebildet wurden. Später schuf Aurelian als erster reguläre, aus rechtsrhein. Germ. bestehende *auxilia,* die ebenfalls aus Gefangenen oder unter Freien angeworbenen Freiwilligen bestanden haben müssen (107, 7, Anm. 16).

f. Zivilleben. In der Zeit Trajans und Hadrians hat sich, vor allem am Rhein, neben den Legionslagern ein blühendes städtisches Leben entfaltet (36, 206), zu dessen Aufschwung das kelt. Element mit seinen entwickelten Traditionen und die ansässigen Römer (schon im 1. Jh., Legionsveteranen: 22, 12–15) erheblich beigetragen haben. Röm. waren auch große Villenkomplexe *(villae rusticae)* im Umland. Wo diese fehlten, besiedelten vorwiegend kelt.-germ. Kleinbauern, Händler, Handwerker und Gewerbetreibende verschiedener Herkunft die Dörfer (*vici;* → vicus), die z. T., wie die *canabae,* in der Nähe von Legionslagern (s. o.; 63, 67) und an den Hauptverkehrsadern (bzw. bei Heiligtümern) entstanden.

In beiden Prov. trug das Zusammenleben der in selbständigen *civitates* organisierten peregrinen Bevölkerung (s. o.) mit röm. Bürgern immer mehr zur Romanisierung bei (6, 54; 7, 66). Der Begriff der *civitas* bedeutet aber nicht nur Stammesgemeinschaft, innerhalb derer sich einzelne *oppida* kelt. Typs (→ oppidum) finden, sondern gilt auch für einzelne Stadtzentren (von denen sich die meisten selbst verwalteten: *ordo decurionum, duumviri* oder *quattuorviri* usw. – 105, 86–93; vgl. auch 113, 267–272).

Inschr. des 2. Jh.s geben Auskunft über industrielle Unternehmen in oder bei städtischen Zentren, in denen mit Firmenzeichen versehene Alltagsgegenstände aus Ton, Glas, Metall, Stoff, Leder usw. produziert wurden, aber auch teuere und kostbare Objekte, die das Leben dessen, der sie sich leisten konnte, verschönerten (63, 116 ff.; 75, 48–50).

Im Handel, den wirtschaftl. Beziehungen (eine Übersicht über Export und Import bei von Petrikovits: 63, 122 f.) und der Mobilität der Bewohner war die Germania Inferior vor allem nach der Belgica hin orientiert, der s. Teil der Superior nach Raetien einerseits und der Lugdunensis andrerseits, während der n. Teil der Superior eine vermittelnde Stellung zw. den beiden Germanien einnahm (110, 129–132); die beiden Prov. bildeten also keine geschlossene Einheit. Obwohl gerade Kaufleute eine gewisse Mittlerrolle gespielt haben dürften, hat Wierschowski (110, 133) gezeigt, daß es, gemessen an anderen Kontakten zw. Prov., hier „eine Vielzahl kleinerer, relativ abgeschlossener, fast autarker Regionen gab“ und dies – von größeren Städten abgesehen – „für die Masse der Bevölkerung ... ein hohes Maß an Immobilität zur Folge [hatte], da kein Grund bestand, den angestammten Lebensraum zu verlassen“.

Auf das 2. Jh. gehen auch – nach einem anfänglich nur dem röm. Pantheon vorbehaltenen kultischen Leben (77, 230; zur *Ara Ubiorum* des Augustus z. B. 34, 207) – die ersten Zeugnisse des einheimischen, vor allem niederrhein. Matronenkultes (→ Matronen) zurück, der auch unter dem Militär Verbreitung fand (63, 126 f.; 68, 569. 574 f.; 78, 229–232). Die Matronenvorstellung ist kelt., doch führen viele dieser Göttinnen germ. Namen (53, 94–102; 67, 569; 77, 1–30; 35, 208–217; 81, bes. 144 f.). Nicht viel später fand das Christentum Eingang in die Germania Romana (63, 137–141; 68, 576–582; 23, 251 ff.) und folgte die kirchliche Organisation (23, 256–261).

g. Bedrohung. Die ersten Anzeichen einer ernsten Bedrohung des rhein. Germaniens stellten sich im 3. Jh. ein durch die große Völkerverschiebung (19, 123–125), die die Bildung mächtiger germ. Stammesverbände zur Folge hatte. Vorboten waren die Einfälle der → Markomannen und → Quaden in die Donau-Provinzen und nach Oberitalien, deren Marc Aurel nur mit Mühe Herr werden konnte.

Im 3. Jh. suchten → Alemannen in regelmäßigen Abständen durch Überfälle Raetien und das Dekumatland heim, der Bund der jenseits der Rheinmündung siedelnden → Franken die Germania Inferior, allerdings noch nicht in der Absicht, sich dort festzusetzen (73, 495–500; 18, I, 488 f. 499 ff.; 42, 170; 30, 13–20 mit Bibliogr. auf Anm. 44; 87, 39–41; 19, 28 f.). Es handelt sich vor allem um Beutezüge, doch auch sie bewirkten die Gefährdung und teilweise Zerstörung des Limes, wodurch sich die Trennungslinie zw. dem Rechtsstatus der in den Prov. lebenden Germ. und denjenigen, die sich außerhalb dieser Struktur befanden, zu verwischen begann.

Die siegreichen Kämpfe der Severer gegen die Alem. (18, I, 242 ff.; 42, 173 f.), konnten nur eine vorübergehende Lösung bringen (30, 3–42); unter Gallienus mußte das Dekumatland 259/60 aufgegeben werden (18, I, 491 ff.; auch Augusta Raurica wurde zerstört: 38, 70) und kam das Leben in einigen Städten am Rhein zum Erlöschen (z. B. in der *colonia Ulpia Traiana*: 111, 294). Die Rheingrenze konnte von dem in Köln und dann in Trier residierenden Usurpator Latinius → Postumus und seinen Nachfolgern gehalten (73, 500; 39, 82 ff.; 18, I 500 ff.; 75, 55 f.; 43, 96–102; 42, 176) und durch Probus nochmals erfolgreich verteidigt werden (62, 227 f.; 18, I, 526 ff.; 75, 56; 42, 179 f.). Viele Städte, bes. die kleineren, die *vici,* Agglomerate von *canabae* usw., wurden erst jetzt durch Mauern befestigt (73, 506; 68, 557; 75, 57). Dies gilt sogar für einige, in befestigte Burgen verwandelte *villae* (75, 59).

§ 8. Germania prima und secunda. Der Begriff der Germania I und II geht auf die Neuordnung des Reiches durch Diocletian Anfang des 4. Jh.s zurück (vgl. Amm. 15,11,7, 12,17), der zufolge die Prov. in kleinere, meist mit einer Zahl bezeichnete Bezirke aufgeteilt und unter einem (vor allem mit zivilen Aufgaben betrauten und dem Prätorianerpräfekten [s. u.] unterstellten) *vicarius praefecti praetorii* zu einer *dioecesis* zusammengefaßt wurden. Die einzelnen Prov. unterstanden einem ritterlichen oder senatorischen *praeses* (80, 99–101).

a. Liter. Zeugnisse zur neuen Provinzialaufteilung im W. Das gesamte linksrhein. Germanien gehörte nun zur XIII Dioecesis der *Galliae* (33, 188–191) und unterstand einem der 4 *praefecti praetorio (Nomina prov. omn. 8, Dioecesis Galliarum habet provincias numero VIII: Belgica prima, Belgica secunda, Germania prima, Germania secunda, Sequania …)* mit der von dem Caesar Constantius Chlorus im J. 293 zu seiner Residenz erwählten Hauptstadt Trier (ab 395 Arles: 33, 188). Die Wahl Triers lag insofern nahe, als bereits seit dem 1. Jh. die Fiskalverwaltung der beiden germ. Prov. zusammen mit der Belgica dem *procurator Augusti* von Trier unterstellt war (s. o.). Die Germania Inferior – wahrscheinlich schon früher um die *civitas Tungrorum* erweitert (Amm. 15,11,7) – wurde zur Germania II, die Germania Superior zur Germania I: Laterculus Polem. Silv. 11 (88, 255); das ihr von Domitian hinzugefügte kelt. Gebiet im S wurde abgetrennt und selbständig; deshalb verlief die S-Grenze nun wieder etwa 100 km s. von Straßburg und auf der Höhe von Basel nach O den Rhein entlang. Aus dem Gebiet vom s. Elsaß zur w. und mittleren Schweiz entstand eine neue Prov. mit dem Namen *Maxima Sequanorum* (54, 19; 68, 554; 39, 94–96; 18, II 1, 42; über den Namen: 68, 526).

b. Fortbestehen der alten Bezeichnungen neben den neuen. Da es sich bei dieser Neuordnung in erster Linie um eine künstlich vorgenommene Verkleinerung der Verwaltungseinheiten handelt, kann man in den Qu. neben den neuen Bezeichnungen für diese Provinzen oft noch die früheren Unterscheidungen von ‚Inferior' und ‚Superior' antreffen, z. B. für die

J. 407–13 Βονωνία (Boulonge-sur-mer) Γερμανίας οὖσα πόλις τῆς κάτω (Zos. 6,2,2), was allerdings falsch ist (s. F. Paschoud, Zos. III 2, 1989, p. 24), oder, ein Jh. davor, (Germania) *Superior* bei dem Panegyriker Constantins aus dem J. 313 (IX ⟨XII⟩ 22,5).

Andrerseits ist die Unterscheidung zw. Germania I und II nachweisbar, solange die Prov. bestanden haben: so erzählt Salvian (de gub. 7,50), daß in der Silvesternacht im J. 406 → Wandalen, → Alanen und Sweben sich über den Rhein (s. u.) und in die Germania I ergossen hätten, und spricht Olympiodor (Fr. Hist. Graec., hrsg. von C. und Th. Müller, fr. 17) für das J. 411 (Proklamation des Jovinus) von der Germania II als ἐν Μουνδιανῷ τῆς ἑτέρας Γερμανίας, wobei dahingestellt bleibe, ob er die beiden Germanien verwechselt hat, d. h. das in der Germania I gelegene Mainz meint oder nicht vielmehr einen unbekannten Ort in der II (hierzu z. B. 54, 74; 94, 248–259; → Burgunden), und schildert Sidonius Apollinaris (Carm. 7,372) die Lage nach dem Tod des → Aetius im J. 454, durch den neue Germ.-Einfälle ausgelöst wurden (s. u.), mit den bewegten Worten: *Francus Germanum primum Belgamque secundum sternebat,* ‚die Einwohner der Germania I und der Belgica II warf der Franke zu Boden'.

c. Milit. und polit. Verwaltung. Die Sitze der Statthalter in den beiden Germanien blieben Colonia und Mogontiacum, im Laufe des 4. Jh.s unter einem *consularis,* Vesontio (Besançon), der Hauptort der *Maxima Sequanorum,* hingegen unter einem *praeses* (73, 501). Zu den wichtigsten *civitates* verzeichnet die Notitia Galliarum (88, 266 ff.) Ende des 4./Anfang des 5. Jh.s folgendes: VII: in der Germania I waren es vier (Mainz, Straßburg, → Speyer, → Worms); VIII: in der Germania II zwei (Köln und das neu hinzugekommene → Aduatuca); IX: in der *provincia Maxima Sequanorum* wiederum vier (Besançon, Mayenne, Avenche, Basel).

Bereits Gallienus hatte neben dem Grenzheer *(limitanei)* eine Heeresorganisation mit mobilen Einheiten geplant; von Diocletian wurde sie verwirklicht *(comitatenses)* und von → Constantin ergänzt und ausgebaut (54, 57; 40, I, 52–60; 18, II 1, 72–77). So wurden z. B. in der Germania II aus der Legio I Minerva und der XXX Ulpia Victrix die comitatensischen Paare der *Primi Minervii* und der *Tricensimani* sowie in der Germania I aus der XXII Primigenia und der VIII Augusta eine weitere mobile Doppeltruppe gebildet (über deren Schicksale: 37, I, 188. 344 f.). Eine dritte bewegliche Abt., die *Primi Martii,* wurde aus der Legio I Martia gebildet und war in der *Maxima Sequanorum* im *Castrum Rauracense* (Kaiseraugst) stationiert (37, I, 188 f.).

d. Bedrohung der Provinzen und Zusammenbruch der röm. Verwaltung. Die Ks. suchten einerseits der vielfachen Schwierigkeiten, denen sich das Imperium ausgesetzt sah, Herr zu werden durch Ausbesserung oder Neuanlagen von Grenzbefestigungen (über neue Techniken und spezialisiertes Personal: 54, 49 f. 57–65; 63, 232; 42, 180 f.), durch die Verstärkung schon vorhandener Stadtmauern (75, 57 f. mit entsprechenden Nachr. aus den Panegyrikern) und eine gesteigerte öffentliche Bautätigkeit in den Städten (die allerdings den Verfall der Privathäuser nicht aufhalten konnte: 83, 248–271; 75, 58 f.; 114, 298), bisweilen auch durch eine offensive Kriegsführung und Maßnahmen, die sie voraussetzten oder sich aus ihr ergaben. So hatten z. B. die neue Rheinbrücke Constantins von Köln nach Deutz und der Bau rechtshein. Kastelle offensive Bedeutung (66, 184; 89, 104; 34, 218; 8, 14 f.; 42, 187) und konnten → Julian, → Valentinian I. und → Gratian die rechtsrhein. Germ. manchmal noch auf deren eigenem Gebiet bekämpfen (73, 501; 63, 237; 89, 109–117. 124–127; 8, 34–49; 30, 15–50; 42, 187 f.).

Die drohenden Gefahren konnten jedoch nur noch gedämpft, nicht beseitigt werden. Es war unvermeidbar geworden, Gruppen von rechtsrhein. Germ. die Erlaubnis zu erteilen, sich links des Rheins niederzulassen (42, 188); viele von ihnen wurden auch zwangsweise als *laeti* (→ Laeten) oder *gentiles* in den gall. Prov. und der Germania II angesiedelt (75, 59; 16, 61–73; 18, II 1, 101–113; 12, 24–38). Mit germ. Fürsten und Kg. schlossen die Ks. Bündnisse (z. B. Amm. 16,3,2), deren Bedingungen nicht immer eingehalten wurden (54, 28; 62, 233; 68, 28; 8, 21. 146 f.), und gliederten Germ. in alle Ränge des röm. Heeres ein (93, 11–53; 107, 9–27; 37, I, 342–358; 97, 752; 30, 22 f.), allerdings nach wie vor (s. o.) hauptsächlich in die Kohorten und Alen (eine systematische Aufzählung in 73, 512–517). Durch diese Politik wurden bes. die Rhein-Prov. schnell germanisiert (vgl. Salvian, de gub. 7,50, der für das J. 406 feststellt, die Germania I sei *nomine barbara, dicione Romana* gewesen) und traten in der Zusammensetzung der Bevölkerung der Rhein-Prov., in ihrer Siedlungweise und Beziehung zum nicht-röm. Germanien tiefgreifende Veränderungen ein.

Die Grenzen begannen, sich zu verwischen und zwar sowohl diejenige zw. der Germania Inferior und Superior wie auch diejenige zum nichtröm. Gebiet jenseits des Rheins hin: schon im späten 4. Jh. scheint die Regierung von Mainz für die G.ermania II verantwortlich gewesen zu sein, Straßburg für die Germania I (109, 394. 416).

Unaufhaltsam zogen Alem., Franken, → Sachsen und Angehörige anderer germ. Völkerbünde über den Rhein, bedroht durch aus dem O nachströmende Kriegerscharen (vor allem → Hunnen), die sich auf der Suche nach Beute und in der Kenntnis der Schwäche des Imperiums in Bewegung gesetzt hatten (derselbe Prozeß spielte sich an der Donau ab, wo die → Ostgermanen über den Fluß drängten). Den Prov. mangelte es an Nahrungsmitteln und Menschen, die Siedlungen auf dem Land wurden verlassen, weil sie gefährdet oder schon zerstört waren (68, 555 f.; 97, 752), was allerdings hie und da eine rudimentäre Siedlungskontinuität nicht ausschloß (114, 293. 313).

Im J. 401 mußte → Stilicho aus dem Rheinland Truppen abziehen, um Italien gegen → Alarich zu verteidigen; so waren die Grenzen ungenügend geschützt und konnten sich frk. Einwanderer im oberen Rheingebiet festsetzen (→ Franken § 17). 406 überrannten Alanen, Wandalen, Burg. und Sweben die Germania I, Alem. die *Maxima Sequanorum* (18, II 2, 430; 29, 16–18; 42, 206 f.); 410 fielen abermals Franken in der Germania II ein; ein letztes Mal wurden sie durch Aetius 428 zurückgedrängt (54, 66; 80, 19–24). 411 nahmen die Burg. die Germania I ein. Kurz danach ging der Limes – soweit noch vorhanden – verloren. Die Rheinlinie brach zusammen, polit. Organisation und Verwaltung kamen zum Stillstand (114, 299). Entscheidend für die Aufgabe der Rheinprovinzen war der kampflose Rückzug der röm. Truppen und das allg. Verlassen der befestigten Plätze (114, 293 f.). Auch die röm. Zivilbevölkerung wanderte ab; an der Rheingrenze haben „vermutlich nicht nur Bischöfe, sondern viele andere, vielleicht vor allem Mitglieder der lokalen Fürstenschichten, ihre angestammte Heimat verlassen" (23, 259, vgl. 42, 202).

Köln fiel um die Jh.mitte den Franken in die Hände (34, 211); spätestens von dieser Zeit an waren die Städte der drei ehemals röm. Prov. der röm. Verwaltung entzogen. Mit der Gründung des Frankenreiches (482) hat dann auch der Rhein seine Bedeutung als Grenze mehr denn je verloren: Das Reich des → Chlodwig dehnte sich rechts und links des Flusses aus.

§ 9. Germania Magna. Neben der Unterscheidung zw. Germania Superior und Inferior erscheint bei Ptolemaeus auch zum erstenmal (Ptol. 2,11) die Bezeichnung Γερμανία μεγάλη und zwar als (umstrittener: 14, 59) Titel des 11. B.es seiner *Geographia.* Die anscheinend einmalige Definition eines großen, nichtröm. Gebietes setzt die Existenz eines kleineren voraus, in diesem Fall der flavischen Rheinprov., die auf dem gall. und nicht dem germ. Pinax verzeichnet sind. Es handelt sich, grob gesagt (s. u.), um das riesige rechtsrhein. Gebiet bis zur Weichsel und von der Donau bis zur Ostsee, das Orosius (Oros. 7,32,12) die von Drusus und Tiberius unterworfene *Germania interior* nennt und von dem Tacitus (z. B. Tac. Germ. 2,2; ann. 1,56,2; 2,24,1; hist. 5,23,6) und andere (z. B. Strab. 7,1,5, p. 292 oder Mela 3,29) eine ziemlich triste Beschreibung liefern (vgl. 11, 25 f.; 101, 88 f.; 102, 270–274; 103, 14–20). Trotz der Versuche unter Augustus, es bis zur Elbe zu erobern (s. o.), ist es zum großen Teil nie unter röm. Einfluß gekommen; auch vor der beginnenden Völkerverschiebung im 3. Jh. hätte sich eine Eroberung für Rom kaum gelohnt (19, 18), denn gerade die großen undurchdringlichen Wälder und ausgedehnten Sumpfgebiete, gegen die auch die beste milit. Organisation nichts ausrichten konnte, hätten dies nicht ermöglicht.

Die Geogr. des Ptolemaeus basiert auf Material aus der augusteischen Zeit, ist jedoch mit spätant. und byz. Korrekturen, Zusätzen und Verschiebungen durchsetzt (9, 425–434), was z. B. aus den Angaben zum Rhein oder zu den o-elbischen Städten oder denen in der Belgica ersichtlich wird. Weiterhin ist in diesem uneinheitlichen Werk die Zugehörigkeit der einzelnen *civitates* und die Grenze der Germania Magna Schwankungen unterworfen; letztere verlief nach Ptolemaeus in augusteischer Zeit auf den Höhenzügen am O-Ufer des Rheins (9, 307, vgl. 313 ff.), der Rhein selbst ist ein geradliniger Fluß, seine ö. Nebenflüsse fehlen.

Die Germania Magna gehört in dem nach Klimazonen eingeteilten Werk, dessen einzelne geogr. Angaben in Breiten- und Längenpositionen erfolgen, zum 4. Klima, ihre südlichsten Städte liegen noch im 3. (Verzeichnis bei Bernecker 9, 410. 428). Außer den vielen Namen für Städte, Flüsse, Berge, größere und kleinere Bevölkerungsstämme werden auch Urwälder und Sumpfgegenden verzeichnet sowie Vacua (9, 434 f.).

Als südöstlichsten Grenzpunkt der Germania Magna nennt Ptolemaeus (Ptol. 2,11,4) die Sarmatenberge, als nördlichsten das Nordmeer (über die Schwierigkeiten in der Interpretation dieser Angabe: 9, 439–446); die O-Grenze ist durch die Weichsel bestimmt (Ptol. 2,11,4), die ebenfalls problematische s. durch die Donau (2,11,3) und die Alpen (2,11,5) gegen Raetien und Vindelizien zu (9, 229. 406 ff.), die w. durch den Rhein (2,11,1.6; vgl. 9, 412–415).

Für den von Ptolemaeus Germania Magna genannten Raum wird in modernen Werken, Atlanten und Registern häufig die Bezeichnung *Germania libera* verwendet. Der Begriff *liber* bezeichnete bereits in der röm. Republik abgabenfreie Gemeinwesen, im Gegensatz zu abgabenpflichtigen (siehe z. B. die Aufzählung in Cic., in Pis. 98: *socii, foederati, liberi populi* und *stipendiarii*) und in juristischen Texten (z. B. Proculus in Dig. 49,15,7,1) Völker, die keinem anderen Volk unterworfen oder mit den Römern verbündet sind; dennoch findet sich in der Ant. – wenn man von dem Epigramm eines spätant. Dichters in Anthologia Latina (Hrsg. A. Riese) 422, in dem von der *Britannia libera* die Rede ist, absieht – kein Beispiel für *liber,* das sich auf bestimmte Völkerschaften oder deren Gebiete bezieht. Wahrscheinlich hätten die Römer, denen wir fast alle Nachr. über Germ. verdanken, ungern zugegeben, daß die vielen außerhalb ihres Kulturkreises lebenden *nationes,* die das große Territorium von Gallien bis Sarmatien und von der Donau bis zur Ostsee bewohnten, ‚frei' waren.

Der vage Begriff ‚Germania libera', der u. a. von der Bodenforsch. häufig gebraucht wird (4, 45 ff.), ist erst während nationalistischer Strömungen im 19. Jh. aufgekommen und (57, 66 f.) zum ersten Mal von Jacob Grimm in einer Vorlesung über die Germania des Tacitus im Wintersemester 1835/36 gebraucht worden (vgl. auch 25, 36 ff.; 4, 52).

(1) G. Alföldy, Die Legionssoldaten der röm. Rheinarmee, 1967. (2) Ders., Die Hilfstruppen der röm. Prov. Germania inferior, 1968. (3) Ders., Caius Popilius Carus Pecto und die Vorverlegung des obergerm. Limes, Fundber. aus Baden-Württ. 8, 1983, 55–67. (4) M. R.-Alföldi, *Germania magna* – nicht *libera*. Notizen zum röm. Wortgebrauch, Germania 75, 1997, 45–52. (5) A. S. Andersen, The imperial army, in: J. Wacher (Hrsg.), The Roman world 1, 1987, 89–106. (6) D. Baatz, Der röm. Limes, ^{3}1993. (7) Ders., Germania Superior, in: W. Sölter (Hrsg.), Das röm. Germanien aus der Luft, 1981, 61–67. (8) P. Barcelò, Roms auswärtige Beziehungen unter der Constantinischen Dynastie (306–313), 1981. (9) A. Bernecker, Die Feldzüge des Tiberius. Die Darst. der unterworfenen Gebiete in der „Geographie" des Ptolemaeus, 1989. (10) J. E. Bogaers, Civitates und Civitas. Hauptorte in der n. Germania Inf., Bonner Jb. 172, 1972, 310–333. (11) R. Chevallier, Rome et la Germanie au Ier siècle de notre ère, 1961. (12) L. Cracco Ruggini, I barbari in Italia, in: G. Pugliese Carratelli (Hrsg.), Magistra Barbaritas, 1984, c. 5: 'Leti' e 'gentili' (III–IV secolo), 24–38. (13) K. Christ, Ant. Siegesprägungen, Gymnasium 64, 1957, 504–533. (14) O. Cuntz, Die Geogr. des Ptolemaios, 1923. (15) K. V. Decker, W. Selzer, Mogontiacum, in: ANRW II 5.1, 457–559. (16) E. Demougeot, A propos des lètes Gaulois du IVe siècle (1970), in: L'Empire Romain et les barbares d'occident (IVe–VIIe siècle), Scripta Varia, 1988, 61–73. (17) Dies., Gallia 1, in: RAC VIII, 822–927. (18) Dies., La formation de l'Europe et les invasions barbares 1–2, 1969–1979. (19) G. Dobesch, Vom äußeren Proletariat zum Kulturträger. Ein Aspekt zur Rolle der Germ. in der Spätant., 1994. (20) O. Doppelfeld u. a., Das röm. Köln, 1. Ubier-oppidum und Colonia Agrippinensium, in: ANRW II 4, 715–750. (21) J. F. Drinkwater, Roman Gaul. The three provinces 58 BC–AD 260, 1983, c. 3: The creation of the Germania, 54–71. (22) W. Eck, Die Statthalter der germ. Provinzen vom 1.–3. Jh., 1958. (23) Ders., Zur Christianisierung in den nw. Prov. des Imperium Romanum, in: Die Stadt in Oberitalien und in den nw. Prov. des röm. Reiches (Festschr. F. Vittinghoff), 1991, 251–261. (24) G. Forni, Consistenza e qualità dell'esercito romano nella Renania nei primi secoli dell'impero, in: Renania Romana, 1976, 95–110. (25) L. Gall, Die Germania als Symbol nationaler Identität im 19. und 20. Jh., Nachr. der Akad. der Wiss. zu Göttingen 1993, H. 2, 43–79. (26) H. Galsterer, Röm. Kolonisation im Rheinland, in: [23], 9–15. (27) P. Geary, Before France and Germany: the creation and transformation of the Merovingian World, 1988. (28) M. Gechter, Die Anfänge des niedergerm. Limes, Bonner Jb. 179, 1979, 1–138. (29) W. Goffart, Barbarians and Romans. A. D. 418–584, 1980. (30) B. Gutmann, Stud. zur röm. Außenpolitik in der Spätant. 364–395 n. Chr., 1991. (31) R. Hachmann, Die Germ., 1971. (32) H. Heinen, Trier und das Trevererland in röm. Zeit, 1985. (33) Ders., Der röm. W und die Prätorianerpräfektur Gallien, in: Labor omnibus unus (Festschr. G. Walser), 1989, 186–205. (34) H. Hellenkemper, Köln, in: [7], 207–217. (35) P. Herz, Einheimische Kulte und ethnische Strukturen. Methodische Überlegungen am Beispiel der Germ., in: [33], 206–218. (36) W. Hilgers, Germania Inferior, in: [7], 204–206. (37) D. Hoffmann, Das spätröm. Bewegungsheer und die Notitia dignitatum 1–2, 1969–1970. (38) Ch. Holliger, Augst/Castrum Rauracense, in: [7], 68–72. (39) K. P. Johne, Die Krise des 3. Jh.s (193–306), in: R. Günther, H. Köpstein (Hrsg.), Die Römer an Rhein und Donau, 1978, 59–97. (40) A. H. M. Jones, The Later Roman Empire 1–2, 1964. (41) U. Kahrstedt, Domitians Politik zw. Donau und Main, Bonner Jb. 145, 1940, 63–70. (42) A. King, Roman Gaul and Germany, 1990. (43) I. König, Die gall. Usurpatoren von Postumus bis Tetricus, 1981. (44) J. Kunow, Das Limesvorland der s. Germania Inferior, Bonner Jb. 187, 1987, 63–78. (45) E. Künzl, Mainz/Mogontiacum, in: [7], 132–134. (46) P. La Baume, Das röm. Köln, Bonner Jb. 172, 1972, 271–292. (47) H. Labuske, K. P. Johne, Plinius Nr. 42, in: J. Herrmann (Hrsg.), Griech. und lat. Qu. zur Frühgesch. Mitteleuropas bis zur Mitte des 1. Jt.s 1, 1988, 571 f. (48) G. A. Lehmann, Das Ende der röm. Herrschaft über das "westelbische" Germanien: von der Varus-Katastrophe zur Abberufung des Germanicus Caesar 16/7 n. Chr., Zeitschr. für Papyrologie und Epigraphik 86, 1991, 79–96. (49) G. Lenz-Bernhard, H. Bernhard, Das Oberrheingebiet zw. Caesars Gall. Krieg und der flav. Okkupation (52 v. Chr.–73. n. Chr.), 1991. (50) A. Lund, Gesamtinterpretation der ‚Germania' des Tacitus, in: ANRW II. 33.3, 1966–1968 mit weiterer Bibl. Anm. 45. (51) V. Marotta, Il potere im-

periale dalla morte di Giuliano al crollo dell' Impero d'occidente, in: A. Schiavone, E. Gabba (Hrsg.), Storia di Roma III 1, 1993, 551–601. (52) V. A. Maxfield, Mainland Europe, in: [5], 139–197. (53) H. Nesselhauf, Neue Inschr. aus dem röm. Germanien und den angrenzenden Gebieten, Ber. RGK 27, 1937, 51–134. (54) Ders., Die spätröm. Verwaltung gall.-germ. Länder, 1938. (55) Ders., Die Besiedlung der Oberrheinlande in röm. Zeit (1951), in: E. Schwarz (Hrsg.), Zur germ. Stammeskunde 1972, 123–145. (56) Ders., Tacitus und Domitian (1952), in: V. Pöschl (Hrsg.), Tacitus, 1969, 232–251. (57) H. Neumaier, ‚Freies Germanien' / ‚*Germania libera*' – Zur Genese eines hist. Begriffs, Germania 75, 1997, 53–67. (58) R. Nierhaus, Röm. Straßenverbindungen durch den Schwarzwald, Bad. Fundber. 23, 1967, 117–157. (59) B. Overbeck, Raetien zur Prinzipatszeit, in: ANRW II 5.2, 658–689. (60) G. Perl (Hrsg.), Tacitus, Germania, 1990. (61) L. Petersen, Überblick über Entstehung und Entwicklung der röm. Provinzen am Rhein und an der oberen Donau im 1. und 2. Jh. (58 v. u. Z.–193 u. Z.), in: [39], 32–58. (62) H. von Petrikovits, Reichs-, Macht- und Volkstumsgrenze am linken Niederrhein im 3. und 4. Jh. n. Chr., in: Festschr. A. Oxé, 1938, 220–240. (63) Ders., Das röm. Rheinland. Arch. Forsch. seit 1945, 1960. (64) Ders., Mogontiacum – Das röm. Mainz, Mainzer Zeitschr. 58, 1963, 27–36. (65) Ders., Bemerkungen zur W-Grenze der röm. Provinzen Niedergermaniens, in: Stud. zur europ. Vor- und Frühgesch. (Festschr. H. Jankuhn), 1968, 115–119. (66) Ders., Fortifications in the North-Western Roman Empire from the third to the fifth century A. D., Journ. of Roman Studies 61, 1971, 178–218. (67) Ders., Germania (Romana), in: RAC X, 548–654. (68) Ders., Die röm. Provinzen am Rhein und an der oberen und mittleren Donau im 5. Jh. n. Chr., 1983. (69) H.-G. Pflaum, Les carrières procuratoriennes équestres sous le Haut-Empire romain 1–3, 1950–1961. (70) D. Planck, Neue Forsch. zum obergerm. und raet. Limes, in: ANRW II 5.1, 404–456. (71) M. Th. Raepsaet-Charlier, Germania inferior et Germania superior, Latomus 32, 1973, 158–161. (72) Dies., G. Raepsaet, Gallia Belgica et Germania inferior, in: ANRW II 4, 1–299. (73) A. Riese, Germania, in: De Ruggiero, Dizionario epigrafico 2, ^{2}1962, 487–521. (74) E. Ritterling, Legio, in: RE XII, 1211–1829. (75) P. Romanelli, La Renania dalla conquista e dalla organizzazione militare allo sviluppo civile, in: [24], 31–61. (76) Ch. B. Rüger, Germania inferior, 1968. (77) Ders., Beobachtungen zu den epigraphischen Belegen der Muttergottheiten in den lat. Prov. des Imperium Romanum, in: G. Bauchhenss, G. Neumann (Hrsg.), Matronen und verwandte Gottheiten, 1987, 1–30. (78) Ders., Pagane Religiosität in den Städten der NW-Provinzen des röm. Ks.reiches, in: [23], 227–233. (79) G. Rupprecht, Mainz, in: H. Cüppers (Hrsg.), Römer in Rheinland-Pfalz, 1990, 458–469. (80) G. Santini, Occidente Romano – occidente barbarico, 1983. (81) P. Scardigli, Sprache im Umkreis der Matroneninschr., in: H. Beck (Hrsg.), Germ. Rest- und Trümmersprachen, 1988, 143–156. (82) W. Schleiermacher, Der obergerm. Limes und spätröm. Wehranlagen am Rhein, Ber. RGK 33, 1943–50, 133–184. (83) Schmidt, Westgerm. (84) H. Schönberger, Neuere Grabungen am obergerm. und rät. Limes, Limesforsch. 2, 1962, 69–137. (85) Ders., The Roman frontier in Germany: an arch. survey, Journ. of Roman Studies 59, 1969, 144–197. (86) Ders., Die Organisation des röm. Limes im Rheinland, in: [24], 111–115. (87) H. Schutz, The Romans in Central Europe, 1985. (88) O. Seeck, Notitia Dignitatum accedunt notitia urbis Constant. et Laterculi Provinciarum, 1876, Neudr. 1962. (89) W. Seyfarth, Die Entwicklung im 4. Jh. (306–406/7), in: [39], 98–136. (90) E. Stein, Die kaiserlichen Beamten und Truppenkörper im röm. Deutschland unter dem Prinzipat, 1932. (91) K. Strobel, Die Chattenkriege Domitians, Germania 65, 1982, 423–452. (92) Ders., Militär und Bevölkerungsstrukturen in den nw. Prov., in: [23], 45–54. (93) K. F. Stroheker, Zur Rolle der Heermeister frk. Abstammung im späten 4. Jh., 1955. (94) Ders., Mundiacum in der Germania II und die Sitze der Burg. Gunthers, in: Ders., Germanentum und Spätant. 1985, 246–274. (95) R. Syme, Flavian wars and frontiers, CAH 11, 1936, c. 4, 131–187. (96) K. Telschow, Die Abberufung des Germanicus (16 n. Chr.), in: E. Lefèvre (Hrsg.), Monumentum Chiloniense (Kieler Festschr. E. Burck), 1975, 148–182. (97) Ch. M. Ternes, Die Provincia Germania Superior, in: ANRW II 5.2, 721–1260. (98) D. Timpe, Der Triumph des Germanicus. Unters. zu den Feldzügen der J. 14–16 n. Chr. in Germanien, 1968. (99) Ders., Der röm. Verzicht auf die Okkupation Germaniens, Chiron 1, 1971, 267–284. (100) Ders., Zur Gesch. der Rheingrenze zw. Caesar und Drusus, in: [96], 124–147. (101) Ders., Wegeverhältnisse und röm. Okkupation Germaniens, in: H. Jankuhn u. a. (Hrsg.), Unters. zu Handel und Verkehr der vor- und frühgeschichtl. Zeit in Mittel- und N-Europa 5, 1989, 83–107. (102) Ders., Die Landesnatur der Germania nach Tacitus, in: G. Neumann, H. Seemann (Hrsg.), Beitr. zum Verständnis der Germania des Tacitus 2, 1992, 258–277. (103) Ders., Geogr. Faktoren und polit. Entscheidungen in der Gesch. der Varuszeit, in: Arminius und die Varusschlacht. Gesch. – Mythos – Lit., 1995, 13–27. (104) J. von Ungern Sternberg, Germania capta. Die Einrichtung der germ. Provinzen durch Domitian in röm. Tradition, in: Festschr. R. Werner, 1989, 161–169. (105) F. Vittinghoff, Die polit. Organisation der röm. Rheingebiete in der Kaiserzeit, in: [24], 73–94. (106) G. Vitucci, Sulla strategia di Nerone Claudio Druso, in: [24], 117–124. (107) M. Waas, Germ. in röm. Dienst im 4. Jh. n. Chr., 1965. (108) G. Walser, Caesar und die Germ., 1956, c. 4, S. 37 ff. (109) C. R. Whittaker, Le frontiere imperiali, in: [51], 369–423. (110) L. Wierschowski, Handels- und Wirtschaftsbeziehungen der Städte in den nw. Prov. des röm. Reiches, in: [23], 121–139. (111) E. M. Wightman, The Lingones, Lugdunensis, Belgica or Germania superior, in: Stud. zur Militärgrenzen Roms 2, 1977, 207–217. (112) Dies., Gallia Belgica, 1985. (113) H. Wolff, Die polit.-administrative Binnengliederung des gall.-germ. Raumes, in: [33], 257–273. (114) Ders., Die Kontinuität städtischen Lebens in den n. Grenzprov. des röm. Reiches und das Ende der Ant., in: [23], 287–318. (115) R. Wolters, 'Tam diu Germania vincitur'. Röm. Germ.-Siege und Germ.-Sieg-Propaganda bis zum Ende des 1. Jh.s n. Chr., 1989.

B. Scardigli

II. Sprache und Dichtung

A. Name und Namen

§ 10. Die Deutungen des Ethnonyms *‚Germani'*. PN und Gruppennamen sind grundsätzlich viel unsicherer etym. zu deuten als Appellativa, weil sie im aktuellen Kontext nur jemanden ‚bezeichnen', aber ihre urspr. Bedeutung keine Rolle spielt. Speziell bei Ethnonymen (En) ist zw. Selbst- und Fremdbezeichnung zu unterscheiden. Die ersteren haben gern positiven Sinn, das Ethnos benennt sich als ‚kampfesstark, großherzig, frei' o. ä. Demgegenüber sind Fremdbezeichnungen oft ungünstig, man nennt die anderen ‚die Unverständlichen', auch ‚die Ungeschickten, Trägen' oder schlicht ‚die Bösen' usw.

Wenn Wanderzüge, kriegerische Aktionen oder polit. Veränderungen zur Bildung neuer Kollektive führen, werden für diese oft zugleich Namen geschaffen. Deren Lebensdauer kann sehr kurz sein. (Daß in Mitteleuropa En aus voreinzelsprachlicher Zeit, womöglich aus dem 2. vorchristl. Jt., erhalten sind, ist durchaus unwahrscheinlich, z. B. sind Namen-Gleichungen wie: ital. *Marsi* – germ. *Marsi* oder ital. *Umbri* : germ. *Ambronen* zweifellos Blender).

Beim Versuch, das En *Germani* etym. zu deuten, sind räumlich fernliegende Anklänge weniger zu berücksichtigen; bei ihnen wird zufällige Homonymie im Spiel sein. (Die idg. Grundsprache kennt allein fünf verschiedene Wurzeln *ger-*, sechs *g^h^er-*). Methodisch empfiehlt es sich, in dem geogr. Raum zu bleiben, für den Caesar die Entstehung des En angibt. Und wenn für die Deutung eigens unbelegte Wörter postuliert werden – kelt., ‚illyr.' oder noch andere –, dann besitzt sie von vornherein geringe Wahrscheinlichkeit.

Das lebhafte, über die Fachkreise hinausreichende Interesse am En *Germani* hat zahlreiche Deutungen hervorgerufen, von denen im günstigsten Falle nur eine zutreffen kann. In der unten folgenden Liste einschlägiger Veröffentl. dürften wenigstens die wesentlichen Vorschläge und Diskussionsbeitr. erfaßt sein. Vollständigkeit ließ sich nicht anstreben (vgl auch den Literaturber. von Panzer: 70).

Die Beschäftigung mit dem En *‚Germani'* beginnt im wesentlichen zur Zeit der Romantik, allerdings waren damals die sprachwiss. Kriterien noch unterentwickelt. Ernstzunehmende Forsch. hat erst in den letzten hundert J. stattgefunden, mit deutlichem Schwerpunkt von 1920–40; da sind polit.-geistesgeschichtl. Ursachen für dieses Interesse unverkennbar.

Im folgenden sollen die wichtigsten Typen der Vorschläge knapp vorgeführt und durch kritische Hinweise bewertet werden.

Beiseite zu bleiben hat der sich bei Herodot I 125 in der Schreibung Γερμάνιοι findende Name eines pers. Stammes. Schon Schnetz (89) hat seine Verknüpfung mit den mitteleurop. Germ. zu Recht abgelehnt, und Schmitt (83) legt überzeugend dar, daß Γερμάνιοι gegenüber der authentischen iranischen Form mit anlautendem *K* von geringerem Wert ist (vgl. noch: 71).

Auch die angeblichen *Germani Oretani* (vgl. Plin. nat. 3,25 *Oretani qui et Germani cognominantur* – im iberischen Gebiet Spaniens) lösen sich in Nichts auf. Wie Rübekeil (81, 158 f.) darlegt, heißt *germani* an dieser Stelle ‚die echten, die eigentlichen', ist lat. appellativisches Adj., nicht En.

Vor-wiss. war der alte, bis ins 19. Jh. hinein wiederholte Vorschlag (z. B. von Watterich; 110), *Germani* als die „Ger-Mannen", die Speer-Träger, aufzufassen. Das scheidet aus, da das Wort für den ‚*Ger*' in dieser Zeit **gaisaz* heißt. Ebenso unbrauchbar war der Gedanke von Wersebes (111), *Germani* als ‚Heer-Männer' aufzufassen. Es sei bloße Var. von *Herminones*.

Mehrfach hat man die graphische Übereinstimmung des En mit dem lat. Adj. *germanus* zur Grundlage von Hypothesen genommen. Das findet sich zuerst bei Strab. 7,290 Διὸ δὴ καί μοι δοκοῦσι Ῥωμαῖοι τοῦτο αὐτοῖς (scil. τοῖς Γερμανοῖς) θέσθαι τοὔνομα ὡς ἂν γνησίους Γαλάτας φράζειν βουλόμενοι· γνήσιοι γὰρ οἱ Γερμανοὶ κατὰ τὴν Ῥωμαίων διάλεκτον. „Deshalb haben, glaube ich, die Römer ihnen (den Germanen) diesen Namen gegeben, weil sie sie die ‚echten' Gallier nennen wollten. Denn in der Sprache der Römer bedeutet ‚Germanen' ‚die Echten'". – Das übernehmen Holtzmann (31) und Birt (5): γνήσιοι Γαλάται übersetze genau *Galli germani*. Diese Junktur sei dann zu *Germani* verkürzt worden. Doch kann das nicht überzeugen: Strabons persönliche Vermutung verträgt sich nicht mit den Aussagen von Caesar und Tacitus, vgl. (4). *Germani* ist bei Caesar von vornherein ein Name, kein differenzierendes Adj. Birts These ist daher auch allg. abgelehnt worden.

(Bei Isidor, Etymol. XIV 4,4 *propter fecunditatem gignendorum populorum Germania dicta est* findet sich eine lat. Etym. für das En, – ohne daß aber gesagt würde, wer es angeblich verliehen hat).

Mehrfach ist vorgeschlagen worden, *Germani* als Übs. eines echt-germ. En aufzufassen. Hartmann (23; 24) meinte, *Germani* gebe *Istvaeonen/Istaevonen* wieder, was ‚die Echten' bedeute. Aber die Etym. des En *Istvaeonen* ist unbekannt (schon seine Lautform ist unsicher überliefert), es kann nicht die Grundlage eines Vergleichs bilden. Pekkanen (72–74) behauptete, *Germani* übersetze *Sciri* ‚die Reinen'. Doch scheidet dieses ostgerm. Ethnos schon seiner entfernten Sitze wegen hier aus. Collinder (6) wollte *Germani* als die lat. Übs. von *Suebi* auffassen. Das greift jetzt Rübekeil, (81, 182 ff.) auf. Er betont S. 213, „die Annahme einer Übersetzungsrelation [sei] die einzig sinnvolle Lösung", muß aber einräumen, daß *germanus* von Haus aus „ein Terminus der biologischen Abstammung" sei, *Suebi* dagegen die „Abhebung" eines Verbandes „nach außen" bezeichne. Diese semantische Differenz versucht er zu überbrücken. (Doch bietet die ant. Tradition keinen Anhalt für die Annahme, *Germani* könne das Übs.säquivalent eines indigenen germ. En sein).

Abwegig war die Var., die Neckel (62) vorschlug. Er meinte, neben lat. *germanus* habe es ein germ. Wort **germana-* mit gleicher Bedeutung gegeben: „ein altgemeinsames (germano-italisches oder urindogermanisches) Wort" (62, 35). Aber das lat. Adj. *germānus* ist von *germen* neutr. ‚Keim, Sproß' (wahrscheinlich als **germn-ānus* mit dissimilatorischem Schwund des stammauslautenden *n*) abgeleitet. Das Adj.-Suffix ist das gleiche wie in *publicānus* neben *publicum*. **ger-men* (mit ablautendem Suffix) gehört zur Wurzel *genh₁-*,zeugen', deren *-n* vor dem gleichen Konsonanten der Folgesilbe zu *r* fern-dissimuliert worden ist, – genauso wie in lat. *carmen* < **can-men* ‚Singen, Gesang'. Diese zweifache Dissimilation ist so singulär, daß sie bei einem germ. Wortstamm nicht genauso vorausgesetzt werden darf. Zudem hat Neckel die 1. Lautverschiebung nicht berücksichtigt.

Andere Hypothesen ziehen schlechtbezeugte Restsprachen heran. So schlug

Schütte (100; 101) vor, die Germ. seien Überbleibsel einer ligurischen Urbevölkerung. Er verweist darauf, daß es in Ligurien ein Tal *Germanasca* gebe; vgl. (28). Dessen Name aber ist spät bezeugt und heißt vermutlich nach einem der christl. Hl., die den Namen *Germanus* führten.

Was das ‚Illyrische' angeht, so ist inzw. deutlich geworden, daß das Ethnos der Ἰλλύριοι nur einen kleinen Raum in Dalmatien innehatte, darum vermeidet man heute die ausgedehnte Benützung ihres Namens für idg. Gruppen und Stämme des ganzen W-Balkans, des Alpenraums sowie für Messapien in S-Italien usw., wie Krahe, Pokorny (75; 76) und andere sie vertreten haben. Die Bewohner dieser Räume sprachen zwar wohl alle verwandte, aber doch unterschiedliche idg. Idiome, von denen uns so gut wie ausschließlich Namen zur Verfügung stehen, meist von Personen. Sie sind durch griech., häufiger noch lat. Inschr. der RKZ bezeugt. Da finden sich z. B. ein *Germus* (aus Alvona in Istrien), eine *Germulla* (im Land der Paeligner in Mittelitalien), *Germullus Germani filius* CIL III 6411, *Germusa* (aus Rider in Dalmatien) usw. Weitere Namen mit diesem Stamm *germ-* bucht Rendić-Miočević (78) aus Dalmatien, doch bleibt bei ihnen allen die sprachliche Zugehörigkeit (und erst recht ihre Etym.) offen. Mehrfach tragen sie lat. Suffixe, wie *-ullus.* (Da das En *Germani* seit dem ersten nachchristl. Jh. als lat. PN benutzt wurde, erscheint es mit Norden [68, 283] möglich, daß in PN der Stamm *germ-* als hypokoristische Verkürzung des En/PN anzusehen ist; vgl. 64–69).

Wegen der räumlichen Ferne bleiben der ON *Germa* im s. Balkan besser aus dem Spiel, ebenso der von Prok. b. V. I 11 als Geburtsort Belisars „im Grenzgebiet zwischen Thrakern und Illyriern" erwähnte Ort Γερμανία. Mehrere dieser Plätze besitzen heiße Qu., dienen daher als Badeorte; ihre Namen mögen mit dt. ‚*warm*', griech. θερμός zusammenhängen und gehören vielleicht dem Thrakischen an (?).

Auch bezüglich der Zeit, in der das En *Germani* entstanden sein könnte, hat es weitgreifende Hypothesen gegeben. Wenn Feist (12) sagt, es „stamme aus einer Zeit, die der Indogermanisierung dieser Gegenden noch vorauslag", dann besagt das nur, daß er meint, das En sei aus einer der bekannten, räumlich naheliegenden Sprachen nicht zu erklären, und es darum in eine dunkle Vorzeit schiebt, in der in Mitteleuropa andere, unbekannte Idiome existiert haben könnten. (Ähnlich schon Norden [68, 302]: Der Ursprung des En *Germanen* liege „im Schoße europäischer Frühzeit geborgen"). Diese Thesen vertragen sich zudem nicht gut mit der taciteischen Nachricht: *Germaniae vocabulum recens et nuper additum.* Vgl. noch Feist (7–13), Flach (14), Koepp (34), Lund (46–49), Stümpel (104).

So bleiben nur wenige plausiblere Erklärungswege übrig, vor allen die Verknüpfungen mit kelt. oder germ. Sprachgut. Norden hat seine Meinung geändert; 1920 in der „Urgeschichte" (67) entschied er sich für kelt. Ursprung des En, in den Nachträgen zum 2. Abdruck 1922 für germ. Er vergleicht mit *Germani* En gleichen Ausgangs: die *Paemani,* die *Cenomani* (Oberitalien), die *Comani* usw., von denen jedenfalls die letzten beiden sicherlich kelt. sind. (Vgl. auch 69).

Die These, das En *Germani* sei kelt., haben schon Zeuß (113) (Bedeutung: ‚Nachbarn'), Leo (45) und J. Grimm, dann Pott (77), (‚Ost-Leute', zu ir. *oir* ‚Osten'), Kögel (35) und Hartmann (23) vertreten. Henning (25; 26) postulierte ein kelt. Adj. **germo-* ‚warm', das in Namen von Orten vorliege, die heiße Qu. besäßen. Das trifft nicht zu; ‚warm' heißt im Gall. *borvo-/bormo-*. Dann hat Schnetz die kelt. Herkunft des En *Germani* immer wieder verfochten. Zuerst (84) deutet er es als ‚die Grimmigen' (und hielt für möglich, daß das Wort sowohl dem Kelt. wie dem Germ. angehöre), seit 1929 meint er, *Germani* sei die kelt. Übs. von *Ingvaeones.* Dieser Name bedeute entweder ‚die Schreier, die Stimmgewaltigen' (mit Leo zieht er ir. *gairm,* kymr. *garm* bei) oder ‚die Leute des Schreiers', eines Gottes mit gewaltiger Stimme. Das ist gewiß falsch; in *Ingvaeones* steckt ein germ. Gottesname, der mit der nur im Slaw. gut bezeugten idg. Wurzel für ‚schreien' nichts zu tun hat. Schnetz setzte idg. **g^herem-* ‚rufen, brüllen' an, das z. B. in griech. χρεμίζω ‚wiehern', norw. *grymja* ‚grunzen' vorliege. Aber belegt sind bei diesem Schallwort nur Formen mit Tektal + *r* im Anlaut. Es hätte Schnetz, der selbst kein Keltologe war, schon warnen sollen, daß der im Kelt. vorzüglich kompetente Pokorny (75; 76) ihm bei diesem Ansatz nicht folgen mochte. Zachrisson (112) knüpft an die von Schnetz postulierte Wurzel an, rechnet aber mit einem FluN: „the people of the roaring torrent". Neuerdings hat Kraft (37) sich dafür ausgesprochen, das En *Germani* habe dem Sprachschatz der Gall. angehört, es sei zur „Kennzeichnung furchtbarer Angreifer" benutzt worden. Aber er versucht nicht, einen dazu semantisch passenden Wortstamm im Kelt. aufzuzeigen. – Auch in Zukunft wird es wohl Versuche geben, das En *Germani* aus kelt. Sprachgut zu erklären; festzuhalten bleibt, daß keiner der bisherigen Vorschläge zu überzeugen vermocht hat, zumal ihre Verfechter es nicht unternommen haben, die Einzelheiten der Wortbildung genau zu erklären. Vgl. noch (3).

Auch die Versuche, das En *Germani* aus den g e r m. Sprachen zu erklären, haben verschiedene Wege eingeschlagen. Der jüngste sei zuerst genannt. Trier (105–108) hat seit 1941 mehrfach die These vertreten, im Germ. habe die Wurzel **ger-* bedeutet ‚einen Zaun hegen', die Germ. seien also „die Leute unserer Hegung, unseres Dings und Rechts". Damit sei „der Bereich des hegenden Mannrings, seiner Lebensordnung, seiner kultischen Begehungen und Feierbräuche" gemeint. Trier denkt an die Wurzel, die in dt. *Garten,* lat. *hortus* vorliegt. Aber von ihr ist im Germ. keine Bildung mit einem *m*-Suffix nachweisbar, und vor allem sind die semantischen Erweiterungen, die Trier dieser Wurzel zuschreibt, sämtlich unbelegt. Krogmann (39) wollte an die idg. Wurzel *g^her-* ‚hervorstechen' anschließen; das En sei ein Partizip: ‚die Hervorragenden'. Vgl. noch (33; 36); Krogmann (40–43); Laistner (44); Much (60); Neckel (63); Schmidt (82).

Rudolf → Much, der Wiener Germanist, hat zunächst (50–60) die (auf Wackernagel [109] zurückgehende) These vertreten, *germana-* sei mit dem Präfix *ga-* gebildet und enthalte denselben Stamm wie *irmin-, ermana-* usw. *Ermana-rich* ist der „umfassend Herrschende", entspr. wären die **ga-ermanōz* „die zu einer Gesamtheit Gehörenden, das Gesamtvolk". Die Schwächen dieser Deutung hat schon Schnetz (86) treffend herausgearbeitet. Dennoch hat sie lange Zeit Erfolg gehabt. 1936 gibt Much (61) eine bessere Alternative. Der Name der Göttin → *Garmangabis* gehöre formal mit den *Alagabiae* und der *Friagabis* zusammen. Deren gemeinsames Zweitglied heiße vermutlich ‚Geberin', das Erstglied gibt dazu das Akk.-Objekt: *Ala-gabiae* ‚die Alles-Gebenden', *Fria-gabis* entweder die ‚Frei-gebige' oder ‚die das Beliebte schenkt'. Dies Erstglied von *Garman-gabis* hat zuerst Grienberger (15) plausibel an die germ. Wurzel **ger-* ‚begehren, gierig' usw. angeschlossen. (Das *a* der ersten Silbe wird insel-kelt. Einwirkung verdankt). Er übersetzte den Götternamen als „*grata donatrix,* die erwünschte Geberin", doch legen die parallelen Göttinnennamen es nahe, auch hier das Erstglied als Objekt aufzufassen: ‚Die (ihren Anbetern) das Begehrte gibt' (verfehlt Henning; 27).

Zunächst hatte die Forsch. sowohl beim En *Germani* als auch in *Garman-gabis* mit dem Partizipialsuffix *-meno-* gerechnet. Aber dies ist in den germ. Sprachen nicht (oder nicht mehr) vorhanden gewesen. Darum ist es zweifellos richtiger, mit Grienberger (15), Kauffmann (32), Schnetz (86; 87), Much (61) und später Krogmann (43) an das (ablautende) Suffix *-men/-mon/-mn* der Konkreta anzuknüpfen. Dies liegt z. B. in lat. *carmen, germen, flumen, numen,* griech. κευθμών, ἄκμων, πυθμήν, νεῦμα, luwisch *tatarriyamman-* ‚Fluch', *patalhiyamman-* ‚Fußfessel', got. *hliuman-*, ‚Gehör' *glitmun-jan* ‚glänzen', anord. *ljóma* ‚Licht' < **leuh-men,* as. *brosmo* ‚Krume, Brosame' < **brus-men* usw. vor. (Infolge der Wirkung der Auslautgesetze ist es in den germ. Einzelsprachen nicht mehr leicht erkennbar). Gelegentlich sind noch weitere Suffixe angetreten, so in lat. *terminus, patrimonium,* griech. χαρμονή, nhd. *Leumund* usw. (Auch in den kelt. Sprachen ist dies idg. Suffix rudimentär erhalten, vgl. air. *talam,* Gen. *talman* ‚Boden', mittelkymr. *tam,* Pl. *temmyn* ‚Bissen, Stück', gall. (Inschr. von Larzac) *anvana* ‚die Namen' (mit Lenierung des *-m-* zu *-v-*). Das mit dem Themavokal erweiterte gall. Suffix *-mano-* hat intensivierende Funktion. So bedeutet der PN *Nertomanus* ‚durch Stärke gekennzeichnet', das En *Cenomani* ‚die auffallend Langen' usw. (Diese kelt. Beispiele werden Sabine Ziegler verdankt).

So wie *Samen* (ahd. *samo,* vgl. lat. *sēmen*) das ist, was *gesät* wird, so wäre **german-* neutr. das, was begehrt, ersehnt, gewünscht wird. Der erste, der das En *Germani* mit der idg. Wurzel *g^h*er-* ‚begehren' in Verbindung brachte, war wohl von Becker (2), dann Holder (29) („die [Sold] Begehrenden"), aber mit falscher Erklärung des Elements *-man-*. Much (61) übersetzte das En *Germani* als „die Erwünschten" o. ä., besser wäre vielleicht ‚die das Erwünschte haben/bringen' (vgl. noch: 1; 3; 16–20).

Bei dieser Lösung müßte man annehmen, daß die Römer ein germ. **gérmana-* (mit kurzem *a* in der zweiten Silbe) an das (zufällig anklingende) lat. Adj. *germānus* in der Länge des zweiten Vokals und der Akzentstelle angeglichen haben. (Das könnte durch vorhandene En wie *Aquitāni, Hispāni, Lucāni, Sicāni,* und vor allem *Romāni* begünstigt worden sein).

Einen Stamm *germen-* enthält eine Reihe frühma. w-frk. PN wie *Germenberga, Germenildis, Germeningus, Germentrada, Germenulfus, Girminburg* usw., die teils in den *Traditiones Corbeienses,* teils im *Polyptychon Irminonis* bezeugt sind. Bei ihnen sind sicherlich beide Namensglieder germ., wobei das Erstglied mit dem von *Garman-gabis* und dem En identisch ist. (Das *e* in ihrer zweiten Silbe geht auf kurzes *a* zurück). Noch nicht sicher erklärt sind zwei andere anklingende Namen: a) der einer Malvenart, die ae. *georman(t)leaf* (mit Var.) heißt. Das Zweitglied ist *leaf* ‚Blatt' (engl. *leave*), das erste wird verschieden gedeutet, vgl. Much (55), Krogmann (39; 40), Holthausen (30), Schnetz (98); b) der ON *Germana vel ad monte* (a. 769, in den ‚Freisinger Traditiones'). Krahe (38) nimmt an, er gehe auf einen FluN **Germā* zurück, den er der „alteuropäischen Hydronymie" zuordnet. Dazu vgl. noch Rosenfeld (79; 80), Steinhauser (102; 103).

Die jüng. (hier leicht modifizierte) Deutung Muchs (61) erscheint als die am wenigsten angreifbare. Nach ihr lag in *G.* zunächst die rühmende Selbstbenennung (eines kleineren germ. Verbandes) vor; sekundär ist sie (durch Caesar) zur Fremdbenennung einer großen, in sich gegliederten Einheit geworden. Das wesentliche Merkmal, das den Römer zu dieser Zusammenfassung berechtigte, war dabei sicherlich die gemeinsame Sprache. Man sollte Caesar nicht unterstellen, er sei nicht imstande gewesen, sich grundlegende Informationen über die Bewohner der rechtsrhein. Gebiete zu beschaffen. (Die von den Römern nun so Benannten haben dieses En aber offenbar selbst nicht benutzt). Vgl. noch (21; 22).

(1) K. von Bahder, Die Verbalabstracta in den germ. Sprachen, 1880. (2) K. von Becker, Versuch einer Lösung der Celtenfrage, 1883. (3) P. de Bernardo Stempel, Das idg. *m(V)no*-Verbaladjektiv

im Keltischen, in: Indogermanica et Caucasica (Festschr. K. H. Schmidt), 1994, 281–305. (4) E. Bickel, Die Glaubwürdigkeit des Tacitus in seinen Nachr. über den Nerthuskult und den Germ.-Namen, Bonner Jb. 139, 1934, 1–20. (5) Th. Birt, Die Germ. Eine Erklärung der Überlieferung über Bedeutung und Herkunft des VNs, 1917. (6) B. Collinder, The Name *Germani*, ANF 59, 1944, 19–39 (mit Bibliogr.) (7) S. Feist, Der Name der Germ., Neophilologus 6, 1921, 29–42. (8) Ders., Germ., in: M. Ebert (Hrsg.), Reallex. der Vorgesch. 4, 1926, 273–289. (9) Ders., Neuere Germanenforsch., APhS 1, 1926/27, 155–169. (10) Ders., Was verstanden die Römer unter "Germanen" ?, Teuthonista 4, 1927/28, 1–138. (11) Ders., Germ. und Kelten in der ant. Überlieferung, 1927, Nachdr. 1948. (12) Ders., Die rhein. Germ., Zeitschr. für die Gesch. des Oberrheins NF 44, 1930/31, 377–424. (13) Ders., Der Name Germ. Eine wortgeschichtl. Betrachtung, Classica et Mediaevalia 4, 1941, 79–93. (14) D. Flach, in: Alte Gesch. und Wissenschaftsgesch. (Festschr. K. Christ), 1988, 167–185. (15) Th. Grienberger, *Dea Garmangabis*, ZDA 38, 1894, 189–195. (16) S. Gutenbrunner, Die Gesch. der linksrhein. Germ. bis auf Cäsar, Volk und Rasse 7, 1932, 156–162. (17) Ders., *Germana vel ad monte*, Zeitschr. für Mundartforsch. 11, 1935, 146–156. (18) Ders., Der Malvenname ags. *geormanleaf*, ebd. 12, 1936, 40–42. (19) Ders., Die germ. Götternamen der ant. Inschr., 1936 (zu *Garmangabis* vgl. S. 90 ff.). (20) Ders., Zum Namen Germ., PBB 65, 1942, 106–120. (21) R. Hachmann, Die Germ., 1971. (22) Ders., Cäsar gab ihnen den Namen, in: R. Pörtner (Hrsg.), Alte Kulturen ans Licht gebracht, 1975, 435–451. (23) F. Hartmann, Germanus, Glotta 9, 1918, 1–32. (24) Ders., Nachtrag zu Germanus, ebd. 11, 1921, 198–203. (25) R. Henning, Der Name der Germ., ZDA 54, 1913, 210–230. (26) Ders., Nachtrag, Anz. für dt. Altert. und dt. Lit. 36, 1913, 304. (27) Ders., Zum Germ.-Namen, ZDA 57, 1920, 266–272. (28) E. Hirsch, Zum Namen der Germanasca, ZONF 12, 1936, 21–27. (29) A. Holder, Altceltischer Sprachschatz 1, 1896, 20 ff. (30) F. Holthausen, Rez. zu [39], Dt. Lit.zeitung, 1935, 860. (31) A. Holtzmann, Der Name Germ., Germania, Vjs. für dt. Alterthumskunde 9, 1864, 1–13. (32) F. Kauffmann, *Dea Garmangabis*, PBB 20, 1895, 526–534. (33) F. Kluge, Der Name der Germ., Germania 3, 1919, 1–3. (34) F. Koepp, Rez. zu [11], GGA 1928, 201–217. (35) R. Kögel, Rez. zu [44], Anz. für dt. Altert. und dt. Lit. 19, 1893, 10. (36) G. Kossinna, Der Ursprung des Germ.-Namens, PBB 20, 1895, 258–301. (37) K. Kraft, Zur Entstehung des Namens *'Germania'*, SB der Wiss. Ges. Frankfurt 9, 1970, 27–62. (38) H. Krahe, Fluß- (und Orts-)Namen auf *-mana/-mina*, BNF 8, 1957, 1–27 (zu *Germana* S. 15–18). (39) W. Krogmann, Der Name der Germ., 1933. (40) Ders., Ae. *geormanleaf* und der Name der Germ., Engl. Stud. 69, 1934, 161 ff.; 70, 1935, 322 f. (41) Ders., Die Ortsbezeichnung *Germana vel ad monte*, Zeitschr. für Mundartforsch. 11, 1935, 202 f. (42) Ders., Ae. *geormanleaf*, ebd. 12, 1936, 173. (43) Ders., Zum Problem des Germ.-Namens, BNF 3, 1951–52, 139–153. (44) L. Laistner, Germ. VN, Württ. Vjh. für Landesgesch. NF 1, 1892, 47 ff. (45) H. Leo, Germani, ZDA 5, 1845, 514. (46) A. A. Lund, *De Germaniae vocabulo*, Glotta 55, 1977, 93–111. (47) Ders., Zur Gesamtinterpretation der *'Germania'* des Tacitus mit Anhang: Zu Entstehung und Gesch. des Namens und Begriffs *'Germani'*, in: ANRW 33,3, 1858–1988. (48) Ders., Kritischer Forschungsber. zur *‚Germania'* des Tacitus, in: ebd. 1989–2382. (49) Ders., Zum Germ.-Begriff bei Tacitus, in: H. Beck (Hrsg.), Germ.-Probleme in heutiger Sicht, 1986, 53–87. (50) R. Much, Die Südmark der Germ., PBB 17, 1893, 164. (51) Ders., in: Festg. R. Heinzel, 1898, 199. (52) Ders., *Germani* (Name), in: RE Suppl. III, 546–548. (53) Ders., DAK II, 182 f. (54) Ders., Der Name Germ., in: Hoops II, 182 f. (55) Ders., Der Name Germ., SB der Akad. der Wiss. Wien, Phil.-Hist. Kl., 195, 2. Abhandl., 1920. (56) Ders., Stammeskunde, ^{2}1920, 61. (57) Ders., Waren die Germ. des Caesar und Tacitus Kelten?, ZDA 65, 1928, 1–50. (58) Ders., Baudihillia und Friagabis, in: Festschr. M. H. Jellinek, 1928, 75–85. (59) Ders., in: Anz. der Akad. der Wiss. Wien, Phil.-hist. Kl. 1928, 275–297. (60) Ders., Rez. zu [39], Teuthonista 9, 1933, 233 f. (61) Ders., Das Problem des Germ.-Namens, in: Germ. und Idg., (Festschr. H. Hirt) 2, 1936, 507–531. (62) G. Neckel, Germ. und Kelten, Hist.-linguistisch-rassenkundliche Forsch. und Gedanken zur Geisteskrisis, 1929. (63) Ders., Rez. zu [39], Anz. für dt. Altert. und dt. Lit. 52, 1933, 133. (64) E. Norden, Das Problem der Etym. des Germ.-Namens, SB der Kgl. Preuß. Akad. der Wiss., Phil.-Hist. Kl. 1917, Nr. 43. (65) Ders., Der neueste Versuch zur Deutung des Germ.-Namens, Germania 1, 1917, 161–168. (66) Ders., Germani. Ein grammatisch-ethn. Problem, SB der Preuß. Akad. der Wiss. Berlin, 1918, H. 5, 95–138. (67) Ders., Die germ. Urgesch. in Tacitus' Germania, 1920, ^{4}1959, 81 Anm. 1. (68) Ders., Alt-Germanien, 1934, 259, 293 ff. (69) Ders., Zur Morphologie des Germ.-Namens, ZONF 11, 1935, 185 f. (70) F. Panzer, Der Name Germ., Zeitschr. für dt. Unterricht 33, 1919, 189–197. (71) O. Paul, Die Γερμάνιοι bei Herodot und das heutige Kirman, ZONF 8, 1932, 110–119. (72) T. Pekkanen, *Germani* as a Translation of *Sciri*, Idg. Forsch.76, 1971, 151–164. (73) Ders., Tac. *Germ.* 2,3 and the

Name *Germani*, Arctos NS 7, 1972, 107–138. (74) Ders., Sul problema del nome *'Germani'*, Quaderni Urbinati 14, 1974, 39–56. (75) J. Pokorny, Ist der Germ.-Name kelt.?, Zeitschr. für celtische Philol. 20, 1937, 461–475; 21, 1938, 103–133. (76) Ders., Urgesch. der Kelten und Illyrier, 1938, 121. (77) A. Pott, Etym. Forsch. II, 1836, 2, 533. (78) D. Rendić-Miočević, Neue epigraphische Belege für den Namen Germanus im illyr. Namengut Dalmatiens, Germania 34, 1956, 237–243. (79) H. Rosenfeld, Name und Kult der Istrionen (Istwäonen). Zugleich Beitr. zu Wodankult und Germ.-Frage, ZDA 90, 1960, 161–181 (bes. 179 ff.). (80) Ders., Germana vel ad monte und der Name der Germ., BNF NF 12, 1961, 250–262. (81) L. Rübekeil, Suebica. VN und Ethnos, 1992. (82) L. Schmidt, Rez. [39], Philol. Wochenschr. 53, 1933, 1264. (83) R. Schmitt, Zu den 'Germánioi' bei Herodot, Hist. Sprachforsch. 109, 1996, 45–52. (84) J. Schnetz, Der Name Germ., PBB 47, 1923, 470–491. (85) Ders., Der Name Germ., ebd. 48, 1924, 140. (86) Ders., Der Name *„Germāni"*, germ. *„ermăna-"* und slav. *„ramĕnъ"*, Archiv für slav. Phil. 40, 1925, 70–74. (87) Ders., Bemerkungen über den Namen Germ., ZONF 2, 1926/27, 226–230. (88) Ders., Zum Streit um den Germ.-Namen, ebd. 9, 1933, 209–231. (89) Ders., Zu dem Thema: Die Γερμανιοι bei Herodot und das heutige Kirman, ebd. 10, 1934, 215–221. (90) Ders., Eduard Norden und seine neueste Veröffentl. über den Germ.-Namen, ebd. 10, 1934, 311–314. (91) Ders., Bemerkungen zu vorstehenden Äußerungen Nordens, ebd. 11, 1935, 186–189. (92) Ders., Ed. Norden, Alt-Germanien (Forts.), ebd. 11, 1935, 44–61. (93) Ders., Germ. Völkernamen, in: ebd. 11, 1935, 201–209. (94) Ders., Fiktion und Tatsachen, ebd. 12, 1936, 27–33. (95) Ders., Rez. zu [61], ebd. 12, 1936, 163–178. (96) Ders., Germ. Völkernamen. *Germanos : Garmanos*, ebd. 13, 1937/38, 33–42. (97) Ders., Die kelt. Natur des Namens *Germani*, ebd. 13, 1937/38, 42–60. (98) Ders., Der ae. Malvenname *geormant *leab* und dt. Ortsnamen, ebd. 13, 1937/38, 122–133. (99) Ders., Grundmängel in der den Germ.-Namen betreffenden Forsch., ebd. 18, 1942, 3–14. (100) G. Schütte, Our forefathers, 1929/1933, 23–28. (101) Ders., Gotthiod. Die Welt der Germ., 1939. (102) W. Steinhauser, Herkunft, Anwendung und Bedeutung des Namens 'Germani', in: Festschr. D. Kralik, 1954, 9–25. (103) Ders., Der Name 'Germanen' im Süden, ZDA 87, 1956/57, 81–104. (104) G. Stümpel, Name und Nationalität der Germ., eine neue Unters. zu Poseidonios, Cäsar und Tacitus, Klio, Beih. 25, NF XII, 1932, Nachdr. 1963. (105) J. Trier, Zaun und Mannring, PBB 66, 1943, 232–264, bes. 243–248. (106) Ders., Der Name Germ., Die Welt als Gesch. 9, 1943, 83–86. (107) Ders., Ags. *Geormanleaf*, PBB 67, 1945, 64. (108) Ders., in: Westfäl. Zeitschr. 97, 1947, 9–37. (109) W. Wackernagel, Geogr. des MAs, ZDA 4, 1844, 480, Anm. 4. (110) J. M. Watterich, Der dt. Name der Germ. und die ethnographische Frage des linken Rheinufers, 1870. (111) A. von Wersebe, Ueber die Völker und Völker-Bündnisse des alten Teutschlands, 1826. (112) R. E. Zachrisson, Germani, The Name and its Early Hist., Studia Neophilologica 1, 1928, 18–33. (113) Zeuß, Die Deutschen.

G. Neumann

§ 11. Germ. Siedlungsnamen in der ant. Überlieferung. a. Qu. 1. Liter. Qu. → Ptolemaeus (um 150 nach Chr.), unsere Hauptqu., zählt in der Γερμανίας μεγάλης θέσις seiner ‚Γεωγραφικὴ ὑφήγησις' über 90 πόλεις auf; andere Autoren bieten weitere Siedlungsnamen (SN).

Bei Ptolemaeus sind die Positions-Angaben oft unzuverlässig (folglich auch die darauf aufbauenden modernen Lokalisierungs-Versuche), die Schreibungen der Hs. variieren stark, viele SN sind nur bei ihm belegt. All das erschwert ihre sprachliche Bestimmung; mehrere bleiben undeutbar. Außer den germ. finden sich unter ihnen zahlreiche kelt. (einige mit Zweitglied -δουνον ‚befestigter Platz'), wenige lat. (*Ara Flaviae, Tropaea Drusi, *Munitio,* das sich aus Μουνιτιον erschließen läßt, vielleicht auch *Levefanum,* wenn sein Zweitglied lat. *fanum* ‚Heiligtum' ist), im O und SO wohl ein paar, die weiteren idg. Sprachen (der der „Οὐενεδοι" oder der Pannonier) angehört haben könnten (wie etwa Γετιδαυα mit Var. Σετιδαβα, ferner Σιγγονη, Στραγονα, Φευγαρον sowie Στρεοντιον/Στρεουιντια Ptol. II 11,13 bzw. 14, das wohl zu idg. **sreu̯-* ‚fließen' gehört und vielleicht einer balt. Sprache entstammt). Die Endungen dieser SN sind latinisiert/gräzisiert; öfter entsprechen sie nicht dem Nom. Sing. (Die griech. Akzente sind im folgenden weggelassen, da sie nichts über die germ. Betonung aussagen).

Diese SN mögen ganz unterschiedliche Realitäten bezeichnen: größere Ansiedlungen, Fluchtburgen, Marktflecken *(commercia)* oder auch bloß Rastplätze an Furten, die für den röm. Händler wichtig waren. Einige haben sich bis heute erhalten, doch gehen vor allem Patzigs (14) Identifikations-Vorschläge oft zu weit.

2. Epigraphische Qu. Die im Rheinland auf Steininschr. des 2. Jh.s n. Chr. überlieferten Matronenbeinamen (→ Matronen), die teils kelt., teils germ. Ursprungs sind, setzen öfter (nicht immer) ‚topische' Grundwörter voraus, Bezeichnungen von kleineren Siedlungen, vielleicht Gehöften, z. B. **Aχsingi* im Matronenbeinamen *Axsinginehae,* zu **aχ(a)s-* ‚Ähre' und Suffix *-ingi-,* oder *Vanginehae* zu germ. **wanga-* ‚Flur, Wiese', vgl. (12; 20).

Ält. Sprachen als die oben erwähnten (etwa ‚verschollenes Wortgut europ. Vorzeitvölker'), lassen sich in den SN nicht wiss. stringent nachweisen. Keiner dieser SN dürfte ält. als die EZ sein.

b. Siedlungsnamen in Auswahl. Hier wird aus Raumgründen nur eine Auswahl von SN gegeben, sowohl klar deutbare als auch solche, die die Problematik verdeutlichen.

Αλισο- / *Aliso*: Name mehrerer Orte: Ptol. II 11,12; II 11, 14; Vell. 2,120; Tac. ann. II 7,3; gewiß zum Baumnamen *‚Eller, Else, Erle'* (→ Erle § 2); vgl. ON *Elisla* a. 1002 *„Els-loo"* = Erlenhain usw.

'Αμισια: Ptol. II 11,13; vermutlich vom FluN *Amisia* = *Ems* abgeleitet.

Ασκαλιγγιον (→ Askalingion): Ptol. II 11,13,28; Much (9, 141) will zu Ασκ⟨ι⟩λιγγιον emendieren; Suffixkombination *-ing-ja-*. Zum Stammwort vgl. die ON *Ascilinga,* a. 905 *Eskilin-pach* (heute *Eschelbach* [1] bei Pfaffenhofen), *Essel-born* bei Alzey, *Essel* an der Mündung der Leine; (2, 1299).

Ασκιβουργιον: Tac. Germ. 3 und hist. IV 33; Ptol. II 11, 10 Ασκιβουργιον ὄρος (→ Askibourgion oros) usw. – „das zur **Askiburg* (‚Eschen-Burg') gehörende, nahe bei ihr liegende Gebirge". (Ant. Gelehrsamkeit sah darin ἀσκός und πύργος; vgl. 13, 189 ff. 488 ff.; 10, 349 ff.; 11, 43; 8, 237–253). Der *-i*-Stamm *aski-* bezeichnet ein Kollektiv. Der SN ist im heutigen *Asberg* (nahe Moers) erhalten.

Βεργιον (→ Bergion): Ptol. II 11, 14; suffixale Ableitung von **berga-* ‚Anhöhe'.

Bingium (→ Bingen § 1): Tac. hist. IV 70; CIL XIII 9158; Auson., Mosella 2 *(Vingo)* usw; zu mhd. *binge,* nhd. *Pinge* ‚Loch im Erdreich oder Wasser', (vgl. 6 und Neumann; BNF NF 32, 1997, 405–407); heute *Bingen.*

Γαλαιγια, Καλαιγια: Ptol. II 11,13; unerklärt; (germ. Präfix *ga-* ?, [1, § 57]).

Caspingium: Tab. Peut. 1 2/3; Grundwort unerklärt; vielleicht zu nhd. *Haspe* im Sinne von ‚Krümmung' (?); germ. Suffixverbindung *-ing-ja-,* vgl. Ασκαλιγγιον.

Fectio: CIL XIII 8815, Tab. Peut.; schlechtere Var. *Fletione* (Ablativ); heute *Vechten* am Niederrhein; meist zu ahd. *fehta* ‚Kampf' gestellt; (1, § 456).

Φληουμ (→ Flevum): Kastell, *Flevum,* Tac. ann. IV,72.

Φουργισατις: Ptol. II 11,15 (aus mehreren Var. herzustellen): Erstglied zu as. *furia* ‚Föhre', Zweitglied zu ahd. *gi-sāʒi* ‚Sitz'.

Idistaviso: Tac. ann. II,16; vgl.(15, I, 57); Zweitglied gewiß zu *‚Wiese'*; das Erstglied seit J. Grimm (3) mehrfach zu ahd. *idis* ‚Frau' gestellt, wobei man *idisia-* o. ä. konjizierte. (Aber nicht sicher.)

Λακιβουριον: Ptol. II 11,12, Prokop, Aedificia IV 60 (9, 103); (im Erstglied sei Αλκι- oder Ασκι- herzustellen); aber eher zu as. *laca,* z. B. a. 1059 im SN *Lac-stide* ‚Sumpfstelle', heute *Lockstedt* (1, § 309).

Λιριμηρις: Ptol. II 11,12 vgl. (9, 131; 5, 143 f.; 15, II, 114): Zweitglied vielleicht zu aisl. *mæri* ‚Grenze'; doch insgesamt nicht sicher erklärt.

Λουπφουρδον: Ptol. II 11,28 vgl. (15, I, 66; 21). Erstglied FluN (*Luppe,* Nebenfluß der Saale, oder *Lippe,* Nebenfluß des Rheins?); zur Bauform vgl. die ON *Erfurt* < *Erphes-ford* und *Wipperfürth.*

Mattium: Tac. ann. I 56 nennt es *caput gentis*, d. h. Vorort der Chatten; vgl. (4): zu einem Kg.sgeschlecht der **Mattier*; dagegen (1, § 457) zu *Matte* ‚gemähte Wiese'.

Μηνοσγαδα: Ptol. II 11,14. Einige Hs. bieten die wohl bessere Lesung -σταδα; vgl. (5, 145 f.). Zugrunde liegt sicherlich *Μαινο-σταδα (mit itazistischer Schreibung des Diphthongs und griech. Fugenvokal); im Erstglied steckt der Name des *Mains*, zum Zweitglied vgl. ahd. *bahha-stad* ‚Bachufer', nhd. *Gestade, Staden* ‚Ufer', ON *Stade* an der Unter-Elbe.

Ρεδινγουινον: Ptol. II 11,14 (Var. Ρεδιντουινον, Ρεδιντουιον); darin vielleicht als Zweitglied die Entsprechung von germ. **wenjō*, ahd. **winne* ‚Weideland'; vgl. (14, 31; 5, 146 f.).

Σκουργον: Ptol. II 11,12 (9, 138); wohl mit Patzig (14, 18) zu germ. **scūria*, ahd. *scūr* ‚Schutzhütte', süddt. *Scheuer* ‚Scheune'.

Taunus: bei Tac. ann. I 56 *mons* genannt, doch weist die Etym. (engl. *town*, nhd. *Zaun* usw.) auf ‚umzäunte Siedlung' (7; 17); (→ Taunus).

Teutoburgium: Tac. ann. I 60, Τευτοβουργιον Ptol. II 15,3, ‚die zur **Teutoburg* gehörige (Siedlung)'; das Erstglied keltisiert; germ. wäre **þeuda-*; vgl. (1, § 460); (→ Teutoburgium).

Τουλιβουργιον: Ptol. II 11,13; vgl. (9, 111 f.); Erstglied wohl zu mhd. *tülle* ‚Pfahlwerk, Palisadenzaun'.

Τουλκοβουργο: Prokop, Aedificia IV 4; vgl. (21): zu got. *tulgus* ‚fest'.

Vada: Tac. hist. V 20, auch inschriftlich; Wohl zu ahd. *wat* ‚Furt'; vgl. auch ON wie *Wedel, Salz-wedel*; (1, §§ 392, 459).

Vetera castra: Tac. hist. IV 18 u. ö.; zuletzt (23): germ., zu **watar* ‚Wasser'.

Ουιριτιον: Ptol. II 11,12; zu ahd. *werid* ‚Insel u. ä.'?

c. Zur Sprachform. Die 1. Lautverschiebung ist durchgeführt. Bauformen:

1. einstämmig, teilweise mit Suffixen, öfter mit germ. *-ja-*, das lat./griech. als *-io-* wiedergegeben ist (Typ Βεργιον).

2. zweistämmige Komposita. Die in ihnen verbauten Stämme finden sich auch in später geschaffenen dt. ON:

menschliche Siedlungen oder Anlagen: -*burg*: (24; 22; 1, § 374); **sātis* ‚Sitz'. Landschaftsbezeichnungen: *stada* ‚Ufer' (1, § 303); *furda-* ‚Furt' (1, § 392); *wad-* ‚Furt', germ. *tūna-* ‚eingehegter Platz'; *wanga* ‚Wiese', (1, § 366); germ. **wenjō* ‚Weide', (1, § 459); germ. *wisō-* ‚Wiese', (1, § 366); *berga-* ‚Anhöhe', (1, §§ 288, 374).

Im Erstglied die Baumnamen *aski-* ‚Esche' (1, § 318); *furgi-* ‚Föhre' (1, § 319); die FluN *Maina-, Lupia.*

(1) Bach, ON. (2) Förstem. ON., Nachdr. 1967. (3) J. Grimm, in: Kl. Schr. 2, 1865, 6. (4) S. Gutenbrunner, in: PBB 60, 1936, 361. (5) Ders., Über einige germ. ON bei Ptolemaios, Wiener Jahresh. 35, 1943, Beibl. 143–148. (6) Ders., in: Rhein. Vjbl. 20, 1955, 41, Anm. 7. (7) Ders., in: Germ. und Idg. (Festschr. H. Hirt) 2, 1936, 454. (8) R. Hennig, in: Rhein. Vjbl. 11, 1941, 237–253. (9) R. Much, Die Städte in der Germania des Ptolemäus, ZDA 41, 1897, 97–143. (10) Ders., in: Wörter und Sachen 12, 1929, 349. (11) Ders., in: Zeitschr. für Mundartforsch. 11, 1935, 43. (12) G. Neumann, Die germ. Matronen-Beinamen, in: G. Bauchhenss, G. Neumann (Hrsg.), Matronen und verwandte Gottheiten, 1987, 103–132. (13) E. Norden, Die germ. Urgesch. in Tacitus Germania, 1920. (14) H. Patzig, Die Städte Großgermaniens und die heut entsprechenden Orte, 1917. (15) G. Rasch, Die bei den ant. Autoren überlieferten geogr. Namen im Raum n. der Alpen vom linken Rheinufer bis zur pann. Grenze, ihre Bedeutung und sprachliche Herkunft, ungedr. Diss. Heidelberg 1950. (16) H. Reichert, Lex. der agerm. Namen 1–2, 1987–1990. (17) J. Schnetz, ZNF 17, 1941, 124 ff. (18) A. Schöning, Germanien in der Geogr. des Ptolemäus, 1962. (19) Th. Steche, Altgermanien im Erdkundeb. des Claudius Ptolemäus, 1937. (20) Th. Vennemann, Morphologie der niederrhein. Matronennamen, in: E. Marold, Ch. Zimmermann (Hrsg.), Nordwestgermanisch, 1995, 271–299. (21) N. Wagner, BNF NF 23, 1988, 322. (22) L. Weisgerber, ZDA 72, 1935, 173. (23) Ders., Bonner Jb. 154, 1954, 99. (24) Ders., Rhein. Vjbl. 23, 1958, 38.

G. Neumann

§ 12. Agerm. Hydronymie I. a. Einleitung. Bisherige Unters. germ. GewN zeigen (→ Flußnamen § 1), daß man bei der damit verbundenen Suche nach den ältesten Siedlungsgebieten germ. Stämme oft bestrebt war, ein Gebiet zu ermitteln, in dem der Anteil nichtgerm. Relikte innerhalb des Namenschatzes möglichst gering ist. Dieser Raum wäre dann zwangsläufig – so wurde immer wieder angenommen – die Heimat der Germ. gewesen. Da aus Sicht der Ur- und Frühgesch. unter maßgeblichem Einfluß durch Gustaf → Kossinna (vgl. die prägnante Darst. bei Hachmann; 9, 456 f.) die Vorstellung einer nord. Heimat immer mehr Anhänger gewann und sich schließlich als allg. anerkannt durchsetzte, schien dazu die Beobachtung zu passen, wonach S-Skand. in seinem Namengut unter den Ländern Europas eine Ausnahmestellung einnehme: „In keinem anderen Raum gehört das gesamte Namenmaterial nur einer einzigen Sprache an wie etwa in Süd- und Mittelschweden. Das deutet auf eine lange ungestörte Entwicklung" (34, 170). Zweifel an dieser Einschätzung sind auch in jüngster Zeit nur selten geäußert worden.

b. Die alteurop. Hydronymie. Auch die Aufdeckung der alteurop. Hydronymie (siehe auch → Flußnamen § 3) durch Krahe (13; 14; in Polen darf Rozwadowski [20] als früher Vertreter ähnlicher Auffassungen gelten; erste Ansätze bei Ferguson; 6) führte zunächst zu keiner Revision ält. Auffassungen. Erst allmählich sollte sich zeigen, daß die Existenz von FluN, die keiner idg. Einzelsprache zugerechnet werden können und die somit entstanden sein müssen, bevor sich Germanisch, Keltisch, Baltisch, Slavisch usw. entfaltet hatten, auch Konsequenzen für die Herausbildung einzelner Sprachgruppen hat. Zunächst galt es, die Theorie einer alten voreinzelsprachlichen und idg. geprägten Hydronymie durch Sammlung und Sichtung des Materials zu entwickeln und zu stützen (22). Flußnamenpaare wie *Nidda* bei Frankfurt und *Nida* bei Krakau, *Drewenz* in Ostpreußen und *Durance* in Südfrankreich sind nur unter der Annahme voreinzelsprachlicher Herkunft sinnvoll zu erklären. Weder Kelten noch Slaven kommen beispielsweise in diesen Fällen als Namengeber in Betracht (zu weiteren o-europ. Beispielen 29). Die Kritik an der Alteuropa-Theorie (1–3; 15; 21; 25) hat bisher keine überzeugendere Erklärung bieten können.

Der neue Versuch von Vennemann (32; 33) stützt sich in erster Linie auf Verbindungen mit dem S Europas und erinnert damit in gewissem Sinn an Versuche von Kuhn (16; dagegen 27; zum Nord-West-Block recht positiv Meid 19; ablehnend Udolph 30, 937 ff.). Nicht wenige der von Vennemann für baskisch („vaskonisch") erklärten Namen finden im O ihr (indogermanistisch zumeist gut erklärbares) Etymon (beachte die Slg. poln. FluN in 10 sowie 24; 27).

Die Weiterentwicklung der Alteuropa-Theorie durch Schmid (zahlreiche Beiträge in 24) führte zu einer Reihe wichtiger Neuerungen in der Beurteilung dieser alten GewN-Schicht. Für die germ. Namen sind dabei folgende Punkte von besonderer Bedeutung: a) alte FluN sind Ableitungen von einer Wurzel, nicht von einem Wort; b) innerhalb der Hydronymie sind besondere Beziehungen zum Baltikum zu erkennen; c) in Skand. ist die alteurop. Hydronymie nicht in demselben Maße bezeugt wie im kontinentalgerm. Raum.

c. Alteurop. Hydronymie – germ. GewN. Bekanntlich sind die germ. Sprachen über eine zu rekonstruierende ält. Zwischenstufe, die durch Eigenheiten geprägt ist, die alle germ. Sprachen gleichermaßen umfassen (germ. Lautverschiebung, Festlegung des Wortakzents, Entwicklung der idg. Nasale und Liquiden, Ablauterscheinungen beim starken Vb. u. a.), mit den idg. Schwestersprachen eng verbunden. Das zeigt sich auf allen Ebenen der Grammatik, und es darf als sicher gelten, daß die Verzahnung auch im Bereich der Namen, die durch ihre Zähigkeit und ihre ortsfeste Lage von besonderer Bedeutung sind, beobachtet werden kann. Von hieraus ist zu erwarten, daß sich in den ältesten germ. Siedlungsgebieten nicht nur rein germ., sondern auch vorgerm. (= alteurop.-idg.) GewN finden lassen, durch die die Verflechtung mit den idg. Schwestersprachen sowie ält. Stufen idg. Namengebung deutlich wird.

Abgesehen von diesen, im strengen Sinne vorgerm. Namen darf unter einer Schicht, die man als ‚agerm. Hydronymie' versteht, nicht ein einheitliches Stratum erwartet werden. Es ist eher anzunehmen, daß sich in ihnen unterschiedlich starke Spuren einer Germanisierung beobachten lassen: denkbar ist die Existenz von Namen, deren Bestandteile (Suffixe, Ablautstufen u. ä.) nur geringe Spuren einer einzelsprachlichen Veränderung aufweisen, während andere in größerem Maße germ. Einfluß zeigen. Schließlich ist mit Namen zu rechnen, die ganz allein aus germ. Material erklärt werden können, die zugleich aber (das bedingt der Terminus ‚agerm.') Erscheinungen aufweisen, die eine Zuweisung zu einer germ. Einzelsprache oder Sprachgruppe erschweren oder unmöglich machen. Für die Suche nach den ältesten germ. Siedlungsgebieten sind dabei diejenigen Relikte von ganz besonderem Wert, die zur ersten Gruppe gehören: sie sind Zeugen eines sich aus einer idg. Dialektgruppe heraus entwickelnden Germ. Ein Bereich, der fast ausschließlich germ. Hydronyme und Toponyme kennt (man sieht dieses vor allem in Skand.), darf zwar als von Germ. lang besiedeltes Territorium angesehen werden; für die Frage nach der Heimat scheidet es jedoch aufgrund fehlender Verbindungen zu den idg. Nachbarsprachen aus.

d. Typen agerm. GewN. 1. Der Nachweis alteurop. GewN auf germ. Boden soll hier nur insoweit behandelt werden, als diese für die Abgrenzung mit agerm. Hydronymen von Bedeutung sind. Trotz mancher Skepsis vor allem skand. Forscher (1–4; 25) kann nicht daran gezweifelt werden, daß vorgerm. Relikte auch in Schleswig-Holstein (dazu etwa 17; 18), Dänemark und Skand. (vgl. das Material in 12) bezeugt sind (24, 334 ff. 413–429; zur Diskussion siehe auch 10; 11). Diese stehen aber schon zahlenmäßig gegenüber denjenigen in Deutschland zurück. Weit wichtiger ist aber die Beobachtung, daß zw. den alten Namen in den germ. Siedlungsgebieten Skand.s und Mitteleuropas „gewichtige Unterschiede auf lautlichem, morphologischem Gebiet" bestehen, „die ein gemeinsames Ausstrahlungszentrum in Skandinavien ausschließen" (24, 342). Die Differenzen zeigen sich z. B. bei _-s_-Ableitungen zur Wurzel _*pel-/*pol-_ ‚gießen' _(Vils)_ und zu anderen Wurzeln _(Glems, *Verisa)_, die sich in Deutschland belegen lassen, nicht aber in Skand. (24, 161 f.); sie erscheinen bei der _-t_-Erweiterung zur Wurzel _*pel-_ ‚fließen', die sich im Namen der _Fulda_ finden läßt, nicht aber im N (24, 162; → Fulda § 1). Schließlich fehlen auch Ableitungen zu der idg. Wurzel _*ser-/*sor-_ ‚fließen' im N, nicht aber auf dem Kontinent, wie die Namen _Zorn_ und _Saar_ zeigen (24, 342).

2. Unter den Begriff ‚agerm. GewN' fallen zunächst Typen, die enge Bindungen zur alteurop. Hydronymie aufweisen, jedoch erste Spuren germ. Lautentwicklungen oder morphologischer Veränderungen zeigen. Dazu zählt vor allem ein auch in Appellativen nachweisbarer frühgerm. Konsonantenwechsel im Wurzel- oder Stammauslaut, der bei einem Vergleich zw. anord. _flattr_ ‚flach' gegenüber lit. _platùs,_ dt. _Nessel_ < germ. _*natilôn_ gegenüber lit. _noterè_, lett. _nâtre,_ apreuß. _noatis_ ‚Nessel', dt. _weiß, Weizen_ < germ. _*hvīta-_ gegenüber lit. _kvietỹs,_ aind. ś_veta-_ ‚weiß', dt. _naß_ < germ. _*nata-_ gegenüber griech. νότιος, νοτερός ‚dasselbe', _*dheup-_ in ahd. _tobal_ ‚Waldschlucht' gegenüber _*dheub-_ in got. _diup-s_, dt. _tief,_

aind. *vēpa-tē* ‚zittert' gegenüber ahd. *wipf* ‚Schwung, rasche Bewegung', dt. *Wippe, Wimpel, Wipfel* u. a. m. deutlich wird (24, 340; 30, 50 ff.).

Dieser Wandel ist vor die erste oder germ. Lautverschiebung zu datieren. GewN, die entspr. Züge aufweisen, sind Bindeglieder zw. der idg.-alteurop. Schicht und agerm. Namengebung. Erste Zusammenstellungen haben gezeigt (24, 340; 30, 50–118), daß hierunter etwa fallen: die GewN zur Wurzel **nat-/*not-* wie *Neetze, Nette, Netze, Nesse, Nathe* u. a. m., Ableitungen von **u̯id-/*u̯it-* ‚biegen, krümmen' wie *Wied, Weidnitz, Weida, Weide, Vidå, Wethau, Wieda* u. a., die Sippe um *Schunter, Schondra, Schutter, Schossen,* Bildungen zur idg. Wurzel-Dublette **eib-/*eip-* ‚biegen, krümmen' wie *Wipper, Wipfra, Wupper, Wipperau, Wippe* u. a.

Im Licht dieses Konsonantenwechsels löst sich auch das Problem der immer wieder diskutierten *-apa*-Namen (zum Material siehe 5) *Ennepe, Olpe, Honnef, Aschaffenburg, Horpe, Elsphe*: geht man von einer idg. Wurzelvar. **ab-* (die in kelt. Appellativa und Namen, vgl. *Avon,* bezeugt ist) aus, so liegt in *apa* die durch die germ. Lautverschiebung erzeugte normale Weiterentwicklung vor, während der O (apreuß. *ape* ‚Fluß', vgl. etwa *Angerapp*) die Dublette **ap-* fortsetzt (30, 83 ff.). Dieses ist umso auffälliger, als die Streuung der *-apa*-Namen (Verbreitung: 5, Karte 2) den N in keiner Weise erreicht.

Eine andere Gruppe von Appellativen und Namen zeigt Besonderheiten, die das Germ. mit dem Balt. und Slav. verbindet. Es handelt sich in einigen Fällen um Ableitungen von Wurzelerweiterungen, die nur in diesen drei Sprachstufen sicher bezeugt werden können oder onomastisch nur in einem Gebiet auftreten, das von Sprechern der drei Sprachgruppen besiedelt wurde (30, 16–49). Dazu zählen u. a. die Wurzeln **dhelbh-* ‚vertiefen, aushöhlen' in *Thulba, Delvenau, *pers-*, sprühen, spritzen' (gegenüber schwundstufig **pr̥s-* in nordgerm. *fors* ‚Wasserfall') in *Veerse, Veerßen, Vers, Verse, Versia, Viersen,* und **pl̥t-* in *Fulda* (siehe auch → Fulda § 1). Zu beachten ist dabei, daß es sich um Erweiterungen zu den sonst üblichen alteurop. oder idg. Wurzeln des Typs ***K_1eK_2- handelt, also offenbar um eine gegenüber alteurop. Namen jüng. Schicht von Hydronymen.

Weitere Gruppen agerm. Namen enthalten Vokalveränderungen, zumeist Kürzungen, wie sie auch im Wortschatz zu beobachten sind (dt. *Otter* gegenüber lit. *ū̆dra,* slav. *vydra;* dt. *Sohn* < **sū̆nus* gegenüber aind. *sūnus,* akslaw. *synъ,* lit. *sūnùs,* vgl. 30, 138 f.). Hierzu gehören der FluN *Stör* < **Stū̆ria* gegenüber *Styr', Stour, Stura* (31, 671–674), die Namen *Nohra, Norebach* < **Nū̆r-* gegenüber o-europ. Parallelen, die **Nū̆r-* fortsetzen u. a. m. (30, 140–147).

Von besonderer Bedeutung sind GewN, die zwar auf alteurop. Basen aufbauen, jedoch durch einzelsprachliche Suffixe gekennzeichnet sind. Als bisher wichtigste Gruppe haben sich Namen mit einem Formans *-str-* herauskristallisiert (30, 243–258), die im appellativischen Bereich zu den eindeutig germ. Bildungstypen gehören (got. *awistr* ‚Schafstall', norw. *naustr* ‚Bootsschuppen', dt. *Laster* < **lah-stra-, Polster* < **bulh-stra-*). Damit gebildete Hydronyme sind teils von alteurop. Basen abgeleitet (**al-* in *Alster, Elster, Ulster* [28, 271–273]; **pel-* in *Falster*), teils von germ. Wurzeln (*Vinster, Gelster* u. a.). Auch diese bilden wichtige Bindeglieder zw. dem voreinzelsprachlichen Stratum und germ. Namenschatz.

3. Eine letzte Gruppe agerm. GewN kann aus Bildungen gewonnen werden, die aus ausschließlich germ. Bestandteilen zusammengesetzt sind, die jedoch nicht aus einer germ. Sprache allein erklärt werden können, sondern an „erschlossene Wortformen aus altgermanischer Zeit vorausgesetzt werden müssen" (14, 26). Die wichtigsten Beispiele aus dem dt. Sprachgebiet hat Krahe (14, 26 ff.) aufgelistet: *Thulba, Brend, Streu, Retz(bach), Flöha, Nette/Netze,*

Seckach, Schwippe, Aitrach, Schondra, Lauter; vgl. auch das Material bei Greule (7; 8, 2145 f.).

Nicht immer gelingt es in diesen Fällen, eine saubere Abgrenzung von einzelsprachlichen Bildungen (etwa im Fall von *Lauter/Lutter*) vorzunehmen, aber gerade dadurch erweisen sich zahlreiche GewN auf dt. Boden als Zeugen einer germ.-dt. Kontinuität. Diese zeigt sich somit im dt. Sprachgebiet (vor allem in dessen N) in allen behandelten Fällen (Nachweis alteurop. Hydronyme; Konsonantenwechsel; Vokalkürzung; *-str*-Bildungen) und steht damit im Gegensatz zu der skand. Hydronymie, die zwar eine hohe Zahl germ. Bildungen kennt, jedoch kaum Hinweise auf eine kontinuierliche Entwicklung aus einem alteurop. Substrat heraus gibt. Vielmehr hat es den Anschein, als sei die Entwicklung in der Hydronymie Skand.s unterbrochen worden. Es ist nicht ausgeschlossen, daß dieses durch germ. Stämme verursacht wurde. Vergleichende Unters. von GewN und ON aus dem N und dem Kontinent werden dieser Frage zukünftig nachgehen müssen.

(1) Th. Andersson, Alteurop. Hydronymie aus nord. Sicht, Namenkundliche Informationen 30, 1977, 18–35. (2) Ders., Norden och det forna Europa, NoB 60, 1972, 5–58. (3) Ders., Zur Gesch. der Theorie einer alteurop. Hydronymie, in: Ders. (Hrsg.), Probleme der Namenbildung, Rekonstruktion von Eigennamen und der ihnen zugrundeliegenden Appellative, 1988, 59–90. (4) O. Bandle, Zur Typol. der germ. FluN, in: Florilegium Nordicum (Festschr. S. Fries), 1984, 18–29. (5) H. Dittmaier, Das apa-Problem, 1955. (6) R. Ferguson, The River-Names of Europe, 1862. (7) A. Greule, Lex. der frühgerm. (einstämmigen) GewN. Suffixbildungen, Probeh. anläßlich des Regensburger Symposions „Historisch-philologische Ortsnamenbücher", 1994. (8) Ders., Überblick über Gesch. und Typen der dt. GewN, in: W. Besch u. a. (Hrsg.), Sprachgesch. Ein Handb. zur Gesch. der dt. Sprache und ihrer Erforsch. 2. Halbbd., 1985, 2142–2148. (9) R. Hachmann, Die Goten und Skand., 1970. (10) J. Kousgård Sørensen, Danmark og gammeleuropa, NoB 60, 1972, 59 f. (11) Ders., Danmark – del af Krahes Gammeleuropa? Del af Kuhns Gammeleuropa?, Studier i nordisk filol. 63, 1982, 4–59. (12) Ders., Danske sø- og ånavne 1–5, 1968–1983. (13) H. Krahe, Die Struktur der alteurop. Hydronymie, 1963. (14) Ders., Unsere ältesten FluN, 1964. (15) H. Kuhn, Rez. zu [14], Anz. für dt. Altert. und dt. Lit. 78, 1967, 1–22. (16) Ders., Das letzte Indogermanisch, 1978. (17) G. Kvaran Yngvason, Unters. zu den GewN in Jütland und Schleswig-Holstein, 1981. (18) W. Laur, GewN in Schleswig-Holstein: ein Überblick, BNF NF 16, 1981, 107–124. (19) W. Meid, Hans Kuhns „Nordwestblock"-Hypothese, in: H. Beck (Hrsg.), Germ.-Probleme in heutiger Sicht, 1986, 183–212. (20) J. Rozwadowski, Studia nad nazwami wód słowiańskich, 1948. (21) W. Scherer, Der Ursprung der alteurop. Hydronymie, in: Atti e Memorie VII Congresso Internationale di Scienze Onomastiche 2, 1961, 405–417. (22) W. P. Schmid (Hrsg.), Hydronymia Germaniae 1 ff., 1962 ff. (23) Ders. (Hrsg.), Hydronymia Europaea 1 ff., 1985 ff. (24) Ders., Linguisticae Scientiae Collectanea. Ausgewählte Schr., 1994. (25) S. Strandberg, Kontinentalgerm. Hydronymie aus nord. Sicht, in: [3], 17–57. (26) A. Tovar, Krahes alteurop. Hydronymie und die w-idg. Sprachen, 1977. (27) J. Udolph, Zur frühen Gliederung des Idg., Idg. Forsch. 86, 1981, 30–70. (28) Ders., Germ. Hydronymie aus kontinentaler Sicht, BNF NF 24, 1989, 269–291. (29) Ders., Die Stellung der FluN Polens innerhalb der alteurop. Hydronymie, 1990. (30) Ders., Namenkundliche Stud. zum Germ.-Problem, 1994. (31) Ders., *Ex oriente lux*. Zu einigen germ. FluN, in: Reader zur Namenkunde III.2, 1996, 671–692. (32) T. Vennemann, Etym. Beziehungen im alten Europa, Der Ginkgo Baum. Germanistisches Jb. für N-Europa 13, 1995, 39–115. (33) Ders., Linguistic reconstruction in the context of European prehist., Transactions of the Philol. Soc. 92, 1994, 215–284. (34) Wenskus, Stammesbildung, ²1977.

J. Udolph

§ 13. Agerm. Hydronymie II. Die chron. Schichtung der ON zählt zu den wichtigsten, gleichzeitig aber den schwierigsten Aufgaben der ON-Forsch. In der alten germ. Toponymie, die in verschiedenen Art. behandelt wird, finden sich viele Namen, die vorgerm. sind oder sein können. Besondere Beachtung ist in der chron. Beurteilung den GewN gewidmet worden. In der Diskussion über die ältesten ON-Schichten Europas hat die Theorie einer speziellen voreinzelsprachlichen GewN-Struktur, der sog. alteurop. Hydronymie (→ Baltoslawische Spracheinheit § 3; → Flußnamen § 3), im letzten halben Jh. eine hervortretende Rolle gespielt. Da die Auffassung der germ. Hydronymie auf der Theorie einer spezifischen alteurop. Hydronymie aufbaut, erscheint es wichtig, diese Theorie kritisch zu prüfen.

Die von Krahe geschaffene, heute vor allem von Schmid und Udolph vertretene Theorie, die sich unter den GewN praktisch auf FluN beschränkt, geht von ‚Restnamen' aus, d. h. von Namen, die aus einer bodenständigen Sprache nicht erklärbar sind, was mit der herkömmlichen Arbeitsweise der ON-Forsch. im besten Einklang steht. In der Namenforsch. wird grundsätzlich zunächst Anknüpfung an die am Ort gesprochene Sprache geprüft und bei Bedarf in – geogr. und chron. – immer weiteren Kreisen gesucht. Krahe sah in dem aus ‚Restnamen' zusammengestellten Namengut, gekennzeichnet durch spezielle Wurzeln und Suffixe, zunächst Spuren des Illyr., nahm aber allmählich eine späte w-idg. Sprachstufe an, die er „Alteuropäisch" nannte. Da sich diese Idee als falsch herausgestellt hat, wird ‚alteurop.' nunmehr als idg. (Schmid) oder spätidg. (W. Meid) aufgefaßt, was allerdings für die Chron. praktisch keinen wesentlichen Unterschied beinhaltet (6, 69 f.; 21, 759).

Die alteurop. Theorie ist von Anfang an, sowohl von indogermanistischer wie onomastischer Seite, umstritten gewesen (1, 23 f.; 6, 60–69; 21, 760). Bedauerlicherweise ist die Theorie seitens der Indogermanistik wenig beachtet worden, weshalb eingehendere Auseinandersetzungen leider fehlen (6, 68 f.). Die Frage, ob und gegebenenfalls inwieweit vor- oder nicht-idg. Sprachgut in den alten GewN zu finden ist, müßte näher geprüft werden (6, 69; 15, 447 f.; vgl. → Flußnamen S. 281; 21, 760). Dasselbe gilt für das von Schmid angenommene balt. Zentrum der Hydronymie (6, 68; → Flußnamen S. 280 f.). Schmidt, der die europ. Sprachen von der anderen Seite, vom Kelt. aus, betrachtet, findet den alteurop. Ansatz diskutabel (22, 133–136. 141).

Die Kritik der Namenforsch., die vor allem von nord., aber auch von dt.sprachiger und ndl. Seite vorgebracht worden ist (6, 67–69. 73 f.), ist ausführlicher begründet worden. Von nord. Seite ist zunächst zu bedauern, daß die nord. Forsch. zu wenig beachtet wird und die Kenntnis nord. Namen überhaupt zu begrenzt ist (1, 27–52; 3, 25–28; 15, 445–448). Die Kritik bezieht sich vor allem auf zwei Punkte der Theorie: Semantik und Chron. der Namen.

Für alteurop. Namen wird praktisch durchgehend von Wurzeln mit allgemeinen Bedeutungen, ‚Wasser', ‚fließen, strömen', ausgegangen, die zweifellos eine wichtige Rolle gespielt haben, jedoch auch in alter und ältester Zeit nicht alleinherrschend gewesen sind. Auch wenn Wurzeln mit anderer Bedeutung aus sachlichen Gründen von den Einzelphilol. vorgeschlagen werden, werden Wasserwurzeln vorgezogen (1, 28–51; 5, 32–35; 6, 76–78). Von onomastischer Seite wird dies leicht als steuernde Wirkung des ‚Systems' betrachtet. Als bes. bedenklich erscheint es, wenn Homonymie mit der Begründung abgelehnt wird, daß gleichlautende GewN eben als GewN synonym – im Sinne von ‚Wasser'? – seien (20, 17 f.; dazu 15, 446 f.). Norw. *Aura* fem. läßt sich einfach aus awn. *aurr* mask. ‚Kies' erklären (3, 26; 6, 76; *ōn*-Stamm, vgl. 16, 190 f.; 17, 5; 20, 18; 24, 285), auch wenn *Aura* (mit anderer Stammbildung) anderswo in Europa anders zu deuten ist. Es handelt sich hier nicht nur um die Etym. einzelner Namen (vgl. → Flußnamen S. 281), sondern – in der Schmidschen Fassung der Theorie – um eine grundsätzliche Einstellung zur Semantik der alten Hydronymie. Dies wird in einer neulich erschienenen Zusammenfassung der alteurop. Diskussion von Schmid deutlich ausgesprochen. Einzelsprachliche Deutungen würden „jeweils eine Lücke aufreißen in der Verbreitungskarte"; methodisch gelte, „daß die Lokalforschung, die einzelsprachliche Deutung, solange den Vorrang hat, bis ihr von anderen Kriterien [der alteurop. Namen] widersprochen wird" (21, 757). Mit dieser Einstellung wird die für die Theorie grundlegende Idee, von ‚Restnamen' auszugehen, praktisch aufgegeben. Bes. von einzelphilol. und allg. onomastischer Seite ist eine solche Methode abzulehnen.

Grundlegend für die alteurop. Theorie ist die Chron. Die chron. Abgrenzung konstituiert, wie bes. Kousgård Sørensen hervorhebt, eben die Theorie (13, 65–67; 14, 53–55; 15, 449–451). Es geht um die Schichtung in voreinzelsprachliche, ‚alteurop.' Namen und einzelsprachliche, z. B. germ. Namen. Diese Schichtung, die also in erster Linie eine relative, keine absolute Chron. beinhaltet, geschieht mit Hilfe der Suffixe; die angenommenen Wurzeln sind z. T. auch z. B. im Germ. bezeugt. Wie lange ein Suffix produktiv geblieben ist, läßt sich aber selten strikt entscheiden, was Krahe selbst unterstreicht (1, 11 f. 22 f.; 5, 39 f.; 6, 68; 15, 449. 451. 455 f.; vgl. 21, 759). Daß Züge einer ‚alteurop.' Struktur nicht ohne weiteres chron. zu interpretieren sind, ist u. a. in Deutschland festgestellt worden (3, 29 f.; 6, 73; 11, 225–228).

Noch wichtiger in chron. Hinsicht ist die Frage nach der Art der Namenbildung. Das Datieren eines Namens mit Hilfe von Wurzel und Suffix setzt grundsätzlich primäre Namenbildung voraus, d. h. daß der Name eben direkt als Name gebildet worden ist. Wenn sekundäre Namenbildung vorliegt, d. h. wenn ein schon vorhandenes Wort (Subst., Adj.) zum Namen umfunktioniert worden ist, läßt sich ja der Name nicht morphologisch datieren, sondern das Alter des Namens hängt von der Lebenszeit des betreffenden Wortes ab. Mit dieser für die Chron. entscheidenden Fragestellung haben sich Krahe und seine Nachfolger wenig befaßt, während sie sonst in der Namenforsch. eifrig erörtert worden ist. Von onomastischer Seite ist anzunehmen, daß auch in der ältesten Toponymie sowohl primäre wie sekundäre Namenbildung vertreten ist (1, 12 f. 23–28; 3, 22; 4, 16; 5, 30–40; 6, 63–68. 71–73. 85 f.; 10, 18 f.; 14, 50. 52; 15, 449 f.).

Der Mangel an Interesse für die Chron. scheint letzten Endes mit der allg. linguistischen, nicht onomastischen Grundkonzeption der alteurop. Theorie zusammenzuhängen: es geht darum, geogr. fixierbare Zeugnisse alten, sonst unbekannten idg. Sprachgutes zu eruieren und somit dessen Verbreitung festzustellen (6, 63. 68. 72; 20, 15). Ziele der ON-Forsch. sind dagegen die Deutung der einzelnen Namen und das Feststellen der Struktur der Toponymie, wobei die chron. Schichtung eine wesentliche Rolle spielt. Die Hydronymiediskussion hilft da wenig weiter, bestätigt vielmehr die Auffassung, daß sich ohne nähere, hauptsächlich noch ausstehende Unters. der einzelnen Suffixe striktere chron. Grenzen innerhalb des ON-Schatzes schwerlich ziehen lassen (1, 22 f.; 2, 167–169; 6, 67 f. 85; 10; 14, 52–55; 15, 455 f.).

Möglicherweise hängt auch das mangelnde Interesse für die Semantik der GewN mit der linguistischen Konzeption der alteurop. Theorie zusammen. Es geht um das Feststellen von GewN mit angenommenem Bezug auf Wasser und Fließen, während in der ON-Forsch. eine genauere Bedeutungsbeschreibung erstrebt wird.

Aus der Sicht der ON-Forsch. liegt der Wert der alteurop. Theorie vor allem im Hervorheben der großen Perspektive und der toponymischen Zusammenhänge über große Gebiete. Dies ist nun nichts Neues; schon Hellquist vertrat in einer der ersten größeren nord. GewN-Unters. dieselbe Einstellung (12). Krahe und seine Nachfolger haben aber diese Methode theoretisch untermauert und systematisch die Analyse auf den ältesten Namenschatz eingerichtet (1, 51; 6, 75; 15, 451).

Mit der hier gegebenen Darst. als Hintergrund dürfte es verständlich sein, daß die alteurop. Theorie nicht oder nicht voll akzeptiert worden ist und daß deswegen eine Neudefinierung verlangt worden ist (1, 25–28. 51 f.; 3, 29–32; 5, 37–40; 6, 72–75. 84 f.; 10, 19; 11, 226 f.; 14, 50; 15, 451). Wichtig sowohl für die Indogermanistik wie für die ON-Forsch. ist auch die Erweiterung des Blickes auf andere Vertreter der ältesten Toponymie. Von nord. Seite wird dabei auf die in Skand. zahlreich vertretenen Inselnamen hingewiesen. Diese Namenkategorie, die allerdings bis jetzt wenig aufgearbeitet worden ist (→ Inselnamen), stimmt in der suffixalen Struktur im großen ganzen mit der Kategorie der GewN überein. Die Hydronymie und die Nesonymie spiegeln sicherlich am besten die alte idg. und die älteste einzelsprachliche Toponymie Europas. Um diese zu interpretieren und chron. möglichst zu schichten (idg., germ., nord., dän. usw.), ist eine Zusammenarbeit zw. der Indogermanistik und den Einzelphilol. unbedingt nötig.

Auf der Annahme eines balt. Zentrums aufbauend (s. o.), will Schmid mit Hilfe der Hydronymie die Genese des Germ. auf n-dt. Gebiet verlegen (→ Flußnamen § 4; 18, 156–158; 19, 716–721; 20, 26). Es ist jedoch fraglich, ob die hydronymische Struktur einen so weitreichenden Schluß erlaubt (9, 181). Außerdem müßte die Auffassung vom Baltikum als Zentrum geprüft werden. Im Anschluß an Schmid versucht Udolph, anhand von ON die germ. ‚Urheimat' in N-Deutschland näher zu präzisieren (25). Die Bemühungen, den Kontinent auf Kosten von Skand. hervorzuheben, überzeugen aber nicht (7, 6. 20 f.; 9; 26). Die alten GewN auf dem Kontinent und in Skand. enthalten im großen ganzen dasselbe Suffixinventar, das dazu auch in nord. Inselnamen begegnet (7, 6; 23, 42 f.). Andere ON in der alten Germania zeigen, daß N-Deutschland und S-Skand. um die s. Ostsee etwa um Christi Geburt und in der 1. Hälfte des 1. nachchristl. Jt.s ein zusammenhängendes Sprachgebiet ausgemacht haben (7). Von den ON aus gesehen, ist am ehesten in herkömmlicher Weise mit altem germ. Gebiet sowohl in N-Deutschland als auch in S-Skand. zu rechnen (9; 10, 26; vgl. 8, 17).

(1) Th. Andersson, Norden och det forna Europa, NoB 60, 1972, 5–58. (2) Ders., Om ortnamn och ortnamnsforskning, ebd. 61, 1973, 148–170. (3) Ders., Alteurop. Hydronymie aus nord. Sicht, Namenkundliche Informationen 30, 1977, 18–35. (4) Ders., Ord eller suffixbildning? Till frågan om rekonstruktion av ord ur ortnamn, in: V. Dalberg u. a. (Hrsg.), Sprogvidenskabelig udnyttelse af stednavnematerialet. NORNAs syvende symposium, 1980, 9–40. (5) Ders., Rekonstruktion in der Onomastik, in: Der Eigenname in Sprache und Ges. 15. Internationaler Kongreß für Namenforsch. 1, 1985, 29–48. (6) Ders., Zur Gesch. der Theorie einer alteurop. Hydronymie, in: Ders. (Hrsg.), Probleme der Namenbildung. Rekonstruktion von Eigennamen und der ihnen zugrundeliegenden Appellative, 1988, 59–90. (7) Ders., Nord. und kontinentalgerm. Orts- und Personennamenstruktur in alter Zeit, in: E. Marold, Ch. Zimmermann (Hrsg.), Nordwestgermanisch, 1995, 1–39. (8) Ders., Götar, goter, gutar, NoB 84, 1996, 5–21. (9) Ders., Rez. zu [25], ebd., 180–183. (10) O. Bandle, Zur Typol. der germ. FluN, in: Florilegium Nordicum. En bukett nordiska språk- och namnstudier tillägnade S. Fries, 1984, 18–29. (11) A. Greule, Vor- und frühgerm. FluN am Oberrhein, 1973. (12) E. Hellquist, Studier öfver de svenska sjönamnen, deras härledning ock hist. 1–6, 1903–1906. (13) J. Kousgård Sørensen, Danmark og Gammeleuropa, NoB 60, 1972, 59–80. (14) Ders., Danmark – del af Krahes Gammeleuropa? Del af Kuhns Gammeleuropa?, Studier i nordisk filol. 63, 1982, 47–59. (15) Ders., Danske sø- og ånavne 8, 1996. (16) W. P. Schmid, *Aura* und *Aurajoki*, Baltistica 9, 1973, 189–194. (17) Ders., Die alteurop. Hydronymie, BNF NF 16, 1981, 1–12. (18) Ders., Alteuropa und das Germ., in: H. Beck (Hrsg.), Germ.-Probleme in heutiger Sicht, 1986, 155–167. (19) Ders., Bemerkungen zum Werden des „Germ.", in: Sprache und Recht (Festschr. R. Schmidt-Wiegand), 1986, 711–721. (20) Ders., Alteuropa und Skand., Namenkundliche Informationen 56, 1989, 14–28. (21) Ders., Alteurop. GewN, in: Namenforsch. 1, 1995, 756–762. (22) K. H. Schmidt, Keltisch und Germanisch, in: J. Untermann, B. Brogyanyi (Hrsg.),

Das Germ. und die Rekonstruktion der idg. Grundsprache, 1984, 113–153. (23) S. Strandberg, Kontinentalgerm. Hydronymie aus nord. Sicht, in: [6], 17–57. (24) J. Udolph, Germ. Hydronymie aus kontinentaler Sicht, BNF NF 24, 1989, 269–291. (25) Ders., Namenkundliche Stud. zum Germ.-Problem 1994. (26) N. Wagner, Rez. zu [25], BNF NF 29/30, 1994/95, 184–193.

Th. Andersson

B. Sprache und Schrift

§ 14. Einleitung. Die Betrachtung der Sprache bringt eine zusätzliche Dimension in die Altkde: Die Sachkultur ist stumm – auch wenn sie so anschauliche und eindrucksvolle Beispiele vorweist wie etwa die Ausstattung von Fürstengräbern; die Gesch. ist allg. und blickt in der frühen Zeit von außen auf ihren Gegenstand – auch in so wichtigen Qu. wie der *Germania* des Tacitus; die Sprache dagegen spiegelt die Welt, die ihre Sprecher sehen und die sie gestalten – wenn ihre Qu. im Anfang auch noch dürftig sind. Es geht dabei zunächst um die Überlieferung der frühen Sprachzustände, beginnend mit den Runendenkmälern seit dem 2. Jh. n. Chr. über die got. Fassung der Bibel in Ms. des 6. Jh.s, langob. Einsprengseln in Ms. des 7. Jh.s zu der Überlieferung des Engl. und Dt. in Buchschrift, später auch des Nord. und Fries. Neben der bekannten lat. Buchschrift sind dabei die germ. Runen als eigene Schriftkultur von Bedeutung. Die Eigenheiten der Sprachentwicklung erlauben darüber hinaus aber auch eine Rekonstruktion: eine Rekonstruktion der Verwandtschaftsverhältnisse der germ. Sprachen untereinander und der Beziehungen zu den Sprachen der idg. Sprachfamilie; aber auch eine Rekonstruktion der sprachlichen Elemente bis zu der Erschließung von Wörtern und Formen der idg. Grundsprache.

Von besonderer Bedeutung für die Erfassung der Kultur dieses Bereichs ist dabei die geformte Sprache, die wir meist als *Dichtung* zusammenfassen. Die Überlieferung setzt hier bes. spät und spärlich ein, und bes. für die heidn. Zeit fließt sie nur im N reicher, wo sich das Christentum bes. spät durchgesetzt hat. Über den vorhandenen Bestand hinaus lassen sich aber auch Merkmale germ. Dichtung erfassen, die in die vorliter. Zeit hineinreichen; so bes. die regelhafte Anwendung des Stabreims als Mittel von Form und Schmuck, verbunden mit einem ebenfalls regelhaften Metrum – Formmerkmale, die in anderen Sprachen nur als ein Mittel neben anderen auftreten. Dagegen sind die Gattungen der Dichtung, die sich ebenfalls in vorliter. Zeit zurückverfolgen lassen, näher an allg. üblichen Formen gesprochener Dichtung.

Die Namen, die den dritten Teil dieser Darst. ausmachen, werden nicht zur Sprache im eigentlichen Sinn gerechnet, beruhen aber auf den Mitteln der Sprache und sind in der Regel auch mit bestimmten Sprachen verbunden. Als Qu. für die Altkde kommen sie in verschiedener Weise in Betracht: Personennamen zeigen die Formen der Namengebung zu bestimmten Zeiten und lassen dabei wichtige Rückschlüsse auf die Kultur zu. Sie sind zu allen Zeiten zw. verschiedenen Sprachgemeinschaften austauschbar gewesen – in der frühen Zeit macht es z. B. Mühe, Germ. und Kelten nach ihren Namen zu unterscheiden; auch dies ein wichtiger Hinweis auf kulturelle und gesellschaftliche Zustände. Die Namen von Örtlichkeiten, ganz bes. die Namen von Gewässern, haben ein anderes Gewicht: Sie werden in der Regel weitergegeben, auch wenn die Bewohner der betreffenden Gegend wechseln. So haben wir bes. bei dem deutlich faßbaren System der Flußnamen (‚alteurop. Hydronymie') eine nicht abbrechende Diskussion über die Frage, welcher Sprachschicht (germ. – vorgerm. – vor-idg.) sie zuzurechnen seien. Auf Siedlungsnamen wird in diesem Überblick nicht eingegangen – sie kommen gegebenenfalls in einzelnen Art. (z. B. → Asciburgium) zur Sprache.

§ 15. Die sprachwiss. Definition von Germanisch. a. Theoretische und terminologische Grundlagen. Bei der Beurteilung der Verwandtschaft von Sprachen in vorliter. Zeit muß die Vorstellung von modernen Hochsprachen außer Betracht bleiben: Deutsch, Niederländisch, Englisch, Dänisch usw. sind (bei aller Ähnlichkeit) klar voneinander unterscheidbare und in sich verhältnismäßig einheitliche Größen, überregionale Standardsprachen, die es in dieser Form in vorliter. Zeit noch nicht gegeben haben kann. Noch in ahd. Zeit findet sich in Wirklichkeit kein ‚Althochdeutsch' als solches, sondern nur Alt-Alem., Alt-Bairisch, Alt-Südrheinfrk. usw. (und selbst diese Bezeichnungen abstrahieren stark von der vielgestaltigen Wirklichkeit der Texte). So erhebt sich z. B. die Frage, ob und warum man die genannten Sprachausprägungen als ‚Althochdeutsch' zusammenfassen soll, ob und warum bei diesem Stand der Dinge auch Alt-Sächs. oder Alt-Niederfrk., W-Frk. oder Langob. dazugehören oder ob sie ‚eine andere Sprache' sind. Um solche Fragen sinnvoll beantworten zu können, sind andere Konzepte von ‚Sprache' erforderlich, die im folgenden kurz eingeführt werden sollen.

(a) Beim Vergleich von einander ähnlichen Sprachen spielt die Vorstellung der ‚gegenseitigen Verstehbarkeit' eine zentrale Rolle. Mit ihr ist gemeint, daß die andere Sprache auf Grund der Kenntnis der eigenen Sprache verstanden werden kann – so wie etwa ein Basler und ein Stuttgarter sich gegenseitig verstehen, wenn jeder seine Mundart spricht. ‚Gegenseitige Verstehbarkeit' ist selbstverständlich abstufbar zw. mühelosem und nur gelegentlichem Verstehen und hängt in starkem Maße von der Übung und von weniger systematischen Merkmalen der Sprache, wie der Intonation, ab (Überlegungen dazu vom agerm. Standpunkt aus bei Moulton [1], beobachtet an den modernen skand. Sprachen bei Torp [4]).

(b) Von unmittelbarer Bedeutung ist dieses Konzept für die Beurteilung von → Mundarten (Dialekten) einer Sprache. Zum Zweck einer präziseren Beschreibung wird hier unterschieden zw. ‚Dialekten' (d. h. regionalen Sprachausprägungen, die in allen sprachlichen Bereichen gebraucht werden) und ‚Mundarten' (regionalen Sprachausprägungen, die einen größeren Teil der sprachlichen Funktionen ihrer zugehörigen ‚Hochsprache' überlassen). Da es hier zunächst um die Zeit vor der Entstehung germ. Hochsprachen geht, ist im folgenden nur von ‚Dialekten' die Rede. Bei natürlicher Entstehung und Ausbreitung bilden die Dialekte einer Sprache ein ‚Kontinuum' (genauer: ein ‚räumliches Kontinuum' oder ‚Dialektkontinuum'), d. h. der Dialekt jedes Ortes ist den Dialekten der Nachbarorte sehr ähnlich, aber mit der Entfernung der Orte voneinander nehmen die Unterschiede zw. den Ortsdialekten zu – und bei großen Sprachgebieten wird zw. den Dialekten weit voneinander entfernter Orte keine gegenseitige Verstehbarkeit mehr bestehen (wie etwa bei den heutigen dt. Mundarten zw. oberbayr. und nd. Sprachausprägungen).

(c) Bei irgendwelchen Formen von überregionalem Verkehr (später auch durch die Verbreitung geschriebener und gedruckter Sprache) wird sich die Notwendigkeit einer ‚überregionalen Sprache' zeigen. Sie kann aus dem Kontinuum selbst gewonnen werden, indem ein spezieller Dialekt (etwa der eines Hofes oder eines Kulturzentrums) verallgemeinert wird, oder indem sich verschiedene Dialekte gegenseitig annähern; sie kann aber auch von außerhalb des Kontinuums kommen, und es kann verschiedene Stufen der Überregionalität geben (Engl. als Weltsprache über anderen überregionalen Sprachen, frühere Stellung des Lat. usw.). Überregionale Sprachen brauchen sich nicht an die Grenzen eines bestimmten Mundartkontinuums zu halten – ein Kontinuum kann mehrere Hochsprachen beherbergen (wie das in Mitteleuropa bestehende Kontinuum das Dt. und Ndl.), und zu ihrem Gebiet können auch Minderheiten-Sprachen gehören (z. B. dt. Mundart und Frz. als überregionale Sprache im Elsaß; sorbische Minderheit im dt. Sprachgebiet). Überregionale Sprachen haben die Tendenz, bestimmte Sprachfunktionen ganz an sich zu ziehen, die dann in den Dialekten eingeschränkt oder gar nicht mehr gebraucht werden (geschriebene Sprache, Gesetzessprache, Amtssprache, Schulsprache usw.); in diesem Fall spricht man von ‚Hochsprachen', denen dann – in der hier verwendeten Ausdrucksweise – die ‚Mundarten' (nicht mehr ‚Dialekte') gegenüberstehen. Solche Hochsprachen waren bis weit in das MA hinein Lat. und Griech.; eine dt., frz. oder engl. (Hoch-)Sprache gab es noch nicht.

(d) Verschiedenheiten innerhalb einer Sprache entstehen durch ‚Neuerungen'. Neuerungen bringen zunächst Unterschiede zw. einem früheren und einem späteren Sprachstadium, deren Aufeinanderfolge ein ‚zeitliches Kontinuum' hervorruft (d. h. die Sprache verändert sich stufenweise, entfernt sich aber immer stärker vom Ausgangspunkt der Betrachtung). Wenn Neuerungen sich nicht auf dem ganzen Sprachgebiet durchsetzen, haben sie ‚Verbreitungsgrenzen', die sich in der Regel nicht decken, sondern zu einem Netz von räumlichen Unterschieden und damit zu einem räumlichen Kontinuum führen (einem ‚primären Kontinuum', wenn von einer einheitlichen Sprachausprägung ausgegangen wird).

(e) Nun ist die natürliche Entwicklung und Ausbreitung von Dialekten in der vorma. Zeit kein allg. üblicher Fall: In der Regel ergeben sich im Laufe der Zeit äußere Verschiebungen – vor allem dadurch, daß größere Teile der Bevölkerung (bes. die Einwohner ganzer Landschaften) abwandern. Innerhalb eines Kontinuums können so Sprecher ganz verschiedener Dialekte Nachbarn werden (oder es können Sprecher von weit auseinanderliegenden Teilen des Kontinuums bei der Auswanderung zusammenkommen). Es entsteht dann ein ‚gebrochenes Kontinuum'. Solange die gegenseitige Verstehbarkeit noch gegeben ist, werden die Unterschiede im Laufe der Zeit gegenüber neuen Gemeinsamkeiten zurücktreten und es wird ein erneuertes, ein ‚sekundäres Kontinuum' entstehen (so etwa zw. den dt. Mundarten bei der Ostsiedlung oder den engl. Mundarten in N-Amerika). Ist die gegenseitige Verstehbarkeit nicht mehr gegeben, so entsteht zw. den Nachbarn eine ‚Sprachgrenze' (etwa zw. dt. und dän. Mundarten), wie sie sonst nur gegenüber anderssprachigen Nachbarn vorkommt.

(f) Geschichtl. Zusammenhänge von sprachlichen Elementen können aber auch durch ‚Entlehnung' entstehen, indem eine Sprache aus einer anderen einzelne Elemente übernimmt. Entlehnungen sind auch zw. verschiedenen Teilen eines Kontinuums möglich (wenn etwa in N-Deutschland von einem *Dirndl* gesprochen wird oder in S-Deutschland von *Ballast*), die sog. ‚Binnenentlehnungen'. Binnenentlehnung und normale Ausbreitung können so unterschieden werden, daß für die Annahme von Binnenentlehnung Merkmale vorausgesetzt werden, die nicht den normalen Entsprechungen folgen (z. B. bei *Dirndl* die Diminutivform *-l*, der im N *-chen* entsprechen müßte).

Beruhen die Einflüsse anderer Sprachen darauf, daß sich verschiedene Sprechergruppen und ihre Sprachen vermischt haben, so spricht man im Falle starker gegenseitiger Durchdringung von ‚Mischsprachen'. Um ‚Substrate' handelt es sich, wenn die Sprache von Einwanderern sich durchsetzt, die Sprache der urspr. Einheimischen aber deutliche Spuren (vor allem im Wortschatz) hinterläßt – die unterlegene Sprache ist das Substrat. Substrate haben vor allem bei der Entstehung der roman. Sprachen eine wesentliche Rolle gespielt. Ein ‚Superstrat' ist dagegen die Sprache zugewanderter Eroberer, wenn diese im übrigen in der Sprache der Einheimischen aufgegangen ist (wie z. B. das normannische Frz. im Engl.).

Bei der Betrachtung verwandter Sprachen über größere Zeiträume hinweg entsteht häufig die Frage ‚seit wann' es eine bestimmte Sprache gibt, also in unserem Fall etwa, wann das Germ. entstanden ist. Auch bei dieser Frage müssen allzu schematische Vorstellungen ferngehalten werden:

1. Bei normaler Ausbreitung und Entwicklung einer Sprache entsteht ein zeitliches und räumliches Kontinuum, bei dem Abgrenzungen (in Dialekte und Sprachstadien) eine Sache der Zweckmäßigkeit sind – in der Sprache selbst vorgegeben sind sie nicht. Es ist natürlich verlockend, bes. markante sprachliche Merkmale zu einer solchen zeitlichen oder räumlichen Abgrenzung heranzuziehen, im Falle der Entstehung und Abgrenzung des Germ. etwa die Lautverschiebung (→ Germanische Lautverschiebung). Es sollte aber klar sein, daß dies ein verhältnismäßig äußerliches Argument ist: Die durch die Lautverschiebung hervorgerufenen Unterschiede sind zwar ein praktisches Erkennungsmittel; aber sie sind für die Sprachstruktur selbst nur von sehr geringer Wichtigkeit. Keine sprachliche Unterscheidungsmöglichkeit ist durch die Lautverschiebung verändert worden – sie hat im Grunde lediglich die Ausspracheweise verschoben. Unmittelbar nach der Lautverschiebung mußten verschobene Sprachausprägungen und benachbarte unverschobene Ausprägungen noch ohne weiteres gegenseitig verstehbar gewesen sein. Für die Sprachstruktur viel wichtiger sind etwa die Einführung des Dentalpräteritums oder der schwachen Adj.-Flexion, die Aufgabe von Verbalkategorien, auf der lautlichen Ebene der Zusammenfall von *ə*, *a* und *o* usw. – aber auch bei diesen ist gar nicht so ohne weiteres zu entscheiden, inwieweit sie als Kriterien zur Abgrenzung tauglich sind (der Zusammenfall von *a* und *o* z. B. ist es sicher nicht), da verwandte und benachbarte Sprachen in ähnlicher Weise Kategorien auf- und abbauen, und gar nicht erkennbar ist, wie die jeweiligen Entwicklungen angefangen haben (ob sie also für eine Sprache spezifisch waren oder nicht). Ein natürlich entwickeltes Kontinuum hat also räumlich nur Außengrenzen und zeitlich gar keine Begrenzung. Wenn man zu Zwecken einer spezifischen Beschreibung ein bestimmtes sprachliches Merkmal zur Abgrenzung wählt, dann beruht es auf einer Zweckmäßigkeitserwägung, daß man dieses Merkmal gewählt hat und nicht ein anderes. Völlige räumliche oder zeitliche Brüche innerhalb eines Kontinuums (die z. B. die gegenseitige Verstehbarkeit zw. Nachbarn oder aufeinanderfolgenden Generationen schwerwiegend beeinträchtigen könnten) gibt es ohne äußere Einflüsse nicht – wenigstens sind sie noch nie und nirgends nachgewiesen worden.

2. Aber es bleibt ja häufig nicht bei den Kontinuen, und so können Umstände eintreten, die den Ansatz von ‚Sprachverschiedenheit' sinnvoll machen. Es sind immer äußere Einflüsse, nämlich (a) ‚Völkertrennung' Haben sich größere Gruppen von Sprechern desselben Kontinuums räumlich getrennt (durch Auswanderung und dgl.), so werden sich ihre Sprachen selbständig weiterentwickeln; sie werden sich immer stärker voneinander unterscheiden (z. B. britisches und amerikanisches Engl. oder Norw., Isl. und Färöisch). Kann man zunächst noch von der ‚gleichen' Sprache sprechen, so gelten die getrennten Ausprägungen nach einiger Zeit nur noch als ‚verwandte' Sprachen, d. h. Sprachen, die geschichtl. auf dieselbe ‚Grundsprache' zurückgeführt werden können. Als Maßstab für den Stand solcher Entwicklungen kann man die gegenseitige Verstehbarkeit ansetzen. (b) Entsprechendes gilt für den Wegzug oder Untergang von Zwischengliedern im Kontinuum. So ist die Sprachgrenze zw. Dt. und Dän. entstanden durch Abwande-

rung der Angeln und Sachsen (und Nachrücken der Dänen). (c) Sprachmischung im Gefolge einer Völkermischung (so ist die Besonderheit des heutigen Engl. durch die Vermischung germ. Sprachelemente mit roman., im Gefolge der normannischen Eroberung Englands, verstärkt worden).

In bezug auf die vorliter. Zeit kann also von Sprachen nur dann sinnvoll gesprochen werden, wenn räumlich-zeitliche Kontinuen damit gemeint sind. Einheitlichkeit ist damit nicht vorausgesetzt, nicht einmal notwendigerweise gegenseitige Verstehbarkeit aller Sprecher des Kontinuums. Ein Kontinuum ist (bei einer einigermaßen seßhaften Bevölkerung) entweder durch natürliche Grenzen abgeschlossen oder durch die Grenze zu anderen Kontinuen, zu denen keine gegenseitige Verstehbarkeit besteht (seien es verwandte Sprachen oder unverwandte). Eine Binnengliederung in voneinander abgesetzte Einheiten gibt es von Natur aus nicht – sie kann natürlich aus Zweckmäßigkeitsgründen von außen herangetragen werden. Entsprechendes gilt für die Periodisierung. Von der ‚Entstehung' einer Sprache kann also in der frühen Zeit nur dann sinnvoll gesprochen werden, wenn das Kontinuum dieser Sprache geschlossene Außengrenzen erhält. Und sie entsteht (vielleicht abgesehen vom Fall der Sprachmischung) nicht in dem Sinn, daß etwas Neues zum Vorschein kommt (eine Sprache entwickelt sich ja immer in einem zeitlichen Kontinuum) – sie wird lediglich abgrenzbar.

Auf Grund der Regelmäßigkeit von Lautentwicklungen bestehen zw. den Elementen, die verwandte Sprachen (oder Sprachausprägungen desselben Kontinuums) aus Elementen der gemeinsamen Grundsprache ererbt haben, ‚regelmäßige Lautentsprechungen', die eine ‚Rekonstruktion' dieser Elemente der Grundsprache erlauben. Mit diesem Kriterium kann auch die Verwandtschaft zw. zwei Sprachen beurteilt werden. Es ist an dieser Stelle noch eine Bemerkung zur Methode der sog. ‚Glotto-Chronologie' (auch ‚Lexikostatistik') am Platz: Bei dieser wird für einen bestimmten Grundwortschatz (etwa von 200 Wörtern) ausgezählt, welche Sprachen das gleiche Wort der Grundsprache beibehalten haben, und aus der Zahl der erhaltenen Wörter auf die Zeit geschlossen, die seit der Ausgliederung verstrichen ist. Der Rückschluß auf die Zeit ist schon deshalb abwegig, weil die sprachlichen Entwicklungen nachweislich zu verschiedenen Zeiten verschieden schnell verlaufen (siehe die Diskussion in: 3). Aber als Maß der Verschiedenheit verwandter Sprachen kann die lexikostatistische Methode durchaus herangezogen werden. Praktische Angaben in diesem Sinn liegen jedoch für das vorliegende Unters.sgebiet noch nicht vor.

b. Die Definition des Germ.: eine abgrenzbare Untergruppe der idg. Sprachfamilie. 1. Germ. und Idg. Betrachtet man von diesem Gesichtspunkt aus die für die europ. Sprachen vorauszusetzenden Kontinuen, so ergibt sich, daß sie fast alle miteinander verwandt sind, lediglich Bask., Finn. und Lapp., Estn. und Livisch, Ungarisch (sowie einige weiter im O liegende Sprachen) sind von dieser Verwandtschaft ausgeschlossen, außerdem im S das Türk. und die Sprache Maltas; dafür gehören noch weiter im O liegende Sprachen dazu: die iranischen und die meisten indischen Sprachen. Für diese Sprachen kann also angesetzt werden, daß sie (von Zumischungen abgesehen) auf dieselbe Grundsprache zurückgehen. Der Grad der Verwandtschaft dieser Sprachen ist aber unterschiedlich eng; bes. von den Sprachen Mittel- und N-Europas erweisen sich einige (Dt., Ndl., Fries., Engl., Dän., Schwed., Norw.) als bes. eng zusammengehörig. Man könnte sie die mitteleurop. (oder n-europ.) Untergruppe dieser Sprachfamilie nennen, aber da sie in wesentlichen Punkten mit den Völkern und Stämmen übereinstimmt, die seit der Ant.

(genauer: seit Caesar) als ‚Germanen' bezeichnet werden, nennen wir sie die ‚germanische' Untergruppe (oder ‚das Germanische'). Die ganze Sprachfamilie nennen wir die ‚indogermanische' (außerhalb Deutschlands auch die ‚indoeuropäische') Sprachfamilie, die vorauszusetzende Grundsprache ‚Indogermanisch' (oder ‚Indoeuropäisch' – man sagt in diesem Fall auf engl. aber lieber *Proto-Indo-European* u. ä.). Es ist wichtig zu sehen, daß diese Einteilung und die Abgrenzung dieser Einheiten rein sprachlich (genauer: nach Sprachverwandtschaft) begründet ist – die Benennung als ‚germanisch' (und nicht etwa als ‚mitteleuropäisch') ist eine Zweckmäßigkeitsentscheidung, und das geschichtl. gewachsene Germ.verständnis muß deshalb nicht notwendigerweise mit dem sprachlichen übereinstimmen. Vor allem kann auch nicht damit gerechnet werden, daß bei den Stämmen mit derart definierten Sprachen das Bewußtsein einer Einheit oder auch nur einer engeren Zusammengehörigkeit bestand. Der Name ‚Germanen' ist eine Fremdbezeichnung; die Germ. selbst haben keine zusammenfassende Selbstbezeichnung gehabt, obwohl ihnen die Tatsache der gegenseitig verstehbaren Sprache und des Unterschieds zur Sprache anderer Völker schon früh bewußt gewesen sein muß. Erst als einige ihrer Vertreter selbst in lat. Sprache und Lit. bewandert sind, beginnen sie, den Namen *Germani* zu übernehmen (5; 2).

Die Verwandtschaft der zur idg. Sprachfamilie und speziell zur germ. Untergruppe gehörigen Sprachen zeigt sich in einem umfangreichen vergleichbaren Wortschatz, in dem regelmäßige Lautentsprechungen auftreten, und in grammatischen Strukturen, die auf gemeinsame Ausgangspunkte zurückgeführt werden können. In allen diesen Punkten zeigen die germ. Sprachen markante Besonderheiten, die die Zusammengehörigkeit untereinander und die Verschiedenheit gegenüber den übrigen idg. Sprachen erweisen.

2. Die idg. Sprachen. Zu den idg. Sprachen gehören außer dem Germ. noch die folgenden:

(1) Die heutigen kelt. Sprachen, vor allem auf den britischen Inseln gesprochen, bestehen aus einem goidelischen Zweig, der das Gälische in Irland und Schottland sowie das heute ausgestorbene Manx (auf der Insel Man) umfaßt, und einem brit. Zweig in Wales (Kymr.) und der Bretagne (Bret.) – heute ausgestorben ist das Korn. (in Cornwall). Aus der Ant. sind noch das Gall. in Frankreich, das Ibero-Kelt. in Spanien und das Lepontische in Oberitalien und dem Tessin bekannt, sowie Sprachreste kelt. Gruppen n. der O-Alpen und in Böhmen. Von den geschichtl. überlieferten Zügen der Kelt. auf den Balkan und nach Kleinasien ist sprachlich kaum etwas geblieben.

(2) Das w-roman. Kontinuum, zu dem die Hochsprachen Frz., Span., Port., Katalanisch und It. gehören sowie Rätorom. und andere regionale Ausprägungen. Es geht auf das Lat. zurück, wobei die Entwicklung wohl durch verschiedene Substrate bestimmt wurde. Lat. ist seit der Mitte des ersten Jt.s v. Chr. in Rom bezeugt; neben ihm gab es zunächst noch andere ital. Sprachen (näher mit dem Lat. verwandt das Faliskische, eine Gruppe für sich das Osk. und Umbr. u. a.), die jedoch keine modernen Nachfolger haben. Weiter von diesen entfernt war das Ven.

(3) Gleiche Herkunft wie die w-roman. Sprachen (nämlich regional weitergebildetes Lat.) hat eine Sprache auf dem Balkan, das Rumänische, dem das ausgestorbene Dalmatische näher stand.

(4) Auf dem Balkan ist dann weiter zu nennen das Alban. und

(5) das griech. Kontinuum mit seiner Hochsprache, das auf die frühest-bezeugte europ. Sprache zurückgeht: die altgriech.

Überlieferung beginnt mit den Linear-B-Tafeln im 14. Jh. v. Chr.

(6) Ö. des Dt. ist das balt. Kontinuum (mit den Hochsprachen Lit. und Lett.) angesiedelt; verwandt mit ihm ist das inzw. ausgestorbene Apreuß.

(7) Ebenfalls im O liegt das W-Slaw. – an sich ein Kontinuum, das aber sowohl durch natürliche Hindernisse wie auch durch einen Teil des dt. Sprachgebiets, und schließlich durch das Aussterben von Zwischengliedern, stark gebrochen ist. Zu nennen sind im N die lechischen Mundarten und das Kaschubische mit dem Poln. als Hochsprache; dann das Tschechische und Slovakische und in Deutschland das Sorb. Ausgestorben sind das Slovinzische und Polabische, die auf heute dt. Sprachgebiet gesprochen wurden. Mit dem W-Slaw. zusammenhängend ist das O-Slaw. mit dem Ukrain., Weißruss. und Russ. als Hochsprachen.

(8) Durch dt., ungarisches und rumänisches Sprachgebiet von dieser Gruppe abgetrennt sind die s-slaw. Sprachen, die (im n. Balkan) ein Kontinuum bilden, mit den Hochsprachen Slovenisch, Kroatisch, Serb., Maked. und Bulg. Die w-, o-und s-slaw. Sprachen bilden erkennbar eine zusammengehörige Gruppe, die slaw. Sprachen.

Außerhalb Europas gehören dazu:

(9) Die indischen Sprachen, deren älteste Form, das Aind. (Sanskrit und noch ält. Vedisch) trotz ihrer zunächst nur mündlichen Überlieferung bis in das zweite Jt. v. Chr. zurückreicht; (auf dem indischen Subkontinent werden aber auch nicht-idg. Sprachen gesprochen). Enger verwandt mit ihnen sind

(10) die iranischen Sprachen, deren frühest-bezeugte Formen das Avest. (bes. das Gātha-Avest.) und das Altpers. sind. Indische und iranische Sprachen faßt man zusammen als die arischen Sprachen. Ferner

(11) das Armen. im Kaukasus, und schließlich noch einige ausgestorbene Sprachen:

(12) das Hethitische (in der heutigen Türkei), bezeugt seit dem 17. Jh. v. Chr. (in Keilschrift) und damit die frühestbezeugte idg. Sprache und

(13) das Toch. (in Turkestan), in einer indischen Schrift überliefert und unter starkem indischem Einfluß.

Schließlich gibt es einige Rest- und Trümmersprachen (vor allem im alten Europa), von denen nur wenig erhalten ist, wie Illyr., Messapisch, Phrygisch, Thrakisch und einige andere.

3. Nachbarn und Verwandte des Idg. Entferntere Verwandte des Idg. sind nicht bekannt, doch zeigen Ähnlichkeiten in primitiven Teilen des Sprachsystems (wie den Pronomina) eine mögliche entfernte Verwandtschaft mit dem benachbarten Finn.-Ugr. (und dann weiter mit dem Uralischen) und dem ausgestorbenen Etruskischen (in Italien). Mit den Nachbarsprachen Bask. und Türk. gibt es keine Gemeinsamkeiten, und die Ähnlichkeiten mit den semitischen Sprachen erstrecken sich eher auf typol. als auf hist. Gemeinsamkeiten (flektierende Sprachen).

4. Die germ. Sprachen. Zu ihnen gehören die folgenden:

(1) Das mitteleurop. Kontinuum, d. h. die dt. und ndl. Mundarten, zu denen dann später Dt. und Ndl. als Hochsprachen kommen. In allen Teilen dieses Kontinuums hat es zur Zeit der → Völkerwanderung, auch davor und danach, Ausbreitung und starke Verschiebungen gegeben, die jedoch die Herausbildung eines sekundären Kontinuums nicht verhindert haben. Hierher gehörte auch das heute ausgestorbene W-Frk. in Frankreich.

(2) Die Gruppe der unter sich stark uneinheitlichen fries. Sprachen und Dialekte (→ Friesen I.), bei denen aber doch eine gewisse gegenseitige Verstehbarkeit der urspr. Nachbarn vorausgesetzt werden kann. Die heutigen n-fries. Sprachausprä-

gungen beruhen mindestens zum größten Teil auf Einwanderung aus O-Friesland; die heute sehr stark zurückgedrängte o-fries. Sprache (nur noch im Saterland) beruht mindestens zum größten Teil auf Ausbreitung aus dem heutigen W-Friesland (das aber ebenfalls stark eingeschränkt worden ist). Zu den Nachbarn des mitteleurop. Kontinuums bestehen Sprachgrenzen. Eine (eingeschränkte) Hochsprache ist in der neueren Zeit das (W-)Fries. in den Niederlanden geworden.

(3) Das engl. Kontinuum beruht, wie wir aus geschichtl. Qu. wissen, auf einer Einwanderung von → Angeln, → Sachsen und → Jüten – wie diese auch immer definiert werden mögen – aus N-Deutschland und Jütland. Auch hier ist das Kontinuum also sekundär. Die spätere Hochsprache ist Engl.

(4) Das skand. Kontinuum umfaßt heute die norw., schwed. und dän. Mundarten, zu denen am Rande (geringe gegenseitige Verstehbarkeit) das in sich relativ einheitliche Isl. und das in sich relativ stark gegliederte Färöische (→ Färöer § 7) gehören. Zw. dän. und dt. Mundarten besteht eine Sprachgrenze. Die heutigen Hochsprachen sind Dän., Schwed., Norw. (Bokmål und Nynorsk), Isl. und Färöisch. Alte Kolonialmundarten des skand. Kontinuums (→ Normannen in N-Frankreich usw.) sind schon früh aufgegeben worden (zuletzt die nord. Sprache auf Orkney und Shetland; [→ Orkneyinseln, → Shetlandinseln]).

(5) Heute ausgestorben ist das Got. (→ Gotische Sprache), das zuletzt in Spanien, S-Frankreich und Italien gesprochen wurde. Urspr. bildete es den sö. Teil der germ. Sprachgebiete.

(6) Ebenfalls ausgestorben ist das sog. Krimgot. (auf der Krim), das zwar sekundäre Entwicklungen mit dem Got. gemeinsam hat, aber auf eine bereits deutlich vom Got. verschiedene Sprachausprägung des Germ. zurückgehen muß (→ Krimgoten).

(7) Ausgestorben ist schließlich auch das Langob. (→ Langobarden), das zuletzt in Italien gesprochen wurde. Seine Sprecher kamen dorthin über Niederösterr.; sie stammen (soweit die speziellen ant. Nachr. dies erkennen lassen) aus dem Elbegebiet.

Von anderen Stämmen, die im Zuge der Völkerwanderung nach S- und O-Europa und nach N-Afrika gezogen sind, ist wenig mehr als ein paar Namen bekannt. Zu berücksichtigen sind schließlich auch die Dialekte, die zugunsten des Frz. aufgegeben wurden, so – bereits genannt – (urspr.) Normannisch und W-Frk. sowie das Burg.

(1) W. G. Moulton, Mutual Intellegibility among Speakers of Early Germanic Dialects, in: D. G. Calder u. a. (Hrsg.), Germania, 1988, 9–28. (2) G. Tellenbach, Zur Gesch. des ma. Germ.-Begriffs, Jb. für Internationale Germanistik 7, 1975, 145–165. (3) J. Tischler, Glotto-Chron. und Lexikostatistik, 1973. (4) A. Torp, Zum zentralen gemeinskand. Wortschatz und zum Purismus im Nynorsk, in: K. Hyldgaard-Jensen u. a. (Hrsg.), Nd. in Skand. 2, 1989, 220–240. (5) N. Wagner, Der völkerwanderungszeitliche Germ.-Begriff, in: H. Beck (Hrsg.), Germ.-Probleme in heutiger Sicht, 1986, 130–154.

§ 16. Vom Idg. zum Germ. a. Die idg. Grundsprache. 1. Zusammenhang der Einzelsprachen. Auch bei der idg. Grundsprache müssen wir damit rechnen, daß sie urspr. ein räumliches Kontinuum gebildet hat. Da nicht vorausgesetzt werden kann, daß sich die Träger der idg. Grundsprache zu einem bestimmten Zeitpunkt auf einmal in so viele Teile getrennt haben, wie wir heute idg. Einzelsprachen kennen, ist mit einer komplizierten Entwicklung zu rechnen, auf die bei der Beurteilung von Teilergebnissen einer Rekonstruktion Rücksicht genommen werden muß (4). Von besonderer Bedeutung ist in diesem Zusammenhang die Beurteilung des Hethitischen, der ältest-bezeugten idg. Einzelsprache, die einerseits, wie zu erwarten, in vielen Punkten hoch-altertümliche Züge zeigt, in anderen aber wieder weitgehende Neuerungen durchgeführt hat. Das Hethitische weicht in wesentlichen Strukturmerkmalen von den übrigen idg. Einzelsprachen ab – es hat z. B. einerseits kein Fem. (sondern ein *genus commune* und ein *neutrum*), andererseits Verbalkategorien, die sich von denen der verwandten Sprachen beträchtlich unterscheiden. Es gibt nun zwei Interpretationsmöglichkeiten für diesen Befund, die sich kraß und in schwerwiegender Weise widersprechen und zw. denen nur mit ideologischen Argumenten entschieden werden kann (28): Entweder ist das Hethitische so alt, daß es eine ält. Stufe als das darstellt, was wir aus den anderen Sprachen rekonstruieren, dann ist es gewissermaßen ein Zweig für sich, also:

Ursprache[1]
(‚Indo-Hethitisch')
B: *genus commune* + *genus neutrum*

Ursprache[2]
(klass. Idg.)
B: *m* + *f* + *n*

… … … … …
(idg. Einzelsprachen)

Hethitisch
B: *genus commune* + *genus neutrum*

Oder: Das Hethitische hat diese Kategorien (also z. B. das Fem.) urspr. auch gehabt und hat sie verloren – dann haben wir das klass. Schema ungestört, nämlich:

Idg. Ursprache
B: *m* + *f* + *n*

Hethitisch
B: *m* + *f*
zusammengefallen

Germanisch … … …
m + *f* + *n*

Weiteres über die Frage des Zusammenhangs zw. den idg. Einzelsprachen bei der Behandlung der Ausgliederung (§§ 5–7) besprochen.

2. Die Struktur der Grundsprache. Hierzu einiges aus dem Formenbestand: Das Idg. ist eine flektierende (genauer: eine fusionierende) Sprache, d. h. erstens, daß es grammatische Kategorien hat, die durch Affixe zum Ausdruck gebracht werden, und zweitens, daß diese grammatischen Kategorien nicht (oder nicht notwendigerweise) durch abtrennbare Elemente einzeln zum Ausdruck gebracht werden, sondern daß Komplexe von Funktions-Kategorien (z. B. 1. Person + Sing. + Praesens + Indikativ) als Funktion eines nicht teilbaren Elements auftreten, teilweise ist sogar die bedeutungstragende Wurzel in die Verschmelzung (Fusionierung) einbezogen (z. B. nhd. *[er] gab* = 3. Person Sing., Präteritum, Indikativ von *geben,* ohne daß der Bedeutungsträger und die Markierung der grammatischen Funktion verschiedenen Segmenten zugewiesen werden könnten). Die flektierenden Wortarten sind einerseits das Vb. (nach der Kategorie *Person* flektiert), andererseits Subst., Adj. und Pronomen (nach der Kategorie *Kasus* flektiert).

Das Subst. wird nach Genus, Numerus und Kasus flektiert. Genera gibt es in den klass. idg. Sprachen drei (Mask., Fem., Neutr.), im Hethitischen (möglicherweise erst) zwei (später auch in anderen Sprachen durch Vereinfachung nur zwei); Numeri gab es auch drei: Sing., Dual und Pl., wobei der Dual (Zweizahl) eine recht schwache Stellung hatte; Kasus gab es in den klassischen Sprachen sieben: Nom., Akk.; Gen., Dat., Ablativ, Lok. und den Vokativ, den man getrennt zählen kann, weil er als Anredekasus nicht in die Satz-Konstruktion eingeordnet wird. Das Hethitische hat noch einen eigenen Direktiv, der auf die Frage ‚wohin?' antwortet. Wichtiger ist aber, daß es die Kasus-Kategorie im Pl. nicht ausgebaut hat – möglicherweise hat es urspr. im Pl. nur einen Nom. und einen Akk. als bes. markierte Kasus gegeben.

Beim Vb. hat das Hethitische zwei voneinander grundverschiedene Flexionsklassen, von denen die eine, die sog. *-mi*-Flexion (nach der Form der 1. Sing.) idg. gut vergleichbar ist, während die andere, die *-ḫi*-Flexion außerhalb des idg. Erwartbaren steht. Zusätzlich scheint diese *ḫi*-Klasse auch inhaltlich bestimmt zu sein, indem sie meist Verben enthält, die wir heute als reflexiv einstufen würden. Nun läßt sich diese *ḫi*-Konjugation möglicherweise mit Flexionsreihen ganz anderer Art in den übrigen idg. Sprachen vergleichen: mit denen des Perfekts und denen des Mediums (das Medium gehört zu der Aktiv-Passiv-Unterscheidung – es ist eine Kategorie zw. diesen beiden, die wieder der Funktion unserer Reflexiv-Konstruktion entspricht). Wir hätten also im Gesamt-Komplex der idg. Sprachen einschließlich des Hethitischen zwei Formenreihen: eine, die dem Aktiv des Präsens-Stammes (und des Aorist in den Sprachen, die einen haben) zukommt, und eine andere, die für Perfekt, Medium und die hethitische *ḫi*-Konjugation zuständig ist.

Hier zeigt nun eine innere Rekonstruktion, daß der Unterschied der beiden Konjugationen weitreichende Schlußfolgerungen erlaubt (oder erzwingt), von denen allerdings unklar ist, in wie alte Zeit sie zurückreichen. Für die Entstehung von Personalformen ist nämlich eine natürliche Annahme, daß sie auf angehängte personale Pronomina zurückgehen. Nun kann man den Sing. der *mi*-Konjugation mit den Formen der obliquen Kasus idg. Personal-Pronomina zusammenbringen, die Formen der *ḫi*-Konjugation und des Perfekt-Medium (bei etwas mehr Schwierigkeiten) mit denen des Nom.s. Dies erhebt die Frage, wie es möglich ist, daß in der Vorform des Idg. die Verben mit verschiedenen Kasus konstruiert wurden. Die Frage ist aber zu beantworten: Genau das ist das Verfahren einer großen Zahl von Sprachen, die man gemeinhin die ‚Ergativ-Sprachen' nennt. In diesen Sprachen steht ein Subjekt im Nom. nur bei Verben, die sich voll auf das Subjekt beziehen – also etwa bei ‚schlafen' oder ‚wohnen' oder ‚sich schämen' usw. Bei Verben, die eine Handlung ausdrücken, wird dagegen der Täter nicht im Nom. genannt, sondern in einem eigenen Kasus, dem Ergativ. Man sagt also etwa statt *ich spalte das Holz* ungefähr *es geschieht ein Spalten des Holzes durch mich.* Das heißt: Verben, die die genannte Person selbst betreffen, werden mit dem Nom. konstruiert; Verben, die eine Handlung dieser Person ausdrücken, mit dem Ergativ. Das entspricht dem Rekonstruktionsbefund nun sehr genau: Mit dem Nom.-Pronomen gebildet (also urspr. mit dem Nom. konstruiert) werden Verben im Perfekt (das den am Subjekt erreichten Zustand ausdrückt), im Medium (das gewissermaßen auf das Subjekt zurückweist) und bei den hethitischen *ḫi*-Verben (die den Reflexiven nahestehen). Mit dem Nicht-Nom.-Pronomen gebildet (das könnte eine Ergativ-Form gewesen sein) sind die aktiven Verben, die Handlungsverben, die transitiven Verben. Das würde bedeuten: Die innere Rekonstruktion des idg. Verbalsystems weist auf die Herkunft aus einer Ergativ-Sprache, die sekundär zu einem anderen Typ, den man normalerweise ‚Nominativ-Akkusativ-Sprachen' heißt, umgebaut wurde. Eine Vorstufe des Idg. müßte also von einem Ergativ-Typ mit den dazu notwendigen zwei Verbalkonstruktionen zu einem Nom.-Typ übergegangen sein. Im Hethitischen sind Ergativ-Verben und Nom.-Verben zwei verschiedene Verbalklassen mit verschiedener Flexion geworden. In den übrigen idg. Sprachen haben alle Verben das gleiche Paradigma bekommen, und die alten Flexions-Unterschiede sind zu verschiedenen Stammbildungen geworden, nämlich zu Perfekt und Medium, die im Prinzip jedem Vb. zugänglich sind. Und das würde weiter bedeuten, daß die Entwicklung zur Nom.-Sprache nicht allzu lange vor der Trennung von Hethitisch und den übrigen idg. Sprachen erfolgte. Näheres siehe unter (38; 39).

Auf der morphologischen Ebene ist die idg. Grundsprache charakterisiert durch einsilbige ‚Wurzeln', an die Wortbildungs- und Flexionselemente als Suffixe angehängt werden; selten sind Infixe; Präfixe gab es vermutlich noch nicht, wohl aber verschiedene Formen der Reduplikation und möglicherweise das Augment des Aorist und Imperfekt. Mit diesem morphologischen Bau verbunden sind einige Besonderheiten der Lautstruktur: der Wortakzent, der innerhalb eines Paradigmas auf verschiedenen Silben stehen kann (und damit möglicherweise eine morphologische Funktion hat) und der – vermutlich mit dem Wortakzent in Zusammenhang stehende – starke Vokalwechsel (Ablaut), der je nach morphologischer Funktion zw. Normalstufe, Abtönungsstufe und Schwundstufe wechseln kann. Außerdem gibt es verschiedene Typen von morphologisch bedingten Vokaldehnungen, die mit fortschreitender Entwicklung als Dehnstufen ebenfalls in das paradigmatische Ablautsystem eindringen. Im Vokalsystem hatte die Grundsprache ferner mindestens oberflächlich eine Länge-Kürze-Korrelation (wobei zumindest einige Längen nach verbreiteter Ansicht auf Lautfolgen zurückzuführen sind), im Konsonantensystem offenbar sehr viele verschiedene Verschlußlaute, aber nur wenige Reibelaute. Insgesamt können die Laute der Grundsprache eingeteilt werden in ablautende Vokale – stimmhafte Elemente, die neben den Vokalen stehen und in der Schwundstufe des Ablauts in die Silbenträger-Funktion einrücken – und reine Konsonanten.

b. Urheimat- und Herkunftstheorien. Eine Frage, bei der sich vorgeschichtl. und sprachgeschichtl. Interessen berühren, ist die Heimatfrage, also die Frage danach, wo die urspr. Sitze der Germ. oder der Idg. waren. Urspr. heißt in diesem Fall ‚in der Zeit unmittelbar vor der Aufgliederung', es kann nicht darum gehen, möglichst weit zurückzugehen, da dann sprachliche Bestimmungen wie ‚germanisch' und ‚indogermanisch' fragwürdig werden. Bes. bei der Frage nach der Heimat der Idg. gibt es dabei spezielle sprachgeschichtl. Argumente, mit denen die Möglichkeiten der Urheimat eingekreist werden sollen: die sog. ‚linguistisch-kulturhistorische Methode' (man spricht auch von ‚linguistischer Paläontologie' oder ‚linguistischer Archäologie'), die vor allem von Otto → Schrader ausgebaut wurde, der sie seinerseits auf A. Kuhn zurückführte (siehe 36). Dabei wird zunächst festgestellt, welche Wörter als bereits in grundsprachlicher Zeit vorhanden angesehen werden müssen. Von diesen Wörtern wird dann darauf geschlossen, welche Inhalte und welche Sachen bei den Idg. bekannt waren. Das ist nun in einigen Fällen für die regionale und chron. Einordnung wichtig, wenn man etwa feststellen kann, welche Tiere und Pflanzen, die regional nur beschränkt vorkommen, bekannt waren, ob die Idg. Haustiere hatten (und welche), ob sie Ackerbau kannten, Schiffahrt betrieben, Metalle verwendeten und dgl. Zwei Argumente sollen diese Überlegungen veranschaulichen:

Zum einen das ‚Buchen-Argument' zur regionalen Einordnung (→ Buche § 1): Man erschloß für die Grundsprache ein Wort für ‚Buche' und schloß daraus, daß die Idg. Buchen gekannt haben müssen. Nun ist die Buche nach O hin nur bis zu der sog. Buchen-Grenze verbreitet (die ungefähr von Königsberg bis Odessa verläuft), so daß der Schluß berechtigt schien, die Idg. müßten in der Zeit vor ihrer Aufgliederung w. dieser Grenze gesessen haben.

Für die chron. Einordnung das Argument der Metallbezeichnungen: Ziemlich deutlich ergeben sich für die Grundsprache Wörter für Gold und Silber (obwohl die Einzelsprachen nicht einheitlich sind). Daneben gab es in der Grundsprache wohl noch ein weiteres Metallwort, das nicht so durchgängig verbreitet, aber in ö. wie in w. Sprachen durch Nachfolger vertreten ist: im Dt. noch vertreten durch die Ableitung *ehern,* sonst durch aind. *áyas-,* lat. *aes,* got. *aiz* u. a. Die Bedeutung ist allerdings nicht einheitlich: Ital. und Germ. ist die Bedeutung ‚Erz, Bronze', im Indo-Iranischen

‚Nutzmetall', speziell ‚Kupfer', später auch ‚Eisen'; vermutlich bezeichnete das Wort in der Grundsprache eben das vorhandene erste Nutzmetall. Wörter, die speziell ‚Kupfer', ‚Eisen' oder ‚Bronze' bedeuten, können dagegen für die Grundsprache nicht erschlossen werden; die Bezeichnungen in den Einzelsprachen fallen hier weit auseinander. Der Schluß aus diesem sprachlichen Befund war also, daß der sprachliche Zusammenhang zw. den Idg. die eigentliche Metallzeit nicht mehr erreicht hat, daß die Aufgliederung also vor dem Beginn der Metallzeit erfolgte. Da man den Beginn der Metallzeit vorgeschichtl. einigermaßen datieren kann (natürlich mit regionalen Unterschieden), wäre so ein *terminus ante quem* für die Aufgliederung der idg. Einzelsprachen gewonnen.

Methodisch ist an dieser Argumentation wenig auszusetzen, doch sind die bisher vorgebrachten Argumente viel zu wenig gesichert, vor allem war man mit Bedeutungsansätzen für die Grundsprache bei diesen Argumenten bis jetzt viel zu großzügig. Bei dem Buchenwort z. B. ist das postulierte **bhāgos* f. ‚Buche' nur germ. und ital. und für das Kelt. aus ON (die keine gesicherte Bedeutungsangabe erlauben) zu erschließen. Das verwandte gr. φηγός bezeichnet eine Eichenart, weiteres ist in seiner Zugehörigkeit ungesichert oder geradezu widerlegbar. Das Buchenargument muß also als hinfällig angesehen werden – nicht weil die Argumentationsmethode falsch wäre, sondern weil die Erschließung des grundsprachlichen Wortes nicht tragfähig genug ist (siehe 10; 5; 13).

Dabei zeigt sich allerdings ein grundsätzliches Problem dieses Arguments, das auch auf spätere Argumente, wie das von Thieme vorgebrachte ‚Lachs-Argument' (41) zutrifft: Bei idg. Sprachen jenseits der betreffenden Verbreitungsgrenze ist bei einem verwandten Wort die vorausgesetzte Bedeutung nicht mehr zu erwarten, weil die Sache ja nicht (mehr) bekannt ist. Folglich wird das Wort eine andere Bedeutung haben, und diese andere Bedeutung macht die Erschließung der grundsprachlichen Bedeutung problematisch. Es ist aber durchaus nicht auszuschließen, daß dieses Argumentationsverfahren noch weiterreichende Ergebnisse bringen wird, wenn die zugrundegelegten Gleichungen sorgfältiger behandelt werden. Die bisher vorgebrachten Ansätze sind auf jeden Fall nicht tragfähig genug.

Die Urheimat- und Herkunftsfrage wird in der Sprach-Gesch. seit einigen J. im Rahmen der sog. ‚Kurgan'-Hypothese diskutiert, so daß diese hier erwähnt werden muß, obwohl es sich um ein arch. Konzept handelt. Nach dieser von Gimbutas (6; 7; wesentlich zurückhaltender in: 8) entwikkelten Hypothese ist die Urheimat der Schnurkeramiker (die mit den Idg. gleichgesetzt werden; → Schnurkeramik und Streitaxtkulturen) ein Gebiet, das sich vom Donez und dem Kaspischen Meer weit nach O erstreckt (‚Kurgan-Kultur' nach russ. [urspr. tatarisch] *kurgán* ‚Grabhügel', gewöhnlich ‚Ockergrabkultur' genannt). Diese Kultur habe sich seit der 2. Hälfte des 3. Jt.s nach W ausgebreitet und erscheine in Mittel- und N-Europa als die Kultur der Schnurkeramiker. Zur Stütze dieser Interpretation werden auch linguistische Argumente (der Sprachverwandtschaft und der linguistischen Paläontologie) herangezogen. Diese neue Interpretation scheint der Nachprüfung an Hand vorgeschichtl. Merkmale nicht standzuhalten und ist wohl noch ält. Einwanderungs- und Mischungsvorstellungen verhaftet, die deutliche Kontinuitäts-Anzeichen mißachten. Auch die verwendeten sprachwiss. Argumente sind in keiner Weise tragfähig (35; 19).

c. Ausgliederungsmodelle. Wie ist aus dieser Grundsprache das Germ. ausgegliedert worden? Hierzu zunächst einige grundsätzliche Überlegungen: Bei der Frage, wie aus einer Grundsprache verschiedene Tochtersprachen entstehen können, sind verschiedene Denkmodelle vorgeschlagen worden. Das älteste, die sog. ‚Stammbaumtheorie' von A. Schleicher (1863), ging davon aus, daß die Grundsprache sich zunächst in zwei (oder mehr) Zweige trennte, die sich dann für sich weiterentwickelten; dann spalteten sich auch diese Zweige auf usw., bis schließlich die Einzelsprachen entstanden, die uns überliefert sind (29). Dieses Modell berücksichtigt ausschließlich das Prinzip der Divergenz, der Auseinander-Entwicklung, und setzt damit voraus, daß nach der Trennung kein Kontakt mehr besteht, der zu späteren Gemeinsamkeiten hätte führen können. Das ist im Grunde nur der Fall bei Völkertrennungen, also Abwanderungen von Volksteilen und dgl. Das Modell rechnet also durchaus mit vorkommenden Entwicklungsmöglichkeiten, verallgemeinert aber eine Möglichkeit zuungunsten von allen anderen.

Die diesem Modell entgegengesetzte ‚Wellentheorie' von J. Schmidt (1872) verallgemeinert ein anderes Prinzip: Sie geht davon aus, daß in einem größeren Sprachgebiet Neuerungen an verschiedenen Stellen auftreten und sich von dort ausbreiten. Dabei überkreuzen sich die Wellen auf vielfache Weise, d. h. die verschiedenen Orte des Sprachgebiets werden von unterschiedlichen und unterschiedlich vielen Neuerungen erreicht und unterscheiden sich damit voneinander. Dies ist erkennbar das Prinzip des räumlichen Kontinuums bei der Entstehung von Dialekten und Mundarten und betrifft im gegebenen Fall somit den Zustand der Grundsprache, als sie bereits räumlich aufgegliedert, aber noch nicht aufgespalten war – ein Gesichtspunkt, der die unterschiedlichen Gemeinsamkeiten und Verschiedenheiten zw. den Einzelsprachen in gewisser Weise zu erklären vermag, aber nicht zeigt, wie dann die Trennung verlaufen und wie es zu den für sich bestehenden Einzelsprachen gekommen ist. Das Modell enthält in sich die Möglichkeit, auch Konvergenzen (also gegenseitige Annäherungen zw. den Sprachen, z. B. die Entstehung eines sekundären Kontinuums) zu berücksichtigen, indem Neuerungen die Gebiete, in denen sie sich durchsetzen, durch eine sprachliche Gemeinsamkeit verbinden, gleichgültig, wie stark verschieden sie davor gewesen sein mögen; doch wird dieser sehr wesentliche Gesichtspunkt in dem Modell selbst nicht herausgearbeitet (33).

Ein weiteres Modell hat eher den Charakter des methodischen Zweifels: die ‚Entfaltungstheorie' von Otto → Höfler, die besagt, daß bestimmte sprachliche Erscheinungen in verwandten Sprachen auch ohne räumlichen Zusammenhang auftreten können, weil es eben im Zug ihrer Entwicklung liegt. Das Gewicht dieses Arguments ist schwer abzuschätzen, da zwar bei verwandten Sprachen mit getrennten Entwicklungen in gleicher Richtung gerechnet werden muß (z. B. bei den Ausprägungen des Umlauts in verschiedenen germ. und auch kelt. Sprachen), aber auch bei solchen getrennten Entwicklungen die gemeinsamen Wurzeln doch auf einer gemeinsamen Stufe gelegt worden sein müssen (11; 12).

Im Falle des räumlichen Zusammenhangs verwandter Sprachen ist, vor allem bei gegenseitiger Verstehbarkeit, auch mit Konvergenzen, mit Annäherungen zu rechnen, so daß neben die Spaltung auch die Möglichkeit neuer Zusammenhänge treten kann. Modernere Entwicklungsdarstellungen nehmen in der Regel darauf Rücksicht und entwerfen dynamischere Modelle, bei denen Folgen von ‚Entfremdungen' und ‚Annäherungen' einander abwechseln. Als Beispiel einer solchen Darst. sei hier das Schema der Ausgliederung der germ. Einzelsprachen aus einem urspr. Kontinuum von Rösel (27) vorgeführt (dessen Struktur natürlich auf andere Fälle der Ausgliederung, also auch das der idg. Sprachen, übertragen werden könnte):

um 200 v. Chr.	Goten +	Skand. +	Engl.	Sachsen +	Ahd.
um 100 v. Chr.	Goten - -	Skand. +	Engl.	Sachsen +	Ahd.
um O	Goten - -	Skand. - -	Engl. - -	Sachsen +	Ahd. - - Got.
um 200 n. Chr.	Goten	Skand.	Engl. - -	Sachsen - -	Ahd.
um 500 n. Chr.	Goten	Skand.	Engl. -	Sachsen - - -	Ahd.
um 800 n. Chr.		Skand.	Engl. - - -	Sachsen -	Ahd.

Dabei bedeutet + enge Nachbarschaft, Gemeinschaft, gemeinsame Entwicklung; - ziemlich enge Nachbarschaft; - - weniger enge, - - - lockere Verbindung; Zeichenlosigkeit keinen Kontakt.

Aus dem Schema ist zu ersehen, daß Rösel nicht nur mit der Möglichkeit der Verringerung des Kontaktes, also Divergenz, rechnet (wie zw. Goten und Skand. oder Skand. und Engländern), sondern auch mit dem Entstehen eines Kontakts, also Konvergenz (wie zw. Engl. und Sächs. oder Hdt. und Got.), auch mit wechselhaften Entwicklungen wie in der Serie Engl. – Sächs. – Hdt. Es ist dabei unwichtig, ob die Ansätze von Rösel im einzelnen richtig sind – wichtig ist in erster Linie, daß mit solchen Modellen die alte Stammbaum-Vorstellung aufgegeben wird.

d. Einflüsse von außen: Sprachmischung. Auf einer anderen Ebene stehen die verschiedenen Annahmen über Völkermischung in der Gesch. der Germ., die davon ausgehen, daß im Germ. außer einem unmittelbar aus der Grundsprache stammenden sozusagen ‚echt-germanischen' Sprachbestand noch ein andersartiger, entweder nicht-idg. oder aus einer anderen idg. Sprache stammender Sprachbestand enthalten ist. Das Germ. wäre demnach eine Mischsprache, in der sich entweder über die ‚echt-germanische' Schicht ein fremdes Superstrat gelagert hätte, oder diese selbst ein fremdes Substrat aufgesogen hätte – bei der Annahme einer Mischung gleichberechtigter Völker wäre es allerdings wenig ergiebig, von Sub- und Superstraten zu reden. Die Begründungen für solche Annahmen sind teils sprachgeschichtl., teils arch. Art (letztere können dann sprachgeschichtl. ausgenutzt werden).

Die arch. Argumente zeigen sich bes. in der bei Vorgeschichtlern und Sprachwissenschaftlern beliebten Annahme, die in Dänemark einwandernden Schnurkeramiker (der → Einzelgrabkultur) hätten sich als idg. Volk mit den dort ansässigen, potentiell nicht-idg. Trichterbecherleuten (→ Trichterbecher-Kultur) vermischt und das sprachliche Ergebnis dieser Vermischung sei das Germ. Diese Hypothese wird gern als Stütze herangezogen, wenn nicht-etymologisierbare Teile des germ. Wortschatzes auf ein nicht-idg. Substrat zurückgeführt werden. Bei der Übernahme vorgeschichtl. Ergebnisse in die sprachgeschichtl. Argumentation wird allerdings von den Sprachwissenschaftlern zu wenig unterschieden zw. nachprüfbaren Befunden, die z. B. in der Verbreitung bestimmter Fundgegenstände liegen können, und Interpretationen der Befunde, die nicht in gleicher Weise als unantastbare Voraussetzungen angesehen werden müssen, z. B. Vermutungen über Einwanderungen und Völkermischungen. Im vorliegenden Fall ist eine Veränderung des Fundguts in einer bestimmten chron. Schicht arch. beobachtbar. Aus solchen Befunden hat man früher sehr schnell auf Einwanderung, Völkermischung usw. geschlossen – aber das ist eine Interpretation, die durch andere Interpretationen ersetzt werden kann: Heute ist man der Tendenz nach viel vorsichtiger und rechnet eher mit kultureller Entwicklungen als mit Einwanderung.

Die sprachgeschichtl. Argumente für eine Mischung liegen in der in verschiedenen Handbüchern aufgeführten Behauptung, ungefähr ein Drittel des germ. Wortschatzes sei nicht aus dem Idg. etymologisierbar. Diese Behauptung beruht auf einem groben Mißverständnis einer Zählung der Vergleichbarkeit nhd. Wörter (23): der nicht etymologisierbare Anteil des Wortschatzes der germ. Sprachen hält sich durchaus im Rahmen normal entwickelter Sprachen. Damit ist die Möglichkeit einer Völkermischung in der Gesch. der Germ. zwar nicht ausgeschlossen – nur sprachlich nachweisen läßt sie sich nicht. Auch die Rückführung von germ. Besonderheiten wie der Lautverschiebung auf ein fremdes Substrat (37) ist eine nicht weiter begründbare Annahme.

An dieser Stelle ist zu der ‚Superstrat-Hypothese' von Vennemann Stellung zu nehmen (44): Die ält. Trichterbecher-Kultur gliedert sich in lokale Gruppen auf, von denen die s-dän. durch eine besondere Keramik und durch →Megalithgräber deutlich abgesetzt ist. Nun sind Megalithgräber eigentlich ein w-europ. Merkmal (bei Kulturen, die ziemlich sicher nicht mit einer idg. Sprache zu verbinden sind), und so liegt die Vermutung eines Fremd-Einflusses nahe. Vennemann vertritt nun die Ansicht, die Bewohner Dänemarks seien schon vor dieser Zeit Idg. gewesen; die (nicht-idg.) Träger der Megalith-Kultur seien von W eingewandert und hätten sich mit diesen Idg. vermischt – das Germ. sei das Ergebnis dieser Vermischung. Nun ist die Annahme eines auch sprachlichen Fremd-Einflusses im Bereich der dän. Megalith-Kultur gut begründbar, ein regionales Superstrat könnte durchaus angesetzt werden – das Problem liegt in der Frage, ob dieses Superstrat das gesamte germ. Sprachgebiet erreicht haben könnte – und das würde heißen: auch Skand., auch NO-Deutschland bis zum balt. Gebiet. Und obwohl eine gewisse nachträgliche Ausbreitung der Megalith-Kultur anzunehmen ist, hat eine so durchgängige sprachliche Verbreitung eines Superstrat-Einflusses wenig Wahrscheinlichkeit für sich, zumal das sprachliche Argument auf dem üblichen unzuverlässigen Material beruht. Der mögliche Fremd-Einfluß der Megalith-Kultur ist also durchaus im Auge zu behalten; daß er gewissermaßen das Germ. konstituiert hätte, ist ziemlich unwahrscheinlich.

Die Versuche, im germ. Sprachmaterial Fremd-Einflüsse nachzuweisen kranken vor allem daran, daß sie die vermuteten Fremd-Anteile nicht außerhalb anschließen können, denn dies wäre nur möglich, wenn die sprachliche Qu. namhaft gemacht und nachgewiesen werden könnte (durch konkretes Sprachmaterial, nicht nur durch Vermutungen über potentielle Einflüsse) oder wenn zumindest gezeigt würde, daß Teile des sprachlichen Materials andere strukturelle Eigenschaften aufweisen als die übrigen. Bei Entwicklungen im Laut- und Formensystem gibt es ohne direkten Sprachvergleich ohnehin keine Möglichkeit, den Verdacht des Fremd-Einflusses zu stützen – denn auch bei beobachtbaren Sprachentwicklungen gibt es geradezu unglaubliche Veränderungen (ganz abgesehen davon ist die Art solcher Interferenz-Erscheinungen noch keineswegs ausreichend erforscht, ihre Möglichkeiten sind also gar nicht abschätzbar).

e. Vorstufen bei der Ausgliederung des Germ. 1. Alteurop. Bei der Behandlung der Ausgliederung des Germ. aus der idg. Grundsprache sind in bezug auf den Verlauf vor allem drei Gesichtspunkte zu berücksichtigen: die Möglichkeit einer umfassenderen Zwischenschicht zw. dem Idg. und dem Germ. (Alteurop.), die Nähe der Verwandtschaftsbeziehungen des Germ. zu den übrigen idg. Einzelsprachen, und die Möglichkeit von Verschiebungen in der Zusammengehörigkeit von Sprechergruppen.

Die Zwischenschicht des Alteurop. in dem hier verwendeten Sinn fußt auf Unters. von Hans →Krahe (vgl. 13; 14;

16), der feststellte, daß die ältesten FluN der meisten Länder Europas in ihrer frühesten Form eine auffällige Übereinstimmung im Bestand der verwendeten Wurzeln und in ihrer Morphologie aufweisen. Er hielt diesen sprachlichen Bestand für idg. (was vor allem wegen der ungewöhnlichen Häufigkeit des *a,* bes. des anlautenden *a,* auch auf Kritik stieß), und setzte bei der Aufgliederung des Idg. eine weitgehend in Europa ansässige Zwischenschicht an, die vor allem aus den Sprechern der Sprachen bestand, die später in Mittel-, N- und O-Europa gesprochen wurden (→ Flußnamen). Sein Schüler Schmid (30–32) suchte diese Angaben zu präzisieren, was vor allem eine Verlagerung des Interesses auf den ö. Teil (balt. und slaw. Gebiet) nach sich zog und für die Germ. das auch aus allg. Erwägungen wahrscheinliche Ergebnis brachte, daß ihre älteste Schicht nicht in Skand., sondern eher in N-Deutschland in der Nachbarschaft des Balt. zu suchen sei. Verstärkt wurde dieses Arguments durch Udolph (42; 43); grundsätzliche Zweifel und Annahme der Entlehnung dieser Namen von der Vorbevölkerung bei Vennemann (45).

2. Nachbarn des Germ. Für die weitere Aufgliederung ist von Bedeutung, mit welchen idg. Einzelsprachen das Germ. einerseits bewahrte Archaismen, andererseits sprachliche Neuerungen in größerem Umfang gemeinsam hat (40; 34; 25; 24; 17). Bei der Behandlung dieser Frage zeigt sich ein w. und ein ö. Komplex von Gemeinsamkeiten und eine Gemeinsamkeit in bewahrten Archaismen mit dem Hethitischen. Der w. Komplex umfaßt das Kelt. und Ital. Mit den Kelten sind die Germ. bis in die geschichtl. Zeit hinein in engem Kontakt freundlicher und feindlicher Art gestanden, und es gibt eine große Menge von sprachlichen Gemeinsamkeiten zw. kelt. und germ. Sprachen. Beim Wortschatz ist ein kleinerer Teil dieser Gemeinsamkeiten ersichtlich auf Entlehnungen des Germ. aus dem Kelt. zu erklären (eindeutig bei den Wörtern *Reich* und *Amt*), bei dem einen oder anderen Wort ist auch Entlehnung des Kelt. aus dem Germ. zu erwägen (gall. *brăca* ‚Hose', nhd. dial. *Bruch*); bei der Hauptmasse der Gemeinsamkeiten ist aber nicht einmal klar, ob es sich um Entlehnung oder Erbgut oder gemeinsame Entwicklung handelt. Bei den grammatischen und sprachlich eindeutigen ererbten Gemeinsamkeiten überwiegen die gemeinsamen Neuerungen. Kelt. und Germ. stehen in einer Verwandtschaftsgruppe, die auch das Ital. umfaßt, wobei die drei Sprachgruppen zahlreiche Gemeinsamkeiten in allen möglichen Kombinationen (kelt.-germ.; kelt.-ital.; ital.-germ.) aufweisen; die germ.-ital. Gemeinsamkeiten gehen aber deutlich in ält. Zeit zurück. Ein sehr illustratives, wenn auch nicht ganz einwandfreies Beispiel sind die Metallwörter: Das alte Metallwort **ajos-* (lat. *aes,* nhd. *ehern*) zeigt eine Gemeinsamkeit von Ital. und Germ. (dann allerdings auch noch der indisch-iranischen Sprachen – deshalb ist das Beispiel nicht ganz einwandfrei). Dagegen ist das jüng. Wort für ‚Eisen' eine klare kelt.-germ. Gemeinsamkeit (germ. **īsarna-,* wie in got. *eisarn,* – air. *iarann,* kymr. *haearn*). Selbst wenn diese beiden Wörter letztlich Entlehnungen aus einer anderen Sprache sind (was erwogen wird), weist doch der gemeinsame Gebrauch auf einen intensiven Kontakt zunächst zw. Germ. und Ital., dann zw. Germ. und Kelt.

Im O haben wir die Gruppe Germ.-Balt.-Slaw. Wenn sich Unterschiede ergeben, dann geht das Balt. sowohl in Archaismen wie in Neuerungen mit dem Germ., das Slaw. allenfalls in bewahrten Altertümlichkeiten. Ein typisches Beispiel ist das Adj. *sauer:* Ein Adj. **sū-ro-* gibt es nur im Germ., Balt. und Slaw. Die Ausgangsbedeutung ist ‚Wasser ziehend' (bes. von Milchprodukten, also Sauermilch, Quark und Käse). Diese Bedeutung ist bewahrt im Slaw. als ‚feucht' (daneben auch ‚roh', was auf einer Sonderentwicklung beruht) und im Germ. in einem Relikt, das ‚triefäugig' bedeutet. Sonst ist die Bedeutung weiterentwickelt zu einem Geschmacks-Adj. ‚sauer' (weil alle diese Wasser ziehenden Milchprodukte sauer schmecken). Durchgeführt ist diese Konzentration auf das Geschmacks-Adj. nur im Germ. und Balt. – im Balt. ist wegen der Verengung auf den Geschmack von Käse die Bedeutung weiterentwickelt zu ‚salzig'. Also: eine Gemeinsamkeit von Germ., Balt. und Slaw., wobei die Neuerungen vor allem in einer Gemeinsamkeit von Germ. und Balt. zum Ausdruck kommen; die Gemeinsamkeit von Germ. und Slaw. beruht mehr auf der Bewahrung urspr. Verhältnisse und weist damit nicht auf engere Gemeinsamkeiten im Verlauf der Entwicklung.

Gemeinsamkeiten in bewahrten Altertümlichkeiten hat das Germ. mit dem Hethitischen, bes. im Pronominalsystem. Diese Gemeinsamkeiten setzen keinen besonderen räumlichen Zusammenhang voraus, sondern zeigen eine gemeinsame Bewahrung, bzw. einen gemeinsamen Rückgriff auf archaische Möglichkeiten, die beim Hethitischen wohl durch das frühe Ausscheiden aus dem idg. Verband, beim Germ. durch die Randlage bedingt sind.

Wie sind diese Gemeinsamkeiten gegeneinander abzuwägen? Die Kontakte zum Kelt. sind ziemlich ausgedehnt, aber es spricht nichts dagegen, sie insgesamt für verhältnismäßig jung, also für eine Folge später Konvergenz zu halten. Die Kontakte zum Extrem auf der anderen Seite, dem Slaw., sind wohl nur als eine Begleiterscheinung der Kontakte zum Balt. aufzufassen. Diese Kontakte zum Balt. müssen allerdings teilweise recht alt sein: Zu verweisen ist etwa auf den Unterschied zw. den germ.-balt.-slaw. *m*-Endungen im Dat. Pl. der Nominaldeklination und den *bh*-Endungen der übrigen Sprachen – ein Unterschied, der ziemlich alt sein muß; dann etwa einige Besonderheiten des Zahlensystems: ein gemeinsames Wort für ‚tausend', die Struktur des Zahlworts ‚elf' (als ‚eins bleibend') und vielleicht auch die Verstärkung der Dualformen mit dem Zahlwort ‚zwei', auch sonst noch einiges, das sich weniger klar geschichtl. einordnen läßt, etwa die Ausbildung einer Opposition zw. bestimmtem und unbestimmtem Adj. (allerdings mit verschiedenen formalen Mitteln). Auf der w. Seite gilt Ähnliches für das Ital., wenn auch entschieden weniger deutlich. Auffällig ist hier bes. die gemeinsame Entwicklung der *ē*-Präsentien.

Insgesamt: Das Germ. hat eine Reihe von archaischen und archaisierenden Tendenzen, die eher auf eine ehemalige Randlage im idg. Sprachgebiet als auf ein frühes Ausscheiden aus dem Verband der idg. Sprachen hinweisen. Es stand während der ganzen Zeit seiner Sonderentwicklung dem Balt. nahe und mittelbar über dieses auch dem Slaw. Auf der anderen, der w. Seite bestehen frühe Kontakte zum Ital. und über dieses auch zum Kelt. Die Kontakte zum Ital. können sehr alt sein, doch ist dies nicht gleich wahrscheinlich wie beim Balt. Ferner sind diese Kontakte relativ früh (ersichtlich durch die Abwanderung der Italiker nach dem S) abgebrochen und haben einer näheren Beziehung zum Kelt. Platz gemacht, die dann bis in die hist. Zeit hinein andauert.

3. Verschiebungen in der Zusammengehörigkeit. Wenn innerhalb einer Sprachgruppe mit der Möglichkeit einer sekundären Annäherung gerechnet wird (s. o. § 16 c), dann kann nicht ausgeschlossen werden, daß solche sekundären Annäherungen auch in vorgeschichtl. Zeit und bei den Beziehungen zu anderen Sprachgruppen stattgefunden haben. Diese Schlußfolgerungen sind mehrfach, bes. in der it. Indogermanistik, gezogen worden, vor allem bei V. Pisani und seinen Schülern, in deren Denkweise überhaupt die Konvergenz eine größere Rolle spielte als bei anderen. Spezi-

ell für unsere Fragestellung ist von Bedeutung die Arbeit von Molinari (22), die zu zeigen versuchte, daß starke Übereinstimmungen einerseits zw. Nordgerm. und Lat., andererseits zw. Got./Südgerm. und Osk.-Umbr. bestehen, so daß von mindestens zwei deutlich verschiedenen vorgeschichtl. Gruppen auszugehen wäre, die sich dann teilten und mit je einem Teil der anderen Gruppe zusammenschlossen. Also auf einer ersten Stufe (zu verstehen ist jeweils: ‚die Vorstufen von …'):

Nordgerm.	vs.	Got., Südgerm.
+ Lat.		+ Osk., Umbr.

Beide Gruppen hätten sich auf einer zweiten Stufe getrennt und die Teile hätten sich in neuer Kombination zusammengeschlossen, also

Nordgerm. + Got./Südgerm.	zu Germ.;
Lat. + Osk.-Umbr.	zu Ital.

Die germ. Sprachen hätten also keine ununterbrochen gemeinsame Entwicklung hinter sich, sondern wären zwar letztlich urverwandt, aber im einzelnen erst durch sekundären Zusammenschluß und daraus entstehender gemeinsamer sprachlicher Entwicklung miteinander verbunden. Solche Argumente dürfen nicht ohne weiteres in den Wind geschlagen werden – mit solchen Entwicklungen ist durchaus zu rechnen. Aber von einem Nachweis kann bis jetzt keine Rede sein; das klassische Modell hat nach wie vor die besseren Argumente auf seiner Seite. Gegebenenfalls muß man es etwas modifizieren, insofern als man nicht mit einer völlig einheitlichen, sondern einer bereits in sich stärker gegliederten germ. Grundsprache (deren Teile mit verschiedenen Nachbarn verschiedene Gemeinsamkeiten aufweisen konnten) ausgehen muß; aber sonst sind die Zusammenhänge zw. Nordgerm., Got. und Südgerm. noch allemal stärker und nicht ohne weiteres als sekundär zu erweisen, als die zw. Nordgerm. und Lat. oder zw. Got. und Osk.-Umbr.

f. Die Entstehung des Germ. (Ausgliederungshypothese). Wie kann man sich nun den Verlauf der Ausgliederung, und damit die ‚Entstehung' des Germ. in Raum und Zeit vorstellen? Nach dem oben Ausgeführten ist das die Frage danach, wie eine Sprechergemeinschaft aus einem größeren Kontinuum herausgelöst und abgegrenzt wird und sich dann verselbständigt – ihre sprachlichen Besonderheiten kann sie vor oder nach der Ablösung entwickelt haben. Bei der Diskussion dieser Frage wird im Folgenden von den ‚Germanen, Balten' usw. gesprochen, doch sollte klar sein, daß dies jeweils zu verstehen ist als ‚die Vorläufer der Sprecher der germ. (balt. usw.) Sprachen'; entspr. wird ‚Germanisch, Baltisch' usw. für ‚die Vorstufe des Germ., Balt. usw.' gebraucht.

Die erste Frage ist dann, ob die idg. Sprachen in Europa ein Kontinuum von der Art gebildet haben, daß das Germ. an den frühest-faßbaren Sitzen der Germ. ein Bestandteil dieses Kontinuums gewesen sein kann (damit ist selbstverständlich nicht vorausgesetzt, daß alle idg. Sprachen in Europa beheimatet waren). Dabei geht es im wesentlichen um die Frage, ob die Idg. bei der Einwanderung nach Europa (die ja irgendwann erfolgt sein muß) noch gegenseitig verstehbare Sprachen besaßen oder schon in abgrenzbare Teilsprachen gegliedert waren (daß also das vorauszusetzende Kontinuum nur in einem wesentlich ält. Herkunftsgebiet vorhanden war). Wie und wann diese Einwanderung nach Europa erfolgt sein kann oder muß, ist eine Frage, die die Vorgesch. zu klären hat; zum sprachlichen Zusammenhang kann dagegen die Sprachvergleichung Anhaltspunkte geben. Und die sprachlichen Zusammenhänge sind in den Einzelheiten doch als so stark anzusehen, daß die Annahme eines vielleicht nicht primären, aber doch deutlich ausgeprägten Kontinuums idg. Sprachen in Europa die größere Wahrscheinlichkeit für sich hat.

Die frühest-faßbaren Sitze der Germ. sind im ö. N-Deutschland, in Dänemark und im s. Skand. Das Germ. befand sich also am Rand des idg. Kontinuums in Europa; seine n. Grenze war einerseits das Meer, andererseits waren es Finnen und Lappen, also finn.-ugr. Völker, zu denen eine Sprachgrenze bestanden haben muß. Auf dem Kontinent saßen ö. der Germ. die Balten, offenbar ebenfalls seit alter Zeit. Ob auch die Slawen in der ältesten Zeit in unmittelbarer Berührung mit den Germ. standen, ist wegen der Unsicherheit der Urheimat und der frühen Verbreitung der Slawen unklar, doch spricht der Befund der Sprachvergleichung eher für einen mittelbaren (also über das Balt. laufenden) Zusammenhang von Slawisch und Germanisch; geschichtl. und vorgeschichtl. Argumente widersprechen dieser Annahme nicht. Sollten auch im O finn.-ugr. Völker Nachbarn der Germ. gewesen sein, so bestand zu diesen selbstverständlich eine Sprachgrenze. Im SO finden wir in der frühest-faßbaren geschichtl. Zeit die → Skythen, ein iranisches Volk. Sie sind mit Sicherheit aus dem O gekommen und sind keine alten Nachbarn der Germ. Zu ihnen muß eine Sprachgrenze bestanden haben; denn um diese Zeit waren germ. und iranische Sprachen mit Sicherheit nicht mehr gegenseitig verstehbar. Im SW und W sitzen die Kelten – in der frühesten Zeit der Bezeugung kaum von den Germ. zu trennen. Dennoch scheint dieser Zusammenhang vom sprachvergleichenden Standpunkt aus sekundär zu sein, zumindest sind die Kontakte zum Ital. älter. Von diesem Standpunkt aus (der ausschließlich durch sprachvergleichende Argumente gewonnen ist und nicht durch geschichtl. oder vorgeschichtl. Qu. gestützt werden kann), müssen die Italiker zw. Germ. und Kelten oder allenfalls s. von den Germ. gesessen haben. Der älteste Stand des Kontinuums, den wir noch fassen können, besteht also aus Kelten, Italikern, Germ. und Balten, von denen aus (wohl über die Slawen) weitere Verbindungen nach O bestehen können. Sonst besteht nach SO eine Sprachgrenze spätestens seit dem Einbruch der Skythen. Die mögliche Existenz von weiteren Nachbarn, die später ohne erkennbare Spuren untergegangen sind, ist in allen diesen Punkten ein nicht zu unterschätzender Störfaktor bei der Beurteilung; ebenso die Sprachen, die zwar bekannt sind, deren Stellung aber schwer einzuschätzen ist, wie das Illyr. Die Frage der Ablösung des Germ. engt sich also ein auf die Frage des Verhältnisses zu den w. Nachbarn (Ital., Kelt.) und zu dem ö. (Balt.).

Bei der Beurteilung der Herausbildung einer W-Grenze des Germ. sind folgende Fragen kritisch: 1. die durch Sprachvergleichung erschlossene Stellung des Ital.; 2. die sog. ‚Völker zw. Germanen und Kelten'; und 3. die Beurteilung der bei Caesar und später genannten *Germani cisrhenani* und der *Belgen,* da die ant. Qu. sich nicht über die Sprache dieser Völker auslassen und die Bezeichnung als *Germani* noch nichts darüber aussagt, ob sie eine germ. Sprache gesprochen haben. Caesar zählt zu den *Germani cisrhenani: Segni, Condrusi, Caerosos, Caemanos* (oder *Paemanos*); einmal dazu, einmal nicht die *Eburones;* weiter erwähnt Tacitus, daß *Nervier* und *Treverer* stolz darauf sind, zu den Germ. gezählt zu werden. Die genannten Stammesnamen sind bei strengen Anforderungen (nach denen eine bloße Anschlußmöglichkeit an das Material einer Sprache nicht genügt, um den Namen dieser Sprache zuzuweisen) weder als germ. noch als kelt. erweisbar.

Zu behandeln ist dabei vor allem die Frage der ‚Völker zw. Germanen und Kelten' (9, 105–128), speziell die ‚Nordwest-Block'-These von Kuhn (Zusammenstellung der Arbeiten Kuhns zum Thema vg. 18), die besagt, daß im n. Bereich des Gebiets zw. Germ. und Kelten Stämme beheimatet waren, die weder als germ. noch als kelt. angesprochen werden können, aber vielleicht zu den Italikern Beziehungen hatten (also etwa zurückgeblieben waren, als die Italiker nach S abzogen). Vielleicht sei unter dieser Schicht noch eine ält. nicht-idg. Schicht zu fassen (die etwa mit den am Ende der Steinzeit dort nachweisbaren Glockenbecher-Leuten [→ Glockenbecherkultur] identifiziert werden könnte). Später sei das Gebiet dann germanisiert worden. Sprachlich faßbar ist diese Schicht vor allem durch den deutlich hervortretenden Laut *p* in ON (vor allem GewN) des Gebiets – deshalb auffällig, weil das *p* im Germ. eine sehr schwache Stellung hatte und weil im Kelt. zumindest das anlautende *p* geschwunden war. Kuhn versuchte dann, noch weitere sprachliche Elemente, die auf diese Gegend beschränkt sind, für seinen Nordwest-Block in Anspruch zu nehmen, z. B. ein *k*-Suffix und ein *st*-Suffix. Der Grund-Ansatz der Kuhnschen These, daß im NW die Germ. und Kelten durch Träger einer andersartigen Sprache getrennt waren, die später in den Germ. aufgingen und im Germanischen Substrat-Einflüsse hinterließen, ist plausibel und es besteht kein Grund ihn zu verwerfen. In welchem Umfang allerdings konkrete sprachliche Erscheinungen auf dieses Substrat zurückgeführt werden können, muß offen bleiben – die größte Wahrscheinlichkeit besteht nach wie vor für die *p*-haltigen Namen, die zugleich die Ausbreitung des Gebiets einigermaßen abgrenzen. Vom arch. Standpunkt aus scheint sich zu ergeben, daß links und rechts des Rheins ungefähr zw. Main und Ruhr eine besondere Kultur bestand, die spätestens um die Zeitenwende abbrach (21).

Diese Unwägbarkeiten erschweren eine Beurteilung darüber, seit wann es eine W-Grenze des Germ. gab. Ob die Italiker tatsächlich die urspr. Nachbarn der Germ. waren und ob zu ihnen ein sprachliches Kontinuum bestand, hängt an weitreichenden Schlußfolgerungen aus einem verhältnismäßig schmalen Befund. Ob sich nach dem Abzug der Italiker zu den später aufrückenden Kelten zunächst noch ein sekundäres Kontinuum bilden konnte, ist nicht zu entscheiden – denkbar ist es bei der Intensität der Kontakte schon. Ob ein solches Kontinuum noch ein Zwischenglied hatte – eben die Völker zw. Germ. und Kelten – ist äußerst unsicher, aber keineswegs auszuschließen. Im S der W-Grenze scheint es vergleichsweise früh zu einer Abgrenzung zw. Kelten und Germ. gekommen zu sein. Auch im äußersten N ist seit → Pytheas (4. Jh. v. Chr.) von einer Grenze der Kelten die Rede. Die meisten Schwierigkeiten macht in der Tat das Gebiet vom Main an nordwärts, mindestens bis zur Ruhr. Hier ist gegebenenfalls die W-Grenze erst entstanden, als die Sprachen im W romanisiert (und vielleicht einige im O germanisiert) wurden.

Während wir beim Zusammenhang mit Kelten und Italikern mit sprachgeschichtl. (und dann auch geschichtl.) Argumenten operieren können, ist bei der Beurteilung der Grenze zu den Balten sprachlich wenig auszurichten: Gemeinsamkeiten müssen zu allen Zeiten da gewesen sein – aber warum sind die Sprachen in geschichtl. Zeit dann so verschieden? Einen Teil der Antwort kann vielleicht die Vorgesch. geben: Mindestens seit der schnurkeramischen Haffküstenkultur sind der balt. und der vermutlich germ. Kulturbereich klar voneinander abgrenzbar; hier liegt also vielleicht eine stärkere Verschiedenheit auch sprachlicher Art vor (zu bedenken ist immerhin, daß bei dem ältesten Unterscheidungsmerkmal idg. Sprachen das Balt. mit den ö. Satemsprachen geht, das Germ. mit den w. Kentumsprachen). Dann gibt es bis zum Ende der BZ zw. Oder und Weichsel (z. B. mit der → Gesichtsurnenkultur) eine Bevölkerung, die wechselnd balt. und germ. bestimmt ist (und vielleicht ein Zwischenglied war, über dessen sprachliches Schicksal wir nichts Sicheres aussagen können). Im Zusammenhang damit steht vielleicht die nicht eindeutige Beurteilung der Sprache der → Bastarnen, die aus dieser Gegend gekommen sein können. Ungünstig für ein mögliches sprachliches Kontinuum war dann, daß das Gebiet zw. Balten und Germ. bei den germ. Wanderungen nach O ständig Durchzugsgebiet war. Und schließlich haben sich in späterer Zeit die Slawen zw. die Germ. und Balten geschoben. Auch hier bleibt die Frage also unentschieden; die O-Grenze ist aber wohl ält. als die W-Grenze.

g. Die Struktur des Urgerm. Das Germ. war wie die idg. Grundsprache eine flektierende Sprache, hatte aber die Flexionsmöglichkeiten des Idg. teils eingeschränkt, teils erweitert. Beim Vb. gab es in der Grundsprache Verbalwurzeln, die nach Bedarf verschiedene Stammbildungsmöglichkeiten hatten (einen oder mehrere Präsens-Stämme, einen Aorist-Stamm, einen Perfekt-Stamm usw.). Sekundäre (d. h. von anderen Wörtern abgeleitete) Verben spielten eine untergeordnete Rolle. Das Germ. ist dagegen – wie die meisten anderen Einzelsprachen auch – zu einem für alle Verben gleichartigen Paradigma übergegangen. Dabei sind die Verben mit der Stammbildung des alten Typs auf eine nicht mehr produktive Klasse mit starken (und im Germ. systematisierten) Vokalwechseln (Ablaut) eingeschränkt (die sog. starken Verben); die Hauptrolle des verbalen Ausdrucks geht mehr und mehr auf die Klasse der sekundären, der schwachen, Verben über, die ein regelmäßiges, nicht-ablautendes Paradigma haben und deren Flexion sich dann auch eine größere Zahl urspr. primärer Verben anschließt. Bei den Flexionskategorien des Vb.s steht zunächst einem Präsens ein Präteritum gegenüber (statt den grundsprachlichen Möglichkeiten Perfekt, Aorist, Imperfekt). Dieses baut bei den starken Verben auf dem alten Perfekt auf, zeigt aber in den Flexionsformen noch Spuren anderer Kategorien. Bei den schwachen Verben ist eine neue Form, das Dentalpräteritum, gebildet worden (wohl entstanden aus einer Umschreibung mit dem Vb. *tun,* bei der aber auch das *to*-Partizip eine Rolle gespielt zu haben scheint). Das Präteritum wird in beiden Fällen ergänzt durch ein umschriebenes Perfekt, das im Laufe der Entwicklung immer wichtiger wird.

Die alten Moduskategorien Optativ und Konjunktiv sind in einer Form, die dem alten Optativ entspricht, zusammengelegt worden; aber auch hier gibt es (z. B. beim got. Imperativ) Einzelformen, die Reflexe der anderen Kategorie sein können. Es gab weiter noch einen formalen Unterschied zw. Aktiv und Passiv, doch wurde das Passiv Zug um Zug durch umschriebene Formen ersetzt (synthetische Passiv-Formen sind nur noch im Got. erhalten). Bei den Numeri gab es außer Sing. und Pl. noch einen Dual (Zweizahl), der aber auf dem Rückzug begriffen war (erhalten ist er beim Vb. nur im Got., sonst noch beim Pronomen). Die Personalendung hatte insofern noch ein größeres Gewicht, als Subjekte der 1. und 2. Person und die Wiederaufnahme von dritten Personen nicht pronominal ausgedrückt zu werden brauchten – die Personalform des Vb.s genügte.

Bei den Subst. gab es Nom., Akk., Gen., Dat. und einen auf dem Rückzug befindlichen Instrumental, bei den Numeri Sing. und Pl.; ein Dual ist in den Einzelsprachen nicht mehr erhalten, kann aber vorausgesetzt werden. Ein Artikel war noch nicht ausgebildet, erscheint dann aber früh in den Einzelsprachen. Er wird im Got. und Südgerm. aus dem Demonstrativum gewonnen, in den nord. Sprachen aus einem suffigierten *n*-haltigen Pronomen. Eine artikel-ähnliche Funktion hat sich dagegen sehr früh beim Adj. ausgebildet, und in diesem Punkt hat das Germ. die Flexionsmöglichkeiten der Grundsprache erweitert: Wie das benachbarte Balt. und Slaw. unterscheidet das Germ. am attributiven und substantivierten Adj., ob die Kategorie der

‚Bestimmtheit' (die funktionell sehr schwer zu fassen ist) vorliegt oder nicht. Im Germ. spricht man von der starken und schwachen Adj.-Flexion. Die starke Flexion beruht auf der alten Nominalflexion, die aber stark unter den Einfluß der Pronominal-Flexion geraten ist.

Auf der lautlichen Seite gehört das Germ. zu den Sprachen, die *a* und *o* in *a* zusammenfallen ließen (und zugleich zu der Gruppe, in der *a* und *ə* zusammenfallen); umgekehrt ist bei der Länge *ā* zu *ō* geworden; das Germ. hat also keine eindeutige Länge-Kürze-Korrelation (auch beim langen und kurzen *e* fallen die Qualitäten auseinander). Die Betonung liegt auf der Wurzelsilbe (der Silbe, die die lexikalische Bedeutung trägt); aber es sind noch deutliche Reflexe einer ält. Betonungsweise vorhanden, bei der die Betonung innerhalb des Paradigmas auf verschiedene Silben fallen konnte (→ Grammatischer Wechsel). Hervorstechendste Veränderung (und wichtigstes Erkennungsmerkmal für eine germ. Sprache) ist dann die Lautverschiebung, die fast das ganze Konsonantensystem verändert, deren Bedeutung für die Struktur des Germ. aber allg. überschätzt wird. Charakteristisch ist auch die Entwicklung eines Sproßvokals *u* aus den silbischen Liquiden und Nasalen (15; 20; 26; 1; 2).

(1) A. Bammesberger, Der Aufbau des germ. Verbalsystems, 1986. (2) Ders., Die Morphologie des urgerm. Nomens, 1990. (3) H. Beck (Hrsg.), Germ.-Probleme in heutiger Sicht, 1986. (4) W. Cowgill, Einleitung, Idg. Gramm., hrsg. von J. Kuryłowicz, M. Mayrhofer 1, 1986. (5) S. Feist, Kultur, Ausbreitung und Herkunft der Idg., 1913. (6) M. Gimbutas, The Prehist. of Eastern Europe, 1. Mesolithic, neolithic and copper age cultures in Russia and the Baltic area, 1956. (7) Dies., The Indo-Europeans: arch. problems, American Anthropologist 65, 1963, 815–836; dt. in: A. Scherer (Hrsg.), Die Urheimat der Idg. 1968, 538–571. (8) Dies., Die Kurgankultur (Streitaxtkultur, Schnurkeramik), in: K. J. Narr (Hrsg.), Handb. der Urgesch., 2. Jüng. Steinzeit und Steinkupferzeit, 1975, 459–482. (9) R. Hachmann u. a., Völker zw. Germ. und Kelten, 1962, bes. 105–128. (10) H. Hirt, Die Idg. Ihre Verbreitung, ihre Urheimat und ihre Kultur, 1905/07. (11) O. Höfler, Stammbaumtheorie, Wellentheorie, Entfaltungstheorie, PBB (Tübingen) 77, 1955, 30–66, 424–476; 78, 1956, 1–44. (12) Ders., Über die Vorbestimmtheit sprachlicher Entwicklungen., Anz. Österr. Akad. der Wiss., Philol.-Hist. Kl. 1958, 111–127. (13) H. Krahe, Sprache und Vorzeit. Europ. Vorgesch. nach dem Zeugnis der Sprache, 1954, bes. c. 6 (einführend). (14) Ders., Unsere ältesten FluN, 1964, c. IIIA (einführend). (15) Ders., Germ. Sprachwiss. 1, [6]1966, 2, [5]1965. (16) Ders., Die Struktur der alteurop. Hydronymie, Akad. der Wiss. und der Lit. Mainz, Abhandl. der geistes- und sozialwiss. Kl., 1965, Nr. 5. (17) H. L. Kufner, The grouping and separation of the Germanic languages, in: F. van Coetsem, H. L. Kufner (Hrsg.), Toward a Grammar of Proto-Germanic, 1972, 71–97. (18) W. Meid, Hans Kuhns „Nordwestblock"-Hypothese, in: [3], 183–212, die Bibliogr. S. 211 f. (19) Ders., Arch. und Sprachwiss. Kritisches zu neueren Hypothesen der Ausbreitung der Idg., 1989. (20) A. Meillet, Caractères généraux des Langues Germaniques, [7]1949. (21) G. Mildenberger, Die Germ. in der arch. Forsch. nach Kossinna, in: [3], 310–320. (22) M. V. Molinari, Relazioni tra il lessico germanico ed i lessici latino ed oscoumbro, in: Memorie dell'Istituto Lombardo. Scienze morali e storiche 28, 1965, 339–402. (23) G. Neumann, Substrate im Germanischen?, Nachr. der Akad. d. Wiss. in Göttingen I. Philol.-Hist. Kl. 1971, Nr. 4 (Forschungsber.; S. 78 zur Entstehung der Legende von 1/3 nicht-etymologisierbarer Wörter im Germanischen). (24) E. C. Polomé, Germanic and the other Indo-European Languages, in: [17], 43–69. (25) W. Porzig, Die Gliederung des idg. Sprachgebiets, 1954 (methodisch grundlegend, in den Einzelheiten veraltet). (26) P. Ramat, Einf. in das Germ., 1981. (27) L. Rösel, Die Gliederung der germ. Sprachen nach dem Zeugnis ihrer Flexionsformen, 1962 (das Schema auf S. 120). (28) B. Rosenkranz, Vergl. Unters. der altanatolischen Sprachen, 1978, c. 12. (29) A. Schleicher, Die Darwinsche Theorie und die Sprachwiss., 1863. (30) W. P. Schmid, Idg. Modelle und o-europ. Frühgesch., Akad. der Wiss. und der Lit. Mainz, Abhandl. der geistes- und sozialwiss. Kl., 1978, Nr. 1. (31) Ders., Alteuropa und das Germ., in: [3], 155–167. (32) Ders., Bemerkungen zum Werden des „Germ.", in: Sprache und Recht (Festschr. R. Schmidt-Wiegand), 1986, 711–721. (33) J. Schmidt, Die Verwantschaftsverhältnisse der idg. Sprachen, 1872, bes. 26–29. (34) K. H. Schmidt, Kelt.-germ. Isoglossen und ihre sprachgeschichtl. Implikationen, in: [3], 231–247. (35) R. Schmitt, Proto-Indo-European Culture and Arch.: Some Critical Remarks, Indo-European Studies 2, 1974, 279–287. (36) O. Schrader, Sprachvergleichung

und Urgesch. Linguistisch-hist. Beitr. zur Erforschung des idg. Altert.s., [3]1907. (37) R. Schrodt, Die germ. Lautverschiebung und ihre Stellung im Kreise der idg. Sprachen, 1973, c. 7. (38) E. Seebold, Versuch über die Herkunft der idg. Personalendungssysteme, Zeitschr. für vergl. Sprachforsch. 85, 1971, 185–210. (39) Ders., Das System der Personalpronomina in den frühgerm. Sprachen, 1984, bes. c. VC4 und VD. (40) Ders., Die Konstituierung des Germ. in sprachlicher Sicht, in: [3], 168–182. (41) P. Thieme, Die Heimat der idg. Gemeinsprache, 1954. (42) J. Udolph, Germ. Hydronymie aus kontinentaler Sicht, BNF NF 24, 1989, 269–291. (43) Ders., Namenkundliche Stud. zum Germ.-Problem, 1994. (44) Th. Vennemann, Bemerkungen zum frühgerm. Wortschatz, in: Studia Linguistica et Philologica (Festschr. K. Matzel), 1984, 105–119. (45) Ders., Linguistic reconstruction in the context of European prehist., Transactions of the Philol. Soc. 92, 1994, 215–284.

h. Vom Urgerm. zu den germ. Einzelsprachen. Bevölkerungsgruppen, die begründet als Sprecher des Germ. oder einer Vorform davon angesehen werden können, werden erstmals in der EZ faßbar. Zu vermuten ist, daß um diese Zeit das Germ. eine sprachliche Einheit im Sinne eines geschlossenen primären Kontinuums bildete, dessen Abgrenzung nach W und O oben unter § 16 f diskutiert wurde. Die als germ. anzusprechenden Kulturen finden sich dabei in S-Skand., Dänemark, an der NO-Küste des Kontinents ungefähr bis zur Weichsel (evtl. nur bis zur Oder), an der NW-Küste ungefähr bis zur Ems; die Ausdehnung nach S ist weniger klar – sie geht im W weiter als im O und wird kontinuierlich vergrößert.

Das germ. Kontinuum muß dann durch die einsetzenden großen Wanderungen germ. Stämme stark beeinträchtigt worden sein (6; 5). Die Wanderungen können begonnen haben mit den Zügen der Bastarnen (und evtl. der → Skiren) nach SO (falls diese Germ. oder – wie von den Bastarnen überliefert – ein germ. Mischvolk waren). Ihre Sitze dürften allerdings gegebenenfalls am O-Rand des germ. Kontinuums gelegen haben, so daß in diesem keine Lücken entstanden sein müssen (allerdings kann der Wegzug zur Abgrenzung nach O beigetragen haben). Wesentlich einschneidender muß die Abwanderung der → Kimbern, → Teutonen und → Ambronen aus dem n. Dänemark in der 2. Hälfte des 2. Jh.s v. Chr. gewesen sein. Über ihre Sprache wissen wir zwar fast nichts, aber die Verknüpfung ihrer Volksnamen mit den dän. Landschaftsnamen *Himbersysel, Thythesysel* und vielleicht dem Namen der Insel *Amrum* ist glaubhaft, sagt allerdings nicht unbedingt etwas über die urspr. Sitze dieser Völkerschaften aus (es können z. B. auch Zwischenstationen auf der Wanderung zu der Namengebung geführt haben). Nicht viel später sind offenbar mindestens Teile der → Haruden aus Dänemark abgezogen, denn sie erscheinen (wenn nicht eine zufällige Namensgleichheit vorliegt) in größerer Zahl im Zug des → Ariovist.

Ebenfalls schon vor der Zeitenwende müssen → Wandalen, → Rugier und → Burgunden zunächst an die Ostseeküste und später weiter nach S, SO und SW gezogen sein. Über ihre Herkunft läßt sich mit dem Landschaftsnamen Rogaland (in Norwegen) und dem der Insel Bornholm (→ Bornholm § 1) spekulieren (vielleicht war Rügen eine Zwischenstation – was gegebenenfalls auch für Bornholm angenommen werden könnte); für die Wandalen kann vielleicht der ON Vendsyssel im N Dänemarks in Anspruch genommen werden: in der Herkunftssage der → Langobarden wird erzählt, daß diese bei ihrem Weg von Skand. nach S durch das Land der Wandalen ziehen mußten. Dann kommen vielleicht aus Gotland und S-Schweden die → Goten und → Gepiden in das Gebiet an der Ostsee (es ist aber nicht ausgeschlossen, daß umgekehrt dort ihre Ursprungsgebiete waren, von wo aus Teile dieser Stämme nach Skand. übersetzten) – sie ziehen dann nach SO. Und schließlich kommen die Langob. aus Skand. in etwas weiter w. Gebiet an der Elbe. Zu erwähnen sind auch die → Heruler, die ebenfalls aus

Skand. kommen und teilweise im O, teilweise im W auftauchen. Dann gibt es zur Zeit Caesars große Züge von Germ. aus dem Elbegebiet und ihren Verbündeten nach SW. Nur wenige dieser Züge sind mit genügender Sicherheit festzustellen und zu beschreiben, aber an Wanderungen dieses Ausmaßes in dieser Zeit kann kein Zweifel bestehen. Verschiebungen dieses Umfangs müssen einschneidende sprachliche Auswirkungen gehabt haben, die wir aber im einzelnen nicht überschauen können.

Auf einer zweiten Stufe der äußeren Entwicklung (etwa bis zum Ende der VWZ um 600) finden wir im Stammland Großstämme und Stammesverbände vor. Bei den Stammesbeschreibungen des Tacitus findet sich von diesen erst die Gruppe der Sueben (→ Sweben) – der Status der → Friesen ist unklar. Erst danach kommen die später wichtigen Großstämme: die → Alemannen und → Bajuwaren, die → Franken und → Sachsen, die → Thüringer und → Jüten. Bei diesen Großstämmen, die fast alle im Rahmen von räumlicher Ausbreitung der betreffenden Völker genannt werden, ist anzunehmen, daß sie weder stammesmäßig noch sprachlich einheitlich waren. Wie weit die sprachlichen Unterschiede im einzelnen gingen, ist nicht auszumachen, doch dürfte die gegenseitige Verstehbarkeit in allen Fällen gewährleistet gewesen sein. Sprachliche Verschiedenheiten sind dann sicher sekundär ausgeglichen worden, wobei die Sprachform der führenden Stammesgruppe die Prestige-Var. gewesen sein mag.

Für die großräumige Entwicklung ist zunächst festzustellen, daß sich zunächst trotz dieser Abwanderungen, Mischungen und Ausbreitungen im Stammland der Germ., wenn auch geschwächt und teilweise verschoben, ein sprachliches Kontinuum erhalten haben wird. Dieses erhielt erst einen entscheidenden Bruch, als die → Angeln (zusammen mit Sachsen und Jüten) im 5. Jh. nach Brit. auswanderten und ein weithin entvölkertes Gebiet hinterließen, in das dann die skand. Dänen eindrangen. Reste der alten Bevölkerung Dänemarks wurden offenbar sprachlich assimiliert. Der dadurch entstandene scharfe Bruch war sprachlich nicht mehr zu überbrücken, und so entstehen mit dieser Entwicklung drei sprachlich für sich stehende germ. Kontinuen: das n-germ., das engl. und das kontinentalgerm. – außerdem noch die Gruppe der fries. Dialekte, deren Stellung im übrigen schwer zu beurteilen ist (sie beruhen wohl auf einer Vermischung einer einheimischen Bevölkerung mit n. Seekriegern – anders ist die sprachliche Nähe zum Engl. kaum zu erklären; vgl. 3; 4; 7; 8).

Das n-germ. Kontinuum kann als das alte primäre Kontinuum dieses Raums aufgefaßt werden – zwar stark geschwächt durch die Abwanderungen, ausgedehnt nach Dänemark durch die Dänen (und nach N gegenüber den Finnen und Lappen) und wohl auch im Innern etwas verschoben, aber nicht grundsätzlich neu strukturiert. In Brit. ist das entstehende Kontinuum sekundär, aber in seinen Grundzügen überschaubar: Die anglischen Stämme werden in ähnlicher Verteilung wie in der Heimat nach Brit. gekommen sein (also die n. nach N, die s. nach S); ein Teil der Sachsen (vielleicht die O-Sachsen und die urspr. W-Sachsen) sind wohl mit den Angeln gekommen. Das s-sächs. und großwestsächs. Gebiet dürfte dagegen (nach den Aussagen der → Angelsächsischen Chronik zu schließen) von Einzelzügen der Sachsen (einschließlich der jütischen Sachsen) besetzt worden sein.

Wesentlich bunter muß es auf dem Kontinent ausgesehen haben: Altes Stammland im N und daran anschließend Gebiete, die zu verschiedenen Zeiten von den Germ. besetzt worden waren; ansässige Bevölkerungsteile und Zuwanderer, Durchwanderer, Eroberer zu allen Zeiten; regionale Auseinandersetzungen der Großstämme mit verschiedenen Folgen usw. Ein anschauliches Bild solcher Verhältnisse bietet etwa eine Stelle bei Gregor von Tours (Historia Francorum 5,15), wo berichtet wird, daß große Teile der Sachsen im J. 568 mit den Langob. nach Italien gezogen waren und ihr Land frei ließen. Darauf versetzten die Merowingerkg. ‚Schwaben und andere Völker' in diese Gegend. Die ausgezogenen Sachsen hatten aber kein Kriegsglück und wollten in die alte Heimat zurück, unterlagen aber den Schwaben. Also: Sachsen und Schwaben, beeinflußt von Franken und Langob. Von einer klaren sprachgeogr. Gliederung kann in dieser Zeit also sicher nicht die Rede sein (wenn es auch gewisse ‚Eckpfeiler' gegeben haben mag). Am Ende steht auf jeden Fall das sekundäre kontinentalgerm. Kontinuum, so daß die sprachlichen Unterschiede dieser Zeit die gegenseitige Verstehbarkeit nicht beeinträchtigt haben können. Das Langob. im S gehört zwar zur kontinentalgerm. Gruppe, ist aber wohl ausgestorben, bevor es in das kontinentalgerm. Kontinuum eingegliedert werden konnte.

Es ist üblich, Engl., Fries. und Kontinentalgerm. als Westgerm. oder Südgerm. zusammenzufassen und dem Nordgerm. gegenüberzustellen, doch ist dies nur sehr bedingt angemessen: Diese drei Gruppen gehören zwar räumlich eng zusammen und zeigen deshalb eine Reihe von Gemeinsamkeiten, aber es gibt auf der anderen Seite auch Gemeinsamkeiten zw. Engl. und Nord. gegenüber dem Kontinentalgerm., wenn sie auch nicht so gewichtig sein mögen. Das angemessenere Konzept ist sicher, von einem germ. Rest-Kontinuum (ohne Got. usw.) vor der Abwanderung der Angeln und Sachsen auszugehen, das dann in die Teile Nordgerm., Engl., Fries. und Kontinentalgerm. zerfällt.

Es ist weiter in der traditionellen sprachgeschichtl. Lit. üblich, die Sprache der zunächst nach O (ans Schwarze Meer usw.) abgewanderten Germ. als ‚Ostgermanisch' zu bezeichnen, und darunter eine zusammengehörige Gruppierung germ. Einzelsprachen zu verstehen, die dem ‚Nord- und Westgermanischen' gegenüberzustellen wäre, wobei über die nähere Verwandtschaft zu einer dieser Gruppen unterschiedliche Meinungen bestehen. Besser bekannt sind freilich nur zwei Sprachausprägungen dieser Ostgerm.: das Bibelgot. (eine vermutlich w-got. Übs. der Bibel in o-got. Überlieferung nebst einigen anderen zugehörigen Denkmälern) und das Krimgot., eine auf der Krim bis ins 18. Jh. gesprochene germ. Sprache, von der Giselin van Busbecq nach Auskunft eines dieser Sprache kundigen Dolmetschers (nicht eines Sprechers dieser Sprache) im 16. Jh. einige Brocken aufgezeichnet hat – genug um erkennen zu lassen, daß es sich nicht um einen Abkömmling des uns bekannten (Bibel-)Got. handeln kann (2; 1). Von den anderen Stämmen des Ostens haben wir nur einige Namen und einige geschichtl. Angaben – zu wenig, um eine sprachgeschichtl. Einordnung zu erlauben.

Das vorhandene Material kann aber die grundsätzliche Einordnung durchaus klären, indem eine Beurteilung des Zusammenhangs zw. Krimgot. und Bibelgot. versucht wird: 1. Zw. Krimgot. und Bibelgot. besteht ein grundsätzlicher sprachgeschichtl. Unterschied in der Behandlung der alten Kurzvokale *e, i* und *u* nebst dem neu-entstandenen *o*: Das Krimgot. geht mit dem W und den westlicheren Teilen des Nordgerm., indem es eine Abhängigkeit der Verteilung von *e/o* gegenüber *i/u* in Abhängigkeit vom Vokalismus der Folgesilbe zeigt; das Bibelgot. geht mit dem Gutnischen und östlicheren Teilen des Nordgerm., indem es im Prinzip eine Vereinheitlichung, aber mit Allophonen in Abhängigkeit vom folgenden Konsonanten zeigt. 2. Das Krimgot. geht mit dem Bibelgot. in der Entwicklung des alten *ǣ* (e^1) zu einem geschlossenen Laut (*ē*, bzw. *ī*), während Nord- und Westgerm. eine (sehr frühe)

Entwicklung zu *ā* zeigen (mit Besonderheiten im Engl.). Dieser got. Wandel ist zwar früh, scheint aber erst nach der Abwanderung eingetreten zu sein. Weitere Merkmale sind weniger klar, fügen sich aber in das hier umrissene Bild, das wie folgt gedeutet werden kann: 1. Die Sprachen der nach O abgewanderten Germ.-Stämme waren bereits regional differenziert, wenn auch noch gegenseitig verstehbar; insbesondere stammt das Bibelgot. aus einer ö. Gruppe (verwandt mit Gutnisch), das Krimgot. aus einer w. Gruppe (die aber durchaus auch aus Skand. gekommen sein kann). 2. In den Sprachen dieser O-Gruppe hat eine gemeinsame Weiter-Entwicklung stattgefunden, die schon früh einsetzte – die Behandlung des germ. *ǣ* (e^1) ist ein deutliches Beispiel dafür. Das heißt schließlich, daß die Ostgerm. eine Art Wandergemeinschaft mit gegenseitig verstehbaren Sprachen und gemeinsamer Weiterentwicklung, aber nicht gleichartiger sprachlicher Herkunft waren. Wenn man ‚Ostgermanisch' nicht auf ‚got.' beschränkt, sondern tatsächlich die früh nach O abgewanderten Stämme darunter versteht, dann kann die Bezeichnung nur eine geogr. Bezeichnung (unter Einschluß nachträglicher sprachlicher Berührungen) sein – für sprachliche Gruppierungen im Sinne der Stammbaumtheorie kann die Bezeichnung nicht verwendet werden.

(1) O. Grønvik, Die dialektgeogr. Stellung des Krimgotischen und die krimgot. cantilena, 1983. (2) MacDonald Stearns, jr., Crimean Gothic. Analysis and Etym. of the Corpus, 1978. (3) Th. L. Markey, Germanic Dialect Grouping and the Position of Ingvaeonic, 1976. (4) H. F. Nielsen, OE and the Continental Germanic Languages, 1985. (5) E. Schwarz, Goten, Nordgerm., Ags. Stud. zur Ausgliederung der germ. Sprachen, 1951. (6) Schwarz, Stammeskunde. (7) E. Seebold, Völker und Sprachen in Dänemark zur Zeit der germ. Wanderungen, in: E. Marold, Ch. Zimmermann (Hrsg.), Nordwestgermanisch, 1995, 155–186. (8) Ders., Wer waren die Friesen – sprachlich gesehen?, in: V. F. Faltings u. a. (Hrsg.), Fries. Stud. 2, 1995, 1–17.

i. Die frühesten Zeugnisse für germ. Sprachen. Die frühesten Zeugnisse für germ. Sprachmaterial sind Namen und ganz vereinzelte Wörter in ant. Qu. oder sonst im Kontext der ant. Überlieferung. Vom Qu.wert her sind dabei inschriftliche und liter. Überlieferung zu unterscheiden: Inschriftliche Qu. geben mit Sicherheit die Namenform der Zeit, in der die Inschr. verfaßt wurde (natürlich nur, sofern die Inschr. erhalten ist) und der Sprachform dessen oder derer, die die Inschr. veranlaßten. Liter. Qu. sind dagegen in wesentlich späteren Hs. erhalten, deren Abschreiber die Namenformen leicht den ihnen geläufigen angepaßt oder zusätzliche Namen eingefügt haben können. Inschriftliche Qu. sind etwa aus dem ersten Jh. n. Chr. das *Monumentum Ancyranum* der *res gestae* des Augustus, in dem unter anderem die Namen der Kimbern, Haruden und → Semnonen überliefert sind, und der → Negauer Helm, auf dem in n-etr. Schrift in einer lat. Formel zwei latinisierte germ. Namen (*harigasti tei*) stehen. Liter. Werke, die ausdrücklich germ. Namen nennen, gibt es im Lat. seit Caesar, im Griech. seit Strabon. Der älteste (nur durch Zitate überlieferte) Autor, auf den solche Namen zurückgehen, ist → Pytheas von Massilia aus dem 4. Jh. v. Chr. Hier wie auch sonst in der frühesten Überlieferung machen die Namen einen eher kelt. Eindruck und sind wohl von Kelten vermittelt. Die frühestbezeugten germ. Wörter in solchen Qu. sind *urus* ‚Auerochse' und *alces* ‚Elche' bei Caesar, *ganta* ‚Gans' bei Plinius dem Älteren, *glesum* ‚Bernstein' bei Tacitus und einiges weniger Klare (5; 7, 16–18; 9).

Bei den Inschr. ist ein Sonderfall eigens zu erwähnen: Zu den frühesten, aber auch problematischsten Zeugnissen für die germ. Sprachen gehören die sog. Matroneninschr. des 2. und 3. Jh.s n. Chr. – Inschr. auf Weih-Altären, in lat. Sprache, einem kelt. Kult von drei weiblichen Gottheiten folgend (→ Matronen), aber im Gebiet links des Rheins in der Kölner Gegend, also dem Land, das nach Aussage Strabons und anderer die germ. → Ubier zugewiesen bekommen hatten, offenbar mindestens teilweise von Sprechern einer germ. Sprache gestiftet und deshalb teilweise mit germ. sprachlichen Merkmalen versehen. Die Beteiligung einer germ. Sprache wird erkennbar durch die Variation der lat. Endung des Dat. Pl. auf *-(i)abus* oder *-(i)is* in diesen Weihungen mit einer Endung *-ims,* teilweise bei den gleichen Namen, und diese Endung kann weder lat. noch kelt. sein, ist aber für das Germ. vorauszusetzen. Formal handelt es sich um Weihungen an drei Göttinnen, die *matres, matrones* oder *deae* genannt werden, jeweils mit einem Beinamen; in der Regel steht der Ausdruck im Dat. Pl. Da es sich um etwa 80 verschiedene Namen handelt, wird wohl mit Recht angenommen, daß es sich um lokale Gottheiten, genauer: lokale Ausprägungen eines überregionalen Kults, handelt. Die Wortausgänge der mit germ. Endung bezeugten Namen sind in der Regel *i*-haltig, die Namen dürften also – wenn die Stammbildung überhaupt germ. ist – am ehesten der *devī*-Flexion (einem Untertyp der [germ.] *jō*-Stämme) folgen. Diese Suffixe sind Motions-Suffixe, evtl. können sie in diesem Fall analysiert werden als namenbildendes Ableitungssuffix *-i-* + movierendes Flexionssuffix *ə/ā.* Die germ. Form des Wortausgangs *(-ims)* taucht bei 5 Namen auf, die alle der Struktur nach germ. sein, aber nicht mit ausreichender Sicherheit gedeutet werden können. Die Hauptmasse der Namen zeigt aber Ableitungssuffixe, die mit dem kelto-roman. ON-Suffix *-ācum* in Verbindung gebracht werden können, die somit kelt. sind, aber im Lautstand eine möglicherweise germ. Verschiebung zeigen. Einige wenige Namen zeigen weder die kelt. Stammbildung noch den germ. Wortausgang, können der Struktur nach aber ebenfalls germ. sein (1; 14).

Die früheste echt-germ. Überlieferung ist in der Schrift der Germ., den Runen (→ Runen und Runendenkmäler; → Runeninschriften; → Runenschrift und Runensprache), geschrieben und beginnt um 200 n. Chr. vor allem in Dänemark mit Ritzungen auf Fibeln und auf Niederlegungen im Moor; außerhalb Dänemarks wurde vor allem auf Waffen und Heeresausrüstung geritzt oder in aufwendigerer Technik (Silbertauschierung) geschrieben. Die Texte sind nur kurz und enthalten häufig nur einen Namen; sie zeigen aber einen sehr altertümlichen Sprachstand, der ungefähr dem durch den Sprachvergleich zu erschließenden Urgerm. entspricht. Die Überlieferung in der ält. Runenreihe wird dann vor allem getragen durch die skand. → Runensteine (während des ganzen Zeitraums der Überlieferung) und den Inschr. auf → Brakteaten (um 500 n. Chr.; 8; 11; 12). Die Sprachkultur der Germ. war mündlich bestimmt – wenn z. B. in der Überlieferung und in isl. Sagas die Rede davon ist, daß ein Gedicht (in Runen) aufgeschrieben wird, dann geht es immer darum, daß der Dichter vor seinem Tod steht; andernfalls war die Überlieferung durch Vortrag aus dem Gedächtnis selbstverständlich. Deshalb dienten die Runen als Gebrauchsschrift nur für Sonderfälle (wenn der Gesprächspartner nicht erreichbar war u. ä.). Sonst waren sie ein Mittel der → Mantik (Weissagung), der → Magie (Zauber) und der mystischen Betrachtung (etwa durch die Ordnung der Runennamen, die auch für die Weissagung eine entscheidende Rolle spielten). Die Runen sind deshalb oft als ‚Kultschrift' von der ‚Gebrauchsschrift' der Griechen und Römer abgesetzt worden, doch wird bei dieser Auffassung übersehen, daß es sich in Wirklichkeit lediglich um verschiedene Schwerpunkte handelt: Bei Griechen und Römern stand die Gebrauchsschrift mit wichtigen Funktionen (wie der Bewahrung von Texten) im Vordergrund, die selbstverständlich ebenfalls vorhandene Funktion als Kultschrift trat zurück (und ist im übrigen auch wesentlich schlechter überliefert worden). Bei den Germ. hatten sich die Vorteile der Gebrauchsschrift (über die mit ihr ebenso verbundenen Nachteile handelt schon Plato, z. B. im Mythos vom kunstsinnigen Theuth im Dialog *Phaidros*) noch nicht durchgesetzt. Speziell für das Nordgerm. bezeugt uns Snorri in der Einleitung der → Heimskringla ausdrücklich, daß Ari inn Fróði (um 1100; → Ari Thorgilsson) der erste gewesen sei, der Geschichten (d. h. hier: hist. Überlieferung) in der einheimischen Sprache aufschrieb. Und Ari selbst berichtet, daß 1117 beschlossen wurde, die Gesetze erstmalig nach mündlichem Vortrag in ein Buch zu schreiben (*Islendingabók* 10). Vorher war dies alles eine Sache der mündlichen Überlieferung mit Vortrag von verhältnismäßig umfangreichen Texten nach dem Gedächtnis der → Gesetzessprecher. Bei den beiden genannten Fällen erstmaligen Schriftgebrauchs handelt es sich dann bereits um Lateinschrift (8; 11; 12).

Zur Beurteilung der frühen Gesch. der germ. Sprachen sind dann weiter die Entlehnungen ins Germ. und aus dem Germ. von Bedeutung. Wichtig ist vor allem der Austausch mit dem Kelt. (der in erster Linie in Entlehnungen aus dem Kelt. besteht), später die Entlehnungen aus dem Lat. und am Rande auch aus dem Griech. Entlehnung aus dem Germ. gibt es vor allem im Finn. (und Lapp.), Balt. und Slaw., wobei die Entlehnungen ins Finn. eine bes. große Rolle spielen: Sie erfolgten z. T. sehr früh, so daß sie teilweise noch urgerm. oder frühgerm. Lautstand erkennen lassen, und sind andererseits in ihrem Lautstand vom Finn. weitgehend getreu bewahrt geblieben. Für die spätere Zeit ist dann auch der Anteil des Frk. beim Aufbau des Frz. von Belang (2–4; 6; 7; 10; 13).

Die Überlieferung germ. Sprachen in lat. Schrift beginnt dann im wesentlichen im 8. Jh., zuerst im Engl., dann im Dt. Etwas ält. sind die germ. Wörter in den sonst lat. geschriebenen Gesetzen der verschiedenen Stämme. Wesentlich später ist die Überlieferung des Nord.: Namen seit dem 10., Texte seit dem 12. Jh. (abgesehen von den Runendenkmälern) und Fries. (seit dem 13. Jh.). Das Got. ist in einer eigenen Schrift in Hs. aus dem 6. Jh. bezeugt.

(1) G. Bauchhenss, G. Neumann (Hrsg.), Matronen und verwandte Gottheiten, 1987 (bes. die Beitr. von C. B. Rüger, G. Neumann und K. H. Schmidt). (2) Th. Frings, Germania Romana, 1932. (3) H. Fromm, Germ.-finn. Lehnwortforsch. und germ. Sprachgesch., in: H. Beck (Hrsg.), Germ.-Probleme in heutiger Sicht, 1986, 213–230. (4) E. Gamillscheg, Romania Germanica 1–3, 1934–1936. (5) G. Gundermann, Germ. Wörter bei Griechen und Römern I, Zeitschr. für dt. Wortforsch. 8, 1906/07, 113–120. (6) T. Hofstra, Ostseefinnisch und Germanisch. Frühe Lehnbeziehungen im n. Ostseeraum im Lichte der Forsch. seit 1961, 1985. (7) F. Kluge, Urgermanisch, 31913, Kap. 1. (8) Krause RäF. (9) H. Reichert, Lex. der agerm. Namen 1–2, 1987–1990. (10) G. Rohlfs, Germ. Spracherbe in der Romania, 1946. (11) E. Seebold, Die Stellung der engl. Runen im Rahmen der Überlieferung des ält. Futhark, in: A. Bammesberger (Hrsg.), OE Runes and their Continental Background, 1991, 439–569, bes. c. I und IIA. (12) Ders., Was haben die Germ. mit den Runen gemacht? Und wieviel haben sie davon von ihren ant. Vorbildern gelernt?, in: B. Brogyanyi, Th. Krömmelbein (Hrsg.), Germanic Dialects: Linguistic and Philological Investigations, 1986, 525–580. (13) W. Streitberg u. a (Hrsg.), Die Erforschung der idg. Sprachen. II Germanisch. 1. Allg. Teil und Lautlehre, 1936, 52–109. (14) Th. Vennemann, in: Sprachwiss. 19, 1994, 235–270 (mit weiterer Lit.).

j. Die früheste sprachliche Aufgliederung des germ. Sprachgebiets läßt sich am besten am Vokalismus zeigen. Zu nennen ist zunächst der Ausgleich *e/i* und *u/o*: Durch den Wandel von idg. *o* zu *a* hatte das Germ. ein ungleichmäßiges Kurzvokalsystem: neben den geschlossenen Vokalen *i* und *u* stand auf der nächst-offenen Stufe nur *e*, ein *o* fehlte. Nun sind *i* und *e* in großem Umfang nach der Lautumgebung neu verteilt worden, und entsprechend ist in einigen Lautumgebungen aus *u* ein neues *o* entstanden. Bes. im zweiten

Fall läßt sich aber deutlich zeigen, daß sich die verschiedenen Regionen des germ. Kontinuums verschieden verhalten haben: Im S und im W finden wir eine Ausrichtung nach dem Vokal oder Halbvokal der folgenden Silbe vor: Vor geschlossenen Vokalen und *j* steht *i* und *u*, vor anderen *e* und *o*. In Richtung auf N und O zeigt sich zunächst einmal eine geringere Neigung eines Übergangs von *u* zu *o* (ahd. immer *got* ‚Gott', anord. *guð* neben *goð*, später mit semantischer Differenzierung) – im Got. und Altgutnischen schließlich zeigt sich eine Ausrichtung nach dem folgenden Konsonanten. Eine zweite Differenz zeigt sich in der Entwicklung des alten *ē*, das im Got. eine Tendenz zu *ī*, in den übrigen Sprachen eine Tendenz zu *ā* hat (mit rückläufiger Entwicklung im Engl.). Ein dritter Unterschied zeigt sich schließlich bei den auslautenden Kurzvokalen: *a* und *e* schwinden überall, *i* und *u* im W nur nach schwerer Stammsilbe – im O scheint *i* immer geschwunden und *u* immer erhalten zu sein. Leider bietet das runische Material nicht genügend Beispiele für eine ausreichende Präzisierung.

Dagegen zeigt das runische Material sehr deutlich, daß schon in der frühesten Zeit (also um 200 n. Chr.) verschiedene Entwicklungstendenzen bestanden: Das Ostgerm. ist progressiv und läßt z. B. Kurzvokale auch im gedeckten Auslaut schwinden, die norw. und schwed. Qu. dagegen sind konservativ, sie bleiben noch lange Zeit eng am urgerm. Lautstand. Die dän. Belege stehen dazwischen und sind etwas widersprüchlich: sie zeigen sowohl progressive wie konservative Tendenzen. Vom Kontinent ist aus der frühesten runischen Zeit leider keine sicher zuzuweisende Inschr. bezeugt (1).

In bezug auf die regionale Gliederung läßt sich sagen: Bei den bewahrten Altertümlichkeiten geht das Got. normalerweise mit dem Nordgerm., etwa bei der Bewahrung der 2. Sing. des Perfekts bei den starken Verben oder dem Ausbau der *nan*-Verben und des *ni*-Abstraktums. Aufschlußreich ist auch die Entwicklung der alten *r/n*-Stämme: Während Anglo-Fries. und Kontinentalgerm. den *r*-Stamm fortsetzen (*Wasser, Feuer*) bewahren Nordgerm. (vorwiegend) und Got. (ausschließlich) den *n*-Stamm, das Got. mit *n*-Flexion (*wato,* umgebaut *fon*), das Nord. mit Weiterbildung (*vatn, fune*). In keinem Fall, der eine gemeinsame Entwicklung voraussetzen würde, geht das Got. gegen das Nord. mit einer anglo-fries. oder kontinentalgerm. Sprache.

Die gemeinsamen Entwicklungen des Nord., Anglo-Fries. und Kontinentalgerm. sind dementspr. spätere Neuerungen nach dem Abzug der Goten, vor allem auf der lautlichen Ebene: die Entwicklung von *ǣ* zu *ā*, der Rhotazismus, die Ansätze zur Konsonantengemination und zu den Umlauten; ält. ist allenfalls die Entwicklung des *dieser*-Pronomens. Das Anglo-Fries. hat wegen seiner Mittelstellung Gemeinsamkeiten sowohl mit dem N (mehrfach im Pronominalsystem) wie auch mit dem Kontinent (die sog. ‚westgermanischen' Gemeinsamkeiten). Für die einzelnen Gruppen ist zu erwähnen, daß das Nordgerm. in der WZ eine ziemlich durchgreifende Entwicklung durchmacht (Schwächung der Endsilben, Konsonantenassimilation und -schwund, Umlaute und Brechungen, Entwicklung eines Mediopassivs, des suffigierten Artikels, der 3. Sing. Präsens usw.), so daß es nach dieser Zeit von den anderen germ. Sprachen merklich verschieden ist.

Die Eigenentwicklung des Engl. vollzieht sich weitgehend auf der Ebene des Lautstandes. Die Einzelentwicklungen greifen dabei häufig über das Engl. hinaus (auf Fries. und As., aber auch das Anord.); zeigen auf der anderen Seite aber auch das Entstehen eines räumlichen Kontinuums in Britannien.

Auf der kontinentalgerm. Seite ist vor allem die Stellung des As. problematisch. Vermutlich sind die urspr. Sachsen anglische und jütische Eindringlinge in NW-Deutschland, die die umgebenden Stämme unterworfen haben. Es muß dort also ein n. ausgeprägter Dialekt neben dem einheimischen kontinentalen Dialekt bestanden haben. Das uns in der as. Bibeldichtung entgegentretende As. ist offenbar ein von diesem n. Dialekt beeinflußter kontinentaler Dialekt; in welchem Umfang sich der n. Dialekt gehalten hat und inwieweit er mit dem N-Fries. zu tun hat, ist eine noch offene Frage.

Von Bedeutung für die Ausgliederung ist schließlich noch die Frage der zweiten Lautverschiebung. Nach traditioneller Meinung ist sie in Deutschland und Oberitalien (bei den Langob.) entstanden und hat sich nach N ausgebreitet, wäre also ein ahd. Phänomen. Dieser Auffassung wird seit einiger Zeit mit guten Gründen widersprochen: Es ist sprachsoz. unwahrscheinlich, daß zu einer Zeit der Vorherrschaft der Franken die Sprachgestalt von den Mundarten der Alpentäler her bestimmt worden wäre. Es wäre demnach also damit zu rechnen, daß die zweite Lautverschiebung bereits bei der Besiedlung S-Deutschlands von den einwandernden Germ. mitgebracht worden wäre. Nach Vennemann, der diesen Gedankengang in neuerer Zeit ausgebaut hat (2; 3), haben die hdt. Stämme allg. die Lautverschiebung in vollem Umfang in ihre Sitze mitgebracht; die spätere räumliche Ausdehnung beruht nicht auf einer Ausbreitung vom S her, sondern auf einer Zurückdrängung der Lautverschiebung durch die Franken (‚Zurückdrängungstheorie'). Da mehrere andere Lautwandel bereits die Lautverschiebung voraussetzen, und da diese nach seiner Meinung bereits in den Matronennamen auftaucht, müsse die Lautverschiebung sehr alt sein (nach Vennemanns ält. Ansicht kommt sie von den Elbgerm., in neuerer Zeit hat er sich unter dem Einfluß seiner Superstrat-Theorie auf eine Entstehung auf der jütischen Halbinsel festgelegt). Die Lautverschiebung ist dabei nicht eine Besonderheit des Hdt., sondern beruht darauf, daß das urgerm. System der (nach ihm glottalisierten) Tenues im ‚Hochgermanischen' affriziert, im ‚Niedergermanischen' aspiriert wurde. Etwas später wurden die urgerm. Lenisplosive im Hochgerm. zu stimmlosen Verschlußlauten, im Niedergerm. zu stimmhaften Verschlußlauten und dann zu stimmhaften Reibelauten (‚Verzweigungstheorie').

Von diesen Annahmen kann die ‚Verzweigungstheorie' (die inhaltlich lediglich eine phonetisch weitergehende Interpretation ist) angenommen werden (wenn man auch bezweifeln kann, daß so genaue phonetische Bestimmungen für die Vorzeit möglich sind); auch die Annahme, daß die Lautverschiebung bei der Einwanderung mit nach S- und Mitteldeutschland gebracht wurde, hat viel für sich. Die räumliche Aufgliederung (obd. – mitteldt., rhein. Fächer) ist auf jeden Fall das Ergebnis der Entwicklung zu einem Kontinuum; ob sie aber auf einer Zurückdrängung durch die Franken beruht, wird man bezweifeln dürfen. Eine Entstehung bei den Elbgerm. ist – mit Rücksicht auf die Beteiligung der Langob. – denkbar; Dänemark dürfte auszuschließen sein. Daß der besondere Lautstand der Matronennamen eine Verschiebung zeigt, ist unbestreitbar. Daß diese Verschiebung mit dem Germ. zusammenhängt, ist nach Lage der Dinge wahrscheinlich (wenn auch nicht die einzige Möglichkeit: In diesem Raum und zu dieser Zeit könnten auch die ‚Völker zwischen Germanen und Kelten' noch eine Rolle gespielt haben). Daß diese Verschiebung schließlich bereits die zweite Lautverschiebung ist, läßt sich bis jetzt nicht erweisen und ist hochgradig unwahrscheinlich.

(1) E. Seebold, Die sprachliche Deutung und Einordnung der archaischen Runen-Inschr., in: K. Düwel (Hrsg.), Runische Schriftkultur in kontinental-skand. und -ags. Wechselbeziehung, 1994, 56–94. (2) Th. Vennemann, Hochgerm. und Niedergerm. Die Verzweigungstheorie der germ.-dt. Lautverschiebungen, PBB 106, 1984 (Tübin-

gen), 1–45. (3) Ders., Betrachtung zum Alter der hochgerm. Lautverschiebung, in: R. Bergmann u. a. (Hrsg.), Ahd. 1, 1987, 29–53.

E. Seebold

C. Dichtung

§ 17. Voraussetzungen. Germ. Dichtung ist ihrem Wesen nach eine mündliche, vorliter. Kunst. Die (wohl) im 1. oder 2. Jh. n. Chr. entwickelte → Runenschrift hat nicht vermocht, eine weiterreichende Literalität durchzusetzen. Es blieb bei einer Semiliteralität, die wohl auch auf eine Gruppe Runenkundiger beschränkt blieb. Die lat. Schrift setzte sich als Medium volkssprachlicher Überlieferung erst in der Begegnung mit der christl.-lat. Schreibkultur durch – und dies in einem langen Prozeß, der vom späten 4. Jh. (Got. Bibelübs. und Bruchstücke geistlicher Lit.) über das 8. Jh. (Beginn der Schriftüberlieferung im Ae. und Ahd.) bis in das 11./12. Jh. (Anord.) reichte. Dabei ist auch zu bedenken, daß die heimisch-weltlichen Schöpfungen durch die christl. Schreibkundigen anfänglich nur selektiv und in zufälliger Auswahl auf das Pergament kamen. „Damit ist gesagt, daß uns eine ‚altgerm. Literatur' als geschlossene Masse nirgend erhalten ist. Nur Splitter, Ausläufer, Absenker werden uns sichtbar in den christlichen Literaturen der ma. Germanen. Die einzelnen Sprachkreise stellen sich verschieden zu dem außerkirchlichen Gute; daher die sehr ungleiche Ergiebigkeit dieser Literaturen fürs Altgermanische" (14, 2).

§ 18. Vorgerm. Zusammenhänge. Sosehr es der germanistischen Sprachgeschichtsforsch. gelang, das Urgerm. um eine weitere Dimension hist. zu vertiefen, sosehr mußte die Dichtungsgesch. auf einen solchen Erfolg warten. Die ersten Versuche und Ergebnisse sind mit dem Namen Adalbert Kuhns verbunden. 1853 beobachtete er bereits Übereinstimmungen im poet. Wortschatz zw. dem Griech. und Aind. Mit diesen und anderen Beobachtungen löste Kuhn eine Diskussion aus, die schließlich dazu führte, eine ie. Dichtersprache wenigstens in gewissen Elementen greifbar werden zu lassen. Über die Ergebnisse berichten bes. die Arbeiten von Schmitt (24; 25) und Watkins (30). Watkins beschreibt diese erschlossene Dichtersprache in dreifacher Hinsicht

a. Formel und Thema *(formula and theme)*. Hier kann an die Arbeiten von Parry zu Homer und der Technik oraler Komposition (23) und die Unters. von Lord (20; 21) angeknüpft werden. Bestandsaufnahmen gaben darüber hinaus Foley (5–7). Das urspr. Konzept hat dabei einige Modifikationen erfahren: Thema wurde als ‚deep structure of formula' erklärt und Formel-Charakter auch dem einzelnen Wort zuerkannt (gegen Parrys ‚a group of words'. Vgl. Watkins 30, 17). Auch die ‚composition in performance as a condition sine qua non for oral poetry' gilt nicht länger in dieser Ausschließlichkeit. Formelhaftigkeit kann Zeichen memorierter oraler Dichtung sein und auch Stilmittel späterer liter. Komposition, ist aber nicht unbedingt an die Stegreifsituation gebunden. Die Diskussion wird bes. im Blick auf die Homerische Dichtung (19; 28) und die Veden geführt, hat aber Bedeutung für alle praeliter. Dichtungen ie. Tradition.

b. Metrik. Nach einem ersten Versuch von Westphal (31) war es Meillet, der die Metrik der vedischen Hymnen und der griech. Lyrik systematisch verglich (22). Als weitere Sprachen bezogen Jakobson die s-slaw. Epik (15), Watkins das Kelt. (30, bes. c. 24), Eichner das Ital. und Anatolische ein (3; 4).

c. Stilistik. Unter *stylistics* begreift Watkins (30, 21 f.) alle sprachlichen Mittel, die über das Vorgenannte hinaus zur poet. Form beitragen. Besondere Beachtung verdienen in dieser Hinsicht die Arbeiten von Wackernagel (29), Campanile (2) und Watkins (30), der nicht nur eine materialreiche Übersicht über die bisherige Forsch. gibt, sondern auch am Drachentötermotiv ie. Traditionen in den Einzelsprachen aufweist.

Die verengte, allein an die germ. Tradition gebundene Sicht agerm. Dichtung haben auch komparatistische und namenkundliche Arbeiten gesprengt. So hat v. a. Franz Rolf →Schröder in zahlreichen Unters. auf übereinzelsprachliche Zusammenhänge im Bereich der Götter- und Heldendichtung aufmerksam gemacht. Auch im namenkundlichen Bereich erscheint die Annahme einer frühen (d. h. vorgerm.) Form heroischer Poesie zwingend zu sein. Es sind hier die zweigliedrigen PN, die ein streng stilisiertes und in heroischer Dichtung gepflegtes Kriegerideal voraussetzen.

§ 19. Formenlehre. Den Forsch.sstand am Ende des 19. Jh.s fixiert R. Koegel in seiner Gesch. der Dt. Lit. bis zum Ausgang des MAs (16). Zu vergleichen ist auch seine und W. Bruckners Darst. Althoch- und altniederdeutsche Literatur im Grundriß der Germ. Philologie (17). Heusler setzte dem 1909 einen völlig neuen Entwurf entgegen. Äußerer Anlaß war der Auftrag, für die 1. Aufl. dieses Lex.s den Art. ‚Dichtung' zu verfassen. Bevor er hier eine erste Gesamtdarst. wagte, hatte er bereits mit metrischen Stud. zur Alliterationsdichtung (die schließlich in seiner ‚Deutschen Versgeschichte', 1925–29 gipfelten) und zum Dialog in erzählender Dichtung (zu ‚Lied und Epos in germanischer Sagendichtung' führend) Neuland betreten (vgl. 10–13).

Auf dem Gebiet der Metrik beherrschten E. Sievers und seine Anhänger das Feld (vgl. z. B. 26). Sievers' Lehre gipfelte in den zwei Annahmen: 1) der agerm. Vers ist ein ametrischer Sprechvers; 2) den agerm. Vers prägt eine feste, innewohnende Sprechmelodie. Dem ametrischen Sprechvers setzte Heusler entgegen: Verse sind taktierte, takthaltige Rede. War für Sievers die Zahl, die Silbenzahl das ordnende Versmaß, so lag für Heusler die wahre Einheit einer Versart in einem metrischen Grundmaß. Eine irrationale Zeitmessung, taktfreie Rhythmen dort, meßbare Zeitwerte, takthaltige Rhythmen hier. Die Kritik traf den frühen Sievers – und insbesondere die Anhänger, die auf dem ält. Standpunkt verharrten: Finnur →Jónsson, H. Gering, B. Symons, R. C. Boer, die „Silbenzählungsparalytiker", wie sie Heusler nannte. Den Wert der Sieversschen Arbeiten erkennt Heusler in ihren Grenzen durchaus an:

„... die genaue sprachliche Zergliederung großer Versmassen, die planvolle Statistik der Silbengruppen, war auf germ. Boden etwas Neues und hat auch andere Versgebiete befruchtet. Dank diesem Verfahren hat Sievers eine Menge prosodischer Tatsachen entdeckt. Man wußte nun, welche Silbengruppen im Verse häufig oder selten oder gemieden sind. Die Schriften, die Tausende von Zeilen in Fächer ordnen, haben auch denen gedient, die andre Wege gingen; sie werden ihren Nutzen behalten. Grammatik und Textkritik hatten reichen Gewinn; das Herstellen verderbter Verse bekam feste Handhaben – daran können die Auswüchse der Eddakritik nicht beirren. Auch Verfasser- und Einheitsfragen ließen sich mit dem statistischen Rüstzeug angreifen.

Die Art, wie die Typenlehre sprachliche Tatsachen gruppiert und benennt, hat den Vorzug praktischer Handlichkeit, und man versteht, daß viele die Bedürfnisse der Statistik und Textkritik befriedigt fanden. In der Tat galt den meisten Anhängern die Lehre als ein vollendetes Werkzeug, das man anwenden, nicht verbessern könne. Die fünf Typen mit ihrem Drum und Dran waren ihnen kanonisch und blieben es, nachdem der Begründer davon abgerückt war.

Es ist klar, Widerspruch trifft nicht Zahlen und Tatsachen, sondern ihre Auslegung" (13, I, 128 f.).

Kein Verständnis zeigte Heusler jedoch gegenüber der zweiten Sieversschen Annahme – der Sprechmelodie als einer dem Vers inhärenten Eigenschaft. Diesem Konzept (das als „Schallanalyse" bis heute keine oder doch nur umstrittene wiss. Anerkennung gefunden hat) erteilt Heusler eine klare Absage: Im Gegensatz zum Versmaß gehört die Sprechmelodie nicht zur „Form", die der Dichter gesetzt hat und deren Antastung das Kunstwerk gefährden würde.

Die Unters. des Dialogs in der agerm. erzählenden Dichtung (10) führte ihn bereits zur vornehmsten Form agerm. Dichtung, dem Lied. Schon in diesem frühen Aufsatz erklärt er das Lied zur eigentlichen Kunstform agerm. Dichtung – in völliger Abkehr von Anschauungen der Zeit, die neben die erzählenden epischen Lieder in vollständig durchgeführter strophischer Form die ‚gemischte Form' stellten, in der die Prosa ein notwendiges und ursprüngliches Glied der Dichtung bildete. Nach Heusler vertritt die gemischte Form nichts anderes als den Typus des einseitigen dialogischen Liedes, das in durchdachter Beschreibung und Vereinheitlichung der künstlerischen Ausdrucksmittel seinen Stoff auf lauter dramatische Bilder einrichtet und eingestreute Prosasätze allenfalls dazu verwendet, Veränderungen des Schauplatzes und „allfällige weitere äußere Vorgänge" zum Ausdruck zu bringen. Zweiseitiges (epischen Ber. und dialogische Rede verbindendes) Lied und einseitiges Lied sind unterschiedlichen Alters. Das einseitige Lied stellt eine jüng., minder primitive Entwicklungsstufe dar – auch wenn die Eddalieder dieses Typs (wie → Skírnismál) zu den ältesten gehören könnten. Für das Westgerm. ist diese Stilform jedenfalls unbeweisbar. Zu der fundamentalen Unterscheidung von einseitigem und zweiseitigem Ereignislied (als den zwei Typen des Ereignisliedes) trat eine weitere Unterscheidung: die von Ereignislied und Situationslied. Auch hier ist es die Rede, die das Unterscheidungskriterium liefert: handelnde Rede auf der einen Seite, beschauliche auf der anderen.

In der wichtigen Frage des Verhältnisses von Lied und Epos entwickelte er 1905 seine sog. Anschwellungstheorie (11). D. h. die epische Breite resultiert nicht aus einer Summierung von Liedinhalten, die in zyklischer Weise Ausschnitte aus einer Sage böten. Vielmehr gilt: Die Sage (als Ganzes) deckt sich mit dem Liedinhalt. Fabel = Liedinhalt = Sage sind identische Größen, das Lied steht am Anfang und die Anschwellung zur epischen Breite gleicht einer Mastkur, die an einem (schon vorhandenen) Skelett ansetzt. Die Mittel dafür sind vorwiegend stilistischer Art. Die Darst.sart (nicht der Fabelgrundriß) erfährt eine grundsätzliche Wandlung von liedhafter Gedrungenheit zu erzählerischer Breite (nach dem Vorgange geistlicher und höfischer Epik).

Unter diesen Voraussetzungen entwarf Heusler dann 1909 (Hoops) und – fortführend – in seiner Altgermanischen Dichtung (14) eine Formenlehre, die in einzelnen Punkten diskutiert, im ganzen aber nicht ersetzt wurde:

A. Niedere Gattungen:
Ritualdichtung (Str. vom → Völsi, Adam von Bremen: unanständige Lieder beim Opfer in Uppsala usw. Vgl. 14, 44 ff.)
Zauberdichtung (→ Merseburger Zaubersprüche usw.; vgl. 14, 56 ff.)
Spruchdichtung (→ Hávamál usw.; 14, 66 ff.)
Merkdichtung (→ Widsith usw.; 14, 79 ff.)
Kleinlyrik (Tanz-, Liebes-, Spottstr., → Lausavísur; 14, 97 ff.)

Für diese niederen Gattungen gilt: Sie reichen in urgerm. Zeit zurück. Sie sind als Gemeinschaftsdichtungen zu verstehen, für die keine berufliche Ausbildung nötig und keine Dichter-Löhnung zu erwarten war. Als metrischer Schmuck diente der Stabreim.

B. Höhere Gattungen:
Erzähllied (Ereignislieder, wie → Hildebrandslied Atlakviða [→ Atlilieder]. Gegenüber diesen alten sog. doppelseitigen Ereig-

nisliedern sind die einseitigen Ereignislieder jüng. Datums; 14, 113 ff.)
Preislied (dazu zählen Stammbaumgedichte, Bildgedichte, die eddischen und skaldischen Preislieder; 14, 123 ff.).

Für diese höheren Gattungen gilt: Sie setzen mit der Völkerwanderung ein. Als höfische Gattungen setzen sie eine entspr. soziale Ordnung voraus, d. h. einen Fürstenhof. Der Entstehungsort ist, nach Heusler, bei den Goten anzunehmen. Hinter den Dichtungen stehen Dichterindividualitäten. Es handelt sich um voraussetzungsreichere, nach Umfang, Stil und Versbau entwickeltere Dichtungen.

Die Auseinandersetzung mit Heuslers Formenkat. müßte einige Gesichtspunkte bedenken:
Im wesentlichen handelt es sich bei diesem Kat. um eine Rückprojektion der frühen anord. Dichtungsgattungen in die orale Zeit. Das hat den Vorteil, daß mit belegbaren Qu. und daraus abstrahierten Gattungsbegriffen argumentiert werden kann. Dies bedeutet aber auch eine Bindung an die polit.-sozialen Voraussetzungen, die mit der VWZ geschaffen wurden. Die höheren Gattungen reichen über diese Grenze nicht zurück. Wenn Tacitus (Tac. ann. 4,88) sagt, daß Arminius bei den barbarischen Gentes immer noch besungen werde, ist das für Heusler kein Zeugnis für Preisdichtung. Da Tacitus keinen höfischen Dichter oder Sänger bei den Germ. kennt, kann es auch keine Preisdichtung im späteren Sinne gegeben haben. Ein erstes Beispiel dafür bietet ihm die Priskos-Stelle, nach der zwei Barbaren nach dem Mahl Attila gegenübertreten und seine Siege und Kriegertugenden verherrlichen (14, 124).

Heuslers Reduktion der Heldensage auf Heldendichtung (d. h. die Liedgattung als alleiniger Existenzform) wird der Historie dieser Gattung nicht gerecht. Hier hat Kuhn überzeugend für „Heldensage vor und außerhalb der Dichtung" plädiert (18).

Die Auseinandersetzung mit Heusler setzte auch in erster Linie an seinem Heldensagenmodell an (vgl. 1; 8; 9).

Heuslers vorrangige Orientierung an Formen und Inhalten der liter. Epoche ließe sich (in einer funktionalen Betrachtung) ergänzen durch zeitgenössische Zeugnisse und Qu., die die gentilen *memoriae* auch der VWZ berücksichtigen. Ihre volkssprachlichen Formungen sind uns unbekannt, ihre Existenz ist aus den fremdsprachigen Überlieferungen aber doch erschließbar. Dazu zählen

– die *origo gentis* bzw. ihrer Herrscher (Tac. Germ. 2. Goten- und Langob.-*origo* bei Jordanes und Paulus Diaconus)
– *casus heroici* (Tac. Germ. 3; Jord. Get. IV,28. V,43 und weitere Zeugnisse)
– Preislieder (Tac. ann. 2,88; Priscus, Historia, und Cassiod. var. VIII,9: Preislieder bei den Goten)
– Totenklagen (Jord. Get. XLI, 214: auf Theoderich, IL, 256 f.: auf Attila).

Eine erste Zusammenstellung der ant. und frühma. Zeugnisse gibt Sonderegger (27).

Die Darst. agerm. Dichtung vermag sich auch heute noch an dem Grundriß zu orientieren, den Heusler in der 1. Jh.hälfte entworfen hat. Er ist in Einzelpunkten in die Kritik geraten, so v. a. in bezug auf die Metrik und das (heroische) Erzähllied, ohne daß aber der Gesamtentwurf abgelöst worden wäre.

(1) Th. M. Andersson, Walter Haug's Heldensagenmodell, in: D. G. Calder, T. Craig Christy (Hrsg.), Germania: Comparative Studies in the Old Germanic Languages and Literatures, 1988, 127–141. (2) E. Campanile, Studies in Indo-European poetic culture, 1977. (3) H. Eichner, Pikenische Pietas, Die Sprache 34, 1988–90, 195–238. (4) Ders., Probleme von Vers und Metrum in epichorischer Dichtung Altkleinasiens, Österr. Akad. der Wiss., Philol.-hist. Kl. Denkschr. 238, 1993, 97–169. (5) J. M. Foley, Oral-Formulaic Theory and Research. An Introduction and Annotated Bibliogr., 1985. (6) Ders. (Hrsg.), Comparative Re-

search on Oral Tradition. A Memorial for M. Parry, 1987. (7) Ders., The Theory of Oral Composition. Hist. and Methodology, 1988. (8) W. Haug, Andreas Heuslers Heldensagenmodell: Prämissen, Kritik und Gegenentwurf, ZDA 104, 1975, 273–292. (9) Ders., Normatives Modell oder hermeneutisches Experiment: Überlegungen zu einer grundsätzlichen Revision des Heuslerschen Nibelungen-Modells, Montfort. Vjs. für Gesch. und Gegenwart Vorarlbergs 1980, 212–262. (10) A. Heusler, Der Dialog in der agerm. erzählenden Dichtung, ZDA 46, 1902, 189–284. (11) Ders., Lied und Epos in germ. Sagendichtung, 1905. (12) Ders., Dichtung, in: Hoops II, 439–462. (13) Ders., Versgesch. (14) Ders., Dicht., Nachdr. 1957. (15) R. Jakobson, Studies in Comparative Slavic Metrics, Oxford Slavonic Papers 3, 1952, 21–66 (= Ders., Selected Writings 4, 1966, 414–463). (16) R. Koegel, Gesch. der Dt. Lit. bis zum Ausgang des MAs 1–2, 1894–1897. (17) Ders., W. Bruckner, Ahd.- und and. Lit., in: PGrundr. II/1, 29–160. (18) H. Kuhn, Heldensage vor und außerhalb der Dichtung, in: Edda, Skalden, Saga (Festschr. F. Genzmer), 1952, 262–278. (19) J. Latacz, Homer. Tradition und Neuerung, 1979. (20) A. B. Lord, The Singer of Tales, 1960. (21) Ders., Epic Song and Oral Tradition, 1991. (22) A. Meillet, Les origines indo-europeennes des metres grecs, 1923. (23) M. Parry, Studies in the epic technique of oral verse making. I: Homer and homeric style, Harvard Studies in Classical Philol. 41, 1930, 73–147. (24) R. Schmitt, Dichtung und Dichtersprache in idg. Zeit, 1967. (25) Ders. (Hrsg.), Idg. Dichtersprache, 1968. (26) E. Sievers, Beitr. zur Skaldenmetrik, PBB 5, 1878, 449–518. (27) S. Sonderegger, Überlieferungsgesch. der frühgerm. und anord. Lit., in: K. Langosch u. a., Gesch. der Textüberlieferung der ant. und ma. Lit. 2, 1964, 705–762. (28) E. Visser, Formulae or single words?, Würzburger Jb. für die Altertumswiss. NF 14, 1988, 21–37. (29) J. Wackernagel, Idg. Dichtersprache, Philologus 95, 1943, 1–19. (30) C. Watkins, How to Kill a Dragon. Aspects of Indo-European Poetics, 1995 mit weiterer Lit. (31) R. Westphal, Zur vergl. metrik der idg. völker, Zeitschr. für vergl. Sprachforsch. 9, 1860, 437–458.

H. Beck

III. Archäologie

A. Sachkultur

§ 20. **Die Bewertung von Realien für die Gesch. der Germ. a. Allgemeines.** Im Gegensatz zu anderen hist. Wiss., die in unterschiedlichem Maße an der Altkde beteiligt sind, verfügt die Ur- und Frühgesch. über Sachhinterlassenschaften des Menschen als Hauptqu. für ihre Forsch. Solche Realien aus unterschiedlichen Stoffen anorganischer, weniger organischer Natur, durch menschliche Tätigkeiten verändert, repräsentieren die unmittelbaren Qu. der Prähist., während die mittelbaren vor allem durch Denkmäler im Gelände und Befunde, d. h. aus der überlieferten Zuordnung der Sachgüter verkörpert werden. Ein weiterer Unterschied zu anderen hist. Wiss. besteht darin, daß die Zahl der Qu. aus dem arch. Bereich in einem unvergleichbar hohem Maße zunimmt, während der daraus resultierende Erkenntnisgewinn sich nicht proportional zur Fundmasse verhält.

Im n. und mittleren Europa ist die Prähist. zu einem maßgebenden Teil aus der Beschäftigung mit der engeren Heimat hervorgegangen, und ihre Anfänge als Wiss.szweig wurzeln nicht in humanistischer Rückbesinnung auf Gesch. und Ant., sondern fallen erst in die Entstehungszeit der europ. Nationalstaaten des 19. Jh.s.

Wir haben in jüng. Vergangenheit eine Wiederholung dieser forschungsgeschichtl. Per., wenn auch unter anderen Voraussetzungen, erlebt. Die Bedeutung, welche in einigen Bereichen des ö. und sö. Mitteleuropa der Beschäftigung mit der Urgesch. beigemessen wurde, hatte durchaus nicht nur wiss. Ursachen, wenn sie mitunter mehr oder weniger unverhohlen als Begründung für territoriale Ansprüche und national betonte Geschichtlichkeit in Erscheinung trat.

Der zeitliche Rahmen, aus dem Realien überliefert sind, umfaßt nahezu das gesamte Alter der Menschheitsgesch. und reicht von der ersten künstlichen Bearbeitung steinerner oder organischer Materialien durch den Menschen bis zur Industriearch. unserer Tage. Ebenfalls durch den besonderen Charakter der Realien begründet, hat die Prähist. zumal in den wirtschaftl.-

technisch hochentwickelten Industriestaaten einen eigenen Bewegungsablauf für die bodendenkmalpflegerische Überwachung und Betreuung und damit für die Gewinnung ihrer Qu. hervorgebracht (→ Fundrecht). Er resultiert aus den immens angewachsenen Eingriffen des Menschen in die Natur- und Kulturlandschaft und dem dadurch verursachten Fundanfall.

Die Zahl der Sachqu. täuscht nicht darüber hinweg, daß diese ihrem Charakter nach ein umfassendes Lebensbild nicht wiederzugeben vermögen, und daß der Prähistoriker mit dem auf ihnen basierenden Kulturbegriff nur einen Teil der ehemals existierenden Wirklichkeit faßt (1). Dabei bleiben die erzielten Fortschritte unumstritten, die gegenwärtig insbesondere aus der Einbeziehung der Naturwiss. augenfällig werden (z. B. Radiocarbon-Datierung). Die Resultate betreffen Fragen der Mensch-Umwelt-Beziehungen ebenso wie solche der Datierung, aber auch die statistische Bearbeitung und Auswertung von Sachqu. bis hin zur Anwendung der → Luftbildforschung und der sich darauf beziehenden Kenntnisnahme von Denkmälern sowie deren Zuordnung. Methodische Ansätze, die aus der herkömmlichen Fund-Befund-Deutung und Identifikation nach Verwendungszweck, Alter und Einordnung eines geschlossenen Fundes herausführen und zum Vergleich mit Fundtypen, deren Kombinationen und geogr. Verbreitung führen, sind zahlreich (23).

Die Fortschritte in der Siedlungsforsch. von der Beschränkung auf die Beobachtung des einzelnen Hausgrundrisses (4) über die Ausgrabung vollständiger Siedlungsplätze bis zur Verfolgung des Siedlungsgeschehens in einer ganzen Landschaft sind evident (→ Siedlungsarchäologie).

Dennoch erreicht der quantitative und qualitative Aufstieg der Qu. und ihre Analyse in der Prähist. Grenzen, über die hinaus eine Beobachtung von Realien nicht führen kann. Diese Feststellung enthält durchaus keinen abwertenden Sinn – im Gegenteil. Die Kenntnis der Kulturgesch. des präant. Mittelmeerraumes, nicht zuletzt durch stratigraphische Absicherung gefestigt, ist das Ergebnis prähist. Forsch. (27). Diese schließt auch das Wissen um die nicht durch schriftliche Qu. überlieferte Sphäre in den ant. Hochkulturen ein, indem sie von der betont kunsthist. geprägten Betrachtungsweise der klass. Arch. vor allem auf den durch Sachaltertümer repräsentierten alltäglichen Lebensbereich orientiert 34).

P r ä h i s t. R e a l i e n u n d A l t k d e. Versteht man die prähist. Realien als Altertümer, hat ihre Erforsch. im vorhist. Europa unmittelbar etwas mit Altkde zu tun, auch wenn diese von F. A. Wolf (73) am Beginn des 19. Jh.s als integrierender Faktor über verschiedene Einzeldisziplinen geordnet wurde, als die Prähist. als Wiss. noch gar nicht existierte.

Die Altkde enthält nach gegenwärtigem Verständnis und heutigem Sprachgebrauch eine interdisziplinäre Forsch.saufgabe, wobei nach der geläufigen Praxis inzw. Ergebnisse naturwiss. Disziplinen einbezogen werden (26).

Auch für die Germ. Altkde als einem Teilbereich steht ein kulturell-sprachliches und hist. übergreifendes Anliegen im Vordergrund.

D i e D a r s t. e i n e r G e r m. A l t k d e i m „R e a l l e x i k o n d e r G e r m a n i s c h e n A l t e r t u m s k u n d e“. Johannes → Hoops hatte die germ. Altkde als räumliche und zeitliche Begrenzung in seinem Werk „Die Waldbäume und Kulturpflanzen im germanischen Altertum“ im J. 1905 hinterlegt. In der 1. Aufl. des von ihm edierten „Reallexikon der Germanischen Altertumskunde“, das mit vier Bd. zw. 1911 und 1919 erschien, hat er im Vorwort Aufgaben und Zielstellung umrissen. Sie bestanden für ihn in der „Herstellung und Verbindung zwischen Vorgeschichte und Geschichte einerseits, zwischen Archäologie und Sprachwissenschaft andererseits". In diesem Streben befand sich Hoops in einer langen Tradition, die von weiten Bereichen fruchtbarer Gelehrsamkeit ausging. Ihre Ziele reichten in Deutschland von der Vermittlung einer ‚humanistischen' Schulbildung bis zur Darst. einer universalen Altkde durch A. Pauly und G. Wissowa, einem Werk, das bezeichnenderweise als Schullex. begonnen hat (Realencyklopädie der Classischen Altertumswiss. [RE]).

Als Resultat aus der zuletzt genannten Entwicklung sind – gewissermaßen als deren Krönung – aus diesem geistigen Umfeld Ansätze hervorgegangen, deren Bestreben auf eine wiss. Gesamtschau, d. h. vor allem auf eine Verbindung und Ergänzung von alter Gesch. und klass. Arch. und bzw. oder Sprachwiss. gerichtet war. Dazu gehört allerdings ebenso der Versuch, die Resultate der einen Wiss. durch Ergebnisse der anderen verifizieren zu wollen. Daher ist es gerade kein Zufall, wenn sich die junge und bes. im gelehrsamen universitären Bereich noch keinesfalls etablierte Vor- und Frühgesch. des ausgehenden 19. und beginnenden 20. Jh.s darum bemühte, für sprachliche Zeugnisse nicht nur eine reale Trägerschaft, sondern auch das dazugehörende konkrete Umfeld, d. h. ein Verbreitungsgebiet und Realien zu finden und nachzuweisen (zusammenfassend: 20; im einzelnen: 24; 25).

Der vielzitierte, oft auch verballhornte Satz von der unter bestimmten Voraussetzungen möglichen Gleichsetzung einer arch. Kultur mit einem Ethnos ist schließlich zu dem Paradigma für diese Wiss. geworden (60; 61).

Der Streit um die persönliche und wiss. Integrität seines Urhebers, Gustaf → Kossinna (vgl. z. B. 3) und die verheerenden chauvinistischen Auswüchse, die aus einseitigen und unverstandenen Folgerungen in dieses Axiom hineingetragen worden sind, bilden eine Negativseite, die inzw. endlich überwunden sein sollte (dazu 11; 38; 29; 60–62). Andererseits hat diese vielgeschmähte sog. siedlungsgeogr. oder ethnographische Methode der auf Sammeln, Ordnen und Registrieren bedachten und damit empirisch-hermeneutischen Vorgehensweise der im wesentlichen aus der Heimatgesch. erwachsenen Vor- und Frühgesch. eine Dimension eröffnet, die ihr u. a. zur Wissenschaftlichkeit gerade fehlte. Die Frage danach, welche ethnische Zugehörigkeit Realien aus überwiegend schriftloser Zeit verkörpern, hat an ihrer brennenden Aktualität nichts eingebüßt, und psychisch wie physisch tödliche Auswirkungen, die auf Priorität und Besitzanspruch hinauslaufen, sind bis in die Gegenwart zu beklagen.

Germ. Altkde ist gegenwärtig ein Univ.slehrfach und wird in Deutschland mit einem Lehrstuhl in München vertreten. Die Integration einzelner daran beteiligter Wiss.szweige im Schrifttum wird vor allem durch das „Reallexikon der Germanischen Altertumskunde" realisiert, das in seiner 2., wesentlich erweiterten Aufl. programmatisch nicht von den Vorstellungen seines Begründers abweicht.

Hoops hielt es im J. 1911 für angebracht, die Darst. der arch. Verhältnisse nicht auf die nach damaligem Verständnis als Heimat der Germ. in Frage kommenden Gebiete zu beschränken, sondern auch die Vorgesch. der anderen Länder Mitteleuropas zu berücksichtigen, die später von Germ. bewohnt wurden. Das Programm, das diesen Vorstellungen zugrunde liegt, gilt bis zum gegenwärtigen Zeitpunkt für die Herausgabe der 2. Aufl. des Reallex.s. Insofern besteht Übereinstimmung zw. Programm und Verfahrensweise. Das wird innerhalb der bisher edierten Bd. deutlich an den Länderartikeln, an den Ausführungen zur Gesch. einzelner Städte, aber auch an Sachartikeln zur Formenkunde (vgl. z. B. → Finnland, → Erfurt, → Flint und Flintgeräte).

Der Sprachwissenschaflter Hoops verfuhr mit dieser Konzeption durchaus folgerichtig, getreu dem Anliegen der Germanistik, den germ. Sprechenden auch eine germ. Sachkultur zuzuordnen (vgl. §§ 55 ff.). Inzw. ist das Verständnis dessen, was unter ‚Germanisch' zu verstehen sei, in den einzelnen Wiss.sgebieten weit auseinandergetriftet und eine übereinstimmende interdisziplinäre Grundlage für einen auch noch so weit gefaßten Germ.-Begriff nicht in Sicht (70).

So arbeitet die Sprachwiss. mit dem Begriff des ‚Urgermanischen', während in der Prähist. diese Bezeichung nicht (mehr) üblich ist, sieht man von wenig überzeugenden Einzelansichten (22; 15) einmal ab. Andererseits stößt auch in der Linguistik der Terminus ‚Urgermanisch' nicht auf eine einheitliche Deutung. Gegensätzliche Ansätze beziehen sich vor allem auf ein Prinzip, das über die Suche nach Substratmaterial germ. Sprachen weit zurückverfolgt. Diese methodische Vorgehensweise wird aus prähist. Sicht dann fraglich, wenn die Sprachwiss. für ihre Modellkonstruktion auf urgeschichtl. Kulturen/Per. als absolute Zeitmarke zurückgreift. Gerade diese ist aber für die ält. Per., in welche die vergleichenden sprachwiss. Vorstöße führen, inzw. nicht mehr allein arch. zu bestimmen (26).

Die Prähist. meidet gegenwärtig im allgemeinen Schlußfolgerungen, die sich aus sprachwiss. Ansätzen ergeben und praktiziert eher den Weg über

Realien und hist. Überlieferung. Die frühgeschichtl. Forsch. hat die – wenn auch spärlichen – Nachr. über Wohnsitze der Kelten mit den arch. Hinterlassenschaften der späten HaZ in SW-Deutschland und O-Frankreich in Verbindung gebracht. Wenn diese Gleichsetzung gegenwärtig überwiegend anerkannt wird, erklärt sie nicht den Gegensatz, der zw. hist. erschlossener kelt. Späthallstattkultur und hist. überlieferten Kelten in räumlicher und zeitlicher Hinsicht besteht, wie in Böhmen (8; vgl. zu einem neuen Ansatz der hist. Kelten: 7). Auch die im J. 1980 in einem Kolloquium thematisierte Frage danach „Was ist in Süddeutschland archäologisch gesehen keltisch?" (69), ist immer noch nicht beantwortet.

Weitaus problematischer ist die hist.-vergleichende Verfahrensweise für die germ. Ethnogenese anzuwenden. Obwohl dem ant. Germ.-Begriff erst Caesar zum Durchbruch verholfen hat, wird vielfach schon für die → Jastorf-Kultur, bzw. die vorröm. EZ, also ca. 500 J. vor seinem ältesten Gebrauch von Germ. ausgegangen.

Haftete die Bezeichnung ‚Jastorf-Kultur' zunächst an einer kleinen Fundgruppe im ö. Niedersachsen, so hat sie die Prähist. schließlich auf verschiedene brandbestattende Kulturen im n. Mitteleuropa in der 2. Hälfte des letzten vorchristl. Jt.s ausgedehnt (46; 30; 41; anderer Ansicht sind Steffgen/Lorentzen: 36).

Es handelt sich dabei auch im arch. Sinne um ein sehr heterogen zusammengesetztes, verschiedene Wurzeln aufweisendes Kulturgefüge (19). Nicht die Verfolgung des Einzeltyps, sondern die Konstellation des arch. Fundbildes im überregionalen Vergleich läßt etwa seit der Mitte des 3. vorchristl. Jh.s eine besondere Situation erkennen. Sie äußert sich in der Übernahme oder Imitation kelt. Erzeugnisse, sowohl für die Tracht als auch innerhalb der Töpferei und für die Bewaffnung, wodurch das Fundbild in den einzelnen Brandgräbergruppen deutlich egalisiert wird. Sichtbarer Ausdruck für die kelt. Einflußnahme, deren Intensität mit der Nähe zum geschlossenen Verbreitungsraum der Latènekultur wächst, ist ein Fundspektrum, das partiell in dem dieser Kultur vorgelagerten breiten Streifen der Mittelgebirgszone von Schlesien bis nach Hessen stellenweise sogar parakeltische Ausprägung erreicht. Je nach Blickwinkel der wiss. Betrachtung sind diese Regionalbereiche als kelt., germ. (zusammenfassend 49; 57; 58; 52; 53) oder der → Przeworsk-Kultur (5; 6) zugehörig (im Sinne von nichtkelt., dazu 12; 74) interpretiert worden. Der Versuch nach einer ethnischen Zuordnung des deutlich keltisierten Qu.bestandes aus diesen Kontaktbereichen hat die Forsch. nicht weitergeführt. Vielmehr eröffnet die Frage nach dem geogr. Bezugsfeld, d. h. entlang welcher Leitlinien die technologischen und strukturverändernden Impulse ihren Weg in den N genommen haben, ganz andere Zusammenhänge. Deutlich wird ein Bezugssystem innerhalb der kulturellen Verbindungen von SO nach NO und NW, das sich mit den uralten Verbindungsstraßen deckt, entlang derer sich mindestens seit der Urnenfelderzeit ein Austausch in die genannten Richtungen vollzogen hat (44; 50).

War die Ausbreitung von Tracht und Begräbnissitte nach Jastorf-Art noch am Ende des 3. vorchristl. Jh.s auf das geschlossene kelt. Verbreitungsgebiet in Böhmen gerichtet (47), so hat wenig später Sachgut der n. Brandgräbergruppen über Böhmen den O-Alpenraum erreicht und ist auch entlang von Oder und Weichsel über die Mährische Pforte bis in das Flußgebiet der Donau nachgewiesen (3).

Im Gegenzug wurden aus umgekehrter Richtung, aus dem o-kelt. Bereich, im N Tracht- und Stilmerkmale übernommen (→ Gürtel § 2 a), wie Stab- und Lochgürtelhaken oder norisch-pann. Waffen, deren arch. Verbreitung nur wenig später in der ausgehenden LTZ (2. Hälfte des 1. Jh.s v. Chr.) arch. den Vorgang der elbgerm. Expansion nach S und SW anzeigt (49; 67; 68).

Aus den hier skizzierten Ansätzen und Ergebnissen geht hervor, wie weit sich die Prähist. von den alten Modellen der Funddeutung entfernt hat, die den Realien die gleiche Bedeutung für eine hist. Aussage beigemessen hatte wie hist. Qu. Andererseits bleibt die Realie für die Prähist. nach wie vor die Hauptqu. Will sie mit ihren Unters. nicht in das vorwiss. Stadium der Sammlung und Beschreibung von Altertümern zurückfallen, so ist sie verpflichtet, in den durch Forsch.s- und Kenntnisstand gegebenen Grenzen den Qu. eine Aussage abzuverlangen.

b. Realien und ethnische Deutung. Dafür soll einzelnen Ansätzen in einer ausgewählten Region nachgegangen werden. Das Gebiet Mitteldeutschlands gilt in der Arch. als „keltisch-germanisches Kontaktgebiet“, seit W. Schulz „Die Bevölkerung Thüringens im letzten Jahrhundert v. Chr. auf Grund der Bodenfunde“ sowohl arch. als auch hist. zu umschreiben versuchte. Die von ihm erkannte unterschiedliche Siedlungskontinuität versuchte Schulz auch auf verschiedene Bevölkerungsgruppen zurückzuführen, die er ihrerseits am unterschiedlichen Sachbesitz voneinander abhob.

Die Forsch. der nachfolgenden Jahrzehnte haben sich vor dem jeweils aktuellen Kenntnisstand mit der gegenseitigen Durchdringung dessen beschäftigt, was man als ‚kelt.‘ oder ‚germ.‘ zu verstehen glaubte. Dabei wurde weitgehend Konsens bei der Bestimmung von Altertümern nach Alter und Herkunft erzielt, nicht aber für eine Ethnoszuordnung ihrer Träger (13; 17; 33; 57).

Bei dem so benutzten Begriff ‚Kontaktgebiet‘ ist zunächst nur davon auszugehen, daß er ein kulturell vielgestaltiges Gebiet umschreibt, das weder in seiner zeitlichen Tiefe noch in seinem räumlichen Ausmaß als Einheit zu verstehen ist. Die Arch. verwendet diesen Begriff auch in seiner Umschreibung als Ausgleichsgebiet oder wertfreier als Mittelgebirgszone. Damit entspricht sie der Tatsache, daß in diesem Raum einzelne arch. Sachgruppen nicht in klare Grenzen zu bringen sind, deren Bewertung unter verschiedenen Gesichtspunkten erfolgen kann. Mein Ansatz geht aus von der Analyse des Siedelganges in

Mitteldeutschland als einer Drehscheibe im Zusammenspiel unterschiedlicher Kräfte. Ein Gesichtspunkt dabei berücksichtigt einzelne, maßgeblich am Ablauf in Mitteldeutschland beteiligte Kulturen unter dem Blickwinkel ‚was' und ‚wie' etwas geworden ist. Zur Qu.lage vgl. u. a.: (13; 50, 129 ff.). Einzelne Qu., wie insbesondere aussagefähige Fibeln oder Waffen bzw. Grabzusammenhänge, sind inzw. über Mitteldeutschland hinausführend in größere Zusammenhänge gestellt worden (1; 53; vgl. dazu 32; 55; 59; 64; 65; 67; 68; 72; vgl. 37). Doch tritt dafür der Bearbeitungsstand immer noch weit hinter den Kenntnisstand an Sachaltertümern zurück. Das Gräberfeld von → Großromstedt, Kr. Apolda, ist bis heute nicht entspr. seiner Bedeutung publiziert (9; 48), und der etwa gleichzeitige Bestattungsplatz von Schkopau, Kr. Merseburg, im J. 1974 ausgegraben, liegt immerhin mit einer katalogmäßigen Präsentation vor (54; 51, 211 ff.). Der seit dem J. 1957 in → Liebersee, Kr. Torgau, bekannte Fundplatz hat sich inzw. als umfangreiches Gräberfeld erwiesen, auf dem von der BZ bis in die VWZ hinein bestattet worden ist. Bis 1989 hat sein Ausgräber Kroitzsch bereits über 600 eisenzeitliche Bestattungen gezählt (28; 10; vgl. inzw. 10a). Andererseits ist nach wie vor keine Siedlung vollständig ausgegraben, und Altfunde sowie Notgrabungen wurden ansatzweise ausgewertet (vgl. u. a.: 18; 33; 40; 42).

Mitteldeutschland lag an der Wende zum 1. Jt. v. Chr. im Schnittpunkt dreier großer Kulturkreise. Sie werden repräsentiert durch die → Lausitzer Kultur im O, die Nordalpine → Urnenfelderkultur im S und W und die Nord. BZ, die mit Ausstrahlungen, direkten Kontakten, aber auch unter unmittelbarer Beteiligung den Verlauf in dem eigenständigen, wenn auch schwachen Kulturgefüge an ihrer jeweiligen Peripherie beeinflußten.

Hier wurden äußere Anregungen bereitwillig aufgenommen und, bezogen auf die einzelnen Lebensbereiche, produktiv umgesetzt. Es ist davon auszugehen, daß die unterschiedlichen Einflüsse aus den verschiedenen Kulturkreisen nicht immer auf geradlinigem Wege vermittelt wurden, doch haben sie schließlich erkennbare eigene Leistungen hervorgebracht.

So bildet die früheisenzeitliche Entwicklung am Mittel- und Unterlauf der Saale eine direkte Forts. der unterschiedlichen jungbronzezeitlichen Vorläufer ö. und w. des Flusses. Deren vielfältige Ausdrucksformen in Grabritus und Siedlungswesen sowie ihre unterschiedlichen kulturellen Affininitäten sind die Ursache für eine uneinheitliche Gestalt der früheisenzeitlichen Kulturen beiderseits des Stromes.

Im weiteren Verlaufe läßt sich während der früheisenzeitlichen Stufe Ha D im arch. Sachbestand eine weitere Größe erkennen – die Jastorf-Kultur, die sich hier in Fund und Befund als fremdartig, nicht bodenständig erweist. Vor allem Gemeinsamkeiten im Grabritus verbinden einzelne weitgehend autochthon aus der nord. BZ entstandene Brandgräbergruppen zur sog. Jastorfzivilisation nach Gustav → Schwantes. Das geschlossene Verbreitungsgebiet der so umschriebenen Jastorf-Kultur, dem im Elbeeinzugsbereich das w. Mecklenburg, das brandenburgische Havelgebiet sowie die Altmark angehören, erstreckt sich bis zum Unterlauf von Saale und Mulde. Obwohl auch hier Gleichzeitigkeit mit dem Kerngebiet besteht, gehört diese S-Zone nicht zum Entstehungsgebiet der Jastorf-Kultur. Hier bestehen für sie keinerlei Affinitäten zu bronzezeitlichen Vorläufern. Vielmehr schließen sich in diesem frühen Expansionsgebiet in der Regel Hausurnenkultur als Erbin örtlicher BZ-Tradition und Jastorf-Kultur auf einem Platz aus (45). Während die Verbreitung der Hausurnenkultur sich an die fruchtbaren Böden des Altsiedellandes hält, stammt der gleichzeitige Fundniederschlag der Jastorf-Kultur – mitunter in unmittelbarer Nachbarschaft gelegen – von landwirtschaftl. weniger ergiebigem, meist sandigem Untergrund. Für die Jastorf-Kultur bedeutet die n. Kontaktzone bereits ein Expansionsgebiet. Das Zeitniveau für ihr Ausgreifen ergibt sich hier aus den Kontakten mit der autochthonen Hausurnenkultur (43).

In der folgenden Entwicklung, deren Höhepunkt in die jüng. vorröm. EZ – das 3.–1. Jh. v. Chr. – fällt, werden im beschriebenen Gesamtraum tiefgreifende Veränderungen im arch. Fundbild sichtbar. Sie finden einen vielfältigen Ausdruck, wie in der erstmalig, wenn auch nur gebietsweise nachweisbaren Verwendung von scheibengetöpferter Keramik, aber auch in der Tracht. Dafür sprechen die Ablösung der Nadel als Gewandhafte durch die Fibel ebenso wie die Entwicklung einer eigenen Halsringmode und einer lokal äußerst variablen Gürteltracht. Die Tendenz einer aufnahmebereiten Einstellung der Bevölkerung gegenüber fremdem Kulturgut zeigte sich hier schon früher an der Übernahme blechförmiger Doppelpaukenfibeln aus dem w. Hallstattbereich, doch erreichte die Annahme und Umsetzung fremder Einflüsse erst in der ausgehenden Früh-LTZ einen Höhepunkt. In Einzelfällen, wie z. B. am Pufferhalsring, wird ersichtlich, daß die Übernahme von Vorbildern mitunter nicht auf direktem Wege erfolgte. Solche Ringe wurden im Elbe-Havel-Gebiet abweichend von ihren Vorbildern auf Ton- oder Eisenkern gegossen und sind in ihrer äußeren Form der thür. Var. des betreffenden Schmuckes nachgebildet und nicht dem kelt. → Torques, den beide Halsringe imitieren (57). Wesentlich ist allerdings dabei, daß damit Anstöße eigenschöpferisch umgesetzt wurden. Ein Höhepunkt darin hebt sich an Fibeln, Hals- und Armschmuck arch. am Ende der Stufe LT B, d. h. in der Mitte des 3. Jh.s v. Chr. ab. Gleichzeitig bricht an der S-Grenze des geschlossenen Verbreitungsgebietes der Jastorf-Kultur an unterer Mulde und Saale die Belegung auf Gräberfeldern ab. Das könnte ein Ausdruck dafür sein, daß der Konnex zum alten Jastorfverband nicht mehr gegeben bzw. nicht mehr beabsichtigt war (41).

Aus alldem wird ersichtlich, daß die Jastorf-Kultur mit Beginn der jüng. vorröm. EZ an ihrer s. Peripherie entscheidende Veränderungen erfuhr, die hier zugleich das Ende einer eigenständigen Entwicklung bedeuteten.

Die neu entstandenen Gemeinsamkeiten bleiben nicht auf die S-Zone der Jastorf-Kultur beschränkt, sondern die Verbreitung von typischen Tracht- und Schmuckformen schließt w. und s. angrenzende Räume des Nienburger Kreises der Thür. Kultur und des Saalegebietes ein. Über Eigenschöpfungen wird eine Assimilation sichtbar, die nicht allein auf die Jastorf-Kultur aufbaut. Die unterschiedlichen technischen und kulturellen Voraussetzungen im Kontaktgebiet äußern sich schließlich in einem uneinheitlichen Entwicklungsniveau. Es erreicht z. B. im Raum Arnstadt-Gotha-Mühlhausen einen Status, der als parakelt. bezeichnet worden ist (39).

Die eigenständige, stark an kelt. Vorbildern orientierte Wirtschaftsausübung läßt im Kontaktgebiet unterschiedliche zeitliche Höhepunkte erkennen, die erstaunlicherweise im N – wie in Brandenburg – früher liegen als im Saalegebiet.

Eine weitere Komponente, die auf die Entwicklung im Kontaktgebiet einwirkte, besteht in ö. Einflüssen aus dem Gebiet zw. Oder und Weichsel, die das gesamte Ausgleichsgebiet in seiner N-S-Ausdehnung erreichten (zusammenfassend 49; vgl. dazu 71; 57). Ihre Vermittlung wird auf einen Bevölkerungsschub aus dem O zurückgeführt (5).

Arch. erkennbar wird diese fremde Komponente an unverwechselbarer Keramik (Tonbeschaffenheit, Gefäßformen, Verzierung, Henkel) sowie an der Aufnahme der Waffenbeigabe in Gräbern.

Mit einem Teil dieses arch. umrissenen Gebietes, dem n. Elbegebiet, haben hist. Altkde und Sprachforsch. den Germ.-Namen verbunden, und die Arch. hat den materiellen Niederschlag der aus diesem Raum überlieferten Jastorf-Kultur als älteste germ. Kultur und als Vorläuferin des elbgerm. Kreises bewertet (zur Begrifflichkeit der Jastorf-Kultur siehe inzw. 31; zur Ethnogenese der Germ. aus arch. Sicht vgl. immer noch: 30). Das bedeutet – der Ausgangspunkt beruht bereits auf einer Konstruktion. Diese verbindet in einer anonymen Größe, die mit dem Begriff elbgerm. umschrieben wird, hist. Überlieferungen mit einer um Jh. ält. Kultur. Damit wird die frühe Germanisierung von der Ausbreitung der Jastorf-Kultur abhängig gemacht.

Die Träger des Kontaktgebietes dürften vielmehr eine Gemeinschaft gebildet haben, die weder linguistisch noch aus unmittelbaren schriftlichen Zeugnissen zu erschließen ist. Aus ihnen sind ‚Germanen' hervorgegangen und haben den Rhein überquert oder sich auch den → Kimbern auf ihrem Weg nach dem S angeschlossen (66).

Aus der Sicht dieser Zusammenhänge ist Germanisierung weder an die Ausbreitung der Jastorf-, noch einer anderen Kultur gebunden, sondern vollzog sich in einem wirtschaftl. und sozialen Verbund unterschiedlicher Gruppierungen.

Der Begriff ‚elbgerm.' darf daher nicht als Synonym für eine Entwicklung gelten, die in gradliniger Sequenz bis zu den hist. erwähnten Sueben (→ Sweben) führte. Allenfalls kann er als geogr. Umschreibung für verschiedene Gemeinschaften stehen, die auch in Mitteldeutschland lebten und deren Siedlungsgebiete hier jahrhundertealte Traditionen besitzen.

(1) W. Adler, Gustaf Kossinna, in: R. Hachmann, (Hrsg.), Stud. zum Kulturbegriff in der Vor- und Frühgeschichtsforsch., 1987, 33–56. (2) Ders., Stud. zur germ. Bewaffnung. Waffenmitgabe und Kampfesweise im Niederelbegebiet und im übrigen Freien Germanien um Christi Geburt, 1993. (3) M. Babeş, Die Poieneşti-Lukaševka-Kultur, 1993. (4) J. Brabandt, Hausbefunde der RKZ im freien Germanien, 1993. (5) T. Dąbrowska, Frühe Einflüsse der Przeworsk-Kultur auf die Jastorfkultur, ZfA 23, 1988, 191–210. (6) Dies., Bemerkungen zur Entstehung der Przeworsk-Kultur, PZ 63, 1988, 53–80. (7) G. Dobesch, Anmerkungen zur Wanderung der mitteleurop. Boier, Tyche 8, 3, 1993, 9–17. (8) P. Drda, A. Rybová, Les Celtes de Bohème, 1995. (9) G. Eichhorn, Der Urnenfriedhof auf der Schanze bei Großromstedt, Mannus-Bibl. 41, 1927. (10) W. Ender, Die vorröm. EZ, in: Leipzig und sein Umland. Arch. zw. Elster und Mulde, Führer zu arch. Fundstätten 32, 1996, 79–88. (10a) Ders., Das Gräberfeld von Liebersee, Ldkr. Torgau-Oschatz. Von der BZ zur EZ – Kontinuität und Wandel an der sächs. Elbe, in: B. Hänsel (Hrsg.), Mensch und Umwelt in der BZ Europas, 1998, 531–540. (11) M. Gebühr, Montelius und Kossinna im Himmel, Arch. Informationen 10, 1987, 109–115. (12) K. Godłowski, Zu Besiedlungsveränderungen in Schlesien und den Nachbarräumen während der jüngeren vorröm. EZ, Zeszyty Naukowe Uniwesytetu Jagiellońskiego. Prace Archeologiczne 26, 1978, 110–125. (13) Th. Grasselt, Zur Fibelchron. der vorröm. EZ in S-Thüringen, in: Beitr. zur kelt.-germ. Besiedlung, 1992, 34–52. (14) R. Hachmann (Hrsg.), Stud. zum Kulturbegriff in der Vor- und Frühgeschichtsforsch., 1987. (15) Ders., Rez. zu [22], Offa 47, 1990, 477–480. (16) H.-J. Häßler, Zur inneren Gliederung und Verbreitung der vorröm. EZ im s. Niederelbegebiet, 1976. (17) Ders., Vorröm. EZ, in: Ur- und Frühgesch. in Niedersachsen, 1991, 193–237. (18) R. Heiner, Stud. an Siedlungskeramik, 1994. (19) F. Horst, Hallstattimporte und -einflüsse im Elbe-Havel-Gebiet, ZfA 5, 1971, 192–214. (20) H. Jankuhn, Das Germ.-Problem in der ält. arch. Forsch. (Von der Mitte des 19. Jh.s bis zum Tode Kossinnas), in: H. Beck (Hrsg.), Germ.-Probleme in heutiger Sicht, 1986, 298–309. (21) L. Kilian, Zum Usprung der Idg. Forsch. aus Linguistik, Praehist. und Anthrop., 1983. (22) Ders., Zum Ursprung der Germ., 1988. (23) L. Klejn, Is German arch. atheoretical? Comments on Georg Kossack. Prehist. arch. in Germany: its hist. and current situation, Norwegian Arch. Rev. 26, 1993, 49–54. (24) G. Kossinna, Die Herkunft der Germ. Zur Methode der Siedlungsarch., Mannus-Bibl. 6, 1911. (25) Ders., Ursprung und Verbreitung der Germ., 1926. (26) R. S. Kra u. a. (Hrsg.), Radiocarbon after four decades. An interdisciplinary perspective, 1992. (27) G. Krause, Arch. Kontext und soziokulturelle Interpretation. Bemerkungen zum Nutzen eines funktionalen Kulturkonzeptes und ethn. Analogien

in der Arch. am Beispiel frühgeschichtl. Gräberfelder Athens, Ethnographisch-Arch. Zeitschr. 35, 1994, 382–419. (28) K. Kroitzsch, Liebersee, Kr. Torgau, in: Arch. in der Dt. Demokratischen Republik, 1989, 464–467. (29) H. von Krosigk-Schwerin, Gustaf Kossinna. Der Nachlaß – Versuch einer Analyse, 1982. (30) B. Krüger (Hrsg.), Die Germ. Gesch. und Kultur der germ. Stämme in Mitteleuropa, 1. Von den Anfängen bis zum 2. Jh. unserer Zeitrechnung, 1976. (31) W. Künnemann, Jastorf – Gesch. und Inhalt eines arch. Kulturbegriffs, Die Kunde NF 46, 1995, 61–122. (32) A. Lang, Germ. im Unterinntal? Hist. Versuch und arch. Realität, in: Kulturen zw. Ost und West (Festschr. G. Kossack), 1993, 293–307. (33) A. Laudan, Die frühe EZ im Berliner Raum. Prähist. Arch., Seminar für Ur- und Frühgesch. der Freien-Univ. Berlin, 1991, 113–139. (34) H. Lohmann, Atene. Forsch. zu Siedlungs- und Wirtschaftsstruktur des klass. Attika, 1993. (35) A. Lorentzen, Fibelformen der ält. vorröm. EZ n. und s. der Mittelgebirge, Offa 49/50, 1992/93, 57–126. (36) Dies., U. Steffgen, Bemerkungen zu Leitformen der ält. vorröm. EZ n. der Mittelgebirge, Germania 68, 1990, 483–508. (37) H. Lorenz, Rez. zu [72], Bonner Jb. 184, 1984, 716–719. (38) G. Mildenberger, Die Germ. in der arch. Forsch. nach Kossinna, in: [20], 310–320. (39) D. W. Müller, Die ur- und frühgeschichtl. Besiedlung des Gothaer Landes, Alt-Thüringen 17, 1980, 19–180. (40) R. Müller, Eine spätlatènezeitliche Siedlung von Kleinkayna, Gem. Großkayna, Kr. Merseburg, Jahresschr. für mitteldt. Vorgesch. 66, 1981, 51–68. (41) Dies., Die Grabfunde der Jastorf- und LTZ an unterer Saale und Mittelelbe, 1985. (42) Dies., Latènezeitliche Siedlungen im Saale-Elbe-Gebiet. 1. Schönburg, Kr. Naumburg. Eine mehrperiodige Siedlung an der Mittelsaale, 1987. (43) Dies., Die Chron. der ält. vorröm. EZ im norddt. Tiefland. Ein Überblick, in: F. Horst, F. Schlette (Hrsg.), Frühe Völker in Mitteleuropa, 1988, 45–54. (44) Dies., Zur Besiedlung Mitteldeutschlands im ersten Jt. v. Chr. – vor dem Zeugnis hist. Namen, Jahresschr. für mitteldt. Vorgesch. 75, 1992, 255–275. (45) K. Nuglisch, E. Schröter, Hausurnen- und Jastorfkultur an der mittleren Elbe, 1968. (46) E. Nylén, Die späteste Bronze- und die früheste EZ in Schweden. Ein Beitr. zur Herausbildung der Germ., ZfA 4, 1970, 193–221. (47) Karin Peschel, Der Beginn der Jastorfkultur im w-sächs. Hügelland, in: [43], 55–76. (48) Karl Peschel, Der Horizont von Großromstedt im Rahmen der EZ des s. Mitteldeutschland, ZfA 2, 1968, 192–206. (49) Ders., Anfänge germ. Besiedlung im Mittelgebirgsraum. Sueben – Hermunduren – Markomannen, 1978. (50) Ders., Zu Bewegungen im Mittelgebirgsraum vor den Kimbern (Belgen – Bastarnen – Sueben). Beitr. zur kelt.-germ. Besiedlung im Mittelgebirgsraum, Weimarer Monographien zur Ur- und Frühgesch. 28, 1992, 113–128. (51) Ders., Rez. zu [54], ebd., 211–216. (52) S. Rieckhoff, Überlegungen zur Chron. der Spät-LTZ im s. Mitteleuropa, BVbl. 57, 1992, 103–121. (53) Dies., S-Deutschland im Spannungsfeld von Kelten, Germ. und Römern, 1995. (54) B. Schmidt, W. Nitzschke, Ein Gräberfeld der Spät-LTZ und der frühröm. Kaiserzeit bei Schkopau, Kr. Merseburg, 1989. (55) E. Schultze, Zu den Grab- und Bestattungssitten in Mitteleuropa während der ersten Jahrhunderte n. Chr., PZ 67, 1992, 201–219. (56) W. Schulz, Die Bevölkerung Thüringens im letzten Jahrhundert v. Chr. auf Grund der Bodenfunde, 1928. (57) H. Seyer, Siedlung und arch. Kultur der Germ. im Havel-Spree-Gebiet in den Jahrhunderten vor Beginn u. Z., 1982. (58) R. Seyer, Zur Besiedlungsgesch. im n. Mittelelbe-Havel-Gebiet um den Beginn unserer Zeitrechnung, 1976. (59) S. Sievers, Zu einigen Waffen aus dem Manchinger Depotfund, Marburger Stud. zur Vor- und Frühgesch. 16, 1994, 595–602. (60) G. Smolla, Das Kossinna-Syndrom, Fundber. aus Hessen 19/20, 1979/80, 1–9. (61) Ders., Gustaf Kossinna nach 50 Jahren. Kein Nachruf, Acta Praehist. et Arch. 16/17, 1984/85, 9–14. (62) Ders., Einige Schlußbemerkungen zum Symposium Ethnoarch., Mannheim 1993, Ethnographisch-Arch. Zeitschr. 34, 1993, 380–384. (63) R. Stampfuß, Gustaf Kossinna, ein Leben für die Dt. Vorgesch., 1935. (64) P. Stary, Der Mittelgebirgsraum als Transit- und Vermittlungszone hallstatt- und latènezeitlicher Kulturelemente aus Mitteleuropa ins w. Ostseegebiet, Ber. RGK 74, 1993 (1994), 537–564. (65) K. Striewe, Die Nauheimer und ähnliche Fibeln, Diss. Marburg 1991. (66) D. Timpe, Kimberntradition und Kimbernmythos, in: B. und P. Scardigli (Hrsg.), Germani in Italia, 1994, 23–60. (67) Th. Völling, Frühgerm. Gräber von Aubstadt im Grabfeldgau (Unterfranken), 1995. (68) Ders., Stud. zu Fibelformen der jüng. vorröm. EZ und der ältesten RKZ, Ber. RGK 75, 1994 (1995), 147–282. (69) Was ist in S-Deutschland arch. gesehen kelt.?, 2. Arch.-Kolloquium in Heidenheim, 1980. (70) R. Wenskus, Über die Möglichkeit eines allg. interdisziplinären Germ-Begriffs, in: [20], 1986, 1–21. (71) J. Werner, Rez. zu [49], Germania 59, 1981, 121–130. (72) T. Weski, Waffen in germ. Gräbern der ält. RKZ s. der Ostsee, 1982. (73) F. A. Wolf, Vorlesungen über die Altertumswiss., 1831–1839. (74) Z. Woźniak, Zur Chron. der kelt. Siedlungsmaterialien aus Schlesien und Kleinpolen, in: Probleme der relativen und absoluten Chron. ab LTZ bis zum Früh-MA, 3. Internationales Symposium Krakau, 1992, 9–17.

R. Müller

B. Ursprung und Ausbreitung der Germanen

§ 21. Die Germ. und der Norden. a. Allgemeines. Wenn die → Jastorf-Kultur und ihre Verbreitung beiderseits der unteren und mittleren Elbe im letzten halben Jt. v. Chr. bisher als der Rahmen angesehen wird, in dem sich die Germ. herausbildeten, dann ist zu klären, wie die Bevölkerung Skand.s germ. wurde, was sie seit der RKZ – im N Germ. EZ – und auch zur Zeit der ältesten schriftlichen Überlieferung sowie nach dem Namensschatz gewesen ist. Das Problem spitzt sich darauf zu, wie und ob die skand. Kultur(en) der BZ und frühen EZ ethnisch zu benennen sind. Erfolgte die Ausbreitung des Germ. durch Wanderungen nach N oder durch sprachliche und kulturelle Assimilation? Die entwickelte Kultur der Nord. BZ ist nicht mit Germ. oder gar den späteren dän. oder schwed. Stämmen zu verknüpfen. Die ‚Germanisierung' des Ns findet im Verlauf der vorröm. EZ statt, doch wird das Thema von der skand. Forsch. gegenwärtig kaum diskutiert, und zwar aus grundsätzlichen methodischen Erwägungen.

b. Forsch.sstand. Zur Kulturgesch. der Bevölkerung in Skand. und Dänemark während der vorröm. EZ und der röm. EZ liegen umfangreiche Handb. vor, für Schweden (2; 33) und für Dänemark (5; 12), mit den jüngsten Ergebnissen der Siedlungsforsch. (11). Die sozialgeschichtl. Prozesse sind analysiert (8; 9; 16; 17).

Im Verlauf der vorröm. EZ entwickelte sich innerhalb des weitläufigen Netzes gleichartig strukturierter Dörfer mit einem Dutzend und mehr Bauerngehöften erstmals eine hierarchische Staffelung der Siedlungen, als einzelne Dörfer befestigt wurden und die Hinweise auf größere kriegerische Ereignisse zunahmen (22).

Die Besiedlungsgesch. der skand. Länder einschließlich Jütlands ist periodisiert: Die Epoche der ält. BZ (1700–1000 v. Chr.) und der jüng. BZ (1000–500 v. Chr.) wird unter kontinentalem Einfluß seit etwa 500 v. Chr. durch die vorröm. EZ (500–0 v. Chr.) abgelöst. Die Kulturerscheinungen der sog. Nord. BZ erlauben es, diese geogr. nach Zonen zu gliedern, wobei Jütland, die Inseln, S-Schweden und die norddt. Küstenebene die s. Zone ausmachen (→ Bronzezeit), in der sich dann auch die vorröm. EZ der Jastorf-Kultur entwickelte (1; 34). Die Träger der Jastorf-Kultur sind die direkten Nachfahren der BZ-Bevölkerung, wie die durchgehenden Siedlungsplätze und Gräberfelder in Dänemark (11; 34) bezeugen. Auch in Schweden und auf → Gotland ist mehrfach die Kontinuität der Belegung von Gräberfeldern von der BZ bis in die röm. EZ nachgewiesen (26; 27).

Da anscheinend die Jastorf-Kultur um Christi Geburt mit überlieferten germ. Stammesnamen verknüpft werden kann (34, 133), gibt es einen genetischen Zusammenhang zw. den germ. Stämmen und der BZ-Bevölkerung, was jedoch nicht im sprachwiss. Sinne gültig ist. Die ält. Forsch. beschrieb gar die einheimischen Traditionen bei der Fortentwicklung der Kultur, die in manchen Zügen bis ins späte Neol. zu verfolgen seien (35, 263). Baudou betonte eine Reihe von Veränderungen in der nord. Kultur, die als Reaktion auf kontinentale Einflüsse zu sehen sind. Zu Zeiten Gustaf → Kossinnas herrschte die Meinung vor, daß die Germ. aus Skand. nach S gewandert bzw. sich ausgebreitet hätten und daß dieser Prozeß schon während der BZ, wenn nicht gar im Neol. abgelaufen sei.

Die Anthrop. kann für den N weder eine eigenständige Konstitution der Bevölkerung nachweisen, noch einen Gegensatz zw. Urbevölkerung und eingewanderten Gruppen erkennen (28).

Da die Herausbildung der germ. Sprache in N-Deutschland beiderseits der unteren und mittleren Elbe angenommen wird, entspricht die Verbreitung der norddt.-nord.

BZ-Kultur der der späteren germ. Stämme. Im s. Skand. ist jedenfalls nach sprachwiss. Meinung (31, 163. 167) keine Kontinuität vom Alteurop. zum Germ. nachweisbar, vielmehr wird der N erst spät sprachlich germanisiert.

Diese Ausdehnung der bronzezeitlichen und früheisenzeitlichen Kultur der s. Zone des Nord. Kreises (1) schließt während der jüng. BZ (Per. VI) die ganze jütische Halbinsel und die dän. Inseln mit geringen Ausstrahlungen nach S-Schweden ein, bildhaft an der Verbreitung verschiedener Trachtenelemente (Schalenkopfnadeln) aus der BZ und EZ abzulesen, d. h. schon in der späten BZ bildeten der Raum n. der Elbe bis zur N-Spitze Jütlands und die dän. Inseln ein einheitliches Gebiet, in dem Bevölkerungskontinuität, so wie in N-Deutschland ö. der Nieder- und Mittelelbe, von der vorröm. EZ zurück bis in die BZ nachweisbar ist.

Die Einflüsse der Jastorf-Kultur, faßbar in Schwanenhals-, Schalenkopf-, Kropfnadeln, erreichen schon in der frühen Phase (Jastorf A bzw. Ha D) die Insel → Gotland.

Stenberger (33) erwähnt die Umbrüche am Ende der BZ und zu Beginn der EZ, die im kulturellen Habitus zu verzeichnen sind, was denn auch die Grundlage für die Epochengliederung war, weist aber auch auf die Traditionsstränge hin im Fundstoff und in den Grabsitten und nennt die Einflüsse aus dem Jastorf-Kreis. Für die Zeit kurz vor Christi Geburt wird von germ. Stämmen gesprochen, vom Wandel der Grabsitten, dem Aufkommen der Waffenbeigabe (33, 245), dem Aufkommen der Urnenbestattung und der Niederlegung von Beigaben auf dem Scheiterhaufen (33, 241). Bei der Beschreibung des letzten halben Jt.s v. Chr. im arch. Fundbild wird die Zunahme neuer Bräuche unter Einfluß vom Kontinent betont, dies aber nicht als Germanisierung bezeichnet, da im Bereich arch. Argumentation verblieben wird.

Die skand. Forsch. nennt die zahlreichen kontinuierlich bestehenden Siedlungen und fortlaufend belegten Gräberfelder von der BZ über die vorröm. EZ bis in die RKZ (vgl. auch § 28). Sie interpretiert diese Erscheinung im Rahmen wirtschaftl. und gesellschaftlicher Entwicklungen beim Übergang von der Bronzeverwendung zur Eisenverarbeitung, ohne ethnische Bezüge herzustellen. Man spricht höchstens von Vorröm. EZ oder Celtic Iron Age.

Andererseits wird auf den Bruch in der gesellschaftlichen Organisation inmitten der vorröm. EZ hingewiesen, wobei die Verhältnisse der frühen vorröm. EZ die Forts. der der späten BZ seien, während die jüng. vorröm. EZ eigentlich gewissermaßen schon der Beginn der röm. EZ sei (8, 182 ff.; 9, 225 ff.; 23, 272). Dieser Umbruch in der Mitte der vorröm. EZ ist neueres Forsch.sergebnis. Wegen der Armut an datiertem Fundmaterial wurde früher sogar eine Abwanderung der Bevölkerung angenommen (24), naturwiss. Datierungsverfahren haben diese These widerlegt und die Besiedlungskontinuität (26) nachgewiesen. Damals erfolgte der Übergang von der segmentären, egalitären Ges. zur Rangges.; erstmals waren größere selbständige Kriegerscharen unterwegs (350 v. Chr.; 30). Der Waffenopferfund von → Hjortspring ist etwa zeitgleich mit dem Beginn der befestigten Siedlung → Borremose (20; 23), die Kriegerschar ist überlokal zusammengesetzt und repräsentiert die Mannschaft aus mehreren Dörfern, d. h. neue Strukturen formieren sich mit zentralen Orten wie Borremose, ein Macht- und → Reichtumszentrum etwa für die → Kimbern; hier liegen die Wurzeln für die späteren Wanderungen.

Ein vergleichbarer gesellschaftlicher Umbruch wird auch schon nach der Mitte der BZ angenommen (10; 29), der sich im Wechsel der Grabsitte von der Körperbestattung zum Brandgrab ausdrückt. Damals gliederte sich der skand. Raum – anders als seinerzeit Oscar → Montelius meinte – in regionale Gruppen auf, die eigene Entwicklungen und vor allem auch verschiedenartige Kontakte zum Kontinent aufwiesen. Der Wandel wird erkennbar in den Großgrabhügeln des 8. Jh.s v. Chr., wie dem Kung Björns Hög (→ Håga) in Schweden, dem Lusehoj bei Voldtofte in Dänemark und dem Kg.sgrab von → Seddin in N-Deutschland (27) (→ Fürstengräber), der jedoch erst inmitten der vorröm. EZ zu eigentlichen Konsequenzen für die soziale Gliederung der Ges. führte.

Die genannten Einflüsse auf die Kleidertracht aus der Jastorf-Kultur (18; 26; 27) (Nadeln, Gürtelhaken-Mode, Reitsporen) auf den N, bes. das Tragen von → Hosen, vielleicht seit der spätesten BZ, soll ein Charakteristikum der Ausbreitung der Germ. sein, da diese Kleidung in den Baumsärgen (→ Baumsargbestattung) der BZ (Dendrodaten um 1350 v. Chr.) noch nicht vorkommt. Für die BZ könne daher auch aus diesen Gründen noch nicht, sondern erst für die frühe EZ von Germ. gesprochen werden (26, 214 f.). In Dänemark und S-Skand. ist von einer greifbaren Überformung der kontinuierlich verlaufenden Besiedlung in der Mitte der vorröm. EZ auszugehen, wozu eine weitere Kolonisation nach N und O gegenüber Samen und Finnen nachfolgte (→ Finnland; schwed. Kolonisation in der WZ).

Die Kartierung der sog. Asbestkeramik (1, 111) zeigt das schwed. Norrland und Finnland als Einheit. Rückblickend wird dieses Gebiet als Siedlungsraum der Vorfahren der Samen bezeichnet, und zwar nach den ON, also mit sprachlichen Argumenten, während s. davon nach den sprachlichen Hinweisen die Vorfahren der Skand. bzw. der Germ. gesiedelt hätten. Es gibt keine Hinweise auf ält. weitreichende Wanderungen, d. h. auch hier wird eine Assimilation angenommen.

c. Kelt. Einflüsse im germ. Jütland. Die Ausbreitung von Sprache und Kultur der Germ. nach N seit der mittleren vorröm. EZ erfolgt nicht ungestört.

Die Arch. zeigt, daß auf bestimmten Verkehrsbahnen quer durch Europa, z. B. die Elbe oder die Weichsel entlang, in vielen Epochen kulturelle Ausgleichserscheinungen zu beobachten sind, vom Neol. bis in die frühgeschichtl. Phasen, daß gewissermaßen längs von Verkehrsräumen Sachgüter und Verhaltensmuster im Grabbrauch oder auch im Siedlungswesen sich ausdehnen, daß auf diese Weise Kulturgruppen eine größere territoriale Erstrekkung erfahren. Oftmals wird dieser Befund als Wanderung interpretiert, obgleich in der Regel nur eine Gleichzeitigkeit über eine größere Distanz zu registrieren ist, nicht eine gerichtete Wanderung.

Aus der ant. Schriftüberlieferung ist bekannt, daß gerade diese Verkehrsbahnen auch von Kriegerscharen benutzt wurden und daß auf diesen Wegen Bevölkerungsverschiebungen zu Landnahmen geführt haben. Im späten 2. vorchristl. Jh. waren es die Kimbern, die – so wird angenommen – aus Jütland kommend elbeaufwärts über Böhmen bis zu den Alpen zogen, ohne daß diese gut überlieferte und Jahrzehnte dauernde Wanderbewegung aber tatsächlich arch. faßbar ist (13). Während der RKZ lassen sich entlang der Elbe, innerhalb des Kulturbereichs der sog. → Elbgermanen milit. begründete Bewegungen der → Markomannenkriege zw. Jütland und der Donau und umgekehrt erahnen.

Nach Eingliederung der kelt. Kultur in das Röm. Reich ergab sich für die verbliebenen Gebiete die kulturelle Angleichung unter allen ö. und n. des Limes siedelnden Bevölkerungsgruppen, die erst dadurch zu einer germ. Einheit im arch.-kulturellen Sinne wurden. Zuvor hatte die kelt. Welt auf die n. Völker in Jütland und im s. Skand. einen derart intensiven Einfluß ausgeübt, daß die Forsch. statt von vorröm. EZ von kelt. EZ spricht. Die zahlreichen Funde aus der Keltiké bis zur N-Spitze von

Jütland werden nicht nur allg. als Importe gedeutet, sondern auch als Beleg für eine Zuwanderung von Kelten gesehen (Lit. vgl. Abschnitt III C, Nr. 95) oder gar für eine Keltisierung der dort lebenden Bevölkerung (37, 20). Dazu zählen nicht nur herausragende Funde aus zentral- oder o-kelt. Gebiet in skand. Opferfunden wie die Kessel von → Gundestrup, → Rynkeby oder → Braa (15), der Wagen von → Dejbjerg oder der – jedoch deutlich jüng. – Fund von → Havor mit Gold-Torques auf Gotland, sondern auch der Einfluß im Bereich der Tracht – die Nadel wird teilweise durch die Fibel ersetzt – und in alltäglicher Produktion wie bei der Keramikherstellung – es gibt bemalte, auf der Drehscheibe geformte Tongefäße. Nach arch. Qu. schien der S der skand. Welt, Jütland und die dän. Inseln, im Begriff gewesen zu sein, in die kelt. Koine einbezogen zu werden, als durch die röm. Okkupation dieser Prozeß abgebrochen wurde.

Die kelt. Beeinflussung wird von der dän. Forsch. auch anders formuliert: Das Ende der auf Bronze als importiertem Metall basierenden Wirtschaft der BZ im 7. Jh. und die Ausbreitung der neuen Technik der Eisenverarbeitung auf der Basis einheimischer Rohstoffe bewirkten seit 500 v. Chr. eine Keltisierung Jütlands bzw. die Einbeziehung in die Latènekultur, eine Latènisierung (20; 21; 23), gespiegelt in der Gründung und dem Ausbau der befestigten Siedlung → Borremose. Die Siedlung erlebt mehrere Ausbauphasen, in 200 J. wurden 34 Häuser errichtet, von denen 8 bis 9 gleichzeitig standen. Der Höhepunkt der befestigten Siedlung lag um 200 v. Chr., in der Mitte der vorröm. EZ; sie ist also ält. als die befestigte Siedlung → Hodde in Jütland oder die Herrenhöfe wie auf der → Feddersen Wierde aus der frühen RKZ und deutet Unruhezeiten oder Umbruchzeiten an, die zur Kimbernwanderung geführt haben können.

Als die → Bastarnen im letzten Drittel des 3. Jh.s v. Chr. an der unteren Donau erschienen, da „haben weder sie selbst gewußt, daß sie Germanen seien, noch wurden sie von den vornehmlich griechischen Beobachtern nicht anders denn als Kelten bezeichnet“ (38, 26). „Den Zeitgenossen galten Kimbern und Teutonen als Kelten, was insofern nicht ganz unrichtig war, als sich zahlreiche keltische Völkerschaften Mitteleuropas den wandernden Fremden angeschlossen hatten“ (38, 29). Diese Kelten wurden zu Germ. in dem Sinne, daß die Nachfahren der Kimbern im n. Jütland so Germ. wurden wie alle anderen Stämme auf dem Kontinent, da sie nach Vernichtung und Romansierung der kelt. Welt nicht mehr Kelten werden konnten, d. h. Germ. sind kulturhist. erst nach dem Verschwinden der kelt. Selbständigkeit möglich; denn auch die Sprache bildet sich erst jetzt heraus.

d. Auswanderungen oder Einwanderungen von Germ. im N. Stammesgruppen, Kriegerscharen, wie die Bastarnen oder → Skiren, Kimbern, vielleicht → Teutonen, → Haruden wanderten aus dem N durch die kelt. Welt, bis sie in Auseinandersetzung mit Römern verändert, seßhaft oder vernichtet wurden. Die Forsch. war – angeregt durch die ant. Ethnographen und Historiker – davon ausgegangen, daß die aus dem N auswandernden Gruppen Germ. waren, und auch die Urheimat der → Goten, → Wandalen, → Burgunden, → Langobarden wurde im N gesucht, der Ursprung aller Völkerschaften, das in der Ant. als Insel gedachte Skand. als „Gebärerin von Stämmen“ (Jordanes, Getica); denn auch die myth., geglaubte Vorstellung der Traditionsträger dieser Stämme von ihrer Herkunft aus dem N trug dazu bei. Wolfram formuliert als Modellvorstellung (38, 15): „... Skandinavien exportierte ... keine Völkerschaften, sondern vielmehr hervorgehobene sakrale Traditionen, die weite Strecken überwinden konnten, entweder mit kleinen Traditionskernen oder noch häufiger ohne direkte Vermittlung. Skandinavien gab dem Kontinent vielgliedrige Stammbäume weiter, die erst südlich der Ostsee zu den wichtigsten Traditionen etwa der Goten und Langobarden wurden". Daher war es folgerichtig, über diese als Germ. faßbaren Elitegruppen auch die Bevölkerung der Herkunftsgebiete als Germ. anzusehen (25).

Inzw. hat die arch. Forsch. das Modell aufgegeben, derartige Wanderbewegungen der frühen und fortgeschrittenen vorröm. EZ im Fundbild überliefert finden zu können, und geht davon aus, daß weder Wandalen aus dem n. Jütland (Vendsyssel) nach Polen (19–22), noch Goten von Schweden an die Weichselmündung (4; 7) oder Burgunden von Bornholm an die Odermündung (3) gewandert seien und ihre kulturelle Ausstattung mitgebracht hätten, sondern daß diese Kulturgruppen sich jeweils in den letztgenannten Räumen entwickelt und in Einzelfällen in Gegenrichtung auf die n. Gebiete ausgestrahlt haben, was z. B. die Ausbreitung der Waffenbeigabensitte vom Gebiet der → Przeworsk-Kultur in Richtung Thüringen, aber ebenso nach N-Jütland betrifft (6). Ob diese Gruppen überhaupt mit den genannten Ethnien zu verbinden sind, ist umstritten (vgl. § 29).

Die Keramik aus dem Gebiet von → Kraghede in N-Jütland zeigt zwar Ähnlichkeiten zu Formen der Przeworsk-Kultur, ist aber auch mit Tongefäßen in S-Jütland und gar Schweden vergleichbar; doch ist die Keramik nicht gleichartig in der Herstellung und hat jeweils eigenständige Verzierungen (21, 122 f.). Die Ähnlichkeiten erwuchsen aus dem zeitgenössischen Stilempfinden und sind Folge der allg. Mobilität von Menschen und Sachen in einem breiten Korridor von N-Jütland bis zum Schwarzen Meer (vgl. § 29), diese Verbindungen laufen über den ö. Flügel der kelt. Welt und werden nur in dem Sinne einer kulturellen Affinität als germ. bezeichnet (14, 130), so wie von kelt., balt., hellenistischen Kulturzügen gesprochen wird. Die Nordgerm. hatten Kontakt mit den Elbgerm. im s. Dänemark und zur Przeworsk-Kultur. Einerseits sollen aus Himmerland abgewanderte Kimbern das Gebiet der Przeworsk-Kultur erreicht haben, doch andererseits werden im schlesischen Bereich der Przeworsk-Kultur diese germ. Gruppen als Wandalen bezeichnet (21, 123), die aber erst seit dem 2. Jh. n. Chr. (Cass. Dio 55,1,3) mit Namen genannt werden (19). Martens verweist auf den Paradigmenwechsel von der ethnisch-kulturellen zur sozialökonomischen Interpretation. Bei den von der Forsch. allg. erkannten Beziehungen zw. N-Jütland und der Przeworsk-Kultur hat für die Bewertung ein Wechsel vom externen Wanderungs- zum internen Wandlungsmodell stattgefunden (23, 62), wobei aber bei der Entwicklung der Przeworsk-Kultur ein Einfluß von N-Jütland auf die poln. Gebiete angenommen wird. Der Gegensatz zw. arch. und hist. Wandalen bleibt: Während die arch. Wandalen seit Beginn der Spät-LTZ im s. und zentralen Polen als eine Trägergruppe der Przeworsk-Kultur faßbar sein sollen, erscheinen sie in den Schriftqu. erst am Limes während der Markomannenkriege. Die polit.-milit. Verbindungen zw. N-Jütland und Polen sind nicht zu fassen, da auch eine starke kriegerische Wandergruppe kulturell nicht durchschlagend wirkt und daher keine arch. Spuren hinterläßt (25; 19, 63).

Die → Poienești-Lukaševka-Kultur in Moldavien oder die → Zarubincy-Kultur sollen ebenfalls Ergebnisse von germ. Beeinflussung (Wanderung) sein (14, 133), aus dem Bereich der Jastorf-Kultur Richtung Schwarzes Meer im besagten Korridor. Sie werden mit den Bastarnen verknüpft, so wie die Przeworsk-Kultur mit den Wandalen oder die → Oksywie-Kultur mit den Burgunden verbunden wird. Aber dasselbe arch. Bild einer Kulturausbreitung entsteht auch bei kultureller Angleichung im Rahmen sozialökonomischer Prozesse ohne Bewegung von Menschen über größere Entfernungen (Abb. 9 und 10).

Ähnlich diskutiert Becker (3) Verbindungen zw. Bornholm und Mittelschweden einerseits sowie dem n. Polen andererseits anhand vergleichbarer metallener Trachtbestandteile. Die Formen der Gürtelhaken erweisen sich zwar als ähnlich, zeigen aber überall lokale Var. Die Ähnlichkeiten seien über Exogamie zu erklären, und bevölkerungsreiche Wanderungen z. B. der Burgunden von Bornholm oder der Goten aus Mittelschweden werden nicht zur Erklärung benötigt. Die sog. K-Fibeln mit durchbrochenem Nadelhalter (→ Fibel und Fibeltracht § 22) kommen in Jütland und einerseits in Schweden, andererseits auf Bornholm und an der Weichsel vor. Immer handelt es sich bei genauerer Betrachtung nicht um Importe, sondern um lokale Produkte (14, 137).

Im Sinne des hist. Modells der Wanderlawinen (36; 38) hatten sich kleine zugewanderte Traditionskerne in andere ält. Bevölkerungsgruppen eingenistet. Der Vorgang, wie sich der Name der → Sweben ausgehend von einer Kerngruppe durch kriegerische Ereignisse und Wanderzüge verbreitet hat, indem zahlreiche andere Gruppen das Vorbild übernahmen, kann als ein Modell für die Germanisierung vorher kelt. oder ‚alteurop.' Gruppen angesehen werden. Vorher kimbrische und später got. oder sächs. Traditionskerne und Kriegerscharen als Mitte von Wanderlawinen haben sich aus dem N nach Mitteleuropa bzw. nach England bewegt. Im Bild der Mythen von der Überfahrt einzelner Schiffe aus dem N zur Weichselmündung (mit ‚got.' Anführern) oder aus Niedersachsen nach England (mit den ‚ags.' Anführern → Hengest und Horsa) sind derartige kleine wandernde Gruppen als Kerne späterer größerer Stämme überliefert. Diese Initialvorgänge mit großen polit. Folgen haben jedoch keine arch. Spuren hinterlassen. Wenn diese myth. Überlieferung zeitgenössisch thematisiert und geglaubt wurde, entstand eine neue Realität, die eine andere darstellt als die von der Arch. gesuchte, die vergleichbare Grabformen und Ausrüstungsgegenstände erwartet.

Allg. kulturelle Verhaltensmuster wie Bestattungsbräuche breiten sich in den traditionellen Verkehrskorridoren aus, die Sitte der Waffenbeigabe gelangt von der Przeworsk-Kultur nach Thüringen und auch nach Skand. Mit anderen Grabbräuchen verläuft es ähnlich, es verbreiteten sich die Sitte der reichlichen Keramikbeigabe, des Urnen- und Brandschüttungsgrabes und auch besondere Opferbräuche. Das sind kulturelle Angleichungen, die nicht in erster Linie als Wanderungen zu interpretieren sind, da sie ohne Bevölkerungsbewegungen auskommen.

So wurden Verbindungen zw. dem Kattegatgebiet und Polen in der vorröm. EZ schon seit längerem abgelehnt (13), da jeweils ausreichend klar lokale Vorformen nachzuweisen sind. Fernbeziehungen im arch. Fundstoff, so z. B. bei den → Kronenhalsringen der vorröm. EZ zw. Jütland und der Ukraine (32), belegen aber keine SO-Wanderungen; auch sie sind nicht mitgebracht, sondern lokal im S produziert worden (14, 136).

Das führt jedoch zu der Frage, wie und ob die Bevölkerung im N benannt werden kann, wenn eine germ. Wanderung von dorther nicht belegbar ist, und weiter, wie der N dann germanisiert wurde, da die überlieferten Stämme später Germ. waren, d. h. eine germ. Sprache hatten. Früh in der vorröm. EZ anzusiedelnde Stammesgruppen entwickeln sich aus einem vor- oder nichtgerm. Zustand in Laufe der Jh. zu Germ. Die skand. arch. Forsch. beschäftigt sich mit dieser Fragestellung gegenwärtig kaum, d. h. sie geht von Germ. aus, sobald Stammesnamen wie jener der Kimbern überliefert sind, und entscheidet sich

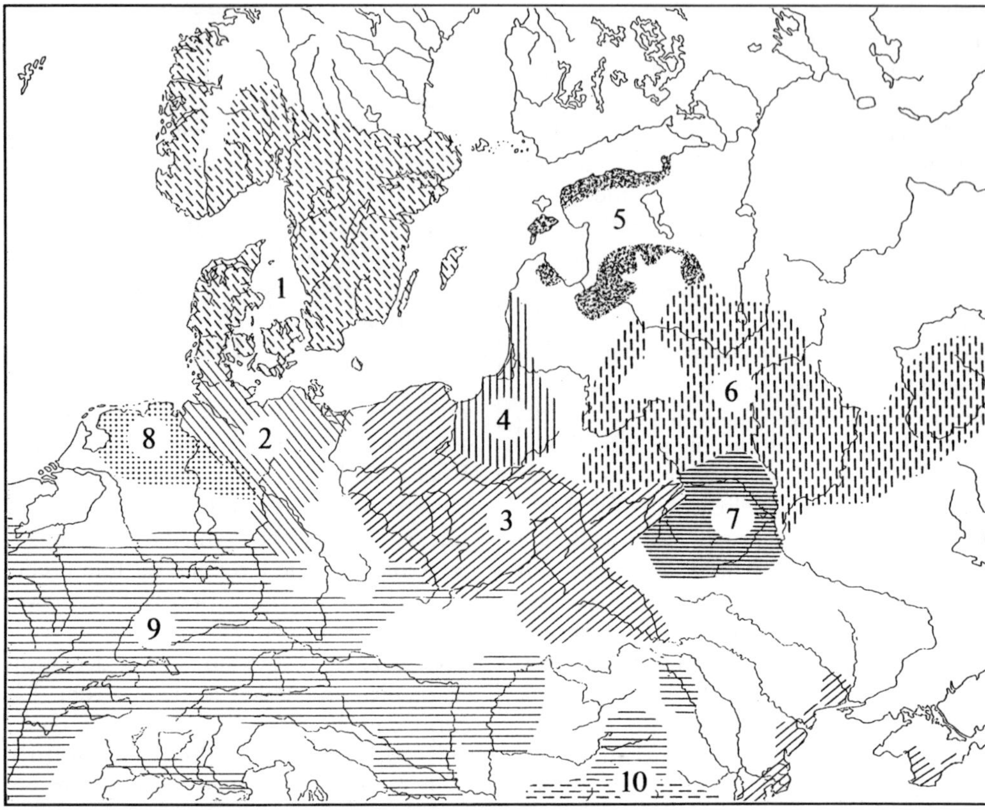

Abb. 9. Europa in der frühen Vorröm. EZ. 1 Nord. Gruppe; 2 Jastorf-Kultur; 3 Pomeranische Kultur; 4 W-balt. Hügelgräber-Kultur; 5 Estländische Gruppe; 6 O-balt. Waldzonen-Kulturen; 7 Milogrady-Kultur; 8 Harpstedt-Nienburger Gruppe; 9 Kelt. Gruppen, 10 Getische und Thrakische Gruppen. Nach Kaul/Martens (14, Fig. 20 A)

für die Zeiten davor für Benennungen nach arch. Sachverhalten. Kulturgruppen, soziale und wirtschaftl. Erscheinungen und schließlich die Bildung von polit. oder von Reichtumszentren bilden den Kern der wiss. Auseinandersetzungen. Kriegerische Vorgänge werden mit ihren Fernwirkungen beschrieben, die Kriegergruppen jedoch keiner ethnischen Gruppierung zugeordnet (30).

e. Ergebnis. Gegenwärtig bleibt offen, wie die sprachliche oder kulturelle Germanisierung des Ns vor sich ging – ebenso wie auch für den Kontinent nicht zu beschreiben ist, wie die Ausbreitung und Aufgliederung der germ. Sprache(n) erfolgt ist. Eine sprachwiss. These (31) geht von der N-Wanderung der Sprache aus in Gestalt einer Akkulturation, während eine andere These besagt, daß auf weitverbreitetem idg. Hintergrund sich in verschiedenen Gegenden ungefähr gleichzeitig, so auch im N, die germ. Sprache(n) entwickelt hätte(n).

Für das s. Skand. – im N siedelten die Lappen und Samen oder andere Völkerschaften auf der Basis jägerischer Kultur (1) – kann kaum eine massive Einwande-

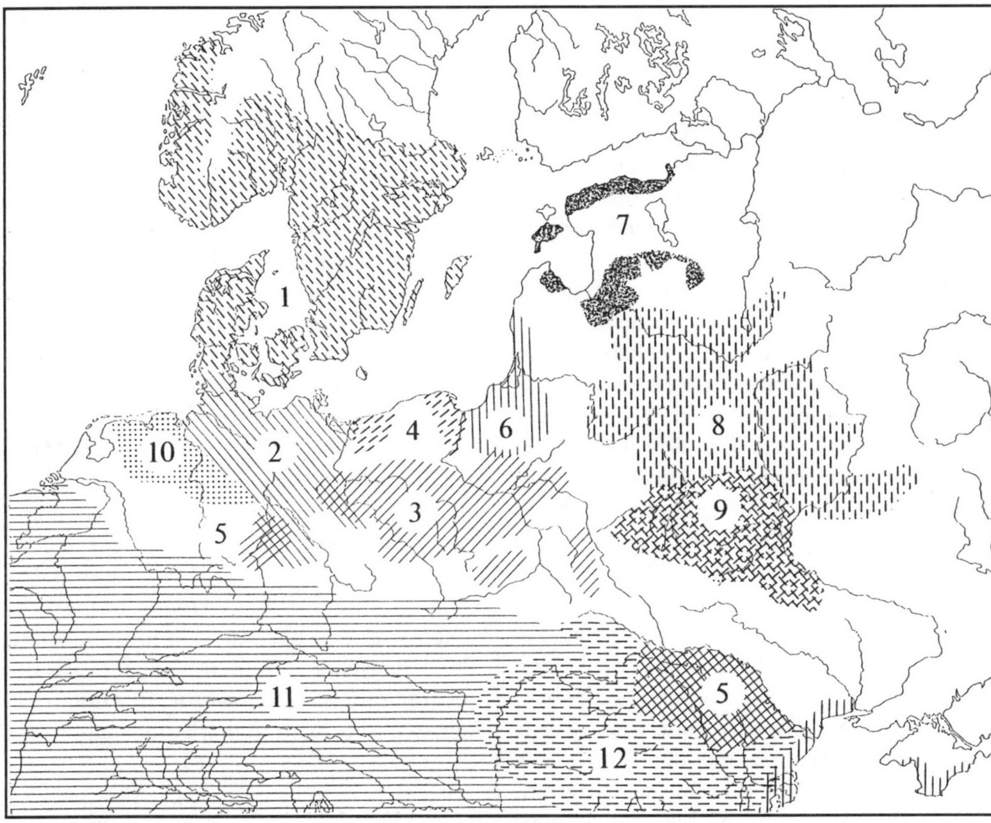

Abb. 10. Europa in der späten Vorröm. EZ. 1 Nord. Gruppe; 2 Jastorf-Kultur; 3 Przeworsk-Kultur; 4 Oksywie-Kultur; 5 Gebiete mit Einflüssen der Przeworsk- und der Jastorf-Kultur, in der Lausitz die Gubiner Gruppe, in Moldavien die Poieneşti-Lukaševka-Kultur; 7 Estländische Gruppe; 8 O-balt. Waldzonen-Kulturen; 9 Zarubincy-Kultur; 10 Harpstedt-Nienburger Gruppe; 11 Kelt. Gruppen; 12 Getische und Thrakische Gruppen. Nach Kaul/Martens (14, Fig. 20 B)

rung aus dem weiteren S nachgewiesen werden, neben den arch. Einflüssen in der kelt. Epoche sind auch die nachfolgenden Beziehungen weniger eindeutig beschreibbar. Nicht weniger intensiv als die Importe aus kelt. Milieu sind anschließend die röm. Importe, ohne daß von einer Romanisierung gesprochen werden könnte.

Die mit den Germ. verbundene Jastorf-Kultur erfährt in der kontinentalen und skand. Forsch. durchaus unterschiedliche Darst., vor allem was ihre Gruppengliederung und Ausdehnung betrifft. Während von N-Deutschland aus gesehen in Mittel- und in N-Jütland sowie auf den dän. Inseln unterschiedliche Jastorf-Gruppen kartiert werden (vgl. Lit. III C, Nr. 55, I, 188 Karte Abb. 50; Lit. III C, Nr. 50, 148 Karte), verzeichnet die dän. Forsch. (14, 134 f. Karte Fig. 20 A/B) bis zur späten vorröm. EZ einen geschlossenen Kulturraum einer nord. Gruppe in Skand. einschließlich der dän. Inseln mit einer Grenze zur Jastorf-Kultur erst im s. Jütland. Aus diesen unterschiedlichen Thesen folgt, daß bei Gleichsetzung von Jastorf-Gruppen mit den Germ. entweder Germ. begrenzt auf N-Deutschland bis ins s. Jütland gesiedelt oder andererseits große Teile Skand.s bewohnt haben.

Für das 6./5. bis 4. Jh. v. Chr. wird davon ausgegangen (Lit. III C, Nr. 55, I, Karte 2), daß ganz Jütland von der Jastorf-Kultur eingenommen wurde, auch Teile von Fünen, im übrigen s. N-Europa werden nachlebende Jungbronzezeitgruppen postuliert. In der nachfolgenden Epoche werden Jütland und Schweden als germ. besiedelt angesehen, doch findet sich in den entspr. Arbeiten keine Erklärung für den Prozeß dieser fortschreitenden Germanisierung, die sich in Kartenbildern ausdrückt und gewissermaßen von der Bewertung der verschiedenen Kulturgruppen abhängt und damit abhängig ist von anderen als arch. Fakten. Die Siedlungsgebiete der ält. vorröm. EZ (600–200 v. Chr.) mit verschiedenen Jastorf-Gruppen in N-Deutschland und Jütland umklammern gewissermaßen die dän. Inselwelt und S-Schweden (Lit. III C, Nr. 55, I, Abb. 15). Mildenberger (Lit. C, Nr. 70, 20) äußert sich zwar ebenfalls zur Ausbreitung der Germ. aus dem Gebiet der Jastorf- bzw. der elbgerm. Kultur und hält den N bis zur Samen-Grenze in der EZ für germ., gibt aber keine Erklärung dafür, wie diese Ausweitung des Germ. erfolgt sein könnte.

Die Frage nach der Ausbreitung der Germ. in den N ist von der Seite der arch. Qu. nur zurückhaltend zu diskutieren und ein gewisser Rückzug aus der interdisziplinären Diskussion notwendig, da die Auswertung der sprachlichen und schriftlichen Überlieferung neue Lösungen nahelegt.

Der Historiker Wolfram weist darauf hin, daß arch. und philol. Befunde nicht gleichgesetzt werden können. „Daher ist auch die Gleichsetzung der an sich sehr expansiven Jastorf-Kultur und ihrer Untergruppen mit den Grenzen des germ. Sprachgebietes nicht zulässig“ (38, 54); und so „beachtlich auch die Forschungsergebnisse von Arch. und Phil. sind, ihre Methoden erlauben keine Aussage über die historische Ursache der von ihnen beschriebenen Phänomene. Dazu zählt zweifellos die germanische Landnahme über weite Gebiete Mittel- und Nordeuropas“ (38, 54).

Die übliche Verknüpfung der Jastorf-Kultur mit den Germ. ist daher nicht mehr länger aufrecht zu erhalten.

Zu einer ethnischen Einheit gehörte, wer sich zu ihr bekannte. Das war zuerst der Stamm und in manchen Fällen die größere ethnische Einheit eines Kultverbandes (→ Kultverbände) oder auch der Germ. So wie das Vorbild der kriegerischen Sueben dazu führte, daß Suebe zu sein ehrenhaft war (daher die Übernahme der Haartracht des Suebenknotens auch durch andere Stämme), daß Sueben und Germ. austauschbare Benennungen wurden. Die Ausbreitung der Germ. in Mittel- und N-Europa erfolgte durch „Germanisierung keltischer, venetischer und unbestimmbarer alteuropäischer Gruppen“ (38, 55), was erst ausgreifend möglich wurde, nachdem die kelt. Welt im Röm. Reich aufgegangen war.

(1) E. Baudou, Die regionale und chron. Einteilung der jüng. BZ im Nord. Kreis, 1960. (2) Ders., Norrlands forntid – ett hist. perspektiv, 1992. (3) C. J. Becker, Stud. zur jüng. vorröm. EZ auf Bornholm, Acta Arch. 63, 1992 (1993), 1–38. (4) V. Bierbrauer, Arch. und Gesch. der Goten vom 1.–7. Jh. Versuch einer Bilanz, Frühma. Stud. 28, 1994, 51–171. (5) J. Brøndsted, Danmarks Oldtid 1–3, 1938–1940; [2]1957–1960 (Nord. Vorzeit 1–3, 1960–1963). (6) T. Dąbrowska, Frühe Einflüsse der Przeworsk-Kultur auf die Jastorf-Kultur, ZfA 22, 1988, 191–210. (7) R. Hachmann, Die Goten und Skand., 1970. (8) L. Hedeager, Danmarks jernalder. Mellem stamme og stat, 1990. (9) Dies., Iron Age Soc. From Tribe to State in Northern Europe, 500 BC to AD 700, 1992. (10) K. M. Hornstrup, Chron. Problems. The transition from the Early to the Late Bronze Age in Denmark, in: C. Kjeld Jensen, K. Høilund Nielsen (Hrsg.), Burial and Soc. The Chron. and Social Analysis of Arch. Burial Data, 1997, 65–70. (11) S. Hvass, B. Storgaard (Hrsg.), Digging into the Past. 25 Years of Arch. in Denmark, 1993. (12) J. Jensen, The Prehist. of Denmark, 1982. (13) L. Kaelas, J. Wigfors (Hrsg.), Die vorröm. EZ im Kattegatgebiet und in Polen, 1980. (14) F. Kaul, J. Martens, Southeast European influences in the

early Iron Age of southern Scandinavia, Acta Arch. 66, 1995, 111–161. (15) O. Klindt-Jensen, Bronzekedelen fra Brå, 1953. (16) K. Kristiansen, The Formation of Tribal Systems in Later European Prehist.: Northern Europe, 4000–500 B. C., in: C. Renfrew u. a. (Hrsg.), Theory and Explanation in Arch. The Southampton Conference, 1982, 241–280. (17) Ders., The Emergence of the European World System in the Bronze Age. Divergence, Convergence and Social Evolution during the First and Second Millennia BC in Europe, in: K. Kristiansen, J. Jensen (Hrsg.), Europe in the First Millennium B. C., 1994, 7–30. (18) A. Leyden, Zum frühesten Auftreten der Jastorf-Kultur im nord. Raum, Germania 35, 1957, 265–275. (19) J. Martens, The Vandals: myths and facts about a Germanic tribe of the first half of the 1st millenium AD, in: S. Shennan (Hrsg.), Arch. approaches to cultural identity, 1989, 57–65. (20) Ders., Borremose in North Jutland – a Fortified Settlement of the Early Iron Age, Barbaricum 2, 1992, 102–113. (21) Ders., The Pre-Roman Iron Age Cemetery at Kraghede. On the so-called „Kraghede-group“ and its Cultural Position in the Light of Recent Research and the Excavations at Borremose, in: ebd., 114–136. (22) Ders., On the so-called Kraghede-group. The Pre-Roman Iron Age in North Jutland and its connections with the Przeworsk culture, in: Kultura Przeworska, 1994, 37–69. (23) Ders., Refuge – fortified settlement – central place? Three years of arch. investigations at the Borremose stronghold (1988–1991), an enclosed settlement from the Pre-Roman Iron Age of Himmerland, Ethnographisch-Arch. Zeitschr. 35, 1994, 241–276. (24) B. Nerman, Die Herkunft und frühesten Auswanderungen der Germ., 1924. (25) Ders., Vandalernes äldsta hem, Fornvännen 25, 1930, 365–370. (26) E. Nylén, Die späteste Bronze- und die früheste EZ in Schweden. Ein Beitr. zur Herausbildung der Germ., ZfA 4, 1970, 193–221. (27) Ders., Bronze, Eisen und Ges. Eine soziale Umwälzung mit wirtschaftlichem Hintergrund zw. bronze- und EZ im nord. Raum?, Die Kunde NF 25, 1974, 102–110. (28) O. P. Pálsson, Die Ethnogenese der Nordgerm. aus der Sicht anthrop. Stud. an Lebenden, unter besonderer Berücksichtigung der Isländer, in: W. Bernhard, A. Kandler-Pálsson (Hrsg.), Ethnogenese europ. Völker aus der Sicht der Anthrop. und Vor- und Frühgesch., 1986, 285–296. (29) K. Randsborg, From period III to period IV. Chron. studies of the Bronze Age in Southern Scandinavia and Northern Germany, 1972. (30) Ders., Hjortspring. Warfare and sacrifice in early Europe, 1995. (31) W. P. Schmid, Alteuropa und das Germ., in: H. Beck (Hrsg.), Germ.-Probleme in heutiger Sicht, 1986, 155–167. (32) M. B. Shchukin u. a., New finds of "Kronenhalsringe" in the Chernigov region, Ukraine, and some problems of their interpretation, Acta Arch. 63, 1992 (1993), 39–56. (33) M. Stenberger, Vorgesch. Schwedens, Nord. Vorzeit 4, 1977. (34) K. W. Struve, Die jüng. BZ, in: Gesch. Schleswig-Holsteins 2, Lfg. 2, 1979, 97–145, 417–452. (35) H. Thrane, Europæiske forbindelser. Bidrag til studiet af fremmede forbindelser i Danmarks yngre broncealder (per. IV–V), 1975. (36) Wenskus, Stammesbildung. (37) Ders., Über die Möglichkeit eines allgemeinen interdisziplinären Germ.-Begriffs, in: [31], 1–21. (38) H. Wolfram, Die Germ., 1995.

H. Steuer

C. Wirtschafts- und Sozialgeschichte

§ 22. Allgemeines. Die Frage, was das kennzeichnend Germ. in den wirtschaftl. und sozialen Verhältnissen in Mittel- und N-Europa während der Vorröm. EZ und den nachfolgenden Epochen gewesen ist oder ob es das überhaupt gegeben hat, ist hier nur von methodischer Seite zu beantworten. Die arch. Qu., Fundplätze, Befunde und Funde, anhand derer Wirtschaft und Ges. zu erschließen sind, werden in anderen Stichworten dieses Reallex.s behandelt.

Das gegenwärtige Germ.-Bild geht von einer sprachlich zu definierenden Bevölkerungsgruppe aus, die seit etwa der Mitte des letzten vorchristl. Jt.s in N-Deutschland beiderseits der unteren und mittleren Elbe gelebt hat und mit der dort nachweisbaren →Jastorf-Kultur zu verknüpfen ist (55, 83 ff.; 50). Zur Forschungsgesch. allg. (6 darin: 48; 72; 117).

Dieses Germ.-Bild folgt aus einem Bündel methodischer Grundsätze aus mehreren beteiligten Wiss.sdisziplinen, deren forschungsgeschichtl. Grundlagen gegenwärtig diskutiert werden, was zu einer Reihe veränderter wiss. Positionen geführt hat. Diese münden in der Forderung nach einer neuen Definition des interdisziplinären Germ.-Begriffs (38; 117).

Doch scheint es gegenwärtig gar so, daß eine derartige Definition prinzipiell nicht möglich ist, vielmehr wird pluralistisch je nach Wiss. und Qu.art von einem sprachwiss., einem altphilol.-geschichtswiss., einen ur- und frühgeschichtl., einem entwicklungspsychologischen, einem myth. begründeten und früher noch von einem anthrop. Germ.-Begriff gesprochen (34; 38).

Gegenwärtig, d. h. während der Erscheinungsfolge dieses Reallex.s, wandeln sich die methodischen Ausgangspositionen, was anscheinend zu widersprüchlichen Inhalten verschiedener Stichwortkomplexe geführt hat und führen wird. Kontrovers sind die Möglichkeit der ethnischen Deutung arch. Kulturgruppen, verbunden mit der Frage nach der arch. Nachweisbarkeit von Wanderungen (108, 29 zur arch. Lit.), und außerdem die zu berücksichtigende zeitliche Spannweite germ. Kulturgesch., die kurz vor Christi Geburt, um 500 v. Chr., um 1000 v. Chr. oder auch im 3. Jt. v. Chr. – dem Übergang vom Neol. zur BZ – einsetzen kann.

Die sprachgeschichtl. Entwicklung der germ. Sprachstände und ihre Heraushebung aus einer idg. Grundlage werden unterschiedlich gewertet (92; 97; 98). Anhand der Überlieferung ant. Autoren kann von Germ. erst seit der Zeit Caesars gesprochen werden (3; 4; 22). Ethnische Einheiten wie einzelne Stämme und auch größere Gruppierungen wie die Germ. (und die Kelten sowie Slawen) konstituieren sich als Zusammenschluß von Leuten, die eine ‚theoretische' Begründung für ihre Selbstzuordnung geben, d. h. ein Ethnikum entsteht im Bewußtsein der Gruppe, ist ein geistiges Phänomen (84; 89, 38; 116; 123) und nicht zuerst biologisch, sprachlich oder nach Sitten und Gebräuchen zu definieren, so daß von Germ. nur dann gesprochen werden könnte, wenn eine Gruppe sich als germ. Verband tatsächlich fühlt. Die Anthrop. hat davon Abschied genommen, irgendwelche körperlichen Unterschiede zw. Großgruppen wie Germ. oder Kelten erkennen zu können.

Schließlich werden im Bereich der ur- und frühgeschichtl. Arch. die Kulturen, Kulturprovinzen oder Formenkreise (5; 19; 35; 88; 91; 115; 120; 124; → Kulturgruppen; → Formenkreis) nicht mehr in erster Linie als Niederschlag ethnischer Einheiten betrachtet (91, 15), Veränderungen in der Verbreitung derartiger Kulturkreise nicht unmittelbar als Abbild von Wanderungen gesehen, sondern auch die kulturelle Angleichung sowie die Auswirkungen von Handwerk und Handel (Herstellung und Verbreitung von Sachgütern) berücksichtigt. Die Vorstellung von arch. Kulturen wechselt von geschlossenen Kulturkreisen im Sinne von Gustaf → Kossinna zu einem mengenstatistischen Bild von Kernzonen aus zahlreichen sich überlagernden Verbreitungsmustern der verschiedenen kartierten Fundgattungen und z. B. Grabbräuchen oder Siedlungs- und Hausformen mit Verdichtungs- und Ausdünnungszonen (5; 17; 89, 35). Statt ein Abbild von Wanderbewegungen ganzer Stämme werden Verkehrszonen, Korridore kultureller Kontakte beobachtet; Güterverteilung erfolgt nicht nur im Sinne moderner Vorstellungen von Handel, sondern in Analogie zu von der Ethn. erforschten Verhältnissen gewinnen Modelle zur Rolle von → Gabe und → Geschenk zw. Gruppen und hierarchisch innerhalb von ranggestaffelten Ges. an Boden (104). Auch die Gleichsetzung von arch. Kulturen und sozialökonomischen Gebieten bedarf sorgfältiger Prüfung (42).

Nicht die Definition eines multi- oder interdisziplinären Germ.-Begriffs wird erkennbar (117), sondern das Netzwerk von methodischen Ansätzen, das je nach gewählten Ausgangsdefinitionen zu immer unterschiedlichen Vorstellungen vom Germ. führen muß. Andererseits bietet die ur- und frühgeschichtl. Forsch. durch die Verankerung ihrer Qu. in Zeit und Raum und ihre intensive Ausgrabungstätigkeit in den letzten Jahrzehnten ein breit gefächertes Bild aller wirtschaftl. Aspekte, der Siedlungsweisen, der kulturellen bzw. zivilisatorischen Ausstattung, aber darüber hinaus auch der gesellschaftlichen Verhältnisse sowie auch manche Facette der kultisch-relig. Vorstellungen. Voraussetzungen sind die erfolgten Ausgr. ganzer Dörfer und Siedlungskammern, die vollständige Unters. von Gräberfeldern, die Freilegung kompletter großer Opferplätze und die systematische Erfassung verschiedener Fundgattungen mit vielen tausend einzelner Funde, eingeschlossen der paläoethnobotan., paläozool., klimageschichtl. und z. B. auch bodenkundlichen Befunde.

Daher konnte die arch. Forsch. Handb. zur Kultur-, Wirtschafts- und Sozialgesch. der Germ. vorlegen, womit die Kulturgesch. Mittel- und N-Europas in den beiden Jt. um Christi Geburt gemeint ist (55; 34; 46; 47; 53; 54; 65; 70; 90; 101; 103; 113), ebenso zu den → Kelten (21; 65) und → Slawischen Völkern (43; 60), wobei jeweils das Problem der ethn. Zuordnung eine untergeordnete Rolle spielt. So meint eine Darst. der Germ. Sachkultur (111) die zivilisatorische Ausstattung der Bevölkerung in Mittel- und dem s. N-Europa, nicht etwa die Sachkultur der Großgruppe der Germ. und nur der Germ.; nur unterschwellig erfolgt die Gleichsetzung, da von der anfangs geschilderten Modellvorstellung ausgegangen wird.

Ähnlich wurden für die großen Stämme, die sich während der VWZ gebildet haben, in den letzten J. anhand der arch. Forsch.sergebnisse zahlreiche Ausstellungskat. und Handb. vorgelegt, in denen es um Darst. der wirtschafts- und sozialgeschichtl. Verhältnisse geht und kaum um die Frage, was am Fundstoff nun typisch für einen dieser Stämme und nur diesen gewesen sein könnte. Genannt seien die Handb. zu den Alam. (1) und Franken (29), Bajuwaren (20), Goten (32) und Langob. (61; 59; 66), Thür. (8), Ags. (16) und Sachsen (87).

Die arch. Forschungslit. spiegelt einen Kenntnisstand zur germ. Wirtschafts- und Sozialgesch. vor, der so längst nicht erforscht, sondern von der ethnischen Deutung anhand schriftlicher Qu. vorbestimmt ist. Es gibt kaum eindeutige Definitionen; diese wandeln sich vielmehr mit dem vorgeformten wiss. Weltbild. Hachmann (34, 85) formuliert: „Wer waren die Germanen? Für den Archäologen sind sie eine Bevölkerungsgruppe, die sich von den Kelten und ihren Verwandten im Westen, Süden und Südosten und von den Balten, Slawen, Sarmaten im Osten durch eine spezifische Kultur unterschied". Woraus besteht die spezifische Kultur der germ. Gruppen? Beim gegenwärtigen Forsch.sstand aus unterschiedlichen Fundtypen und Grabsitten und deren Verbreitungsmustern, was sich bes. in der Frage nach der Herkunft und Wanderung der Goten zeigt (33; 11). Bei Kossack (54, 302) heißt es: „Vielfach lassen diese Siedlergruppen [Nordgermanen, Rhein-Weser-Germanen, Elbgermanen etc.] Ausgleichserscheinungen in der Sachkultur erkennen, die uns unter verkehrsgeographischem Aspekt einleuchtend interpretierbar scheinen, so daß sie als Sozialverbände mit gemeinsamem Marktverkehr [!] definiert worden sind". Arch. Kulturkreise, Kulturgruppen sind eher (33; 34) über Verkehrsgemeinschaften entstanden, spiegeln u. U. Kultverbände (vielleicht über Grabsittenkreise), und am Ende könnte aus einem Verkehrsraum eine Sprachgemeinschaft werden. Arch.-kulturelle Gebiete (23, 5) sind nicht notwendigerweise mit Hausformenlandschaften gleichzusetzen; Größe und Gliederung sowie Bauweise richten sich nach wirtschaftl. Erfordernissen, nach – im soz. und polit. Sinne – Ges.sstrukturen und nach den Umweltverhältnissen. Doch werden immer wieder unterschwellig Hauslandschaften und Siedlungsformen unmittelbar mit Germ. verknüpft (24; 25) und gegenüber Kelten oder Römern abgesetzt (106), obgleich anscheinend bekannt ist, daß z. B. eine Unterscheidung von Stämmen am Rhein als kelt. oder germ. kaum möglich ist.

Die gegenwärtig gewählten methodischen Ansätze erlauben es nicht mehr, Lebensformen und äußerlichen Lebenszuschnitt mit einer ethnischen oder sprachlichen Gruppe deckungsgleich in Verbindung zu bringen. Wirtschaftsweise und Siedlungsformen, materielle Ausstattung, Kleidung und Bewaffnung helfen, Gruppen zu beschreiben, doch diese sind eher durch Kommunikation, d. h. über Güteraustausch, Handel und Heirat innerhalb verschieden großer, oft von der Natur vorbestimmter Verkehrsräume zu Kulturgruppen geformt, die sich ausbreiten und wieder verschwinden können. Alle sprachlich, relig. oder ethnisch definierten Gruppen, so auch die ‚Germ.', sind Teile derartiger Kulturgruppen oder übergreifen mehrere von ihnen; nur zufällig könnte eine Übereinstimmung entstanden sein.

Forschungsgeschichtl. ist diese Sicht neu. Bisher wurde bis in jüngste Vergangenheit und von einer Reihe ur- und frühgeschichtl. Forsch.straditionen bis heute mehr oder weniger streng, bewußt oder unbewußt nach dem Lehrsatz Kossinnas verfahren: „Scharf umgrenzte archäologische Kulturprovinzen decken sich zu allen Zeiten mit ganz bestimmten Völkern und Völkerstämmen". Diese These geht davon aus, daß die beieinander siedelnde Bevölkerung je nach Größe des Gebietes ein Volk oder eine größere Stammesgruppe bildete, d. h. wenn für Mittel- und N-Europa insgesamt ähnliche kulturelle, wirtschaftl. wie soziale Verhältnisse als arch. Provinz faßbar werden, dann könnten dies – wie schriftlich überliefert wird – nur eine ethnische Einheit, die Germ. und ihnen zugeordnete Stämme gewesen sein. Beeinflußt ist dieses Paradigma im wesentlichen vom Denken des 19. Jh.s in über die Sprache definierten Völkern und den darauf aufbauenden modernen Nationalstaaten.

Außerdem setzt ein solches methodisches Vorgehen voraus, daß definiert ist, was eine arch. Kultur, ein Formenkreis oder eine Kulturprovinz eigentlich ist. Ausgegangen wird von der Vorstellung, daß es deckungsgleiche Verbreitungsmuster von einzelnen Gegenstandstypen wie metallenem Trachtschmuck oder Keramikgefäßen, von Grabsitten und Siedlungsweisen gegeben hat und daß die Arch. diese auch nachweisen kann. Doch wird diskutiert, was die Bedeutung einer sog. ‚Arch. Kultur' ist. In erster Linie handelt es sich um Konstruktionen der Forsch., für die eine reale Existenz erst nachgewiesen werden muß. Im Zuge der Bemühungen der „analytischen Arch." (17, 264 Fig. und Arch. Polona 34, 1996, Titelfigur) wurde gezeigt, daß sich Kulturkreise als Mittelwerte von immer wieder unterschiedlichen Verbreitungsmustern einzelner Erscheinungen abzeichnen.

Die Diskussion um Begriffe wie Volk, Nation und Staat in der Geschichts- und Sozialwiss. ist von der Arch. kaum berücksichtigt worden (94, 255); noch werden allg. auch Begriffe verwendet wie „Germanentum" und „Wesensart" oder „germanische" Lebensform (116, 427 f.; 118, 22); ähnlich wie hier von „Germanischem an sich" gesprochen wird. Der Sprachgebrauch der Geschichtswiss. seit dem I. Weltkrieg, nicht erst zur Zeit des Dritten Reiches, ist durchsetzt von derartigen Bezeichnungen, die in Folge bei den Archäologen im Rahmen der ethnischen Deutung arch. Kulturprovinzen immer noch üblich sind, nicht nur im dt.sprachigen Raum, sondern ebenso in der Forsch. der o-mitteleurop. Länder. Die inzw. offenen Bezeichnungen und die Erkenntnis, daß Völker ihre Sprache wechseln können, haben die Anwendung derartiger Gruppenbezeichnungen zur Interpretation arch. Kulturprovinzen in Frage gestellt. Immer liegt auch ein sprachliches Problem vor; denn bedeutet „germ. Sachkultur"

(110) Sachkultur bei den Germ., im mitteleurop. Raum oder nur für Germ. typische Ausstattungen?

Erst zögernd wird daher dieses alte Paradigma ersetzt, d. h. von der vorherrschenden ethnischen Deutung arch. Kulturgruppen wechselt man zur wirtschaftsgeschichtl. und soz. Interpretation von Funden und Befunden und gegenwärtig weiter zu polit. Deutung, was mit Bezeichnung wie → Reichtumszentrum oder „Vom Stamm zum Staat" umschrieben wird (40). Der Brückenschlag von der arch. gefundenen polit. Einheit wieder zurück zur in den Schriftqu. überlieferten ethnischen Gruppierung auf unterschiedlichem Niveau (Stamm und Völkerschaften) könnte bei sorgsamer methodischer Arbeitsweise in Zukunft zu neuen Lösungen führen, nicht etwa eine Rückkehr zur ethnischen Deutung im Kossina'schen Sinn bedeuten.

Während die Arch. also zumeist noch von einem Volks- und Stammesbegriff ausgeht, der eine in sich geschlossene, auch beieinander siedelnde Gemeinschaft desselben kulturellen Verhaltens meint, sehen inzw. Historiker (116; 84; 89; 123) und ebenso Ethnologen (74) anhand der schriftlichen Überlieferung ethnische Gruppierungen und ihre Entstehung (Ethnogenese) eher vor dem Hintergrund kleiner elitärer Gruppen als Traditionsträger, die sich gewissermaßen oberhalb der siedelnden Bevölkerung und über kulturellen Grenzen hinweg bewegen. Ethnische Gemeinschaften werden über personale Gruppenbildungen definiert, nicht zuerst über territoriale Verankerungen bzw. Zugehörigkeiten (14, 180).

Die Frage an das arch. Material nach germ. wirtschaftl. und sozialen Verhältnissen mit Blick auf eine ethnische Zuordnung kann daher prinzipiell falsch gestellt sein, d. h. weil die Arch. andere Lebensbereiche erschließen hilft, so im wirtschaftl. und sozialen Bereich, was dann auch zur Folge hat, daß eine Antwort auf die Frage, welche wirtschaftl. und sozialen Gegebenheiten nun germ., slaw., kelt. oder – mehr im Detail – frk., alam. oder sächs. seien, nicht zu erwarten ist. Der Vorschlag, sich von unfruchtbar gewordenen Fragestellungen ab und anderen Problemstellungen zuzuwenden (89, 39), ist zu erwägen.

Die ebenfalls im 19. und noch bis in die 2. Hälfte des 20. Jh.s übliche Definition von Germ. und anderen großen Gruppenbildungen über anthrop. Forsch.sergebnisse (→ Anthropologie, → Humanbiologie) wird gegenwärtig ebenfalls aufgegeben (9; 10). Denn biologische Ähnlichkeiten und ethnische Gruppierungen sind, was sich aus der Definition von Stamm und Ethnos ergibt, nicht deckungsgleich. Stattdessen erlaubt die Auswertung anthrop. Materials (→ Genetik) z. B. über Zahnanomalien oder genetische Unters., Verwandtschaften und u. U. Familienverbände unterschiedlichen gesellschaftlichen Ranges zu erkennen und mit arch. Beobachtungen zur Sozial- und Wirtschaftsgesch. zusammenzubringen (2). Heute sind Bezeichnungen, wie sie von der Geschichtswiss. bis in die J. nach dem II. Weltkrieg verwendet worden sind, nicht mehr denkbar, nämlich von Geblüt, Rasse, Wesensart, Volksgewissen (eine Zeitschr. trug den Namen „Volk und Rasse") (94, 246) und die Ersetzung der Begriffe in Neuaufl. nach dem Krieg wie „rassisch" durch „anthropologisch" haben die rückwärts gewandte Tendenz nicht mehr entscheidend verändern können (50; 51; dazu 118).

Somit sind die Ausgangsdefinitionen für die arch. Kulturkreise, die ethnischen und stammlichen Gruppierungen und die idg. sowie germ. Ursprachen variabel, und daher lassen sich nur nach sorgsamer Formulierung Ergebnisse aus den verschiedenen Forsch.sbereichen miteinander verknüpfen. Weiterhin bedeutet dies, daß auch bei der Definition eines arch., hist., sprachwiss., anthrop. oder myth. Germ.-Begriffs, die kaum miteinander zu verbinden sind, jeweils außerdem der einzelwiss. Germ.-Begriff auf einer variablen Grundlage beruht.

§ 23. Forsch.sstand. Die gegenwärtige Forsch. geht also von verschiedenen Germ.-Begriffen aus, und ihre möglichen Zusammenfassungen werden kontrovers diskutiert. Jeder dieser Germ.-Begriffe würde es erlauben, je nach zugehöriger Qu.gruppe andere Facetten einer allg. Wirtschafts- und Sozialgesch. zu beschreiben. Es muß daher versucht werden, die Frage nach speziell germ. Erscheinungen der Wirtschafts- und Sozialgesch. zuerst im Bereich der zeitlich und räumlich verankerten arch. Qu. zu beantworten, ehe eine Zusammenschau mit den Ergebnissen der anderen Qu.gruppen möglich ist.

In welcher Weise könnte sich Germanisch realisiert haben, so daß dies mit arch. Methoden zu entdecken wäre? Dabei ist zu differenzieren zw. solchen Realisationen, die überhaupt allg. verbreitet gewesen sind und dabei auch das von Germ. bewohnte Gebiet einbezogen, und solchen Realisationen, die nur auf einen Teilbereich dieses von Germ. besiedelten Areals begrenzt nachweisbar sind. Ein Lebensstil, eine wirtschaftl. Form ist als deckungsgleich mit dem ‚germ.' Gebiet nur beschreibbar, wenn zugleich in den Nachbargebieten mit anderen ethnischen Einheiten andere Gebräuche und Lebensstile arch. faßbar werden.

Neben dieser räumlichen Facette gibt es zugleich die chron.: Bestimmte entwicklungspsychologisch bedingte Phasen von gesellschaftlichen Zuständen machen neben den Germ. auch alle anderen Bevölkerungsgruppen durch. In ähnlichem Sinn betrifft dies auch den Versuch der Definition eines Mythos als germ. (38, 72 ff.; 41), da gerade diese myth. Phase von Gesellschaften immer wieder vergleichbare Ausdrucksformen hervorbringt, die nicht typisch für eine ethnische Gruppe sind. Dazu gehören auch kultisch-relig. Ausdrucksformen, z. B. die Kriegsbeuteopfer (→ Kriegsbeute) an speziell ausgewählten Plätzen, die bei den Kelten der LTZ und bei den Germ. der VWZ, gewissermaßen zeitlich verschoben, in der gleichen Entwicklungsphase nachweisbar sind (→ Gournay; → Illerup).

Die Arch. hat die Wirtschaftsweise und die sozialen Organisationsformen der Ges. mittel- und n-europ. Bevölkerungsgruppen erforscht, die in chron. Abfolge betrachtet werden können. Arch. Befunde sind aus sich heraus gemäß Definition nicht als allg. germ. anzusprechen. Arch. Forsch. beschreibt vielmehr gruppenspezifisches Verhalten von Menschen, das Spuren hinterlassen hat, die mit arch. Methoden erkennbar sind. Erst die Verbindung mit den schriftlichen und sprachlichen Qu. erlaubt eine Diskussion, ob damit „Germanisches" (oder aber „Keltisches", „Slawisches" sowie „Alteuropäisches") faßbar wird, womit aber einseitig einer ethnischen Interpretation der Vorzug gegeben würde. Vielmehr werden allg. sozialgeschichtliche Phänomene, die unter vergleichbaren Bedingungen in allen Bevölkerungsgruppen entstehen können, diskutiert werden müssen.

Ebenso ist kontrovers, seit wann von Germ. gesprochen werden sollte. In Frage kommen (a) das 1. Jh. v. Chr., zurückgehend auf die ältesten Nennungen von Germ. in den Schriftqu. und die Versuche Caesars (3; 4) oder auch der kelt. Druiden (117, 15), den Germ.-Begriff für die Gebiete ö. des Rheins als allg.gültig durchzusetzen, (b) mit Blick auf die Arch. der Beginn der Vorröm. EZ, der Jastorf-Kultur, um 500 v. Chr., mit Blick auf die Sprachwiss. als Rückprojektion vermuteter Dauer von Sprachwandlungen und der örtlichen Fixierung von ältesten germ. Flur- und Gewässernamen (109; dazu 97), wobei damit schon eine Verknüpfung arch. und sprachwiss. Argumente vorliegt, und schließlich (c) die BZ oder noch ält. Epochen vor dem 1. Jt. v. Chr anhand nachweisbarer arch. Kontinuitäten im Bereich des Siedlungs- und Bestattungswesens mit Blick auf arch. und anthrop. Qu., was als biologische Bevölkerungskontinuität angesehen werden muß.

Wenn für die RKZ arch. Kulturkreise schriftlich überlieferten Stämmen entsprechen, dann könnte man derartige Stämme auch für die BZ und das Neol. annehmen, da die arch. Fundsituation auch für diese Epochen Kulturkreise zu erkennen gibt, und wenn eine biologische, topographische und kulturelle Kontinuität besteht, dann ließen sich Germ. oder Proto-Germ. (ebenso wie Kelten) zumindest bis in die BZ verfolgen (118, 26).

Für die BZ sind Stammesgruppierungen nachweisbar, doch da sich die germ. Sprachgemeinschaft erst in der Vorröm. EZ ausgebildet hat, sind wohl einzelne der hist. bezeugten Völkerschaften ält. anzusehen als das Germanentum selbst (116, 285). Das könnte über die einzelnen Stammesnamen nachweisbar sein (Ambronen – Umbrier); denn einige germ. Stammesnamen gehen in voreinzelsprachliche Zeit zurück (116, 298). Das Germanentum ist aus mehreren Gruppen verschiedener Herkunft zusammengewachsen, indem die Sprachänderungen, die aus westidg. Dialekten ‚Germanisch' werden ließen, sich im Laufe der vorchristl. EZ über einen kulturell uneinheitlichen Raum ausbreiteten (116, 374). Doch wie diese Ausbreitung verlaufen ist, bleibt offen, ist jedenfalls arch. nicht greifbar; denn Überschichtungen und Eroberungen sind ebenso schwierig arch. faßbar wie Akkulturation und im Fundbild nicht unterscheidbar.

Arch. und schriftliche Überlieferung geben absolutchron. Daten, während für sprachwiss. beschriebene Epochen vor der Schriftlichkeit nur relative Aussagen zu den aufeinanderfolgenden Sprachzuständen möglich sind und die absolutchron. Fixierung nur vermutet werden kann. Sind Kulturprovinzen nicht mehr automatisch mit ethnischen Einheiten wie den Germ. zu verknüpfen, da arch. Qu. zur Sprache und ihrem Wandel nichts aussagen, sondern statt dessen zu wirtschaftl. und gesellschaftlichen, aber auch zu relig. Zuständen befragbar sind, verwundert es nicht, wenn in weiten Bereichen der mitteleurop., stärker noch in der skand. und ags. Forsch. das Germ.-Problem gegenwärtig nicht diskutiert wird, daß die Frage nach dem Ethnikum der Träger von arch. Gruppierungen, von Siedlungsmustern und ihren Veränderungen nicht gestellt wird, weil diese Fragestellung nicht mehr akzeptiert wird.

Während für die Vorröm. EZ oft von ‚kelt.' EZ gesprochen wird, womit nur der dominierende kulturelle Einfluß gemeint ist, entscheidet sich ein Teil der Forsch. für die jüng. Epochen – zeitlich parallel zum Röm. Reich – von ‚barbarischen Völkerschaften' oder vom ‚Barbaricum' zu sprechen, um nähere ethnische Bezeichnungen wie ‚Kelten' oder ‚Germ'. zu vermeiden.

Bei der interdisziplinären Diskussion ist außerdem zu beachten, daß sich die chron. Vorstellungen zur europ. Ur- und Frühgesch. in den letzten J. (nach dem Erscheinen des Stichwortes → Chronologie in diesem Lex.) wesentlich gewandelt haben. So beginnt die Epoche der frühen BZ nach heutiger Erkenntnis um 2200 v. Chr., und die neol. Gruppen der Schnurkeramischen und der Einzelgrabkultur, die eine wesentliche Rolle bei der Frage nach der Indogermanisierung und der Herausbildung der Germ. gespielt haben, gehören jetzt in den Zeitraum von ca. 2700–2200 v. Chr., d. h. für alle postulierten sprachlichen Entwicklungen stehen entweder wesentlich mehr Jh. zur Verfügung, oder sie gehören in andere kulturelle Zusammenhänge. Auch die Einführung der Metalle erfolgt nicht etwa parallel zur Durchsetzung der Frühen BZ, sondern die Ausbreitung der Metallurgie ist tief im Neol. anzusetzen, z. B. für die Trichterbecherkulturen in Mittel- und dem s. N-Europa um 3800 bis 3500 v. Chr. (63, 18 Karte Abb. 6). Daher ist die Entscheidung der Hrsg. dieses Reallex.s, auch die Jt. vor der Jastorf-Kultur zu berücksichtigen, in doppeltem Sinne notwendig; einerseits ging die frühere Forsch. von der Vorstellung aus, daß die Entstehung der Germ. in der Endphase des Neol.s zu suchen sei, die spätere von der Herausbildung der Germ. zu Beginn der Vorröm. EZ (39, 64), andererseits haben sich diese kulturellen Umbrüche absolutchron. deutlich verschoben.

Auch die Gesch. der Idg. wird von den veränderten Datierungen betroffen (51; 118; 38, 39).

§ 24. Wanderungen oder Akkulturation. Es bleibt gegenwärtig ein Gegensatz zw. sprachwiss. und arch. Aussagen zu den frühen Germ., was auch ihre wirtschaftl. und soziale Organisation betrifft: Einerseits wird argumentiert, Ausgangspunkt der germ. Sprache, also definitionsgemäß der Germ., sei ein Siedlungsgebiet zw. Aller und Weser im W, der Elbe oder Oder im O und der Mittelgebirgsschwelle, ein Teil des Gebietes, in dem um Christi Geburt die sog. → Elbgermanen gelebt haben und das vorher zur Jastorf-Kultur gehörend umschrieben wird, und die s-skand. Gebiete sowie Dänemark hätten keinen Anteil an den altertümlichen germ. Ortsnamen (92; 109, 915), was nur zu erklären sei, wenn eine germ. Wanderbewegung in den letzten Jh. v. Chr. von N-Deutschland zum N gerichtet gewesen sei, frühzeitig die schwed. Ostseeküste erreicht hätte, um dort Lehnworte nach Finnland zu liefern. Andererseits (Andersson, vgl. § 13) wird eine Kontinuität des Sprachstandes in S-Skand. postuliert. Dabei wird von Bevölkerungsverschiebungen, d. h. von Wanderungen ausgegangen, und die Möglichkeit von sprachlicher Assimilation nicht näher diskutiert, ebensowenig wie die kultureller Angleichung.

Die arch. Forsch. hat aber bisher, wenn überhaupt, nur Bewegungen von N nach S angenommen (27, 398). Nicht erst zur Zeit der Kimbernzüge hätte es Wanderungen von N-Jütland zum Kontinent, ins heutige poln. Gebiet, aus Schweden zur Weichselmündung, von Bornholm nach N-Deutschland (vgl. § 21) gegeben. Die meisten germ. Stämme hätten ihre Heimat, wie schon Jordanes berichtet, in Skand. gehabt.

Doch löst man sich gegenwärtig vom Modell der Wanderungen und geht nur von kulturellen Kontakten aus z. B. zw. N-Jütland und Polen, dem Bereich der → Przeworsk-Kultur (vgl. § 21 Lit. 20), zw. Bornholm und Mittelschweden im N und den Ländern an der s. Ostseeküste im S (vgl. § 21 Lit. 2).

Ebenso kann für die Sprachgesch. statt von der Ausbreitung von einem Zentrum an der Elbe aus auch ein weites Kontinuum der germ. Sprache postuliert werden, das sich gleichzeitig oder zeitlich verschoben in verschiedenen Gebieten aus der idg. Grundlage herausentwickelt hat. Die großen arch. Kulturgruppen stehen dann gleichberechtigt nebeneinander, entwickeln parallel zueinander verschiedene germ. Sprachen und sind über die üblichen Fernbeziehungen miteinander verbunden: die Jastorf-Kultur bzw. die elbgerm. Kulturgruppe, die Harpstedt-Nienburger Kulturgruppe im W, die Przeworsk-Kultur und die Oder- bzw. Weichselmündungsgruppen (→ Oder-Weichsel-Gruppe) im O sowie die s-skand. Gruppe. Wenn für den Jastorf-Bereich bzw. die Jastorf-Kultur die Zeit um 500 v. Chr. und danach als Entstehungszeit des Germ. angenommen werden darf, so ist auch für die anderen Gruppen bei vermuteter Parallelentwicklung dieser Zeitrahmen für die Herausbildung von Germ. zu wählen, Wanderungen brauchen dann nicht zur Verbreitung germ. Sprachen und Lebensweisen geführt zu haben.

§ 25. Arch. Gruppierungen und ethnische Überlieferung. Kelten, definiert als sprachlich faßbare Gruppe einerseits, aber ebenso als Träger bestimmter kultureller und wirtschaftl. Erscheinungen andererseits, werden als Träger der Latènekultur (→ Latènezeit und Latènekultur) während der LTZ angesehen, ihre Wurzeln in der Hallstatt-Kultur während der → Hallstattzeit, wenn nicht gar in der → Urnenfelderkultur der späten BZ vermutet, d. h. Kelt. wird von arch. Seite bis in die Urnenfelderzeit um 1200 v. Chr. zurückverfolgt (21; anders 91, 18) oder gar bis ins Neol. (105).

Setzt man die „hist." Kelten (21, 372 Tab.) mit Beginn der LTZ um 480 an, so ist die grobe Parallelisierung mit der Jastorf-Kultur der Vorröm. EZ möglich, die von arch. und sprachwiss. Seite als germ. bezeichnet wird (→ Chronologie). Wie die Träger der Kulturgruppen zu bezeichnen sind, die gleichzeitig n. und ö. der Jastorf-Kultur gelebt haben, die Träger der → Lausitzer Kultur und vor allem der Nord. BZ, folgt aus der grundsätzlichen Auffassung von Bevölkerungskontinuitäten, da sowohl Gräberfelder kontinuierlich von der BZ bis in die Vorröm. EZ belegt wurden, und auch Siedlungen über die Epochengrenze – die früher anhand der Grabbeigaben definiert wurden – weiter bestanden haben (50).

Die → Bastarnen und → Skiren im 3. Jh. v. Chr., die → Kimbern am Ende des 2. Jh.s v. Chr. (108; § 21 Lit. 14), dann die → Wandalen, → Burgunden oder → Goten in den nachfolgenden Jahrzehnten werden als germ. Stämme betrachtet, deren Traditionskerne nach der eigenen Überlieferung oder teilweise auch nach Auffassung der Arch. aus dem skand. Raum, aus N-Jütland, Schweden und von Bornholm kamen, d. h. diese germ. Gruppen kamen aus Landschaften, deren Bevölkerung während der Vorröm. EZ ebenfalls als germ. angesehen wird, aber nicht von vornherein zur Jastorf-Kultur gehört hat. Zu dieser Zeit müßte sich also in Skand. die germ. Sprache durchgesetzt haben.

Eine Expansion der Jastorf-Kultur ist zwar zu registrieren, bis nach N-Jütland und nach Fünen, von der Elbe nach O und nach S über Thüringen hinaus, aber nur im S sprechen die arch. Befunde am ehesten von tatsächlichen Bevölkerungsverschiebungen (55, I, Karte 2); eine Vielzahl zur Jastorf-Kultur gleichzeitiger Kulturprov. hat die arch. Forsch. erarbeitet (55, I, 90 Abb. 15; 56; § 21 Lit. 14), und diese Prov. gehen nicht etwa in den Jh. ineinander auf, als sich überall germ. Sprachen durchsetzen.

Das Kerngebiet germ. Sprachen liegt (109, 927) beiderseits der unteren und mittleren Elbe. Hier sei die einstige Entwicklung von einer alteurop.-idg. Grundlage bis zu germ. Eigentümlichkeiten verlaufen. Bei diesem Raum handelt es sich im s. Teil, nach Meinung der arch. Forsch., um ein germ.-kelt. Mischgebiet. Das s. Vordringen von Jastorf-Kulturelementen wird als eine germ. Expansion erklärt. Die Kartierung (55, I, 92 Karte 2 bzw. 109, 930 Karte 75) zum 6./5.–4. Jh. v. Chr. zeigt die Jastorf-Kultur mit der Linie Weser-Aller als W-Grenze, einer ö. Erstreckung bis zur Oder und der Einbeziehung im N von ganz Jütland und Fünen, d. h. der Ursprungsraum germ. Namen und der Jastorf-Kulturraum sind im N und O nicht deckungsgleich. Für dieses Gebiet spricht die arch. Forsch. jedoch nicht von einem Vordringen von germ. Elementen, höchstens von einer gemeinsamen Entwicklung vor dem Hintergrund der Kulturzonen der jüng. BZ. Von der Elbe nach W bis über den Rhein erstreckt sich die Verbreitung der *ithi*-Namen (109, 272 Karte 28), die also einerseits ein Teil des Areals der Jastorf-Kultur ö. der Weser-Aller abdeckt und andererseits das ganze Gebiet der „Völker zw. Germ. und Kelten" (37; 91, 19).

Betrachtet man die Verbreitung der Jastorf-Kultur als Niederschlag der sich herausbildenden Siedlungszone germ. sprechender Bevölkerung, dann gibt es in allen Grenzgebieten Inkongruenzen bei der Überlagerung der beiden Kulturelemente und außerdem erhebliche Deutungsprobleme. Auch dieser Befund spricht dafür, daß nicht Vergleichbares parallelisiert wird.

§ 26. Unterschiede in den wirtschaftl. und sozialen Verhältnissen zu den Nachbarn. Germ. Erscheinungen im Bereich von Wirtschaft und Ges. zeichnen sich am ehesten einerseits in der Frühphase durch den Gegensatz zu Kelten und später zum Röm. Reich als ‚höhere' sozioökonomische Organisationsformen ab, und andererseits in den späteren Phasen – nach dem Ende der Keltiké und des Röm. Reichs – durch hist. belegte Grenzen während der MZ und frühen KaZ nur nach O gegenüber den eingewanderten Slawen oder den reiternomadischen Awaren; nach Expansion germ. Bevölkerung nach England auch im W gegenüber den Inselkelten, während nachfolgend in der späten KaZ, der ottonischen bzw. WZ nur noch kulturelle Grenzen gegenüber den reiternomadischen Ungarn oder der arab. Welt faßbar sind.

Die kelt. Welt der LTZ läßt sich wirtschaftl., sozial und polit. als Einheit mit besonderen Kennzeichen beschreiben, die bei den ö. und n. Völkerschaften, den Germ., nicht ausgebildet waren: die Hierarchisierung der Siedlungen in den einzelnen Stammesgebieten mit → Oppida, Großsiedlungen als Zentralorten im wirtschaftl. und polit. Sinne, an der Spitze. Diese sog. Oppida-Zivilisation verfügte über ein differenziertes Münzwesen (→ Geld § 3; → Keltisches Münzwesen) und ein vielgestaltiges Spezialhandwerk (Glasverarbeitung, Waffenproduktion mit qualitätvollen Schwertern). In den germ. Gebieten fehlen diese wirtschaftl. Errungenschaften. Doch ist dabei zu bedenken, daß von arch. Seite diese wirtschaftl. Charakteristika einschließlich der Oppida – mit der Grenze ihrer Verbreitung am N-Rand der Mittelgebirge – gerade als Beschreibung der kelt. Welt im Gegensatz zur germ. gewählt werden, obgleich es sich in erster Linie um unterschiedliche Wirtschaftsräume handelt, die unabhängig von ethnischen Gruppierungen sich entwickelt haben können, wobei zudem eine naturräumliche Grenze sich abzeichnet.

Im germ. Gebiet hat in den letzten Jahrzehnten die intensiv betriebene arch. Siedlungsforsch. (→ Siedlungsarchäologie) eine gleichmäßige Erschließung des Landes mit gleichrangigen großen Dörfern und hochstehender Agrar- und Viehwirtschaft nachgewiesen, die sich nicht nur nebenher – so die ant. Schriftsteller einschließlich Caesar und Tacitus – auf einen primitiven Ackerbau stützte und Viehhaltung bevorzugte (108, 47), sondern das gesamte Spektrum der Landwirtschaft beherrschte (7). Die Gehöfte werden von der Vorröm. EZ bis ins MA, wie die dän. Forsch. (45) zeigen konnte, ständig größer und damit sichtlich wirtschaftl. stärker.

Die Stratifizierung der Ges. zeigt sich erst in der späten Vorröm. EZ mit der Ausbildung von sog. Herrenhöfen in den Dörfern (→ Feddersen Wierde, → Borremose, → Hodde), während derartige Herrenhöfe im Bereich der Kelten schon während der HaZ parallel zu den → Fürstensitzen bestanden haben. Ein deutliches Gefälle von W nach N und O ist zu registrieren.

Während diese Strukturen in der kelt. Welt parallel und unabhängig, eher in Konkurrenz zum aufkommenden Röm. Reich ausgebildet wurden, entwickelte die germ. Welt eine stärker hierarchisch strukturierte Ges. anscheinend erst nach dem Untergang bzw. der Eingliederung der kelt. Welt ins Röm. Reich als Reaktion auf die höhere röm. Zivilisation. Doch blieb es bei der allg. dörflichen Struktur und dem meist noch begrenzt qualifizierten Handwerk; zentrale Orte fehlten, Handwerkstätten konzentrierten sich an den sog. Herrenhöfen (104). Erst im Laufe der RKZ wird die Drehscheibe (→ Töpferscheibe) zur Herstellung von Keramik in Serienproduktion eingeführt; speziell nach röm. Weise produzierende Töpfereien des 3./4. Jh.s sind in Thüringen (→ Haarhausen) ausgegraben. Die Kriegsbeuteopfer der großen Mooropferplätze zeigen, daß die besiegten und sicher auch die anderen germ. Heerhaufen ausschließlich röm. Schwerter führten. In den → Fürstengräbern der ält. und jüng. RKZ bestehen die Beigaben des Tafelgeschirrs überwiegend aus importierten röm. Glas- und Metallgefäßen. Spezielles Handwerk wie die Herstellung von Drehscheibenware oder auch von Goldschmiedeerzeugnissen oder die großmaßstäbliche Eisenproduktion scheinen von röm. Seite angeregt und organisiert worden zu sein, während die eigene ebenfalls sich expandierend entwickelnde Eisenverarbeitung einfache Waffen (Lanzen, Äxte) und Geräte lieferte (→ Eisen, → Eisenverhüttung).

Die sog. → Reichtumszentren als zentrale Siedlungen unter kgl. Regie entwickeln sich erst seit der jüng. RKZ, werden während der VWZ und bis ins frühe MA weiter ausgebaut (→ Gudme). Als Kg.ssitze gedeutet, sind sie trotz ihrer zentralörtlichen Funktion mit Konzentration von Handel und polit. Macht nicht mit den kelt. Oppida zu vergleichen. Statt z. B. eines mehrstufigen und polymetallischen Münzwesens könnten für die Germ. im s. Ostseegebiet nur die → Goldbrakteaten und die → Goldblechfigürchen als Sold oder Tempelgeld interpretiert werden.

Noch nicht ausreichend untersucht ist, ob Wirtschaft und Ges. der Germ. und der Slawen (43) seit dem Vordringen der Slawen bis an die Elbe seit dem 6. Jh. wesentlich verschieden waren. Unterschiede in der dörflichen Organisation mit zahlreicheren kleinen Gruben- und Blockhäusern bei den Slawen und auch im Bau der Befestigungen mögen aus der zeitlich phasenverschobenen sozialen und polit. Entwicklung folgen; denn die Organisation der einwandernden slaw. Gruppen trifft auf die schon konsolidierten germ. Großstämme. Die Blockbauweise (→ Bauarten) ö. der Elbe scheint zudem naturräumlich bestimmt zu sein, da die Verbreitung der Nadelholzwälder im Vergleich zu der des Eichenmischwaldes im W an der Elbe endet. Der Errichtung von sächs. Burgwällen aus Rasensodenmauern und der Bau von Burgen durch slaw. Gruppen aus komplexen, sehr aufwendigen Holzkonstruktionen spiegelt verschiedene Traditionen, die ebenfalls naturräumlich bestimmt gewesen sein können, da die w. Burgen öfter in trockenen Arealen, diejenigen ö. der Elbe in feuchten Niederungen errichtet wurden (→ Burg). Unterschiedliche Traditionen in der Herstellung von Keramik (z. B. ‚sächs.' Kugeltöpfe und ‚slaw.' Standbodengefäße mit Wellenverzierung) und anderem Sachgut spiegeln in erster Linie die räumlich getrennten Entwicklungen, die nun aufeinanderstoßen, nicht ethnische Gegensätze (14).

Der Gegensatz zur Wirtschafts- und Sozialordnung der reiternomadischen Gruppen (→ Hunnen, → Awaren) folgt aus der völlig unterschiedlichen Lebensweise und ist nicht etwa ethnisch bedingt. Daß hier kaum Hemmschwellen existierten, zeigt die Verreiterung der → Goten in S-Rußland/Ukraine sowie die milit. Bündnisse zw. Hunnen und germ. Heerhaufen.

§ 27. Kelten oder Germ. Anscheinend ist für die Vorröm. EZ auch bei traditionellem methodischem Ansatz nicht immer die Unterscheidung zw. Kelten und Germ. möglich, weder anhand der schriftlichen Überlieferung noch der arch. Befunde. Die ältesten, indirekt von → Pytheas aus dem 4. Jh. v. Chr. überlieferten Namen für den eigentlich germ. Raum sind eher kelt., die sprachliche Nähe wird von Seebold (vgl. § 15) mehrfach betont (auch 93).

Noch die Namen der berühmten Heerkg. wie → Ariovist und → Arminius oder ein Stammesname wie der der → Cherusker scheinen eher aus der kelt. denn aus der germ. Sprache erklärbar.

Die Römer sahen in den in ihrer Nähe auftauchenden Kimbern Kelten (108, 51), und auf dem Zug vom N in den S hatten sich an den führenden Kern der Kimbern auch zahlreiche kelt. Gruppen angeschlossen.

Der Einfluß der kelt. Kultur auf die n. und ö. Gebiete ist unübersehbar, so daß die skand. Forsch. zumeist statt von Vorröm. EZ sogar von kelt. EZ spricht. Dieser kulturelle Einfluß besteht schon seit der späten HaZ (doch hat es auch während der BZ ähnlich intensive Beziehungen zum N gegeben), z. B. auf die Nienburger Gruppe sowie auf die s. Jastorf-Gebiete in Mitteldeutschland (39, 197). Im Verlauf der Vorröm. EZ wird er ständig stärker (95). Kelt. Einflüsse sind ebenso im Gebiet der Przeworsk-Kultur und auch der weiter ö. verbreiteten → Zarubincy-Kultur bei Waffen und Fibelschmuck nachgewiesen (91, 17). Erst nach Einbeziehung der kelt. Welt in den röm. Provinzgürtel erlischt der kelt. Einfluß, der in qualitätvollen Importfunden (vgl. § 21 c) und anhand eingeführter handwerklicher Techniken sowie in Einflüssen auf die Metallteile der Tracht (Fibeln statt Nadeln) deutlich spürbar war. An die Stelle des Kelt. tritt auf den gleichen Ebenen der zivilisatorischen Ausstattung nun das Röm. Die Vernichtung oder Integrierung des Kelt. in die röm. Zivilisation erlaubt anscheinend erst die Entfaltung der germ. Welt in Sachkultur und sozialökonomischen Verhältnissen. Nur weil das Kelt. fehlt, kann die neue Zone einer Randkultur als eigenständig, als germ. beschrieben werden. Vorher war das germ. Gebiet nur im Gegensatz zur Keltiké negativ beschreibbar. Die Unterscheidung von Kelten, Germ. und Römern (28) sowie die Herausbildung eines gemeingerm. Bewußtseins sind Standardthemen (41).

§ 28. Besiedlungskontinuitäten. Die arch. Forsch. kann – mit wenigen Ausnahmen – für die Vorröm. EZ und die RKZ keine Abwanderungen ganzer Bevölkerungsgruppen aus irgendwelchen Siedlungsgebieten erkennen. Statt dessen ist davon auszugehen, daß als regelmäßiger Ausdruck der sozialen und polit. Verfassung der Stämme ständige Kriegszüge von Jungmannschaften und → Gefolgschaften zu einem teilweisen Abzug von Leuten geführt haben können (vgl. § 29; 89, 43; 108, 32. 50). Von einer an die Landschaft gebundenen Bevölkerung ist auszugehen, und die arch. Forsch. haben immer wieder Kontinuitäten der Siedlungen und Gräberfelder nachweisen können (allg. 50; 91, 18). Doch bedeutet eine physische Kontinuität nicht zugleich ethnische Kontinuität (89, 36), und irgendwelche Kontinuitätsstränge bleiben immer bestehen, sofern nicht von einer völligen Vernichtung oder Abwanderung der gesamten Bevölkerung ausgegangen wird (118, 28).

Bei ständiger Erneuerung und Verlagerung der Siedlung in Generationsabständen innerhalb einer Gemarkung hat sich eine erstaunliche Kontinuität gezeigt (102), die von einer ortsfesten Bevölkerung getragen wurde (7, 540 ff.). In den Niederlanden sind die Siedlungskontinuitäten von der Neuzeit bis in die LTZ, teilweise bis in die BZ zurückzuverfolgen (114), ebenso in Dänemark (→ Vorbasse) von der Gegenwart bzw. dem 11. Jh. bis in die Zeit um und v. Chr. und vom 3. Jh. v. Chr. bis zum 5. Jh. v. Chr., dem Beginn der EZ und bis in die späte BZ (→ Grøntoft) (45, 172) und gar weiter zurück bis zur frühen BZ, eine ununterbrochene Entwicklung über 1 500 J. (45, 136). Ähnliches zeichnet sich auch für Zentral-Schweden ab (57). Bei kontinuierlichem Bestand der Siedlungen sind strukturelle Veränderungen, die sich ändernde soziale Organisationen spiegeln, nachweisbar: Verstreute Gehöfte werden vom geschlossenen Dorf abgelöst, das später noch mit einer Palisade befestigt wurde. Allg. verläuft die Entwicklung von der kleinen zur großen Siedlung, vom egalitär zum komplex strukturierten Dorf.

Während in Grøntoft im 3./2. Jh. v. Chr. der Übergang von der offenen zur befestigten Siedlung erfolgt, entsteht zeitgleich die befestigte Siedlung → Borremose (um 200 v. Chr.) (dazu § 21 c); ein Herren- oder Häuptlingshof hebt sich in der Siedlung → Hodde seit der Zeit um Christi Geburt ab, wenig später ist auf der → Feddersen Wierde ein Herrenhof und dann kontinuierlich für mehrere Generationen nachweisbar. Es gibt auch einzeln stehende Häuptlingshöfe, so in → Jelling in Jütland oder auch in Peelo in den Niederlanden.

Derartige rangmäßige Abstufungen der Gehöfte in den Siedlungen spiegeln gesellschaftlichen Wandel, der nicht etwa typisch für die Germ. war, sondern z. B. früher bei den Kelten in der Entstehung und Entwicklung der mit Palisaden bewehrten Herrenhöfe ebenfalls faßbar ist.

Ob dieser soziale Wandel, manifestiert in der wirtschaftl. Umorganisation in den Siedlungen beim Übergang zw. BZ und Vorröm. EZ, in der frühen Vorröm. EZ, verbunden mit der Entstehung größerer Höfe und Befestigungen, auch noch in den späteren Wanderungen wie der der Kimbern widerscheint, bleibt offen.

In Jütland und in N-Deutschland werden Gräberfelder von der BZ durch die Vorröm. EZ bis in die RKZ belegt (44, Abb. 1; 45, 173).

Doch hat der Übergang von der BZ zur EZ mit Einführung der Produktion und Verwendung von Eisen anhand einheimischer Rohstoffqu. Auswirkungen auf die sozialökonomischen Verhältnisse gehabt, die sich u. U. in der Grabsitte der Jastorf-Kultur ausdrücken sowie im Nachlassen der Hortungstätigkeit. Bronzegerät hatte anscheinend einen anderen Stellenwert als Reichtumsmesser in der Ges. als Eisen. Egalitär werdende Bestattungssitten und die Heraushebung einzelner Persönlichkeiten in → Fürstengräbern (67) am Ende der BZ können Parallelerscheinungen zur Umorganisation der Siedlungen mit Aufkommen befestigter Höfe sein (91, 19).

Den relig. Umbruch im barbarischen Europa in der frühen Vorröm. EZ, vergleichbar mit der Achsenzeit K. Jaspers', betont Wenskus (119) mit Hinweis auf das Absterben der alten Kultformen, die sich in → Felsbildern im N ausdrücken, und dem Aufkommen der Latènekunst im S.

Die Germ. bilden sich also während einer kontinuierlichen Entwicklung von Siedlungswesen und Bestattungsbrauch, von Wirtschaft und Ges. heraus und sind mit Sicherheit nicht mit einem kulturellen Bruch oder Neuanfang unmittelbar zu verbinden, wie das mit der Verknüpfung von Germ. mit der Jastorf-Kultur, dem Übergang von der späten BZ zur frühen EZ, immer wieder suggeriert wird.

Veränderungen der natürlichen Umwelt beeinflußten Wirtschaftsformen und in der Folge auch gesellschaftliche Strukturen. Der Wandel des Klimas zwingt zu einer veränderten Wirtschaftsweise, zu einem andersartigen Hausbau, anderen Gehöftformen (Aufstallung des Viehs in feuchteren und kälteren Per.), hat also nichts mit einem speziellen Ethnikum zu tun. Doch ebenso können unabhängig davon die Eigentums- und Besitzverhältnisse sich wandeln.

Durch Umweltfaktoren bedingt kann die Bevölkerungsdichte abgenommen oder auch massiv zugenommen haben, was zum Wandel der Wirtschaftsweise, der Dorf- und Gehöftstrukturen und der gesellschaftlichen Organisation geführt haben wird. Abwanderungen können die Folge sein.

§ 29. Ausweitung des Siedlungsraumes der Germ. oder Wanderungen. Wie werden ausgewanderte Menschengruppen, wie sie die ant. Texte überliefern, in der neuen Umgebung als Germ. faßbar? Diese Frage betrifft schon die Züge der → Kimbern und → Teutonen, die Kriegsunternehmungen der → Sweben des Ariovist oder der → Markomannen des

→ Marbod und die Zeit der → Markomannenkriege. Diese Ausbreitung oder Vorstöße von Germ. nach S, SW sowie SO finden ihre Forts. in der allg. germ. Völkerwanderung mit dem Wanderweg der → Goten (11) und → Langobarden (66) oder der Neubildung der Großstämme wie der → Alamannen (1) und → Franken (29). Arch. stehen dem die Ausweitung des Gebietes der Jastorf-Kultur gegenüber, dann des elbgerm. Siedlungsgebietes der frühen RKZ und die Streuung von Elementen der Przeworsk-Kultur nach W (83), später z. B. das Vorkommen von Fundstoff, wie er in Mecklenburg und Mitteldeutschland bekannt ist, im SW.

Die Expansion der Germ. in kelt. Gebiete in Mitteldeutschland/Sachsen-Thüringen oder weiter nach SO müßte arch. ebenso faßbar sein, wie die Ausdehnung nach N, d. h. es geht darum, Wanderungen arch. nachzuweisen. Das Fundbild überliefert einerseits Ausweitungen von arch. Kulturprov. und andererseits die Massierung von Fremdformen in neuer Umgebung mit bekannter Herkunft aus den Dichtezentren dieser Altsachen, seien es Fibeln, Waffen, Keramik oder auffälliges Silber- oder Bronzegeschirr. Als Deutungsmuster bieten sich außer Wanderbewegungen auch Akkulturationen, d. h. Ausweitung von Kulturräumen, Güteraustausch und Heiraten, zusammenhängende Verkehrsräume an. Die Entstehung, Expansion und der Niedergang eines Kulturkreises verbunden mit einer geogr. Verlagerung der gleichbleibenden Kulturerscheinungen werden jedoch gegenwärtig zumeist als Wanderung erklärt, nicht als ein zivilisatorischer Wandlungsprozeß ohne jede Bewegung von Bevölkerungen (die → Wielbark-Kultur und die Goten: 12). Dabei kann die Veränderung einer arch. Kultur sehr unterschiedliche Ursachen haben. Es gibt sprunghafte Umwandlungen innerhalb der Kultur als endogenen Prozeß, den Einfluß fremder Kulturen über Akkulturation als exogenen Prozeß und schließlich Zu- oder Abwanderungen der Kulturträger als Wanderungsprozeß (91, 16). In jedem Fall spiegeln dann arch. Kulturen geschichtl. Vorgänge wider, doch nicht in erster Linie Wanderungen ganzer Völkerschaften.

Denn die Verbreitung gleichartiger Typen spiegelt nicht unmittelbar Wanderungen, wie vorausgesetzt wird, wenn Fundstoff außerhalb des vorher abgedeckten Raumes erscheint, sondern zuerst einmal nur das gleichzeitige Vorkommen von gleichartigem Material in einem größer gewordenen Kulturraum. Man kann von Kontinuität und Traditionen bei Wanderungsbewegungen (13) über Jh. sprechen, aber diese Erscheinung auch als Ausweitung von Kulturkreisen, durch kulturelle Beeinflussung der Nachbarn, erklären.

Der breite Streifen elbeaufwärts bis nach Böhmen und Mähren sowie zur Slowakei in Richtung Balkan wurde und wird einerseits als Siedelraum der Elbgerm. angesprochen, in dem man einen Expansionsdrang nach S beobachten kann. Andererseits ist das ein vom Naturraum vorgegebener Korridor für Fernverbindungen. Die Wanderrichtungen der Kimbern, dann der Markomannen und → Quaden, später der Langob. als ‚Stammeseinheiten' oder als Heerhaufen liegen auf diesen Verkehrsbahnen. Ein zweiter Streifen zweigt von der Elbe ab und reicht nach SW den Main abwärts bis in das Rhein-Main-Mündungsgebiet und nach SW-Deutschland: Einerseits spiegelt das die Ausdehnungsrichtung von Kriegergruppen und Stammesteilen aus Mitteldeutschland (Wanderrichtung der Sueben und Markomannen) und darüber hinaus aus dem Gebiet der Przeworsk-Kultur (die Wanderrichtung der Burgunder oder Vandalen), andererseits ebenfalls eine natürliche Fernverbindungslinie.

Die immer wieder aufscheinenden Fundausbreitungen auf diesen Streifen von der Vorröm. EZ bis in die MZ in dafür geeigneten naturräumlichen Zonen könnten dazu auffordern, diese aufgrund der Parallelerscheinungen als gleichartiges ‚Verhalten' von Kulturkreisen bei im übrigen seßhaften Bevölkerungsgruppen zu beschreiben, in denen schlicht Verhaltensmuster weitergegeben werden, nicht aber Kontinuitäten oder Traditionen von Wanderungen (anders 13, 90) mit immer wieder gleichartigen Vorstoßrichtungen von Bevölkerungsgruppen, langanhaltenden kontinuierlichen Zuwanderungen, mehreren Wanderwellen. Für die Interpretation des arch. Befundes gibt es also mehrere Lösungen. Ohne Kenntnis des Umfangs der an den Wanderungen beteiligten Menschen im Vergleich zur ansässigen Bevölkerung bleiben Alternativen: Auswanderung, Kriegszug, Bevölkerungsverschiebung oder kulturelle Angleichung.

Die Kartenbilder der sog. Elbefibeln (Almgren 177) (→ Fibel und Fibeltracht) aus der 2. Hälfte des 3. und des 4. Jh.s, der Armbrustfibeln (Almgren 184) aus dem 4. Jh. und der Bügelknopffibeln aus dem 4./5. Jh. zeigen gleiche Fundzahlen im N und im S, sogar Produktionshinweise im N und im S, so daß ein geschlossener Verbreitungsraum umschrieben wird, der nicht a priori durch die Wanderung in einer Richtung gedeutet werden darf. Bei den arch. Datierungsmöglichkeiten kann nur gleichzeitiges Vorkommen nachgewiesen werden, u. U. das Ergebnis einer Wanderung, aber nicht die Wanderung selbst. Erst ein zeitliches Nacheinander, was aber dic Datierungsmethoden selten erlauben, könnte auf Wanderung hindeuten, wobei ebenso auch dann noch von Akkulturationen ausgegangen werden könnte.

Spiegeln diese Verkehrszonen Bahnen, auf denen Völker wandern, auf denen auch ein Rückstrom aus dem S in den N stattgefunden hat, oder sind das – weil zu den unterschiedlichsten Epochen greifbar – ständig bestehende Fernverbindungen, Kommunikationsstränge, die unabhängig von jedem Ethnos über die Zeiten hinweg als Fernstraßen – die von der Natur vorgegeben werden – gedient haben. Die Bevorzugung des Modells der Wanderungen ist bis heute entscheidend für die Deutung der arch. Befundsituation. Doch sollte zum Verständnis der wirtschaftl. und sozialen Bedingungen ebenso das Modell einer Ausbreitung gleichartiger zivilisatorischer Erscheinungen bedacht werden.

Es bleibt die Kernfrage, ob ethnische oder kulturelle, wirtschaftl. oder soziale Faktoren einen ‚arch.' Kulturkreis entstehen und sich verändern lassen, der zumeist nur über Grabsitten (d. h. über Aspekte der Relig. bzw. der Jenseitsvorstellungen oder nur des Bestattungsbrauchs), durch einige Formen der Waffen und des Schmucks oder der Keramik als Grabbeigaben (Handwerk), selten bisher über Wohn- und Wirtschaftseinrichtungen und noch seltener über gesellschaftliche Organisationsformen definiert ist. In den sich vielfältig überlagernden Formen- und Verhaltenskreisen werden zwar irgendwelche „Geschichtsräume" (73, 680; 14, 179) greifbar, offen ist aber, welcher Hintergrund zu ihrer Entstehung führte. Mit Recht werden ‚arch. Kulturen' als Konstrukte der Arch. erkannt, die zu keiner Zeit eine reale Erscheinung in der vergangenen Gegenwart gewesen waren, sondern das Vorstellungsfeld des Archäologen spiegeln (124, 41; 14, 179).

Kontinuitäten derartiger Kulturerscheinungen belegen auch nicht nur, nicht einmal in erster Linie ethnische Kontinuitäten, sondern zumeist eine Art ‚Wandlungskontinuum', wobei am Ende doch etwas anderes steht, als am Anfang war. Betrachtet man zwei Zustände, die einen größeren zeitlichen Abstand haben, dann sind nur noch geringe Ähnlichkeiten zu erkennen (vgl. dazu die parallelen Erscheinungen beim Sprachwandel und der Sprachausbreitung: 97; 98).

Die arch. Forsch. definiert und beschreibt eine große Zahl von Sachgütern wie Fibelformen oder Keramiktypen. Ihre Herstellung und Verbreitung sind Teil eines wirtschaftl. Produktionssystems, das sich im arch. Fundbild der Verbreitungskarte nicht greifen läßt. Denn durch diese Registrierung wird nur der jeweilige Endzustand eines Gegenstandes als verlorengegangenes Stück oder als Grabbeigabe verzeichnet. Noch sind Werkstätten selten untersucht. Die Verteilung von Sachgütern über einen größeren Raum im Kartenbild ist für alle Kulturprov. oder größeren ethnischen Einheiten gleichartig, unabhängig davon, ob dahinter etwa Kelten, Germ. oder Slawen stehen; und solange die Produktionssysteme und Verteilungsmuster über → Geschenk und → Handel nicht erschlossen sind, geben derartige Karten keine Auskunft über die spezielle Struktur z. B. einer ‚germ.' Wirtschaft.

Festzustellen, ob und wie sich der von Germ. besiedelte Raum anhand arch. Qu. nach außen unterscheiden könnte und im Innern zu gliedern ist, im Bereich der Landwirtschaft, mit Haus, Gehöft und Dorf, mit Handwerk und der Organisation von Handel und Verkehrsbeziehungen, bleibt eine zentrale Aufgabe. Denn arch. Qu. haben immer dazu gedient, das germ. Siedlungsgebiet zu untergliedern und mit den schriftlich überlieferten Stämmen, Stammesgruppen oder mit Kultverbänden zu verknüpfen. Man sollte sich aber bewußt machen, worauf die bisherigen Gliederungsvorschläge, so die von R. von Uslar (110; 112) beruhen: Die Kulturprov. sind Fundtypennetze, die arch. Gliederung erfolgt nur nach wenigen Keramik- oder Metallformen, nach Bestattungs- und Beigabenbräuchen (5). Selten sind die Unterscheidungen nach Siedlungsmustern und Hausformen (z. B. 77), während die Sachvolkskunde seit langem mit Hauslandschaften arbeitet.

Bisher werden arch. Kulturgruppen noch über ein zu enges Kriterienbündel definiert, wozu nur einige Grabformen und Beigabenbräuche bzw. sogar das Fehlen von Bräuchen wie die Beigabe von Waffen zählen. Wie kann das zu verschiedenen Zeiten aufkommende Nichtbeigeben von Waffen als Niederschlag von Bevölkerungswanderungen bewiesen werden? Denn die Waffenbeigabe ist eigentlich eine Besonderheit; mehrheitlich wurde überall ohne Waffen bestattet.

Das Beispiel der Przeworsk-Kultur. Die von Godłowski (31) vielfach beschriebene → Przeworsk-Kultur der jüng. Vorröm. EZ, der RKZ und frühen VWZ bildet nach der arch. Forsch. eine geschlossene geogr. Fundgruppe im mittleren und s. Polen, die ihr Territorium ständig verändert (11, Fig. 6 ff.). Gegenüber der vorangegangenen Zeit gibt es eine lokale Eisenproduktion, neue Keramik, neue Grabsitten, zumeist Brandbestattungen, und neue Sachgutformen unter kelt. Latène-Einfluß. Zur Genese tragen bei die autochthone Pommersche Kultur, die Zuwanderung – woher wird nicht deutlich – von Leuten, die mit Menschen der ält. Pommerschen Kultur zusammenleben, und aus der kelt. Latène-Kultur. Der Befund kann gedeutet werden als die Keltisierung eines Gebietes, als Akkulturation oder Einwanderung.

Alle Mobilitäten werden über die Belegungszeit von Gräberfeldern beschrieben. Manche brechen ab, andere entstehen neu. Einzelne Fundzusammenhänge in der Wetterau, die mit denen im Przeworsk-Gebiet vergleichbar sind, werden mit „gewaltigen Migrationsbewegungen" zur Zeit des Ariovist in Zusammenhang gebracht (68; 69; 99; 83). Aber im Kern ist entscheidend, daß neuartige Wirtschaftsverhältnisse herrschen: Zahlreiche Töpfereien produzieren (nach kelt. Vorbild) Drehscheibenkeramik, die Eisenverarbeitung gewinnt an Qualität, Fibeln werden bevorzugt aus Eisen hergestellt.

Die Prezworsk-Kultur der Vorröm. EZ und der RKZ ist nach Godłowski eine Gemeinschaft vieler kleiner Stämme, von denen Wanderungen ausgehen; Lugier, Sueben (31, 79 ff.), später Burgunder und Vandalen werden mit der Przeworsk-Kultur in Verbindung gebracht. Für Godłowski ist sie kulturell stark keltisiert, aber vom Kern her auch irgendwie germ. bestimmt. Alle diese Formulierungen zeigen, daß die ethnisch-polit. Ansprache nicht möglich ist, daß vielmehr real nur (über den Totenkult) die relig. Eigenheiten der Bewohner eines großen Gebietes beschrieben werden können, kaum bisher die wirtschaftl. und sozialen Grundlagen, wenn man sich nicht damit begnügt, daß die Przeworsk-Kultur durch Eisengewinnung und durch Verwendung von Eisen auch als Schmuck gekennzeichnet ist und daß zu den Grabbeigaben häufig Waffen gehören. Denn über Siedlungen ist noch nicht viel bekannt.

N. Nachbar der Przeworsk-Kultur an der Ostseeküste ist die → Wielbark-Kultur (11, Fig. 6 ff.), deren Verbreitung als Siedlungsraum germ. Stämme, darunter der → Gepiden, → Rugier, Lemovier, → Veneter und auch der Goten, angesehen wird. Sie ist ebenfalls fast nur aus Gräberfeldern bekannt (12, 118), auf denen die Leichenverbrennung dominiert, aber Körpergräber einen beachtlichen Anteil ausmachen (anders als bei der Przeworsk-Kultur), auch Grabhügel kommen vor, Trachtbestandteile sind aus Bronze gefertigt, die Waffenbeigabe ist unbekannt, Eisen wird selten verwendet. Die Wielbark-Kultur ist ein anderer Grabsittenkreis, gekennzeichnet durch verschiedene, parallel gepflogene Bestattungsformen.

Die Wielbark-Kultur verdrängt die Przeworsk-Kultur und dehnt sich nach O aus; verdrängen die Träger der Wielbark-Kultur die der Przeworsk-Kultur oder verändert sich nur nach und nach der Grabbrauch einer Bevölkerungsgruppe, verschiebt sich eine relig. Vorstellung zum Totenkult? Auch die W-Grenze der Wielbark-Kultur bewegt sich (96).

Andererseits hatte vorher die Przeworsk-Kultur die Jastorf-Kultur im W beeinflußt, vor allem im Elbe-Saale-Gebiet, und von ihr gingen Einflüsse – die Sitte der Waffenbeigabe, aber auch ähnliche Keramikformen – bis zum n. Jütland (vgl. § 21 d) (18). Derartige fernwirkende Einflüsse sind zudem weit im SO, in der sog. → Poieneşti-Lukaševka-Kultur zu spüren und weit im SW bis ins Rhein-Main-Mündungsgebiet und die Wetterau (s. o). Handelt es sich um kulturelle Kontakte oder um Wanderung von Menschen?

Kann eine ethnische Gruppe wie die Goten und deren europaweite Wanderung nur durch den Bestattungsbrauch definiert und verfolgt werden, der sich je nach Zeit und Raum immer wieder ändert und verschiedene arch. Kulturgruppen aneinander reiht (11)? Die germ. Stammesgruppen der MZ, sogar die Franken als ethnische Einheit oder die Alam., haben im Rahmen der einheitlich wirkenden Reihengräbersitte lokal durchaus verschiedene Bestattungsbräuche, mit und ohne Beigaben.

In der unterschiedlichen Verwendung und Nutzung von Eisen in der Przeworsk- und in der Wielbark-Kultur spiegeln sich unterschiedliche wirtschaftl. Verhältnisse oder gar nur verschiedene Bräuche, die Toten mit Beigaben auszustatten.

§ 30. Dorf-, Gehöft- und Hausformen. Bisher ist es noch nicht möglich gewesen, trotz intensiver Forsch., bei der Kultivierung von Pflanzen, beim Getreide oder bei der Viehzucht einen unterschiedlichen Züchtungsstand bei den verschiedenen ethnischen Einheiten zu registrieren. Die röm. Landwirtschaft war intensiver, im germ. Gebiet sind Unterschiede zw. N und S, abhängig vom Boden und der Nähe zum Röm. Reich, zu beobachten, jedoch nicht mehr (121; 122).

Die Erforschung von Siedlungen hat in den vergangenen 20 bis 30 J. einen quantitativen und qualitativen Sprung getan, der es erlaubt, über Haus-, Hof- und Dorfformen allg.gültige Aussagen zu machen. Mehr als 150 Siedlungen mit einigen tausend Häusern sind in einem begrenzten geogr. Streifen von den Niederlanden über N-Deutschland bis nach Jütland ausgegraben worden, und zwar oft vollständig, was die Abdeckung von 10 ha Fläche und mehr nötig machte (7; 45). Nach 1990 sind entspr. Großgrabungen auch in Mecklenburg und Brandenburg hinzugekommen. Folgende grundsätzlich gültige Erscheinungen können im germ. Siedlungsgebiet resumiert werden:

Seit der Vorröm. EZ – teilweise seit der BZ – besteht ein Gehöft aus dem langrechteckigen Wohnstallhaus sowie einigen Nebengebäuden wie Pfostenspeicher und Grubenhäuser und ist oftmals mit einem Zaun eingefaßt.

Die Standorte von Hof und Dorf sind nicht konstant, sondern eine ständige Mobilität kennzeichnet das Besiedlungsbild. Etwa alle 30 J. in Generationsfolge werden die Bauten eines Gehöfts an Ort und Stelle neu errichtet oder aber verschoben in der Nachbarschaft des alten Platzes neu aufgebaut. Der konstante Faktor ist die Gemarkung, mindestens seit der Vorröm. EZ bis ins MA, anscheinend manchmal sogar schon seit der BZ (102; 114).

→ Haus und Hof wandeln sich über die eineinhalb Jt., was die Größe des Wohnstallhauses oder auch der Gehöftparzelle angeht (101). Die Zaunbegrenzungen haben erkennen lassen, daß zu einer Wirtschaftseinheit manchmal mehrere vollständige Betriebe gehören, daß sog. Mehrbetriebseinheiten auf einem Grundstück standen.

Neben Einzelhöfen und kleinen Weilern existierten früh Dörfer mit einer erheblichen Zahl von Bauernhöfen. Das Dorf auf der → Feddersen Wierde wuchs von der Zeit um Christi Geburt bis ins 4. Jh. von 5 auf 23 Höfe (im ergrabenen Teil), bestand also insgesamt aus ca. 30 Gehöften. Das Dorf → Flögeln hatte im 2. Jh. 7 Gehöfte, die Siedlung Dalem (→ Flögeln) im 8. Jh. 8 Gehöfte. Das Dorf → Vorbasse in Jütland bestand im 3. Jh. aus 10, im 4. Jh. aus 20 und im 6./7. Jh. aus 10 Gehöften. Die Siedlung → Kirchheim bei München hatte um 700 ca. 15 Gehöfte.

Die Verteilung der Gehöfte in der Gemarkung wandelt sich großräumig in etwa gleichen Schritten: (a) Während der Vorröm. EZ und bis in die frühe RKZ (1. Jh. n. Chr.) liegen die Gehöfte leicht verstreut inmitten der Ackerflur – diese ist oft als Celtic Field erkennbar – und wandern, d. h. werden innerhalb dieser Ackerflur verlagert. (b) Vom 2./3. Jh. bis ins 6. Jh. bestehen geplante Dörfer aus Zeilen von Gehöften an Wegen, meist mit einem Platz in der Mitte. (c) Mit dem 7./8. Jh. löst sich die strenge Dorfstruktur wieder auf, und die einzelnen Gehöfte eines Dorfes bilden eine lockere Ansammlung.

Kontinuität und gleichzeitig Wandel kennzeichnen also die wirtschaftl. Organisation der Bevölkerung, die mit bestimmten, aber uns nicht erkennbaren sozialen Veränderungen verbunden sein muß: Für die Umorganisation des Dorfplanes können genossenschaftliche oder herrschaftliche Strukturen verantwortlich sein. Mit Aufkommen von Befestigung und großen Gehöften werden ‚Adel' und Herrschaft faßbar, ebenso in den Herrenhöfen und Mehrbetriebseinheiten.

Ob die Mobilität von Hof und Dorf in Generationsfolgen in den Ber. Caesars (im Sueben-Exkurs, 4. B., oder im Germ.-Exkurs, 6. B.) oder Tacitus' (Tac. Germ. 26) aufscheinen, bleibt zu diskutieren, wenn es heißt, daß es privates oder getrenntes Akkerland nicht gäbe und daß es nicht erlaubt sei, länger als ein J. an einem Platz zu bleiben, um ihn zu bestellen (Caes. Gall. 4,1), daß immer für ein J. den Sippen und Geschlechtern das Land zugeteilt würde (Caes. Gall. 6,22) bzw. daß das Ackerland im Wechsel in Nutzung genommen würde

(Tac. Germ. 26). Die Zeitangabe ‚ein Jahr/jährlich' könnte ein Topos sein und mit der arch. nachgewiesenen Realität eines Wechsels alle paar Jahrzehnte zusammenfallen. Bisher hat man diesen Hinweis auf jährlichen Wechsel eher mit der Feldgraswirtschaft, einem Fruchtwechsel erklärt.

Die Steinbauweise im Röm. Reich in Tradition des Mittelmeergebiets führte von Anfang an zu ortsfesten Dörfern und *villae rusticae* (wenn auch für diese vielfältige Erneuerungs- und Umbauphasen, aber am Platz bei alter Parzellierung, nachgewiesen sind).

Was ist von den beschriebenen Verhältnissen germ.? Daß im genannten Gebiet längs der Nordsee Germ. gesiedelt haben, wird allg. angenommen. Nur für eine ält. Phase in der Vorröm. EZ ist über das Problem von „Völkern zw. Germ. und Kelten" nachzudenken (37; 64; 91, 19). Wie die Wirtschaftsverhältnisse bei den Germ. ausgesehen haben, was Landwirtschaft und Handwerk angeht, ist publiziert (55; 46; 47; 70; 101; 113): Aber es handelt sich immer um Erscheinungen, die zwar auf den von Germ. besiedelten Gebieten registriert werden, ohne daß aber damit gesagt wird, daß dies nicht allg. und weit über das germ. Gebiet hinaus gültig sein könnte, wenn klimatische und soziale Vorbedingungen gleich waren.

Germ. Gehöfte mit großen mehrschiffigen Wohnstallhäusern auf dem Kontinent unterscheiden sich überzeugend nur von den Rundhäusern der Vorröm. EZ auf den Britischen Inseln sowie an der s. Kanalküstenzone (76) und von den Ansammlungen kleiner Blockhäuser ö. der Elbe seit dem 6. Jh. nach Einwanderung der Slawen (43).

Die Qu.basis ist eindeutig: Das Phänomen der ständig neu gebauten Bauernhäuser und der Verschiebung von Gehöft und Dorf ist in Mitteleuropa so alt wie die bäuerliche Wirtschaftsweise; es gilt für die Bauern der Linearbandkeramischen Kultur des 6. vorchristl. Jt.s genauso wie für die slaw. Bauern seit dem 6. Jh.. Als Beispiel sei auf die kleine slaw. Siedlung → Dessau-Mosigkau verwiesen. Unterschiedlich ist hier nur die Hausbauweise aus kleinen Blockbauten.

Im eindeutig germ. Gebiet wechseln Haus- und Hoflandschaften je nach geogr. Lage und wirtschaftl. Schwerpunktbildung: Es gibt ein- bis vierschiffige Wohnstallhäuser, bei denen anscheinend manchmal die Aufstallung des Viehs wichtiger war, als Speicherraum für Futter und Getreide im Haus zu haben; beides hängt vom Klima und der wirtschaftl. Organisation ab.

Aber inzw. ist die Siedlungsforsch. so weit fortgeschritten, daß sie unterschiedliche Haus- und Gehöftlandschaften gegeneinander abgrenzen kann (23–25). Doch ist bisher nicht zu sagen, mit welchen gesellschaftlichen oder ethnischen Gruppierungen diese Unterschiede korrespondieren: Die Gebiete s. der Nordseeküste und Jütland sind durch dreischiffige Wohnstallhäuser gekennnzeichnet, von der BZ bis ins MA, vielleicht mit einem Übergewicht der Viehhaltung. Noch während der RKZ wird in den Niederlanden und Westfalen ein zweischiffiges Haus entwickelt (77).

Zw. Elbe und Weichsel sind 1987 knapp 70 Siedlungen, die umfänglicher ausgegraben worden sind, zusammengestellt (23); für das Gebiet der Wielbark-Kultur sind 1986 etwa 130 Siedlungsplätze bekannt (62, 313 Abb. 4), diese meist nur durch Funde nachgewiesen. Ö. der Elbe hat die Arch. in den dörflichen Siedlungen ebenfalls Gehöfte aus Grubenhäusern und Speichern sowie ebenerdigen Wohn(stall)bauten in Pfostenbauweise nachgewiesen. Die Häuser sind jedoch wesentlich kürzer, meist nur ein- oder zweischiffig, und im Spree-Oder-Gebiet herrschen Häuser mit halbrundem Abschluß vor (60). Auch im Gebiet der Przeworsk-Kultur gibt es nur Pfostenbauten mittlerer Größe und selten dazu Grubenhäuser. Die besondere Rolle der Grubenhäuser (mit Herdstellen als

Wohnbauten nachgewiesen) in Pommern für die Wielbark-Kultur wird betont. Dieser Unterschied zu den w. Dorf- und Siedlungsformen ergäbe eine Grenze mitten im Siedlungsraum der Elbgerm., spiegelt wahrscheinlich aber eher die im ehemaligen Osten bis 1989 eingeschränkte Forsch.slage, da in Brandenburg inzw. Gehöfte mit mehrschiffigen Hallenhäusern ausgegraben werden konnten. Statt mit ethnischen Gruppierungen gibt es eher eine Übereinstimmung mit dem unterschiedlichen Waldbild w. und ö. der Elbe.

Sonst gibt es kaum eine Deckung der nach Grabsitten und Metallformen definierten Großgruppen und der Hauslandschaften: Vielleicht hatten Nordgerm. und Nordseegerm. sowie Elbgerm. dreischiffige Wohnstallhäuser, die aber auch weiter im S im Gebiet der Rhein-Weser-Germ. vorkommen, wo sonst das zweischiffige Haus überwiegt, wie dann im Oder-Spree-Gebiet und überhaupt im O.

Für die Alam. des 4./5. Jh.s sind im SW fast nur zweischiffige Häuser nachgewiesen (1); die Zuwanderung der Germ. zum sich bildenden Stamm der Alam. soll aus dem Gebiet zw. Elbe und Oder erfolgt sein. Für die MZ sind im Alamannischen und Bajuwarischen ebenfalls zweischiffige Häuser nachgewiesen, deren Grundrisse mit ihren unterschiedlichen Anbauten (→ Kirchheim; → Lauchheim) mit manchen Grundrissen aus dem Raum ö. der Elbe übereinstimmen.

Im Nordseeküstenbereich hat bei den dreischiffigen Hallenhäusern eine durchgehende Normung nach den Innenaufteilungen, aber auch in den Bauabmessungen von der BZ bis ins MA existiert (125). Im O herrscht dagegen anscheinend eine hohe Variabilität der Bauweisen.

Diese Gehöft- und Dorflandschaften, die unmittelbar die Lebens- und Wirtschaftsweise spiegeln, lassen sich nicht direkt mit den über Grabsittenkreise und Fibelverbreitungsmustern beschriebenen Gruppierungen wie Rhein-Weser-, Nordsee-, Nord-, Elbgermanen- oder Jastorf-, Przeworsk- und Wielbark-Kultur zusammenbringen.

Grundsätzlich andere Verhältnisse als bei den Germ. herrschen in den n. röm. Prov.: Hier bestimmen Steinbau und Gutswirtschaft ein hierarchisches Siedlungsgefüge und die staatliche zivile und milit. Organisation, Geldwirtschaft und Massenproduktion Wirtschaft und Ges. Das Vordringen dieser Strukturen in die Germania ist bei arch. Unters. sofort erkennbar. Hingewiesen sei auf die Steinbauweise mit Heizungsanlagen in villenartigen Siedlungsplätzen 30 bis 50 km n. des Limes in Mähren (→ Mušov) oder auf die Keramikproduktion in Thüringen (→ Haarhausen).

§ 31. Handwerk. Das landläufige Bild von Handwerk und Handel bei den Germ. geht von Strukturen des 19. Jh.s aus, man spricht von Markt und Verbreitung von Sachgütern über den → Handel.

Doch wo und in welchem Siedlungsverband welche Güter produziert worden sind, z. B. qualitätvolle Waffen, kostbarer Schmuck oder Drehscheibenkeramik, darüber gibt es wenig sichere Erkenntnisse. Das machen die Beschreibungen der Przeworsk-Kultur deutlich (s. o. § 29). Sie ist gekennzeichnet durch umfangreiche Eisenproduktion und -verarbeitung mit Fibeln aus Eisen.

Die Produktion scheint an ‚Adelshöfe' gebunden gewesen zu sein (Drehscheibenware, Buntmetallverarbeitung), von der Elite organisiert (103; 104; 1, 392 Abb. 444). Für die Verteilung und Verbreitung gibt es verschiedene Modellvorstellungen: Durch Vergabe (→ Gabe, → Geschenk) im Rahmen des Abhängigenverbandes von Adligen oder Grundherren, an Hintersassen und die Mitglieder der Gefolgschaften oder über einen ‚Markthandel'.

Unterschiedliche Produktionsverhältnisse spiegeln zugleich völlig anders organisierte gesellschaftliche Verhältnisse, die beim Vergleich Kelten und Germ. oder Germ. und Slawen einigermaßen deutlich zu fassen sind.

Die spätkelt. Welt ist gekennzeichnet durch die Oppida-Zivilisation mit zentralen Großsiedlungen, eine Art Stadtkultur (78), durch geregelte polymetallische Münzgeldwirtschaft, qualitätvolle Produktion von Eisengerät und Waffen, die Verarbeitung von Glas zu Schmuck und die Vorliebe für Drehscheibenkeramik. Die N-Grenze der Verbreitung der Oppida wird mit der Grenze der Kelten zu den Germ. gleichgesetzt. Die Großsiedlungen selbst bestanden anscheinend aus regelmäßig angeordneten Großgehöften, die alle mehr oder weniger gleich organisiert waren. So wurden auf jedem Hofareal Münzen gegossen und andere handwerkliche Produktionsstätten betrieben; Heiligtümer gehörten zum Oppidum, das in der Spätphase mit einem perfekt konstruierten Wall- und Mauersystem befestigt war. Dieses Siedlungsmodell gibt es bei den Germ. nicht, ebenso fehlt die hochstehende Produktion von Sachgütern. Die N-Ausbreitung derartiger Güter wie Glasschmuck und Drehscheibenkeramik wird dazu benützt, das Vordringen von Kelten bzw. eine Keltisierung der ansässigen Bevölkerung zu beschreiben. Gebiete der sog. Jastorf-Kultur in Sachsen und Thüringen, als germ. angesprochen, oder Bereiche der Przeworsk-Kultur übernahmen Formen und Zivilisationsgüter, die aus dem kelt. Gebiet kamen. Änderte sich damit die soziale Organisation der ‚germ.' Bevölkerung und wurden die Gebiete damit zu einer ‚kelt.' Randprov.? Wurden aus Germ. jetzt Kelten, oder konnten sich die Bewohner nicht recht entscheiden, ob sie lieber Kelten und dann erst Germ. werden wollten?

Was bedeutet es, wenn die germ. Bevölkerung nicht in der Lage gewesen zu sein scheint, bes. qualitätvolle Eisenerzeugnisse wie Waffen (damaszierte Schwerter) herzustellen? Während der Vorröm. EZ wurden die meisten (30), während der RKZ alle Schwerter aus dem kelt. bzw. dann röm. Gebiet importiert, und nur die anderen Waffen, für die geringere Qualität reichte, wurden vor Ort selbst produziert, ob das nun in Polen war oder in Jütland. Die Ursache wird in einer anderen gesellschaftlichen Organisation und Einbindung der Eisenproduktion zu suchen sein: Arch. ist durch Ausgrabungen überliefert, daß unmittelbar in oder bei den ländlichen Siedlungen z. B. in Jütland oder im Elbe-Weser-Dreieck Raseneisenerz gewonnen und weiterverarbeitet wurde. Die übergeordnete Organisation, wie sie mit einer Zentralsiedlung wie dem Oppidum verbunden war, fehlt auch jetzt noch bei den Germ.

Während der jüng. RKZ wurde nach röm. Verfahren in Thüringen (→ Haarhausen), in der Nähe der Zentren mit → Fürstengräbern, Drehscheibenkeramik hergestellt, die auch als Beigabe in diesen Fürstengräbern gefunden wurde. Die Herstellungsweise samt Töpferöfen ist so typisch röm., daß entweder röm. Handwerker oder im Reich geschulte Germ. wie röm. Töpfer gearbeitet haben. Das ist röm. Einfluß im germ. Gebiet, und zwar über die Elitegruppen. Ähnliches wird für die Eisenproduktion in Polen vermutet. Das Eisen wurde entweder serienmäßig in Batterien von Hochöfen aus Raseneisenerz oder sogar bergmännisch gewonnen, was umfassendere Infrastruktureinrichtungen und neuartige Organisationsformen voraussetzte. Töpferöfen zur Herstellung von Drehscheibenkeramik in kelt. Manier wurden im s. Gebiet der Jastorf-Kultur gefunden. Ist diese Situation mit der jüng. zu vergleichen, d. h. findet ein Import von technischen Möglichkeiten zur Stärkung bzw. im Interesse einer Führungsgruppe statt, oder wandern Kelten ein? War die Keltiké für die frühen Germ. das, was später das Röm. Reich für sie war?

§ 32. Handel und Verkehrs- bzw. Fernbeziehungen. Von besonderer Bedeutung waren für die Arch. die Fundtypen-Verbreitungen außerhalb der Dichtezentren, und sie wurden als Niederschlag von Handelsverbindungen, polit. Ereignissen, von Heereszügen und ausgewanderten Bevölkerungsgruppen gedeutet.

Daß die Zahlenverhältnisse dem entgegenstehen, wurde nicht berücksichtigt. In der Regel findet der Archäologe 1 ‰ einst vorhandener Funde und Befunde. Zumeist können sogar größere Heereszüge nicht arch. erfaßt werden, das gilt auch für die Vorstöße der Hunnen und Ungarn in den W. Nach SW-Deutschland eingewanderte Gruppen wie die später als Alam. bezeichneten Germ. sind nach der Schriftüberlieferung zu Zehntausenden an Heereszügen beteiligt, von denen aber nichts arch. überliefert ist.

Doch scheut sich die Arch. nicht, die Züge des Ariovist oder auch des Marbod in arch. Fundverbreitungen von ‚Fremdformen' gespiegelt zu finden. Ganz andere Ursachen können jedoch dafür verantwortlich sein. Über mehr als ein halbes Jt. zeichnen sich immer wieder die gleichen geogr. bestimmten Korridore als Verkehrsbahnen in Mitteleuropa ab (s. o.) – so findet man Germ. in der Wetterau als Sueben oder Angehörige der Przeworsk-Kultur (68; 69; 99) oder frühe Germ. an der Donau (58; 86). Der expansiv nach N wirkende Druck der Kelten gegen die Gebiete der Przeworsk-Kultur oder das Vordringen der Germ. der Jastorf-Kultur nach S führten zu Mischungen aus kelt. Latènekulturzügen und germ. Jastorf-Kulturzügen, zu breiten Kontaktzonen (15; 26; 49; 75; 79–83; 100).

Der röm. Import in der Germania, Münzen, → Terra sigillata und Gläser, Bronze- und Silbergeschirr, die kostbaren Beigaben in den Fürstengräbern der ält. und jüng. RKZ wie silberne Klapptische werden einerseits als Ergebnis von intensivem Fernhandel aus dem Röm. Reich zu den Germ. gedeutet, andererseits aber als Beutegut und tributäre Geschenke, die in Wellen die Germania erreichten und im Laufe der Zeit den Weg als Beigaben in die Gräber fanden (→ Hildesheimer Silberschatz). Über spezifisch germ. Organisationsformen für den Handel ist wenig bekannt.

§ 33. Polit.-soziale Verhältnisse. Es zeichnet sich ab, daß weniger die wirtschaftl. Bedingungen für die Germ. typisch sind, sondern eher die gesellschaftlichen Organisationsformen. Während der RKZ gibt es im germ. Gebiet die Erscheinung der sog. → Fürstengräber, mit einer ält. Gruppe des 1./2. Jh.s, den Gräbern vom Typ → Lübsow, und einer jüng. Gruppe des späten 2. und 3. Jh.s mit Gräbern des Typs → Haßleben/→ Leuna. Sie sind über die ganze Germania verbreitet und durch ihre Ähnlichkeit, was Anlage und Ausstattung der Gräber angeht, zur Gruppe zusammenzufassen. Der röm. Einfluß ist nicht zu übersehen, und er erfaßt die gesamte Germania. Da aber ein Vergleich mit benachbarten ethnischen Gruppen nur schwer möglich ist – es bleibt der europ. O –, kann nicht entschieden werden, was eigentlich an der Herausbildung dieser ‚Fürstengräber' germ. ist und was allg. darauf zurückzuführen ist, daß neben einer Hochkultur die Nachbarvölker zu Änderungen im Verhalten – auch in der Ges.struktur – gezwungen wurden, die zu Prunkgräbern als Regelerscheinung führten.

Die ersten reicher ausgestatteten Gräber um Christi Geburt, die z. B. einen Wagen als Beigabe enthalten haben (→ Husby), sind nur als kelt. Anregung zu verstehen, auf die dann die röm. Vorbildfunktion folgt (vgl. auch → Fahren und Reiten).

Germ. Burgen hat es, trotz der Versuche Mildenbergers (71), derartiges nachzuweisen, nicht gegeben, von einigen Sonderfällen abgesehen (→ Heidenschanze und

→ Heidenstadt), ebenso wenig wie vorher germ. Oppida. Erst im 4./5. Jh. werden im Zuge der S-Ausbreitung germ. Gruppen sog. → Höhensiedlungen als gehobene Wohnplätze der Elite ausgebaut (→ Fürstensitze). Sie sind im ganzen SW und S im Limesvorland und auch auf dem Boden des zurückgewichenen Röm. Reichs üblich. Auch für diese Anlagen kann die Frage nicht beantwortet werden, ob dies eine ‚germ.' Verhaltensweise ist oder nur eine allg. zeitgenössische, die sich aus dem gesellschaftlichen und militärpolit. Wandel ergeben hat. Höhensiedlungen wurden Mode, von Belgien bis zum Balkan und auch in Italien (103).

Nach Einwanderung der Slawen im 6. Jh. entwickeln sich seit dem späten 8. Jh. zwei unterschiedliche Burgenlandschaften im sächs., also germ. Gebiet, und im ö. anschließenden slaw. Siedlungsraum. Die Bauweise der Befestigung ist verschieden: im W werden holzabgestützte Rasensodenmauern errichtet, im O aufwendige, Holz verbrauchende Kastenkonstruktionen: ein über Generationen bestehenbleibender Unterschied. Im W dienen die Burgen als Zufluchtsort und Wohnsitz des Adels, abseits der Siedlungen, oft in Rand- und Schutzlage oder in strategisch günstiger Position. Im O schützen die Burgen einen größeren Bevölkerungsteil, die Anlagen sind oft großflächiger, und erst in einer späten Phase nach dem 10. Jh. reduzieren sich manche Befestigungen auf einen Adelswohnsitz.

Der Unterschied ist in der differierenden sozialen Organisation der Elitegruppen zu suchen. Slaw. Fürsten binden eine größere Klientel vor Ort an sich; die Burgen oder frühstädtischen Großsiedlungen des → Großmährischen Reichs haben dies deutlicher erkennen lassen. Nach neuen dendrochron. gewonnenen Daten scheint ein größerer Anteil der slaw. Burganlagen jüng. als angenommen zu sein und wurde erst als Reaktion auf die dt. Bedrohung seit der Ottonenzeit errichtet.

Durch die unterschiedliche Bauweise werden zw. Germ. und Slawen abweichende Traditionen faßbar, die auf ält. Zeit zurückweisen. Beide Bevölkerungsgruppen kommen milit. miteinander in Berührung, nachdem ihre Ges.sstrukturen schon unterschiedlich entwickelt waren.

Für die Elbgerm. der RKZ scheint kennzeichnend zu sein, daß sie getrennte Männer- und Frauenfriedhöfe bzw. für die Geschlechter getrennte Friedhofsareale angelegt haben, was es bei den Nachbarvölkern kelt. oder später slaw. Zuordnung nicht gibt.

Die Bestattung des röm. Generals und Amtsträgers und zugleich germ. Kg.s → Childerich von Tournai verbindet spätröm.-byz. Totenkult und germ. Brauch wie die Pferde(opfer)bestattungen. Childerich führte mehrere röm. Machtinsignien im Grab bei sich, die aber nur überliefert sind, weil allein für germ. Anführer, nicht aber für röm. Generäle eine derartige Grabsitte mit Beigaben üblich war, die von der Familie oder Gefolgschaft befolgt wurde.

Für eine frühe Epoche der Vorröm. EZ spiegeln die Bestandteile aus Metall Unterschiede und Einflüsse zw. kelt. und germ. Kleidung; während traditionell die germ. Tracht Nadeln und Gürtelhaken kannte, hatten sich bei den latènezeitlichen Kelten schon Fibeln und Gürtelschnallen durchgesetzt. Die → Hose als Kleidungselement germ. Männer unterscheidet diese von den Röm. und Kelten; Germ. wurden von röm. Seite im Bild meist mit Hosen dargestellt. Die Hose ist als praktische Reitkleidung aus dem O übernommen worden und hat sich mit der Verbreitung der Reiterei bei den Germ. (→ Sporen/Sporn) in der Vorröm. EZ durchgesetzt. Die Männer in den → Baumsargbestattungen der Nord. BZ trugen keine Hosen, jedoch einige der jüng. → Moorleichen. Die Hose ist also weniger ein ethnisches Kennzeichen der Germ., als vielmehr eine funktionale Entscheidung gewesen.

Die → Haar- und Barttracht, Kennzeichen einzelner Stämme wie der Langob., kann im Suebenknoten eine typische allg. germ. Sitte geworden sein, nachdem sueb. Kriegertum als nachahmungswert empfunden wurde (123, 23).

Von den Kelten der LTZ und den Germ. der Vorröm. EZ bis zu den Wikingern des 11. Jh.s ist als gleiches sozialgeschichtl. Phänomen die Kriegergefolgschaft als polit. Element bei der Entstehung von Stamm und früher Staatlichkeit zu beobachten. In fast regelmäßen Abständen folgten kriegerische Vorgänge aufeinander, die dasselbe Muster gesellschaftlicher Prozesse spiegeln, unabhängig ob kelt. oder germ., obgleich oftmals der mit Namen bekannte Heerführer Entscheidungsträger gewesen zu sein scheint (119, 512).

Ein solcher Prozeß bestand aus Etappen: (a) Am Anfang stellten sich Söldner aus den mitteleurop. Stammesges. dem Heer der höher organisierten staatlichen Einheiten im Mittelmeergebiet zur Verfügung; sie brachten Geld/Gold als Sold und Wissen mit nach Hause. (b) Es folgte die Bildung von Heerhaufen unter der Führung von Heerkg., die Gefolgschaften von Kriegern um sich scharten; der Heerkg. und seine Krieger hoben sich aus der alten Stammesges. heraus, lösten sich von dieser und wurden zu selbständig handelnden Einheiten, die immer weniger Beziehung zur alten Gemeinschaft und zum Heimatterritorium hatten. (c) Um diese Kriegerbanden beisammen zu halten, hatten die Anführer für Beute zu sorgen, die über Kriege gewonnen wurde. Diese Kriegszüge richteten sich auf Gebiete außerhalb der Heimatterritorien und oftmals auf zivilisatorisch höher entwickelte und damit mehr Beute verheißende polit. Einheiten. (d) Erfolgreiche Anführer versuchten, ihre Heere zu vergrößern, wozu sie mehr Beute brauchten und daher häufiger, schließlich ständig Krieg führen mußten. (e) Um bei wachsender Gegenwehr der betroffenen Länder weiter erfolgreich zu sein, schlossen sich mehrere Anführer zusammen und bildeten auf Zeit eine milit. Koalition. (f) Nach einer Serie von kriegerischen Einfällen versuchten die Kriegerscharen, sich auf dem Territorium der bekämpften Länder niederzulassen. Oder: Der mächtigste Anführer beabsichtigte, auf dem Territorium der bekriegten Reiche ein eigenes Reich zu schaffen, hatte sich gegen die Konkurrenten zu behaupten. (g) Die bedrohten Reiche lösten das Problem durch Einbindung der Anführer in das eigene Herrschaftssystem und versuchten sogar, diese dann gegen die weitere kriegerische Bedrohung von außen einzusetzen. Oder: Beim Fehlen einer örtlichen staatlichen Organisation bildeten die Anführer eigene Reiche.

Da sich Gesch. nicht wiederholt, zeigten alle mitteleurop. Vorgänge dieser Art immer auch individuelle Züge. Die verschiedenen Phasen sind: Die kelt. Kriegergefolgschaften und ihre Wanderungen in das Mittelmeergebiet, aber sicherlich auch in Mitteleuropa gegen N und O; als Gegenbewegung das Vordringen der Sueben unter Ariovist auf ‚Einladung' der Sequaner; weniger gut überliefert sind die kriegerischen Handlungen der → Heruler; die Kriegszüge des Arminius und des Marbod und ihr Kampf um die Vorherrschaft bei einer Reichsbildung; die Markomannenkriege; das Vordringen frk. Kriegerscharen in das Röm. Reich; das gleichzeitige Vordringen alam. Kriegerscharen und die Besetzung der → Decumates agri; die Züge der Wikinger und die Reichsbildungen in Rußland und in der Normandie, ebenso in England; der Zug der Normannen nach Sizilien und S-Italien.

Entscheidend ist, daß es sich bei den Kriegen nicht um Kämpfe zw. gleichrangigen polit. Gruppen, nicht um Kämpfe zw. Reichen oder Staaten gehandelt hat, sondern um den Versuch, von der Ges.sorganisation des Stammes auf eine ‚höhere' Organisation des Reichs oder Staats zu wechseln.

Zu den Söldnerscharen gehörten z. B. die Leibgarde der röm. Ks. aus Germ. oder die Warägergarde am Hof in Konstantinopel.

Zu den Anführern, die Bündnisse eingingen, um schlagkräftiger zu werden, gehörten Ariovist, Arminius und Marbod, auch der Alamannenkg. → Chnodomar. Frk. Anführer wurden als germ. Kg. und als röm. Generäle in die röm. Reichsverwaltung und Militärorganisation eingebunden. Alam. Heerkg. handelten als Organisatoren einer ‚frontier'-Situation. Die anderen germ. Heere der Wanderzeit und die Ethnogese von ‚Stämmen', die Ostgoten oder Wandalen, Burgunder oder Westgoten, haben sich entweder ähnlich wie die Franken oder ähnlich wie die Alam. verhalten.

Die Wiederkehr gleichartigen kriegerischen Verhaltens in der ‚barbarischen' Ges. kann als Kennzeichen vergleichbarer Sozialstrukturen und damit als eine Ausprägung der ‚histoire de long durée' angesehen werden.

Zu systematischen sozialgeschichtl. Erscheinungen, die unabhängig von einer ethnischen Gruppe sind, gehört auch die Rolle der Schwertes in den Epochen seit der BZ, die Waffenbeigabensitte und die Ähnlichkeit der → Fürstengräber mit ihrer Ausstattung für den Krieg und vor allem für das Festgelage der Gefolgschaft.

Neben den kriegerischen Vorgängen, die zu neuen Machtbildungen führten, hat es auch Krieg und Kampf zw. gleichrangigen kelt. oder germ. polit. Gebilden, zw. Stamm und Staat gegeben, deren auffälligster Niederschlag die Opferung der Kriegsbeute überwundener Heerhaufen war, die bis zu 600 Mann stark waren, wie sie in den kelt. → Viereckschanzen und Umgangstempeln der LTZ einerseits oder in den germ. Mooropferplätzen im s. Skand. und Jütland andererseits erforscht wurden.

Insgesamt werden weniger Unterschiede zw. den großen ethnischen Gruppen der Germ. und Kelten bzw. Römer faßbar, sondern es geht um Probleme von Randkulturen, deren zivilisatorisches Gefälle für Überformungen offen ist.

§ 34. Germ. und Arch. Siedlungsformen und Wirtschaftverhältnisse sind von geogr. Bedingungen und dem Klima abhängig und daher nicht auf einen Raum begrenzt, der nach sprachwiss. Definition von Germ. besiedelt war. Für dieses Gebiet läßt sich auch anthrop. prinzipiell keine einheitliche, von anderen Gruppierungen unterscheidbare Bevölkerung nachweisen. Die schriftl. Überlieferung enthält keinen Hinweis darauf, daß es ein Bewußtsein gemeinsamer Abstammung oder einer Zusammengehörigkeit gegeben hat. Religionsgeschichtl. mögen die überlieferten Kultverbände jeweils für sich ein derartiges Gemeinsamkeitsgefühl geschaffen haben. Es scheint jedoch weniger raumgreifend gewesen zu sein, als für das kelt. Druidentum vermutet wird (119, 516). Noch nicht analysiert ist, ob etwa die Einführung und Verwendung der → Runenschrift mit gleichem Aufbau des → Futhark im gesamten germ. Raum ein Hinweis auf bewußte Zusammengehörigkeit sein kann (36; 38, 41: „Kultur der Runen"). Kultische (Kriegsbeuteopfer, Waffenbeigabe) und sozialgeschichtl. Erscheinungen (Gefolgschaftswesen und Kriegertum) sind für Kelt. und Germ. belegt und kennzeichnen eher einen Entwicklungsstand der Ges. als eine ethnische Großgruppe.

Wenn die ethnische Zuordnung zudem als geistige Entscheidung aufzufassen ist, dann ist nicht zu erwarten, daß sich derartige Befindlichkeiten in arch. Qu. niederschlagen. Die Arch. steuert daher keine Erkenntnisse zum Germ. bei, sondern baut eine mittel- und n-europ. Altkde (nicht Altertümerkunde: 38, 48) auf, was Ziel der 2. Aufl. dieses Lex.s von Beginn an ist.

Die Folge ist weiterhin, daß die Jastorf-Kultur zwar eine arch. Kulturgruppe darstellt, aber nicht mit den sprachlich definierten Germ. gleichgesetzt werden sollte, da beide Bereiche unvergleichbar sind.

Eine arch. Definition von Germ. kann es nicht geben, da auf dem Feld der Wirtschaft, ob Landwirtschaft oder Handwerk, und bei der Ges.sstruktur keine Realisationen faßbar sind, die vom ‚inneren Wesen' her als germ. aufgefaßt werden können. Daher haben sich die Hrsg. dieses Reallex.s seinerzeit darauf verständigt und im Vorwort festgehalten, daß über den Siedlungsraum und die Epochen hinweg, für die Germ. über ihre Schrift- und Sprachzeugnisse nachgewiesen sind, im Rahmen der Stichworte alles zu registrieren sein sollte, was altertumskundlich von Belang war, ohne die Verknüpfung von Verhaltens- und Lebensweisen nur mit den Germ. (oder im Gegensatz dazu mit Kelten, Römern oder Slawen) vorzunehmen. Es heißt 1972: „Auch die zweite Auflage schließt diejenigen Räume Mitteleuropas und der angrenzenden Gebiete unseres Erdteiles ein, in die die Germanen in späterer Zeit eingewandert sind, haben sie doch dort durch die Mischung mit der vorgeschichtlichen Bevölkerung von dieser zahlreiche wesentliche Anstöße zur kulturellen Weiterentwicklung gewonnen. Es werden also … auch die nicht- und vorgermanischen Bevölkerungsgruppen Mittel- und Nordeuropas mit einbezogen … Für die Einbeziehung so vieler anderer Gruppen war auch die Erkenntnis maßgebend, daß Sprachgrenzen in der Frühzeit nicht mit den Grenzen anderer Kulturerscheinungen zusammenfallen müssen, so daß um des Zusammenhanges dieser Phänomene willen die benachbarten Räume stärker als bisher beachtet werden mußten …

Die Vorstellung, eine germanische Altertumskunde auf die germanisch sprechenden Ethne beschränken zu können, geht von einem philologischen Germanenbegriff aus, der eine wissenschaftliche Abstraktion der Neuzeit ist. Die Zuordnungskriterien des Altertums waren nicht so schematisch. Es ist wieder ein Problem geworden, was wir als ‚germanisch' bezeichnen dürfen …

Wie viele der Kulturzüge der mittel- und nordeuropäischen Ackerbaugebiete spezifisch oder vorwiegend germanisch sind, ist kaum bekannt. Erst im großräumigen Vergleich werden sie erkennbar werden. Ein Teil der bisher als germanisch angesprochenen Eigenheiten wird andererseits nur für Teile der germanisch sprechenden Bevölkerung in Anspruch genommen werden können" (Bd. 1, S. X f.).

Es ist an der Zeit, daß auch die ‚germ. Altkde' bei der Einbeziehung arch. Qu. einen Paradigmenwechsel vornimmt, wie das schon in manchen Ländern von der Ur- und Frühgeschichtswiss. (Skand., England) geschehen ist: Kulturkreise, Verbreitungsmuster sollten nicht mehr in erster Linie als ethnische Einheiten, seien das Stämme, Stammes- oder Kultverbände, gedeutet werden, sondern als das, was sie nach den Qu. selbst unmittelbar sind, zusammenhängende Bereiche ähnlichen zivilisatorischen Zuschnitts, der entscheidend vom wirtschaftl. und sozialen Gefüge geprägt wird.

Ethnische Einheiten bilden eine andere Seinsebene als wirtschaftl. bzw. soziale Einheiten. Daher ist die Frage nach typisch germ. Erscheinungen in der Wirtschaft oder Ges. falsch gestellt. Überall dort, wo ausführlich gegraben worden ist und ganze Siedlungskammern erforscht werden konnten, wurden Siedlungs- und Bevölkerungs-Kontinuitäten erfaßt. Hinweise auf irgendwelche Völkerwanderungen, die zu siedlungsleeren Räumen geführt haben, gibt es im germ. Raum von der BZ bis zum 5./6. nachchristl. Jh. nicht. Die Siedlungsabbrüche – w. der Elbe – im 6. Jh., die beobachtet werden können, haben andererseits keine zeitliche Beziehung mehr zu den schriftlich überlieferten vorher abgelaufenen Völkerwanderungen. Anders ist die Situation ö. der Elbe, wo germ. Bevölkerungen im 6. Jh. verschwinden und slaw. an ihre Stelle einrücken. Dies mag im s. Grenzraum zw. Kelten und Germ. zur frühen Römerzeit ähnlich gewesen sein.

Wanderungen von Heerhaufen und kleineren Bevölkerungsgruppen werden – schon statistisch gesehen – arch. nicht faßbar; die Arch. kann entweder nur grundsätzliche Ent- und Wiederbesiedlungen fassen oder aber – sicherlich häufiger – Akkulturationen. Denn die Arch. kann nur Regelerscheinungen, vielfach wiederholtes Verhalten von Menschen entdecken. Daher sind milit. Bewegungen und polit. Ereignisse selten nachzuweisen, ebenso selten die ethnischen Mobilitäten, was Neubildung von Stämmen betrifft. Schon lange ist die Forsch. sich einig, daß mit arch. Methoden nicht ein Prozeß, sondern nur ein (End-)Zustand erfaßt werden kann.

Außer der gegenwärtigen Sicht über den Verlauf von Ethnogenesen und dem erörterten Problem, wie Wanderungen arch. überliefert sein können, ist anhand arch. Qu.lage zu registrieren, daß von den hist. belegten Wanderungen germ. Stämme immer nur ein Bruchteil der Stämme betroffen war. Anscheinend war nie die Bevölkerung einer größeren Landschaft insgesamt in ferne Gebiete aufgebrochen, da in keinem Fall eine Siedlungsausdünnung oder ein Hiatus in der Besiedlung nachweisbar ist. Ebenso erreichten die wandernden ethnischen Einheiten immer Gebiete, in denen sie sich mit einer ansässigen Bevölkerung friedlich oder kriegerisch arrangieren mußten. Abstrahiert vom arch. Fundbild darf formuliert werden, daß von Stämmen wie z. B. den Herulern oder Goten entweder immer nur Teile abwanderten, oder – wenn allein die Wandergruppe als Traditionsträger den Namen der ethnischen Einheit transportierte und mitnahm –, daß die zurückbleibende Mehrheit einer Bevölkerung ebenfalls einen Namen gehabt haben muß.

Am Beispiel der Ethnogenese der Alam. im Vorfeld des spätröm. Limes während des 3. Jh.s aus den unterschiedlichsten Gruppierungen, die aus ganz verschiedenen Räumen Innergermaniens kamen, wird das Problem deutlich: Namen können rasch wechseln, länger wird es mit der Sprache gedauert haben. Die Sprache der Kimbern oder Goten blieb im Ausgangsgebiet und wurde zugleich von den wandernden Gruppen in ein anderes Umfeld getragen; gleiches gilt für relig.-kultische Auffassungen.

Schließlich ist darauf zu verweisen, daß – strukturalistisch gedacht – bei Kelten und Germ. im weitesten Sinne bei gleichartiger gesellschaftlicher Entwicklungslage gleichartige Wanderungsbewegungen einsetzten, über die in der ant. Überlieferung ausführlich berichtet wird; bei den Kelten in früheren Jh. als bei den Germ. Dieser parallelen Entwicklungsfolge entspricht es, daß kultische Bräuche wie die Opferung der Waffen besiegter Heerhaufen sowohl im kelt. Milieu in den Jh. v. Chr. als auch später im germ. Milieu seit dem 2. nachchristl. Jh. verbreitet waren, wie arch. vielfach nachgewiesen. Die dahinter stehenden relig. Vorstellungen werden unterschiedlich gewesen sein, so wie später die Bildnisse auf röm. Ks.münzen, Grabdenkmälern und anderen Bildträgern von Germ. übernommen, umgestaltet und umgedeutet wurden (→ Goldbrakteaten).

Die Epoche der Wanderungen hat somit neben Sachgütern und Alltagsgebräuchen, die im arch. Qu.bestand faßbar werden, ebenso Sprachen und Kultbräuche über weite Teile Europas verbreitet und zu neuen Mischformen geführt, die weniger deutlich überliefert sind.

Über Bewußtseinslagen, Selbstzuordnungen, Mentalitäten sprechen ausgegrabene Siedlungen und Fundgegenstände nicht, sondern über Alltagsleben. Manche

Altsachen und Befunde aus dem Bereich der Bestattungssitten und Kulthandlungen können dagegen über Mentalitäten, über relig. Befindlichkeiten und Kunstauffassungen etwas ausssagen. Kunsterzeugnisse (§ 38), Bestattungsbräuche (→ Grab und Grabbrauch), Opfersitten gilt es zu befragen.

(1) Die Alam., 1997. (2) K. W. Alt, Odontologische Verwandtschaftsanalyse. Individuelle Charakteristika der Zähne in ihrer Bedeutung für Anthrop., Arch. und Rechtsmedizin, 1997. (3) H. Ament, Der Rhein und die Ethnogenese der Germ., PZ 59, 1984, 37–47. (4) Ders., Die Ethnogenese der Germ. aus der Sicht der Vor- und Frühgesch., in: [10], 247–256. (5) P. Barford, Aspects of cultural definition in Central European prehist., Arch. Polona 34, 1996, 33–57. (6) H. Beck (Hrsg.), Germ.-Probleme in heutiger Sicht, 1986. (7) Ders., H. Steuer (Hrsg.), Haus und Hof in ur- und frühgeschichtl. Zeit, 1997. (8) G. Behm-Blancke, Ges. und Kunst der Germ. Die Thür. und ihre Welt, 1973. (9) W. Bernhard, Die Ethnogenese der Germ. aus der Sicht der Anthrop., in: [10], 257–284. (10) Ders., A. Kandler-Pálsson (Hrsg.), Ethnogenese europ. Völker aus der Sicht der Anthrop. und Vor-und Frühgesch., 1986. (11) V. Bierbrauer, Arch. und Gesch. der Goten vom 1.–7. Jh. Versuch einer Bilanz, Frühma. Stud. 28, 1994, 51–171. (12) J. Blischke, Die Wielbark-Kultur und die Problematik der Gotenwanderung, Arch. Informationen 19, 1996, 117–123. (13) H. W. Böhme, Kontinuität und Traditionen bei Wanderungsbewegungen im frühma. Europa vom 1.–6. Jh., ebd. 89–103. (14) S. Brather, ‚Germanische', ‚slawische' und ‚deutsche' Sachkultur des MAs – Probleme ethnischer Interpretation, Ethnographisch-arch. Zeitschr. 37, 1996, 177–216. (15) B. Bürk, Kelt. und kulturell verwandte Funde in NO-Deutschland mit besonderer Berücksichtigung der Mittel- und Spät-LTZ, ebd. 36, 1995, 201–257. (16) T. Capelle, Arch. der Ags., 1990. (17) D. L. Clarke, Analytical Arch., [2]1978. (18) T. Dąbrowska, Frühe Einflüsse der Przeworsk-Kultur auf die Jastorf-Kultur, ZfA 22, 1988, 191–210. (19) M. Dahlgren, It is grim up north: Romans and Barbarians, in: E. Andersson u. a., Soc. and culture, two faces of the same ethnic coin?, Arch. Polona 34, 1996, 129–142, hier 136–138. (20) H. Dannheimer, H. Dopsch (Hrsg.), Die Bajuwaren. Von Severin bis Tassilo 488–788, 1988. (21) Ders., R. Gebhard, Das kelt. Jt., 1993. (22) G. Dobesch, Zur Ausbreitung des Germ.-Namens, in: Pro Arte Antiqua (Festschr. H. Kenner), 1983. (23) P. Donat, Probleme der Erforschung kaiserzeitlich-völkerwanderungszeitlicher Haus- und Siedlungsformen zw. Elbe/Saale und Weichsel, Slavia Antiqua 30, 1984 (1987), 1–42. (24) Ders., Zur Entwicklung germ. Siedlungen ö. des Rheins bis zum Ausgang der MZ, ZfA 25, 1991, 149–176. (25) Ders., Zur Entwicklung und Wandlung der Siedlungs- und Wirtschaftsräume bei den Germ., in: H. Brachmann (Hrsg.), Mensch und Umwelt, 1992, 67–72. (26) S. Dušek (Hrsg.), Beitr. zur kelt.-germ. Besiedlung im Mittelgebirgsraum, 1992. (27) J. Filip, Germ., in: Filip, Enzykl. Handb. I, 397 f. (28) A. P. Fitzpatrick, Ethnicity and Exchange: Germans, Celts and Romans in the Late Iron Age, in: Trade and Exchange in Prehist. Europe, Proc. Bristol 1992, 1993, 233–244. (29) Die Franken. Wegbereiter Europas, 1996. (30) O. H. Frey, Einige Überlegungen zu den Beziehungen zw. Kelten und Germ. in der Spät-LTZ, Marburger Stud. zur Ur- und Frühgesch. 7, 1986, 45–79. (31) K. Godłowski, Die Przeworsk-Kultur, in: G. Neumann, H. Seemann (Hrsg.), Beitr. zum Verständnis der Germania des Tacitus 2, 1992, 9–90. (32) I Goti. Civico Museo d'Arte Contemporanea Milano, 1994. (33) R. Hachmann, Die Goten und Skand., 1970. (34) Ders., Die Germ., 1971. (35) Ders. (Hrsg.), Stud. zum Kulturbegriff in der Vor- und Frühgeschichtsforsch., 1987. (36) Ders., Verzierte Lanzenspitzen der jüng. Kaiserzeit. Die Vor- und Frühgesch. und die Runeninschriften im ält. Futhark, in: Kulturen zw. Ost und West (Festschr. G. Kossack), 1993, 327–423. (37) Ders. u. a., Völker zw. Germ. und Kelten, 1962. (38) Ders. u. a., Vom ‚Alten Hoops' zum ‚Neuen', Jb. für Internationale Germanistik 28, 2, 1996, 26–77. (39) H.-J. Häßler (Hrsg.), Ur- und Frühgesch. in Niedersachsen, 1991. (40) L. Hedeager, Danmarks jernalder. Mellem stamme og stat, 1990. (41) Dies., The creation of Germanic identity. A European Origin-Myth, in: Frontières d'empire. Nature et signification des frontières romaines, Actes de la Table Ronde Internationale de Nemours 1992, Mém. du Musée de Préhist. d'Ile-de-France 5, 1993, 121–131. (42) J. Herrmann, Arch. Kulturen und sozialökonomische Gebiete, Ethnographisch-arch. Zeitschr. 6, 1965, 97–128. (43) Ders. (Hrsg.), Die Slawen in Deutschland. Gesch. und Kultur der slaw. Stämme w. von Oder und Neiße vom 6. bis 12. Jh., 1985. (44) F. Horst, Nord. Kulturbereich der jüng. BZ und die Herausbildung der germ. Stämme, in: F. Horst, F. Schlette (Hrsg.), Frühe Völker in Mitteleuropa, 1988, 25–34. (45) S. Hvass, B. Storgaard (Hrsg.), Digging into the Past. 25 Years of Arch. in Denmark, 1993. (46) H. Jankuhn, Siedlung, Wirtschaft und Ges.sordnung der germ. Stämme in der Zeit der röm. Angriffskriege, in: ANRW II.5.1. Halbbd., 65–126; 2. Halbbd. Ergänzung, 1262–1265. (47) Ders., Einf.

in die Siedlungsarch., 1977. (48) Ders., Das Germ.-Problem in der ält. arch. Forsch. (Von der Mitte des 19. Jh.s. bis zum Tode Kossinnas), in: [6], 298–309. (49) H. Kaufmann, Latènezeitliche Gürtelhaken als Beispiel für kelt.-germ. Kontakte am Mittelgebirgsrand, Alt-Thüringen 28, 1994, 139–155. (50) H. Keiling, Jastorf-Kultur und Germ., in: Arch. in der Dt. Demokratischen Republik 1, 1989, 147–155. (51) L. Kilian, Zum Ursprung der Idg. Forsch. aus Linguistik, Praehist. und Anthrop., 1983. (52) Ders., Zum Ursprung der Germ., 1988. (53) G. Kossack, Die Germ., in: P. Grimal (Hrsg.), Der Aufbau des Röm. Reiches, Fischer Weltgesch. 7, 1966, 252–273. (54) Ders., Die Germ., in: F. Millar (Hrsg.), Das Röm. Reich und seine Nachbarn, Fischer Weltgesch. 8, 1966, 291–314. (55) B. Krüger (Hrsg.), Die Germ. Gesch. und Kultur der germ. Stämme in Mitteleuropa, 1. Von den Anfängen bis zum 2. Jh. unserer Zeitrechnung, 1976; 2. Die Stämme und Stammesverbände in der Zeit vom 3. Jh. bis zur Herausbildung der polit. Vorherrschaft der Franken, 1983. (56) W. Künnemann, Jastorf – Gesch. und Inhalt eines arch. Kulturbegriffs, Die Kunde NF 46, 1995, 61–122. (57) K. Lamm, C. Ålquist, Long-lived settlement units in central Sweden, Stud. zur Sachsenforsch. 10, 1997, 177–194. (58) A. Lang, Germ. im Unterinntal? Hist. Versuch und arch. Realität, in: [36], 293–307. (59) Langobardia, 1990 (a cura di St. Gasparri, P. Cammarosano). (60) A. Leube, Germ. Völkerwanderungen und ihr arch. Niederschlag. Slaw.-germ. Kontakte im n. Elb-Oder-Gebiet. Ein Forschungsber. (II), Ethnographisch-arch. Zeitschr. 36, 1966, 259–298. (61) I Longobardi, 1990. (62) H. Machajewski, Aus den Unters. über die Kulturverbindungen der Bevölkerung Mittelpommerns zu dem Elbgebiet zur vorröm. EZ, RKZ und VWZ, in: Interregional Cultural Relations between Polish Territories and Adjacent Regions of Central and Eastern Europe, 1990, 131–146. (63) I. Matuschik, Der neue Werkstoff – Metall, in: Goldene Jahrhunderte. Die BZ in SW-Deutschland, ALManach, hrsg. von Arch. Landesmus. Baden-Württ. 2, 1997, 16–25. (64) W. Meid, Hans Kuhns „Nordwestblock"-Hypothese. Zur Problematik der „Völker zwischen Germanen und Kelten", in: [6], 183–212. (65) W. Menghin, Kelten, Römer und Germ. Arch. und Gesch., 1980. (66) Ders., Die Langob. Arch. und Gesch., 1985. (67) C. Metzner-Nebelsick, Vom Hort zum Heros. Betrachtungen über das Nachlassen der Hortungstätigkeit am Beginn der EZ und die besondere Bedeutung des Kg.sgrabes von Seddin, in: A. und B. Hänsel, Gaben an die Götter. Schätze der BZ in Europa, 1997, 93–99. (68) M. Meyer, Fundstellen vom Charakter der Przeworsk-Kultur aus Hessen, in: J. Gurba, A. Kokowski (Hrsg.), Kultura Przeworska I Materiały z konfrenzcij, 1994, 183 ff. (69) Ders., Bemerkungen zu einem spätlatènezeitlichen Trinkhorn aus Mardorf, Kr. Marburg-Biedenkopf, Germania 74, 1996, 538–549. (70) G. Mildenberger, Sozial- und Kulturgesch. der Germ., ^{2}1977. (71) Ders., Germ. Burgen, 1978. (72) Ders., Die Germ. in der arch. Forsch. nach Kossinna, in: [6], 310–320. (73) R. Mischung, Rez. zu [107], Germania 64, 1986, 677–682. (74) W. E. Mühlmann, Ethnogonie und Ethnogenese. Theoretisch-ethn. und ideologiekritische Studie, in: [107] 1, 1985, 9–28. (75) R. Müller, Zur Besiedlung Mitteldeutschlands im ersten Jt. v. Chr.– vor dem Zeugnis hist. Namen, Jahresschr. für mitteldt. Vorgesch. 75, 1992, 255–275. (76) M. Müller-Wille, Bäuerliche Siedlungen der Bronze- und EZ in den Nordseegebieten, in: H. Jankuhn u. a. (Hrsg.), Das Dorf der EZ und des frühen MAs, 1977, 153–218. (77) J. Pape, Die germ. Siedlung von Engter, in: W. Schlüter (Hrsg.), Kalkriese – Römer im Osnabrücker Land, 1993, 307–321. (78) K. Peschel, Die Kelten als Nachbarn der Germ., ZfA 4, 1970, 1–36. (79) Ders., Anfänge germ. Besiedlung im Mittelgebirgsraum. Sueben – Hermunduren – Markomannen, 1978. (80) Ders., Kelten und Germ. während der jüng. vorröm. EZ (2.–1. Jh. v. u. Z.), in: [44], 167–200. (81) Ders., Germ. und Kelten, in: [55] 1, 1983, 232–254. (82) Ders., Kelt. Latènekultur und deren Randgruppen im Mittelgebirgsraum, in: [50], 130–139. (83) Ders., Der Kultfund von Possendorf, Jahresschr. für mitteldt. Vorgesch. 72, 1989, 43–59. (84) W. Pohl, Tradition, Ethnogenese und lit. Gestaltung: eine Zwischenbilanz, in: Ethnogenese und Überlieferung. Angewandte Methoden der Frühmittelalterforsch., Veröff. des Inst.s für Österreich. Geschichtsforsch. 31, 1994, 9–26. (85) C. Renfrew, The identity of Europe in prehist. arch., Journ. of European Arch. 2, 1994, 153–173. (86) S. Rieckhoff, S-Deutschland im Spannungsfeld von Kelten, Germ. und Römern. Stud. zur Chron. der Spät-LTZ im s. Mitteleuropa, Trierer Zeitschr. Beih. 19, 1995. (87) Sachsen und Ags. Ausstellungskat., 1978. (88) E. Sangmeister, Zur Bedeutung urgeschichtl. Kulturgrenzen, in: Historia integra (Festschr. E. Hassinger), 1977, 9–31. (89) B. Schlerath, Rez. zu [107], GGA 241, 1989, 31–49. (90) F. Schlette, Germ. zw. Thorsberg und Ravenna. Kulturgesch. der Germ. bis zum Ausgang der VWZ, ^{2}1974. (91) Ders., Frühe Völker in Mitteleuropa. Arch. Kulturen und ethnische Gemeinschaften des 1. Jt.s v. u. Z., in: [44], 9–23. (92) W. P. Schmid, Alteuropa und das Germ., in: [6], 155–167. (93) K. H. Schmidt, Kelt.-germ. Isoglossen und ihre sprachgeschichtl. Implikationen, in: [6], 231–247. (94) P. Schöttler (Hrsg.), Geschichtsschreibung als Legitimationswiss. 1918–

1945, 1997. (95) W. Schrickel, Die N-Grenze der Kelten im rechtsrhein. Gebiet der Spät-LTZ, Jb. RGZM 11, 1964, 138–153. (96) J. Schuster, Die W-Grenze der Wielbark-Kultur und das Problem der sog. kulturellen Einflüsse aus dem ö. Pomorze, Ethnographisch-arch. Zeitschr. 37, 1996, 399–422. (97) E. Seebold, Rez. zu [109], GGA 248, 1996, 205–225. (98) Ders., Wann hat eine Sprache begonnen?, in: Theoretical Linguistics and Grammatical Description (Papers in honour of H.-H. Lieb), 1996, 287–296. (99) M. Seidel, Frühe Germ. am unteren Main. Bemerkungen zu neuen Zeugnissen der Przeworsk-Kultur aus Oberhessen, Germania 74, 1996, 238–247. (100) P. F. Stary, Der Mittelgebirgsraum als Transit- und Vermittlungszone hallstatt- und latènezeitlicher Kulturelemente aus Mitteleuropa ins w. Ostseegebiet, Ber. RGK 74, 1993 (1994), 537–564. (101) H. Steuer, Frühgeschichtl. Sozialstrukturen in Mitteleuropa, 1982. (102) Ders., Standortverschiebungen früher Siedlungen – von der vorröm. EZ bis zum frühen MA, in: Person und Gemeinschaft im MA (Festschr. K. Schmid), 1988, 25–59. (103) Ders., Arch. und germ. Sozialgesch. Forsch.stendenzen in den 1990er Jahren, in: K. Düwel (Hrsg.), Runische Schriftkultur in kontinental-skand. und -ags. Wechselbeziehung, 1994, 10–55. (104) Ders., Handwerk auf spätant. Höhensiedlungen des 4./5. Jh.s in SW-Deutschland, in: P. O. Nielsen u. a. (Hrsg.), The Arch. of Gudme and Lundeborg, 1994, 128–144. (105) W. E. Stöckli, Die Herkunft der Kelten und Helvetier, Arch. der Schweiz 14, 1991, 62–67. (106) Ders., Römer, Kelten und Germ., Bonner Jb. 193, 1993, 121–140. (107) Stud. zur Ethnogenese 1–2, 1985–1988. (108) D. Timpe, Kimberntradition und Kimbernmythos, in: B. und P. Scardigli (Hrsg.), Germani in Italia, 1994, 23–60. (109) J. Udolph, Namenkundliche Stud. zum Germ.-Problem, 1994. (110) R. von Uslar, Arch. Fundgruppen und germ. Stammesgebiete vornehmlich aus der Zeit um Chr. Geb., in: Zur germ. Stammeskunde, 1972, 146–201. (111) Ders., Germ. Sachkultur, 1975. (112) Ders., Zu einer Fundkarte der jüng. Kaiserzeit in der w. Germania libera, PZ 52, 1977, 121–147. (113) Ders., Die Germ. vom 1. bis 4. Jh. n. Chr., in: Handb. der europ. Wirtschafts- und Sozialgesch., Teilveröff. 1980. Nachtrag in Bd. 1, 1990: Forsch. 1980–1987, 744–752. (114) H. T. Waterbolk, Mobilität von Dorf, Ackerflur und Gräberfeld in Drenthe seit der LTZ, Offa 39, 1982, 97–137. (115) H. Wendowski, Arch. Kultur und ethnische Einheit. Möglichkeiten und Grenzen der Identifikation, 1994. (116) Wenskus, Stammesbildung, [2]1977. (117) Ders., Über die Möglichkeit eines allg. interdisziplinären Germ.-Begriffs, in: [6], 1–21. (118) Ders., Rez. zu [52], GGA 241, 1989, 21–31. (119) Ders., Mittel- und N-Europa um die Zeit des Buddha: Der relig. Umbruch im barbarischen Europa in der frühen EZ, in: H. Bechert (Hrsg.), The Dating of the Hist. Buddha. Die Datierung des hist. Buddha 1, 1991, 506–522. (120) B. Werbart, All these fantastic cultures? Concepts of arch. cultures, identity and ethnicity, Arch. Polona 34, 1996, 97–128. (121) U. Willerding, Anbaufrüchte der EZ und des frühen MAs, ihre Anbauformen, Standortverhältnisse und Erntemethoden, in: H. Jankuhn u. a. (Hrsg.), Unters. zur eisenzeitlichen und frühma. Flur in Mitteleuropa und ihrer Nutzung 2, 1980, 126–196. (122) Ders., Klima und Vegetation der Germania nach paläo-ethnobotan. Qu., in: [31], 1992, 332–373. (123) H. Wolfram, Die Germ., 1995. (124) H.-P. Wotzka, Zum traditionellen Kulturbegriff in der prähist. Arch., Paideuma 39, 1993, 25–44. (125) W. H. Zimmermann, Regelhafte Innengliederung prähist. Langhäuser in den Nordseeanrainerstaaten. Ein Zeugnis enger, langandauernder kultureller Kontakte, Germania 66, 1988, 465–488.

H. Steuer

C. Kunst

§ 35. Zum Kunstbegriff. Das Wortfeld Kunst verwendend, im Zusammenhang mit ‚dekorativen Erscheinungen' im germ. Bereich der VWZ und des frühen MAs, folgen wir dem eingebürgerten Vokabular, wobei wir uns darüber im klaren sind, daß sämtliche Erzeugnisse des Kunsthandwerks dieser Epoche eine reale Funktion als Gewand- und Körperschmuck oder aber als Geräte im Besitz einer herausgehobenen Bevölkerungsschicht erfüllten. Eine Kunst per se hat es nicht gegeben. Die von uns unter dem Kunstbegriff subsumierten Erscheinungen bei den Germ. sind aufgrund von Strukturvergleichen und mittels jüng., aber zurückschreibbarer schriftlicher Überlieferung im Religiösen beziehungsweise im Volksglauben verwurzelt. Das Magisch-Spiritualistische des germ. Glaubens an die ‚list' des Handwerkers bestimmt dessen Werk. Im Tun des Handwerkers verbindet sich das Wissen mit dem Können. Mit dem Durchdringen des Christentums wird dieses magische Feld auf das Handwerkliche, rein Positivistische ganz im Sinne der Ant. reduziert (vgl. 41).

§ 36. Forschungsgesch. Die erste wiss. Auseinandersetzung mit dekorativen Erscheinungen im n-europ. Kunstgewerbe germ. Volksgruppen erfolgte 1876 durch den schwed. Reichsantiquar Hildebrand, der den heute allg. anerkannten Grundsatz röm. Vorbilder für die Haupterscheinungsform der sog. germ. Kunst, der → Tierornamentik, formulierte (27).

1880 befaßte sich der dän. Archäologe Sophus → Müller mit diesem Thema. Obwohl er die gleichen morphologischen Erscheinungen thematisierte wie Hildebrand, kam er unter Vernachlässigung naheliegender röm.-germ. Kontaktreaktionen zu der Auffassung, daß die germ. Tierornamentik autochton sei (32).

Ähnlichkeiten und Verwandtschaften mit röm., vor allem motivlichen Erscheinungen während der Anfangsphase des Kunstgewerbes in N-Europa sah hingegen 1893 wiederum Söderberg (49).

Unter Vernachlässigung von zwischenzeitlich erfolgten Kompilationen (57; 48) sei schließlich Bernhard → Salin genannt, dem die bis heute gültige Gliederung der germ. Tierornamentik in die Stile I, II und III anhand der Aufdeckung von Transformationssequenzen gelungen war (45). Die Unters. Salins von 1904 (unveränderte Neuaufl. 1935) hat bis heute ihren Pilotcharakter nicht verloren. Die Grundauffassung Salins, die sich durch seine morphologischen Studien zieht, ist die von Ähnlichkeit und Verwandtschaft der Dekorations-Details. Unabhängig von ästhetischen Fragen ganz im Sinne der von Oscar → Montelius begründeten Methode arbeitete er nach den strengen Maßstäben der Typol. Daß angesichts dieser Grundsätze der Begriff ‚Germanische Kunst' in der gesamten Abhandlung Salins nicht verwendet wird, ist somit nur folgerichtig. Der nüchterne Bezug zw. Detailähnlichkeit, Verwandtschaft und Identität stellt die Grundlage der Entwicklungsgesch. und des inneren Beziehungsgeflechtes der Tierornamentik auf „nordgermanischem und südgermanischem" Gebiet dar. Der „... Totaleindruck, die ästhetische Wirkung ..." wird von Salin also als ein nur sekundäres Mittel der Erkenntnis angesehen und dementspr. nicht in seine Überlegungen einbezogen (45, 205).

Bis heute ist die Betrachtung des frühgeschichtl. Kunstgewerbes ganz im Sinne von Salin überwiegend positivistisch ausgerichtet. Erst in den letzten J. wurde angesichts neuer Detailstud. zu Salins Stil I (vgl. 25) mit dem semantischen Ansatz auf interdisziplinärer Basis begonnen (vgl. 42).

Salin definierte seine Stilstufen I, II, III primär über die Morphologie einzelner Tiere und deren Kopf-, Körper und Fußdetails und erst in zweiter Linie mittels der „Kompositionsweise (Nebeneinandersystem, Flechtsystem)" (45, 238 ff.). Die Betrachtung des Gesamtkompositionsprinzipes, vor allem von Stil II (Tierornamentik auf symmetrischer Flechtbandbasis) steht erst seit 1923, dargelegt von Nils → Åberg (1; 2, 78 ff.), im Vordergrund von neuen, über Salin hinausgehenden Definitionsbemühungen. Diese Sichtweise hält bis heute an (52, 47.1; 23; 39, 74; 40, 71 f.; 41, 135 ff.).

Unter Zugrundelegung eines durchaus vorauszusetzenden, gewollten Prinzips der Gesamtkomposition wollte Holmqvist 1953 eine eigene Stilstufe, die dem freien Rhythmus verbunden ist („germanisches Geflecht"; 28) definieren. Diese und ähnliche Erscheinungen hatte Salin als „... ein die ganze Fläche bedeckendes Gewirre von Thiergestalten oder deren Gliedmaßen" (45, 245) bezeichnet. Diese Phase darf entgegen Joachim → Werner (54, 101 f.) keineswegs als Frühstadium von Stil II angesehen werden, sondern muß als eine selbständige Stilstufe gelten, die nicht zum Stil II führt, da sie vielmehr teils mit Stil I, teils mit dem frühen Stil II zeitlich parallel läuft (39, 67 ff.).

Liegen die Ansätze für die detaillierte Herausarbeitung einer Stilstufe „Germanisches Geflecht – Schlaufenornamentik" noch bei Salin selbst begründet, so nicht für den Nydam-Sjörup-Stil (→ Nydam; → Sjörup), der 1937 von Forssander (21) bzw. 1954 von Voss (51) aus dem Salin'schen Stil I ausgegliedert wurde. Die Darlegungen von Erä-Esko zu Salin's Stil I in Finnland (18) sowie die von Örsnes aus den J. 1966 und 1969 (34; 35) für S-Skand. verzichten auf die Einführung neuer Stilbegriffe. Das gleiche gilt für die Bearbeitung des Tierstils I in England durch Bakka (7).

Die über Jahrzehnte gewissermaßen eingefrorene Betrachtungsweise des Stil I erfuhr eine neue Dynamik durch die Studie von Günther → Haseloff vom J. 1981 (25). Haseloff untergliederte den Stil I in vier Erscheinungsphasen (A–D), die einen zeitlichen wie auch geogr. Faktor in sich bergen.

Der Stil I, der fast bruchlos aus dem Nydam-Stil hervorgeht, liegt mit der Phase A nach der Einschätzung Haseloffs in den 80er J. des 5. Jh.s ausgebildet vor; er wird in seinen Anfängen durch reliefartig modellierte und mit einer einfachen Konturlinie versehene Tier-Menschen oder kauernde Vierfüßler definiert, wobei eine Tendenz zur linearen Auflösung ehemals halbplastischer Randtiere und deren inneren Gliederung durch parallele Querstriche (Leiterband) auffällt. Diese Neigung zur Verbänderung, in deren Folge sich die Konturlinien vervielfachen und schließlich den dominierenden Faktor einer Form darstellen, was schließlich in die Bandornamentik mündet, sind mit den Stilphasen C und D umschreibbar. Der geschwungene bandartige Verlauf der Darst.sweise von Tier- und Menschenkörpern bzw. deren Mischformen führt jedoch nicht zur vollendeten symmetrischen Komposition, wie sie für den Tierstil II charakteristisch ist.

Der Stil II wurde von Salin entspr. seiner Grundauffassung über Tier- und Menschendetails definiert, die nicht im Stil I vorkamen oder die sich in typol. Reihe aus diesem ergaben. Das Kompositionsprinzip der symmetrischen Flechtbandbasis, das 1923 von Åberg (1; 2) und dann 1935 von Werner (52) als die naheliegendste Definitionsgrundlage des Stiles II angesehen wurde, steht bis heute im Mittelpunkt weiterer Gliederungsversuche. Hierbei galt es vor allem, eine Frühphase auszugliedern, die die Diskussion über den Entstehungsraum von Stil II beleben sollte. Seit Salin, Åberg, Werner und Haseloff schien es unstrittig zu sein, daß der Stil II in Italien entstanden ist, wo die Voraussetzung der Synthese ant. Flechtbandornamentik mit dem nord. Stil I während der Langob.zeit nach 568 am ehesten gegeben war. Die große Gruppe der → Goldblattkreuze und die gegenüber der pann. Phase der → Langobarden formal wie dekorativ weiterentwickelten Bügelfibeln (→ Fibel und Fibeltracht § 45) schienen diese Sicht der Dinge zu bestätigen. Die Datierung von Stil II-Erscheinungen n. der Alpen frühestens an den Beginn des 7. Jh.s war vor allem aufgrund der Langob.theorie Werners aus dem J. 1935 (52) bis in den Anfang der 60er J. gängige Forsch.smeinung. Die Publ. des Grabinventares des Sarkophages 49 (22) aus Paris → Saint-Denis und die Identifizierung der dort bestatteten Person aufgrund eines Siegelringes als der Kg.in Arnegunde (→ Arnegunde-Grab), die aufgrund der schriftlichen Überlieferung zw. 565 und 570 verstorben sein mußte, revolutionierte das bisherige Bild von Entstehungsraum und -zeitpunkt des Stiles II, da das Inventar Stil II-verzierte Wadenbinden und Schuhschnallengarnituren enthielt. Unter dem Eindruck dieses Fundes mußte eine Revision und Neusichtung bestimmter münzführender Gräber vorgenommen werden, die – wäre die allg. anerkannte Langob.theorie Werners dem nicht entgegengestanden – eigentlich wie der Arnegundefund ins letzte Drittel des 6. Jh.s hätten datiert werden müssen. Es handelt sich hierbei um → Soest Grab 106, Umbra Grab 17 und Klepsau Grab 4, Funde, die sämtlich Bügelfibeln enthielten, die nach der Definition von Roth 1973 dem frühen Stil II zugerechnet werden müssen (39, 83). Die Erscheinung der Überkreuzung zweier Ornamenthälften auf einfacher Flechtbandbasis zusammen mit Münzreihen, die spätestens in den siebziger J. des 6. Jh.s enden, führten zu dem Schluß, daß der Stil II nicht einzig in Italien entstanden sein kann, sondern daß seine Anfänge gleichzeitig in verschiedenen Ornamentlandschaften der MZ, aber auch Skand.s liegen müssen, ohne daß eine deutliche Priorität festgestellt werden kann. Daß das Arnegundegrab aus St. Denis, das im übrigen keinerlei Münzen enthielt, aufgrund des dort vorhandenen fadenförmig aufgelösten späteren Stiles II und aufgrund der Kugelkopfnadeln in das 7. Jh. zu datieren ist, berührt die Problematik des frühen Stiles II heute nicht mehr (43; 38). Der Studie von 1973 folgend, konnte der Stil II in eine frühe Phase (Stil II A) auf einfacher durchscheinender symmetrischer Flechtbandbasis und in einen Stil II B auf voll integrierter Flechtbandbasis untergliedert werden. Was den Stil II allg. betrifft, so ist die heute gängige definierende Sichtweise die des Kompositionsprinzipes auf symmetrischer Flechtbandbasis (7). Die weitere Entwicklung des zugrundeliegenden Flechtbandes hin zu fadenförmigen Kompositionsformen bestimmt dann die jüngste mitteleurop. Erscheinungsform des Stiles II auf dem Kontinent.

Unter Außerachtlassung der bereits 1923 von Åberg formulierten Kompositionsgrundsätze bei der Definition von Stil II hat Arwidsson (6) in Anlehnung an Shetelig 1920 (47) die Vendelstile in fünf Gruppen unterteilt (A–E), von denen allenfalls Stil A und B dem Salinschen Stil II entsprechen. Die übrigen Formen gehören dem Salinschen Stil III an, dessen Internationalität von Bakka 1982 (8) zusammengefaßt wurde.

Der Arwidssonsche Gliederungsversuch basiert auf einer gemischten Betrachtung von Detail, Motiv und – stark vernachlässigt – auch kompositorischen Prinzipien. Der nur schwer nachvollziehbare Ansatz wurde bereits 1946 von Åberg (3) und 1987 von Saxild (46) kritisch betrachtet. Daß vor einem solchen Hintergrund Versuche einer chron. Einordnung der Vendelgruppe problematisch sein mußten, liegt auf der Hand (5).

§ 37. Entwicklungstendenzen. Wie die einem subtilen mathematischen Konstruktivismus verbundene kelt. Kunst als Kontaktreaktion an mediterran-hellenistischen Vorbildern bezeichnet werden kann, gehen auch die Anfänge der einfach Figürliches bevorzugenden germ. Kunst sowohl im technisch-handwerklichen Bereich als auch in Darst.sweise und Motivik gänzlich auf von außen kommende Impulse, hier auf röm. Anstöße in den N-Prov., zurück. Der Rezeptionszeitpunkt fällt allerdings keineswegs mit dem Beginn der röm.-germ. Beziehungen zusammen. Vielmehr bedurfte es mehrerer Generationen, bis es im Verlauf des 3. Jh.s zu einer halbplastischen figürlichen Dekorationskunst auf Metallgegenständen kam. Diese Erscheinungen überleben jedoch die erste Hälfte des 4. Jh.s nicht; sie führen also nicht zu den klass. germ. Tierstilen hin. Andererseits wird man aus dem Fehlen einer eigenen bildlichen Darst.skunst während der ersten Jh. intensiver röm.-germ. Berührungen nicht schließen dürfen, daß eine Ablehnung bildlicher Darst. von seiten der Germ. während der ersten zwei Jh. vorhanden gewesen sei, da man sich aus röm. Qu. in scheinbar unerschöpflicher Vielfalt bedienen konnte. Bronzekleinplastiken wie aus Kong (Dänemark) (17, 48 ff.) und Fröjhof (Norwegen; 17, 54 ff. 70), die mit → Runeninschriften versehen als Opfergaben in Mooren versenkt wurden, und vollplastische Trinkhornendbeschläge (17, 52 ff.), wohl in kelt. Stiltradition, muß man hingegen als Ausnahmen ansehen, die zu keinen weiteren germ. Entwicklungen Anlaß gegeben haben.

Möglicherweise gehen Anstöße zu einer figürlichen Kunst bei den Germ. Hand in Hand mit dem nachlassenden röm. Import und dem Wunsch, sich weiterhin mit bildlich verzierten Luxusgütern zu versorgen. Die Realisation dieser Absicht setzt einen handwerklich-technischen Entwicklungsstand voraus, der röm. Niveau angeglichen sein mußte. Der Rezeptionszeitpunkt einer ersten figürlichen Kunst der Germ. scheint also ursächlich mit den veränderten polit.-wirtschaftl. Bedingungen bei den Römern selbst an den Brennpunkten des Geschehens in Obergermanien seit der Mitte des 3. Jh.s zusammenzuhängen. Ein wichtiger Faktor der Entstehung ist ferner die Tatsache, daß das röm.-germ. Verhältnis schon längst keinen Gegensatz mehr bedeutet. Generationenlange Berührungen und Symbiosen auf der Ebene germ. Führer und Potentaten haben das Feld bereitet für eigene kunsthandwerkliche Betätigung, die über die Herstellung von metallenem Körper- und Gewandschmuck hinausgeht. Der Wille zu Bild und Schrift entsprach der Akkulturationsstufe der germ. Völker des 3. und 4. Jh.s. Gegen Mitte des 5. Jh.s nehmen sie erneut Römisches in Form und Technik auf und entwickeln es zur germ. Tierornamentik, die streng genommen nichts anderes darstellt, als die folgerichtige Weiterentwicklung röm. Tier- und Kerbschnitt-Dekors. Zu einem Zeitpunkt, als das polit. Schicksal Roms im N entschieden ist, überlebt das Kunstgewerbe der Spätant. unberührt von allen äußeren Faktoren, vergleichbar mit den Resten der Sprache und der Schrift als wichtigstem Kulturgut ehemals röm. Präsenz in Gallien und Germanien.

§ 38. Die Erscheinungsformen. a. Die figürliche Kunst des 3. bis 4. Jh.s. Unter den spätkaiserzeitlichen Funden des s. Dänemark, der dän. Inseln sowie der S-Slowakei und Ungarns finden sich wenige figürliche Erzeugnisse, hergestellt in Preßblechtechnik (→ Preßblecharbeiten) und in einfachen Güssen ausgeführt, die aufgrund ihrer Stilisierung auf Gegenständen nicht-röm. Charakters in germ. Kontext als Äußerungen des einheimischen Kunsthandwerks angesehen werden müssen. In S-Skand. stammen die hier in Rede stehenden Gegenstände aus Hortfunden oder sind Teil reicher Grabinventare aus der Sphäre teilromanisierter germ. Potentaten.

Die neue Figürlichkeit zeigt sich vor allem in der kleinen Gruppe seeländischer Silberkelche (17, 57 f.). Über dem bauchigen Gefäßkörper verläuft unterhalb des Randsaumes ein breiter vergoldeter Silberblechstreifen, der die Darst. von Jagdszenen trägt: Ein mit einem → Ringknaufschwert ausgerüsteter hockender Mann beobachtet fliehende Pferde, steinbockartige Tiere sowie Vögel. Die äußeren Konturen der nur schwach aus dem Bildgrund herausmodellierten, von der Seite gesehenen Tier- und Menschenkörper werden von Perlreihen begleitet. Weitere Füllelemente sind Kreuze, Rosetten sowie menschliche Maskenköpfe. Vergleichbare Preßbleche mit Darst. stark bewegter, rückwärts blikkender Vierfüßler im unendlichen Rapport finden sich auf einem vergoldeten Silberblech aus → Lilla Jored (17, 58 Abb. 13c) oder aber als Einzeldarst. auf einer Scheibenfibel aus Tangendorf, Kr. Harburg (17, 58 Abb. 13b). Umlaufende Tierfriese oder Darst. einzelner Tiere mit zurückgewandtem Kopf und gelegentlich heraushängender Zunge sind das Hauptcharakteristikum. Stilistisch typisch für die Hetz- und Jagdszenen ist es, daß die Tiere stets von der Seite gezeigt werden; die Tiere befinden sich in starker Bewegung. Dieser Eindruck wird durch die leichte Schrägstellung des Bildfrieses gegenüber der Standlinie verstärkt.

Das Motiv der Tierhetze bzw. der Jagdszenen ist wohl auf röm. Vorbilder zurückzuführen, die im s-skand. Bereich in den thematisch gleichen Bildfriesen röm. Zirkusbecher und Hemmoorer Eimer (→ Hemmoor; 17, 59 Abb. 14 f.) zu finden sind. Röm. Phaleren, wie sie im Moorfund (53; 56) von → Thorsberg vorliegen, sind ebenfalls Bildträger für die Prototypen der Motive auf seeländischen Silberkelchen. Die Phaleren lassen nicht nur ihre gewissermaßen natürliche prov.-röm. Komponente erkennen, sondern auch eine germ. Ergänzungs- und Reparaturphase im Stile der seeländischen Kelche. Die enge räumliche Konzentration solcher Stücke spricht – mit allem methodischen Vorbehalt – für die Herstellung in einer germ. Werkstatt im Zentrum der polit. Macht auf Seeland. Daß aus dem reichen röm. Angebot an Tieren und Fabelwesen von den germ. Künstlern offensichtlich nur der Bock und das Pferd ausgewählt wurden, wird aus der späteren bildlichen Überlieferung szenischer Art der Goldbrakteaten (→ Brakteaten) und aus der noch wesentlich jüng. schriftlichen Tradition (Thor-Bock) verständlich.

Neben den mit einiger Wahrscheinlichkeit auf Seeland zu lokalisierenden kunsthandwerklichen Ateliers sind solche, nach dem Fundbestand von → Stráže II (37), → Herpály (20) und → Osztropátaka (10) zu schließen, auch in der S-Slowakei und in NW-Ungarn zu vermuten. Diese Inventare sind nach Qualität und Struktur direkt vergleichbar mit den seeländischen Funden. Hier wie dort bewegen wir uns in der Sphäre kollaborierender germ. Häuptlinge, für die das röm.-germ. Verhältnis seit Generationen keinen Gegensatz bedeutete, sollten sie je eine eigene ‚germanische Identität' besessen haben. In dieser Atmosphäre kam es zu Äußerungen der dekorativen Kunst, die im Falle von Stráže II mit den seeländischen Erscheinungsformen verglichen werden können. Es handelt sich hierbei um Preßbleche, die als Gürtelbeschläge Verwendung fanden. Trotz starker Fragmentierung kann in einem Falle aufgrund des Stiles (‚Knielaufschema') und der Hintergrundpunzierung (Punzen, Rosetten, halbmondförmige Elemente) ein direkter Bezug zu den seeländischen Blechen der Silberkelche gesehen werden. Das gleiche gilt für ein Blech mit der Darst. eines Pferdespringers, ohne die sonst übliche Hintergrundpunzierung. Rahmungen und Rosetten entsprechen jedoch dem erstgenannten Stück, so daß eine starke Wahrscheinlichkeit gegenseitiger Abhängigkeit besteht. Mit allen immanenten Unsicherheiten gilt dies für ein weiteres fragmentiertes Silberblech aus Stráže II mit einer Reiterdarst. Da die Stilisierung dieses Lanzenreiters nur schwer vergleichbar ist mit den Darst. der Preßbleche von Osztropátaka oder mit denen vom zeitgleichen Paradehelm in Budapest (33; 50) und den Blechen des Schildbuckels von Herpály, dürfte am ehesten eine ‚germanische Hand' bei der Herstellung der Preßbleche von Stráže II beteiligt gewesen sein, wobei Vorbilder in der genannten prov.-röm. Serie zu sehen sind. Daß auch hier symbiotische Verhältnisse vorliegen, zeigt vor allem der Stangenschildbuckel von Herpály, dessen Form wohl germ. ist, dessen Tierkampfszenen (Löwe, Eber) und phantastische Mischwesen (Gryllos) jedoch prov.-röm. stilisiert wurden.

Neben den wenigen Preßblecharbeiten sind es gegossene Tierfibeln (56), vor allem Eberfibeln, die als Auseinandersetzung mit röm. Vorformen gelten dürfen. Die erst nach der Jt.wende überlieferte Gleichsetzung des Ebers mit dem germ. Gott → Freyr zeigt also, daß ält. Kerne dieser Überlieferung ins 3. Jh. zurückweisen, die im übrigen deutlich in der weiblichen Sphäre (Gewandschmuck) angesiedelt sind. Die Tatsache der Hauptverbreitung der

Eberfibeln entlang der Elbschiene verbindet die Anfänge der figürlichen Kunst auf Seeland mit den strukturell vergleichbaren Erscheinungen in der S-Slowakei und NW-Ungarn.

Diese Phase der figürlichen Kunst erfährt keine weitere Entwicklung. Die Gründe hierfür bleiben allerdings im Halbdunkel. In SO-Europa sind sie am ehesten in Erscheinungen der allg. Destabilisierung im Zusammenhang mit den Ereignissen der VWZ zu sehen. Was hingegen S-Dänemark und die dän. Inseln betrifft, so sind dort trotz einer anzunehmenden Bevölkerungskontinuität die in Gang gesetzten Versuche sich des Bildes zu bemächtigen, in dieser Form nicht überlebensfähig gewesen. Daß diese Räume trotzdem dann letztlich zu den Traditionsträgern der germ. Tierornamentik werden sollten, stellt einen heute noch nicht auflösbaren Widerspruch dar.

b. Der Sösdala-Coşoveni-Stil. Die Stempelornamentik der im J. 1922 und 1930 im Moor von Sösdala aufgefundenen, intentionell zerstörten Pferdegeschirrteile hat, wie bemerkt, im J. 1937 Forssander zu der Definition eines eigenen völkerwanderungszeitlichen Stiles (→ Sösdala und Sösdala-Stil) veranlaßt (21). Das Verbreitungsbild dieser Erscheinungen entlang einer von NW nach SO ausgerichteten Achse durch Mitteleuropa zeigt auffallende äußere Parallelen mit dem Vorkommen der gegenständlichen Anfangsphase der germ. Kunst.

Die Vorkommen des Sösdala-Coşoveni-Stils sind auf das s. Skand., Niederösterr., Rumänien, S-Polen sowie W- und S-Rußland beschränkt (→ Coşoveni de jos). Es ist eine auffallende Tatsache, daß dieser Stempel-Stil, der durch randbegleitend bzw. axial angeordnete Dreiecke, Sterne, Kreisaugen, Punkte, Halbkreise und Kreuze sowie Tierkopfprotome (Pferdeköpfe) gekennzeichnet ist, fast ausschließlich auf einem bestimmten Typ von Pferdegeschirren aus Edelmetall (Silber) vorkommt. Dies allein rechtfertigte keineswegs, in solch begrenzten Erscheinungen einen eigenen völkerwanderungszeitlichen Stil zu sehen, wenn jene Stempelornamentik nicht auch im Dekor der großen Gruppe der s-skand. Silberblechfibeln (30) Wirkung gezeigt hätte. Spärlicher Kerbschnitt, Stempeldekor der genannten Formen sowie die Übernahme von Tierprotomen auf die Fläche der Gegenstände sind die Merkmale. Diese Elemente finden sich in beinahe identischer Form auf prov.-röm. Tierkopfschnallen der 2. Hälfte des 4. Jh.s und hier vor allem auf den lanzett- und scheibenförmigen Riemenzungen (12). Tierkopfprotome in Gestalt von Pferdeköpfen, wie sie auf einer versilberten Gürtelgarnitur von der → Ehrenbürg in Oberfranken (16) vorkommen, umschreiben die gesamte Palette des mit Sösdala-Coşoveni umschreibbaren Stempelstils. Betrachtet man das Verbreitungsbild der genannten stempelverzierten Tierkopfschnallen, so kommen diese entspr. den Bewegungen spätröm. Heere von N-Gallien und Niedergermanien bis in den Donauraum um Regensburg vor. Im N treten sie aber auch im Elbe-Weser-Dreieck in auffallender Konzentration auf. Dies könnte der Rezeptionsraum gewesen sein, aus dem die Verfertiger der s-skand. Silberblechfibeln Anregungen erhielten. Der sog. Sösdala-Coşoveni-Stil muß am Ende des 4. Jh.s ausgebildet vorgelegen haben. Daß er bis in die Zeit des Nydamstiles, also bis in die Mitte des 5. Jh.s anhielt, zeigt das gelegentliche gemeinsame Vorkommen von im Sösdala-Coşoveni-Stil dekorierten Stücken mit denen des Nydam-Stils (Treptow, → Kelpin; 29, 186 f. Taf. 42,270/71).

Die außerordentlich nahen formalen röm. Verwandtschaften hingehend bis zur genauen Übereinstimmung der Stempelformen und des Kompositionsprinzips (der Verwendung des Dekors auf einer Achse des Gegenstandes oder dessen Rändern zusammen mit Tierkopfprotomen) führt zu der Frage, ob das im Sösdala-Coşoveni-Stil verzierte Pferdegeschirr prov.-röm. Produktion sei, wie dies bereits Åberg vermutete (4). Das Pferdegeschirr prov.-röm. Art, im Stile von Sösdala-Coşoveni verziert, zeigt sich hingegen dann folgerichtig anderwärts, nämlich im s. Skand., Niederösterr., Rumänien, Polen sowie in W- und S-Rußland. Das Fehlen von Pferdegeschirren in den Gräbern des Laeten-Foederaten-Gentilen-Horizontes N-Galliens müßte allerdings mit dort üblichen spezifischen Strukturen des spätröm. Heeres, die im Laeten-Foederaten-Gentilen-Bereich nicht beritten waren, zusammenhängen.

Sollte diese Hypothese röm. Produktion zutreffen, so ist dennoch festzustellen, daß sich germ. Handwerker mit Sicherheit aller Elemente des röm. Stempelstils bedienten, den sie auf einheimischen Silberblechfibeln anwandten. Daß direkte handwerkliche Kontakte zw. Provinzialrömern und Germ. Voraussetzung für diese Erscheinungen waren, ist zu vermuten.

c. Der Nydam-Sjörup-Stil. Der 1937 von Forssander geprägte Begriff des Sjörup-Stils (21) wurde 1954 von Voss unter Ausweitung der arch. Materialbasis um die Nydam-Gruppe bzw. den Nydam-Stil erweitert (51). Es handelt sich hierbei um einen flächendeckenden Reliefstil, der neben der hauptsächlichen Verwendung von Spiralranken und Spiralhaken sich einer frühen Form der randbegleitenden Tierornamentik bedient, die durch Menschengestalten oder deren Details bereichert werden kann. Nur in Ausnahmefällen (Nydam-Ortband) kommen durchbrochene Arbeiten vor. Die Spiralranken, Spiralhaken, Mäander und Dreiecke sind in höchst sorgfältigem, tiefen Kerbschnitt gehalten, der dem Prinzip von Zentralkompositionen und dem freier Rhythmen folgt.

Das Vorkommen von tiefem floralgeometrischem Kerbschnitt sowie von stets nur randbegleitenden phantastischen Seewesen, von Vögeln und kauernden Vierfüßlern im Rapport sowie heraldischen Tier/Mensch-Kompositionen zeigt überaus deutlich, daß die Erscheinungen des Nydam-Stils als eine Übertragung des röm. Kerbschnittstiles (spätröm. Militärstil) auf Gegenstände germ. Formen unter enger Beteiligung röm. Kunsthandwerker angesehen werden können. Der Vergleich zw. dem Okeanosmotiv einer spätröm. Gürtelgarnitur (25, Taf. 10) mit der Darst. auf der jütländischen Fibel von → Galsted (25, 27 ff. Abb. 9) und jener von → Lunde (Lista, Norwegen; 25, 12 Abb. 3), läßt jenes Wirkungsgefüge überdeutlich werden. Die Übertragung des Okeanosmotivs vom Rand auf die Fläche – (ermöglicht durch die lineare Auflösung des Motivs) – stellt die Fibel von Lunde definitorisch bereits an den Übergang zu Stil I.

Die Abhängigkeit des Nydam-Stiles von spätröm. Dekorationsformen und -techniken, und hier bes. von spätröm. Kerbschnitt-Gürtelgarnituren, zeigt, daß die Erzeugnisse des Nydam-Stiles am Ende des 4. Jh.s aufgekommen sein müssen und daß sie während der ersten Hälfte des 5. Jh.s ihren Höhepunkt erreicht haben; die Erscheinungen halten bis in die zweite Jh.hälfte an.

Neben den Funden von Sjörup und Nydam selbst können die Erzeugnisse aus dem großen Opferfund von → Ejsbøl (36, bes. Taf. 57) in Jütland als die derzeit wichtigsten Beispiele der Nydamphase angesehen werden, die insgesamt im s-skand. Bereich (Dänemark, S-Norwegen, SO-Schweden) vorkommt. In diesen Regionen dürfte auch die Rezeption erfolgt sein.

Betrachtet man den flächendeckenden Spiralrankendekor in tiefem Kerbschnitt in Verbindung mit der Verwendung von Randtieren als definierende Stilmerkmale, so müssen die Bügelfibeln der Schwelliner Gruppe (→ Schwellin; 58) sowie die Gürtelschnallen der Gruppe Gyula-Konarzew-

Baksordas (40, 38b. 74a. 74b) zum Nydam-Stil gezählt werden. Das gleiche gilt für den Sächs. Reliefstil der gleicharmigen Fibeln der ersten Hälfte des 5. Jh.s aus dem Elbe-Weser-Dreieck und dann aus England (25, 6 ff.).

Das Auftreten von Erzeugnissen des Nydam-Stiles im ö. Mitteleuropa muß eng mit den Goten verbindbar sein, die, den skand. Traditionen verbunden, den Nydam-Stil bis in die ital. Phase Aquasanta kennen (11, 134 ff.). Gürtelschnallen wie die aus Torre del Mangano (11, 133) mit randlichen Adlerkopfprotomen können auf diese Weise direkt mit entsprechenden gotländischen Bügelfibeln (45, 55 Abb. 119–120) in Verbindung gebracht werden. Strenggenommen stellen diese Erscheinungen die jüngsten Ausläufer des Nydamstiles dar.

d. Der Quoit-Brooch-Stil. In der der ersten Hälfte des 5. Jh.s, der Zeit der Einwanderung der Angeln und Sachsen in Brit., erscheinen in einem eng begrenzten Raum s. der Themse und themseaufwärts kunsthandwerkliche Erscheinungen, die unzweideutig vom spätröm. Kerbschnitt-Stil abhängig sind. Rückwärts blickende Tiere, aneinander gereihte menschliche Masken, Vierfüßler, kauernde Fabel- und Seewesen mit eingerolltem Schwanz, angeordnet im unendlichen Rapport oder nach heraldischen Kompositionsprinzipien sowie vollplastische Vögel als Applikationen auf den namengebenden Ringscheibenfibeln, die selbst röm. Vorstufen haben, bilden die bestimmenden Elemente dieses von Bakka definierten Stiles (15; 19). Alle Dekorelemente deuten auf eine kentische Werkstatt, deren Meister sich eng an prov.-röm. Kerbschnitt-Stil ausgerichtet haben. Im Gegensatz zu diesem und zu den kontinentalen Derivaten wurde der Dekor nicht mitgegossen, sondern durch Gravur und Punzarbeit erzeugt. Hierdurch erhält ein jedes Objekt den Charakter eines selbständigen Einzelstückes. Der Quoit-Brooch-Stil dürfte die zweite Hälfte des 5. Jh.s nicht überlebt haben.

e. Der Stil I. Eine Abgrenzung des Stiles I gegenüber dem Nydam-Stil, der dem Prinzip der reliefierten Tiere als Randverzierung und dem flächigen Spiralranken- und Palmettendekor verbunden ist, besteht darin, daß die Tierornamentik nun auch flächendeckend verwendet wird. Die ehemals halbplastisch modellierten Tierkörper werden nun durch parallele Linien, Leiterbänder oder Perlbänder dargestellt. Auf diese Art und Weise war der Weg hin zur rein bandförmigen Ausbildung des Stiles I vorbereitet. Dieser Prozeß wurde von Haseloff in vier Phasen (A–D) gesehen (25, 174 ff.).

Phase A. Der Übergang vom Nydam-Stil zum Stil I ist fließend. In der Phase A des Stiles I, für die der Dekor der Bügel-Fibel von Lunde (25) stellvertretend steht, ist die Körperlichkeit des Dargestellten in allen Fällen noch erhalten, betont durch die Konturlinien, die dem gerundeten Relief folgen. Der Übergang von Randverzierung zum flächendeckenden Tierornament ist auf dem Fibelfrg. von Hardenberg (25, 121 Abb. 74,4) sowie auf einem Exemplar von Gummersmark anzutreffen, dessen Dekor daneben noch Elemente des Nydam-Stils in Form von Spiralhaken, im freien Rhythmus über die Fläche verteilt, aufzuweisen hat. Als Kern und Ursprungsgebiet des am Ende des 5. Jh.s einsetzenden Stiles I muß S-Skand. gesehen werden – vielleicht Jütland –, da sich hier die Vorläufer im Nydam-Stil häufen. Außerhalb dieser Region zeigt sich die Stilphase A des Stiles I in SW-Deutschland und England belegt durch eingeführte Bügelfibeln bzw. deren Nacharbeitungen (25, 281 ff.). Bei allen Stücken sind die floralgeometrischen Traditionen des Nydam-Stiles noch deutlich zu erkennen.

Phase B. Die rundlich modellierten Körper mit deutlicher Konturlinie der Stilphase A werden nun durch parallele Querstriche gegliedert. Auf diese Art und Weise wird eine flächige Darst. erreicht. Durch das Prinzip der Querstrichelung (Leiterband) ist endgültig die rein flächenhafte Behandlung der Tierornamentik möglich geworden. Die lineare Auflösung ehemals halbplastischer Tiere ermöglicht es in stärkerem Maße, flächendeckend zu dekorieren. Die Bügelfibel von Vedstrup (25, 165 f. 180 ff., Abb. 53, 21; 97; 98–108) in Dänemark zeigt nun eine Tierornamentik, die alle große Flächen des Fibelkörpers überzieht. Das Prinzip der Addition kompletter Tier- und Menschengestalten, von Mischwesen oder von mehr oder minder zusammenhängenden Details unter gelegentlicher Verwendung heraldischer Motive kennzeichnet diese Phase B, in der es zum ersten Mal zu einer völligen Flächendeckung mit Tierornamentik kommen kann.

Phase C und D. Die Stilphasen C und D des Stiles I sind durch eine weiter fortgeschrittene bandförmige Auflösung der Tierkörper gekennzeichnet. D unterscheidet sich von C lediglich durch eine weiter fortgeschrittenere Verbänderung, die durch einen geschwungenen arhythmischen Verlauf gekennzeichnet ist, ohne daß eine symmetrische Bandornamentik entstehen würde. Die Phase C der Vervielfachung der Konturlinie kennt dieses Prinzip nur in der Anwendung auf einzelne, kompakt gezeichnete Tiere. In der Stilphase D hingegen werden verschlungen bandartige, überlange Tier- und Menschendarst. erzeugt, die nicht immer im organischen Verbund stehen müssen.

Die Stilphasen A bis D bergen einen zeitlichen und geogr. Faktor in sich. Zu betonen ist jedoch, daß Anfänge der Stilphase C der Vervielfachung der Konturlinie bereits bei kompakten Tieren im Sjörup-Fund selbst zu beobachten sind, Tendenzen, die erst später, am Ende der Entwicklung des Stiles I, in der Phase D voll wirksam werden.

Die Stilphase A des Stiles I scheint vor allem im SW Skand.s, die Stilphase B hingegen eher im SO ihre Hauptverbreitung gefunden zu haben. Die Phasen C und D dagegen finden sich vor allem in Dänemark und Norwegen, also im w. Bereich des Nordkreises. Die Ausbreitungslinien des Stiles I, von Skand. ausgehend, weisen zunächst nach England, sodann den Rhein aufwärts, nach N-Gallien und N-Frankreich, ferner nach Mitteldeutschland und nach Pann., wo es seit dem zweiten Drittel des 6. Jh.s in Anlehnung an die Phase B des Stiles I zu selbständigen Ausbildungen kommt. In SW-Deutschland, vor allem im alam., weniger im bajuwarischen Raum, wird die Stilphase B sehr selbständig rezipiert. Beispiele für diesen Vorgang sind in den Fibelgruppen um →Nordendorf, Staubing und Bopfingen seit der Mitte des 6. Jh.s zu finden (25, 551 ff.). Stellvertretend für den langob. Stil I der Stilphase B seien die Runenfibeln von Bezenye-Pallersdorf, Grab 8, genannt (39, 21 Taf. 3.2).

Daneben werden skand. Bügelfibeltypen in England, im Mittelrheingebiet, in Mitteldeutschland sowie in SW-Deutschland und O-Frankreich mit oft schwer lesbarem Stil I-Dekor imitiert (25, 465 ff.). Diese Erscheinungen reichen in die zweite Hälfte des 6. Jh.s hinein.

Die Rezeption und Weiterentwicklung des Stiles I auf dem mitteleurop. Kontinent und, von Pann. ausgehend, im langob. Oberitalien zeigen, daß Skand. von der späten VWZ an bis in die WZ hinein der traditionstragende Kern der Tierornamentik bleibt. Lediglich in N-England und Irland ist ein Gleichziehen in Qualität, motivlicher Vielfalt und technischer Beherrschung zu beobachten. Dort vollzieht sich auch die Übernahme hochkomplizierter Tierornamentik (Stil II) in die Buchmalerei (44).

f. Die Schlaufenornamentik oder das Germanische Geflecht. Die Tierornamentik im Stil I war einer stetigen Tendenz zur bandartigen Komposition hin ausgesetzt. Das Prinzip der Addition von Tieren, Menschen, Mischwesen oder deren Details auf der Fläche wird aufgeweicht zugunsten von willkürlich einsetzenden und endenden flechtbandartigen Abschnitten, die gelegentlich in sich selbst zurückgeführt werden können, ohne daß sich daraus eine symmetrische Komposition ergeben hätte. Diese Prinzipien führen dazu, daß die Darst. in ihre Einzelheiten zerlegt werden können, um anschließend in ein ‚germanisches Geflecht', das freien Rhythmen unterliegt und das nur gelegentlich in eine lockere Symmetrie führt, einzumünden. Diese Art der Darst. läßt sich an Erzeugnissen des Kunsthandwerks als eine allgemeine, weit verbreitete Erscheinung von Skand. bis nach Italien und von England bis in alam.-frk. Gebiet zw. dem zweiten Drittel des 6. Jh.s und dessen Ende beobachten. Die zeitliche Parallelität mit den Stilphasen B, C und D des Stiles I und den Anfängen des Stiles II muß deutlich konstatiert werden.

g. Der Stil II und die Vendelstile A und B. Der Tierornamentik im Stil II liegt stets eine symmetrische Flechtbandbasis zugrunde. Mit diesem integrierenden System hat die Tierornamentik das addierende Prinzip des Stiles I verlassen; es wird aufgegeben zugunsten eines neuen Kompositionsprinzipes, das von Bakka treffend als organisierter Rhythmus bezeichnet wurde (7).

Sichtet man den Bestand der im Stil II verzierten Gegenstände in Skand. und auf dem mitteleurop. Kontinent, vor allem im Einzugsbereich der Merowinger und im langob. Italien, so ergeben sich drei unterschiedliche Zustände, die durch das Maß der gegenseitigen Integration von Flechtband und Tierdetails definiert werden. Der frühe Stil II wird gekennzeichnet durch eine relativ einfache Flechtbandbasis, die es ermöglicht, zwei ehemals getrennte Ornamenthälften durch einfache Überkreuzungen miteinander zu verbinden (39, 77 f. 82). Der voll entwickelte Stil II hingegen bedient sich aller Möglichkeiten komplizierter, voll integrierter Flechtbandbasen (39, 166 ff.).

Eine Besonderheit stellt der sog. Zahnschnittstil II dar, der auf einer Gruppe exklusiver Gürtelschnallen aus Gold im awarischen Bereich Ungarns zu Beginn des 7. Jh.s vorkommt. Die Vermittlung dieses Stiles II an die Awaren dürfte durch langob. Goldschmiede von Italien her vonstatten gegangen sein. Der Begriff Zahnschnittstil II rührt von den charakteristischen Halbbändern (Zähnen) her, die die Tierkörper strukturieren (26).

Die nur auf dem mitteleurop. Kontinent vorhandene dritte Phase des Stiles II zeigt Tendenzen zu dünnen, fadenförmigen Kompositionen, in die symmetrisch zum Teil degenerierte Tierdetails eingesetzt sind. Diese letzte Phase des Stiles II ist in Skand. nicht zu beobachten. Hier behält jener seine volle schöpferische Kraft bis hin zu immer komplizierteren Gebilden, die schließlich in den frühwikingerzeitlichen Stil III einmünden.

Der frühe Stil II auf einfacher Flechtbandbasis zeigt sich auf Bügelfibeln aus dem letzten Drittel des 6. Jh.s, so auf den Fußplatten der Fibeln von → Nocera Umbra, Grab 17 und Klepsau, Grab 4 (t. p. q. 555). Die frühe Stellung beider Fibeln zeigt sich darin, daß auf der Kopfplatte der Fibeln aus Nocera Umbra, Grab 17, addierender Stil I und auf Bügelfeldern Schlaufenornamentik zu beobachten ist. Das gleiche gilt für Klepsau, Grab 4 (39, 82). Anerkennt man die genannte Definition eines frühen Stiles II, unterstützt durch die Münzführung und den dekorativen Kontext, so findet sich Tierornamentik auf durchscheinender, einfacher Flechtbandbasis auch in Skand. in der Gruppe der symmetrisch verzierten D-Brakteaten. Beispiele hierfür sind die Brakteaten von → Sletner, Stavijordet und Holte sowie der Brakteat Mackeprang Nr. 120 (39, 82).

Da mit frühem Stil II verzierte Gegenstände im letzten Drittel des 6. Jh.s ins Grab gelangen, ist mit einer Ausbildung des Stiles – also in der Kultur der Lebenden – theoretisch unmittelbar nach der Mitte des 6. Jh.s zu rechnen. Die Grenzen der Erkenntnis feinchron. Art lassen es nun nicht zu, die Ursprünge des Stiles II exakt zu lokalisieren. Vielmehr wird man davon ausgehen müssen, daß er mehr oder minder gleichzeitig in Italien, in S-Deutschland und in Skand. entstanden ist. Die sich im arch. Material allenthalben abzeichnenden weiträumigen und schnellen internationalen Beziehungen der Zeit gestatten also nicht, eine engere Focussierung vorzunehmen.

§ 39. Deutungsprobleme. Deutungsversuche von Erscheinungen der germ. Kunst bezogen sich vor allem auf die szenischen Darst. der Goldbrakteaten und denen auf den Preßblechen der Kalottenhelme vom Typ → Vendel/→ Sutton Hoo (13). Dazu kommen die Schwertscheide von Gutenstein (→ Pliezhausen), das Blech von Obrigheim und die Bronzemodeln → von Torslunda (zuletzt: 40, Taf. 266b, 199a,b). Der Versuch von Zeiss aus dem J. 1941, die Darst. im Sinne von Bildern, die Glück verheißen (→ Heilsbild; 59), zu interpretieren, wurde 1963 (55) und 1966 (56) von Werner aufgenommen. Besondere Bedeutung legte Werner im Gefolge von Grimm auf eine mögliche Verbindung zw. Tier-Personennamen und der Adler-Eber-Wolfsymbolik der germ. Tierornamentik. In der Tat sind weitere wichtige Anregungen zur Lesung der Tierornamentik von Seiten der Sprachwiss. gekommen (31; 9), die auf die vielfältigen geistigen Wechselbeziehungen zw. Mensch und Tier, die Mensch-Tier-Sympathien aufmerksam gemacht hat. Parallelitäts- und Affinitätsgedanken Mensch-Tier, die polygenetisch sind, berühren den Bereich des → Schamanismus, der in der germ. Glaubenswelt einen zentralen Platz einnimmt (14). Zu den real ansprechbaren Tieren in den bildlichen Äußerungen Germaniens gehören Adler, Wolf, Pferd, Bock, Eber, Bär und Schlange. Die menschliche Sphäre ist vertreten durch Menschendarst. an sich und durch Mensch-Tier-Mischwesen. In der Tierornamentik kommt es nun, sowohl im Stil I als auch im Stil II, zur Synthese beider Sphären. Liest man die Motivkombinationen der Tierornamentik wie auf der Basis von Additionen oder der Integration (Flechtband) fortlaufend wie eine Schrift, so kommt man zu den Begriffen Zusammensetzung, Zerstückelung, Verwandlung, Gestaltentausch, Tier-Mensch, alter ego (theriophore Personennamen, theriomorphe Maskierung, autosuggestive Tierverwandlung; 42, 9 ff.). Diese Größen gehören zu den Grundvorstellungen des Menschen, die von unterschiedlichen Traditionslagen und Aufnahmemechanismen bestimmt werden. Die Darlegung der Evolutionsstränge der Tierornamentik durch Beschreiben, Registrieren und Gliedern ist weit fortgeschritten (25). Der Terminus Tierornamentik hat sich eingebürgert, obwohl man spätestens seit der Studie von Haseloff (24, 67 ff.) zur Kenntnis nehmen muß, daß die Tiere nur ein Teil einer auch den Menschen umfassenden Movitik darstellen. Das Vordringen zur Lesbarkeit zeigt, daß Bezeichnungen wie Dekor oder Ornamentik dem Phänomen nicht mehr gerecht werden.

(1) N. Åberg, Die Goten und Langob. in Italien, 1923. (2) Ders., The occident and the orient in the art of the 7th century, I. Lombard, Italy, 1944. (3) Ders., Nordiska kompositionsformer i Stil II., Fornvännen 41, 1946, 11–30. (4) Ders., Den hist. relationen mellan folkvanderingstid och Vendeltid, 1953. (5) B. Arrhenius, The chron. of the Vendel graves, in: J. P. Lamm, H.-A. Nordström (Hrsg.), Vendel Period studies, 1981, 39–70. (6) G. Ar-

widsson, Vendelstile. Email und Glas im 7.–8. Jh., Valsgärdestud. 1, 1942. (7) E. Bakka, On the beginning of the Salin's style I in England, Universitetet i Bergen Årbok, 1958, H. 3. (8) Ders., W-europ. und nord. Tierornamentik des 8. Jh.s in überregionalem Stil III, Stud. zur Sachsenforsch. 4, 1982, 1–56. (9) H. Beck, Das Problem der bitheriophoren PN im Germanischen, in: [42], 303–315. (10) E. Beninger, Germ. Bodenfunde in der Slowakei, 1937. (11) V. Bierbrauer, Die ostgot. Grab- und Schatzfunde in Italien, 1975. (12) H. W. Böhme, Germ. Grabfunde des 4. bis 5. Jh.s zw. unterer Elbe und Loire, 1974. (13) R. Bruce-Mitford, The Sutton Hoo Ship burial, 1975. (14) P. Buchholz, Shamanism – the Testimony of Old Islandic Literary Tradition, Mediaeval Scandinavia 4, 1971, 7–20. (15) S. Chadwick Hawkes, The Jutish style A. A study in germanic animal art in southern England in the 5th century A. D., Archaeologia 98, 1961, 29–74. (16) H. Dannheimer, Die germ. Funde der späten Kaiserzeit und des frühen MAs in Mittelfranken, 1962. (17) H. J. Eggers, Die Kunst der Germ. in der EZ, in: Ders. u. a., Kelten und Germ. in heidn. Zeit, 1964, 5–72. (18) A. Erä-Esko, Germanic animal art of Salin's I in Finland, Finska Fornminnesföreningen tidskr. 63, 1965. (19) V. I. Evison, Quoit brooch style buckles, The Antiqu. Journ. 48, 1968, 231–249. (20) N. Fettich, Der Schildbuckel von Herpály. Sein nord. Kunstkreis und seine pontischen Beziehungen, Acta Arch. 1, 1930, 221–262. (21) J. E. Forssander, Provinzialröm. und Germ. Stilstud. zu den schonischen Funden von Sösdala und Sjörup, Meddel. Lund 1937, 11–100. (22) A. France-Lanord, M. Fleury, Das Grab der Arnegunde in St. Denis, Germania 40, 1962, 341–359. (23) G. Haseloff, Die langob. Goldkreuze. Ein Beitr. zur Frage nach dem Usprung von Stil II., Jb. RGZM 3, 1956, 143–163. (24) Ders., Bild und Motiv im Nydam-Stil und Stil I, in: [42], 67–110. (25) Ders., Die germ. Tierornamentik der VWZ, Stud. zu Salin's Stil I , 1981. (26) Ders., Germ. und ö. Tierornamentik im Donauraum, Frankfurter Beitr. zur Mittelalterarch. 2, 1990, 27–47. (27) H. Hildebrand, Djurtyper i den aldre nordiska ornamentiken, Tidskrift för Konst och Konstindustri, 1876. (28) W. Holmqvist, Eine Studie zur kontinentalen Tierornamentik. Wallraf-Richartz-Jb. 15, 1953, 9–27. (29) H. Kühn, Die germ. Bügelfibeln der VWZ, 3. Mitteldeutschland, 1981. (30) U. Lund Hansen, Kvarmløsefundet – en analyse af Sösdalastylen og dens forudsætninger, Aarbøger 1969, 1970, 63–102. (31) G. Müller, Germ. Tiersymbolik und Namengebung, Frühma. Stud. 2, 1968 (1969), 202–207. (32) S. Müller, Dyreornamentiken i Norden, Aarbøger 1880, 185–403 (dt.: Die Tierornamentik im Norden, 1881). (33) L. Nagy, Az esküteri római eröd, Pest város öse, 1946. (34) M. Ørsnes, Form og stil i Sydskandinaviens yngre germanske jernalder, 1966. (35) Ders., S-skand. Ornamentik in der jüng. germ. EZ, Acta Arch. 40, 1969 (1970), 1–121. (36) Ders., Ejsbøl I. Waffenopferfunde des 4.–5. Jh.s n. Chr., 1988. (37) V. Ondrouch, Bohaté kroby z doby rímskej na Slovensku, 1957, 244 ff. (38) P. Périn, Pour une révision de la datation de la tombe d'Arégonde, épouse de Clotaire Ier, Arch. Médiévale 21, 1991, 21–50. (39) H. Roth, Die Ornamentik der Langob. in Italien, 1973. (40) Ders., Der jüng. VWZ-Stil. Der Stil II und die Vendelstile, in: Ders. (Hrsg.), Kunst der VWZ, Propyläen Kunstgesch., Suppl.-Bd. 4, 1979. (41) Ders., Kunst und Handwerk im frühen MA, 1986. (42) Ders. (Hrsg.), Zum Problem der Deutung frühma. Bildinhalte. Akten des 1. Internationalen Kolloquiums in Marburg a. d. Lahn, 1986. (43) Ders., Zweifel an Arnegunde, in: Gedenkschr. G. von Merhardt, 1986, 267–276. (44) U. Roth, Stud. zur Ornamentik frühchristl. Handschriften des insularen Bereiches, RGK-Ber. 60, 1979 (1980), 5–225. (45) B. Salin, Die agerm. Thierornamentik. Typol. über germ. Metallgegenstände aus dem 4. bis 9. Jh., nebst einer Studie über ir. Ornamentik, ^{2}1935. (46) A. Saxild, Vendelstil A – en comment, Aarbøger 1987, 1988, 161–170. (47) H. Schetelig, Vestfoldskolen i den nordiske stilhistoria, Osebergfunde III, 1920. (48) I. Sesselberg, Die frühma. Kunst der germ. Völker, 1897. (49) S. Söderberg, Om djurornamentiken under folkvandringstiden, Antiqvarisk Tidskr. för Sverige XI:5, 1893, 1–93. (50) E. B. Thomas (Hrsg.), Arch. Funde in Ungarn, 1956, 258 ff. (51) O. Voss, The Høstentorp Silver hoard and its period, Acta Arch. 25, 1954, 171–219. (52) J. Werner, Münzdatierte austrasische Grabfunde, 1935. (53) Ders., Die beiden Zierscheiben des Thorsberger Moorfundes, 1941. (54) Ders., Die Langob. in Pann., 1962. (55) Ders., Tiergestaltige Heilsbilder und germ. PN, Dt. Vjs. Literaturwiss. und Geistesgesch. 37, 1963, 377–383. (56) Ders., Das Aufkommen von Bild und Schrift in N-Europa, SB Bayr. Akad. der Wiss., Phil. Hist. Kl., 1966, H. 4. (57) K. Woermann, Gesch. der Kunst aller Zeiten und Völker (1900) und I. Sesselberg, Die frühma. Kunst der germ. Völker, 1897. (58) H. Zeiß, Ein Fibelfund des 5. Jh.s von Schwellin, Kr. Köslin (Pommern), Germania 21, 1937, 34–39. (59) K. Zeiss, Das Heilsbild in der germ. Kunst des frühen MAs, SB Bayr. Akad. der Wiss., Phil. Hist. Kl., 1941, 2, H. 4.

H. Roth

§ 40. Die jüng. Kunststile. Können die voll entwickelten Tierstile I und II weitgehend als gemeingerm. Äußerungen der

VWZ und MWZ (33) bezeichnet werden, so ist das dagegen bei den nachfolgenden Weiterbildungen nicht mehr der Fall. Es zeichnen sich nun trotz des Versuchs, zunächst einer einheitlichen Benennung als Stil III für die unmittelbar folgende Phase (35) immer stärker regionale Unterschiede, Var. oder Ausprägungen ab, die vor allem im insularen W und im N Europas zu großer Eigenständigkeit geführt haben. In den beiden letztgenannten Regionen wurden Tierstile bis in das 11. Jh. fortgestaltet (17), während diese ‚heidn.' Ornamente auf dem Kontinent bereits in frühkarol. Zeit gänzlich aufgegeben wurden. Allerdings mag dieses Bild auch in gewissem Maße durch die Qu.lage mitbestimmt sein, da die Kenntnis der Tierornamente bei weitem überwiegend durch die metallene Kleinüberlieferung aus Gräbern geprägt wird.

Entspr. verzierte Ausstattungsgegenstände sind seit dem 8. Jh. im christl. Europa als Grabbeigaben aber kaum noch vertreten. Letzteres gilt zwar auch für den ags. W, doch kommen dort statt dessen einige sehr aussagekräftige Depotfunde hinzu sowie bes. auch Tierornamente in der → Buchmalerei und auf Steinmetzarbeiten (12). Im N gibt es sogar nennenswerte Beigaben bis in das 10. Jh.; hinzu kommen dort eine durch günstige Erhaltungsbedingungen geförderte hölzerne Parallelüberlieferung (→ Holzschnitzkunst) und bis in das 11. Jh. Runen- und Bildsteine mit Tierstilverzierungen. Aus dem kontinentalen Karolingerreich gibt es dagegen nur ganz vereinzelt Stücke, die noch als Zeugnisse einer echten einheimischen, auf alten Traditionen aufbauenden Tierornamentik aufgefaßt werden können (40) und die zugleich eine Art karol. Reichsstil repräsentieren (38, 30–37).

Nachdem sich in England schon sehr früh noch zur Zeit der gemeingerm. Tierstile auch eigene Formen mit dem sog. Quoit-brooch-style (→ Quoit Brooches; 4) und dem Helmet-style (26) abgezeichnet hatten, wurde nach einer Phase dominierend kontinentalen Einflusses bis über die Prunkobjekte des Grabes von → Sutton Hoo hinaus vor allem seit dem 8. Jh. eine große Eigenständigkeit im kunsthandwerklichen Schaffen erreicht (39; 41). Exponenten dafür sind einerseits der Helm von Coppergate in → York, dessen Nasenschutz Tierfiguren mit im Profil gesehenen Köpfen, Rümpfe mit Innendekor, betonte Schenkelspiralen und flechtartig verlaufende Enden trägt, andererseits mehr oder weniger dreieckig angelegte Tierfiguren mit aufgeblähten Rümpfen in zugehörigen Bandschlingen, wie sie auf den → Witham Pins vertreten sind. In verwandter Weise verzierte Riemenenden und ähnliches begegnen auch als materieller Niederschlag der → Angelsächsischen Mission auf dem Kontinent im rechtsrhein. Raum (43). Dazu gehören auch singuläre Stücke wie der Becher von → Fejø und der → Tassilo-Kelch. Aus dem 9. Jh. ist in erster Linie der nach einem Schatzfund benannte Trewhiddle-style (→ Trewhiddle) zu erwähnen, dessen meist dreieckige oder rundliche Figuren – zu denen nun auch häufig Vogelbilder zählen – in der Regel keine oder nur sehr geringe Innenverzierungen aufweisen, aber immer zackenartige Einschnitte am Rand des Körpers und an den Schenkelansätzen.

In der mit Tierstilen ausgeschmückten insularen Buchmalerei (3) sind ags. und ir. Elemente oft nicht klar voneinander zu unterscheiden oder in ein und derselben Hs. vertreten. So ist bereits das Book of → Durrow durch spätkelt. Spiralornamente, ags. Tierfiguren und mediterrane Flechtbänder ausgezeichnet. Manches Paradebeispiel wird in → Northumbria entstanden sein, wo Einflüsse aus verschiedenen Richtungen zusammenströmten. Zur weiteren Entwicklung → Buchmalerei.

Auch im N (25) beginnt die Selbständigkeit der Tierornamentik erst verzögert. Die ält. Vendelstile, benannt nach Grabfunden in → Vendel, Uppland, sind noch mit den frühen gemeingerm. Tierstilen zu synchronisieren, die jüng. (2; 31) zeigen dagegen eine mehr bandförmige Ausführung, die sich deutlich von den übrigen, bes. den ags. Formgebungen absetzt. An der Schwelle zur WZ begegnen in dem auf Gotland und im Umfeld des Mälarsees belegten Broa-Stil (→ Broa) noch späte Vendeltiere, nun jedoch zergliedert oder eingepaßt in medaillonartige Rahmen. Seit dieser Zeit ist der Wandel in der weiteren stilistischen Entwicklung so genau zu fassen (7; 42), daß die einzelnen Per. nach den Tierstilen als chron. Gradmesser benannt sind (→ Chronologie WZ).

Die Tierstile der ält. WZ (32) werden durch die sog. Greiftiere bestimmt, deren Tatzen/Pfoten den eigenen Körper oder selten den eines benachbarten Tieres in oft abenteuerlich anmutenden Verrenkungen umgreifen. Der stets von vorn oder von oben gesehene dreieckig-rundliche Kopf ist eventuell durch die Katze als neues Haustier inspiriert worden (37). Die beiden wesentlichen, nach norw. Grabfunden benannten Var. sind der Berdal-Stil in der 1. Hälfte des 9. Jh.s und der darauf folgende Borre-Stil (→ Borre; → Chronologie, WZ). In beiden Fällen sind die Figuren in der Regel einzeln dargestellt – im Berdalstil von oben oder von der Seite gesehen, im Borrestil dagegen zusammengerollt. Beide sind ausschließlich auf kleinen, meist bes. gut gearbeiteten Metallobjekten erhalten, die überwiegend in Norwegen und Dänemark gefunden worden sind, vereinzelt aber auch in Mittelschweden (→ Aska).

Die Fülle der ehemals mit Var. der Greiftierstile verzierten Gebrauchsobjekte wird schlaglichtartig deutlich an dem vielfältigen hölzernen Inventar des → Oseberggrabes (36). Nicht nur persönlicher Zierat, sondern auch Möbel, Schlitten, Wagen und das Grabschiff selbst sind damit kunstvoll von mehreren Meisterschnitzern ausgeschmückt. Wenn auch nicht stets derart qualitätvoll, wird man sich allenthalben im wikingischen (27) (und wohl auch zuvor schon im ält. germ.) Milieu vergleichbar verzierte Motivträger aus organischen Materialien in der gesamten Alltagswelt vorstellen dürfen, die lediglich aufgrund schlechterer Erhaltungsbedingungen nicht mehr bewahrt sind (→ Holzschnitzkunst).

In der jüng. WZ (28) werden die Greiftiere abgelöst durch seitlich dargestellte Figuren, die zunächst im Jellingstil (benannt nach dem Ornament des Silberbechers aus dem dän. Kg.sgrab von → Jelling) unter Aufnahme von Anregungen aus O-England (6) s-förmig gestaltet sind und dann im Mammenstil (benannt nach der tauschierten Verzierung einer Axt im Prunkgrab von → Mammen [23], Dänemark) unter Verwendung am ehesten kontinentaler Einflüsse als aufrecht stehende Vierfüßler mit stark betonten Schenkelspiralen und Nackenschopf erscheinen. Um die Jt.-wende werden diese verdrängt durch Tierstile, die alle durch bes. grazile, schlanke und oft schlingenförmige Figuren gekennzeichnet sind: Urnesstil, benannt nach der Portalverzierung der norw. Stabkirche von → Urnes, Ringerikestil mit besonderer Häufigkeit auf Monumenten im norw. Ringerike und Runensteinstil, der vor allem auf vielen schwed. Denkmälern, die oft auch schon als christl. Zeugnisse durch Schrift oder Symbole gekennzeichnet sind, auftritt (11).

Die drei zuletzt genannten Var., die auch wegen der spitzen Kopfformen sehr nahe miteinander verwandt sind, bilden den Abschluß der gesamten germ. Tierstilentwicklung.

Seit dem Tierstil III ist allen Tierstilen der germ. Welt gemeinsam, daß die Figuren gut lesbar sind. Allerdings sind mögliche Vorlagen zool. Art kaum zu erahnen. Sie sind jedoch nie fast bis zur Unkenntlichkeit zerlegt oder übertrieben verfremdet. Zwar ist zuweilen auf je ein Vorder- und ein Hinterbein verzichtet worden, doch bleiben die Figuren als vollständige Wesen erkennbar.

Inhaltlich wird der ehemals heidn. Charakter vor allem bei den jüng. ags. – unter Einwirkungen von den spätkelt. ir. Tierornamenten – und den wikingischen Ausformungen der germ. Tierstile allmählich ersetzt durch die Transformation christl. Bildgutes in die jeweils einheimische Formensprache.

Abgesehen von seltenen rundplastischen Beispielen (9) handelt es sich durchweg um plane Flächenverzierungen oder solche im Flachrelief, deren Größe und Rahmenentwurf von dem vorgegebenen Trägerobjekt bestimmt wurde. Die einzelnen Figuren sind dabei oft aneinandergereihte Wiederholungen und nicht szenische Zusammenstellungen. Dennoch wirken sie nicht stereotyp und erstarrt.

Zwar wird die überlieferte germ. Kunst tatsächlich sehr stark durch die verschiedenen Tierstile beherrscht, doch gab es auch andere Bereiche. Allerdings spielten während des gesamten frühen MAs sowohl vegetabilische als auch anthropomorphe Motive nur eine untergeordnete Rolle. Dagegen fanden geometrische Ornamente nicht nur als Randbegrenzungen, sondern auch als flächendeckende Verzierungen eine weite Verbreitung, die mit Hilfe sehr verschiedener kunsthandwerklicher Techniken (34) hergestellt wurden. Dabei haben germ. Künstler bzw. Kunsthandwerker ein Höchstmaß an Perfektion vor allem bei der Bearbeitung von Bunt- und Edelmetallen sowie bei der Verwendung von farbigen Steineinlagen und deren Surrogaten erreicht.

In besonderem Umfang ist die dermaßen angestrebte Polychromie während der VWZ und der MZ zu einem weiteren Kennzeichen germ. Kunst geworden. Vorherrschend beliebt war dabei die Verwendung des dunkelroten → Almandin (1), der anfangs überwiegend plangeschliffen in einem Zellenwerk gefaßt wurde, später aber mit weiteren Halbedelsteinen sowie mit farbigen Glasstücken, Muschelteilen und anderem bevorzugt in mugeliger Form mit halbplastischer Reliefwirkung einzeln verarbeitet wurde. Darüber hinaus wurde Mehrfarbigkeit auch erreicht durch → Tauschierung (18) und Nielloeinlagen (→ Niello) sowohl auf Schmuck als auch auf Waffen. Dagegen können die wenigen auftretenden Verzierungen mit → Email (15) nicht als typisch germ. gelten, da diese Zierweise erst seit der KaZ, wohl verstärkt durch Einfluß aus dem spätkelt. frühchristl. Irland an Bedeutung gewann.

Höchstleistungen germ. Kunsthandwerks spiegeln schließlich noch die Granulations- und Filigranarbeiten (→ Filigran; → Granulation) aus Gold und Silber. Bereits während der RKZ scheinen diese Techniken verschiedenenorts zur eigenständigen Ausschmückung von Zierat beherrscht worden zu sein (z. B. → Haßleben). In der VWZ (21) erlebten sie einen ersten Höhepunkt (z. B. → Ålleberg, → Färjestaden, → Möne), in der MZ wurden sie dann bevorzugt in Ergänzung zu anderen Verzierungstechniken eingesetzt (z. B. → Wittislingen). Im wikingischen N (13; 14) erlebten sie eine neue Blütezeit vor allem auf Prunkfibeln (z. B. → Hiddensee, → Terslev).

Weitere kunsthandwerkliche Verfahren, die von Fein- und → Goldschmieden angewandt wurden wie Blattvergoldung, Feuervergoldung, Kerbschnitt, Stempelornamente, Preßbleche, Gravierung und Ziselierung sind nicht typisch germ., sondern ebenso in der spätkelt. insularen und in der reiternormadischen Überlieferung oft vertreten.

Ohne Zweifel ist die Kenntnis germ. Kunst trotz allem überaus fragmentarisch. Das ist in erster Linie dadurch bedingt, daß sich bei weitem überwiegend Zeugnisse der Kleinkunst erhalten haben, die zudem fast ausschließlich aus gar nicht oder wenig vergänglichen Metallen bestehen. Diese können natürlich nur einen entsprechenden Ausschnitt vermitteln, der bevorzugt den Eindruck von Dekorations- und Repräsentationskunst bietet. Gerade bei den Metallarbeiten spielte die Wechselwirkung von Motiv und technischem Ausdrucksmittel eine wesentliche Rolle. Daher spiegelt sich in den Funden eine überaus große Kunstfertigkeit im Umgang mit den zur Verfügung stehenden Materialien. Der solchermaßen bewahrte Bestand ist durchweg von so hoher Qualität, daß zumindest für diesen Bereich vielfach an eine systematische Schulung von Kunsthandwerkern gedacht werden darf. Das wird für die Spätzeit unterstützt durch die trial- oder motif-pieces (30) aus der w. wikingischen Welt. In bes. herausragenden Fällen wie im Umfeld von → Childerich von Tournai und → Oseberg sind sogar eine Art Hofwerkstätten oder -schulen vorauszusetzen, deren Wirkung zusätzlich durch Mäzenatentum wie z. B. von Asser für → Alfred den Großen bezeugt, gefördert worden sein kann.

Andere Bereiche künstlerischen Schaffens sind nur in geringerem Umfang bekannt. So wird Architektur im wesentlichen erst mit den nord. → Stabkirchen (16) seit dem 11. Jh. greifbar, obgleich in ält. Dichtung (→ Beowulf, → Venantius Fortunatus) auch reich ausgeschmückte profane Bauwerke genannt werden. Textilkunst (22) und Holzschnitzkunst (8) sind naturgemäß nur noch selten überliefert, doch scheinen sie im großen und ganzen denselben Stilgesetzen unterworfen gewesen zu sein wie die ungleich häufiger und besser bewahrte Metallkunst. Letzteres gilt zumindest teilweise auch für die wenigen erhaltenen Steinmetzarbeiten im Flachrelief (z. B. → Hornhausen, → Niederdollendorf) vor der WZ (5). Die ihnen nachfolgenden nord. Bildsteine (29) können im Gegensatz dazu schon als eine Frühform eigener Malerei betrachtet werden, obgleich Farbe in Form von Pigmenten als zusätzliche Ausstattung oder gar als eigenständiges Ausdrucksmittel in der gesamten germ. Welt bisher nur ausnahmsweise identifiziert wurde. Plastik, → Figürliche Kunst, vor allem wohl in Gestalt von Götter- oder Götzenfiguren als Monumentalkunst (10) ist den verschiedenen christl. Missionswellen zum Opfer gefallen.

Generell treten anthropomorphe Motive – oft im wahrsten Sinne des Wortes – stark in den Hintergrund. In Verbindung mit Tierstilen gibt es sie immer mal wieder als Masken oder als ganze, derart versteckt hineinkomponierte Menschenbilder, daß sie selbst für den jeweils zeitgenössischen Betrachter nur schwer zu erkennen waren. Lediglich bei Trägerobjekten, die in Zusammenhang mit Relig. und Myth. (→ Bilddenkmäler) stehen, ist diese Scheu der Darst. überwunden worden, doch sind diese – abgesehen von den → Brakteaten – nur aufgrund ihrer Ikonographie spezifisch germ., nicht aber wegen ihres künstlerischen Ausdruckes (14a).

Die germ. Kunst war vielfältig (19; 20; 24). Bewahrt ist davon nur wenig. Dieses läßt großes kunsthandwerkliches Können erkennen und es läßt zugleich trotz einer hohen Verlustquote erahnen, wie stark die Umwelt allenthalben von ‚Kunst' geprägt gewesen ist.

Trotz starker eigener Charakteristika steht die germ. Kunst nicht ganz isoliert da. So hat sie manche Anregung aus der spätant. (z. B. Mäander, Wellen, Wirbel) und aus der frühchristl. (in geringem Umfang sogar aus der ö.-nomadischen) Welt entlehnt. Jedoch wurden solche Komponenten sehr schnell absorbiert und in eine adäquate eigene Formensprache transformiert, so daß sie schon bald nicht mehr als Fremdeinflüsse zu erkennen waren. Dieses Bild wird dadurch verstärkt, daß die Kunst fast nur noch – und damit lückenhaft – im Medium der komprimierten metallenen Kleinüberlieferung sichtbar wird. Selbst der zunächst sehr fremd anmutende polychrome Edelsteinstil wurde sehr bald (oft in Kombination mit Preßblechen, Filigran, Kerbschnitt und Tierstilelementen) in einer germ. Form verselbständigt. Zwar hat es eine große Vielfalt überregional wahrgenommener Ausdrucksmöglichkeiten gegeben, doch werden diese alle mehr oder weniger intensiv durch die Tierstile beherrscht oder zumindest mitbestimmt. Im Gegensatz zu dem prägenden Flechtband der spätkelt. Tierornamentik (mit in der Buchmalerei derart ganz ausgefüllten, sog. Teppichseiten) und den in der Regel gut erkennbaren Tieren und Fabelwesen der reiternomadischen Ornamente, zeigt die germ. Tierornamentik deutlich abweichende Kennzeichen.

So wurde dem Bildhintergrund der germ. Tierornamente bis in das 11. Jh. in der Regel nur wenig Aufmerksamkeit gewidmet. Die einzelnen Figuren stehen oft geradezu frei und in den frühen Phasen ohne Rücksicht auf organische Zusammenhänge. Es sind meist unproportionierte Phantasieprodukte mit variierender anatomischer Ausstattung. Überbetonung, Zerlegung, Stilisierung und Junkturen sowie die vielfach rebusartige Ansammlung abstrakter Einzelformen in Wiederholungen werden dabei schon für die jeweiligen Zeitgenossen eine Entschlüsselung der sicher urspr. gegebenen bzw. als Motiv entlehnten Bildinhalte kaum noch möglich gemacht haben. Statt dessen können die Entstellungen bzw. Schemata zwanglos und ohne von einem bestimmten Künstler gelenkt worden zu sein, zu ständig neuer Interpretation in wechselnder Umwelt geführt haben.

Der beabsichtigte Verfremdungseffekt vor allem der frühen germ. Kunst, der so markant im Kontrast steht zu den wenigen zeitgleichen nahezu naturalistischen Tierbildern (→ Figürliche Kunst, → Bilddenkmäler) findet seine Bestätigung darin, daß die Zeugnisse der alles beherrschenden Tierstile bis auf wenige, späte Ausnahmen von anonymen Meistern geschaffen wurden.

(1) B. Arrhenius, Merovingian garnet jewellery, emergence and social implications, 1985. (2) G. Arwidsson, Vendelstile. Email und Glas im 7.–8. Jh., Valsgärdestud. 1, 1942. (3) J. Backhouse u. a. (Hrsg.), The Golden Age of Anglo-Saxon Art 966–1066, 1984. (4) E. Bakka, On the beginning of Salin's Style I in England, Universitetet i Bergen Årbok 1958, H. 3, 7–14. (5) K. Böhner, Die Reliefplatten von Hornhausen, Jb. RGZM 23/24, 1976/77 (1982), 89–138. (6) J. Brøndsted, Early English Ornament, 1924. (7) T. Capelle, Der Metallschmuck von Haithabu, 1968. (8) Ders., Holzschnitzkunst vor der WZ, 1980. (9) Ders., Vollplastische Tierstile im frühen MA, in: Iconologia Sacra (Festschr. K. Hauck), 1994, 166–170. (10) Ders., Anthropomorphe Holzidole, 1996. (11) H. Christiansson, Sydskandinavisk stil, 1959. (12) R. J. Cramp, Corpus of Anglo-Saxon Stone Sculpture in England 1, 1984. (13) W. Duczko, Birka V. The Filigree and Granulation Work of the Viking Period, 1985. (14) H. Eilbracht, Filigran- und Granulationskunst im wikingischen Norden, 1998. (14a) M. Gaimster, Vendel period bracteates on Gotland – On the significance of Germanic art, 1998. (15) G. Haseloff, Email im frühen MA, 1990. (16) R. Hauglid, Norske Stavkirker, 1969. (17) W. Holmqvist, Viking Art in the Eleventh Century, Acta Arch. 22, 1951, 1–56. (18) W. Ders., Tauschierte Metallarbeiten des Nordens, 1951. (19) Ders., Germanic Art during the first Millenium A. D., 1955. (20) Ders., Die Kunst der Germ. seit dem 5. Jh., in: H. J. Eggers u. a., Kelten und Germ. in heidn. Zeit, 1964, 155–224. (21) Ders., Guldhalskragarna, 1980. (22) B. Hougen, Osebergfunnets billedvev, Viking 4, 1940, 85–124. (23) M. Iversen (Hrsg.), Mammen. Grav, kunst og samfund i Vikingetid, 1991. (24) W. A. von Jenny, Die Kunst der Germ. im frühen MA, 1940. (25) L. Karlsson, Nordisk form – om djurornamentik, 1983. (26) T. D. Kendrick, Style in Early Anglo-Saxon Ornament, IPEK 1934, 66–76. (27) J. T. Lang, Viking-Age Decorated Wood, 1988. (28) S. Lindqvist, Yngre vikingastilar, in: Nordisk Kultur 27, 1931, 144–179. (29) Ders., Gotlands Bildsteine 1–2, 1942/1945. (30) U. O'Meadhra, Early Christian, Viking and Romanesque Art – Motif-Pieces from Ireland, 1979. (31) P. Olsén, Die Saxe von Valsgärde, 1945. (32) J. Petersen, Eldre vikingestil, in: Nordisk Kultur 27, 1931, 124–143. (33) H. Roth, Kunst der VWZ, Propyläen Kunstgesch., Suppl.-Bd. 4, 1979. (34) Ders., Kunst und Handwerk im frühen MA, 1986. (35) B. Salin, Die agerm. Thierornamentik. Typol. über germ. Metallgegenstände aus dem 4. bis 9. Jh., nebst einer Studie über ir. Ornamentik, 1904. (36) H. Schetelig, Vestfoldskolen i den nordiske stilhistoria, Osebergfundet

III, 1920. (37) H. Steuer, Zur Herleitung des nord. Greiftierstils, in: Stud. zum Agerm. (Festschr. H. Beck), 1994, 648–676. (38) E. Wamers, Die frühma. Lesefunde aus der Löhrstraße, 1994. (39) L. Webster, J. Backhouse (Hrsg.), The Making of England. Anglo-Saxon Art and Culture 600–900, 1991. (40) J. Werner, Frühkarol. Silberohrringe von Rastede (Oldenburg). Beitr. zur Tierornamentik des Tassilokelches und verwandter Denkmäler, Germania 37, 1959, 179–192. (41) D. M. Wilson, Anglo-Saxon Ornamental Metalwork 700–1100 in the British Mus., 1964. (42) Ders., O. Klindt-Jensen, Viking Art, 1966. (43) J. Ypey, Fundstücke mit anglo-karol. Tierornamentik in ndl. Sammlungen, Ber. ROB 18, 1968, 175–191.

T. Capelle

IV. Gesittung

A. Allgemeines

§ 41. Gesittung. Die großen Bereiche der kulturellen Werte, die neben den materiellen Erscheinungsformen eine Kultur ausmachen, haben in der Gesch. der Germ.-Forschung unterschiedliche Beachtung erfahren. Das liegt auch an der Qu.-lage, die bei Relig. und Recht weit besser und offenkundiger ist als bei Sitte und Brauch. Zur Wertewelt zählen auch Orientierungen und Leitvorstellungen, die nicht die Stufe der Norm erreicht haben, vielmehr im Bereich des Althergebrachten und Gewohnten verbleiben – Werte, die sich in gelebten sozialen, wirtschaftl. und kulturellen Ordnungen manifestieren, ohne explizit formuliert zu werden und die doch wesentlich zur Gestaltung konkreter geschichtl. Lebensformen beitrugen.

Die folgenden Beiträge gelten der Relig. (einschließlich der Kirchengesch.), dem Recht (mit der Rechtsarchäologie), der Sitte und dem Brauch. Die Einleitung möchte einige Zusammenhänge, Probleme und Aufgaben, die sich aus der Gesamtkonzeption einer germ. Altkde ergeben, ansprechen.

Religion: Die methodischen und sachlichen Voraussetzungen, an denen heutige Arbeiten zur germ. Religionsgesch. zu messen sind, lassen sich mit drei großen Arbeiten dt., ndl. und schwed. Forsch. skizzieren.

Karl → Helm, Altgerm. Religionsgesch. (Heidelberg 1913–1953), folgt in seiner Darst. erstmals einer strikten hist.-regionalen Gliederung des Stoffes – in der Annahme, daß bereits um Christi Geburt Stammesunterschiede bestanden, die nicht mehr von einer Einheit des Germ. zu reden erlaubten. Zeitlicher Wandel und örtliche Differenzierung seien Charakteristika aller kulturellen Erscheinungen und beanspruchten Gültigkeit auch in einer germ. Religionsgesch. Diesen Forderungen kam Helm nach, ohne allerdings noch das Nordgerm. bearbeiten zu können. Sein Begriff des Westgerm. ist sprachhist. überholt, als klassifikatorische (und nicht genetische) Größe jedoch brauchbar. Helm läßt sich auch von dem Gedanken leiten, daß die Relig. einer Zeit durch das Weiterleben vorgängiger, zum Aberglauben abgesunkener Vorstellungen geprägt sei. Das Nebeneinander sei durch ein Nacheinander aufzulösen. Helm rettet damit für die Religionsgesch. einen Qu.bereich, der in der Folgezeit sehr kritisch beurteilt wurde (vgl. etwa 2).

Statt Myth. will Helm Religionswiss. betreiben, d. h. die ganze Fülle der dichterischen, magischen und kultischen Vorstellungen und Äußerungsformen in seine Darst. einbeziehen – unter Einschluß auch der arch. Funde und Befunde (Baetke unterzog diese Auffassung einer heftigen Kritik. Vgl. 1, bes. 1–16. 140–154). Der 1. Bd., der die vorgeschichtl., vorröm. und röm. Zeit behandelt, bietet denn auch eine bis heute bedeutsame Qu.behandlung für eine Zeit, der die schriftlichen Qu. noch weitgehend fehlen und für die allenfalls die vergl. Religionswiss. zur Deutung beitragen kann.

Jan de → Vries orientierte sich in seiner Altgerm. Religionsgesch. in 1. Aufl. weitgehend am Konzept Helms (6). Die 2. Aufl. brachte eine Abkehr davon. Ziel war es nun, die stammesübergreifenden gemeingerm. Charakterzüge herauszuarbeiten. Dahinter steht die Annahme, daß die Germ. ihre Kultur und Relig. in einer gleichmäßigen und ununterbrochenen Entwicklung von der BZ (ja der Jungsteinzeit) bis zur Einführung des Christentums bewahrt hätten (I, 23). Die zugrundeliegende These, daß die Kontinuität arch. Kulturprovinzen auch eine ethnische Kontinuität bedeute (→ Kossinna, Gustaf), löste inzw. heftige Kontroversen aus – und tangiert auch die Konzeption dieses Lex.s, das die Anfänge des Germ. im letzten vorchristl. Jt. gegeben sieht (siehe III.). Gegenüber früheren Darst. zur Germ. Religionsgesch., die sich in einer innergerm. Sicht erschöpften, galt seit den Unters. des Schweden V. Rydberg (4) fast allg. der Grundsatz, die germ. Relig. aus ie. Zusammenhängen herzuleiten – und de Vries folgt diesem Prinzip ebenfalls. Die ie. Herleitung und die gemeingerm. Sicht ergeben zusammen ein hohes Maß an Kontinuität, das de Vries auch betont. Inwieweit diese Kontinuität durch eine Integrationsfähigkeit benachbarter relig. Vorstellungen berührt wird, ist eine Frage, der sich das Lex. zu stellen hat (→ Synkretismus).

Ström lieferte die jüngste zusammenfassende Darst. der Germ. Relig. (in 5, 10–306). Maßgebende Gesichtspunkte seiner Arbeit sind

- wie bei Vorgängern wird germ. Relig. konsequent auf dem ie. Hintergrund interpretiert.
- Ethik wird der Relig. zugerechnet und unter „Frömmigkeit" behandelt (5, 194 ff.). Ström beruft sich auf den Dänen Vilhelm → Grønbech, aber auch auf Baetke und dessen Nomoslehre. Andreas → Heusler hatte demgegenüber die Ethik der Germ. als eine diesseitige Angelegenheit erklärt, über die die Menschen und nicht die Götter walteten.
- die germ. Götter behandelt Ström nach der → Dumézilschen Dreifunktionentheorie. Ihr zufolge sei die Götterwelt der Indoeuropäer (und ihrer Nachfahren) analog zur Gliederung der menschlichen Ges. in soziale Stände organisiert und nach drei Funktionen beschreibbar: der Herrscherfunktion, der Funktion der Stärke, der nährenden Funktion. Dazu rechnen weibliche Gottheiten, die zu den Göttern der drei Funktionen (bes. aber der dritten) in Beziehung treten. Ström überträgt dieses System konsequent auf das Germ., muß dabei aber auch mit „Verschiebungen" und „Abspaltungen" (Hypostasen, Aspekten) rechnen.

Die gegenwärtigen Arbeiten zur Germ. Religionsgesch. und auch die das Thema berührenden Art. dieses Lex.s lassen sich in das Spannungsfeld einordnen, das die drei genannten Darst. auftun. Impulse gehen dabei insbesondere von bisher unberücksichtigten Qu.gattungen aus (→ Brakteaten, → Goldbrakteaten, → Goldblechfigürchen), aber auch von arch. Ergebnissen, wie sie sich etwa bei der Unters. der Reichtumszentren Skand.s (→ Gudme) ergeben.

Ein besonderes Problem wirft die Kontinuitätsfrage auf (vgl. auch § 45d). Diese Frage steht auch im Zusammenhang mit dem Problem der zeitlichen Gliederung der germ. Religionsgesch. – zumindest dann, wenn Kontinuität als ungestörte Bewahrung eines einheitlichen relig. Gefüges von den Anfängen bis zur Einführung des Christentums verstanden wird. Damit verbunden ist die Annahme, daß die Begegnung mit Fremdreligionen eine Zerrüttung der heimischen Tradition bedeute, die auch nur eintreten könne, wenn die Zersetzung von innen heraus schon vorgelegen habe (6, I, 23). Einem Kontinuitätsbegriff, der sich aus dem Gegensatz von Zerrüttung und Zersetzung definiert, versucht das Lex. eine andere Sicht entgegenzusetzen. Dazu trägt in erster Linie auch eine schärfere zeitliche Periodisierung der germ. Religionsgesch. bei. Sie versucht, in positiver

Werung der kulturell-relig. Begegnungen mit nicht heimischen Relig. und Kulturen den geschichtl. Wandel der Glaubens-Anschauungen zu beschreiben. Die an sich schmale Überlieferung gibt doch einige Hinweise für eine zeitliche Gliederung, die auf Indizien aktiver Auseinandersetzungen mit anderen Relig. beruht:

Eine sehr altertümliche relig. Vorstellung überliefert Tacitus in seiner Mannus-Genealogie (Tac. Germ. c. 2). Mannus, Sohn des erdentsprossenen Gottes Tuisto (→ Twisto), ist der Stammvater einer in drei Zweigen fortlebenden Nachkommenschaft (Mannusstämme). Für Tacitus ist dies ein Merkmal in der Argumentation über die autochthone Herkunft der Germ. Offensichtlich ist für ihn die eponyme Genealogie, die in einer Dreiheit alle Nachkommen des Urmenschen umfaßt, eine Fiktion von hoher Ursprünglichkeit und Eigenständigkeit. Es ist anzunehmen, daß er die Bedeutung von Mannus = Mensch (Urahn der Menschen) verstanden hat. Daß diese Fiktion zu seiner Zeit bereits in Frage gestellt war und weitere Stämme Anspruch erhoben, an dieser Abstammungsgemeinschaft teilzuhaben, deutet auf eine jüng. gentilische Differenzierung. Ethnisch gesehen, läßt sich die taciteische Nachricht mit einer Epoche des Germ. vereinbaren, die durch Expansion gekennzeichnet war. Eine anfängliche Einheit war bereits einer stammlichen Differenzierung gewichen, ohne daß jedoch die gemeinsame Abstammungsfiktion aufgegeben war.

Eine neue Epoche beginnt mit dem Migrationszeitalter, d. h. den weit ausgreifenden Wanderungen, die nicht mehr im Sinne einer Kontinuität wahrenden Expansion zu begreifen sind. Unter den neuen Bedingungen lösen sich die inneren Kontakte und mehren sich die Fremdbeziehungen. Neben die Expansion tritt als neues Element die Migration – beginnend mit dem 3. und 2. Jh. v. Chr., da die → Skiren und → Bastarnen, die → Kimbern und → Teutonen aus ihren alten Wohnsitzen aufbrechen. In den nun folgenden weit ausgreifenden Wanderungen dieser Epoche mußte der Synkretismus auf relig. Gebiete eine stets präsente Möglichkeit darstellen. Die Indizien dafür häufen sich in dieser Zeit derart, daß der Synkretismus geradezu als Signatur der Migrationsepoche gelten kann. Mit orientalischen, ant. und spätant. Einflüssen ist ebenso zu rechnen wie mit kelt. und eurasischen. Die spätkaiserliche Herrscherauffassung führte im germ. N zu einer Neubewertung des Kgt.s. Der Vielfalt der Erscheinungen ist nur noch mit dem Prinzip Regionalität zu begegnen.

Eine weitere Epoche eigener Prägung stellt die WZ dar. Sie fällt zusammen mit einer Zeit, da das Christentum in offensiver Weise das Heidentum bedrängte. Die Reaktion führte zu einer eigenen Form heidn. Religiosität. Das Geschlecht der Lade-Jarle (→ Lade) nahm in dieser Auseinandersetzung eine führende Position ein. Die hier an erhaltenen Denkmälern ablesbaren Ergebnisse synkretistischer Aneignung stellen die letzte Stufe einer langen Gesch. von Religionen im Kontakt dar.

Die aus der Synkretismus-Gesch. gewonnenen Anschauungen lassen an einer Voraussetzung germ. Religionsforsch. zweifeln, die mit einer ungebrochenen Kontinuität von ie. Zeit bis zur Einführung des Christentums rechnet.

(1) W. Baetke, Vom Geist und Erbe Thules. Aufsätze zur nord. und dt. Geistes- und Glaubensgesch., 1944. (2) D. Harmening, Superstitio, 1979. (3) Helm, Rel.gesch. (4) V. Rydberg, Undersökningar i Germansk Mythologi 1–2, 1886–1889. (5) Å. V. Ström, H. Biezais, Germ. und Balt. Relig., 1975. (6) de Vries, Rel.gesch., 1935–1937, [2]1956–1957.

Recht: Rechtsgesch. und Sprachforsch. sind eng verbunden – und dies nicht nur aus persönlicher Neigung der darin Forschenden. Es ist das Recht selbst, das die Verbindung herstellt, indem es sich einerseits in den gegenständlichen Rechtsdenkmälern manifestiert (von denen die → Rechtsarchäologie handelt). Andererseits aber wird durch das Mittel der Sprache erst eine Rechtswirklichkeit geschaffen. Das Recht lebt in und durch eine terminologisch geregelte Sprache, eine Fachsprache. Die mit einer Fachsprache gegebenen hist. und systematischen Probleme sind aber auch Gegenstand der Sprachgeschichtsforsch. Für eine Germ. Altkde erwachsen daraus eine Reihe von Fragestellungen, die beide Disziplinen berühren:

Rechtssprache und Allgemeinsprache. Fachsprachen erwachsen aus der Allgemeinsprache, indem sie den vorhandenen Wortschatz semantisch präzisieren (terminologisieren) und durch Neubildungen erweitern. Der Sprachhistoriker steht also vor der Aufgabe, diese Fachsprache systematisch zu beschreiben und ihr geschichtl. Werden darzulegen. Betreffen die systematischen Fragen Gramm. und Semantik der Rechtssprache, so geht es in geschichtl. Sicht um Werden und Verlauf dieser Sprachvarietät in Gestalt der verschiedenen Stammesdialekte. Das führt bereits zu einem zweiten Gesichtspunkt:

Rechtssprache und Komparatistik. Das von der Sprachgeschichtsforsch. erarbeitete Stammbaummodell diente methodisch und sachlich als Orientierung für die Rechtshistorie. Amira-Eckhardt formulieren einen methodologischen Grundsatz: „Aus der Gleichheit der Terminologie unter verschiedenen Stammesrechten kann rückwärts auf ihre Ursprünglichkeit geschlossen werden, und zwar um so weiter rückwärts, je entfernter die Verwandtschaft der Stämme ist, d. h. je weiter zurück der Zeitpunkt der Spaltung liegt. Jüngere Überlieferung kann hierbei mangels älterer, wie z. B. vielfach beim sächsischen und friesischen, beim alemannischen und bayerischen Recht herangezogen werden. Nur darauf muß geachtet werden, daß spätere Entlehnung unwahrscheinlich sei" (1, 221). An anderer Stelle wird noch die Entwicklungsanalogie als ein weiterer einschränkender Faktor angeführt (1, 203). Für Baesecke sprechen die dt. Wörter der germ. Gesetze für einen einheimisch-germ. Zusammenhang, eine vorauszusetzende grundsprachliche Rechtssprache (2). Heinrich → Brunner spricht von einem Urrecht, das sich in mehrere Äste gespalten habe. Der ältesten Spaltung entstammt der Gegensatz der westgerm. oder dt. Rechte und der ostgerm. Rechte. Auch das im Erscheinen befindliche Dt. Rechtswb. folgt in seinen ersten Bd. dieser Konzeption, d. h. vereint unter der Bezeichnung ‚deutsch' auch langob., fries. und ags. Rechtstermini – in der Annahme eines einheitlichen westgerm.-dt. Rechts als einer hist. Zwischenstufe zw. dem germ. Urrecht und den verschiedenen Stammesrechten. Inzw. hat sich nicht nur die sprachgeschichtl. Sicht gewandelt (→ Westgermanische Sprachen), es ist auch ein Stammesbegriff fraglich geworden, der Stamm = Sprachgemeinschaft = Kulturgemeinschaft = biologisch verstandene Volksgemeinschaft setzt (5). Entschiedenen Widerspruch dazu hat von See angemeldet: Die germ. Rechtssprache sei nicht sehr alt. Die entscheidende Zeit in ihrer Entwicklung liege erst im frühen und hohen MA (4, 2). Seine Argumentation erhält grundsätzlichen Charakter. Geht die Rechtsordnung der Germ. – nach alter Auffassung – von einer kultisch gebundenen Gesamtordnung des Lebens und einer völkischen Friedensordnung aus oder führt die Entwicklung, wie von See annimmt, von den natürlichen und elementaren Interessen des Einzelnen zu genossenschaftlichen Rechtsvorstellungen, in denen sich die Einzelinteressen mit Vertrags- und Genossenschaftsvorstellungen verbinden? Das Lex. hat es hier also mit einer kontroversen Forsch.slage zu tun. Verstärkt wird das Problem noch dann, wenn Sprachhistoriker mit einem ie. Recht rechnen –

wenn E. Benveniste z. B. erklärt: „ All societies, even the most primitive, and a fortiori Indo-European society ... are governed by principles of law relating both to persons and goods. These rules and these norms are traceable in the vocabulary" (Indo-European Language and Soc., übs. E. Palmer, 1973, 379).

(1) Amira-Eckhardt. (2) G. Baesecke, Die dt. Worte der germ. Gesetze, PBB 59, 1935, 1–101. (3) Brunner, DRG. (4) K. von See, Anord. Rechtswörter, 1964. (5) Wenskus, Stammesbildung.

Sitte und Brauch: Wenn im alltäglichen Sprachgebrauch Sitte und Brauch auch kaum zu trennen sind, so fordert die wiss. Behandlung doch eine Präzisierung: Sitte als ein soziales, sittliches Gebot, Brauch ein regelmäßiges, einer Gemeinschaft verpflichtetes Tun. In kulturanthrop. Sicht sind Sitte und Brauch sozialregulative Instanzen, die das von Natur aus kaum geschützte Leben des Menschen auf der Basis gegenseitigen Vertrauens sichern und entlasten. Soz. gesehen, dienen Sitte und Brauch der Stabilisierung sozialer Systeme, so daß ein Gemeinschaftsleben auf Verläßlichkeit und Verstehen bauen kann (vgl. 4). Besondere Beachtung hat in der Forsch. das Verhältnis von Sitte und Brauch zum Recht gefunden.In hist. Sicht glaubte man eine gemeinsame Vorform annehmen zu dürfen, ein Gewohnheitsrecht (→ Recht; benachbarte Begriffe sind ‚Volksrecht', ‚gutes altes Recht'), aus dem sich im Laufe der Gesch. erst Recht und Sitte als eigenständige Wertbereiche ausgegliedert hätten. Dieser Differenzierungsprozeß (der zugleich ein Rationalisierungsprozeß ist) habe sich im Griech. und Röm. und anderen Kulturen ebenso vollzogen wie im Germ. (5; 1; 6). Diese weitgehend anerkannten Positionen hat von See im Blick auf das Nordgerm. und Germ. allg. in Frage gestellt. Sein Urteil lautet: „Die Vorstellung vom „Volksrecht", „Gewohnheitsrecht" und „guten alten Recht" ist spärlich belegt, taucht erst spät auf und steht mehr oder weniger deutlich unter kirchlichem Einfluß" (s. o. Lit.-Nr. 4, 102). Die einschlägigen Beitr. dieses Lex.s haben sich mit diesen Problemen zu befassen (→ Recht).

Der frühe isl. Freistaat, das Þjóðveldi, verdient in kultur- und sozialanthrop. Sicht bes. Beachtung. Er unterschied sich durch eine bemerkenswerte Verfassung von den ma. Herrschaftsfromen Skand.s, Englands und des Kontinents. Er verfügte über eine gesetzgebende und rechtsprechende Kammer, ohne aber eine ausführende Instanz zur Um- und Durchsetzung seiner Entscheidungen einzurichten. Das Ergebnis war eine „absonderliche Staatslahmheit Islands" (3) – ein Zustand, der notwendigerweise die Entwicklung spezifischer Mechanismen zur Aufrechterhaltung der Funktion und Stabilität des Sozialsystems befördern mußte. Dazu kam ein weiteres: Im neubesiedelten Land entwickelten sich keine (dem Mutterland vergleichbaren) Standesunterschiede. In den Gemeinfreien, den → Bonden, gingen auch die Abkömmlinge der Kg.s-, Jarls-, Hersen und Höldar (Odalsbonden)-Geschlechter auf, so wie auch → Unfreie und → Freigelassene in diesen Stand aufsteigen konnten. Die Folge war ein Gemeinwesen agonalen Charakters, in dem die Selbsthilfe gefordert war und eine bestimmter Ehrbegriff als sozialregulative Instanz das Handeln steuerte (7). Die reiche liter. Überlieferung Islands bietet ein einzigartiges Material, den sozialanthrop. Status der frühisl. Stufe zw. einem vorstaatlichen Zustand und einem Staat ma. Prägung darzulegen (2).

(1) H.-J. Becker, Gewohnheit/Gewohnheitsrecht, in: TRE XIII, 248–254. (2) K. Hastrup Island of Anthrop. Studies in past and present Iceland, 1990. (3) A. Heusler, Germanentum. Vom Leben und Formgefühl der alten Germ., 1934, 41. (4) O. Höffe (Hrsg.), Lex. der Ethik, [5]1997, s. v. Moral und Sitte. (5) W. Kersting, Sitte, in: J. Richter, K. Gründer (Hrsg.), Hist. Wb. der Phil. 9, 1995, 897–907. (6) K.-S. Kramer, Brauchtum und

Recht, in: HRG I, 506–511. (7) P. Meulengracht Sorensen, Fortælling og ære. Studier i islændingesagaerne, 1993.

H. Beck

B. Religion

§ 42. Vorbemerkungen. Die Erforsch. der germ. Relig. bildet traditionsgemäß einen wesentlichen Bestandteil der germ. Altkde. Wer sich ein Bild vom gegenwärtigen Stand der Forsch. machen will, wird gleichwohl mit einer Vielzahl höchst unterschiedlicher und z. T. widersprüchlicher Theorien konfrontiert. In ihnen spiegeln sich zum einen unterschiedliche Vorstellungen von der Abgrenzung und inhaltlichen Bestimmung der Begriffe ‚Germanen' und ‚Religion', zum anderen voneinander abweichende und z. T. gegensätzliche Auffassungen vom Wert der Qu. und der jeweiligen Berechtigung miteinander konkurrierender Deutungsansätze. Dabei reichen die Divergenzen in der Interpretation häufig bis zu den Anfängen der Germanistik, z. T. auch darüber hinaus bis ins MA und die klass. Ant. zurück. Der vorliegende Artikel ist dementspr. als hist. orientierte Übersicht über die gegenwärtige Problematik dieses Teils der germ. Altkde zu verstehen (zur Gesch. der Forsch. vgl. zuletzt 34; 95; 96, 105–108; 101, 28–37).

§ 43. Der Begriff der germ. Relig. Seit Karl → Helm (43) und Jan de → Vries (104) ist es weithin üblich, als zusammenfassende Bezeichnung germ. Kulte, Riten, Mythen und Glaubensvorstellungen nicht mehr den Begriff der Myth., sondern den der Religionsgesch. zu benutzen. In dieser Tendenz spiegelt sich zum einen die Erkenntnis der Notwendigkeit genauer zeitlicher und räumlicher Differenzierungen, zum anderen das Bedürfnis, stärker als zuvor die Bindung der Mythen und Glaubensvorstellungen an den gemeinschaftlich geübten Kult und damit ihre gesellschaftliche und kulturelle Funktion zum Ausdruck zu bringen (vgl. 12). Indessen bedürfen gerade im Hinblick auf jüngste Entwicklungen der Forsch. sowohl die Bezeichnung ‚germanisch' als auch der Begriff der Relig. einer näheren Erläuterung.

a. Zeitliche Abgrenzung. Die Frage, ob eine religionsgeschichtl. Erscheinung ‚schon' oder ‚noch nicht' als germ. zu bezeichnen sei, ist vergleichsweise jungen Datums. Den ant. Autoren ist sie schon deswegen fremd, weil ihre Darst. der germ. Relig. sich an der zeitgenössischen Gegenwart orientieren und die Germ. überdies als Ureinwohner (Tac. Germ. 2,1) der von ihnen besiedelten Gebiete gelten. Diese Annahme verbindet die griech. und röm. Ethnographen mit den Humanisten, deren Bild der vorröm. Vergangenheit Europas im wesentlichen auf einer Kombination von Angaben der ant. Historiker mit den Schriften des ATs beruht. So etwa identifiziert Schedius den aus Tac. Germ. 2,2 bekannten → Twisto einerseits mit dem röm. *Dis Pater* (nach Caes. Gall. 18,1 der Stammvater der Gallier), andererseits mit einem apokryphen Enkel Noahs namens Samothes (81, 192). Erst mit dem Aufschwung der vor- und frühgeschichtl. Arch. im 19. Jh. setzte sich allmählich die Einsicht durch, daß die Germ. keineswegs zu den ersten, sondern lediglich zu den ersten namentlich bekannten Bewohnern Mittel- und N-Europas gehören. Für die frühesten modernen Darst. der germ. Relig. (35; 37; 38; 63; 64) spielte dies insofern nur eine untergeordnete Rolle, als sie sich ohnehin in erster Linie auf vergleichsweise späte sprachliche Qu. stützten. Sobald man jedoch in verstärktem Maße arch. Zeugnisse aus vorröm. Zeit heranzog (24; 43; 101; 104), stellte sich auch dem Relig.shistoriker die Frage, welche der betreffenden Qu. in eine Darst. der germ. Relig. miteinzubeziehen und welche auszuschließen seien. Neigte man bis um die Mitte des 20. Jh.s dazu, den gesamten Nord. Kreis der BZ für germ. zu erklären, so ist man heute mit der Anwendung des Begriffs ‚germanisch' im Bereich der Arch. aus guten Gründen sehr viel zurückhaltender (vgl. 11; 57; 83). Neuere sprachgeschichtl. und arch. Forsch. lassen es daher geraten erscheinen, den Beginn der germ. Religionsgesch. nicht vor dem 1. Jt. v. Chr. anzusetzen. Selbst wenn man davon ausgeht, daß stein- und bronzezeitliche Bodenfunde und Bodendenkmäler zur Interpretation der Qu. des 1. Jt.s vor und nach Chr. einen Beitrag leisten können, so ist doch eine Kontinuität religionsgeschichtl. Vorstellungen und Einrichtungen nach dem heutigen Stand unserer Kenntnisse keineswegs vorauszusetzen, sondern vielmehr umgekehrt kritisch zu prüfen.

b. Räumliche Ausdehnung. Die Frage nach der räumlichen Ausdehnung der germ. Relig. setzt ebenso wie das Problem der zeitlichen Abgrenzung die Übertragung des Begriffs ‚Germanen' von der ant. Ethnographie auf die Bereiche der modernen Arch., Gesch. und Vergl. Sprachwiss. voraus. Die Entscheidung darüber, ob eine religionsgeschichtl. Erscheinung als Teil der germ. (und nicht etwa der kelt., balt. oder slaw.) Religionsgesch. anzusehen ist, beruht dementspr. ausschließlich auf dem arch., hist. oder sprachlichen Kontext, in dem sie bezeugt ist. Dabei braucht die räumliche Ausdehnung eines religionsgeschichtl. Phänomens allerdings keineswegs mit den Grenzen eines Sprach- und Kulturraums übereinzustimmen, weshalb z. B. das Auftreten der → Jupitergigantensäulen oder die Verehrung der → Matronen als Teil sowohl der germ. als auch der kelt. Religionsgesch. zu behandeln sind (9; 10). Ferner ist zu berücksichtigen, daß etliche Zeugnisse aus Gebieten mit einer gemischten Bevölkerung und unterschiedlichen kulturellen Traditionen wie z. B. dem merow. Gallien oder dem westgot. Spanien wegen der bruchstückhaften Überlieferung keine eindeutige sprachliche bzw. kulturelle oder ethnische Zuordnung gestatten (44; 78).

c. Inhaltliche Bestimmung. Den Gegenstand der Religionsgesch. bilden traditionsgemäß die Anschauungen vom Wirken der → Götter und Göttinnen, deren → Kult, → Jenseitsvorstellungen, → Schöpfungsmythen und → Untergangsmythen sowie die Bereiche der → Mantik und → Magie. Die Religionswiss. steht damit in einer Tradition, die man über die ma. christl. Theologie bis zu den Schriften der griech. und röm. Ethnographen zurückverfolgen kann. Für die gegenwärtige Problematik der germ. Religionsgesch. ist dies bereits insofern von Belang, als die moderne religionswiss. Begrifflichkeit in starkem Maße von der griech.-röm. Ant. und der jüdisch-christl. Tradition geprägt ist. Das Verhältnis der religionswiss. Terminologie zu dem nur unzureichend bekannten relig. Wortschatz der germ. Sprachen bedarf daher einer sorgfältigen Erörterung (s. u. § 45a). Besondere Beachtung verdient dabei der Umstand, daß die ant. und ma.-christl. Nachr. über die Relig. der Germ. wegen der Spärlichkeit genuin vorchristl. Schriftzeugnisse nicht nur Sekundär-, sondern gleichzeitig auch Primärqu. sind. Daß nicht wenige dieser Notizen vordergründig den Eindruck eines absichtslosen und vorurteilsfreien Realismus vermitteln, sollte indessen keineswegs dazu verleiten, den betreffenden Autoren dieselben Ziele und Motive zuzuschreiben, wie man sie bei einem modernen Relig.shistoriker voraussetzen kann. Vielmehr gilt es, die Aussagekraft dieser Qu. unter Berücksichtigung ihres jeweiligen weltanschaulichen Hintergrunds und ihrer theol., polit. und liter. Zielsetzungen kritisch zu hinterfragen (s. u. § 45b). Selbst bei einer großzügigen Einschätzung des Qu.werts aller direkten und indirekten Zeugnisse ist jedoch davon auszugehen, daß unser Verständnis der germ. Religionsgesch. auch weiterhin zu einem guten Teil auf Rekonstruktion beruhen wird. Um die Wahrscheinlichkeit unterschiedlicher Rekonstruktionsversuche gegeneinander abzuwägen, bedarf es daher zunächst der Klärung ihrer jeweiligen methodischen Voraussetzungen (s. u. § 45c). Erst dadurch ergibt sich aus den zeitlich und räumlich weit verstreuten Zeugnissen ein wenn auch bruchstückhaftes Gesamtbild der germ. Relig. (s. u. § 45d) und ihrer Stellung im Rahmen der alteurop. Religionsgesch. (s. u. § 45e). Dabei gilt ‚Religion' im Sinne einer kulturwiss. orientierten Religionswiss. als kollektiv verbindliches und autoritativ vorgegebenes Symbolsystem, das mit einem begrenzten Vorrat an Zeichen (d. h. Wörtern und Sätzen, aber auch Handlungen, Bewegungen, Gebärden, Bildern und dgl.) soziale und kulturelle Prozesse auslöst und steuert (32, 15–18; 100, 101–120).

§ 44. Die Qu. Unter den möglichen Einteilungen der religionsgeschichtl. Zeugnisse nach sachlichen Kriterien kommt der grundlegenden Unterscheidung von sprachlichen und außersprachlichen Qu. die größte praktische Bedeutung zu. Dabei beruht der besondere Wert der außersprachlichen Qu. (v. a. Bodenfunde) darauf, daß es sich bei ihnen vielfach um direkte Überreste der vorchristl. Relig. handelt, während die meisten sprachlichen Qu. nicht als Überreste, sondern als Tradition (nämlich der benachbarten griech.-röm. oder der jüng. ma.-christl. Kultur) anzusehen sind. Im einzelnen setzen sich die beiden Qu.gruppen wie folgt zusammen:

a. Sprachliche Qu. Hier sind an erster Stelle die germ. Sprachen selbst zu nennen, aus denen die vergl. und hist. Sprachforsch. Aufschluß über den relig. Wortschatz der germ. Grundsprache wie auch der verschiedenen Einzelsprachen gewinnen kann (26; 61). Einen Sonderfall bilden dabei die → Namen, bes. → Ortsnamen (4; 5; 30; 31; 79; 97) und → Personennamen (5; 16; 67; 77). Was darüber hinaus an fortlaufenden Texten vorliegt, wurde bereits mehrfach in Slg. unterschiedlicher Auswahl, Anordnung und Zielsetzung zusammengestellt (6; 20; 90). Außerhalb des anord. Schrifttums handelt es sich dabei vor allem um Bemerkungen griech. und röm. Autoren wie → Caesar, → Strabo, → Plutarch und → Tacitus (102), → Inschriften aus dem röm. Germanien (54; 98; 99), → Runeninschriften (28), Aufzeichnungen ma. Historiker wie → Jordanes, → Prokop von Caesarea, → Gregor von Tours, → Beda venerabilis, → Paulus Diaconus, → Adam von Bremen und → Saxo Grammaticus (80), Hinweise und Anspielungen in Lit.werken der Bekehrungszeit wie z. B. dem → Heliand (69), dem → Muspilli (53), den → Merseburger Zaubersprüchen (68) und dem → Wessobrunner Gebet (36), Notizen in Hl.leben und kirchlichen Verordnungen (17) sowie Bestimmungen in lat. und volksssprachlichen Rechtsb. (84; 85; 103). Sehr viel umfangreicher ist demgegenüber die anord. Überlieferung (55; 87). Einen Schwerpunkt der Forsch. bilden hier traditionell die Ält. und Jüng. → Edda (13; 21; 22; 108), die → Skaldische Dichtung (58; 59) und die → Isländersagas (2; 60; 62).

b. Außersprachliche Qu. Den Hauptanteil der außersprachlichen Qu. bilden die arch. Zeugnisse (29). An erster Stelle stehen dabei Bodenfunde, die sich als Überreste von → Opfern oder → Weihgaben interpretieren lassen (→ Bauopfer; → Brandopfer; → Flußfunde; → Hortfunde; → Menschenopfer; → Tieropfer). Hinzu kommt der arch. Befund an Orten, die wegen der Kontinuität der dort vollzogenen relig. Handlungen bzw. aufgrund besonderer baulicher Strukturen als → Kultplätze oder → Tempel anzusehen sind (15; 50). Eine weitere Gruppe von Zeugnissen bilden → Kultgegenstände und → Götterbilder, wobei gerade in der jüngsten Vergangenheit die völkerwanderungszeitlichen → Brakteaten und → Goldblechfigürchen (Goldgubben) in den Mittelpunkt des Forsch.sinteresses gerückt sind (41; 42; 76). Seit den Forsch. Oscar → Almgrens (3) werden üblicherweise auch die bronzezeitlichen skand. → Felsbilder in diesem Zusammenhang behandelt, doch ist eine Kontinuität mit der späteren germ. Religionsgesch. nicht ohne weiteres vorauszusetzen (82).

Eine letzte arch. Qu.gruppe bilden schließlich die Zeugnisse des Grabbrauchs (→ Grab und Grabbrauch). Darüber hinaus beziehen v. a. ält. Darst. der germ. Relig. nach dem Vorbild Jacob → Grimms auch Zeugnisse des ma. und neuzeitlichen Brauchtums und Aberglaubens in ihre Darst. mit ein (→ Agrarisches Brauchtum; → Jahresbrauchtum und Jahr; → Religiöses Brauchtum; → Volksglaube), doch ist auf diesem Gebiet auch bei eindeutig außerchristl. Vorstellungen und Praktiken eine Kontinuität mit der vorchristl. (germ. oder kelt.) Relig. nur schwer nachweisbar (40; 45; 51; 92).

§ 45. Probleme der Interpretation. Wie jede relig. Tradition stellt auch die germ. Relig. die Religionswiss. vor die grundsätzliche Frage, unter welchen Voraussetzungen ein Verständnis fremder Relig. überhaupt möglich ist (32; 100; 105). Charakteristisch für die Erforsch. der germ. Relig. ist indessen eine Reihe zusätzlicher Schwierigkeiten, die ganz ähnlich auch beim Studium der anderen alteurop. Relig. auftreten. Sie ergeben sich aus dem indirekten Zeugniswert, bruchstückhafter Überlieferung, breiter zeitlicher und räumlicher Streuung sowie nicht zuletzt langwährender ideologischer Vereinnahmung (34; 57; 86; 94) der betreffenden Traditionen. Dabei kann man fünf untereinander zusammenhängende Problemkreise unterscheiden:

a. Terminologie. Die Begrifflichkeit moderner Darst. der germ. Relig. entstammt im wesentlichen vier verschiedenen Traditionsschichten unterschiedlichen Alters und unterschiedlicher Herkunft. Die jüngste Schicht bilden Fachbegriffe der modernen Religionswiss. und Ethn., die gegen Ende des 19. und zu Beginn des 20. Jh.s von bedeutenden Theoretikern dieser beiden Disziplinen in den wiss. Sprachgebrauch eingeführt wurden. Dazu gehören termini technici wie z. B. → ‚Animismus', → ‚Henotheismus' und ‚Übergangsriten' (→ Gennep, Arnold van), aber auch einige Wörter des allg. Sprachgebrauchs wie z. B. → ‚Macht', → ‚Tabu' oder → ‚Heilig', die in Darst. außerchristl. Relig. vor dem Hintergrund dieser religionswiss. und ethn. Theoriebildungen verstanden werden müssen. Eine zweite, ält. Schicht besteht aus Begriffen, die zwar auch auf außerchristl. Relig. Anwendung finden, deren Inhalt jedoch in starkem Maße von der christl. Tradition geprägt sind. Dazu gehören Erb- und Lehnwörter wie ‚fromm' (→ Fromm und Frömmigkeit), → ‚Gebet', → ‚Glaube', ‚Gott' und ‚Priester' (→ Priester und Priesterinnen) sowie einige inzw. außer Kurs gekommene pejorative Bezeichnungen wie ‚Götze' oder ‚Aberglaube'. Eine dritte Schicht bilden Fremdwörter wie → ‚Kult', → ‚Ritus', → ‚Magie', ‚Mythologie' und → ‚Mantik', die aus der griech.-röm. Ant. in den religionswiss. Sprachgebrauch eingegangen sind, eine vierte schließlich Begriffe wie anord. *seiðr* (→ Seiðr), die in modernen Darst. als Fremdwörter zur Bezeichnung spezifisch germ. Erscheinungen begegnen.

Daß man die Kulte, Mythen und Riten der Germ. unter Verwendung ihrer eigenen Begrifflichkeit gleichsam von innen heraus beschreiben könne, ist von vorneherein auszuschließen, da allzu viele germ. Bezeichnungen aus dem Bereich der vorchristl. Relig. verlorengegangen sind. Überdies wurde ein Großteil der uns überlieferten relig. Begriffe nach der Christianisierung mit einem neuen Inhalt gefüllt, so daß ihre frühere Bedeutung nur selten mit hinreichender Präzision bestimmt werden kann (7; 26; 52; 61; 71; 91). Erforderlich ist daher die Anwendung einer religionswiss. Fachterminologie, bei der Sinn und Inhalt aller Begriffe unter Berücksichtigung ihrer Herkunft und Gesch. kritisch reflektiert worden sind.

Noch die geringsten Schwierigkeiten verursachen dabei all jene Fremdwörter, die dem relig. Wortschatz der griech. und röm. Ant. entlehnt sind, da diese polytheistischen Relig. der germ. strukturell ähneln und ihre Begriffe von christl.-theol. wie auch modernen religionsethn. Prämissen gleichermaßen unbelastet sind. Problematischer sind demgegenüber Begriffe mit spezifisch christl. Konnotationen, da man sie auf den Bereich der germ. Relig. oft nur mit Einschränkung anwenden kann. Dies gilt auch und gerade für Erbwörter wie z. B. ‚fromm' (das urspr. gar nicht dem relig. Wortschatz angehörte), ‚Glaube' (das möglicherweise erst mit der Christianisierung einen relig. Sinn erhielt) oder ‚Gott' (dessen älteste Bedeutung nicht mit Sicherheit zu ermitteln ist). Vorsicht ist indessen auch bei all jenen religionswiss. Fachbegriffen geboten, die gerade in ält. Darst. außerchristl. Relig. weit verbreitet sind, aber auf überholten oder umstrittenen religionswiss. Modellvorstellungen beruhen. Erwähnt seien nur die von E. B. Tylor (1832–1917) begründete Theorie des → Animismus, die von James → Frazer vertretene evolutionistische Auffassung von der Entwicklung der Relig. aus der Magie, die von R. R. Marett (1866–1943) begründete Theorie des Dynamismus oder → Präanimismus sowie die von den Theologen N. Söderblom (1866–1931) und R. Otto (1869–1937) in die Religionswiss. eingebrachte Deutungskategorie des ‚Heiligen' (→ Heil; → Heilig).

b. Qu.kritik. Die zentrale Bedeutung der Qu.kritik ergibt sich aus dem Umstand, daß die meisten Schriftqu. nicht als ‚Überreste', sondern als ‚Tradition' anzusehen sind. Hier stellen die Notizen der griech.-röm. Ethnographie wie auch die Nachr. der ma.-christl. Autoren aufgrund ihrer tendenziellen Färbung und propagandistischen Absicht die moderne Religionswiss. vor grundsätzlich vergleichbare Probleme der Interpretation, wobei die reiche anord. Überlieferung infolge der späten Christianisierung Skand.s eine gewisse Sonderstellung einnimmt.

Charakteristisch für das ant. Bild fremder Religionen (56) ist eine unreflektiert ethnozentrische Sichtweise. Das Bestreben der modernen Ethnographie, auch das Selbstverständnis einer fremden Kultur zu erfassen, liegt ant. Autoren demgegenüber fern. Dies hat zur Folge, daß die griech. und röm. Beobachter ihren Lesern fremde Phänomene in aller Regel mit einer der eigenen Kultur entlehnten Begrifflichkeit vermitteln und dadurch zwangsläufig schematisieren. Darüber hinaus zeigen ihre Ber. eine ausgeprägte Tendenz zur Verallgemeinerung von Einzelbeobachtungen und lassen nicht selten das Bestreben erkennen, den Leser durch die Hervorhebung des Ungewöhnlichen zu unterhalten. Infolgedessen malen die ant. Ethnographen drastische Unterschiede zur eigenen Relig. oft unverhältnismäßig breit aus, während sehr viel bedeutsamere Übereinstimmungen oft nur gestreift oder gar nicht erwähnt werden. Besondere Beachtung verdient in diesem Zusammenhang die ant. Tendenz, geogr. bedingte Kulturunterschiede im Sinne einer zeitlichen Entwicklung zu interpretieren, so daß Griechen und Römer in den Randvölkern des Mittelmeerraums die Repräsentanten vergangener Epochen der eigenen Gesch. erblicken. Maßgeblichen Einfluß auf das Vokabular der ethnographischen Tradition gewinnen daher sowohl die einschlägigen phil. Theorien zur Kulturentstehung (z. B. der Stoiker) als auch die Schriften Homers und Hesiods, in deren Licht Griechen und Römer die zeitgenössische Gegenwart entfernt lebender Völker wahrnehmen und liter. darstellen. Dabei entsteht dem modernen Relig.shistoriker eine zusätzliche Schwierigkeit daraus, daß die ant. Beobachter nicht selten einzelne Züge eines Bildes von einem Fremdvolk auf benachbarte Völker übertragen, weshalb z. B. das ant. Bild der Germ. sowohl von dem der Skythen als auch von dem der Kelten beeinflußt ist. Von zentraler Bedeutung für die ant. Sicht der germ. Götter ist dabei das Phänomen der → Interpretatio romana, d. h. das nach Tac. Germ. 43,3 so genannte Verfahren, fremde Götter und Göttinnen mit röm. Gottheiten gleichzusetzen. Ihm entspricht die → Interpretatio germanica, d. h. die Rezeption und Adaption des röm. Pantheons von seiten der Germ. (23; 54; 98; 99; 107).

Eine neue Sicht der germ. Relig., die sowohl ant. als auch biblische Vorstellungen aufgreift, ist seit dem 2./3. Jh. n. Chr. im Gefolge der Christianisierung Mitteleuropas zu verzeichnen. Grundlegend für die Beurteilung der Religionsgesch. wird nunmehr die Bibel, so daß die christl. Autoren generell einen zeitlichen Vorrang des Monotheismus vor dem Polytheismus annehmen. Als Erklärung für das Aufkommen polytheistischer Kulte dient häufig die Theorie des → Euhemerismus, d. h. die Annahme einer Entstehung des Götterkults aus der Verehrung gewöhnlicher Menschen. Die bleibende Attraktivität des Polytheismus erklären die meisten Autoren ausgehend vom Weltbild der heidn. Spätant. mit dem Wirken von Dämonen, die durch die betrügerische Manipulation von Götterbildern die Menschen von der (bildlosen) Verehrung des einen wahren Gottes abzuhalten versuchen. Weit verbreitet sind dementspr. die einseitige Charakterisierung heidn. Kulte als Bilderverehrung (Idolatrie) und die Gleichsetzung der gesamten heidn. Relig. mit Zauberei (Magie). Dabei nehmen die christl. Autoren den Begriff der *religio* nunmehr für die eigene Form der Gottesverehrung in Anspruch und bezeichnen (wie schon zuvor die Römer) fremde und staatlich nicht sanktionierte Kulte gerne als *superstitio*. Die Götter werden dementspr. nach der sog. → Interpretatio christiana (1) als Dämonen oder Teufel dargestellt, wobei entspr. Schilderungen in Predigten, Geschichtswerken, Legenden und Bußbüchern zumeist sehr allg. gehalten und häufig von Formulierungen in biblischen oder patristischen Schriften abhängig sind (17; 39; 72).

Der skand. N geht innerhalb dieser Entwicklung insofern eigene Wege, als der Prozeß der Christianisierung hier erst nach der Ausbildung einer Schriftkultur abgeschlossen wurde und immerhin so viel Zeit in Anspruch nahm, daß wir über die vorchristl. Relig. sehr viel ausführlichere Nachr. besitzen als auf dem europ. Festland oder im ags. Sprachraum. Gleichwohl ist zu berücksichtigen, daß auch hier der religionsgeschichtl. Interpretation der Qu. enge Grenzen gesetzt sind. So sind neben der (bewußten oder unbewußten) Rückprojektion christl. Vorstellungen und Einrichtungen (8; 26; 87) auch schöpferische Erfindungen und nachträgliche Ausgestaltungen des Überlieferungsgutes von seiten der ma. Autoren (65; 66; 93) in Rechnung zu stellen.

c. Möglichkeiten der Rekonstruktion. Die Spärlichkeit und geringe Aussagekraft der Qu. hat dazu geführt, daß gerade Darst. und Unters. größerer Zusammenhänge in unterschiedlichem Umfang auf Rekonstruktionen zurückgreifen, die über das tatsächlich Überlieferte hinausgehen. Den Ausgangspunkt dafür bilden zumeist allgemeine religionsphänomenologische Erwägungen auf der Grundlage typol. Vergleiche oder aber die Interpretation des germ. Befundes im Lichte anderer idg. Überlieferungen nach dem Vorbild der Vergl. Sprachwiss. Gerade auf diesem Gebiet sind indessen erhebliche methodische Probleme zu berücksichtigen.

Bezüglich des typol. Vergleichs ist festzustellen, daß die Heranziehung ethn. Parallelen zwar zur Begriffsbildung sowie als heuristisches Mittel einen gewissen Wert besitzt, daß auf diesem Gebiet jedoch keine übergeschichtl. wirksamen Gesetzmäßigkeiten zu konstatieren sind. Methodisch unzulässig ist es daher, bruchstückhaft überlieferte germ. Zeugnisse mit Hilfe solcher typol. Parallelen zu ‚ergänzen' und ihnen einen Sinn beizulegen, der allein aus den außergerm. Parallelen erschlossen wurde. Zu besonderer Vorsicht mahnen dabei insbesondere so kontrovers diskutierte Phänomene wie die → ‚Heilige Hochzeit', der → ‚Schamanismus' (18; 33; 75) oder das → ‚Sakralkönigtum' (73).

Problematisch ist indessen auch die Rekonstruktion ält. Überlieferungsstufen etwa nach dem Vorbild der → Dumézilschen Dreifunktionentheorie (74), da sich bereits die Bedeutung eines Wortes oder einer sprachlichen Wurzel keineswegs mit derselben Sicherheit rekonstruieren läßt wie etwa die Lautgestalt einer Flexionsendung. Noch sehr viel unsicherer sind Vergleiche, die nicht von sprachlichen, sondern von sachlichen Übereinstimmungen ausgehen, da die zugrundeliegenden Qu. in aller Regel eine gewisse Bandbreite der Interpretation gestatten und ihre Zuordnung zueinander oft fraglich bleiben muß. Typische Beispiele für diese Problematik sind die Vergleiche zw. → Wotan-Odin und dem ir. Lug oder zw. → Ziu-Tyr und dem ir. Nuadu, die den gemeinsamen Ursprung der betreffenden kelt. und germ. Vorstellungen einerseits beweisen sollen, ihn andererseits aber (eben durch den Vergleich) schon als gegeben voraussetzen. Auch sei darauf hingewiesen, daß sich die Rekonstruktion des idg. Laut- und Formenbestandes günstigenfalls auf ein rundes Dutzend voneinander unabhängiger Überlieferungen stützen kann, von denen zumindest drei (Indo-Iranisch, Griech. und Hethitisch) bis ins 2. Jt. v. Chr. zurückreichen. Dagegen stehen für Unters. auf dem Gebiet der vergl. Myth. in aller Regel sehr viel weniger Belege zur Verfügung, wobei gerade die germ. und kelt. Zeugnisse zumeist erst aus dem MA stammen.

d. Feststellung zeitlicher und räumlicher Kontinuität. Problematisch ist indessen nicht nur der Nachweis einer Kontinuität idg. relig. Vorstellungen und Einrichtungen bis in germ. Zeit. Auch die Frage des inneren Zusammenhangs ant., völkerwanderungszeitlicher und ma. germ. Qu. ist häufig genug umstritten. Ein typisches Beispiel dafür ist die Kontroverse um den römerzeitlichen Götternamen → Mars Thincsus, dessen Zusammenhang mit ma. Rechtsvorstellungen ebenso entschieden bejaht wie bestritten wurde (92; 96, 258 f.). Bekannte sich noch J. Grimm zu dem Vorsatz, die anord. Qu. „nur zum einschlag, nicht zum zettel" zu nehmen (37, VII), so entstanden insbesondere zu Beginn des 20. Jh.s mehrere Handb. der germ. Myth. und Religionsgesch., die im wesentlichen auf nordgerm. Grundlage aufbauten (35; 63; 64). Eine konsequente Trennung der einzelnen Epochen und Regionen begegnet demgegenüber erstmals bei Karl → Helm (43), dem jüng. Gesamtdarst. darin jedoch nicht gefolgt sind (24; 101; 104). Gleichwohl sei darauf hingewiesen, daß die Vorstellung von einer einheitlichen germ. Relig. (im Sing.) letztlich auf der romantischen Verabsolutierung des Kriteriums der Sprache als Ausdruck ethnischer, kultureller und relig. Gemeinsamkeit beruht und in dieser Form nicht mehr haltbar erscheint. Nach dem heutigen Stand unseres Wissens ist ‚germanische Religion' dementspr. eher als konventioneller Sammelbegriff für eine Vielzahl religionsgeschichtl. Erscheinungen höchst unterschiedlicher Verbreitung zu betrachten.

e. Ermittlung religionsgeschichtl. Beziehungen. Als Erbe der Romantik erweist sich bei näherem Zusehen auch die Vorstellung von einer scharf profilierten individuellen Eigenart der germ. Relig. (37, XIX: „Jedwedem volke scheint es von natur eingeflösst, sich abzuschliessen und von fremden bestandtheilen unangerührt zu erhalten"). Tatsächlich ist schon auf den ältesten uns erreichbaren Stufen der Überlieferung mit einem regen Kulturaustausch zu rechnen, in dessen Gefolge germ. Kulte, Riten und Mythen um immer neue Elemente bereichert wurden.

Noch ins erste Jt. v. Chr. datieren kelt. Kultureinflüsse, wie man sie aus dem arch. und sprachgeschichtl. Befund rekonstruieren kann (16). Dabei ist im Einzelfall jedoch oft schwer zu entscheiden, ob eine religionsgeschichtl. Parallele als gemeinsames idg. Erbe, Entlehnung oder bloße Konvergenz aufgrund ähnlicher kultureller Bedingungen anzusprechen ist. Einflüsse aus dem Mittelmeerraum machen sich in verstärktem Maße nach Einrichtung der germ. Prov. in der RKZ bemerkbar, wobei z. B. in der Matronenverehrung kelt., germ. und röm. Elemente festzustellen sind (10). Die Auswirkungen synkretistischer Strömungen orientalischer Herkunft betonten in diesem Zusammenhang erstmals Elseus Sophus →Bugge (19) und später v. a. Schröder (88; 89), wobei jedoch die Frage der Vermittlungswege und das Problem der Unterscheidung zw. religionsgeschichtl. Entlehnungen und bloßen Konvergenzen vielfach nicht befriedigend geklärt werden konnte (106). Daß das Christentum die relig. Vorstellungen der Nordgerm. in der WZ nachhaltig beeinflußte, darf als sicher gelten. Auch hier ist jedoch gerade bei erzählenden Qu. aus christl. Zeit oft kaum zu entscheiden, ob Anklänge an christl. Vorstellungen als nur zufällige Übereinstimmungen, als Belege für christl. Einfluß oder gar als rein liter. Rückprojektionen ohne religionsgeschichtl. Qu.wert aufzufassen sind.

(1) H. Achterberg, Interpretatio christiana, 1930. (2) J. H. Aðalsteinsson, Old Norse Relig. in the Sagas of Icelanders, Gripla 7, 1990, 303–322. (3) O. Almgren, Nord. Felszeichnungen als relig. Urk., 1934. (4) Th. Andersson, Haupttypen sakraler ON O-Skand.s, in: [42], 241–256. (5) Ders., ON und PN als Aussagequ. für die agerm. Relig., in: [12], 508–540. (6) W. Baetke, Die Relig. der Germ. in Qu.zeugnissen, ^{2}1938. (7) Ders., Das Heilige im Germanischen, 1942. (8) Ders., Christl. Lehngut in der Sagarelig., 1952. (9) G. Bauchhenss, P. Noelke, Die Jupitersäulen in den germ. Provinzen, 1981. (10) G. Bauchhenss, G. Neumann (Hrsg.), Matronen und verwandte Gottheiten, 1987. (11) H. Beck (Hrsg.), Germ.-Probleme in heutiger Sicht, 1986. (12) Ders. u. a. (Hrsg.), Germ. Religionsgesch. – Qu. und Qu.probleme, 1992. (13) Ders., Snorri Sturlusons Sicht der paganen Vorzeit, 1994. (14) Ders., Namenkundlich-religionsgeschichtl. Bemerkungen zur Gudme-Diskussion, in: E. Marold, C. Zimmermann (Hrsg.), Nordwestgermanisch, 1995, 41–55. (15) J. Bemmann, G. Hahne, Ältereisenzeitliche Heiligtümer im n. Europa nach den arch. Qu., in: [12], 29–69. (16) H. Birkhan, Germ. und Kelten bis zum Ausgang der Römerzeit, 1970. (17) W. Boudriot, Die agerm. Relig. in der amtlichen kirchlichen Lit. des Abendlandes vom 5.–11. Jh., 1928, Nachdr. 1957. (18) P. Buchholz, Schamanistische Züge in der aisl. Überlieferung, 1968. (19) S. Bugge, Stud. über die Entstehung der nord. Götter- und Heldensagen, 1889. (20) Clemen, Fontes. (21) M. Clunies Ross, „Qu. zur germ. Religionsgesch." – Snorri's Edda as Medieval Religionsgesch., in: [12], 633–655. (22) Dies., Prolonged Echoes. Old Norse myths in medieval Northern soc., 1. The myths, 1994. (23) T. Derks, La perception du panthéon romain par une élite indigène: le cas des inscriptions votives de la Germanie inférieure, Mél. d'arch. et d'hist. de l'École Française de Rome 104, 1992, 7–23. (24) R. L. M. Derolez, Götter und Mythen der Germ., 1974. (25) U. Dronke, Eddic Poetry as a source for the hist. of Germanic relig., in: [12], 656–684. (26) K. Düwel, Germ. Opfer und Opferriten im Spiegel agerm. Kultworte, in: [50], 219–239. (27) Ders., Das Opferfest von Lade, 1985. (28) Ders., Runeninschr. als Qu. der germ. Religionsgesch., in: [12], 336–364. (29) D. Ellmers, Die arch. Qu. zur germ. Religionsgesch., in: [12], 95–117. (30) G. Fellows-Jensen, B. Holmberg (Hrsg.), Sakrale Navne, 1992. (31) M. Gelling, Further Thoughts on Pagan Place-Names, in: Otium et negotium (Studies in Onomatology and Library Science presented to O. von Feilitzen), 1973, 109–128. (32) B. Gladigow, Mögliche Gegenstände und notwendige Qu. einer Religionsgesch., in: [12], 3–26. (33) S. O. Glosecki,

Shamanism and OE Poetry, 1989. (34) W. Goffart, Two Notes on Germanic Antiquity Today, Traditio 50, 1995, 9–30. (35) W. Golther, Handb. der germ. Myth., 1895. (36) C. Gottzmann, Das Wessobrunner Gebet – Ein Zeugnis des Kulturumbruchs vom heidn. Germanentum zum Christentum, in: R. Bergmann u. a. (Hrsg.), Ahd. 1, 1987, 637–654. (37) Grimm, Dt. Myth. (38) V. Grönbech, Kultur und Relig. der Germ., 1937–1939. (39) D. Harmening, Superstitio – Überlieferungs- und theoriegeschichtl. Unters. zur kirchlich-theol. Aberglaubenslit. des MAs, 1979. (40) W. Hartinger, Relig. und Brauch, 1992. (41) K. Hauck, Der religionsgeschichtl. Qu.wert der völkerwanderungszeitlichen Goldbrakteaten, in: [12], 229–269. (42) Ders. (Hrsg.), Der hist. Horizont der Götterbild-Amulette aus der Übergangsepoche von der Spätant. zum Früh-MA, 1992. (43) Helm, Rel.gesch. (44) Y. Hen, Culture and relig. in Merovingian Gaul, A. D. 481–751, 1995. (45) J. Hirschbiegel, Die „germ. Kontinuitätstheorie" Otto Höflers, Zeitschr. der Ges. für Schleswig-Holsteinische Gesch. 117, 1992, 181–198. (46) O. Höfler, Kultische Geheimbünde der Germ., 1934. (47) B. Holmberg, Views on Cultic Place-Names in Denmark, in: T. Ahlbäck (Hrsg.), Old Norse and Finnish Religions and Cultic Place-Names, 1990, 381–393. (48) Ders., Über sakrale ON und PN im Norden, in: [12], 1992, 541–551. (49) Iconologia Sacra (Festschr. K. Hauck), 1994. (50) H. Jankuhn (Hrsg.), Vorgeschichtl. Heiligtümer und Opferplätze in Mittel- und N-Europa, 1970. (51) K.-S. Kramer, Jacob Grimm und seine „volkskundlichen Qu." – Zur Frage der Zeugniskraft von „Sitte und Sage" für die „Dt. Myth.", in: [12], 588–607. (52) B. La Farge, „Leben" und „Seele" in den agerm. Sprachen. Stud. zum Einfluß christl.-lat. Vorstellungen auf die Volkssprachen, 1991. (53) W. Laur, Muspilli – ein Wort christl. oder vorchristl. germ. Eschatologie, in: [36] 2, 1987, 1180–1194. (54) P. M. M. Leunissen, Röm. Götternamen und einheimische Relig. in der Prov. Germania Superior, Fundb. aus Baden-Württ. 10, 1985, 155–195. (55) J. Lindow, Scandinavian myth.: an annotated bibliogr., 1988. (56) A. A. Lund, Zum Germ.-Bild der Römer. Eine Einf. in die ant. Ethnographie, 1990. (57) Ders., Germ.-Ideologie im Nationalsozialismus. Zur Rezeption der ‚Germania' des Tacitus im „Dritten Reich", 1995. (58) E. Marold, Skaldendichtung und Myth., in: T. Pàroli (Hrsg.), Poetry in the Scandinavian MA, 1990, 107–130. (59) Dies., Die Skaldendichtung als Qu. der Religionsgesch., in: [12], 685–719. (60) B. McCreesh, How pagan are the Icelandic family sagas?, JEGP 79, 1980, 58–66. (61) W. Meid, Die germ. Relig. im Zeugnis der Sprache, in: [12], 1992, 486–507. (62) P. Meulengracht Sørensen, Freyr in den Isländersagas, in: [12], 720–735. (63) E. H. Meyer, Germ. Myth., 1891. (64) R. M. Meyer, Agerm. Religionsgesch., 1910. (65) E. Mogk, Zur Bewertung der Snorra Edda als religionsgeschichtl. und myth. Qu. des nordgerm. Heidentums, 1923. (66) Ders., Novellistische Darst. myth. Stoffe Snorris und seiner Schule, 1923. (67) G. Müller, Stud. zu den theriophoren PN der Germ., 1970. (68) B. Murdoch, But did they work? Interpreting the Old High German Merseburg Charms in their medieval context, Neuphilol. Mitt. 89, 1988, 358–369. (69) G. R. Murphy, The Saxon Savior – The Germanic transformation of the Gospel in the ninth-century Heliand, 1989. (70) B. Nilsson (Hrsg.), Kontinuitet i kult och tro från vikingatid till medeltid, 1992. (71) R. North, Pagan words and Christian meanings, 1991. (72) L. E. von Padberg, Christen und Heiden – Zur Sicht des Heidentums in ausgewählter ags. und frk. Überlieferung des 7. und 8. Jh.s, in: [49], 291–312. (73) E. Picard, Germ. Sakralkgt? Qu.kritische Stud. zur Germania des Tacitus und zur anord. Überlieferung, 1991. (74) E. C. Polomé, The Indo-European Component in Germanic Relig., in: J. Puhvel (Hrsg.), Myth and Law among the Indo-Europeans, 1970, 55–82. (75) Ders., Schamanismus in der germ. Relig.?, in: [42], 403–420. (76) Ders., Brakteaten und die germ. Religionsgesch. – Probleme einer wechselseitigen Interpretation, in: [49], 91–102. (77) H. Reichert, Agerm. PN als Qu. der Religionsgesch., in: [12], 552–574. (78) J. E. Salisbury, Iberian Popular Relig., 600 BC to 700 AD: Celts, Romans and Visigoths, 1985. (79) J. Sandnes, Haupttypen sakraler ON W-Skand.s, in: [42], 257–266. (80) C. Santini (Hrsg.), Saxo Grammaticus, 1992. (81) E. Schedius, De Dis Germanis, 1648. (82) K. Schier, Skand. Felsbilder als Qu. für die germ. Religionsgesch.?, in: [12], 162–228. (83) K. H. Schmidt, The Celts and the ethnogenesis of the Germanic people, Hist. Sprachforsch. 104, 1991, 129–152. (84) R. Schmidt-Wiegand, Spuren paganer Religiosität in frühma. Rechtsqu., in: [12], 575–587. (85) Dies., Spuren paganer Religiosität in den frühma. Leges, in: [49], 249–262. (86) S. von Schnurbein, Relig. als Kulturkritik – Neugerm. Heidentum im 20. Jh., 1992. (87) R. Schomerus, Die Relig. der N-Germ. im Spiegel christl. Darst., 1936. (88) F. R. Schröder, Germanentum und Hellenismus, 1924. (89) Ders., Agerm. Kulturprobleme, 1929. (90) Ders., Quellenb. zur germ. Religionsgesch., 1933. (91) K. von See, Anord. Rechtswörter, 1964. (92) Ders., Kontinuitätstheorie und Sakraltheorie in der Germanenforsch., 1972. (93) Ders., Mythos und Theol. im skand. Hoch-MA, 1988. (94) Ders., Barbar, Germane, Arier: Die Suche nach der Identität der Deutschen, 1994. (95)

H. Seipp, Entwicklungszüge der germ. Religionswiss. (Von Jacob Grimm zu Georges Dumézil), Diss. Bonn 1968. (96) R. Simek, Lex. der germ. Myth., [2]1995. (97) J. K. Sørensen, Haupttypen sakraler ON S-Skandinaviens, in: [42], 228–240. (98) W. Spickermann, „Mulieres ex voto“: Unters. zur Götterverehrung von Frauen im röm. Gallien, Germanien und Rätien, 1994. (99) B. H. Stolte, Die relig. Verhältnisse in Niedergermanien, in: ANRW II 18.1, 591–671. (100) F. Stolz, Grundzüge der Religionswiss., 1988. (101) Å. V. Ström, Germ. Relig., in: Ders., H. Biezais, Germ. und Balt. Relig., 1975, 9–306. (102) D. Timpe, Tacitus' Germania als religionsgesch. Qu., in: [12], 434–485. (103) H. Vordemfelde, Die germ. Rel. in den dt. Volksrechten, 1923. (104) de Vries, Rel.gesch. (105) J. Waardenburg, Religionen und Relig. – Systematische Einf. in die Religionswiss., 1986. (106) R. Wenskus, Relig. abâtardie. Materialien zum Synkretismus in der vorchristl. polit. Theol. der Franken, in: [49], 179–248. (107) G. Wissowa, Interpretatio Romana: Röm. Götter im Barbarenlande, Archiv für Religionswiss. 19, 1917/18, 1–49. (108) A. Wolf (Hrsg.), Snorri Sturluson, 1993. (109) H. Wolfram, Origo et religio: Ethnic traditions and Lit. in Early Medieval Texts, Early Medieval Europe 3, 1994, 19–38. (110) I. N. Wood, Pagan Religions and Superstitions East of the Rhine from the fifth to the ninth century, in: G. Ausenda (Hrsg.), After Empire. Towards an Ethn. of Europe's Barbarians, 1995, 253–268.

B. Maier

§ 46. Christianisierung. Die chr. → Mission war seit ihrem Ausgreifen auf die mediterranen Randkulturen bis in die Zeit ihrer Verflechtung mit dem w. Kolonialismus der Neuzeit überzeugt, mit ihrer Heilsbotschaft und durch sie zugleich eine angemessene menschliche Gesittung und überlegene Kultur zu vermitteln. So ist sie auch der vorchr. germ. Kultur begegnet. Deren überkommene Relig. galt für sie – wie schon die Relig. der hellenistisch-röm. Umwelt für die frühchr. Apologetik – als dämonisches Blendwerk, das die Menschen hindert, zu einem angemessenen Gottesverhältnis und damit zu ihrer gottgesetzten Bestimmung zu finden. Im Gefolge der Christianisierung ist diese Sicht der eigenen vorchr. Relig. auch in der germ. Welt zumindest von den Trägern einer kirchlichen Elitekultur geteilt worden.

Nur in der nord. Lit. ist eine eingehendere Deutung einheimischer myth. Überlieferung aus chr. Sicht versucht worden (→ Edda, Jüngere; → Euhemerismus; → Snorri Sturluson). Außerhalb des Ns hat die germ. Relig. demgegenüber im allgemeinen kein besonderes chr. Überlieferungsinteresse gefunden. Man meinte sie mit einem aus der Spätant. überkommenen Stereotyp von Heidentum hinreichend zu erfassen (9). Spätestens seit der radikalpietistischen Umwertung der Kirchengesch. durch Gottfried Arnold (1666–1714; 4) kam jedoch auch Kritik an einer behaupteten Unzulänglichkeit der frühma. Mission unter den germ. Völkern und vor allem ihrer Abhängigkeit von den Trägern polit. Macht zu Wort.

Weiterführende Anstöße gingen von der Germanistik und der sich neu entwickelnden → Religionswissenschaft aus. In ihr stellte sich seit der Romantik (→ Grimm, Jacob und Wilhelm) eindringlicher und verbunden mit einem Interesse nationaler Selbstvergewisserung (42) die Frage nach dem eigenen Profil und dann auch nach einer Eigenwertigkeit der vorchr. germ. Kultur (zur Forschungsgesch. vgl. 25; 37, I; 43). Das bedeutete indessen nicht ohne weiteres auch schon eine grundsätzliche Kritik an der Christianisierung überhaupt oder eine generelle Aufgabe der Vorstellung von einer relig. Überlegenheit des Christentums, das man seit Konrad → Maurer (26) allerdings auch durch eine Krise der germ. Relig. in spätheidn. Zeit begünstigt sah (29; 19). Erst seit dem späten 19. und vor allem während der Zwischenkriegszeit des 20. Jh.s wurde die Christianisierung der Germ. von Verfechtern einer völkisch-relig. Ideologie (28) als verhängnisvolle Überfremdung germ. Religiosität gewertet (24), überwiegend allerdings in einem wenig seriösen, polemisch-ideologischen Schrifttum.

Das Bemühen um ein angemessenes Verständnis der germ. Relig. drängte von vornherein auf eine genauere Erfassung der germ. Voraussetzungen der Christianisierung auch unter der Frage nach möglicherweise darin weiterwirkenden Faktoren einer germ. Kontinuität (→ Kontinuitätsproblem). Die unterschiedlichen Antworten auf die damit gestellte Frage waren naturgemäß wesentlich von dem jeweils vorausgesetzten Verständnis der germ. Relig. selbst und der jeweiligen Einschätzung des Aussagewertes der für sie vorliegenden Qu., insbesondere der Zeugnisse der nord. Lit., bestimmt. Ihr Spektrum reichte von der Vorstellung einer schöpferischen Umgestaltung chr. Relig.sübung im Vollzug ihrer germ. Rezeption bei Vilhelm → Grønbech (17) bis zu der Behauptung einer durch unzureichende Verständnisvoraussetzungen bedingten übergangszeitlichen Verkümmerung des Christentums bei dem Kirchenhistoriker Heinrich Böhmer (1869–1927). Er hat dabei erstmals auch eine möglichst umfassende quellenanalytisch gesicherte Bestandsaufnahme zur Frage der Rückwirkungen des germ. Substrats auf das Christentum unternommen (7).

Für die chr. Apologetik gegenüber der völkischen Christentumskritik gewann zudem sowohl der ebenfalls seit der Romantik immer wieder vertretene Gedanke einer germ. Prädisposition für die Aufnahme des Christentums (1; 37; 38) als auch die Vorstellung einer im → Schicksalsglauben zu Tage tretenden Krise der germ. Relig. (24; 32) Gewicht. Insgesamt fand unter dem Druck der völkischen Ideologie die Frage einer germ.-chr. Kontinuität in der Zeit zw. dem ersten Weltkrieg und den frühen 40ger J. des 20. Jh.s gesteigerte kirchengeschichtl. Aufmerksamkeit. Erörtert wurde sie unter dem Schlagwort einer *Germanisierung des Christentums* (21; 22; 36; 40; 13; zur involvierten Analogie einer Hellenisierung des Christentums in der Spätant. vgl. 10). Dieser Begriff ist 1896 von Arthur Bonus (1864–1941) erstmals publizistisch verwendet worden (8) und gehörte urspr. in den Zusammenhang der Forderung nach einer dem dt. Wesen gemäßen Ausgestaltung der chr. Relig. Dementspr. war im Hintergrund der Germanisierungsdiskussion stets auch die Frage nach einer germ. Möglichkeit des Christentums überhaupt gegenwärtig (41). Ein kritischer Beitrag von W. Baetke (1884–1978) hat dieser Diskussion schließlich 1943 einen ernüchternden sachlichen Abschluß gesetzt (5). Er bestritt die quellenmäßige Belegbarkeit einer Kontinuität von vorchr. Religiosität und Christentum im germ. Raum. Vereinzelt haben allerdings Vertreter der ält. Forsch. auch nach 1945 noch grundsätzlich an der Vorstellung von einer Germanisierung des Christentums festgehalten (40; 13), und ein viel benutztes Kompendium der Kirchengesch. hat sie noch einer breiteren Öffentlichkeit vermittelt (39). Forschungsgeschichtl. ist die Germanisierungsdiskussion und ihre Vorgesch. im 19. Jh. bislang nicht aufgearbeitet worden (gedrängter Überblick: 13; 3).

Im Verlauf dieser Diskussion ist eine Reihe von Erscheinungen als konkreter Niederschlag einer Germanisierung des frühma. Christentums in Anspruch genommen worden (Zusammenfassung: 40; 34). Die wichtigsten von ihnen hatte allerdings schon die Arbeit des 19. Jh.s thematisiert. Nachhaltig wirksam war die Aufnahme der von dem Theologen A. F. Ch. Vilmar (1800–1868) begründeten Vorstellung einer spezifisch germ. Chr.frömmigkeit, die sich aus einer Übertragung der Treuebindung des Gefolgsmannes zum Gefolgsherren auf das Verhältnis des Christen zu dem Herrn Chr. ergeben habe (45). Sie setzt ein aus der → Heldendichtung gespeistes idealisiertes Bild von → Gefolgschaft und ‚germ. → Treue' voraus und beruht auf einem vereinseitigenden Verständnis der auf Chr. bezogenen Herrenterminologie des → Heliand allein im Sinne von Gefolgsherr (5).

In jüng. Zeit ist demgegenüber angenommen worden, der aus dem Gefolgschaftswesen stammende Begriff ahd. *truhtîn* (as. *drohtin,* ae. *dryhten*) sei kirchlicherseits bewußt für *dominus* in seiner relig. Bedeutung eingesetzt worden, weil er geeignet erschien, den der chr. Gottesbeziehung eigenen ethischen Aspekt zum Tragen zu bringen (16). Zudem muß mit einer Verschiebung seines konnotativen Gehalts unter dem Einfluß des lat. Gottes- und Herrscherprädikats *dominus* als Voraussetzung seiner chr. Inanspruchnahme gerechnet werden (14). Mit einiger Resonanz hat der Kirchenhistoriker K. D. Schmidt (1896–1964) der Vermutung einer spezifisch germ. Chr.frömmigkeit noch einen Verweis auf das Motiv des → *fulltrui* in seiner gelegentlich in der Sagalit. begegnenden Beziehung auf einzelne Götter zur Seite gestellt und als Ausweis einer germ. Prädisposition für das Christentum verstanden (36). Er hat dabei die in der religionswiss. Diskussion der 20er und 30er J. begegnende verfehlte Deutung dieses Motivs im Sinne einer henotheistischen Tendenz in der germ. Frömmigkeit (→ Henotheismus) aufgenommen und überdies seine Geltung von vornherein methodisch unzulässig für die gesamte Germania unterstellt.

Als wirkungsgeschichtl. bedeutsamen Germanismus auf institutioneller Ebene hat der Rechtshistoriker U. Stutz (1868–1938) die Erscheinung der → Eigenkirchen angesprochen (44). Doch das abendländische Eigenkirchenwesen hat spätant. Vorstufen sowie byz. und slaw. Parallelen und läßt sich wirtschafts- und sozialgeschichtl. als Element der → Grundherrschaft erklären. Zudem sind auch die von Stutz dafür postulierten germ. Voraussetzungen fraglich.

Abseits vom allgemeinen Gang der Diskussion stand ein Versuch, den sog. germ. Arianismus (→ Arianische Kirchen) als konsequenten Ausdruck germ. Religiosität in chr. Gewand zu deuten (15). Er löst jedoch die Auffassungen → Wulfilas aus dem Zusammenhang der zeitgenössischen theol. Auseinandersetzungen der chr. Reichskirche, in den sie tatsächlich völlig eingebunden sind, und beruht methodisch auf einer falschen Textsortenbestimmung der dafür überlieferten Qu.

Die Germanisierungsdiskussion setzte durchweg unreflektiert einen auf J. G. von Herder (1744–1803) zurückgehenden organischen Volksbegriff voraus (6). Er faßt Völker als soziale Individualitäten, die ihre spezifische Prägung und damit ihre Identität und Kontinuität einer außer- und übergeschichtl. Gestaltungskraft, einem je eigenen ‚Volksgeist' verdanken. Seit der zweiten Hälfte des 19. Jh.s erfuhr dieser spekulative Volksbegriff noch eine rassenideologische Verschärfung mit der Behauptung einer biologischen Grundlage des Volksgeistes. Für die Kirchengeschichtsschreibung war auch seine breite theol. Aufnahme wirksam, die Volk und Volkstum als gottgesetzte Ordnungen wertete. Eine Germanisierung des Christentums erschien unter der Voraussetzung dieses Volksbegriffs nicht als bloße Übergangserscheinung, sondern als lang andauernder Aneignungsprozeß, in dem ein Volkstum sich eine eigene Ausdrucksgestalt chr. Religiosität schafft (41; 40; 13). Für die hist. Analyse stellen sich Völker jedoch als Ergebnisse komplexer ethnogentischer Integrationsprozesse dar, und ihre kulturelle Prägung entspringt nicht einer volkstumsimmanenten übergeschichtl. Vorgabe, sondern unterliegt den Bedingungen geschichtl. Entwicklung.

Eine monographische Gesamtdarst. der germ. Christianisierungsgesch. fehlt (→ Bekehrung und Bekehrungsgeschichte; → Christentum der Bekehrungszeit; ferner die Artikel zu den einzelnen betroffenen Räumen und Ethnien; Bibliogr.: 27; für den N: 12). Diese Gesch. ist in drei großen, räumlich und zeitlich unterschiedenen Durchgängen verlaufen, einmal der Ausbreitung des got. sog. arianischen Christentums (4.–6. Jh.), zum anderen der Christianisierung des Frankenreichs (Ende 5. bis frühes 9. Jh.) und der Angelsachsen (Ende 6.–7. Jh.) sowie schließlich der Christianisierung des Ns (10.–11. Jh.).

Eine Sonderstellung hatten die got.-arianischen Kirchen (35; → Arianische Kirchen). Sie beruht jedoch nicht auf Besonderheiten des got. Rezeptionsmilieus, sondern auf der ö. Prägung der aufgenommenen Form des Christentums. Mit dieser Sonderstellung haben die got.-arianischen Kirchen zeitweilig zur Identitätswahrung ihrer germ. Trägerschaften in den Völkerwanderungsreichen des Ws beigetragen (11). Die Benennung arianisch ist abwertende Fremdbezeichnung. Mit dem alexandrinischen Presbyter Arius († ca. 336) hat es hist. wie sachlich nichts zu tun. Es konserviert dogmengeschichtl. eine Ende der 50er J. des 4. Jh.s ausgebildete Position, die zw. den Fronten der seinerzeitigen Streitigkeiten um die Trinitätslehre vermitteln sollte und in der röm. Reichskirche zeitweilig, am längsten im O (360/61, 364–378), offizielle reichskirchliche Geltung besaß. Daher wurde sie von den reichsansässigen sog. Kleingoten → Wulfilas ebenso aufgenommen wie von den Terwingen (→ Westgoten) → Fritigerns, für die noch kurz vor dem Hunneneinbruch (375) mit röm. Hilfe eine rudimentäre kirchliche Organisation geschaffen wurde. Ihr kennzeichnendes Schlagwort besagt, der in Jesus inkarnierte vorweltliche Gottessohn sei Gott, dem Vater, ‚gleich gemäß der Schrift' (ὅμοιος κατὰ τὰς γραφάς, daher Homöer). Dafür, daß diese Position aus sich selbst heraus im got. kulturellen Umfeld eine größere Akzeptanz besessen haben könnte als andere Positionen, gibt es keine Anhaltspunkte. Als ethnisches Moment erscheint demgegenüber die got. Liturgiesprache und Bibelübs. Sie entspricht jedoch einer allgemeinen Bereitschaft der ö. Kirche zur Verwendung der Volkssprache auch in der Liturgie und ordnet das got. Christentum den Nationalkirchen und chr. Nationalkulturen des Os zu.

Im W blieb der Gottesdienst dagegen an die lat. Sprache gebunden. Ma. abendländische Übs. biblischer Texte stehen daher auf einer anderen Ebene als die got. Bibel. Sie dienen der Unterweisung und Erbauung, und ihnen können freie liter. Verarbeitungen biblischer Stoffe zur Seite treten (vgl. → Caedmon; → Frühchristliche Dichtung; → Heliand). Die got. Bibel ist dagegen in erster Linie ein liturgisches Buch, das sich darum auch in seiner Sprache eng an die Vorlage anschließt. Ein aus dem ö. Ursprung herrührendes, in einem w. kirchlichen Umfeld aber anstößiges Merkmal des got. Arianismus war schließlich die Übung einer erneuten Taufe übertretender nichtarianischer Christen.

Die Christianisierung des Frankenreichs ging von der kulturellen Überlagerungszone zw. Loire und Rhein aus und griff seit dem 7. Jh. in die Randzonen und in die Außenländer des Merowingerreichs über. Einen äußeren Abschluß brachte die Eingliederung der → Friesen und → Sachsen in das Karolingerreich. Seit Ausgang des 7. Jh.s hatten an dieser Mission auch ags. Kräfte einen wesentlichen Anteil (→ Angelsächsische Mission), während eine unmittelbare Beteiligung ir. Kräfte (→ Irische Mission) allenfalls marginal war. Bei der Christianisierung des ags. Englands trafen kontinentale und ir. Kräfte mit je unterschiedlichen Traditionen aufeinander. Die Christianisierung des Ns stand unter dem Einfluß dt. und engl. Kräfte und war in einem für ihren Erfolg entscheidenden Ausmaß Begleitprozeß des Aufstiegs der Kg.smacht (→ Königtum) seit dem Ausgang der → Wikingerzeit.

Trotz dieser großen räumlichen und zeitlichen Spannungsbreite gibt es in der germ. Christianisierungsgesch. raum- und zeitübergreifende Grundzüge. Zu wenig Beachtung hat daneben bislang die Frage nach phänomenologischen Entsprechungen in anderen Missionsräumen mit vergleichbaren geschichtl. Bedingungen gefunden. Das Zusammengehen der beiden von → Harald Blåtand in der Inschr. von → Jelling genannten Momente, des Gewinns von ganz → Dänemark (und Norwegens) und der Christianisierung der Dänen, ist kein Zufall. Die Völker des germ. Sprachkreises haben vor oder während der einsetzenden Christianisierung geschichtl. Veränderungen – von der → Völkerwanderung bis zu den Reichsbildungen des Ns – erfahren, deren Dynamik auch die Offenheit für einen Relig.swechsel in sich schloß. Die chr. Mission wiederum traf bei ihnen auf eine archaische Kulturwelt mit einer die Volksangehörigen fest einbindenden, auf personalen und familiären Bindungen beruhenden sozialen und polit. Ordnung sowie mythisch und kultisch bestimmten Formen der relig. Welterfahrung und -bewältigung (→ Christentum der Bekehrungszeit), in die neben der späten Überlieferung in der anord. Lit. die → Brakteatenikonologie einen Einblick gibt. Damit waren wesentliche Rahmenbedingungen der Christianisierung gegeben (23; 30).

Die Mission setzte bei der polit. Führungsspitze an. Für sie bedeutete die Annahme des Christentums auch eine neue relig. Legitimierung (→ Königsheil), die ihre volle Ausformung in der erstmals in der 2. Hälfte des 7. Jh.s im Westgotenreich belegten kirchlichen Kg.ssalbung fand (2). Gegenüber spätröm. Verhältnissen neu war eine unmittelbare, nicht als *imitatio imperii* zu verstehende kgl. Kirchenherrschaft. Sie führte zur Ausbildung neuer, durch die Reichweite polit. Herrschaft abgegrenzter kirchlicher Funktionseinheiten, die spätröm. Tendenzen einer Partikularisierung der abendländischen Kirche verschärften. Zur Umkehr dieser Entwicklung trug seit dem letzten Drittel des 7. Jh.s zukunftsweisend das Leitbild der romorientierten Partikularkirche bei. Es verdankt sich ebenfalls der kgl. Kirchenherrschaft. Kg. → Oswiu von Northumbrien entschied 664 auf der Synode von Streanæshalh (→ Whitby) einen kirchlichen Streit um die röm. oder ir. Form der Osterterminberechnung zugunsten der röm. Tradition. Das begründete er in kennzeichnender Vorordnung personaler vor institutionelle Bindungen mit der überragenden Mächtigkeit, die dem Apostel Petrus als dem Bürgen der röm. Tradition infolge seiner Schlüsselgewalt zukomme (Beda III 25).

Die Mission verfolgte die doppelte Zielsetzung einer raschen Eingliederung des ganzen jeweiligen polit. Verbandes in die heilsanstaltliche Kirche und der Ausschaltung des heidn. Kultwesens. Die Eingliederung in die Kirche erfolgte durch die oft massenweise vollzogene Taufe. Eine hinreichende Vorbereitung auf sie, wie sie z. B. von → Alcuin gefordert wurde, fand in der Regel nicht statt. Die chr. Relig. wurde als neuer einzuhaltender Kult aufgenommen und verstanden. Sie konnte in Island noch im 13. Jh., allerdings in archaisierender liter. Darst., als Glaube an einen Gott, den Mariensohn Chr., Begehen der sonntäglichen Meßfeier und wöchentliches Fasten sowie Abwendung vom heidn. Kult beschrieben werden (Snorri Sturluson, Heimskringla. Hákonar saga góða 15).

Die *Capitulatio de partibus Saxoniae* (→ Lex Saxonum) → Karls des Großen bedrohte als Sakrilegien mit der Todesstrafe neben Gewaltakten gegen die Kirche und ihre Geistlichen (c. 3 und 5), Verschwörung gegen die Christen (c. 10) und bestimmten heidn. Bräuchen (Verbrennung von → Hexen und Verzehren ihres Fleisches, → Leichenverbrennung und → Menschenopfer [c. 6.7.9]) die Verweigerung des (in der sächs. Unterwerfungserklärung zugesagten) Taufempfangs (c. 8) und die Nichteinhaltung des Quadragesimalfastens (c. 4). Die gemeingerm. Bezeichnung des Fastens mit einem Vb. (got. *fastan,* ae. *fæstan,* ahd. *fasten,* an. *fasta*) der Bedeutung ‚(Vorschriften) einhalten' (τηρεῖν, *observare*) ist kennzeichnend.

Die Einhaltung der rituellen Fastenvorschriften war Ausweis der Einhaltung des Taufgelöbnisses.

Eine über den Bereich einer schmalen geistlichen Elitekultur hinausgehende Ethisierung und Spiritualisierung des relig. Bewußtseins und Weltverhaltens durch die Vermittlung traditioneller chr. Wert- und Normvorstellungen und ihre Verinnerlichung war demgegenüber ein Jh. andauernder Prozeß allmählicher Inkulturation. Auch dabei stand zunächst die Durchsetzung äußerer Normen wie der kirchlichen Eherechtsvorstellungen im Vordergrund. Noch weit über die Missionszeit hinaus waren der Intensität der Christianisierung auch durch eine unzureichende kirchliche Infrastruktur Grenzen gesetzt.

Die dem →Taufgelöbnis traditionell voraufgehende Absage an den Teufel ist im karolingerzeitlichen frk. und sächs. Taufbekenntnis zu einer Abschwörung an die heidn. Götter und das heidn. Kultwesen erweitert worden. Die Annahme des Christentums forderte die Anerkennung seines Exklusivitätsanspruchs. Mit ihrem Vollzug durch die polit. Führung einer *gens* sollte daher grundsätzlich deren überkommener Kult seine öffentliche Geltung verlieren. Eine als polit. wie relig. chr. Überlegenheitsbeweis geltende Zerstörung von Heiligtümern konnte das verdeutlichen.

Naturgemäß aber standen einer relig. Neuorientierung und dem chr. Anspruch auf alleinige Geltung auch beharrende Kräfte entgegen. Es kam daher zu Übergangsphasen, in denen neben der heranwachsenden kirchlichen Organisation auch noch überkommene kultische Institutionen fortwirken konnten (31). Bes. ausgeprägt war das in Schweden, wo sich →Gamla Uppsala noch lange über das Einsetzen der Christianisierung unter →Olaf Skötkonung und den Beginn einer kirchlichen Organisation hinaus als heidn. Kult- und Widerstandszentrum behauptete. Eine wesentliche Übergangserscheinung war schließlich die Abdrängung heidn. Kultpraxis in den Bereich privater relig. Daseinsbewältigung. Das Zugeständnis heimlichen heidn. Kultes im Schiedsspruch des Gesetzessprechers Thorgeir auf dem isl. Allthing des J.es 1000 (Ari Thorgilsson, Íslendingabók 7) macht das anschaulich. Die *Capitulatio de partibus Saxoniae* belegte solche private heidn. Kultübung nicht mit der Todesstrafe, sondern einer Geldbuße (c. 21).

Ihren Alleingeltungsanspruch setzte die Kirche zunächst im öffentlichen Raum durch. Mit ihrem Gottesdienst, ihren Sakramenten und Benediktionen, ihrer Hl.- und Reliquienverehrung übernahm sie dabei die polit.-sozialen Funktionen des überkommenen Kultes.

Diese funktionale vorchr.-chr. Kontinuität mit ihren Folgewirkungen hat neuerdings Anlaß zu einer sozialgeschichtl. ausgerichteten Neuaufnahme des Begriffs einer Germanisierung des Christentums gegeben (33). Der Übergang des spätant. Christentums in die germ. Welt des FrühMAs wird dabei als dessen umfassende Germanisierung verstanden. Dahinter steht eine Gegenüberstellung des Christentums als weltverneinender, jenseitsorientierter Universalrelig. und der germ. Relig. als weltbejahender, diesseitsorientierter Gentilrelig. Die von dieser bestimmte germ. Kultur habe das Christentum nach ihren überkommenen Anforderungen an ein relig. Symbolsystem umgeformt. Die chr. Kirche hat jedoch von Anfang an eine Integration in ihre Umwelt gesucht und ist dabei auch ihrem relig. Denken entgegengekommen: Übernahme des kultischen Totengedächtnisses im Märtyrerkult, Verörtlichung und Verdinglichung hl. Macht in der Verehrung von Märtyrergrab und -reliquien, Verwendung des Kreuzzeichens als apotropäischer und Segensgeste mit Tendenzen zu magischer Verwendung, seit konstantinischer Zeit Verwendung chr. Symbolik als Sieges- und Herrschaftszeichen in Münzprägung und Feldzeichen. Gegen Ende der Spätant.

war die Kirche auch mit sozial- und mentalitätsgeschichtl. Tendenzen konfrontiert, die bereits auf das Früh-MA vorauswiesen.

Insgesamt hat das ant. Christentum relig. Orientierung auch zum Gelingen des diesseitigen Lebens geboten. „Was bisher das Glück gewährt hat, dazu soll nun die Heiligkeit hinzutun", läßt der in der spätant. chr. Tradition verwurzelte Bf. Avitus von Vienne den Frankenkg. → Chlodwig anläßlich seiner Taufe wissen (Avitus ep. 46). Dabei steht das kriegerische Handeln des Kg.s im Blickpunkt, und ‚Glück' *(felicitas)* ist eine Relativierung der bisherigen Verankerung des herrscherlichen Selbstverständnisses im heidn. Sakralwesen.

Der Übergang des Christentums aus der Spätant. ins Früh-MA zeigt ein erhebliches, wirkungsgeschichtl. auf die Dauer bestimmendes Maß an Kontinuität (zu inhaltlichen Aspekten der Kontinuität vgl. 20; zu Bildinhalten: 18). Es hat sich aus eigenen Voraussetzungen den relig. Erwartungen gestellt, die ihm aus der germ. Kulturwelt entgegengebracht wurden, und war überzeugt, ihnen überhaupt erst wirklich begegnen zu können. Ein gleichzeitiger geschichtl. Wandel, dem das Christentum und die Kirche wie alle geschichtl. Erscheinungen beständig unterliegen, vollzog sich aufgrund sozial- und mentalitätsgeschichtl. Wechselwirkungen, die nicht insgesamt einfach mit einem aus abstrakten Schemata abgeleiteten, einlinig ausgerichteten allgemeinen Begriff erfaßt werden können (neuere Forsch.sansätze: 3; 30). Die gesamtgeschichtl. Bedeutung der Christianisierung der germ. Völkerwelt liegt in der kulturgeschichtl. Grundlegung der eigenständigen geschichtl. Individualität Europas.

(1) K. Algermissen, Germanentum und Christentum. Ein Beitr. zur Gesch. der dt. Frömmigkeit, 1934, [5]1935. (2) A. Angenendt, Rex et Sacerdos. Zur Genese der Kg.ssalbung, in: N. Kamp, J. Wollasch (Hrsg.), Tradition als hist. Kraft, 1982, 100–118. (3) Ders., Das Früh-MA. Die abendländische Christenheit von 400 bis 900, 1990, [2]1995 (Lit.). (4) G. Arnold, Unparteiische Kirchen- und Ketzer-Hist., 1699/1700, Neudr. 1967. (5) W. Baetke, Die Aufnahme des Christentums durch die Germ. Ein Beitr. zur Frage der Germanisierung des Christentum, in: Welt als Gesch. 9, 1943, 143–166. (6) G. Besier, Volk, in: Evangelisches Staatslex. 2, [3]1987, 3890–3901. (7) H. Böhmer, Das germ. Christentum, Theol. Stud. und Kritiken 86, 1913, 165– 280. (8) A. Bonus (anonym), Von Stöcker zu Naumann. Ein Wort zur Germanisierung des Christentums, 1896. (9) W. Boudriot, Die agerm. Relig. in der amtlichen kirchlichen Lit. des Abendlandes vom 5. bis 11. Jh, 1928, Nachdr. 1964. (10) H. Ch. Brennecke, Frömmigkeits- und kirchengeschichtliche Aspekte des Synkretismus, in: V. Drehsen, W. Sparn (Hrsg.), Im Schmelztiegel der Religionen. Konturen des modernen Synkretismus, 1996, 121–142. (11) Ders., Christianisierung und Identität – das Beispiel der germ. Völker, in: U. van der Heyden, H. Liebau (Hrsg.), Missionsgesch. – Kirchengesch. – Weltgesch., 1996, 239–247. (12) T. Christensen u. a., Kirkehistorisk bibliografi, 1979. (13) H. Dörries, Zur Frage der Germanisierung des Christentums, in: Ders., Wort und Stunde 2, 1969, 190–209. (14) H. Eggers, Die Annahme des Christentums im Spiegel der dt. Sprachgesch., in: K. Schäferdiek (Hrsg.), Kirchengesch. als Missionsgesch. 2, 1978, 466–504. (15) H. E. Giesecke, Die Ostgerm. und der Arianismus, 1939. (16) D. H. Green, The Carolingian Lord, 1965. (17) V. Grønbech, Religionsskiftet i Norden, 1913. (18) K. Hauck, Missionsgesch. in veränderter Sicht. Sakrale Zentren als methodischer Zugang zu den heidn. und christl. Amulettbildern der Übergangsepoche von der Ant. zum MA (Zur Ikonologie der Goldbrakteaten XXVII), in: Institutionen, Kultur und Ges. im MA (Festschr. J. Fleckenstein), 1984, 1–34. (19) A. Heusler, Germanentum. Vom Lebens- und Formgefühl der alten Germ., 1934. (20) E. Iserloh, Die Kontinuität des Christentums beim Übergang von der Ant. zum MA im Lichte der Glaubensverkündigung des hl. Bonifatius, Trierer Theol. Zeitschr. 63, 1954, 193–205. (21) P. Jäger, Germanisierung des Christentums, in: RGG 2, 1910, 1336–1339. (22) Ders., Germanisierung des Christentums, in: RGG 2, [2]1928, 1069–1071. (23) H.-D. Kahl, Die ersten Jahrhunderte des missionsgeschichtl. MA. Bausteine für eine Phänomenologie bis ca. 1050, in: [14], 507–542. (24) B. Kummer, Midgards Untergang. Germ. Kult und Glaube in den letzten heidn. Jahrhunderten, 1927, [2]1935. (25) H. Ljungberg, Den nordiska religionen och Kristendomen, 1938, dt.: Die nord. Relig. und das Christentum, 1940. (26) K. Maurer, Die Bekehrung des norw. Stammes zum Christenthume, 1855/56, Nachdr. 1965. (27) S. Meckbach, Bibliogr. zur

christl. Mission im frühen MA, in: [14], 507–542. (28) K. Nowak, Deutschgläubige Bewegungen, in: TRE VIII, 554–559. (29) A. Olrik, Nordisk Aandsliv i Vikingetid og tidlig Middelalder, 1907, ²1927, dt.: Nord. Geistesleben in heidn. und frühchristl. Zeit, 1908, ²1925. (30) L. E. von Padberg, Mission und Christianisierung. Formen und Folgen bei Ags. und Franken im 7. und 8. Jh., 1995 (Lit.). (31) Ders., Odin oder Christus? Loyalitäts- und Orientierungskonflikte in der frühma. Christianisierungsepoche, Archiv für Kulturgesch. 77, 1995, 249–278. (32) H. Rückert, Die Christianisierung der Germ., 1932, ²1934. (33) J. C. Russel, The Germanization of Early Medieval Christianity. A Sociohist. Approach to Religious Transformation, 1994. (34) K. Schäferdiek, Germanisierung des Christentums, in: TRE XII, 521–524. (35) Ders., Das got. Christentum im 4. Jh., in: Triuwe. Stud. zur Sprachgesch. und Literaturwiss. (Gedächtnisb. E. Stutz), 1992, 19–50. (36) K. D. Schmidt, Die Germanisierung des Christentums im frühen MA, in: Ders., Germ. Glaube und Christentum, 1948, 66–84 (verfaßt 1933). (37) Ders., Die Bekehrung der Germ. zum Christentum, 1. Die Bekehrung der Ostgerm. zum Christentum, 1939; 2. Die katholische Mission unter den Westgerm. (nur Lfg. 1–3 erschienen), 1939–1941. (38) Ders., Germ. Glaube und Christentum. Einzeldarst. aus dem Umbruch der dt. Frühgesch., 1948. (39) Ders., Grundriß der Kirchengesch., 1949, ⁹1990. (40) Ders., Germanisierung des Christentums, in: RGG³ 2, 1958, 1440–1442. (41) H. von Schubert, Die Gesch. des dt. Glaubens, 1935. (42) K. von See, Dt. Germ.-Ideologie vom Humanismus bis zur Gegenwart, 1970. (43) H. Seipp, Entwicklungszüge der germ. Religionswiss. (Von Jacob Grimm zu Georges Dumézil), Diss. Bonn 1968. (44) U. Stutz, Die Eigenkirche als Element ma.-germ. Kirchenrechts, 1895, Nachdr. 1955. (45) A. F. Ch. Vilmar, Dt. Altertümer im Heliand als Einkleidung der Evangelischen Gesch., 1845, ²1862.

K. Schäferdiek

C. Recht

§ 47. Grundlagen. a. Herkömmliches Bild. Nach herkömmlicher Ansicht nimmt die dt. Rechtsgesch. ihren Anfang in der ‚germ. Zeit', die etwa die RKZ und die VWZ umfaßt. Das Bild, das man sich hier von den Germ. macht (zum folgenden bes 14; 56; 65), ist das eines kriegerischen Bauernvolks ohne Städte. Freie → Bauern schienen die Masse der Bevölkerung auszumachen. Auch die → Unfreien aber wirtschafteten selbständig auf bäuerlichen Stellen, von denen sie Vieh- und Getreideabgaben leisteten; eine Sklaverei (→ Sklave) im röm. Sinne gab es nicht. Dagegen gab es bei den meisten Stämmen einen → Adel, der zwar anscheinend an der bäuerlichen Lebensweise teilhatte, dessen höherer Rang aber an einer höheren Totschlagbuße (→ Wergeld) abzulesen war. Den adligen Häuptern des Volkes, den → Fürsten, kam es zu, die allg. Angelegenheiten zu beraten und für ihre Entscheidung die Zustimmung des versammelten Volkes einzuholen. → Könige aus adligem Geschlecht gab es anfangs nur bei den ö. und n. Germ.völkern. Ihnen schrieb man – vielleicht wegen des Glaubens an ihre göttliche Abstammung – ein besonderes → Königsheil zu, eine glückbringende und friedenstiftende Kraft. Auch die richterlichen und priesterlichen Funktionen des Kg.s wiesen auf sakralen Ursprung hin. Fürsten wie Kg. pflegten endlich eine bewaffnete → Gefolgschaft um sich zu versammeln, die ihnen durch einen → Treueid verbunden war und mit der sie auf Krieg und Beute ausgingen.

Die Versammlungen des Volkes, bei denen neben anderen Angelegenheiten auch die Rechtssachen entschieden wurden (→ Ding), fanden zu vorbestimmten Zeiten an befriedeten Plätzen statt. Überhaupt hatten Recht und → Friede eine gemeinsame relig. Grundlage. Die Wahrheit einer → Klage oder Antwort wurde in → Gottesurteil und → Eid durch Anrufung der Götter erhärtet, und der Urteilsspruch der Rechtskundigen (→ Urteil) gründete sich auf gutes, altes, nicht von Menschen gemachtes Recht. Für bes. schwere Verbrechen (→ Rechtsbruch) galt ein sakrales Strafrecht; die Hinrichtung des Täters sollte die Götter versöhnen. Andere Taten bis hin zum → Totschlag zogen eine Buße nach sich (→ Kompositionssysteme), die in Gestalt von Vieh oder Waffen an den Verletzten geleistet wurde. Kam eine solche

→ Sühne nicht zustande, so wurde der Täter als Friedloser (→ Friedlosigkeit) aus der Gemeinschaft ausgestoßen. Niemand durfte ihn aufnehmen, wie ein Wolf irrte er durch die Wälder und jedermann durfte ihn erschlagen.

Alle Blutsverwandten umschloß das Band der → Sippe, die dem Einzelnen Schutz und Hilfe bot. Sie half ihm, einen Verbrecher zu verfolgen; sie empfing die Buße für einen Erschlagenen oder verfolgte den friedlosen Täter mit ihrer → Rache. Andererseits half sie dem schuldigen Sippegenosen bei der Aufbringung seiner Buße, um ihn der Rache seine Feinde zu entziehen. Auch bei der Wanderung und Ansiedlung blieben die Sippegenossen beisammen. So wurde die Sippe endlich zur Grundlage der → Markgenossenschaft, die Wiesen, Wälder und Wege noch lange gemeinschaftlich nutzte (→ Allmende). Auch am Ackerland aber bestand zunächst nur Sondernutzung, nicht Sondereigentum.

b. Zur Forschungsgesch. Dieses Bild beruht auf Qu. verschiedenster Art und Zeitstellung, von der ‚Germania' des Tacitus bis hin zu spätma. Bauernweistümern. In der Gesch. ihrer Erforsch. waren gewiß immer wieder auch „zeitgebundene Fragestellungen und Leitbilder" (9) wirksam. Von großer Bedeutung war jedoch auch der wiss. Paradigmenwechsel, der im Durchbruch der entwicklungsgeschichtl. Sicht gegen Ende des 19. Jh.s bestand.

Am Anfang der neueren Forschungsgesch. steht die „Deutsche Staats- und Rechtsgeschichte" von K. F. Eichhorn, deren 1. Bd. im J. 1808 erschien (17). Eichhorn gilt als der Begründer der modernen dt. Rechtsgesch., und in der Tat war er der erste, der entspr. der bis heute gebräuchlichen synchronistischen Darst.sweise für jede Per. ein Gesamtbild ihres Rechts entwarf. Es gründete sich für die Zeit bis 534 hauptsächlich auf Tacitus und die frühen Leges; für die Per. bis 888 kamen die späten Leges, die Kapitularien und die Formulae (freilich auch das kanonische Recht) hinzu. Ein Neuansatz war dies auch insofern, als Eichhorn die ält. humanistisch-eleganten Bemühungen um Tacitus und die dort zu findenden *vestigia iuris Germanici* ignorierte und sein Geschichtsbild an Vorläufern der Hist. Schule wie Justus → Möser orientierte (46).

Zwanzig J. nach dem ersten Erscheinen von Eichhorns Rechtsgesch., 1828 also, brachte Jacob → Grimm seine „Deutschen Rechtsalterthümer" heraus (24). In diesem B. stellte er sich eine ganz andere Aufgabe als die ‚hist. Rechtsgelehrten' seiner Zeit. Es ging ihm nicht um die geschichtl. Wandlungen des Rechts von Epoche zu Epoche, er wollte nicht das Neue aus der Gesch. des Alten erklären, sondern das Alte aus dem Alten selbst. Als Altert.sforscher trug er wie ein Archäologe die Trümmer des alten Rechts gleichsam aus den verschiedensten Fundschichten zusammen. Daher denn der berühmte Satz: „Stellen aus Tacitus, aus den alten gesetzen, aus urkunden des mittelalters und aus weisthümern, die vielleicht erst vor hundert jahren aufgeschrieben wurden, beweisen in einem athem" (24, VIII). Freilich ging es hier überall nicht um Begriffe und Inhalte, sondern um das, was am alten Recht anschaulich ist, und dies erklärt die Zurückhaltung, mit der Eichhorn und andere Germanisten der Zeit dem Grimmschen Werk begegnet sind.

Zw. diesen beiden Polen bewegten sich die Forsch. der folgenden Jahrzehnte. Während Georg → Waitz 1844 in seiner „Deutschen Verfassungsgeschichte" (88) jede Per. nur nach ihren eigenen Qu. schilderte und allenfalls einen vorsichtigen Vergleich mit den späteren nord. Verhältnissen für zulässig hielt, bot Wilhelm Eduard → Wilda in seinem „Strafrecht der Germanen" 1842 (93) eine Zusammenschau im Sinne Jacob Grimms.

Einen Wendepunkt in der wiss. Diskussion bezeichnete die Freiburger Antrittsvorlesung K. von Amiras „Über Zweck und Mittel der germanischen Rechtsgeschichte" von 1875 (2). Der germanistischen Rechtswiss. seiner Zeit warf Amira die Unwissenschaftlichkeit ihrer Methode vor. Für ihn stand fest, daß man das älteste Recht nur mit Hilfe eines Stammbaums der germ. Rechte auffinden könne. Dieser Stammbaum lasse sich nicht mit Hilfe gelegentlicher Inhaltsähnlichkeiten ermitteln; vielmehr stimmten die Rechtsfamilien der ält. Zeit mit den Sprachfamilien überein. Auf diese Weise schien eine Altersbestimmung von germ. Rechtswörtern, Rechtssätzen oder Rechtsinstituten mit hoher Sicherheit möglich zu sein. In seiner Antrittsrede gab Amira für dieses Verfahren aufschlußreiche Beispiele; genannt sei etwa seine wortgeschichtl. Unters. zum *vargus* der Lex Salica. Da dieser Ausdruck nicht nur in den Rechten der westgerm.-dt. Familie, sondern als *vargr* auch in den nord- und ostgerm. Rechten vorkommt, war für Amira erwiesen, daß die Vorstellung vom → Wolf oder Waldgänger und damit die → Friedlosigkeit selbst schon urgerm. sei.

Auf diesen methodischen Prinzipien beruhten Amiras eigene Forsch., nicht zuletzt sein „Grundriß des germanischen Rechts" von 1890 (1). Ihr Einfluß war aber fortan auch anderswo zu spüren – bei dem vorsichtigeren Heinrich → Brunner ebenso wie bei dessen Fortsetzer Freiherr von Schwerin (10) oder in der zusammenfassenden Darst. von Schröder (73). Schon äußerlich ist dies daran zu erkennen, daß es nun in der dt. Rechtsgesch. üblich wurde, für jeden Rechtsbegriff die gesamte germ. Terminologie anzuführen, möglichst vom Got. bis zum Aisl. – möge es sich nun um den Eid oder die → Fehde, den Kg., die Gerichtsversammlung oder den Totschlag handeln. Wie Beyerle treffend beobachtet hat (8), wurde Amiras Ansatz sehr bald zu einer entwicklungsgeschichtl. Sicht fortgebildet, die geradezu an den Darwinismus erinnerte. Überall in der Rechtsgesch. war jetzt von Abstammung, Entwicklung oder Verzweigung die Rede; Brunners „Abspaltungen der Friedlosigkeit" von 1890 sind hierfür wohl das bekannteste Beispiel (11). So hing schließlich die ganze dt. Rechtsgesch. in allen ihren Entwicklungsstadien eng mit dem germ. Recht zusammen und konnte ihm zum Beleg dienen. In den ersten Jahrzehnten unseres Jh.s schien sogar eine Wiedererstehung germ. Rechtsgedanken nichts Verwunderliches an sich zu haben (76). Das gespenstische Nachleben von → Sippe und → Gefolgschaft in der Hitlerzeit (43, III, 279 f.; 47) wäre ohne diese Germ.-Ideologie nicht zu verstehen.

Seither hat das überlieferte Bild vom germ. Recht allerdings tiefgreifende Wandlungen erfahren. Sie haben ihren Grund einmal in der neuen Bewertung und im veränderten Gewicht der einzelnen Qu.-gruppen (dazu unten § 48a–c), und zum anderen in der kritischen Auflösung vieler geläufiger Denkmodelle (dazu unten § 49a–b). Endlich hat die Forsch. aber auch anscheinend feststehende Grundbegriffe problematisiert, nämlich den Germ.begriff (dazu unten § 50) und sogar den Begriff des Rechts selbst.

c. Terminologie und Rechtsbegriff. Unvermeidlich wird die Frage nach dem germ. Recht zunächst mit Hilfe moderner Terminologie und im Rahmen heutiger Begrifflichkeit gestellt. Allerdings muß damit gerechnet werden, daß die Antworten diesen Rahmen sprengen und die Termini als unangemessen erweisen.

Bekanntlich hat das Wort ‚Recht' im heutigen Sprachgebrauch zwei Bedeutungen (48). Einerseits kann es ein Recht meinen, also eine Berechtigung oder (wie die Juristen sagen) ein subjektives Recht. Zum andern kann es aber auch das Recht bedeuten, d. h. die Rechtsordnung oder (juristisch gesprochen) das Recht im objektiven

Sinne, das meist Gesetzesrecht ist, aber auch Gewohnheitsrecht sein kann. Beide Bedeutungen hängen offenbar miteinander zusammen; das objektive Recht bildet die Grundlage der subjektiven Rechte, die sich (um es mit anderen Bildern zu sagen) aus ihm herleiten lassen oder in ihm wurzeln. Auch die Beziehung auf die Vorstellung vom Richtigen und Gerechten ist beiden Bedeutungen von ‚Recht' gemeinsam.

Diese subjektiv-objektive Doppelbedeutung, die das Wort ‚Recht' gewissermaßen zur Gelenkstelle zw. der Rechtsordnung im Ganzen und den Rechten der Einzelnen werden läßt, geht auf das im Hoch-MA rezipierte röm. Recht zurück. Unser heutiges ‚Recht' findet im *ius* des klass. röm. Rechts seine genaue Entsprechung: *ius* meint entweder ein subjektives Recht oder das objektive Recht, und dieses kann wiederum *lex* oder *consuetudo* sein. Was diesen doppelten Rechtsbegriff angeht, gibt es daher im Verhältnis der Gegenwart zur klass. röm. Jurisprudenz praktisch keine Übs.probleme.

Anders verhält es sich freilich in der Spätant. und im Früh-MA. Hier hatte das lat. Wort *ius* seine urspr. subjektiv-objektive Doppelbedeutung verloren und bezeichnete so gut wie ausschließlich eine subjektive Berechtigung. Da das Wort *ius* an sich mehrdeutig ist, läßt sich seine Bedeutung im Einzelfall nur aus dem jeweiligen Kontext ermitteln – eine Aufgabe, der sich für die späte Ant. Steinwenter (81) und für das frühe MA Köbler (34) unterzogen haben, deren Ergebnisse gut zusammenstimmen. Die naheliegende Folge dieses Bedeutungswandels war, daß die auch im spätant. Vulgarrecht und im frühen MA unentbehrliche Vorstellung vom objektiven Recht durch ein anderes Wort ausgedrückt werden mußte, nämlich durch das Wort *lex*. Es trat also eine ähnliche Situation ein, wie sie im angloamerikanischen Recht noch heute besteht, wo die Bezeichnung *right* für das subjektive und *law* für das objektive Recht zwei verschiedenen Vorstellungsbereichen entstammen. Es kommt noch hinzu, daß selbst Wörter wie *lex* und *iustitia,* die von Haus aus zweifellos eher eine objektive Bedeutung hatten, nunmehr zunehmend als persönlicher Rechtsstatus oder subjektive Gerechtsame erscheinen. Wie es im Übergang von der Ant. zum MA auch sonst zu beobachten ist, tritt das Konkrete und Individuelle in den Vordergrund, während die Allg.begriffe undeutlicher werden.

Vor diesem Hintergrund wird eine volkssprachliche Terminologie erst ganz allmählich sichtbar (34, 171 ff.; 72). Ein altes Wort scheint ahd. *êwa* (etwa ‚Recht, Rechtsgemeinschaft, Bund'; → Ēwa; vgl. → Ehe) zu sein, das zur Wiedergabe von *lex* diente. „Ein verhältnismäßig spät aufgekommenes Wort" (Grimm, DWb. 17, 364) ist dagegen ahd. *reht,* ein aus einem Adj. (‚gerade, richtig') hervorgegangenes Subst., das zunächst in Wendungen wie *mit rehto* erschien. Erst allmählich setzte es sich als Entsprechung zu *ius* durch (das zunächst etwa durch *kiuualt* ‚Gewalt' wiedergegeben worden war), und erlangte so eine spezifisch rechtliche Bedeutung. Wie schwer es fiel, sich die Begriffsinhalte der lat. Wörter überhaupt erst anzueignen, zeigt sich bes. beim Gewohnheitsrecht. Das ahd. Wort *giuuonaheite* mußte dem lat. *consuetudo* als Lehnübs. Glied für Glied gleichsam erst nachgebildet werden (33). Eine ält., womöglich ‚germ.' Vorstellung vom Recht ist hier gewiß nicht zu erkennen. Die neuere Forsch. ist denn auch davon abgekommen, das frühe germ. und dt. Recht als ‚Gewohnheitsrecht' zu charakterisieren und spricht stattdessen von ‚Rechtsgewohnheiten' (75; 16; → Rechtsgewohnheit).

Erst seit der Rezeption des ‚gelehrten' röm.-kanonischen Rechts im hohen MA hat sich der eingangs umschriebene doppelte ‚objektiv-subjektive' Rechtsbegriff, dessen wir uns auch heute bedienen, endgültig durchgesetzt (41, 303 ff.).

§ 48. Qu.probleme. a. Arch. Bodenfunde. Unter den Qu. für die Erforsch. des germ. Rechts haben die arch. Bodenfunde den Vorzug, greifbare Überreste der Vergangenheit zu sein. Wie schwierig es gleichwohl ist, von hier aus zu gesicherten sozial- oder gar rechtshist. Aussagen zu gelangen, hat vor allem Steuer (82; 83) dargetan und bes. anhand der Grabbeigaben mit vielen Beispielen belegt. Wenn etwa nur die mit Waffen bestatteten Männer waffenfähige freie Leute (→ Freie) gewesen sein sollten, was bedeutet dann die Abnahme der Waffengräber oder das völlige Verschwinden dieser Sitte? Kann man ohne weiteres davon ausgehen, daß reich ausgestattete Gräber auf adligen Stand oder fürstlichen Rang hinweisen (→ Fürstengräber)? Wie die Diskussion um die Existenz eines → Adels bei den → Franken zeigt, ist auch hohes Sozialprestige nicht notwendig mit einem besonderen Rechtsstatus verbunden, so daß Folgerungen aus dem arch. Befund doppelt unsicher bleiben müssen.

Ebenso ist es gewiß verlockend, beim gruppenweisen Auftreten von → Ringschwertern oder anderen auffälligen Gemeinsamkeiten an eine → Gefolgschaft zu denken (84). Aber selbst wenn man diesen Begriff als vorläufige Umschreibung gewisser sozialer Phänomene akzeptiert, tragen solche Bodenfunde nichts zur Beantwortung der Frage bei, ob es die Gefolgschaft als germ. Rechtsvorstellung gegeben hat. Oder noch spezieller: Wenn einem germ. Krieger Schwert, Schild und Helm mit ins Grab gegeben wurden, und dazu noch sein bestes Pferd – also die Gegenstände, die im hohen MA als → Heergewäte (13) dem ältesten Sohn oder aber einem Herrn zufallen –, so ist es kaum möglich, hieraus sichere rechtshist. Folgerungen zu ziehen, und entsprechendes gilt für die → Frauengerade. Welche gedankliche Brücke führt vom ‚Recht des Toten' zum → Erbrecht seines ältesten Sohnes oder des Herrn? Sind schwertlose, aber sonst gut ausgestattete Gräber Zeugnisse des Übergangs von der einen zur anderen Vorstellung, wie man anhand einiger Zeugnisse zum → Grabraub denken könnte? Alles Fragen, die bisher nicht zu beantworten sind.

Ein besonderes Problem bilden die → Moorleichen, die man vor allem in Dänemark und im n. Deutschland gefunden hat. Lange Zeit hat man in ihnen auf Grund des bekannten Ber.s des Tacitus (Germ. 12) über die von der Dingversammlung verhängten → Todestrafen hingerichtete Missetäter sehen wollen. In arch. Sicht ist daneben die Deutung als → Menschenopfer immer mehr in den Vordergrund gerückt (28). Die herkömmliche Todesstrafen-Deutung sieht sich zudem der Schwierigkeit konfrontiert, daß von Amiras klass. Lehre vom „sakralen Strafrecht" der Germ. (3) seit den Forsch. von Rehfeldt und Ström 1942 (67; 85) schwer erschüttert ist. Nach heutiger Überzeugung gibt es jedenfalls in den frühen RQu. für germ. Todesstrafen keinerlei Anhaltspunkte (60).

Andererseits gibt es dank der Fortschritte der Arch. bisweilen Befunde, die bisherige Hypothesen der Germ.-Forsch. jedenfalls zu widerlegen vermögen. Dies gilt etwa für den Nachweis konstanter Grenzen bei frühgeschichtl. Ackerfluren (→ Acker- und Flurformen, II § 2), der die Annahme ausschließt, bei den Germ. sei in der Frühzeit das Ackerland Gemeinbesitz gewesen und alljährlich neu vermessen und verteilt worden. Ob man freilich aus dem Vorhandensein dieser Grenzen auf Individualeigentum, Familieneigentum oder nur auf dauerhafte Nutzungsrechte schließen darf, muß weiterhin offen bleiben.

b. Röm. Schriftsteller. Eine zweite wichtige Qu.gruppe bilden die ant. Schriftsteller, unter denen neben einigen Nachr. des Caesar (89) die „Germania" des → Tacitus im Vordergrund steht (dazu 63). Hier hat sich längst die Überzeugung durchgesetzt, daß diese Texte nicht von einem modernen dt. Germ.-Verständnis her interpretiert werden dürfen, sondern so gelesen werden müssen, wie es den Absichten des röm. Autors und den Verständnismöglichkeiten seiner zeitgenössischen Leser entspricht. Um dafür ein bekanntes Beispiel zu geben: Wenn Tacitus (Germ. 24) mißbilligend davon berichtet, daß die Germ. in ihrer Spielleidenschaft sogar ihre persönliche Freiheit aufs Spiel setzten, um dann dem Gewinner bereitwillig als Sklave zu dienen, so darf man bei der gleichsam kopfschüttelnden Schlußbemerkung *ipsi fidem vocant* („sie selbst nennen es Treue") nicht einen germ. Treuebegriff, sondern nur die röm. Vorstellung von der *fides* erwarten (21; 42). Daß die „Germania" nicht naiv als direkte Sachinformation gelesen werden kann, sondern der Text wie sein Verständnis auf mannigfachen Voraussetzungen beruht, hat die neuere Diskussion gezeigt. Wie schwer es gleichwohl ist, hieraus konsensfähige Folgerungen zu ziehen, erweist sich bes. an Problemen wie → Gefolgschaft oder → Treue (dazu unten § 8).

Auch die größere Offenheit gegenüber verschiedenen denkbaren Übs. hat jedoch an einigen wichtigen Stellen zu neuen Einsichten geführt. Ich nenne als Exempel lediglich den Ber. des Tacitus über den jährlichen Wechsel der Feldbestellung (Germ. 26), den man heute nicht mehr als Beleg für einen germ. Agrarkommunismus mit jährlicher Zuteilung der Nutzung versteht, sondern auf eine Feld-Gras-Wirtschaft deutet, also auf einen Wechsel von Ackerbau und beweideter Brache. Die ganze ält. Vorstellung von der germ. → Agrarverfassung ist damit hinfällig geworden.

c. Spätere Rechtsqu. Angesichts der Spärlichkeit und der schwierigen Interpretation der arch. Befunde und der Ber. der röm. Schriftsteller hatte die ält. Germanistik auf die späteren Rechtsqu. stets besonderen Wert gelegt. Infolge ihrer entwicklungsgeschichtl. Überzeugungen fühlte sie sich dazu legitimiert, alle diese Qu. – von den Germ.rechten des frühen MAs bis zu den Weistümern des späten MAs – mit Hilfe ihrer rückschließenden Methode zur Rekonstruktion urgerm. Rechtsverhältnisse heranzuziehen. Für jede der hier bedeutsamen Qu.gattungen erwies sich dieses Verfahren jedoch in den vergangenen Jahrzehnten als undurchführbar.

1. Leges. Es war eine Grundannahme der germanistischen Rechtshistorie, daß die „Volksrechte" im wesentlichen Zeugnisse germ. Rechts seien; sie mußte noch in den 30er J. die große Editionsserie der „Germanenrechte" (20) legitimieren. Zwar hatte man bereits erkannt, daß im burg. und westgot. Reich nicht nur die → Leges Romanae, sondern auch die Gesetze für die germ. Bevölkerung nur unter Mitwirkung röm. Juristen entstanden sein konnten, und beim Westgotenrecht war unstrittig, daß es auch inhaltlich stark röm. geprägt war. Im übrigen schien aber bei den Stammesrechten der Abstand zum röm. Recht des justinianischen Corpus Juris von 528/534 und bes. zu dem dort in den Digesten überlieferten klass. röm. Privatrecht so groß, daß ihr Inhalt nur germ. sein konnte.

Demgegenüber hat die neuere romanistische Forsch. für die Leges einen ganz neuen Deutungszusammenhang eröffnet, den des sog. weström. Vulgarrechts (29 passim; dazu 70; → Römisches Vulgarrecht). Bes. die Arbeiten von Levy (52; 53) haben eine Schicht des röm. Rechts freigelegt, die mit ihren anschauungsgebundenen, laienhaften Zügen den Leges wesentlich näher steht als das bewußt klassizistische Recht des Corpus Juris. Sichtbar wird die Vulgarisierung vor allem in spätant. Elementarschr. für den Schulgebrauch oder eine anspruchslose provinziale Praxis – meist Auszüge und Erläuterungen zu Juristenschriften und Ks.gesetzen, die dann als Material oder Grundlage für die Römergesetze der Westgoten und Burg. dienten und so den germ. Gesetzgebern vermittelt wurden. Auch wo nicht eine unmittelbare Textabhängigkeit gegeben ist, stimmen rechtspolit. Horizont und begriffliche Vorstellungswelt vieler Germ.-Rechte so sehr mit dem Vulgarrecht überein, daß es zweifelhaft wurde, ob sich hier überhaupt noch etwas spezifisches Germ. werde ermitteln lassen.

So konnte schon Levy zeigen, daß die Unterscheidung zw. Eigentum und Besitz, deren Fehlen von den Germanisten im Sinne der dt.rechtlichen → Gewere interpretiert worden war, schon dem Vulgarrecht abhanden gekommen war – ebenso wie die andere zw. Kauf und Übereignung (52, I, 96 ff.). Ein neueres Beispiel ist der angebliche germ. Ausschluß der Frauen vom → Erbrecht an Grundstücken, der bei näherem Zusehen ohnehin nur in einer Zurücksetzung von Töchtern hinter ihre Brüder besteht. Er hat erstaunliche Parallelen im späten weström. Recht und bleibt in seinen verschiedenen Erscheinungsformen ganz im Rahmen der Lösungen, die die spätröm. Ks.gesetzgebung für das erbrechtliche Verhältnis zw. Söhnen und Töchtern gefunden hatte (44). Vielleicht war sogar der oft zitierte und verfassungshist. außerordentlich wirksam gewordene Vorrang der Söhne vor den Töchtern als Erben der *terra Salica* im Unterschied zu den bisherigen germanistischen Deutungen eine Folge der röm. Ansiedlungspraxis für ihre germ. Söldnerheere. Daß *interpretatio Germanica* und *Romana* geradezu ununterscheidbar werden können, zeigte die neuere Forsch. am Beispiel des rechtswidrigen Verkaufs einer anvertrauten fremden Sache (87). Ihre Rechtsfolgen nach frühem westgot. wie nach bayr. Recht lassen sich je nach der gewählten Perspektive romanistisch wie germanistisch verstehen, ohne daß man einer dieser Deutungen den Vorzug geben könnte.

Um die Grenzen des vulgarrechtlichen Einflusses in den Leges zu bestimmen, würde es größerer Unters. bedürfen. Hier steht Nehlsens B. zum Sklavenrecht von 1972 (58) jedoch noch immer allein da. Immerhin gibt es, wie Nehlsen zeigen konnte, Texte, die sich einer vulgarrechtlichen Deutung weitgehend entziehen, etwa die ält. Teile der → Lex Salica oder des langob. Rechts. Auch → Malbergische Glossen oder andere germ. Rechtswörter (→ Rechtssprache) können Indizien für germ. Inhalte sein, ohne schon zu gewährleisten, daß sich eine Regelung nicht doch in vulgarrechtlichen Bahnen bewegt. Ambivalent sind die frankolat. Mischwörter, die eine neu sich bildende Rechtsterminologie repräsentieren (71, 153 f.). Dagegen deutet aber burg. *mahalareda* (L. Burg. 86,1) zweifellos auf das Institut der → Frauengerade, das später auch in der → Lex Thuringorum begegnet. Auch zw. langob. und sächs. Recht gab es rechtssprachlich belegte Gemeinsamkeiten, die in frühe Zeit zurückreichen könnten (10, I, 536 ff.). Andererseits bestanden gerade zw. diesen beiden Völkern offenbar auch trennende Rechtsunterschiede (90, 38 f.). Auf ält. germ. Rechtstraditionen deuten endlich die in der karol. → Lex Saxonum (c. 47, 48) überlieferten Unterschiede im ehelichen Güterrecht zw. Westfalen einerseits, Engern und Ostfalen andererseits.

2. Kapitularien und Formulae. Bei den sog. merow. → Kapitularien lassen sich zwei Gruppen unterscheiden (50). Einige Texte, die in Hs. gall. Konzilstexte der MZ überliefert sind, stehen sprachlich wie inhaltlich in der Tradition spätant. Gesetzgebung; Germ. findet sich hier nicht. Anders ist dies bei der zweiten Textgruppe, die aus dem Pactus pro tenore pacis, dem → Edictum Chilperici und der Decretio Childeberti besteht. In der Überlieferung mit der → Lex Salica verbunden, weisen diese Texte nicht nur die gleiche frankolat. Mischsprache auf wie die kgl. Konstitutio-

nen der Lex (mit Wörtern wie *bannus, mallum, fredus* usw.), sondern stehen auch vor dem gleichen rechtspolit. Horizont. In den Institutionen wie den Verfahrensweisen steht Röm. und Frk. nebeneinander und ist nur schwer zu unterscheiden.

Die viel später einsetzenden karol. Kapitularien bieten ein ganz anderes Bild. Im Zeichen eines christl. Herrschaftsprogramms stehend (43, I, 73 ff.), lassen sie außer der frankolat. Rechtsterminologie germ. Erbe nur noch in einzelnen Reliktwörtern erkennen (71, 156 ff.; 80). Wie schwer es ist, daraus rechtshist. Folgerungen zu ziehen, zeigt die Diskussion um die im Cap. von Herstal 779 (MGH Cap. I Nr. 20) erstmals bezeugten → Gilden. Obwohl das Wort germ. Ursprungs ist, wird eine germ. Herkunft dieser Genossenschaften von Oexle entschieden bestritten (64).

In den Formularslg. der merow. und karol. Zeit (→ formulae) wird man angesichts der röm. Wurzeln des Urk.wesens kaum Hinweise auf frühes germ. Recht erwarten. Zwar enthalten sie (in unterschiedlichem Verhältnis) neben röm. auch frk. Rechtswörter und Rechtsinstitute. Ob diese jedoch hinter den Zeithorizont der → Lex Salica zurückreichen, ist ungewiß. Immerhin ist aber der negative Nachweis bedeutsam, daß die Annahme der → Vollbort als Zustimmung der Gerichtsgem. zum Urteilsvorschlag der → Rachinburgen in den frk. Gerichtsformularen keine Stütze findet (61, 83 ff.).

3. Ahd. Rechtswörter. In der neueren verfassungsgeschichtl. Forsch. spielte das Bemühen eine große Rolle, dem ahd. Rechtswortschatz Aussagen zum germ. Recht abzugewinnen (→ Rechtssprache). Dabei ist es für die Überlieferung kennzeichnend, daß die dt. Rechtswörter stets vor einem lat. Hintergrund stehen (72). Dies gilt sowohl für die wenigen ‚mündlichen Rechtstexte‘ (Priestereid, Straßburger Eide) und die Übersetzungsfrg. zur → Lex Salica und einem Kapitular von 818/819 als auch für die ahd. (und as.) Evangelienharmonien und -dichtungen (Tatian, Otfrid von Weißenburg, Heliand) und die Gl. (→ Glossen und Glossare). Es ist deshalb methodisch fragwürdig, ein ahd. Rechtswort als Ausdruck einer germ. Rechtsvorstellung zu akzeptieren, da es doch in erster Linie ein Versuch ist, einen lat. Begriff mittels der Volkssprache verständlich zu machen. Insbesondere die Gl. müssen „vom Lateinischen zum Deutschen hin“ gelesen werden (66, 141 ff.), und nicht als lat. Interpretamente zu ahd. Lemmata. So ist etwa der ahd. *esago* ‚Gesetzessprecher‘ weniger eine reale Gestalt des frühen germ.-dt. Rechtslebens als vielmehr eine Lehnübs. von lat. *iuridicus*, also ein bloßes Übs.sphänomen (35; → Asega).

4. Nord. Rechte. Neben den frühma. Germ.-Rechten des europ. Kontinents haben seit langem die nord. Rechte eine große Rolle gespielt, wenn es ursprüngliche germ. Rechtsverhältnisse zu erschließen galt. Dabei war die Überzeugung maßgebend, daß man im germ. N mit dem Fortbestand bes. altertümlicher Verhältnisse rechnen könne, während die nach S gewanderten Germ.-Völker vielfältigen fremden Einflüssen ausgesetzt gewesen seien. Allein dem Recht von Island, erst spät von Norwegen aus besiedelt, wurde eine gewisse Sonderstellung zugestanden. Die Rechte der Norweger, Schweden und Dänen aber wurden, obgleich sie erst dem 12. und 13. Jh. angehören, immer wieder als Qu.-zeugnisse von besonderer Ursprünglichkeit in Anspruch genommen. Der Titel des 1959 erschienenen Aufsatzes von Wührer: „Die schwedischen Landschaftsrechte und Tacitus’ Germania“ (94) bringt dies anschaulich zum Ausdruck.

Allerdings begannen die skand. Rechtshistoriker selbst von dieser archaisierenden Interpretation ihrer hochma. Rechte abzurücken. Als Beispiel sei etwa auf das B. von Åquist über „Frieden und Eidschwur" von 1968 (5) verwiesen, das die Bestimmungen der schwed. Landschaftsrechte über Frieden, Friedensbruch und Friedlosigkeit nicht mehr als Zeugnisse agerm. Vorstellungen deutet, sondern in den Zusammenhang der kirchlich inspirierten europ. Friedensbewegung des Hoch-MAs hineinstellt. Noch grundsätzlicher hat Sjöholm 1976 die Deutung der Landschaftsrechte als Zeugnisse einer urgerm. Sippenges. als bloße Projektion kritisiert (79). In der dt. Forsch. bildete das 1964 erschienene B. des germanistischen Philologen von See über „Altnordische Rechtswörter" einen Wendepunkt (77). In keinem der von ihm untersuchten Bedeutungsfelder der anord. Rechtssprache ließ sich nach von See eine Kontinuität mit urtümlichen germ. Rechtsvorstellungen nachweisen; vielmehr standen alle wesentlichen Rechtsbegriffe auf der Entwicklungsstufe des hohen MAs und waren oftmals nachweislich durch lehnrechtliche oder kirchenrechtliche Gedanken geprägt. Von den angeblichen sakralen Grundlagen des anord. Rechts blieb kaum etwas übrig. Vereinzelt sind diese Thesen zwar auf erbitterten Widerspruch gestoßen (26). Andererseits hat es jedoch mehrere Einzelunters. gegeben, die unabhängig von K. von See zu parallelen Ergebnissen kamen (6; 27), so daß die nord. Rechte heute wohl als Zeugnisse unverfälschter agerm. Rechtsvorstellungen ausscheiden müssen.

5. Weistümer und Rechtssprichwörter. Die Frage, ob die → Weistümer insgesamt einen uralten, gleichsam „naturhaften" (W. Ebel) Typus der Rechtsbildung darstellen, kann hier nicht erörtert werden. Deshalb nur zu den Bauernweistümern des späten MAs einige Bemerkungen. Wenn man heute stärker als früher zögert, auch sie zur Erschließung agerm. Rechts heranzuziehen, so hat dies nichts mit dem lebhaft geführten Streit um ihren herrschaftlichen oder genossenschaftlichen Charakter zu tun. Es war ja nie darum gegangen, die Bauernweistümer als Ganzes für das germ. Recht in Anspruch zu nehmen. Den Eindruck großer Altertümlichkeit machten neben gewissen Symbolhandlungen wie dem Hammerwurf namentlich bestimmte farbige Wendungen ihrer Rechtssprache, die seit Jacob Grimm die Überzeugung wachhielten, manche Sätze der Weistümer tönten wie die dt. Volkslieder aus früher Vergangenheit herüber (24, IX). Ein oft genanntes Beispiel ist der Satz „Die Axt ist ein Melder und kein Dieb". Er hat in dt. Bauernweistümern manches Gegenstück, findet sich aber bereits in einem Gesetz des ags. Kg.s Ine aus dem späten 7. Jh. Wie bedenklich es ist, einen solchen Satz als uraltes germ. Recht in Anspruch zu nehmen, hat die Unters. von Korte über die ags. Gesetze gezeigt (37). Sie erweist den Satz „Die Axt ist ein Melder und kein Dieb" zusammen mit dem anderen Satz „Feuer ist ein Dieb" als Bestandteil einer Analogiekonstruktion, welche die Rechtsfolgen des Diebstahls zwar auf das Anzünden des Waldes, nicht dagegen auf das Abholzen von Bäumen erstreckt. In anschaulicher sprachlicher Formulierung wird hier also eine juristische Denkoperation vorgenommen, die sich, wie Korte dartun konnte, in ält. ags. Gesetzen noch nicht findet, also gewiß nicht agerm. sein kann.

In die gleiche Richtung einer ‚Entzauberung' anscheinend altertümlicher sprachlicher Rechtesdenkmäler zielt auch die Feststellung, daß die sog. → Rechtssprichwörter des dt. MAs vielfach auf das gelehrte Recht zurückgehen und damit als Zeugnis agerm. Vorstellungen gleichfalls ausscheiden müssen (18).

§ 49. Kritik der Denkmodelle. a. ‚Zeitgebundene Fragestellungen'? Haben die bisherigen Vorstellungen über das agerm. Recht auf diese Weise einen großen Teil ihrer Qu.basis verloren, so sind auf der anderen Seite auch ihre Denkmodelle seit einigen Jahrzehnten einer scharfen Kritik unterzogen worden. Die Anfänge dieser Kritik hängen mit dem Neuansatz der ma. Verfassungsgesch. zusammen, der am deutlichsten durch Brunners Buch „Land und Herrschaft" von 1939 (12) markiert wurde. Gegenüber der ält. Rechts- und Verfassungsgesch. wurde hier der Vorwurf erhoben, sie arbeite mit anachronistischen Begriffen, die nicht dem MA oder der germ. Frühzeit selbst entnommen seien, sondern dem liberalen bürgerlichen Verfassungsdenken des 19. Jh.s entstammten. Im Bereich des germ. Rechts war hier von besonderer Bedeutung der 1941 erschienene Aufsatz von Dannenbauer über „Adel, Burg und Herrschaft bei den Germanen" (15). Dannenbauer wandte sich hier kritisch gegen die einst von Waitz begründete Ansicht vom germ. Gemeinwesen als einer Republik freier Bauern mit den Fürsten als gewählten ‚Beamten'. Er versuchte demgegenüber zu zeigen, daß adlige Herrschaft ein wesentliches Element der germ. Verfassung gewesen sei und daß das herkömmliche Bild von der germ. Freiheit nicht der Realität entsprochen habe. Hiermit berührt sich die Ansicht von Mayer (55) und anderen Historikern, daß in der frk. Per. Freiheit als Kg.sfreiheit (→ Königsfreie) vielfach eine bewußte Neuschöpfung der Kg. gewesen sei und daß es die germ. → Gemeinfreien der ält. rechtshist. Lehre womöglich gar nicht gegeben habe. Die bereits auf A. Dopsch und seine Wiener Schule zurückgehende Kritik an der Lehre von den freien germ. → Markgenossenschaften ließ sich mit diesen neuen Ansichten gut verbinden. Resultate der ält. Forsch., die auf zeitgebundenen Fragestellungen und Leitbildern des 19. Jh.s zu beruhen schienen, waren damit aus dem Bilde vom germ. Recht getilgt, und Böckenförde konnte 1961 in seinem Rückblick auf „Die deutsche verfassungsgeschichtliche Forschung im 19. Jahrhundert" (9) zuversichtlich aussprechen, daß die neuere Forsch. die Realität der frühzeitlichen Verfassung weit richtiger sehe als die ält.

b. Kritik der Verfassungsgesch. 1. Sippe, Gefolgschaft und Treue. Inzw. war jedoch eine zweite Welle der Kritik in Gang gekommen. Auch sie wandte sich zunächst gegen überkommene rechtshist. Denkbilder, zugleich allerdings gegen solche, an denen auch die neuere verfassungshist. Richtung noch festhalten wollte, so daß sie auch deren Widerspruch hervorrief. Ein erstes Beispiel hierfür ist die germ. Sippe, mit der sich 1950 Felix → Genzmer (19) und 1960 Kroeschell (39) beschäftigten. Ihre These, daß es die Sippe als festgefügten Rechtsverband bei den Germ. nicht gegeben habe und daß es sich dabei um eine Erfindung des 19. Jh.s gehandelt habe, stieß vor allem auf den Widerspruch von Walter → Schlesinger (69). Nicht besser erging es den Einwendungen, die Kuhn 1956 gegen die Lehre von der Gefolgschaft erhoben hatte (51), und der Kritik des tschechischen Historikers Graus 1959 und 1966 sowie von Kroeschell 1970 an der hiermit eng zusammenhängenden Lehre von der germ. Treue (21; 42; 22). Gefolgsherrschaft und Gefolgstreue waren gerade von Schlesinger zu zentralen Vorstellungen seines neuen, herrschaftlich geprägten Bildes von der frühen Verfassung gemacht worden (68), so daß es nicht verwunderlich ist, daß er die Gegenmeinungen entschieden bekämpfte. Wenskus hat die Lehre von Herrschaft und Gefolgschaft mehrfach (auch mit ethnosoz. Argumenten) zu stützen gesucht (91; 92). Dennoch scheint sich doch der Eindruck von Graus (23) zu bestätigen, daß sie nicht mehr aufrechtzuerhalten sind.

2. Herrschaft und Freiheit. Am Ende wandte sich die Kritik sogar gegen die von der neueren verfassungsgeschichtl. Forsch. überhaupt erst entdeckten Ele-

mente der germ. Verfassungsstruktur. Als Beispiel sei namentlich die Herrschaft angeführt, die seit Dannenbauer und Schlesinger im Bilde von der frühen Verfassung immer häufiger die Stelle der Freiheit oder, wie Graus gesagt hat, sogar die Stelle des Rechts eingenommen hat. Kroeschell konnte 1968 zeigen, daß die abstrakte Vorstellung von Herrschaft als einem sozialen Strukturtypus überhaupt erst seit dem späten 19. Jh. aufkam (40), und die Frage, ob nicht die große Rolle, die die Vorstellung der Herrschaft in der Verfassungsgesch. seit den 20er J. gespielt hat, auf zeitgebundene Leitbilder dieser Forsch. hindeute, wird nicht leicht abzuweisen sein.

Dasselbe gilt auch für die Lehre von den → Königsfreien und ihrer ‚herrschaftlichen' oder gar ‚unfreien Freiheit' (→ Freie). Wie die Zwischenbilanz von Nehlsen-von Stryk 1987 (62) zeigte, ist die neuere Forsch. mit Arbeiten über die Cap., das bayr. und das alem. Recht (57; 38; 36) zu einer Sicht zurückgekehrt, die der traditionellen Auffassung näher steht als den neueren verfassungsgeschichtl. Thesen. Diese erscheinen heute vielmehr selbst als das Produkt eines bestimmten Zeitgeistes, sind also „aus Ideologiekritik zu neuer Ideologie geworden" (Köbler).

3. Friedlosigkeit, ‚gutes altes Recht'. Als überholt muß auch die Lehre von der → Friedlosigkeit gelten, die lange ein Zentralbegriff der germ. Rechtsgesch. war. Daß die nord. Qu. heute für die Rekonstruktion einer germ Friedlosigkeit ausscheiden müssen, wurde schon gesagt (oben § 48c). Allerdings hatte die ält. Forsch. auch den Leges eine Reihe von Hinweisen auf die Friedlosigkeit entnommen; hiermit haben sich unabhängig voneinander 1978 und 1979 Nehlsen und Kaufmann auseinandergesetzt (59; 30). Dabei hat sich zunächst ergeben, daß die Sätze über die bußlose Tötung eines auf frischer Tat ertappten Diebes oder Ehebrechers auf dem Gedanken der gerechtfertigten Notwehr beruhen, also mit Friedlosigkeit überhaupt nichts zu tun haben. Zudem geben sie mit ihren Parallelen im griech. und röm. wie im jüdischen Recht für eine spezifisch germ. Vorstellung nichts her. Aber auch die berühmte *vargus*-Stelle L. Sal. 55,4, die schon seit Wilda 1842 (93) als wichtigster früher Beleg für die germ. Friedlosigkeit gilt, vermag die aus ihr gezogenen Folgerungen nicht zu tragen. Sie besagt lediglich, daß ein bußfälliger Grabräuber bis zur Bußleistung und Aussöhnung mit den Verwandten des beraubten Toten aus der Rechtsgemeinschaft ausgestoßen sein soll, wie dies entspr. auch kirchliche Bußbücher vorsehen. Die Bezeichnung *vargus* endlich meint lediglich einen Räuber; die Gleichsetzung mit dem Wolf gehört erst dem skand. Hoch-MA an, und ihre Verknüpfung mit dem Werwolfglauben ist bloße Spekulation.

Schließlich ist auch die Lehre vom ‚guten alten Recht' grundsätzlicher Kritik unterzogen worden (54). Die Ansicht, das Recht sei nach germ. Vorstellung altes und daher gutes Recht, das nicht gemacht, sondern nur gefunden werden könne, wurde 1919 in einem berühmten Aufsatz von Kern (32) begründet und setzte sich bei Historikern wie Rechtshistorikern rasch durch. Bis zu ihrer kritischen Überprüfung durch Köbler 1971 (34) durfte sie als herrschende Auffassung gelten. Köblers Unters. ergaben dann freilich, daß die Merkmale von Alter und Güte des Rechts zum röm. Begriff des Gewohnheitsrechts, der *consuetudo,* gehörten, der schon dem frühen MA durch Vermittlung der Kirche bekannt wurde (33). Dies zeigt schon die bekannte Stelle aus dem Prolog zur L. Bai., mit der man die germ. Vorstellung vom ‚guten alten Recht' zu belegen pflegt (14, 25): *Deinde unaquaque gens propriam sibi ex consuetudine elegerunt legem. Longa enim consuetudo pro lege habetur* „Darauf fand ein jeder Stamm aus der Gewohnheit sein eigenes Gesetz. Eine lange Gewohnheit wird nämlich als Gesetz erachtet". Es handelt sich um ein Zitat aus den „Etymologiae" des Bf.s → Isidor von Sevilla, das auf L. Rom. Vis. V 12,1 zurückgeht und die ant. Lehre vom Gewohnheitsrecht als gesetzesgleicher Rechtsqu. referiert, und nicht eine germ. Rechtsüberzeugung. Daß es Köblers kritische Sicht trotz ihrer guten Argumente zunächst schwer hatte, sich durchzusetzen, hatte seinen Grund wohl darin, daß die Lehre vom ‚guten alten Recht' einer Grundstimmung der modernen Gesetzeskritik entgegenkam (54).

§ 50. Germanenbegriff. Offene Fragen. Neben der Neubewertung der Qu. und der Kritik der rechtshist. Denkmodelle besteht eine dritte Veränderung in der zunehmenden Fragwürdigkeit des Germ.-Begriffs. Jeder Versuch einer Rekonstruktion von Verfassung und Recht der Germ. setzt naheliegenderweise voraus, daß es die Germ. als eine Gruppe stammverwandter Völker wirklich gegeben hat und daß nicht nur ihre Sprachen, sondern auch ihre Rechtsinstitute bestimmte gemeinsame Merkmale aufwiesen, die sie von anderen alteurop. Völkergruppen, etwa den Kelten oder Slawen, unterschieden. Beide Voraussetzungen sind in den letzten Jahrzehnten immer zweifelhafter geworden.

So kam etwa Wenskus in seinem B. „Stammesbildung und Verfassung" 1961 (90, 409 ff.) zu dem Ergebnis, daß die von Tacitus (Germ. 7,44) beschriebene königslose Verfassung der w. Germ., die nur im Kriegsfalle einen ihrer Fürsten zum Heerführer *(→ dux)* bestellten, keineswegs genuin germ. gewesen sei. Nicht die Kg. bei den ö. Germ. seien auf fremde (etwa skythische) Einflüsse zurückzuführen, sondern die oligarchische Verfassung des Ws verdanke sich einem äußeren Anstoß, nämlich der sog. „gall.-westgerm. Revolution". Weder die alte Lehre vom germ. Gemeinwesen als Republik freier Bauern mit den Fürsten als ‚Beamten' noch die neue von einer germ. Adelsherrschaft konnte seitdem den Anspruch erheben, etwas spezifisch Germ. entdeckt zu haben.

Die Zweifel griffen aber noch weiter um sich. Wußte man denn wirklich, wer die Germ. waren? Vor allem seit das B. von Hachmann/Kossack/Kuhn 1962 (25) mitten in der *Germania libera* „Völker zwischen Germanen und Kelten" postulierte, wurden die hist., arch. und sprachwiss. „Germanenprobleme" (7) lebhaft diskutiert. Diese Diskussion, die andernorts dokumentiert ist, dauert noch an.

Sucht man diese Beobachtungen zusammenzufassen, so ergibt sich der Eindruck, daß es künftig vor allem darauf ankommen wird, daß die ‚germ.' Rechts- und Verfassungsgesch. ihre Denkmodelle überprüft und korrigiert. Die überlieferten Vorstellungen wie Sippe und Gefolgschaft, Friedlosigkeit oder ‚gutes altes Recht' sind von ihrer Qu.basis her erschüttert und waren auf einen Germ.-Begriff bezogen, den es so heute nicht mehr gibt. Für eine erfolgreiche Annäherung an die hist. Realität müssen daher neue Wege gesucht werden. Der Rechtsgesch. wird dabei ihr Bemühen um einen hist. offenen Rechtsbegriff (48) zugute kommen.

(1) Amira, Grundr. (2) K. von Amira, Über Zweck und Mittel der germ. Rechtsgesch., 1876. (3) Ders., Die germ. Todesstrafen. Unters. zur Rechts- und Religionsgesch., Abhandl. der. bayer. Akad. der Wiss., 1922. (4) Amira-Eckhardt. (5) G. Åquist, Frieden und Eidschwur. Stud. zum ma. germ. Recht, 1968. (6) W. Baetke, Yngvi und die Ynglinger. Eine quellenkrit. Unters. über das nord. „Sakralkönigtum", SB der Sächs. Akad. der Wiss. zu Leipzig. Phil.-Hist. Klasse 109, H. 3, 1964. (7) H. Beck (Hrsg.), Germ.-Probleme in heutiger Sicht, 1986. (8) F. Beyerle, Der Entwicklungsgedanke im Recht, 1938. (9) E.-W. Böckenförde, Die dt. verfassungsgeschichtl. Forsch. im 19. Jh. Zeitgebundene Fragestellungen und Leitbilder, 1961, [2]1995. (10) Brunner, DRG. (11) Ders., Abspaltungen der Friedlosigkeit (1890), in: Forsch. zur Gesch. des dt. und frz. Rechtes, Neudr. 1969, 444–481. (12) O. Brunner, Land und Herrschaft. Grundfragen der territorialen Verfassungsgesch. Österr.s, 1939, [5]1965. (13) W. Bungenstock,

Heergeräte, in: HRG II, 1978, 29 f. (14) Conrad, DRG. (15) H. Dannenbauer, Adel, Burg und Herrschaft bei den Germ. (1941), in: Ders., Grundlagen der ma. Welt, 1958, 121–178. (16) G. Dilcher, Ma. Rechtsgewohnheit als method.-theoretisches Problem, in: Gewohnheitsrecht und Rechtsgewohnheiten im MA, 1992, 21–65. (17) K. F. Eichhorn, Dt. Staats- und Rechtsgesch. 1–4, 1808–1823, ^{5}1843/44. (18) A. Foth, Gelehrtes röm.-kanon. Recht in dt. Rechtssprichwörtern, 1971. (19) F. Genzmer, Die germ. Sippe als Rechtsbegriff, ZRG GA 67, 1950, 34–49. (20) Germ.-Rechte. Texte und Übs. (seit 1934, Neuaufl. seit 1953); ebd. Kritische Texte (seit 1939). (21) F. Graus, Über die sogenannte germ. Treue, Historica 1, 1959, 71–121. (22) Ders., Herrschaft und Treue. Betrachtungen zur Lehre von der germ. Kontinuität, Historica 12, 1966, 5–44. (23) Ders., Verfassungsgesch. des MAs, HZ 243, 1986, 529–589. (24) Grimm, Rechtsalt. (25) R. Hachmann u. a., Völker zw. Germ. und Kelten, 1962. (26) O. Höfler, „Sakraltheorie“ und Profantheorie in der Altkde, in: Festschr. S. Gutenbrunner, 1972, 71–116. (27) M. Jacoby, Wargus-vargr-Verbrecher-Wolf, 1974. (28) H. Jankuhn, Moorleichen, in: HRG III, 655–663. (29) M. Kaser, Röm. Privatrecht II, ^{2}1975. (30) E. Kaufmann, Zur Lehre von der Friedlosigkeit im germ. Recht, in: Beitr. zur Rechtsgesch. (Gedächtnisschr. H. Conrad), 1979, 329–365. (31) Ders., Sippe, in: HRG IV, 1668–1670. (32) F. Kern, Recht und Verfassung im MA, HZ 120, 1919, 1 ff. Selbst. Neudr. 1952, 1992. (33) G. Köbler, Zur Frührezeption der consuetudo in Deutschland, Hist. Jb. 89, 1969, 337–371. (34) Ders., Das Recht im frühen MA. Unters. zu Herkunft und Inhalt frühma. Rechtsbegriffe im dt. Sprachgebiet, 1971. (35) Ders., Der oberdt. esago. Ein Beitr. zur Lehre vom gemeingerm. Gesetzessprecheramt, TRG 40, 1972, 501–537. (36) Ders., Die Freien (liberi, ingenui) im alem. Recht, in: C. Schott (Hrsg.), Beitr. zum frühalem. Recht, 1978, 38–40. (37) D. Korte, Unters. zu Inhalt, Stil und Technik ags. Gesetze und Rechtsbücher des 6.–12. Jh.s, 1974. (38) H. Krause, Die liberi der Lex Baiuvariorum, in: Festschr. M. Spindler, 1969, 41–73. (39) K. Kroeschell, Die Sippe im germ. Recht (1960), in: [49], 13–34. (40) Ders., Haus und Herrschaft im frühen dt. Recht (1968), in: [49], 113–155. (41) Ders., Recht und Rechtsbegriff im 12. Jh. (1969), in: [49], 277–309. (42) Ders., Die Treue in der dt. Rechtsgesch. (1969), in: [49], 157–181. (43) Ders., Dt. Rechtsgesch. 1, 1972, ^{10}1992; 2, 1973, ^{8}1992; 3, 1989, ^{2}1993. (44) Ders., Söhne und Töchter im germ. Erbrecht (1982), in: [49], 35 ff. (45) Ders., Germ. Recht als Forsch.sproblem (1986), in: [49], 65–88. (46) Ders., Die Germania in der dt. Rechts- und Verfassungsgesch. (1989), in: [49], 89–110. (47) Ders., Führer, Gefolgschaft und Treue, in: [49], 183–207. (48) Ders., Der Rechtsbegriff der Rechtsgesch. Das Beispiel des MA, ZRG GA 111, 1994, 310–329. (49) Ders., Stud. zum frühen und ma. dt. Recht, 1995. (50) Ders., Recht und Gericht in den merow. «Kapitularien», in: La giustizia nell' alto medioevo (secoli V–VIII), 1995, 737–765. (51) H. Kuhn, Die Grenzen der germ. Gefolgschaft, ZRG GA 73, 1956, 1–83. (52) E. Levy, West Roman Vulgar Law. Law of Property, 1951. (53) Ders., Weström. Vulgarrecht. Obligationenrecht, 1956. (54) J. Liebrecht, Das gute alte Recht in der rechtshist. Kritik, in: K. Kroeschell, A. Cordes (Hrsg.), Funktion und Form. Qu.- und Methodenprobleme der ma. Rechtsgesch., 1996, 185–204. (55) Th. Mayer, Kgt. und Gemeinfreiheit im frühen MA (1943), in: Ders., Ma. Stud., 1959, 139–163. (56) H. Mitteis, H. Lieberich, Dt. Rechtsgesch., ^{19}1992. (57) E. Müller-Mertens, Karl der Große, Ludwig der Fromme und die Freien, 1963. (58) H. Nehlsen, Sklavenrecht zw. Ant. und MA 1, 1972. (59) Ders., Der Grabfrevel in den germ. Rechtsaufzeichnungen. Zugleich ein Beitr. zur Diskussion um Todesstrafe und Friedlosigkeit bei den Germ., in: H. Jankuhn u. a. (Hrsg.), Zum Grabfrevel in vor- und frühgeschichtl. Zeit. Unters. zu Grabraub und „haugbrot“ in Mittel- und N-Europa, 1978, 107–168. (60) Ders., Entstehung des Öffentlichen Strafrechts bei den germ. Stämmen, in K. Kroeschell (Hrsg.), Gerichtslauben-Vorträge. Festkolloquium für H. Thieme, 1983, 3–16. (61) K. Nehlsen-von Stryk, Die boni homines des frühen MAs, 1981. (62) Dies., Die Freien im Frankenreich als ungelöstes Problem der Rechts-, Sozial- und Verfassungsgesch., in: Akten des 26. Dt. Rechtshistorikertages, 1987, 427–441. (63) G. Neumann, H. Seemann (Hrsg.), Beitr. zum Verständnis der Germania des Tacitus 1–2, 1989–1992. (64) O. G. Oexle, Conjuratio und Gilde im frühen MA, in: B. Schwineköper (Hrsg.), Gilden und Zünfte, 1985, 151–214. (65) Planitz-Eckhardt, DRG. (66) J. O. Plassmann, Princeps und Populus, 1954. (67) B. Rehfeldt, Todesstrafen und Bekehrungsgesch. Zur Rechts- und Religionsgesch. der germ. Hinrichtungsbräuche, 1942. (68) W. Schlesinger, Herrschaft und Gefolgschaft in der germ.-dt. Verfassungsgesch. (1953), in: Ders., Beitr. zur dt. Verfassungsgesch. des MAs, 1. Germ.-Franken-Deutsche, 1963, 9–52, 335–338. (69) Ders., Randbemerkungen zu drei Aufsätzen über Sippe, Gefolgschaft und Treue (1963), in: ebd. 286–334. (70) H. Schmidt, Die Vulgarrechtsdiskussion, in: K. Kroeschell, A. Cordes (Hrsg.), Funktion und Form. Qu.- und Methodenprobleme der ma. Rechtsgesch., 1996, 1–22. (71) R. Schmidt-Wiegand, Stammesrecht und Volkssprache in karol. Zeit (1978), in: Dies., Stammesrecht und Volkssprache, 1991, 148–180. (72) Dies., *Reht* und *êwa*. Die Epoche des Ahd. in ihrer Bedeutung für die Gesch. der dt. Rechtssprache, in: R. Bergmann u. a. (Hrsg.), Ahd. 2, 1987, 937–958. (73) R. Schröder, E. Freiherr von Künßberg, Lehrb. der dt. Rechtsgesch., [7]1932. (74) H. K. Schulze, Rodungsfreiheit und Kg.sfreiheit. Zu Genesis und Kritik neuerer verfassungsgeschichtl. Theorien, HZ 219, 1974, 529–550. (75) R. Schulze, „Gewohnheitsrecht" und „Rechtsgewohnheiten" im MA. Einf., in: Gewohnheitsrecht und Rechtsgewohnheiten im MA, 1992, 9–20. (76) C. Freiherr von Schwerin, Der Geist des agerm. Rechts, das Eindringen fremden Rechts, und die neuerliche Wiedererstarkung germ. Rechtsgrundsätze, in: H. Nollau (Hrsg.), Germ. Wiedererstehung, 1926, 205–291. (77) K. von See, Anord. Rechtswörter, 1964. (78) Ders., Kontinuitätstheorie und Sakraltheorie in der Germanenforsch., 1972. (79) E. Sjöholm, Gesetze als Qu. ma. Gesch. des Nordens, 1976. (80) A. de Sousa Costa, Stud. zu volkssprachigen Wörtern in karol. Kapitularien, 1993. (81) A. Steinwenter, Bedeutungen von ius in den nachklass. Qu., IURA 4, 1953, 124–148. (82) H. Steuer, Frühgeschichtl. Sozialstrukturen in Mitteleuropa, 1982. (83) Ders., Arch. und die Erforschung der germ. Sozialgesch. des 5.–8. Jh.s, in: Akten des 26. Dt. Rechtshistorikertags, 1987, 443–453. (84) Ders., Interpretationsmöglichkeiten arch. Qu. zum Gefolgschaftsproblem, in: [63] II, 203–257. (85) F. Ström, On the sacral origins of the germanic death penalties, 1942. (86) D. Timpe, Die germ. Agrarverfassung nach den Ber. Cäsars und Tacitus', in: H. Beck u. a. (Hrsg.), Unters. zur eisenzeitlichen und frühma. Flur in Mitteleuropa und ihrer Nutzung 1, 1979, 11–40. (87) A. Völkl, Der Verkauf der fremden Sache im Westgotenrecht. Ein Beitr. zum Verhältnis von Vulgarismus und germ Recht, ZRG RA 110, 1993, 427–500. (88) G. Waitz, Dt. Verfassungsgesch., 1880 ff. (89) G. Walser, Caesar und die Germ., 1956. (90) Wenskus, Stammesbildung. (91) Ders., Probleme der germ.-dt. Verfassungsgesch. im Lichte der Ethnosoz., in: H. Beumann (Hrsg.), Hist. Forsch. für W. Schlesinger, 1974, 19–46. (92) Ders., Die neuere Diskussion um Gefolgschaft und Herrschaft in Tacitus' Germania, in: [63] II, 311–331. (93) W. E. Wilda, Das Strafrecht der Germ., 1842. (94) K. Wührer, Die schwed. Landschaftsrechte und Tacitus' Germania, ZRG GA 76, 1959, 1–52.

K. Kroeschell

§ 51. Germ. Rechtsarch. a. Begriff. Das nicht ganz glücklich gewählte Wort „Rechtsarchäologie" wurde erstmals 1890 von K. von Amira in einem Aufsatz über die Investitur des Kanzlers bei der Beschreibung des Reliquienschreins des hl. Heribert in der Abteikirche zu Deuz gebraucht (in: MIÖGF 11, 1890, 523). Die Rechts-Arch. erforscht die Örtlichkeiten und Gegenstände, die Geräte des Rechtslebens (15; 16; 54; 43; 80). Sie sammelt und sichtet gegenständliche Rechtsdenkmäler. Soweit besteht über diese Begriffsbestimmung Einigkeit. Die einen möchten aber eine Ausweitung des Begriffes; von Amira und von Schwerin (3) fordern, daß die Rechts-Arch. auch die vom Recht geordneten Handlungen des Rechtslebens untersucht. Das bedeutet Einbezug von Formhandlungen als rechtsrituellem Handeln, Rechtsbräuchen und rechtlich geformten Volksbräuchen (→ Gebärde). Baltl (5–7) hat dagegen eingewendet, daß so die Abgrenzung verwischt werde. Maisel glaubt, gegenstandsfreie Verhaltensweisen und rechtsrituelle Tatbestände sowie die Rechtssymbolik mit einbeziehen zu können, wenn die juristische Funktion durch Rechtsvorschriften oder rechtsgeschichtl. Zusammenhänge klar ist (49–52). Da jeder Gegenstand seine Funktion hat, ist der Gebrauch im Rechtsleben mitzuuntersuchen. Die Rechtsarch. hat nicht nur Form, Bedeutung und Wirklichkeit der Gegenstände und Zeichen zu untersuchen, sondern auch die Aufgabe, sich mit deren Entwicklung auseinanderzusetzen. Das schließt mit ein, daß den verschiedenen Einflüssen nachgespürt wird. Von hier aus kann auch die neuerdings aufgeworfene Frage angegangen werden, ob Orte und Gegenstände, mit denen sich die Rechtsarch. befaßt, archetypischer Natur sind oder auf archetypischen Vorstellungen beruhen (vgl. z. B. 57).

Die Rechtsarch. hat nicht bloß quellenkundlichen Charakter, sondern ist ein Bestandteil der Rechtsgesch. Man kann z. B. eine Gerichtsversammlung nicht behandeln, ohne auch aufzuzeigen, wo sie stattfand und was dazu gebraucht wurde

(z. B. → Stab, Eidtafeln, Reliquare, Schwurblöcke); oder die Schilderung des Strafvollzugs ist undenkbar, ohne die Strafgeräte zu nennen; die Ausführungen über Gewicht und Maß sind unvollständig, ohne die Gegenstände zu schildern, welche diese gewährleisten; die Verwendung von Kerbhölzern (36) und von Zeichen an bestimmten Sachen und Orten für Personen usw. ist eine materielle Frage der Rechtsgesch. und nicht bloß eine solche der Qu.

Der Begriff der Rechtsarch. läßt sich für die Frühzeit und das MA auch ausdehnen auf jene Gebiete der Arch., die sich mit rechtsgeschichtl. Tatsachen befassen. In diesem Sinne wird z. B. die Arch., die sich mit → Moorleichen befaßt (40), zur Rechtsarch., soweit sie rechtserhebliche Tatbestände betrifft. Das ist vor allem dann der Fall, wenn die besondere Art der Niederlegung und Behandlung auf Strafvollzug hindeutet, unterstützt durch Tac. Germ. c. 12, wonach *ignavos, imbelles et corpore infames* im Sumpf versenkt und Flechtwerk darüber geworfen wurde oder Titel 34, 1 der L. Burg., wonach Ehebrecherinnen im Sumpf getötet werden sollten. Ein rechtlicher Bezug bei Moorleichen besteht auch, wenn es sich um Mordopfer handelt. Grabungen bei der ehemaligen Richtstätte von Luzern (58) ergaben interessante strafrechtsgeschichtl. Zusammenhänge. Deshalb läßt sich auch in solchen Fällen von Rechtsarch. sprechen.

b. Zur Forschungsgesch. Die meisten Arbeiten, die sich bis heute mit Rechtsarch. befaßten, setzen zeitlich erst mit dem MA ein, während die germ. Per. übergangen wird, was allerdings weitgehend auf den Mangel an schriftlichen Qu. zurückzuführen ist. Das rechtsarch. Schrifttum setzt im 16. Jh. mit Werken ein, die Strafrechtsgeräte behandeln. Im 17./18. Jh. bilden sich zwei Richtungen heraus: die *iurisprudentia symbolica* und die *iurisprudentia picturata*. Die erstere befaßte sich im wesentlichen mit Rechtssymbolen und symbolischen Handlungen, während die zweite sich mit bildlichen Darst. und Vorstellungen rechtlicher Vorgänge auseinandersetzte. Dazu kam seit dem 19. Jh. die Beschäftigung mit den Sachsenspiegel-Bilder-Hs. 1828 veröffentlichte J. Grimm in 2 Bänden seine ‚Deutschen Rechtsaltertümer‘ mit einem gewaltigen Material aus dem germ. Rechtsbereich. In seinen Spuren bewegten sich in den Niederlanden M. J. Noordevier, in Frankreich J. Michelet und M. Chassan. Verschiedene der folgenden Autoren haben Mühe, Rechtsarch. und Rechtliche Volkskunde auseinanderzuhalten und vermischen die beiden Disziplinen. In der it. und frz. Forsch. steht die rechtliche Volkskunde vor der eigentlichen rechtsarch., die nur am Rande gestreift wird, während tschechische und jugoslawische Autoren z. T. die beiden Gebiete auseinanderhalten. 1989 hat der Pole Maisel (51) mit seiner ‚Archaeologia prawna Europy‘ eine europ. Rechts-Arch. veröffentlicht. Auch sie beginnt im wesenlichen mit dem MA (vgl. weiter 14; 17; 46; 42; 81).

c. Qu. der Rechtsarch. sind Örtlichkeiten und Gegenstände sind Qu. der Rechtsarch., wobei für die germ. Zeit Grabfunden besondere Bedeutung zukommt, ferner Bildzeugnisse auf Wänden von Kirchen und anderen Gebäuden, auf Siegeln, Bullen und Münzen, in Hs. usw. und andere bildliche und plastische Darst. Dazu kommen die schriftlichen Qu., die Gegenstände und Rechtsvorgänge erwähnen und beschreiben. Von den eigentlichen Rechts-Qu. bieten die Leges (MGH LL) und die Cap. (MGH Cap.) vereinzelte Hinweise (37).

Die ant. Autoren sind für die Kenntnis rechtsarch. Tatsachen über die Germ. unergiebig. Caes. Gall. bringt in dieser Richtung nichts, sofern man von der Stelle in B. IV, c. 15 absieht, die → Feldzeichen der Germ. erwähnt. Wohl wird in B. IV, c. 19 von den → Sweben berichtet, daß sie nach ihrer

Sitte ein → Ding hielten *(more suo consilio habito)* und durch die Lage gebotene Beschlüsse fassen, über den Versammlungsort, der uns interessiert, wird nichts gesagt. Das Ding wird auch in Tac. Germ. c. 11 erwähnt, doch erfahren wir wenig über die Versammlungsorte.

Auch spätere chronikalische und liter. Qu. sind für die Rechtsarch. nicht sehr ergiebig. → Gregor von Tours (ca. 538–594), sonst eine reiche Qu. für die zeitgenössische Rechtspraxis, bringt wenig Belege zur Rechtsarch. (Kg.sthrone von Gunthram [Greg. Tur. V 18], des Aetius [II 7] und der Stadt Paris [X 28]; Speer als → Herrschaftszeichen, das Kg. Gunthram in die Hand Kg. Childeberts legt [VII 3]).

Die Qu.situation bedingt für die germ. Rechts-Arch. andere Einteilungskriterien als für die Zeit seit dem Hoch-MA, wo bestimmte rechtsarch. Gegenstände erst erfaßbar werden (vgl. weiter: 4; 44; 45; 56; 79).

d. Örtlichkeiten des Rechtslebens. In Tac. hist. IV 14 und ann. II 12 werden hl. Haine (→ Heilige Orte) als Versammlungsstätten erwähnt: Opferfeste und Dinge gingen oft zusammen. → Markloh deutet auf einen Hain an der Grenze mehrerer Gaue hin. Namen wie Dänisch Ringsted, Ringkjobin, hannoverisch Ringstedt, in denen die ringförmige Einhegung der Versammlungsstätte sich ausdrückt, weisen auf alte Dingstätten. Auch Namen wie Detmold, alt *Theotmatmilli,* das ist das ‚Volksding, das große Ding', in der Nähe der Grotenburg des alten → Teutoburgium, von dem der Teutoburgensis saltus (→ Teutoburger Wald) seinen Namen hat, deuten auf alte Dingstätten hin (vgl. 41). Wenn in ON und FlN als Grund- und Bestimmungsort *Mahol* bzw. *madal, Mahlstatt, mal* u. a. auftreten (67), sind solche Zusammenhänge zu vermuten, z. B. Hermalle bei Herstall, Harimapla oder Harimella als Ort der Heeresversammlung. Bei der im sö. Teil der Wurt → Feddersen Wierde ausgegrabenen, von einem Zaun umgebenen Halle nahmen die Ausgräber an, es handle sich um eine Fest- oder Versammlungshalle.

Im skand. Bereich tagten die dän. Landsdinge in → Viborg, Urnehoved, → Odense, Ringsted und → Lund; die norw. in Gulen am S-Ufer des äußeren Sognfjords (Sulading), auf der Halbinsel Frosta im Drontheimfjord (→ Frostuþing und Frostuþingsbók), in Eidsvoll (→ Eidsivathing) und Borg (→ Borgarthingsbok). Schwed. Dingstätten waren in der Umgebung von Uppsala mit dem → Morasten, wo die Kg.serhebungen stattfanden (Steine spielten auch anderorts bei der Kg.serhebung eine Rolle, so in Scone in Schottland, Tara in Irland), Enköping, → Sigtuna, Skara und Linköping. Das isl. Landthing war auf → Thingvellir ö. von Reykjavik (vgl. weiter: 24; 23; 48; 53).

Strafvollzugsorte waren manchmal die Dingstätten. Es gab aber auch besondere Richtstätten (Hügel, Marktplatz, Kreuzweg usw.; vgl. weiter: 3; 13–17; 28–30; 37; 38; 82).

Bis ins MA hinein waren die Dingstätten unter freiem Himmel; Anhöhen waren beliebt (→ Ding § 13, S. 452 f.). Die L. S. Tit. 46 § 6 spricht von *Mallobergo.* Die Frage, wieweit Zusammenhänge zw. dem kultisch verehrten Ahnengrab und Dingplatz bestehen, ist kontrovers. Die in Gft.sdingstätten erscheinenden PN und Gruppennamen, die bes. reich im o-sächs. Gebiet vertreten sind, werden als Vorgänger in der Benutzung dieser Versammlungsplätze und als urspr. Grabhügel angesehen. Vielleicht läßt auch das → Handgemal Deutungen in dieser Richtung zu. Unter den ma. Gerichtsstätten finden sich viele → Megalithgräber, was wieder auf ält. Überlieferungen deutet.

Dingstätten wurden von Steinen, Linden usw. umhegt, was noch bis in die Neuzeit hinein für die schweizerischen Landsgemeindeplätze der Fall war. Sie befanden sich auch im Wald (Tac. Germ. 9 und 39;

vgl. 56, 201–211. 438) oder an Wassern. Auf der Insel Gula wurde die Dingstätte durch Haselstangen *(heslistengr)* abgesteckt und mit Bändern umzogen. Nach dem norw. Rechtsbuch des Frostuþings soll man das hl. Band auf den Dingplatz ziehen und zwar so, daß im Innern diejenigen Platz zum Sitzen haben, die in den Rechtsausschuß ernannt werden (R. Meissner, Das Rechtsb. des Frostothings, Germanenrechte 4, 1939). Die L. Rib. LXVII erwähnt den → Eid ‚vor des Königs Gerichthügel im Kreise und im Haselgehege', das ist innerhalb der Zweige *(in circulo et in hasla id est in ramo)*. An die Stelle von Schnüren und Zäunen setzte man später Schranken und Geländer von Holz (ahd. *scranna*).

Seit wann Gerichte unter Dach tagten, wissen wir nicht. Unter den Karolingern suchte man Orte und Gebäude, die besseren Schutz gewährten (MGH Cap. I p. 149. 151. 284). In Städten und Burghöfen hielt man Gericht unter gedeckten Gängen, Hallen oder Lauben, bis die Städte im MA begannen, Rats- und Gerichtshäuser zu errichten.

Rechtsorte waren auch die Pfalzen (→ Pfalz und Pfalzen), in denen sich die Kg. zeitweilig aufhielten (20; 32). Das kgl. → *palatium* repräsentierte zugleich das *regnum* als Herrschaftsbereich. Die Pfalzen der Karolinger entstammen z. T. dem merowingischen Erbe, z. T. wurden sie neu geschaffen. Berühmt wurde u. a. Karls des Großen vor 789 errichtete Pfalz in → Aachen.

e. Herrschafts- und Amtszeichen. Herrschaftszeichen (Insignien) verdeutlichen, wer ein Herrscher ist und auf welcher Stufe er steht; Amts- oder Würdezeichen bekunden, daß jemand ein Amt ausübt (Richter, Bote, Frohnvogt usw.). Arch. Funde und Befunde lassen oft keine Aussage darüber zu, ob ein Fundstück für einen Hochstehenden oder den Höchststehenden, für einen Mann oder eine Frau ausgefertigt wurde. Die Herrschaftszeichen sind hist. gesehen uneinheitlich. Manchmal ist unsicher, ob es sich bei Fundgegenständen überhaupt um Herrschaftszeichen handelt. Die prunkvollen Helme und reich ornamentierten Schwerter aus skand. Gräbern dürften auf eine gehobenere Stellung hindeuten; bei norw. Funden fehlen in den Gräbern Herrschaftszeichen. Die Spangenkappe aus dem Moorfund von → Thorsberg (4. Jh.) war vielleicht ein Würdezeichen, die silberne Gesichtsmaske aus dem gleichen Fund evtl. ein Herrschaftszeichen. Die mit Silbereinlagen verzierte eiserne Axt im n-jütländischen → Mammen wird als Würdezeichen aufgefaßt. Ebenso sieht man in → Armringen bei den Germ. z. T. Würdezeichen. Die Kg. trugen Armspangen. Sie gehörten auch zum Kg.s-Schmuck der Karolinger. Die als Waffen wegen ihrer dicken Schneide unbrauchbaren Dolchstäbe (in der → Aunjetitzer Kultur) könnten Rangzeichen sein. Auch Fibeln (→ Fibel und Fibeltracht) erscheinen als Herrscher- und Amtszeichen.

Schramm bezeichnet die Thronbank als germ. Ursprungs, ebenso den Armreif, der aber mit dem Armreif alttestamentlicher Kg. in Verbindung gebracht wurde, so wie das Lorum von Byzanz übernommen und mit der Binde des Diakons zusammengebracht wurde; der im MA durchgeführte Gedanke, daß der Herrscher einen Reichsapfel in der Hand halten solle, ist ant. Ursprungs. Die Herrschaftszeichen bieten daher zahlreiche Beispiele von Verbindungen zw. Germanischem, Byzantinischem, Christlichem, von Antikem und Mittelalterlichem (vgl. 68–70; 19). Obwohl kirchliche und weltliche Herrschaftszeichen sich gegenseitig beeinflußten, sollten sie methodisch auseinandergehalten werden.

Bedeutungsvoll ist der Herrschersitz. Im kelt. Bereich gab es Steinsitze. Der Kasten der Coronation Chair in Westminster birgt den Rest eines solchen Steines aus Schottland (68). Die Germ. kannten hölzerne

→ Hochsitze (68; 53). Von den erhaltenen nord. Herrscherstühlen wird der älteste vor 840 (→ Oseberg) datiert, die anderen werden dem 11.–13. Jh. zugewiesen. Das älteste erhaltene Bild von einem thronenden Germ.-Fürsten ist jenes des Langob.-Kg.s Agilulf (591–615/16) auf der vergoldeten Helmplatte in Florenz (78). Der Dagobert-Thron ist ein frühkarol. Bronzethron. Bes. Ansehen genoß der Steinthron Karls d. Gr. auf der Empore des Aachener Münsters, auf dem die späteren Kg. in einem Rechtsakt Platz nahmen, so wie sich im germ. Raum die Erben auf den Hochsitz des Vaters setzten und auch der Bischof in der Kirche bei Einweisung sich auf den Bischofsthron setzte. Die Bischofsthrone spielen in der Rechtsarch. eine Rolle. Ein gutes Beispiel ist die Kathedra des Ebf.s Maximian (545–553) in Ravenna. Von den ‚Fürstensteinen' ist bes. der Kärtner Hz.-Stuhl zu erwähnen, ein alter steinerner Doppelsitz, der bei der Einsetzung des Hz.s eine Rolle spielte (heute im Klagenfurter Landesmus.; 21).

Herrschaftszeichen ist – neben dem → Diadem – die → Krone. Der Frankenkg. → Chlodwig besaß eine Krone (68). Der Langobardenkg. → Liutprand (712–744) legte auf dem Petersgrab in Rom u. a. eine goldene Krone nieder (Le Liber pontificalis, hrsg. von L. Duchesne, 1876, 408). Die Krone Karls d. Gr. war *ex auro et gemmis* (MGH SS III, 488). Es gab Bügel-, Platten- und Reifenkronen. Eine solche war die eiserne Krone in → Monza (9. Jh.). Dort war auch die Krone des Kg.s Agilulf. Goten und Langob. setzten dem Herrscher im 6. Jh. einen Helm oder eine Kappe aufs Haupt, auch die Ags. noch im 7. Jh., wie der Fund von → Sutton Hoo (nach 625) zeigt. Einen ähnlichen Helm trug Karl d. Gr. (MGH poet. lat. I 378). Die den Kg. oder Fürsten auszeichnenden Kronenhelme erscheinen seit dem 12. Jh. in Bildzeugnissen (vgl. 68).

Mit der Lanze wurde den Kg. die Herrschaft übergeben. Sie erscheint bereits auf dem Siegel des Franken → Childerich von Tournai (vielleicht nach dem Vorbild spätröm. Münzen) und wird von Gregor von Tours erwähnt (Greg. Tur. VII 3). Bei den Langob. ist sie seit dem 7. Jh. bezeugt (MGH SS rer. Lang. 149; vgl. 62). Unter den Wahrzeichen des Herrschers erscheint das Schwert endgültig erst in der karol. Zeit (27; 72). Das → Zepter ist im Zusammenhang mit dem einstigen langen, zum kurzen gewordenen → Stab zu sehen (1; 12; 27). Im kirchlichen Bereich findet sich dieser neben Mitra und Ring als Symbol bischöflicher Gewalt. Er ist erstmals im 7. Jh. in Spanien bezeugt, vielleicht aus dem spätröm. Hofzeremoniell hergeleitet, während der Abtstab bei ir. Bischofsweihen schon im 6. Jh. erscheint. In den germ. Ländern ist der → Bischofsstab um die Mitte des 9. Jh.s festes Requisit der Bischofsweihe, in Altbayern der Abtstab im 8. Jh. bei der Abtweihe.

Der Stab ist altes Macht- und Gewaltzeichen (26; 27; 59). Einen 21 cm langen Stab aus dem bronzezeitlichen Pfahlbau Mörigen am Bielersee bezeichnet man als einen frühen Zeugen eines Amtsstabes (18). Eine Leges-Hs. von 973 in der Stiftsbibl. St. Gallen zeigt einen karol. Notar mit einem Stab in der Rechten. Im norw. Recht ist für das Ding ein Gebotsstock zu schneiden und ein Gesetzstock des Kg.s (Germanenrechte, Bd. 4). In verschiedenen Formen erscheint der Stab als ‚Dienstab'.

Vereinzelt, so bei den Langob., war der Schild kgl. Insignie, häufiger (schon L. S.) ist er Symbol des Ding- und Marktfriedens.

f. Gebrauchsgegenstände des Rechts. Im Rechtsverfahren wurden in christl. Zeit Eide auf Reliquiare abgelegt, womit diese auch rechtsarch. Interesse beanspruchen. Dazu kamen Eidtafeln. Besondere Geräte gab es für die → Folter und den Strafvollzug, die sich aber nicht erhalten haben. P. L. S. 75 und 95 f. erwähnt Gabelgalgen. Von Amira vermutet, daß sie der ant. Welt entlehnt wurden (2). Ein Kapitular Karls d. Gr. zw. 801–813 (Cap. I 171 c. 11) verpflichtete die *iudices* und *vicarii,* Galgen zu errichten. Für die Enthauptung wurden Beile und Schwerter verwandt. Letztere wurden im MA zum Symbol der Gerichtsbarkeit.

Von den Gegenständen des Rechtsverkehrs sind Münzen, Maße und Gewichte zu nennen sowie → Holzurkunden, d. h. mit eingekerbten Zeichen versehene Holzstücke oder Holzstäbe, die rechtserhebliche Tatsachen ausdrücken. In der Urzeit bestanden die erhaltenen Kerbstöcke aus Tierknochen. Man vermutet in bestimmten Holzurk. Verwandtschaft mit den Festuca der Volksrechte (z. B. P. L. S. CXIII). Nach Isid. orig. 4, 24 gab es in der spätfrk. Zeit Kerbhölzer, die mitten durch die Kerben hindurch entzweigebrochen wurden, so daß jede Partei einen Teil des Beweismittels erhielt, eine Übung, die sich bis in die neuere Zeit erhalten hat (vgl. weiter 11; 13; 33; 39; 47; 66; 71).

g. Zeichen und Marken. Personenzeichen machen eine Person als solche oder als zugehörig zu einer Gemeinschaft kenntlich (64). Als älteste Personenzeichen betrachtet man Sippenzeichen. Die Person kann ein Zeichen für ihren Namen zum Unterschreiben verwenden, z. B. ein Kreuz, das durch Zusätze abgewandelt wird oder einen Ladungs- oder Botenstab mit dem Zeichen des Richters (L. Alam. Titel 23 § 3) oder ein Losstäbchen mit Marken (L. Fris. Titel 14), ein Siegelbild oder Wappen. Dritte können in Aufzeichnungen oder auf Kerbhölzern Personen durch solche Zeichen bezeichnen. Haus- und Hofmarken und Hauszeichen werden auf Sachen als Eigentums-, Aneignungs- oder Fundbezeichnungen (E. Roth. Titel 319, 324; L. Vis. VIII, Titel 6 c.1) angebracht (→ Eigentumsmarken und -bezeichnungen), auch als Ohrenmarken oder Brandzeichen auf Haustieren (Viehmarken; vgl. weiter: 25; 39; 60; 63; 75). Sie werden, allerdings ohne Erwähnung der Form, in den Volksrechten erwähnt (L. Vis. VIII. Titel 5 c. 8; P. L. S. Titel 9 § 2 und Titel 33 § 2; L. Rib. Titel 75 § 9; E. Roth, Titel 348, 853). Aus der Zeit von ca. 200 n. Chr. bis ca. 1400 n. Chr. erscheinen auf verschiedenen Gegenständen angebrachte → Runeninschriften als Eigentumsbezeichnungen, in Skand. in der späten WZ auch auf aufgestellten Steinen (→ Runensteine). Eigenschaftszeichen belegen eine bestimmte Eigenschaft der mit ihnen versehenen Sache, wie Prüfungszeichen an Waren, Waffen, Maßen und Gewichten, während Urheberzeichen dartun, daß eine Sache einen bestimmten Urheber hat, z. B. einen Kaufmann, Schmied, Steinmetz, Zinngießer, Münzmeister oder Münzherrn.

Gebietszeichen grenzen einen obrigkeitlichen oder privaten Herrschaftsbereich ab (→ Einfriedigung). Die Stammesrechte erwähnen *termini* oder *termini fixi, signa, arbores terminales, ticlatura aut snaida* (Baumzeichen, E. Roth. 238–241), *lapides* (L. Vis. X 3, 3; L. Bai. 12, 4; L. Rib. Titel 59 § 2; vgl. dazu 73; 74). → Grenzsteine wurden mit Kreuzen, später mit Wappen, Bischofsstäben usw. versehen. Steine oder figürliche Darst., deren älteste bekannte nicht vor die ottonische Zeit zurückreichen, konnten auch den Besitz bestimmter Rechte oder Freiheiten ausdrücken, wie z. B. die Rolande (deren Ursprünge jetzt von Rempel in karol. Zeit datiert werden; → Roland; vgl. 31; 34; 61; 76), oder die Marktkreuze, deren erstes im 9. Jh. für ein Kloster an der Loire-Mündung bezeugt ist, während ein weiteres 938 in Trier errichtet wurde.

(1) K. von Amira, Der Stab in der germ. Rechtssymbolik, 1909. (2) Ders., Die germ. Todesstrafen, 1922. (3) Ders., C. von Schwerin, Rechtsarch. Gegenstände, Formen und Symbole germ. Rechte, 1943. (4) Amira-Eckhardt. (5) H. Baltl, Rechtliche Volkskunde und Rechtsarch. als wiss. Begriffe und Aufgaben, Schweiz. Archiv für Volks-

kunde 48, 1952, 65–82. (6) Ders., Rechtsarch. – ein junges Forsch.sgebiet, Veröffentl. des Verbandes österr. Geschichtsvereine 4, 1954, 193–196. (7) Ders., Rechtsarch. des Landes Steiermark, 1957. (8) G. C. J. J. van den Bergh, Rechtsvolkskunde, Rechtsondheidkunde, Rechtsgeschiedenis, TRG 34, 1966, 74–77. (9) C. Brühl, Kronen und Krönungsbrauch im frühen und hohen MA, HZ 234, 1982, 1–31. (10) T. Bühler, Rechtsquellenlehre 1–3, 1977–1985. (11) L. Carlen, Holzurk., in: HRG II, 223–225. (12) Ders., Stab und Stabträger. Zur Rechts- und Staatssymbolik des Stabes, in: Festschr. N. Grass 1, 1974, 29–52. (13) Ders. (Hrsg.), Das Holz im Oberwallis, 1975, 66–75. (14) Ders., Rechtsarch. in der Schweiz, in: Festschr. H. Baltl, 1978, 89–106. (15) Ders., Forsch. zur Rechtsarch. und Rechtlichen Volkskunde 1–17, 1978–1997. (16) Ders., Rechtsarch., in: HRG IV, 268–272. (17) Ders., Rechtsarch. in Europa, in: Juris scripta Historica, 1991, 24–54. (18) Ders., Sinnenfälliges Recht, 1995, 105 ff. (19) J. Deér, Byzanz und das abendländische Herrschertum, 1977. (20) Dt. Kg.spfalzen. Repertorium der Pfalzen, Kg.shöfe, und übrigen Aufenthaltsorte der Kg. im dt. Reich des MAs, 1983 ff. (21) P. Duntschart, Herzogseinsetzung und Huldigung in Kärnten, 1899. (22) H. Eichler, R. Laufner, Hauptmarkt und Marktkreuz in Trier, 1958. (23) H. Erhardt, Allthing, in: Lex des MAs 1, 1980, 441 f. (24) Ders. u. a., Ding (Thing), in: ebd. 3, 1986, 1058–1063. (25) A. Erler, Hausmarke, in: HRG I, 2034 f. (26) H. Fischer, Funktionstypen des europ. Rechtpfahls, in: Festschr. H. Lentze, 1969, 169–195. (27) Ders., Stab und Schwert als Gegensatzpaar der Rechtssymbolik, in: L. Carlen, Forsch. zur Rechtsarch. und Rechtlichen Volkskunde 4, 1982, 3–40. (28) K. Frölich, Arbeiten zur rechtlichen Volkskunde 1–5, 1938–1946. (29) W. Funk, Alte dt. Rechtsmale, 1940. (30) Ders., Dt. Rechtsdenkmäler, 1938. (31) A. D. Gathen, Rolande als Rechtssymbole, 1960. (32) A. Gauert, Kg.spfalzen, in: HRG II, 1044–1055 (Lit.). (33) M. Gmür, Schweiz. Bauernmarken und Holzurk., [2]1991. (34) T. Görlitz, Der Ursprung und die Bedeutung der Rolandsbilder, 1934. (35) P. Goessler, Grabhügel und Dingplatz, in: Festschr. K. Bohnenberger, 1938, 15–39. (36) N. Grass, Alm und Wein, 1990, 15–18. (37) Grimm, Rechtsalt. (38) O. Höfel, Rechtsaltertümer Rheinhessens, 1940. (39) C. G. Homeyer, Die Haus- und Hofmarken, 1870, Nachdr. 1967. (40) H. Jankuhn, Moorleichen, in: HRG III, 655–663. (41) E. Karg-Gasterstadt, Ahd. Ting – nhd. Ding, 1958. (42) G. Kocher, Zeichen und Symbole des Rechts, 1992. (43) Ders., Rechtsarch. – eine Nebenqu. der Rechtsgesch., Mitt. der arch. Ges. Graz 2, 1988, 154 ff. (44) G. Köbler, Bilder aus der dt. Rechtsgesch., 1988. (45) Ders., Lex. der europ. Rechtsgesch., 1997. (46) E. von Künssberg, Vergl. Rechtsarch., in: Festg. H. Fehr, 1948, 136–141. (47) Ders., Rechtliche Volkskunde, 1936 (neu bearb. P. Tzerias 1965). (48) O. Lárusson, Lov og thing. Islands forfattning og lover i fristatstiden, 1960. (49) W. Maisel, Abgrenzung und Systematik der Rechtsarch., in: [15] 1, 1978, 4–24. (50) Ders., Abgrenzung der Rechtlichen Volkskunde von der Rechtsarch., in: [15] 2, 1979, 93–104. (51) Ders., Arch. prawna Europy, 1989 (dt.: Rechtsarch. Europas, 1992). (52) Ders., L' arch. juridique science auxiliaire de l'hist. des institutions et du droit, RHD 1982, 279–286. (53) K. Maurer, Vorlesungen über anord. Rechtsgesch. I/1, 1907, 262. (54) O. Menghin, Rechtsarch., Zeitschr. der Akad. für dt. Recht 6, 1939, 190–192. (55) C. Meyer, Die hist. Entwicklung der Handelsmarke in der Schweiz, 1905. (56) Much, Germania. (57) R. Pahud de Mortanges, Die Archetypik der Gotteslästerung als Beispiel für das Wirken archetypischer Vorstellungen im Rechtsdenken, 1987. (58) Ders., Zur arch. Ausgr. der ehemaligen Luzerner Richtstätte, Forsch. zur Rechtsarch. und Rechtl. Volkskunde 10, 1989, 259–269. (59) P. Paulsen, Axt und Kreuz bei den N-Germ., 1939, 80 f. (60) L. Reinton, Ejermærke, in: Kult. hist. Leks. III, 543–546. (61) H. Rempel, Die Rolandsstatuen, 1989. (62) M. C. Ross, Some Langobard Insignies, in: Allen Memorial Art Mus., Bull. 21/3, 1964, 142–152. (63) K. K. A. Ruppel, Die Hausmarke. Das Symbol der germ. Sippe, 1939. (64) K. O. Scherner, Marke, in: HRG III, 294–298. (65) W. Schild, Alte Gerichtsbarkeit, 1980. (66) R. Schmidt-Wiegand, Kerbholz, in: HRG II, 701–703. (67) Dies., Mahal, Mahlstatt, in: HRG III, 150–152. (68) P. E. Schramm, Herrschaftszeichen und Staatssymbolik 1–3, 1954–1956. (69) Ders., Sphaira-Globus-Reichsapfel, 1958. (70) Ders., Ks., Kg.e und Päpste 1, 1968. (71) H. Schrempf, Holzurk., Volkskunst 12, 1989, Nr. 3, 19–26 Lit. (72) C. von Schwerin, Zur Herkunft des Schwertsymbols, in: Festschr. P. Koschaker 3, 1939, 324 ff. (73) H. Siems, Flurgrenzen und Grenzmarkierungen in den Stammesrechten, in: H. Beck u. a. (Hrsg.), Unters. zur eisenzeitl. und frühma. Flur in Mitteleuropa und ihrer Nutzung 1, 1979, 267–309. (74) F. X. Simmerding, Grenzzeichen, Grenzsteinsetzer und Grenzfrevler, 1996. (75) H. Spruth, Die Hausmarken, Wesen und Bibliogr., 1960. (76) W. Trusen, Der „heilige" Roland und das Ks.recht, in: Festschr. N. Grass, 1986, 395–406. (77) L. Twining, A hist. of the Crown Jewels of Europe, 1960. (78) A. Venturi, Storia dell' arte italiana 2, 1902, 66 f. (79) Wenskus, Stammesbildung. (80) D. Werkmüller, Rechtsaltertümer, in: HRG IV, 265–267. (81) P. de Win, Rechtsarch., een onbekend begriff in België?, Volkskunde 89, 1982, 21–51. (82) E. Wohlhaupter, H. Baltl, Die Rechtsfibel, 1956.

L. Carlen

D. Sitte und Brauch

§ 52. Terminologisches. Begrifflich sind Sitte und Brauch relativ unscharfe Größen für ein kollektives Verhalten, das das alltägliche Leben in weiten Bereichen regelt. Es mag neben der Dürftigkeit der Qu. auch an dieser Unschärfe liegen, daß diese kollektiven Verhaltensmuster altertumskundlich nicht die Beachtung fanden, die ihrer Bedeutung entsprechen. Um hier einen Beitrag zu leisten, ist zunächst der Sprachgebrauch zu klären.

In der Wiss.ssprache ist der Brauch ein Sozialverhalten, das zwar von der Gemeinschaft erwartet wird, aber doch in hohem Maße auf Freiwilligkeit beruht. Geübt wird der Brauch von Gruppen, die sich nach Geschlecht, Alter, Herkunft, Glauben, Beruf bestimmen lassen. Die Darst.smittel können sprachlicher Art sein (Soziolekte, Fachsprachen usw.), sich aber auch im Äußeren manifestieren (Kleidung, Tracht usw.). „Für Max Weber existieren Bräuche lediglich dann, wenn eine durch tatsächliche Übung gegebene Regelmäßigkeit des sozialen Handelns in einer Gruppe von Menschen erwartbar ist. Er verbindet mit der Ausübung der Bräuche die Gesellschaftsform der Gemeinschaft, in der traditionales und affektuelles Handeln vorherrschen und deren Mitglieder ein starkes Zusammengehörigkeitsgefühl verbindet“ (3).

Sitten orientieren sich im Gegensatz zu Bräuchen an höheren Ordnungen des Sozialverhaltens und beziehen sich demgemäß auch mehr auf den Umgang unter Menschen. Man spricht von einem Sittengesetz, von Sittlichkeit (als dem Inbegriff der sittlichen Ordnung) – Bezüge, die für den Brauchtumsbereich so nicht gelten. Sitte ist ein moralisch, rechtlich oder relig. gesteuertes Verhalten, das in verpflichtender Weise die Beziehungen zw. Menschen und Gruppen regelt – und das in Abhängigkeit zu jeweiligen individuellen Kulturvorstellungen steht. „M. Weber begreift Sitte als Regelmäßigkeit des Handelns auf der Basis tatsächlicher Übung und langer Eingelebtheit, d. h. das Verhalten ist am Verhalten anderer orientiert und dieses ist tradiert. So wird durch Sitte die Chance zu regelmäßiger Wiederkehr sozialer Handlungen gegeben. Obwohl der Sitte nicht aufgrund einer formellen oder kodifizierten Norm nachgelebt werden muß, sie also eher wenig institutionalisiert ist und eine gewisse Handlungsfreiheit gegeben scheint, wird die Abweichung doch informell sanktioniert, weshalb sie, auch wenn sie nur auf Überlieferung beruht, einen relativ hohen normativen Charakter hat. (Zwar ist Sitte keine Muß-Norm, aber immerhin eine Soll-Norm). Die Sitte schränkt einerseits die Handlungsfreiheit des einzelnen ein, erlaubt jedoch andererseits relativ eindeutige Interpretationen der Handlungssituation und rechtfertigt Handlungserwartungen. Obgleich Sitte tradiert wird, sind die normativen Erwartungen in funktionaler Anpassung an äußere Verhältnisse wandelbar und inter- wie intrakulturell spezifisch“ (a. a. O., s. v. Sitte). Im engl. Sprachraum hat William Graham Sumner *folkways* in einem vergleichbaren Sinne gebraucht: Aus dem Existenzkampf von Bevölkerungsgruppen resultieren Verhaltensweisen = *folkways*, die ohne speziellen Sinnbezug durch Erziehung und Nachahmung tradiert werden (15).

Wenn Brauch und Sitte unter Gewohnheiten subsumiert werden, läßt sich zw. diesen und den sozialen Normen in Recht und Relig. unterscheiden. Abeichungen von Gewohnheiten werden zwar mißbilligt, aber nicht öffentlich bestraft (→ Strafe, → Recht). Wer Gewohnheiten verletzt, kann zum Außenseiter werden, verfällt aber nicht der Strafjustiz. Anders im relig. Bereich, in dem Normen existieren, die zu verletzen, Häresie und Ausschluß aus der Gemeinschaft bedeuten (→ Gotteslästerung).

Gewohnheiten, die von allen geteilt werden und über lange Zeiten gelten, können allerdings der Muß-Norm nahekommen. Das gilt nicht nur für das Recht im engeren Sinne (→ Rechtsgewohnheit), sondern auch für die übrigen sozialen und relig. Bereiche, in denen die Verbindlichkeit des Althergebrachten sich der Norm nähern konnte.

Auch ‚Brauchtum' wird als übergeordneter und Sitte und Brauch zusammenfassender Ausdruck in einem terminologischen Sinne verwendet. Dünninger schreibt „Bräuche werden ausgeübt, vollzogen; sie können unterlassen werden, ohne daß die Volksordnung im wesentlichen gestört wird. Brauch liegt in der Sphäre des kultischen oder festlichen Handelns, ist ein erhöhendes Tun und Handeln, eine Ausdrucksform. Sitte aber wird beobachtet, befolgt, kann verletzt werden; man kann gegen die Sitte verstoßen. Brauch ist soziales Handeln im Sinne kultischer Bindung und festlicher Ausgestaltung, Sitte ist soziales Gebot. Das Gebot, „vor Tisch zu beten", die Älteren mit „Ihr" anzureden usw., das ist Sitte. Was Sitte und Brauch verbindet, ist, daß Sitte zur Ausübung des Brauches verpflichtet. Sitte ist in diesem Sinne die Voraussetzung des Brauches, das, was ihn fordert. Um es am Beispiel zu zeigen: das festliche Mahl, das eine Gemeinschaftsarbeit (bei Hausbau, Flachsbearbeitung, Ernte usw.) abschließt, ist ein Brauch. Was die Abhaltung dieses Mahles aber fordert, das ist die Sitte. Die Traditionskraft des Brauchtums hat ihre Voraussetzung in solchem Gebot der Sitte" (2).

§ 53. Sprachliches. Die begriffliche Verwendung von Sitte, Brauch, Brauchtum und Gewohnheit ist neuzeitlich. Nur Sitte kann (als ursprüngliches Mask.) hohes Alter und gemeingerm. Verbreitung für sich in Anspruch nehmen (ahd. *situ,* as. *sidu* nebst got. *sidus,* anord. *siðr,* ae. *sidu*). Die außergerm. Anknüpfung (an griech. ἔθος, aind. *svadhā́* ‚Eigenart, Neigung, Gewohnheit') sind – im Blick auf den idg. *sw- / s-*Wechsel und den Wurzelvokalismus in *sedh- / sidh-* – umstritten (Pokorny, IEW, 883). Beachtenswert ist auch der Gebrauch von aisl. *siðr* im Sinne von Relig.: *hinn forni siðr* = die alte (heidn.) Relig., *hinn nýi siðr* = die neue (christl.) Relig. (vgl. Notker: *after heidenemo site*). Gewohnheit gehört zum Adj. ahd. *giwon* ‚gewohnt, gebräuchlich'. Als ehedem gemeinwestgerm. Bezeichnung für Sitte, Brauch darf ae. *þéaw,* ahd., as. *thau* (*thiodo thau,* Heliand 2764) gelten. Die Beziehung zum Vb. *wohnen* (die auch im griech. dehnstufigen ἦθος ‚Sitte, Gebrauch, Herkommen', im Pl. auch ‚Wohnort' vorliegt) führt zur Frage, wieweit ‚gewohnt' aus den Bedingungen häuslicher Wohnverhältnisse erwachsen ist. Brauch (zum Vb. *brauchen,* ahd. *brūhhen* ‚gebrauchen, genießen, verwalten, handeln') zeigt schon im Ahd. den Übergang vom Tun, Nützen zu Gewohnheit, Übung. Brauchtum ist eine Bildung erst des 20. Jh.s. Alle diese Fragen bedürfen der weiteren Klärung (→ Sitte und Brauch).

§ 54. Stand und Aufgaben. Das 19. Jh. hat zur Brauch-und-Sitte-Forsch. einen Beitrag geleistet, der unter zwei Gesichtspunkten zu charakterisieren ist:

a. Die myth. Forsch. Jacob → Grimm nannte in der Einleitung zu seiner Dt. Myth. (4) als Qu. seiner Darst. einerseits die geschriebenen Denkmäler, andererseits den „nie stillstehenden Fluß lebendiger Sitte und Sage", der die Gegenwart mit dem Altert. verknüpft. Verdeutlichend spricht er auch von den „Sitten und Gebräuchen", die aus „dem althertum hervorgegangen und fortgeführt unabsehliche aufschlüsse darüber ertheilen können" (XIII). Brauchtum (= Sitten und Gebräuche) und Volksdichtung (= Volkssagen und

Märchen) werden damit zu wesentlichen Bestandteilen einer auf das Altert. gerichteten Forsch. erklärt. Aus der Qu. Volksdichtung schöpft Grimm (für die dt. Tradition, die ja keine Edda kennt) die Kenntnis

- der Göttinnen Holda, Berhta, Fricka
- den auf Wuotan leitenden Mythos von der wilden Jagd
- der mythischen weiblichen Wesen: Schwanfrauen, Walküren, Nornen usw.
- der Riesen, Zwerge, Elben, Wichteln, Nixen, Schraten und Hausgeister.

Aus dem Brauchtum schließt er auf alten Glauben und alte Sitte, verbunden mit dem Rhythmus des Jahreslaufes und der Lebenszeit.

Dabei setzt Grimm an die Stelle impressionistischer myth. Spekulation durchaus ein methodisches Verfahren. Es ruht auf den Annahmen, daß die (im sprachhist. Bereich bewährte) komparatistische Methode auch bei Brauch und Sitte Gültigkeit habe. In Analogie zur Sprachgesch. vermutet er, daß die Vielheit der Erscheinungen auf eine Einheit zurückzuführen ist und in einem vergleichenden Verfahren der urgemeinschaftliche Stoff vom entlehnten und später übergetretenen gesondert werden könne (XX). Wie bei den Lautverschiebungen führt er auch „in der mythologie die vielfachen göttlichen erscheinungen auf ihre einheit hin ... und es schlägt kaum fehl, auch für die gottheiten und helden solche einigung, mischung und verschiebung, ihrem charakter und einzelnen eigenschaften nach anzunehmen" (XVII). So vermutet er in der Vielfalt der Götter Ausflüsse und Zerspaltungen einer urspr. Himmels- und einer weiblichen Erdgottheit – und in diesem Horizont werden auch die Zeugnisse von Brauch und Sitte gesehen.

b. Die ethn. Forsch. Dieser Forsch.srichtung ging es nicht darum, die Individualität von Volksbrauchtum und Volkssitte und deren Beziehungen zum Götterglauben darzustellen – und damit Kontinuität aufzuzeigen. Sie suchte vielmehr das Brauchtum und den Volksglauben bestimmten Entwicklungsstufen im Zivilisationsprozeß zuzuweisen – und dies im Blick auf Naturvölker (die bes. im Zuge der Kolonialpolitik bekannt wurden), aber auch hinsichtlich hist. Völker und Stämme wie Germ. und Idg. F. W. Schwartz vertrat in einer Schrift „Der heutige Volksglaube und das alte Heidentum" (14) die Meinung, daß die von ihm sog. „niedere Mythologie" eine Vorstufe des Götterglaubens darstelle, eine frühe Stufe also in der ältesten Sitten- und Mythenbildung.

In seinem großen dreibändigen Hauptwerk „Wald- und Feldkulte" (1875–77) glaubte Wilhelm → Mannhardt (11) aus der Übereinstimmung der agrarischen und jahreszeitlichen Bräuche bei den Germ. und den s-europ. ant. Völkern eine alteurop. Vorstellungswelt erschließen zu können, die um Fruchtbarkeits- und Abwehrzauber kreiste.

Für Mannhardts Arbeiten gilt das, was Dünninger über Grimm sagte: „Im Grundsätzlichen enthalten Jacob Grimms Anschauungen auch heute noch, bei aller Wandlung der Voraussetzungen, Wirksames und Wichtiges. Wo man aber im 19. Jh. seine Auffassungen allzu äußerlich aufnahm und mit ihnen alles und jedes erklären wollte, wurden die Grenzen und Gefahren seiner Methode deutlich sichtbar. Vor allem, wo dilletantische Sammler ihr Material zu interpretieren suchten, wirkte sich die mythologische Lehre Grimms verhängnisvoll aus, in der Populärliteratur sogar bis zum heutigen Tag" (2, 2581).

An der Kontinuitätsauffassung übt die heutige Forsch. scharfe Kritik. Vor allem die Aberglaubenslit., aus der die Kontinuitätslehre wichtige Bausteine nahm, wird nicht als Reflex zeitgenössischen Brauchs angesehen, sondern als liter. vermittelt und spätant. Praxis widerspiegelnd angesehen (6).

1926 stellte Heusler fest: „Ein wissenschaftliches Fach, benannt „altgermanische Sittenlehre" oder ähnlich, gibt es nicht" (8, 203). 1938 wiederholte Kuhn fast gleichlautend: „Sitte und Sittlichkeit der Germanen war bisher kein Forschungsfach" (10, 221). Die Lage hat sich inzw. nur insofern geändert, als zahlreiche Arbeiten zu Einzelfragen vorliegen (zu Heldenlied/Heldensage, zur Stellung der Frau), eine Gesamtdarst. fehlt aber – abgesehen von den genannten Arbeiten Heuslers und Kuhns selbst. Zu nennen ist allerdings ein Beitrag von Dünninger „Brauchtum" (2), der die Forsch.ssituation in volkskundlich-hist. Sicht darstellt. Sosehr der Mangel an Darst. der kollektiven Verhaltensformen ideeller Art zu beklagen ist, so ist doch zu betonen, daß die konkreten Ausdrucksformen solcher Gemeinschaftsbeziehungen Beachtung fanden. Zu verweisen ist bes. auf das Kap. Sitte im „Grundriß der Germ. Philol.", wo ausgezeichnete Kenner wie Valtýr Guðmundsson und Kristian Kålund die „Skandinavischen Verhältnisse" abhandeln (5), Schultz die „Deutsch-Englischen Verhältnisse" (13) darstellt und Mogk einen „Überblick über die Behandlung der volkstümlichen Sitte der Gegenwart" gibt (12), verbunden mit einer bibliogr. Zusammenstellung der Qu. über Sitte und Brauch bei den germ. Völkern.

Wenn sich heutige Arbeiten an diesen Voraussetzungen orientieren, ist doch auch die forschungsgeschichtl. Bedingtheit der damaligen Positionen zu berücksichtigen. Gerade Andreas → Heuslers großer Einfluß auf die Ausbildung einer Germanentum-Vorstellung in diesem Jh. zwingt zu einer Besinnung über die Voraussetzungen seines Denkens. Er bekennt selbst, in der Erkenntnis der Bedingtheit aller menschlichen Sittlichkeit durch den Philosophen Nietzsche gefördert worden zu sein – d. h. in dessen Erkenntnis, daß die Moral als ein geschichtl. und daher wandelbares Phänomen zu begreifen ist, dessen Bestimmung darin liege, sich zur autonomen Moral des „übersittlichen Individuums" weiterzuentwickeln. Heusler teilt diese Anschauungen und bringt sie in zwei Richtungen in seine Germanentumvorstellung ein:

a. Sittlichkeit und soziale Organisationsformen bedingen sich. Der Staat wird als eine Zähmungsform des freien Individuums begriffen, in dessen Gefolge das Faustrecht, die individuelle Selbsthilfe eingeschränkt und schließlich ganz aufgehoben wird. Damit ist aber auch eine Umwertung aller sittlichen Werte verbunden. Die Gerechtigkeit bekommt ein anderes Gesicht, wenn der Staat dahintersteckt Auf den Fluchtpunkt Staat hin gesehen, ergeben sich für Heusler 3 Entwicklungsstufen:

- die vorstaatliche Gemeinschaftsform, die bei den Germ. wie bei anderen Völkern als *heroic age* gefeiert wird,
- eine Zwischenform mit schwacher Staatszähmung, repräsentiert durch den frühen isl. Freistaat, der insofern ein Staat in Anführungszeichen war, als er keine Exekutive kannte,
- die christl.-ma. Staatsform, der „Polizeistaat", wie ihn Heusler auch nannte.

Mit diesen drei Gemeinschaftsformen korrespondieren nun auch drei Gesittungsstufen:

- mit dem vorstaatlichen Gemeinwesen steht die Herrenmoral, die von Selbsthilfe, Faustrecht, einem offenen Bekenntnis zum Machtwillen geprägt ist, in einem Wechselverhältnis,
- mit der Zwischenform korrespondiert eine begrenzte Herrenethik, eine in Zähmung begriffene Selbsthilfe und Selbstherrlichkeit,
- mit dem christl. ma. Staat verbindet sich eine totale Zähmung zum Staatsbürger, zum Untertan. Die Verantwortung wird weithin an den Staat delegiert. Diese Zähmung zum Staatsbürger stellt nach Heusler nicht nur die tiefste Kluft in der Menschheitsentwicklung dar, sie hat auch das agerm. Wesen ins Mark getroffen.

Quellenmäßig lassen sich diesen Gesittungsstufen (die nach Heusler nicht unbedingt hist. zu verstehen sind) auch bestimmte Dichtungsgattungen zuordnen: Der vorstaatlichen Stufe die Heldendichtung, die als edelstes Erbstück dieser frühesten Gesittungsstufe gelten darf. Zwar darf auch das sog. Preislied hohes Alter beanspruchen. Ihm hat aber das Heldenlied die menschliche Verwicklung, den ethischen Gehalt voraus. Der zwischenstaatlichen Gesittungsform ist die Sagakunst als Zeugnis für Gesittung und Seelenleben des isl. Freistaates zuzuordnen. Island und seine Sagakunst liegen für Heusler also noch diesseits einer Grenze, die den Übergang zum Staat ma. und neuer Prägung markiert.

b. Sittlichkeit und Relig. haben im agerm. Denken wenig, wenn überhaupt etwas miteinander zu tun. Die germ. Gesittungshöhe verweist die Relig. in sehr enge Schranken. Ethik und Relig. sind weitgehend unabhängige Größen. Heusler hat sich zum Thema agerm. Relig. mehrfach geäußert: zunächst 1913 in dem großen Sammelwerk „Kultur der Gegenwart" unter dem Titel „Die altgerm. Religion" (7), dann 1928 in „Religion in Geschichte und Gegenwart", wo er den Art. „germ. Religion" verfaßte (9). Die germ. Relig. ordnet er dabei in einen entwicklungsgeschichtl. Dreierschritt ein. Unter den germ. Stammesrelig. stehen die Primitivrelig., darüber die Propheten- und Offenbarungsrelig. Die germ. Mittelstufe ordne die Ethik der Relig. über. Höchsten Rang in der Stufenleiter der Werte nehme die Ehre ein. Da haben Gebet und Opfer nichts zu suchen. Der herrschende Schicksalsglaube ist ein Versuch, sich mit dem Mißlingen abzufinden ohne Berufung auf einen überweisen Vater oder einen unergründlich gerechten Strafer. Leiden ist kein Problem der Relig., die Erlösung vom Weltübel kein Thema. Öffentlichkeitscharakter hat nur die Götterverehrung. Priester, denen diese Aufgabe obliegt, nehmen eine vorwiegend weltliche Haltung ein.

Eine Interpretation von Sitte und Brauch, Recht und Relig. im Heuslerschen Sinne hat daher die forschungsgeschichtl. Situation dieses einflußreichen Gelehrten zu bedenken. Die Frage nach der Gesittung steht für ihn im Mittelpunkt einer germ. Altkde. In seiner Sicht ist diese Gesittung Ausdruck einer bestimmten Epoche, die vor anderen Epochen zwei Eigenschaften voraus hat: eine diesseitig-relig. Haltung und eine individualistisch-antistaatliche Prägung.

Als ein Gegenpol zu Heuslers Anschauungen kann die Nomos-Lehre Baetkes gelten, die er in einer Reihe von Aufsätzen entwickelt hat (1). Nomos ist für Baetke die Ordnung, die sich in Staat, Gesetz, Recht, Sitte, Sittlichkeit ausdrückt. Nicht säkular, weltlich ist ihm diese Ordnung im Germ., sondern relig. und hl. Hl. aber ist, was von den Göttern stammt. Sie sind die Hüter des Friedens, der hl. Ordnung, auf der das soziale, völkische und staatliche Leben ruht (1, 11).

Baetke spricht von der absoluten Verbindlichkeit des Nomos (als eines – im Hegelschen Sinne – objektiven Momentes in der germ. Relig.).

Das, was wir germ. Sittlichkeit nennen, ist in der Anerkennung dieser Verbindlichkeit beschlossen, fällt also mit der Relig. zusammen. Dabei sind christl. Vorstellungen von Sitte und Sittlichkeit fernzuhalten. Die germ. Ethik ist für Baetke allein auf die Gemeinschaftsorganisation bezogen, in der der Mensch lebt. Von hier aus erhalten die sittlichen Begriffe ihren Sinn. Baetke findet hier Worte, die durchaus an Heuslers ganz diesseitig orientierte Gesittungslehre anklingen. Dem Heuslerschen Satz „Die sittliche Spannung tragen diesseitige Kräfte" setzt er aber doch entgegen: „Die Wurzeln der Moral reichen immer in die religiöse Tiefe hinunter! Der Nomos selbst, aus dem ein Volk lebt und dessen Ausdruck seine Sittlichkeit ist, ist ja ein göttliches Gesetz" (1, 62).

(1) W. Baetke, Vom Geist und Erbe Thules. Aufsätze zur nord. und dt. Geistes- und Glaubensgesch., 1944. (2) J. Dünninger, Brauchtum, in: Stammler, Aufriß III, 2571–2640. (3) G. Endruweit, G. Trommsdorff (Hrsg.), Wb. der Soz., 1989, s. v. Brauch. (4) Grimm, Dt. Myth. (5) Valtýr Guðmundsson, Kristian Kålund, Sitte. Skand. Verhältnisse, in: PGrundr. III, 407–479. (6) D. Harmening, Superstitio, 1979. (7) A. Heusler, Die agerm. Relig., Kultur der Gegenwart, 1913. (8) A. Heusler, Agerm. Sittenlehre und Lebensweisheit, in: H. Nollau (Hrsg.), Germ. Wiedererstehung, 1926, 156– 204, hier 203. (9) Ders., Germ. Relig., in: RGG 2, [2]1928, 1061–1069. (10) H. Kuhn, Sitte und Sittlichkeit, in: H. Schneider, Germ. Altkde, 1938, 171–221. (11) Mannhardt, WuF. (12) E. Mogk, Die Behandlung der volkstümlichen Sitte der Gegenwart, in: PGrundr. III, 493–530. (13) A. Schultz, Sitte. Dt.-Engl. Verhältnisse, in: ebd., 480–492. (14) F. W. Schwartz, Der heutige Volksglaube und das alte Heidentum, 1849. (15) W. G. Sumner, Folkways, 1906.

H. Beck

V. Germanische Altertumskunde

§ 55. Terminologie. Die Terminologie im Bereich der Germ. Altkde ist weder eindeutig noch allg.gültig. Das Lex. kann diesen Sprachgebrauch beschreiben, ohne aber eine Normierung vorschreiben zu wollen. Im Sinne einer wünschenswerten Terminologisierung ist aber doch zu bemerken:

‚Indoeuropäisch‘ und ‚Indogermanisch‘ bezeichnen als gleichwertig gebrauchte Termini eine erschlossene Ursprache (oder deren Tochtersprachen), die mit hist.-vergleichender Methode gewonnen, geogr. heute vom Indischen im SO bis zum Europ. bzw. Germ. im NW reicht. Dem engl. Sprachgebrauch folgend, hat sich ‚Indoeuropäisch‘ auch im Dt. teilweise durchgesetzt.

Indo-European verwendet bereits (und prägt wohl auch) der engl. Arzt Th. Young 1813. *Indogermanisch* erscheint zuerst bei J. Klaproth, Asia Polyglotta (1823), nachdem bereits der frz. Geograph C. Malte-Brun 1810 von *indo-germanique* sprach: „qui règnent depuis les bords du Gange jusqu'aux rivages de l'Islande“ (71, 12 f.).

Differenzierter und weniger einheitlich ist die Terminologie im Blick auf das Germ. selbst. Entscheidende Weichenstellungen sind Jacob → Grimm zu verdanken, der im Ringen um eine auch international anerkannte Terminologie dt. und germ. inhaltlich gleichsetzte, schließlich aber germ. bevorzugte (um insbesondere die skand. Gelehrten für diesen Sprachgebrauch zu gewinnen). Dt. gebrauchte J. Grimm im weitesten Sinne als Bezeichnung einer *þiuda,* der alle germ.sprachigen Gentes angehörten. Dabei liegt dem einerseits die Annahme zugrunde, daß ‚deutsch‘ = *þeudisk* als germ. Wortschöpfung soviel wie ‚dem Volk zugehörig, eigen‘, bedeutet habe, daß andererseits ‚Volk‘ sich als Sprachgemeinschaft definiere (eine Annahme, die heute in sprachlicher und ethnischer Sicht nicht mehr geteilt wird; 5).

Die Binnengliederung des Germ. trägt fachspezifischen Charakter, d. h. folgt den Differenzierungen der Philol., Geschichtswiss. usw. Allg. kulturgeschicht. ist die Unterscheidung von Germanisch und Altgermanisch bedeutsam. Agerm. steht für einen kulturgeschichtl. Begriff ohne zeitliche Grenzen und meint „das von Kirche und antiker Bildung nicht greifbar bestimmte Germanentum, dessen dichterische Spuren bis tief ins Mittelalter herabreichen“ (29, 8).

Auch Gemeingerm. ist kein zeitbezogener Begriff, meint vielmehr das, was sich über alle Germ.-Stämme ausgebreitet hat, sei es nun als urgerm. Erbe oder als Ausbreitungsphänomen, das alle germ. Stämme erfaßte.

In hist. Sicht ist Urgerm. ein Begriff für einen Zeitraum, da das Germanentum nach Sprache und Kultur noch eine verhältnismäßige Einheit bildete, d. h. räumlich durch ein Kontinuum charakterisiert war – ungeachtet einer Expansion, die aber den nachbarlichen Verkehr noch nicht unterbrach.

Abgelöst wird die urgerm. Epoche durch die Völkerwanderungszeit. Es ist die

Zeit der Stammesbildungen, die sog. Gentilzeit. Sie reicht vom 3./2. Jh. v. Chr. bis ca. 600 (von den Bastarnen-, Kimbern- und Teutonenzügen bis zur langob. Landnahme in Oberitalien). Die zeitlichen Grenzen der VWZ werden in der hist. Forsch. sehr unterschiedlich bestimmt. Sprachhist. ist die Epoche VWZ ungenügend berücksichtigt. Neben die Expansion tritt nun als weiterer Faktor die Migration – beide extralinguistisch wichtige Momente, die von einer eigenen sprachhist. Epoche VWZ zu reden erlauben.

Die Merowingerzeit datiert von ca. 500 bis 750. 486/87 besiegt Chlodwig den *rex Romanorum* Syagrius und nimmt sein *regnum* in Besitz. Aus dem n-gall. Militärsprengel wurde die *Francia* zw. Kohlenwald und Loire (33, 21). 751 löst Pippin den letzten Merowinger Chilperich III. ab.

Die Karolingerzeit (750–900: Ende der KaZ mit der Wahl Konrads I. 911). Polit. war mit der Abkehr von der Karolingerlinie ein entscheidender Schritt von der frk. zur dt. Gesch. getan. Das Reallex. setzt mit dieser Wende auch eine Grenze für seine altertumskundliche Betrachtung an.

Etwas anders lauten die Periodisierungen, die in Skand. und England üblich sind.

In Norwegen gilt die MZ als (arch.) Epoche von ca. 550–800. Die schwed. Forsch. gebraucht dafür Vendelzeit (nach den reichen Grabfunden im uppländischen Vendel). Die dän. Forsch. spricht von vorröm. Eisenzeit (ca. 500 v. Chr. – Christi Geburt), röm. EZ (ca. Christi Geburt – 400) und germ. EZ (ca. 400–800).

Übereinstimmender Sprachgebrauch herrscht im Blick auf die Wikingerzeit, ca. 900–1050 (Beginn mit dem Wikingerüberfall auf das Kloster Lindisfarne 793; Ende der WZ mit den Schlachten von Stamford Bridge und Hastings 1066). Während der WZ organisieren sich in Skand. die Nationalstaaten: Norwegen in einem ersten Versuch unter → Haraldr hárfagri (Ende des 9. Jh.s), Dänemark unter → Haraldr blátönn († ca. 985), in Schweden vereinigt Óláfr Eiríkssonr (→ Óláfr skötkonungr) spätestens um 1000 die Götalandschaften (Öster- und Västergötland). Am Ende der Epoche kam die bevölkerungsmäßige Mobilität, die die Wikingerzüge mit sich brachte, zur Ruhe. Die Kg. schufen sich feste Herrschaftssitze, und das Christentum erstarkte. Die Epochengrenze markiert den Anfang des nationalstaatlichen Skand.s.

Wenn dem Lex. mit dem Ende der WZ und KaZ Grenzen gesetzt werden, so ist das nicht ganz ohne Willkür. Doch könnte dafür sprechen, daß mit den Wikingerzügen eine letzte Welle der großen Völkerwanderungen ausebbt und mit der KaZ das völkerwanderungszeitliche Erbe einer frk. Suprematie zu Ende geht.

Nicht unproblematisch ist der Gebrauch des Terminus *germanisch* für eine Epoche, die mit dem ersten Auftreten dieses Ethnos im letzten vorchristl. Jt. anhebt und mit WZ und KaZ zu Ende geht – insgesamt also rund 2000 J. umspannt. Am leichtesten läßt sich ein solch übergreifender Begriff sprachlich rechtfertigen. Das MA mit seinen nationalstaatlichen Schreibkulturen bedeutet auch einen sprachlichen Einschnitt. Das sich mit dem Ende der WZ auch in Skand. durchsetzende Christentum darf auch als einschneidende Zäsur gelten. Doch bleiben Einwände. Letztlich ist Germanisch nur ein Dach über Epochen, die als solche in ihrer Eigenart zu respektieren und zu beschreiben sind: als älteste die Epoche der postulierten germ. Einheit. Darauf folgend die sog. VWZ, die auch in ihrem Denken ein eigenes Profil entwickelt (→ Gentilismus), genauso wie die MZ, KaZ und WZ. Von ‚Germanentum' zu sprechen (und damit auch ein Lebens- und Formgefühl solcher Dauer zu postulieren) ist nicht weniger diskussionsbedürftig – vor allem auch dann, wenn es unter der

Überschrift ‚altgermanisch' zu einem Kulturbegriff ohne Jahresgrenzen erklärt wird, dessen Spuren bis tief ins MA herabreichen.

§ 56. Begriff. Die Begriffe ‚Altertumskunde' und ‚Altertumswissenschaft' erhielten im Laufe des 18. Jh.s. ihre heutige Prägung – nachdem bereits im 17. Jh. eine Konkretisierung von Altertum (bzw. Altertümern) im Sinne eines Gegenstandes oder Kunstwerkes aus alter Zeit erfolgt war (dem lat. Sprachgebrauch folgend: *antiquitas, antiquitates;* vgl. engl. *antiquity, antiquities*). F. A. Wolf war geneigt, in seiner einflußreichen „Darstellung der Altertumswissenschaft nach Begriff, Umfang, Zweck und Wert" (79) den „Namen Alterthum in ausnehmendem Sinne auf die beiden durch Gesetzescultur, Gelehrsamkeit und Kunst verfeinerten Völker einzuschränken", d. h. auf die Griechen und Römer. Sein Vorschlag wirkte nach und führte dazu, ‚Altertumswissenschaft' vornehmlich im Blick auf die ‚klassische' Zeit zu gebrauchen, ‚Altertumskunde' aber für die außerklass. Kulturen vorzusehen. Nach Wolfs Darst. umfaßt die Altertumswiss. 24 „Disziplinen" – orientiert an den Überresten der alten Kultur: den schriftlichen Werken, den künstlerischen Monumenten und den Überbleibseln gemischter Art („an welchen Litteratur und gemeine Technik ungefähr gleichen Anteil haben", S. 32 – gemeint sind damit Inschriften auf Stein usw.).

Die Etablierung des Faches wurde schon früh von methodologischen Überlegungen begleitet. An erster Stelle ist dabei A. Boeckh zu nennen, der von 1809 an Vorlesungen an der Berliner Univ. zur „Encyklopädie und Methodologie der philologischen Wissenschaften" hielt – so der von Bratuscheck den Vorlesungs-Ms. gegebene Titel (7). Hegel hatte die Philol. für ein Aggregat erklärt – und Boeckh bezieht dieses Urteil auf Wolfs Darst. der Altertumswiss. Ihr wirft Boeckh eine bei Philologen nicht ungewöhnliche Unfähigkeit vor, Begriffe zu bilden. Nicht eine Anreihung von Disziplinen macht eine Wiss. aus, sondern ihre Zusammenfassung und Ableitung aus einem gemeinsamen Mittelpunkt. Für Boeckh ist dieser Mittelpunkt (in romantischer Sicht) im Volksgeist zu suchen. In diesem Mittelpunkt finden sich die verschiedenen Disziplinen wie die Radien eines Kreises zusammen (7, 21).

Sosehr die Volksgeist-Lehre in der Rückschau zeitbedingt erscheint, so aktuell ist Boeckhs Versuch, die Altertumswiss. aus ihrem Aggregatszustand herauszuführen und zu einer methodisch fundierten Wiss. weiterzubilden. Als eigentliche Aufgabe der Philol. erkennt er das Erkennen des Erkannten, d. h. des vom menschlichen Geist Produzierten. Es wird überall von der Philol. ein gegebenes Wissen vorausgesetzt, das sie wiederzuerkennen hat. Die Gesch. aller Wiss. ist in diesem Sinne philol. Die Philol. hat also bei jedem Volk die gesamte geistige Entwicklung und die Gesch. seiner Kultur in allen ihren Richtungen darzustellen. Dabei muß das Gemeinsame, in dem alles Besondere enthalten ist, Ziel der Darst. sein. „Es ist dies dasjenige, was die Philosophen das Prinzip eines Volkes oder Zeitalters nennen, der innerste Kern seines Gesamtwesens". Diese allg. Anschauung, die bei der Philol. des Altert.s nach Boeckh nichts anderes sein kann als die Idee des Ant. an sich, bildet die allg. Altert.slehre. Aus ihr geht die besondere Altert.slehre hervor (sowohl der Griechen als der Römer) die in der Boeckhschen Gliederung sich aus 4 Hauptbestandteilen aufbaut (7, 61):

1. Vom Staatsleben oder öffentlichen Leben.
2. Vom Familien- oder Privatleben.
3. Von der Kunst und äusseren Religion.
4. Von der Wissenschaft und der Religionslehre oder innerlichen Religion als Erkenntniss.

Da der Aufbau einer „besonderen Altertumslehre" eine Frage ist, die auch eine heutige Darst. bewegen muß, sei seine Begründung angeführt:
„Wir beginnen, wie Platon in seiner Republik, mit dem Staat, in welchem Alles eingeschlossen ist, und schliessen mit der letzten Entwickelung der geistigen Production. Man könnte vielleicht sagen, die Kunst als Symbolisirung der Ideen sei später zu betrachten als die Mythologie, weil jene das Aeussere, diese das zu Grunde liegende Innere darstelle. Aber die Betrachtung des Innern, der Mythologie, wie des ganzen Wissens ist eben darum später zu setzen, weil es die entwickeltere Stufe der Erkenntniss bildet, die mit Hülfe der Symbolisirung in Cultus und Kunst selbst gewonnen wird. Ferner könnte man meinen, man müsse in dem vierten Abschnitt die allgemeine Form des Denkens, die Sprache vor der materiellen Betrachtung des Wissens behandeln; denn die Sprache sei vor Allem vorhanden. Indess die Keime und Elemente aller Bildung sind fast gleich alt, und man kann hiernach keine zeitliche Scheidung machen. Es kommt nicht darauf an, ob Sprache, Mythos oder Philosophie früher entstanden sind, sondern in welcher Folge sie zum Bewusstsein kommen" (7, 63).

Diese Höhe der Reflexion hat die (außerklass.) Altkde nicht mehr erreicht, so daß dieses Defizit ihre Darst. bis auf den heutigen Tag bestimmt.

In der Gesch. der Altkde lassen sich 2 Richtungen unterscheiden, die den Gegenstand ‚Germanisch', ‚Germanische Kultur' usw. in seiner spezifischen Eigenart entweder inhaltlich oder formal zu bestimmen versuchten.

a. Die inhaltliche Bestimmung ist ein Produkt der Romantik; wesentlichen Anteil an der Konzeption hatte J. G. Herder. Hier bildete sich eine Vorstellung von Volk heraus, die damit nicht nur eine vordergründige polit.-soziale Gestalt verband (in einer Zeit fehlender nationaler Einheit), sondern darin eine seelisch-geistige Größe sah, die als Volksgeist, Volkstum ein souveränes Individuum höheren Grades repräsentiert. Als bestimmende Kräfte dieses Volksgeistes galten Sprache, Recht, Myth. Diese 3 Ausdrucksformen des Volksgeistes waren für J. Grimm die primären Gegenstände einer Volkswiss. – und auf allen 3 Gebieten hat er durch grundlegende Arbeiten die folgende wiss. Debatte wesentlich bestimmt.

J. Grimm ist zwar der Terminus „Deutsche Altertumskunde" nicht fremd (11, 18), in der Auseinandersetzung um die Bezeichnung dieser Volkstums-Wiss. siegt aber schließlich der Terminus „Germanistik" (von Grimm als Kompromißlösung gedacht. Die urspr. Fremdbezeichnung „germanisch" löste damit das von Grimm als Eigenbezeichnung bevorzugte „deutsch" ab).

Auch „Deutsche Philologie" wird in dieser Zeit in einem umfassenden Sinne gebraucht (Grimm spricht 1828 zuerst von „Deutscher Philologie" [Vorrede zu den Dt. Rechtsalthertümern: 20, XIII]). Kauffmann erklärt demnach auch, Altertumswiss. und Philol. seien eins: Philol. ist Altertumswiss.! (34, VIII).

Eine die ältesten und älteren Kulturstufen des Germ. erforschende Germanistik ist im Grimmschen Sinne daher durchaus als eine Altkde zu verstehen. Ihre inhaltliche Bestimmung findet sie im Gedanken eines individuellen Volksgeistes. Demnach vereinigen sich auch die germanistischen Einzeldisziplinen zu einer Gesamtwiss., deren Zielvorgabe die Mehrzahl der beteiligten Wiss. zu einer Einheit integrieren sollte.

Das Ziel einer inhaltlich bestimmten altertumskundlichen Wiss., die nicht nur aus einer Addition von Einzeldisziplinen bestehen sollte, war verfolgbar, da sich die frühe Germanistik als eine Wort-Wiss. empfand, die sich noch nicht mit Funden und Befunden einer methodisch disziplinierten prähist. Arch. auseinanderzusetzen hatte. Grimm grenzte hier klar ab – mit dem Ergebnis, eine ausgesprochen philol. orientierte Altkde zu etablieren.

b. In eine neue Richtung wurde Altertumswiss. durch eine Debatte gelenkt, die den Stil zum bestimmenden Kriterium kultureller Begriffsbestimmung erhob, ja, Kulturen insgesamt als Lebensstile begriff. Friedrich Nietzsche führt diese Richtung an – mit einer Auffassung, die Kultur als „Einheit des künstlerischen Stils in allen Lebensäußerungen eines Volkes" versteht. Nietzsche war dabei nicht unbeeinflußt von seiner Kenntnis griech. und röm. Kultur und klass. Altertumswiss. Der Stilbegriff ermöglichte es auch, über die an die Sprache gebundenen Altertümer hinaus auch die materiellen Artefakte einer Kultur in eine Altertumswiss. einzubinden. Griech. und röm. Kultur waren denn auch bevorzugte Objekte einer an Lebensstilen orientierten Kulturgeschichtsschreibung. Rothacker hat einige Eigenschaften von „Kulturstilen" so beschrieben (49, 137 f.):

1. Kulturen sind Lebensstile, Weisen der Lebensführung menschlicher Gemeinschaften oder Gruppen („Lebenstotalitäten").

2. Diese Lebensstile befinden sich in ständiger Entwicklung. Diese Werdeprozesse sind mehr als immanente Entwicklungen, denn gerade der Umfang der Gemeinschaften schwankt.

3. Lebensstile werden bestimmt durch die Arbeitsteilung der Kulturen (in Kulturzweige), durch ihre regionale und soziale Gliederung, ihre weltgeschichtl. Symbiosen, ihren Epochenwandel.

4. Zw. Stil und Kultursubstanz besteht eine Wechselwirkung. Kunstgesch., Rechtsgesch., Religionsgesch., Wirtschaftsgesch., Verfassungsgesch. usw. bringen sich im Gesamtstil einer Kultur zu eigener Geltung (im fachwiss. Sinne), sind aber doch Teil der Dynamik des Ganzen.

5. Über die Auseinandersetzung von Kulturmomenten walten Polaritätsgesetze, die als die Existenzialien der menschlichen Kultur zu gelten haben – sie offenbaren sich in Tendenzen zum Transzendenten.

6. Im Verlauf dieser Prozesse prägen sich diese Stile physiognomisch aus, stilisieren sie ihre Lebensbereiche und deren sachliche Korrelate mehr oder weniger durch (er spricht von Keimformen, Vorformen, Hochformen, die schließlich eine Hochkultur ausmachen).

Die erste Altkde, die sich an solchen Stil-Prinzipien orientierte, war die „Deutsche Altertumskunde" von Kauffmann (34): „Die Ausdrucksformen, die Stilgesetze volkstümlichen Schaffens sind in der Sprache und in der Poesie nicht minder charakteristisch als in den gesellschaftlichen, wirtschaftlichen und gewerblichen Erzeugnissen, aber gerade in diesen treten sie anschaulicher heraus und sind darum nach ihren Wesensmerkmalen leichter zu erfassen. Es dürfte folglich, wenn wir Sprache und Literatur mit allen anderen naiven oder künstlerischen Formen des deutschen Lebens durch den Stilbegriff verketten und die wechselnden Stilarten nach dem allein möglichen Verfahren wissenschaftlicher Erkenntnis, auf dem Wege der Vergleichung beschreibung wollen, die Archäologie als Mittlerin an erster Stelle berufen sein" (34, IX).

In der etwa zu gleicher Zeit erscheinenden 1. Aufl. des Hoops-Reallex.s (1911 ff.) taucht der Terminus in der programmatischen Einleitung nicht auf – und als Stichwort wird Stil in einem eingeschränkt kunsthist. Sinne verwendet. Kauffmann zählte auch nicht zu den Beiträgern des Reallex.s. Auch nach den großen, der Kritik nicht standhaltenden stilgeschichtl. Hypothesen von van Scheltema (50–52), Strzygowski (70, 155–175) u. a. hat diese Richtung keine Forts. gefunden. Eine grundlegende Auseinandersetzung mit dieser Art von Stilgesch., die mit großen Epochen von Aufstieg und Niedergang, klass. und barocken Ausdrucksformen rechnete, fruchtete wenig (zur Situation in der klass. Altertumswiss. vgl. 66, 197 ff.).

§ 57. Gesch. Im hist. Ablauf stand die klass. Altertumswiss. am Anfang. Zur Gesch. und Position dieser Wiss. heute vgl. (70). Profil verliehen ihr insbesondere A. Boeckh, Theodor → Mommsen, U. von Wilamowitz-Moellendorff (mit seinem Programm einer Umwandlung der Philol. in eine universale Wiss. vom Altert.).

Die sich im frühen 19. Jh. etablierende Indogermanistik (grundlegend F. Bopp, Über das Conjugationssytem der Sanskritsprache...; vgl. 8) und Germanistik (J. Grimm, Dt. Gramm.; 21) führte auch zu altertumskundlichen Darst. – und dies zunächst vornehmlich auf sprachgeschichtl. und sprachvergleichender Grundlage.

Als zusammenfassende Darst. ist insbesondere zu nennen: O. Schrader, Reallex. der idg. Altkde (63). Die 2. Aufl. von 1917–1923 konnte Schrader nur noch in der 1. Lfg. betreuen; ab der 2. Lfg. (1920) übernahm A. Nehring die Aufgabe. Die 1. Aufl. trug noch den Untertitel „Grundzüge einer Kultur- und Völkergeschichte Alteuropas", d. h. sie ruhte auf der Annahme, daß die ältesten Wohnsitze der idg. Völker in den Steppengebieten des s. Rußland zu suchen seien, die Inder und Iranier aber unter dem Druck der sie umgebenden Kulturen des Orients in ihrer idg. Eigenart frühzeitig untergegangen seien. Die (bis heute) umstrittene Urheimatfrage war Anlaß, den Untertitel in der 2. Aufl. zu streichen. Abgesehen davon hat die Argumentation Schraders im Vorwort der 1. Aufl. immer noch Aktualität.

An neueren Arbeiten zum Thema sind zu nennen: ein Forschungsber. von Scherer (53, 3–16; 54, 3–21) und der vom selben Autor herausgegebene Sammelbd. „Die Urheimat der Indogermanen", der Beitr. aus der Zeit von 1892–1963 zugänglich macht. Weiter sind zu nennen: Schlerath (56), Dressler (10), Kronasser (39), Georgiev (17), Untermann (74).

Eine Germanendarst. kann nicht ganz absehen von der Frage nach den idg. Ursprüngen und Zusammenhängen. Ein kurzer Blick auf die heutige Diskussion hätte die Kurgan-Hypothese von Gimbutas (in variierter Form auch von Gamkrelidze; 18; 16) und die Neolithisierungs-Hypothese Renfrews (48) zu nennen. Die Kurgan-Hypothese besagt (vereinfachend dargestellt), daß sich die in der s-russ. Steppe beheimatete Kultur vom 5. Jt. v. Chr. an in mehreren Wellen nach Europa ausgebreitet habe (wobei das domestizierte Pferd eine entscheidende Rolle gespielt habe). Im Gefolge dieser Expansion hätten sich die idg. Sprachen über Europa verbreitet.

Die Neolithisierungs-Hypothese verknüpft die Ausbreitung der agrikulturellen Revolution neol. Zeit mit der Entfaltung des Idg. Nach Renfrew hätten sich von Anatolien aus Ackerbauern mit ihrer neuen Kultur nach Europa und Indien ausgebreitet und von diesem idg. Zentrum aus zur Verbreitung dieser Sprache beigetragen.

Eine interdisziplinäre Auseinandersetzung mit diesen Thesen (und ihre Weiterentwicklung) belegt ein Tagungsbd., hrsg. von Harris (28).

Im germanistischen Bereich darf bereits das Werk J. Grimms als altertumskundlich gelten. Dt. Gramm. (1819–37), Dt. Rechtsalthertümer (1828), Dt. Myth. (1835) betreffen Sprache, Recht und Relig. (20–22) – zu denen W. Grimm 1829 noch die Heldensage/Heldendichtung fügte (25). Altertumskundlich im spezifischen Sinne der Zeit sind diese grundlegenden philol. orientierten Stud. in einem mehrfachen Sinne:

a. Sie suchten ihre Einheit in einem gemeinsamen Ziel – erfüllen also eine methodologische Forderung, die der damaligen Zeit durchaus bewußt war:

„Die Altertumswissenschaft ist weder eine Geschichte der Literatur, noch der Kunst, noch der Religion usw. [...], sondern eine Geschichte des Volkslebens, das aus dem Ineinander und Zusammenwirken aller dieser Momente besteht" (Reichardt, zitiert in 7, 21).

b. Die Altkde ist philol. orientiert. J. Grimm grenzt die Wort-Wiss. ab gegenüber den Wiss. der Gegenstände. Er spricht auch vom Gegensatz der genauen und ungenauen Wiss. Zu ersteren zählen Mathematik und Naturwiss., zu letzteren z. B. Recht, Gesch., Sprache. In den ungenauen Wiss. träte das Menschliche näher zu Herzen als „alle erscheinungen der thierwelt, pflanzenwelt und der elemente" (24, 576).

c. Methodisch ist diese Philologie eine Wörter-und-Sachen-Forsch. (→ Wörter und Sachen).

„Sprachforschung der ich anhänge und von der ich ausgehe, hat mich doch nie in der weise befriedigen können, dass ich nicht immer gern von den wörtern zu den sachen gelangt wäre; ich wollte nicht bloss häuser bauen sonder auch darin wohnen. mir kam es versuchenswerth vor, ob nicht der geschichte unsers volks das bett von der sprache her stärker aufgeschüttelt werden könnte, und wie bei etymologien manchmal laienkenntnis fruchtet, umgekehrt auch die geschichte aus dem unschuldigeren standpunct der sprache gewinn entnehmen sollte" (23, I, XIII).

Mit diesen 3 Aspekten hat bereits die älteste Germanistik der nachfolgenden Zeit ein Konzept vorgegeben, das in sehr unterschiedlicher Weise erfüllt wurde.

a. Die methodologische Frage, d. h. die Integration der Einzeldisziplinen in eine Altertumswiss., die über den Status einer Addition von Fächern hinausführt, ist bis heute ein Problem geblieben.

b. Die enzyklopädische Frage, d. h. die Frage nach dem Organon der Wiss., die eine Altkde ausmachen sollen, spitzt sich in der Folgezeit bes. da zu, wo es um die Einbeziehung der Wiss. der Gegenstände und der sog. genauen Wiss. geht.

c. Die semiotische Frage zielt auf die Relation von bezeichnetem Objekt und sprachlichen Zeichen, zw. Sache und Symbol. Das Problem wurde seit Grimms Konzeption (und der der Romantik allg.) erst langsam entfaltet – und gipfelt schließlich in der altertumskundlich relevanten Frage, was Sprache und Sprachhistorie in grundsätzlicher Weise zu einer Darst. der Sachkultur beitragen können.

d. Kaum artikuliert ist auf der ältesten germanistisch-altertumskundlichen Stufe das hermeneutische Problem (was nicht besagen muß, daß es im Zeitalter Boeckhs und Schleiermachers nicht bewußt war). Fragt die Hermeneutik nach Weisen und Bedingungen des Erkennens allg., so stellt sich in altertumskundlicher Sicht bes. die Frage nach der Bedingtheit eines (gegenwärtigen oder vergangenen) Forsch.sstandes und seiner fachlichen Begrifflichkeit.

In diesem Sinne gilt von den philol. Begriffen das, was auch über die philosophischen Begriffe zu sagen ist:

„... die Begriffsworte, die in ihr geprägt und in ihr überliefert werden, sind nicht feste Marken und Signale, durch die etwas Eindeutiges bezeichnet wird, sondern entspringen der kommunikativen Bewegung menschlicher Weltauslegung, die in der Sprache geschieht, werden von ihr fortbewegt und gewandelt und reichern sich an, rücken in neue Zusammenhänge, welche die alten verdecken, sinken ab zur halben Gedankenlosigkeit und werden in neuem fragendem Denken wieder lebendig. So liegt aller philosophischen Arbeit des Begriffs eine hermeneutische Dimension zugrunde, die man heutzutage mit dem etwas ungenauen Wort „Begriffsgeschichte" bezeichnet. Sie ist nicht eine sekundäre Bemühung, welche, statt von den Sachen zu reden, von den Verständigungsmitteln spräche, die wir dabei gebrauchen, sondern sie bildet das kritische Element im Gebrauch unserer Begriffe selbst. Der Furor des Laien, der nach willkürlichen und eindeutigen Definitionen verlangt, aber ebenso der Eindeutigkeitswahn einer einseitigen, semantischen Erkenntnistheorie verkennen, was Sprache ist und daß auch die Sprache des Begriffs nicht erfunden, nicht willkürlich verändert, gebraucht und weggelegt werden kann, sondern dem Element entstammt, in dem wir uns denkend bewegen. Nur die erstarrten Krusten dieses lebendigen Stroms von Denken und Sprechen begegnen in der Kunstform der Terminologie. Aber auch sie ist noch eingeführt und getragen von dem kommunikativen Geschehen, das wir sprechend vollziehen und in dem sich Verständnis und Einverständnis aufbauen" (15, 1071 f.).

Die fachlichen Grundlagen, auf denen die Brüder Grimm ihre Altkde aufbauten, Sprache, Recht und Myth., sind in der Folgezeit sehr unterschiedlich diskutiert worden:

a. Sprache. Die von J. Grimm sog. Verastung suchte die Verwandtschaftsverhältnisse der idg. und germ. Sprachen als eine Abfolge von Spaltungen zu begreifen, die in immer größerer Differenzierung und trotz gegenseitiger (sekundärer) Berührungen ihr ererbte Individualität bewahrten. Ungeachtet aller Kritik an dieser biologisch-genealogischen Begrifflichkeit hat die Idee vom Sprach-"Organismus", der durch innersprachliche Tendenzen (Entfaltung, Drift) eine zielgerichtete Entwicklung nimmt, die Diskussion weiter bestimmt. Doch hat das Verastungsmodell auch früh Kritik erfahren. J. Schmidt setzte dagegen die Idee einer ursprünglichen Spracheinheit, deren Peripherieareale durch „continuierliche varietäten" miteinander vermittelt waren. „Scharfe sprachgrenzen" entstanden innerhalb dieses Kontinuums dadurch, daß ein Stamm durch „politische, religiöse, sociale oder sonstige verhältnisse ein übergewicht über seine nächste umgebung gewann" (58, 28). Im Zusammenhang einer germanistischen Sprachgesch. ist dieser Gedanke fruchtbar zu machen, wenn unter Urgerm. ein Sprachareal verstanden wird, das in seiner urspr. Kleinräumigkeit (die eine konsequent durchgeführte Lautverschiebung voraussetzt) und anschließenden Expansion als von kontinuierlichen Varietäten bestimmter Raum beschrieben wird (vgl. 71, 61–72). Das Hinzutreten von weiträumigen Migrationen mußte das Kontinuum zerreißen und scharfe Sprachgrenzen schaffen – verstärkt durch die polit. und sozialen Veränderungen, die die VWZ (von den Skiren- und Bastarnenzügen bis zur langob. Landnahme in Oberitalien) generell bestimmten. Die sprachgeschichtl. Beschreibung der VWZ wird damit zu einem der schwierigsten Kapitel germanistischer Sprachhistorie überhaupt. Das Stammbaummodell reicht hier nicht mehr aus.

b. Recht. Die heutige Rechtsgesch. hat sich von den Vorstellungen J. Grimms weit entfernt. Grimms Ansicht, daß die „deutsche" Rechtsgesch., wie sie sich in den frühma. Leges darstellt, auf einem germ. Recht beruhe, die Aufgabe des Rechtshistorikers darin bestehe, die in der Überlieferung losgerissenen Fäden zur urspr. Einheit wieder zu verknüpfen, teilt eine Forsch. nicht mehr, die die *leges barbarorum* entscheidend durch das w-röm. Vulgarrecht geprägt sieht . Wenn andererseits die sprachgeschichtl. Forsch. weiterhin von „Rechtssprache", „Rechtswörtern" usw. in germ., ja idg. Zeit spricht (82), ist weitere Klärung nötig.

c. Myth. Zu Grimms Zeiten war Myth. ein Begriff, der zu den Qu. der menschlichen Gesch., zu Urprung und Urzeit zurückführen sollte. „In unserer heidnischen mythologie treten vorstellungen, deren das menschliche herz hauptsächlich bedarf, an denen es sich aufrecht erhält, stark und rein hervor" (22, I, XXXVI). „Sinnliche vollendung" komme dem Mythos zu. Die Mythosforsch. bleibt in der Folgezeit weitgehend eine Suche nach Urbildern des Menschlichen, wie sie sich in Urzeiten gültig offenbart hätten – ein Mythos, an den man noch ‚glauben' konnte. Wenn heute ‚Religionsgeschichte' als eine ‚Kulturwissenschaft' an die Stelle der Mythenforsch. tritt, ist dies nicht nur eine terminologische Neuerung. Es beinhaltet dieser Schritt einen Paradigmenwechsel, der den Mythos historisierend zu einem Phänomen einer bestimmten Entwicklungsstufe reduziert.

Einige Stationen altertumskundlicher Arbeit, die forschungsgeschichtl. bedeutsam, aber auch noch Gegenstand der Orientierung und Auseinandersetzung sind, seien im folgenden genannt.

Karl → Müllenhoff (1818–1884, seit 1858 Nachfolger F. H. von der Hagens in Berlin, 1864 Nachfolger J. Grimms in der Preuß. Akad. der Wiss).

Seine Dt. Altkde erschien in 5 Bd. (44). Als Aufgabe einer Dt. Altkde versteht er, in der Gesch. der Sprache, des Volksglaubens und der Dichtung, der Sitte und des Rechts, der Kultur und Verfassung eine prägende „charakterform in allen äußerungen" darzustellen und zu erkennen (44, I, V). Im Sinne J. Grimms bildet die Gesch. „des nationalen geistes" die Mitte der Altkde, auf die sich die Einzeldisziplinen hin ordnen.

Beginnen läßt er diese Gesch. mit den Zügen der Skiren und Bastarnen (im O), der Kimbern und Teutonen (im W), d. h. um die Wende des 3. zum 2. Jh. v. Chr. Ihr Ende sieht er gekommen, da der „moderne geist" mit Christentum, geistlicher Bildung und Einfluß der Fremde zum Durchbruch kommt, d. h. mit der mhd. Epoche, als die „altnationale dichtung" zwar noch eine Blüte erlebt, zugleich aber auch ihr Ende erfährt. Die mhd. Lit. markiert, in Müllenhoffs Sicht, den „wendepunkt im leben der nation". Diese Spätepoche nach der Wanderungszeit, in der sich agerm. Wesen noch neben Christentum, fremder Kultur und veränderten staatlichen Verhältnissen behauptet hat, nennt er agerm. Diese Konzeption entwickelt Müllenhoff im Vorwort seiner Altkde. Es blieb weitgehend ein Programm, das die Qualität seiner hist. Stud. aber nicht schmälern konnte.

Friedrich → Kauffmann (1863–1941, 1893 ordentlicher Professor in Jena, 1895 in Kiel).

Die zweibändige Dt. Altkde erschien 1913 (1. Bd.: Von der Urzeit bis zur VWZ) und 1923 (2. Bd.: Von der VWZ bis zur Reichsgründung). Das methodologische Problem, das eine dt. Altkde zu Beginn des Jh.s immer noch und sogar verstärkt aufwirft, spricht Kauffmann deutlich an. Er fordert ein System, in dem „wie in der klassischen Philologie, Volkskunde und Landeskunde, Sprache und Verskunst, Dichtung und Religion, Kunst und Handwerk, Wirtschaft und Geselligkeit einem höheren Ganzen als dienende Glieder untergeordnet und zueinander in lebendige Beziehung gesetzt werden" (34, I, VIII).

„Erst aus einer Totalanschauung unseres deutschen Volkslebens gewinnt der Forscher den Blick für die Abschätzung der sprachgeschichtlichen oder literargeschichtlichen, namentlich aber auch der religionsgeschichtlichen Gebilde, deren Details nicht in den richtigen Zusammenhang gebracht und nicht genügend definiert werden können, falls die allgemeinen Kategorien unserer deutschen Kultur unbekannt bleiben" (34, I, 2).

Das innere Band wird im „volkstümlichen deutschen Wesen" gesucht – das sich allerdings nicht so sehr inhaltlich in einem dt. Geist manifestiere, sondern in Stilformen und Stilgesetzen. Volkstümlich ist hier bewußt gewählt. Altkde ist für Kaufmann vornehmlich Volkskunde, die sich in den Entwicklungsformen des unpersönlichen, des häuslichen und geselligen, des künstlerischen relig. Daseins unserer Vorfahren äußert. Alles übrige müsse den „Spezialwissenschaften" überlassen bleiben (34, I, 4 f.).

Auch „deutsch“ gebraucht Kauffmann nicht mehr in der Tradition von Grimm, versteht es vielmehr in dem eingeschränkten Sinn des heutigen Gebrauchs. Demnach werden nur gelegentlich Blicke auf Skandinavier und Engländer, die Franken Frankreichs und die germ. Stämme Italiens und Spaniens geworfen. Wohl aber dienen die ältesten Überlieferungen der nord., got. und ags. Stämme der Erhellung auch des dt. Altert.s.

Die zeitlichen Grenzen einer dt. Altkde werden einerseits mit jenen prähist. Zeiten markiert, da „unser Vaterland seine ersten Bewohner empfing“, andererseits sei mit Christianisierung und Errichtung des *imperium romanum* dt. Nation (d. h. dem 8. Jh.) die untere Grenze festgelegt.

H. Nollau (Hrsg.), Germ. Wiedererstehung, Heidelberg 1926.

Der Untertitel des von Nollau herausgegebenen Sammelbd.es lautet „Ein Werk über die germ. Grundlagen unserer Gesittung“. Die ideologische Zielsetzung des Hrsg.s kommt auch in seiner Einführung zum Ausdruck, die ein Wiedererstehungsprogramm zu formulieren sucht, das vermehrt auf die „germanischen Grundlagen unserer Gesittung“ setzen will (46).

Dieses Programm wird in den Einzelbeiträgen nur bedingt und in sehr unterschiedlicher Weise aufgenommen. Einer der Beiträger bekundete noch im selben J. seine Ablehnung. Andreas → Heusler schreibt in einem Beitrag „Von germ. und dt. Art“: „Gegen die Meinung, seelische Volksart bleibe in den Hauptzügen unverändert durch die Jahrtausende, bekennen wir unseren Unglauben. Wäre dem so, fiele die Unterscheidung von Germanisch und Deutsch im Grunde dahin“ (31, 80). „Unsere Geschichte lehrt, daß ein Erstarken deutschen Geisteslebens nicht eins ist mit dem Obenaufkommen der germanischen Bestandteile in unserm so zusammengesetzten Wesen“ (30, 88).

Ungeachtet aber dieser zeitbedingten Instrumentalisierung der Germ. Altkde durch den Hrsg., darf der Bd. doch als die bedeutendste Zusammenfassung der Germanenstud. im Jahrzehnt von 1920–30 gelten. Beiträger des Sammelbd.es waren O. Lauffer, A. Heusler, C. von Schwerin, K. Helm, I. M. Müller-Blattau, K. Bojunga, F. von der Leyen und A. Haupt.

H. Schneider (1886–1961, von 1921–1954 ordentlicher Professor für Dt. Sprache und Lit. in Tübingen).

Altertumskundliche Beitr. waren seine Germ. Heldensage in 3 Bd. 1928–1934 (61) und „Die Götter der Germanen“ von 1938. Als Hrsg. einer Germ. Altkde von 1938 huldigt auch er in seinem Sinne dem Zeitgeist. In einem Beitrag zu „Forsch. und Fortschritte“ (62) erklärt er, daß die Altkde die Aufgabe habe, das „wahre Wesen des Germanentums zu erforschen und wiederaufzubauen“. Zur Erforsch. des Altert.s kann Schneider jedoch mit seinen Autoren einen beachtenswerten Beitrag leisten. Die Zusammenfassung hatte solchen Bestand, daß der Verlag 1951 einen Nachdr. vorlegen konnte, der die altertumskundliche Sicht der ersten Nachkriegszeit bestimmte. Das Wiederaufbauprogramm, das aus einer germ. Altkde abgeleitet werden wollte, blieb angesichts einer ansonsten geforderten „vorurteilsfreien Erforschung“ (62, 3) eine bloße Phrase.

Enzyklopädisch gesehen, war Schneiders Altkde ein rein philol. Unternehmen. Eine Darst. der Vorgesch. als Schwesterbuch war zwar geplant, ist aber nie erschienen.

In Schneiders Konzeption soll die Altkde vornehmlich eine Wiss. des Geistes sein, die Vorgesch. aber vorzüglich eine Wiss. der Gegenstände. Zur zeitlichen Dimension erklärt er als Hrsg.:

„Kurz vor 200 v. Chr. treten die Germanen in das Licht der Geschichte. Wir hören dann lange Zeit von ihnen weit mehr durch andere als durch sie selbst. Bis das Germanentum in eigener Sprache aus eigenem

Geist über eigene Dinge zu uns spricht, vergehen viele Jahrhunderte. Da ist es längst gespalten und teilweise schon in voller Auflösung.

Es zu erfassen in der Gestalt, die es hatte, als es noch eine Einheit war, das ist die Aufgabe. Die Germanen neigten immer zu Vereinzelung und bevorzugten die kleine Gemeinschaft vor der großen. Aber wenn auch staatlich gesondert, haben sie doch eine Einheit gebildet durch Brauch, Kunstübung, Bekenntnis. Es gab germanische Sittlichkeit, germanisches Recht, germanische Dichtung, germanischen Glauben, ehe es gotische und skandinavische, englische und deutsche Eigenart gab. Die Wirklichkeit zeigt uns nur Spaltung und Vereinzelung, unser Forschen und Ahnen soll uns zur alten Einheit zurückführen.

Dieser geschichtliche Abschnitt, den man gemeinhin, nüchtern genug, als die „gemeingermanische" Zeit bezeichnet, ist für uns das eigentliche, „klassische" germanische Altertum. Wir stellen es mit diesem Wort der schönsten Blüte des griechischen Altertums zur Seite, weil wir glauben, das Germanentum habe damals eine eigenwüchsige Geisteskultur hervorgebracht, so groß, daß sie mit der griechischen den Vergleich aushält" (Schneider, DAK, VIII).

Beiträger des Sammelbd.es waren S. Gutenbrunner, W. Mohr, H. Kuhn, Felix → Genzmer, H. Schneider, H. de Boor, K. Reichhardt, W. von Jenny.

Das mit der Germ. Altkde gegebene enzyklopädische Problem zeigte sich bes. in der Rolle, die die prähist. Arch. außerhalb und innerhalb des Rahmens einer Germ. Altkde spielte. Bedeutsame Etappen auf diesem Wege waren:

G. F. Klemm, Handb. der germ. Alterthumskunde, 1836.

L. Lindenschmit, Handb. der Dt. Alterthumskunde, 1880–1889. Alterthümer unserer heidn. Vorzeit, 5 Bde, 1858–1911.

G. Kossinna, Die dt. Vorgesch., eine hervorragend nationale Wiss., 1912, ^{7}1936.

J. Hoops (Hrsg.), Reallex. der Germ. Altkde, 1911–1919 (4 Bde), ^{2}1973 ff.

M. Ebert, Reallex. der Vorgesch., 1924–1929, 15 Bde (endet mit der LTZ).

E. Wahle, Dt. Vorzeit, 1932.

E. Sprockhoff, Zur Entstehung der Germ. In: H. Arntz (Hrsg.), Germ. und Idg. Festschr. für H. Hirt. 1, 1936, 255–274.

B. Krüger (Hrsg.), Die Germ. Gesch. und Kultur der germ. Stämme in Mitteleuropa 1, 1976, ^{5}1988; 2, 1983, ^{2}1986.

Ludwig → Lindenschmit (1809–1893, initiiert die Gründung des RGZM in Mainz im J. 1852): Er versteht seine Arbeit als Beitrag antiquarischer Forsch. zu einer dt. Altkde. Er konzentriert sich auf die MZ, die nach seiner Ansicht „noch innerhalb der Grundzüge der altgermanischen Anlage" anzusiedeln ist. An diesem Scheidepunkt, da heidn. Vorwelt einer neuen Gesittung zu weichen beginnt, könne man noch ein Gesamtbild der vorangehenden Epochen gewinnen.

Die enzyklopädische Frage wird bei Lindenschmit also rein additiv gelöst. Er versucht, eine Lücke zu schließen, die „von den Führern der Wissenschaft seither gemieden oder doch nur vereinzelt berührt" wurde – gemeint ist mit der Führerschaft die altertumkundliche Richtung J. Grimms und K. Müllenhoffs.

Deutlich ist aber auch, daß sich Lindenschmit mit seiner „antiquarischen" Altkde in den Bahnen des 19. Jh.s bewegt – von „deutscher Alterthumskunde", „altnationalen Zuständen", „altgermanischer Anlage" usw. spricht er – eine Richtung, die G. Kossinna noch entschiedener verfolgt. Die Wortwahl der skand. Forsch. ist demgegenüber geogr. orientiert. Von „nordischem Altertum", „nordischer Altertumskunde" wird gesprochen (ohne daß freilich auch hier der nationale Gedanke fehlen würde).

1836 veröffentlicht der Däne Christian Jürgensen →Thomsen (72) eine kleine Schrift: „Ledetraad for nordisk Oldkyndighed“ (1837 auf Dt.: Leitfaden zur nord. Altkde). Thomsen, seit 1816 Leiter des neuerrichteten Mus.s (des späteren Nationalmus.s in Kopenhagen), wird die Entdekkung des sog. →Dreiperiodensystems (der chron. Abfolge von Stein-, Bronze-, Metallzeit) zugeschrieben. 1897/98 erschien in dt. Übs. die „Nordische Altertumskunde nach Funden und Denkmälern aus Dänemark und Schleswig“ von Sophus →Müller – gegliedert nach Steinzeit, BZ (1. Bd. 1897), EZ (2. Bd. 1898). Neben Dänemark, das sich rühmen kann, die älteste prähist. Forsch. aufweisen zu können, tritt auch Schweden auf den Plan.

Auf die Frage, welches Volk zur BZ in Schweden lebte, antwortet Oscar →Montelius: Da der Übergang von der BZ zur EZ ohne eine wesentliche Bevölkerungsänderung verlief, konnte es nur ein Volk vom Stamme der Germ. oder Goten gewesen sein (45, 116). In der Folgezeit wird es ein Lehrsatz: Die nord. BZ gehörte bereits den Germ. – wobei BZ nach Montelius das 2. Jt. und die 1. Hälfte des 1. Jt.s v. Chr. ausmachte (vgl. 32, I, 330. 77. 119 ff.). Zur heutigen Beurteilung vgl. Thrane (→Bronzezeit II), Wenskus (78, 169 ff.), Fromm (13, 127–150).

Gustaf →Kossinna (1881 in Straßburg mit einer germanistischen Arbeit, „Die ältesten hochfränkischen Sprachdenkmäler“, zum Dr. phil. promoviert, von 1902 an als Professor für Arch. in Berlin tätig) war auch im Blick auf die philol. und hist. Wiss. höchst einflußreich:

1. Seine Forsch. gipfelten in der Annahme, daß die auf sprachlichem Wege erschlossene idg. Kultur im arch. beschreibbaren „nordischen Kreis“ der Steinzeit zu suchen sei. In den Wanderungen der nord. Jungsteinzeitkulturen sieht er Idg.züge (vgl. dazu seine Arbeit: „Die Indogermanen“, Mannus-Bibl. 26, 1921). Mit der Ausbreitung der Bronze als neuem Werkstoff geht die Ausbildung dreier Kulturen im mittel- und n-europ. Raum einher: der germ., der kelt. und illyr. Dem germ. Kernvolk weist er dabei das Gebiet zu, das von N-Deutschland zw. Ems und unterer Oder bis nach S-Skand. reicht. Der Ursprung der Germ. ist also um etwa 2000 v. Chr. anzusetzen. (Vgl. dazu Kossinna, Ursprung und Verbreitung der Germ. in vor- und frühgeschichtl. Zeit. Mannus-Bibl. 6, 1928. Ders., Agerm. Kulturhöhe. Eine Einf. in die Dt. Vor- und Frühgesch., [5]1935. Dazu auch E. Wahle, Dt. Vorzeit, 1932. W. Schultz, Agerm. Kultur in Wort und Bild, 1934).

Die Abhängigkeit der philol. Diskussion von dieser Konzeption ist in den indogermanistischen und germanistischen Darst. der Zeit zu verfolgen: der Festschr. für H. Hirt (3), der Germ. Stammeskunde von Schwarz (65) u. a.

2. Heftige (und immer noch aktuelle) Diskussionen hat ein methodischer Grundsatz ausgelöst, den er so formulierte: „Scharf umgrenzte archäologische Kulturprovinzen decken sich zu allen Zeiten mit ganz bestimmten Völkern oder Volksstämmen“.

Dieser Grundsatz (die sog. „siedlungsarchäologische Methode“) berührt insbesondere Fragen der Ethnogenese und schlägt damit eine Brücke zur Geschichts- und Sprachwiss. Dazu erläutert Kossinna:
„Immerhin gehört zur Verbindung von Archäologie und Geschichte das höchste Maß kritischer Vorsicht. Denn nicht jeder Kulturwechsel, sondern nur der in allen Stükken ganz allmählich sich vollziehende zeigt Dauer der Bevölkerung an. Andererseits ist innerhalb einer geschlossenen Kulturperiode nur ein Wechsel kulturell völlig identischer Völker denkbar, d. h. nur ein Wechsel von Teilen eines größeren ethnographischen Ganzen, von Stämmen eines und desselben Volkes“. (Die Zitate nach R. Stampfuß, Gustaf Kossinna, ein Leben für die Dt. Vorgesch., 1935, 21 f.).

Ungeachtet aller Kritik ist die siedlungsgeschichtl. Methode bis heute virulent. So argumentiert im Sinne einer siedlungs- und bevölkerungmäßigen Kontinuität auch die jüngste Darst. zur Gesch. und Kultur der germ. Stämme in Mitteleuropa von Krüger (40, 33 f.): Im Laufe der vorröm. EZ sei die Herausbildung der germ. Stämme erfolgt – zumindest die Träger der → Jastorf-Kultur seien Germ. gewesen. Die weitgehende Übereinstimmung in der materiellen und geistigen Kultur zw. der jüng. BZ und der eisenzeitlichen Jastorf-Kultur spreche für eine autochthone Herausbildung dieser Bevölkerung auf bronzezeitlicher Grundlage. „In der vorliegenden Darstellung der Geschichte und Kultur der germanischen Stämme wird von dieser neuen, sich auf immer breitere Quellenbasis stützenden Ansicht der autochthonen Herausbildung der germanischen Stämme ausgegangen. Aus diesem Grunde erfolgt auch die Einbeziehung der jüngeren Bronzezeit in die Untersuchungen über den Herausbildungsprozeß germanischer Stämme“ (40, 34).

3. Kossinna spricht von einer „deutschen Vorgeschichte“ als einer „hervorragend nationalen Wissenschaft“. Diese völkische Inbesitznahme hat eine lange Tradition. Im Laufe der „völkischen Bewegung“ von 1871–1918 (47) gelangte sie zweifellos zu einem Höhepunkt – von Kossinna, der der Vorgeschichtsforsch. zum institutionellen Durchbruch verhalf, kräftig gefördert.

Neben der „völkischen“ Wendung bestimmten rassenanthrop. Vorstellungen die Zeit. Zwar möchte Kossinna die Vorgeschichtswiss. aus den Bevormundungen anderer Disziplinen befreien, bekennt sich aber doch zu einem Satz wie „das Geblüt macht erst das Gemüt“ (38, VII). So war der Schritt von der Anthrop. zur Rassenlehre nicht weit. Niederschlag haben diese Fragen gefunden in dem Art. „Rassenfragen“ (Hoops 1. Aufl.) und in den Art. zur Anthrop. in der Festschr. für H. Hirt (3).

Wahle und Sprockhoff lieferten in den 30er J. der germanistischen Forsch. den raum-zeitlichen Hintergrund für ihre Germ.-Auffassung.

Wahle geht (bereits im Widerspruch zur verbreiteten Meinung, die die Indoeuropäer-Heimat im nord. Neol. suchte) von der asiatischen Heimat der Idg. aus. Ihre Ausbreitung nach dem W führt zur Ausbildung der Germ. im N (Gebiet der großen Steingräber), der Kelten in Mittel- und S-Deutschland (Bandkeramik-Gebiet), der Italiker und Illyrier im S (76, 69). Der nord. Kulturkreis des Neol.s ist für Wahle die Keimzelle der Germ. Da in sprachlicher Hinsicht durch die erste Lautverschiebung eine scharfe Grenze zw. dem ungeteilten Urvolk und den Germ. gegeben sei, müsse daraus auf eine Beeinflussung des Idg. durch die Sprache desjenigen Volkes geschlossen werden, das der Träger des Nord. Kulturkreises während des Neol.s gewesen sei. Nur so erkläre sich die auffallende Tatsache, daß die germ. Keimzelle mit dem Verbreitungsgebiet der großen nord. Steingräber im wesentlichen übereinstimme. Das germ. Siedlungsgebiet erstreckte sich dabei nach Wahle vom s. Schweden über Dänemark bis in die norddt. Tiefebene, d. h. von der unteren Weser bis zur Mündung der Oder und von der Ostsee bis gegen den N-Rand des Harzes. Im Verlauf der jüng. BZ sei eine Expansion erfolgt, die eine Nachbarschaft zu Kelten und Illyriern schaffte. Zw. 750 und 500 überschreiten sie den Niederrhein und gelangen nach Belgien, wie auch den Rhein und die Mosel aufwärts (76, 119 ff.).

Sprockhoff legt seine Anschaungen in der Hirt-Festschr. dar (68, I, 255–274). Ihm zufolge bringe der nord. Kreis der BZ die germ. Kultur erstmals klar zur Anschauung. Die einheitliche Volkwerdung sei mindestens um das J. 1200 v. Chr. abgeschlossen gewesen. Von dieser Zeit an erlebe dieser nord. Kreis bis in die hist. Zeit keinen Einbruch einer fremden Kultur mehr, der seine Eigenart umgewandelt hätte. Im Gegenteil, nachdem während der mittleren BZ ein innerer Ausgleich erreicht worden sei, erfolge eine kräftige Expansion, erst sehr nachhaltig und erfolgreich nach O, dann aber auch nach W und S. Das Ausgangsgebiet sei aber kleiner gewesen, als man gewöhnlich annehme. Es hätten ihm der s. Teil von Schweden angehört, von Norwegen einige Küstenplätze mit ihrem Hinterland, und auch der norddt. Anteil sei noch sehr beschränkt gewesen.

Die jüng. und jüngsten Beiträge zur Germanenforsch. zeigen ein vielfältiges Bild. Beigetragen dazu haben verschiedene Disziplinen:

a. Der prähist. Arch. verdankt die Diskussion wesentliche Beiträge: Hachmann (26; 27), Ament (1, 37–47; 2, 209–256), von Uslar (75). Auf prähist. Grundlage (bes. der Arbeiten von Uslars) entwirft Friedrich → Maurer 1942 (42) eine sprachliche Gliederung des frühen Germ. und seiner Ausgliederung – mit dem sprachgeschichtl. bedeutsamen Ergebnis, daß eine Spracheinheit „Westgermanisch" (im Sinne einer hist. Sprachstufe) aufzugeben sei. An die Stelle des seit Müllenhoff gültigen Dogmas (eine erste Ausgliederung des Germ. führt zur Dreiheit O-, W- und N-Germ.) setzt Maurer eine Gliederung: O-Germ., N-Germ., Elbgerm., Nordseegerm., Weser-Rheingerm. Maurer bekennt sich dabei zu einem Satz von v. Uslar: Auf Grund der Bodenfunde können sonach sehr wohl festumrissene Kulturprov. herausgearbeitet und mit bestimmten Völkern und Stämmen in Deckung gebracht werden, wenn die erwähnten inneren Voraussetzungen (lange Seßhaftigkeit, polit. Selbständigkeit und Freiheit von fremdstämmigen Einflüssen) dafür gegeben sind (42, 99). Anhaltende Diskussion löste eine Arbeit von Hachmann, Kossack und Kuhn, „Völker zw. Germ. und Kelten" (1962) aus. Kuhn vertrat darin die sog. Nordwestblock-Hypothese: Im NW des mitteleurop. Raumes sprächen ON, z. T. auch PN und andere sprachliche Indizien für einen Bereich, in dem weder kelt. noch germ., sondern ein davon verschiedenes idg. Idiom gesprochen wurde, in dem sogar noch Spuren einer nichtidg. (bis in den Mittelmeerraum und Kleinasien reichenden) Schicht zu erkennen seien.

b. Die als alteurop. Hydronymie bezeichnete These des Indogermanisten Hans → Krahe wurde durch die weiterführenden Arbeiten von Schmid (57) und Udolph (73) mehr und mehr für das Germ. bedeutungsvoll. Über Konzeption, Ergebnisse und Probleme unterrichten die Beiträge von Andersson und Udolph (s. o. §§ 12–13).

c. Nach der Begründung einer Ethnographie germ. und angrenzender Stämme durch Kaspar → Zeuß (82) folgten zahlreiche, bis in die Gegenwart reichende Arbeiten – in jüng. Zeit etwa Schwarz (65). Einen Neueinsatz brachte Wenskus (78). Die von ihm entwickelte Sicht des Werdens der frühma. germ. *gentes,* das Postulat einer eigenen Denkform der Barbaren-gentes (→ Gentilismus), die Definition des Stammes als einer polit. Einheit u. a. bestimmen weitere Arbeiten – zu nennen etwa Wolfram, Die Goten (80). Wie schon bei Wenskus bestimmen heute ethnosoz. Forsch.sfragen und -ergebnisse auch die Germ.-Diskussion (Stud. zur Ethnogenese. Hrsg. von der Rhein. Westf. Akad. der Wiss., 1985).

§ 58. Die heutige Sicht. Es seien nur einige übergreifende Probleme angesprochen.

1. Gesch. und Erfahrung lehren, daß ein wesentliches Problem altertumskundlicher Darst. in der Integration der daran beteiligten Fächer besteht. Es sind wohl fachspezifische Unters. denkbar, die in sich auch methodisch schlüssig sind – arch., hist., philol. Altkde besteht aber gerade darin, eine Gesamtschau zu versuchen, die die

Fächervielfalt auf ein Ziel hin zu vereinen sucht.

Ganz offensichtlich kam die prähist. Arch. erst relativ spät in diesen Kreis. Sie behielt auch ihre relative Eigenständigkeit bis zum heutigen Tage, so daß sich ein oft bloßes Nebeneinander von arch. und philol.-sprachlicher Altkde ergab und ergibt – und dies um so mehr, je mehr sich eine Darst. in die Vorzeit wagt. Eberts Reallex. und idg. Forsch. nahmen kaum Bezug aufeinander – und noch 1938 meinte Schneider, Vorgesch. und Altkde trennen Unterschiede, die „sich nie verwischen" werden (VII). Das Problem ist aber auch für frühgeschichtl. Zeiten grundsätzlich nicht anders. Die Schwierigkeiten liegen gar nicht so sehr auf arch. Seite; sie sind mehr sprachtheoretischer und -geschichtl. Art. Nur wenn die Prämissen einer Inbezugnahme von Sprache und Realität bewußt sind, ist auch der Versuch legitim, beide Wiss. in einem Lex. zu verbinden. Wenigstens einige dieser Prämissen seien aufgeführt:

2. Der Wort-Sache-Bezug. Zweifellos ging die frühe Altertumsforsch. von einem noch wenig reflektierten Bezug von Wort und Sache aus. Das Wort stand (und steht im naiven Verständnis bis heute) für die Sache selbst. Inzw. hat die Zeichentheorie gelehrt, daß zw. den Größen Sache – (sprachliches) Zeichen – Bedeutung eine Beziehung waltet, die keineswegs erlaubt, für das Wort (die Bezeichnung) eine bloße Abbild-Funktion anzunehmen. Zw. Bezeichnung und Bezeichnetem steht die Bedeutung als eine nach eigenen sprachspezifischen Vorstellungen organisierte Größe. Dieses schon auf synchroner Ebene gegebene Problem verstärkt sich in diachroner Sicht. Da Sprachwandel am raschesten im semantischen Bereich verläuft, ist mit einer ständigen Neuorganisation auf der Bedeutungsebene zu rechnen. Was Schrader-Nehring zur Sachkultur des Hauses (Grubenhaus, Flechtwerkhaus, Holz-, Steinbau usw.) ausführen, läßt offen, welche Hauswörter der Einzelsprachen (got. *hus, gards, razn*, lat. *domus*, griech. *οἶκος* usw.) vorgeschichtl. ‚Häusern' zugekommen sein könnten – ob die Bedeutung ‚Schutz', ‚Heim', ‚Bau', ‚Wohnung' usw. bestimmend war. Selbst bei einem so überzeugend anzusetzenden voreinzelsprachlichen Konstrukt wie *ek̑u̯os* ‚Pferd' (got. *aihva-*, aisl. *jór*, ae. *eoh*, as. *ehu-*) muß offen bleiben, „ob es ein Tier zum Reiten, Fahren oder Kämpfen war oder ein Tier, das man um seines Fleisches willen züchtete oder jagte, oder auch nur als Wildtier kannte" (74, 149). Wenn also zw. dem einzelsprachlichen Zeichen und dem realen Sachverhalt kein direktes Abbildungsverhältnis besteht, drängt sich die Frage nach der Koordination sprachlicher und realgeschichtl. Darst. auf.

Die hist.-vergleichende Methode führt nicht nur zu voreinzelsprachlichen germ. oder idg. lautlichen Ansätzen. Es ist in jedem Falle auch Bedeutung involviert. Form (d. h. phonemischer Ansatz), Bedeutung (Semantik) und Wortbildung (Morphologie) sind drei unverzichtbare Kriterien einer sprachgeschichtl. Rekonstrtuktion. Nun ist Bedeutung keine feste Entität sondern eine Relation. Um dem gerecht zu werden, sucht die sprachgeschichtl. Forsch. das Lexem aus seiner Isolierung zu befreien. Das vornehmste (und bei toten Sprachen alleinige) Mittel dazu ist die Kontextanalyse.

Auch die Wortfeldforsch. sucht Bedeutung in ihren Relationen zu bestimmen. Wortbedeutung ergibt sich aus der Beziehung eines lexikalischen Paradigmas zu Nachbarparadigmen, die durch inhaltsunterscheidende Züge in Opposition treten. Die (durchaus unterschiedliche) Abdekkung der Farb- und Temperaturskala, die sprachliche Realisierung von Verwandtschaftsbeziehungen u. a. sind anschauliche Beispiele für eine Binnenordnung des Wortschatzes, die auf eine bestimmte geistige Ordnung der Außenwelt schließen läßt. J. Triers Arbeiten zur vorhist. Weidewirtschaft und die ihr entspr. strukturierte Ordnung des Wortschatzes sind hier zu nennen (ungeachtet der auch hier notwendigen Kritik im einzelnen).

Untermann weist auf übereinzelsprachliche Synonymien hin, die ebenfalls Wortfeldzusammenhänge belegen. „In solchen Konkurrenzen darf man, eben weil sich eindeutig verschiedene Formen erhalten haben, die Spuren alter Begriffssysteme suchen, und in manchen Fällen scheint eine genaue Beachtung der einzelsprachlichen Konnotationen den Rückschluß auf voreinzelsprachliche terminologische Unterschiede zu gestatten. Unter günstigen Umständen kann man zu Mutmaßungen über alte Wortfeldzusammenhänge vorstoßen und damit Spuren einer Ordnung des zu rekonstruierenden Wortschatzes aufzudekken versuchen, aus der dann auch – mit gebotener Vorsicht – Schlüsse auf geistige Strukturen der Sprecher möglich werden können“ (74, 157; vgl. dazu auch E. Benveniste, Le vocabulaire des institutions indoeuropeennes, 1969).

Wortschatzstrukturen lassen sich auch aus höhergeordneten sprachlichen Gebilden erschließen – und erlauben, eine ursprachlich erschlossene Dichtersprache und Namengebung zu erschließen. Vgl. zuletzt Watkins (81), Schramm (64). Je mehr es gelingt, solche Strukturierungen des Wortschatzes aufzuweisen, desto mehr läßt sich die spezifische Art der mentalen Ordnung und Erfassung der Innen- und Außenwelt nachzeichnen. Um so mehr wächst auch die Bedeutung sprachlicher Argumentation im Rahmen einer integrierten Altkde.

3. Die Raum-Zeitdimension. Die Frage nach Herkunft und erstem Auftreten der Germ. hat im Laufe der Zeit sehr unterschiedliche Antworten erfahren. Die Schwierigkeiten liegen darin, daß die prähist. Arch. in den Bereich der Hypothesen gerät, wenn sie ihre methodisch bestimmten Kulturkreise ethnisch zu identifizieren sucht. Die Gesch. andererseits kann mit Germ. erst rechnen, da die klass. Historiographie ein Ethnos dieses Namens gebraucht. Die hist. vergleichende Sprachwiss. nützt die ihr eigenen Methoden, die auch weite Spielräume offen lassen. Die Methode an sich erlaubt zunächst nur die Aussage, daß die Rekonstrukte ält. sein müssen als die Ausgangsbelege. Die Versuche, aus dem erschlossenen Lex. Argumente für eine lokale und zeitliche Fixierung zu gewinnen, sind häufig versucht, aber auch wieder verbraucht worden. Dennoch ist dieser Weg nicht grundsätzlich abzuweisen. Überlegungen mit der nötigen kritischen Vorsicht hat jüngst Untermann angestellt (74, 158 ff.).

Räumliche und zeitliche Bedeutung gewinnen (zumindest in relativer Chron.) Schlüsse aus Lehnbeziehungen, die das Germ. mit Nachbarsprachen verbindet. Solche Kontaktphänomene bestehen zum

a. finnischen Sprachbereich: Fromm (13; 14), Koivulehto (36), Koivulehto und Vennemann (37)
b. kelt. Sprachbereich: Campanile (9), Birkhan (6, 321, 1041 u. ö); K. H. Schmidt (59)
c. balt. Sprachbereich: Stang (69).

In ihrer Summe weisen die genannten Sprachkontaktphänomene auf die Existenz einer germ. Grundsprache, die im (eher frühen als späten) letzten Jt. v. Chr. anzusiedeln ist – mit anderen Worten: Die hist. Sprachforsch. gibt Anlaß, mit einer relativ frühen germ. Spracheinheit zu rechnen.

4. Die im 19. Jh. ausführlich diskutierte Frage nach dem methodologischen Konzept einer germ. Altkde wird in diesem Lex. im Sinne einer Kulturwiss. verstanden. Hatte Hoops im Vorwort die geogr. Reichweite einer germ. Altkde noch ganz am Germ.-Begriff orientiert (Bd. 1, 1911–13, VII), so war im Vorwort der 2. Aufl. die Verbindung schon lockerer und von einem Raum Mittel- und N-Europas die Rede. Es

wäre denn heute auch adäquater, von einer Altkde Mittel- und N-Europas zu sprechen. Dies würde das methodologische Problem auch entschärfen. Solange die Sprachwiss. sich an der Germanischsprachigkeit dieser prähist. erschlossenen Kultur orientiert, wird das Spannungsverhältnis zw. philol. und arch. Kulturbegriff nicht auszuräumen sein. Dies kann auch gar nicht die Absicht sein. Die prähist. Arch. hat es mit Qu.gattungen zu tun, die keineswegs sprachkulturell geprägt sind, sich gegenüber sprachspezifischen Grenzen vielmehr indifferent verhalten – oder doch verhalten können. Die einer Altkde Mittel- und N-Europas zur Verfügung stehenden Qu.gattungen zeigen in aufsteigender Linie eine ganz unterschiedliche Affinität zu einem postulierten Germanisch:

a. Das anthrop. untersuchbare Material hat einen Aussagewert, der für eine sprachlich definierte Kultur gleich Null ist. Die Anschauungen des 19. Jh.s über biologisch fundierte Ethnien (die zugleich Sprachgemeinschaften darstellen) gehören der Vergangenheit an – ungeachtet der Tatsache, daß sich frühe *gentes* als Abstammungsgemeinschaften verstanden (und dies in ant. und germ. Tradition gleicherweise). In geschichtl. Zeit bietet die Besiedlung Islands ein Beispiel dafür, daß die biologischen Daten der Besiedler und ihre Sprachkultur keineswegs übereinzustimmen brauchen.

b. Die Sachkultur, die sich in Hausbau und Siedlungswesen, in Handwerk und Technik, Handel und Verkehr ausdrückt, transzendiert die sprachlichen Grenzen und selbst in einem umfassenderen Kulturbegriff ist sie kaum spezifisch integrierbar.

Wenn diese den Lebensstil bestimmenden Qu. in eine Altkde eingehen, werden sie in ihrer Eigenart und ihrer Verbreitung wohl für eine Kultur sprechen – eine Kultur allerdings, die nur über ihre jeweilige Qu.beschaffenheit definierbar ist.

c. Mit Sitte und Brauch, Recht und Relig., d. h. mit Äußerungen, die z. T. sprachlicher Art sind, aber nicht aus der Sprache allein leben, ist eine Stufe erreicht, die wohl kulturspezifischerer Art ist als das Vorgenannte. Kulturgrenzen decken sich aber auch hier nur in seltenen Fällen mit sprachlichen Grenzen.

d. Auf Sprache und Dichtung (und die daraus abgeleiteten Inhalte) läßt sich eine Beschreibung bauen, die einem allgemeineren Begriff von Kultur nahekommt. Hier werden Werte, Ideale, Normen sprachlich fixiert und hist. greifbar.

Das Lex. setzt keinen bestimmten Kulturbegriff voraus, versucht vielmehr der Qu.lage in sprachlicher und namenkundlicher, materieller und hist. Art gerecht zu werden und die Reichweite zu beschreiben, die diese Qu. im Aufbau einer Kultur einzunehmen vermögen.

5. Im Unterschied zu früheren Darst. versucht dieses Lex. eine Reflexion über die Bedingtheit des eigenen Denkens und Urteilens einzubeziehen. Eine Altkde steht ihren Qu. nicht voraussetzungslos gegenüber. Sie hat vielmehr ihre eigene Gesch. zu bedenken – beginnend mit einer ersten ma. Epoche, gefolgt von Humanismus, Romantik und neuzeitlicher Germanenwiss. Das „germanische Bewußtsein" ist ein Produkt dieser jeweiligen Epochen und ihrer altertumskundlichen Forsch. – und auch für die heutige Germ.-Auffassung gilt: Sie ist eine Schöpfung der Altertumswiss. der letzten knapp 200 J. Um diesem hermeneutischen Aspekt (wenigstens in Ansätzen) zu genügen, finden Darst. zu Forsch.smethoden und Forscherpersönlichkeiten Platz im Lex.

6. Ein (im Vorangehenden schon öfter berührtes) Problem stellt die Bestimmung der hier vertretenen Altkde als ‚germanisch' dar. Der Titel „Germ. Altertumskunde" wurde von der ersten Aufl. übernommen. Das Problem liegt nicht nur in der (kontrovers diskutierten) Identifizierung von arch. Kulturprovinzen mit bestimmten Ethnien oder rekonstruierten

Spracheinheiten unter der Bezeichnung ‚germanisch' (das gilt auch für die sog. Jastorfthese, die sich mit den Ergebnissen germ. Sprachgesch. nicht ohne weiteres vereinen läßt). Die fachspezifischen Voraussetzungen sind höchst unterschiedlicher Art und das Lex. versucht, die bestehenden Differenzen auch gar nicht zu harmonisieren, sie vielmehr bewußt zu machen. Eine ethnisch oder sprachlich orientierte Titelgebung kann allerdings signalisieren, daß in diesem Raum auch ein (später so genanntes) Ethnos ‚Germanen' und eine (rekonstruierte) Spracheinheit ‚Germanisch' beheimatet waren. ‚Germanisch' schafft aber auch noch in einer weiteren Hinsicht ein Problem, selbst dann, wenn es eher räumlich als ethnisch-sprachlich verstanden wird. Einen Zeitraum von 2000 J. unter der Bezeichnung ‚germanisch' zu behandeln, legt eine Einheit und Kontinuität nahe, die sich von einer bronzezeitlichen Kulturstufe bis zur KaZ und WZ erstreckt hätte. Die Ergebnisse, die sich in den Einzel-Art. des Lex.s niedergeschlagen, widersprechen einer solchen Annahme. Im weiten Bereich der kulturellen Gegebenheiten verlaufen die Entwicklungen nicht nur in höchst unterschiedlicher Art und Geschwindigkeit, es zeugen auch die Kontaktphänomene (insbesondere mit den s. Hochkulturen) in Recht, Relig. usw. von einer kulturellen Offenheit und Aneignungskraft, die ein starrer Kontinuitätsbegriff nicht zu fassen vermag. Das Lex. sucht daher durch eine schärfere Epochengliederung (die von Fachgebiet zu Fachgebiet variieren kann) dem geschichtl. Wandel vermehrt Rechnung zu tragen. Insgesamt erweist sich die VWZ (von den ersten Migrationen im 3. und 2. vorchristl. Jh. bis zur langob. Landnahme in Italien reichend) als eine Epoche starken Wandels und eigener Denkform. Das gibt Anlaß, zumindest mit einer Dreiergliederung zu rechnen, in der eine vor- und nachvölkerwanderungszeitliche Epoche in ihrer Eigenständigkeit ebenso zu beachten ist, wie die VWZ selbst.

(1) H. Ament, Der Rhein und die Ethnogenese der Germ., PZ 59, 1984, 37–47. (2) Ders., Die Ethnogenese der Germ. aus der Sicht der Vor- und Frühgesch., in: W. Bernhard, A. Kandler-Pálsson (Hrsg.), Etnogenese europ. Völker aus Sicht der Anthrop. und Vor- und Frühgesch. 1986, 209–256. (3) H. Arntz (Hrsg.), Germ. und Idg. (Festschr. H. Hirt) 1–2, 1936. (4) H. Beck (Hrsg.), Germ.-Probleme in heutiger Sicht, 1986. (5) Ders., „Deutsch" in den Anfängen der Germanistik, in: W. Besch (Hrsg.), Dt. Sprachgesch., 1990, 443–453. (6) H. Birkhan, Kelten, 1997. (7) A. Boeckh, Encyklopädie und Methodologie der philol. Wiss., hrsg. von E. Bratuscheck, R. Klussmann, ^{2}1886. (8) F. Bopp, Über das Conjugationssystem der Sanskritsprache in Vergleichung mit jenem der griech., lat., persischen und germ. Sprache, 1816. (9) E. Campanile, Sulle isiglosse lessicali celtogermaniche, AION 9, 1970, 13 ff. (10) W. Dressler, Methodische Vorfragen bei der Bestimmung der „Urheimat", Die Sprache 11, 1965, 25–60. (11) E. Ebel, Jacob Grimms Dt. Altkde, 1974. (12) M. Ebert (Hrsg.), Reallex. der Vorgesch., 1924–1929. (13) H. Fromm, Germ. im bronzezeitlichen Mittelschweden?, Finn.-Ugrische Forsch. 54, 1997, 127–150. (14) Ders., Die ältesten germ. Lehnwörter im Finnischen, ZDA 88, 1958, 81–101, 211–240, 299–324. (15) H.-G. Gadamer, Hermeneutik, in: J. Ritter (Hrsg.), Hist. Wb. der Phil. 3, 1974, 1061–1073. (16) Th. V. Gamkrelidze, V. V. Ivanov, Indo-European and the Indo-Europeans, 1995. (17) V. Georgiev, Introduction to the Hist. of the Indo-European Languages, 1981. (18) M. Gimbutas, Die Ethnogenese der europ. Germ., 1992. (19) Dies., Old Europe in the Fifth Millennium B. C., in: E. C. Polomé (Hrsg.), The Indo-Europeans in the Fourth and Third Millennia, 1982, 1–60. (20) Grimm, Rechtsalt. (21) Ders., DGr., 1819–1837. (22) Ders., Dt. Myth., 1835. (23) Ders., Gesch. der Dt. Sprache, 1848. (24) Ders., Kl. Schr. 7, 1884. (25) W. Grimm, Dt. Heldensage, 1829. (26) R. Hachmann, Die Germ., 1971. (27) Ders., Der Begriff des Germanischen, Jb. für internat. Germanistik 7, 1975, 113–144. (28) D. R. Harris (Hrsg.), The Origins and Spread of Agriculture and Pastoralism in Eurasia, 1996. (29) Heusler, Dicht., 1957 (Nachdr. der 2. Aufl. 1941). (30) Ders., Germanentum, 1934. (31) Ders., Von germ. und dt. Art, Zeitschr. für Deutschkunde 39, 1926 (aufgenommen in „Germanentum", 79–88). (32) M. Hoernes, BZ, in: Hoops I, 330. (33) R. Kaiser, Das röm. Erbe und das Karolingerreich, 1993. (34) F. Kauffmann, Dt. Altkde 1–2, 1913–1923. (35) G. F. Klemm, Handb. der Germ Altkde, 1836. (36) J. Koivulehto, Reflexe des germ /e/ im Finnischen und die Datierung der germ.-finn. Lehn-

beziehungen, PBB (Tübingen) 103, 1981, 167–203, 333–376. (37) Ders., Th. Vennemann, Der finn. Stufenwechsel und das Vernersche Gesetz, ebd. 118, 1996, 163–182. (38) G. Kossinna, Die dt. Vorgesch., eine hervorragend nationale Wiss., 1912, [7]1936. (39) H. Kronasser, Vorgesch. und Indogermanistik, 1961. (40) B. Krüger (Hrsg.), Die Germ. Gesch. und Kultur der germ. Stämme in Mitteleuropa, 1. Von den Anfängen bis zum 2. Jh. unserer Zeitrechnung 1, [4]1983. (41) L. Lindenschmit, Handb. der Dt. Alterthumskunde, 1. Die Alterthümer der merovingischen Zeit, 1880–1889, Nachdr. 1974. (42) F. Maurer, Nordgerm. und Alem., 1942, [3]1953. (43) S. Müller, Nord. Altkde nach Funden und Denkmälern aus Dänemark und Schleswig, 1897/98. (44) Müllenhoff, DAK I, 1870, V,1, 1883, II–IV und V,2 aus dem Nachlaß hrsg. von M. Roediger 1897–1900. (45) O. Montelius, Sveriges hednatid samt medeltid, 1877. (46) H. Nollau, Germ. Wiedererstehung, 1926. (47) U. Puschner u. a. (Hrsg.), Handb. zur „völkischen Bewegung 1871–1918", 1996. (48) C. Renfrew, Arch. and Language. The Puzzle of Indo-European Origins, 1987. (49) E. Rothacker, Probleme der Kulturanthrop., [4]1988. (50) F. A. van Scheltema, Die altnord. Kunst, 1923. (51) Ders., Der Osebergfund, 1929. (52) Ders., Die Kunst unserer Vorzeit, 1936. (53) A. Scherer, Das Problem der idg. Urheimat vom Standpunkt der Sprachwiss., Archiv für Kulturgesch. 33, 1950, 3–16. (54) Ders., Hauptprobleme der idg. Altkde (seit 1940), Kratylos 1, 1956, 3–21. (55) Ders. (Hrsg.), Die Urheimat der Idg., 1968. (56) B. Schlerath, Die Idg., 1973. (57) W. P. Schmid, Alteuropa und das Germanische, in: [4], 155–167. (58) J. Schmidt, Die Verwandtschaftsverhältnisse der idg. Sprachen, 1872. (59) K. H. Schmidt, Kelt.-germ. Isoglossen und ihre sprachgeschichtl. Implikationen, in: [4], 231–247. (60) Ders., The Celts and the Ethnogenesis of the Germanic People, Hist. Sprachforsch. 104, 1991, 129–152. (61) H. Schneider, Germ. Heldensage 1–3, 1928–1934 (Bd. 1, [2]1964 bearb. von R. Wisniewski). (62) Ders., Die germ. Altkde, Forsch. und Fortschritte 15, 1939, 1–3. (63) O. Schrader, Reallex. der idg. Altkde, 1901, [2]1917–1923 (mit A. Nehring). (64) G. Schramm, Namenschatz und Dichtersprache, 1957. (65) Schwarz, Stammeskunde. (66) E.-R. Schwinge (Hrsg.), Die Wiss. vom Altert. am Ende des 2. Jt.s n. Chr., 1995. (67) E. Seebold, Etym., 1981. (68) E. Sprockhoff, Zur Entstehung der Germ., in: [3] 1, 255–274. (69) C. S. Stang, Lexikalische Sonderübereinstimmungen zw. dem Slawischen, Baltischen und Germanischen, 1967. (70) J. Strzygowski, Warum kann für den vergl. Kunstforscher nur der hohe Norden Europas als Ausgangspunkt der „Indogerm." in Frage kommen?, in: [3] 1, 155–175. (71) O. Szemerényi, Einf. in die vergl. Sprachwiss., [4]1990. (72) Ch. J. Thomsen, Ledetraad for nordisk Oldkyndighed, 1837. (73) J. Udolph, Namenkundliche Stud. zum Germ.-Problem, 1994. (74) J. Untermann, Ursprache und hist. Realität, in: Stud. zur Ethnogenese, 1985, 133–164. (75) R. von Uslar, Westgerm. Bodenfunde des 1. bis 3. Jh.s aus Mittel- und W-Deutschland, 1938. (76) E. Wahle, Dt. Vorzeit, 1932. (77) Ders., Zur ethischen Deutung frühgeschichtl. Kulturprovinzen, SB der Heidelberger Akad. der Wiss. Phil.-Hist. Kl. 1940–41, 2. Abh., 1941, [2]1952. (78) Wenskus, Stammesbildung. (79) F. A. Wolf, Darst. der Alterthums-Wiss. nach Begriff, Umfang, Zweck und Wert, in: Mus. der Alterthums-Wiss. 1, 1807, 1–145. (80) H. Wolfram, Die Goten, 1979, [3]1990. (81) C. Watkins, Studies in Indo-European Legal Language, Institutions, and Myth., in: Selected Writings 2, 1994, 422–455. (82) Zeuß, Die Deutschen.

H. Beck